BEFESTIGTE SCHLOSSBAUTEN IM DEUTSCHEN BUND 1815–1866

Studien zur internationalen Architektur- und Kunstgeschichte 53

In Liebe und Dankbarkeit meinen Eltern

Gedruckt mit freundlicher Unterstützung
der Deutschen Gesellschaft für Festungsforschung e. V.

Christian Ottersbach

BEFESTIGTE SCHLOSSBAUTEN IM DEUTSCHEN BUND

Landesherrliche Repräsentation, adeliges Selbstverständnis und die Angst der Monarchen vor der Revolution 1815–1866

MICHAEL IMHOF VERLAG

Abbildungsnachweis

Akademie der Bildenden Künste Wien, Kupferstichkabinett: Abb. 257 (Inv.-Nr. 12.551) u. 260 (Inv.-Nr. 15.506); *Anonym 1849*: 110 (Taf. III); *Architektonische Rundschau 9, 1893, Heft 8*: Abb. 246 (S. 1) u. 247 (Taf. 60); *Argyll 1992*: Abb. 228 (S. 373); *Bayerisches Hauptstaatsarchiv München, Abt IV Kriegsarchiv*: Abb. 140-143 u. 146-151 (C I-7a); *Beenken 1952*: Abb. 233 (S.141); *Bildarchiv Foto Marburg*: Abb. 57 (766.578), 73 (KBB 3429), 211 (1264.689), 213 (910.479), 256 (154.154), 266 (B 1966/12); *Michaela Blankart, Berlin*: Abb. 252, 253; *Blumhardt 1864*: Abb. 93 (S. 212), 190 (S. 214) u. 193 (S. 233); *Bomann-Museum Celle*: 46 (Inv.-Nr. BGR 05099); *Brunner 1896*: Abb. 200 (S. 69); *Caro Chierici: La Reggia di Caserta. Rom 1969*: Abb. 222 (S. 29); *Dufour 1822*: Abb. 194 (Pl. XII), 204 (Pl. XXIX), 219 (Pl. XXX); *Ulrich Feldhahn, Generalverwaltung des vormals regierenden Preussischen Königshauses Berlin*: Abb. 255; *Förster 1866*: Abb. 157 (S. 316), 158 (S. 317); *Frobenius 1901*: Abb. 189 (S. 639); *From 1854*: 170 (Taf. II) u. 172 (Taf. III); *Furttenbach 1640*: Abb. 243 (Taf. II); *Geheimes Staatsarchiv Preußischer Kulturbesitz, Berlin-Dahlem*: Abb. 84, 86, 87 (VI. HA, NL Stillfried, Nr. 3) u. 215 - 218 (XI. HA, Festungspläne, C 70708, E 71142, E 71147 u. F 71060); *Genzmer 1939*: Abb. 88 (S. 215); *Greven 1969*: Abb. 254 (S. 244); *Hessisches Staatsarchiv Marburg*: Abb. 199; *Hilbig 1885*: Abb. 224 (Bl. 64); *Illustrierte Zeitung*: Abb. 220 (1, 1843, N°. 19, S. 300) 239 (13, 1849 N°. 10, S. 46), 248 (13, 1849, N°. 339, S. 409); *Michael Imhof*: Abb. S. 9, Abb. 58, 72, 75, 105; *Jürgens/Nöldeke/Welck 1941*: Abb. 30 (S. 131) u. 33 (S. 133); *Lothar Kempe: Schlösser und Gärten um Dresden. Dresden 1957*: Abb. 230; *Staats- und Stadtbibliothek Augsburg (Sign. 2°K-K 62)*: Abb. 48, 50, 51; *KHM Wien, Albertina*: Abb. 235 (Az 9703), 242 (Az 5096), 258 (Az 9704), 262 (Inv.-Nr. 8970), 263 (Inv.-Nr. 8971) 265 (Inv. 8972); *Landeshauptarchiv Schwerin*: Abb. 4 (12.3-2: Lfd. Nr. 123, 397), 5 (12.3-2: Lfd. Nr. 162, 428), 15 (12.3-3: Mappe 9, Fol. 9), 16 (12.3-3: Mappe 9, Fol. 10), 17 (12.3-3: Mappe 15/1, Fol. 72) 18 (12.3-3: Mappe 15/1, Fol. 73), 173 (12.12-2: Lfd. Nr. 41 M, 7), 174 (Cab. Vol. 897, Nr. 10490/1); *Heiko Laß*: Abb. 272; *Lorenz 1935*: Abb. 175 (Vorsatz); *Macauly 1975*: Abb. 227 (S. 45); *Middleton/Watkin 1977*: Abb. 223 (S. 136); *Orgel-Köhne/Grothe 1978*: Abb. 180 (S. 16); *Christian Ottersbach*: Abb. 1, 2, 3, 13, 14, 20-26, 28, 31, 32, 34-36, 38, 39, 42, 43, 47, 52-56, 61, 62, 64-71, 74, 77-79, 81, 89-92, 94-104, 121-125, 127-133, 136-138, 144, 152, 154, 160-162, 176-179, 181-184, 186, 188, 195, 197, 198, 201-203, 205-210, 212, 221, 229, 232, 240, 241, 251, 259, 261, 267, 268, 270, 274, 276, Rückseite des Umschlags; *Parisius/Brinkmann 1897*: Abb. 273 (S. 97); *Persius 1843*: Abb. 271 (Bl. 10); *Peschken 1979*: Abb. 167 (Abb. 114), 168 (Abb. 226) u. 169 (Abb. 230); *Wilhelm Pinder: Die deutsche Kunst der Dürerzeit. Frankfurt, Köln 1957*: Abb. 135 (S. 295); *Prokop 1900*: Abb. 244 (S. 97); *Rathke 1979*: Abb. 49(S. 181) u. 59 (S. 195); *Schönermark 1897*: Abb. 231 (S. 100); *Schultz 1987*: Ab. 275 (S. 96); *Shvidkovsky 1996*: Abb. 226 (S. 209); *Staatliche Graphische Sammlung München (Engelbert Seehuber)*: Abb. 236 (Inv.-Nr. 25071) u. 237 (Inv.-Nr. 25072); © *Kupferstichkabinett. Staatliche Museen Preußischer Kunstbesitz*: Abb. 234 (KdZ 7235); *Staatliche Museen Schwerin, Graphische Sammlung*: Abb. 6 (Inv.-Nr. 16 Hz), 7 (Inv.-Nr. 23 Hz), 8 (Inv.-Nr. 24 Hz), 9 (Inv.-Nr. 34 Hz) u. 10 (Inv.-Nr. 25 Hz); *Stadtarchiv Hannover (Günther Kokkelink)*: Abb. 37, 40, 44, 45; *Stadtmuseum Ludwigsburg*: Abb. 108; *Stiftung Preußische Schlösser und Gärten, Plankammer*: Abb. 60 (Inv.-Nr. 14361), 63 (Inv.-Nr. 14352), 76, 85, 269 (Inv.-Nr. 6364); *Stüler 1865*: Abb. 83; *Stüler/Prosch/Willebrand 1869*: Abb. 19 (Bl. I) u. 27 (Bl. IV); *Verwaltung der Burg Hohenzollern Hechingen, Foto-Keidel Hechingen*: Vorderseite des Umschlags, Abb. 82; *Voigt/Auffahrt 1983*: Abb. 155 (S. 4); *Waetzoldt 1916*: Abb. 41 (Taf. 6), 171 (Taf. 12), 196 (Taf. 13 u. 14); *Wischemann 1978*: Abb. 187 (S. 78); *Württembergisches Hauptstaatsarchiv Stuttgart, alle Rechte vorbehalten*: Abb. 106, 109 u. 111 (GU 1, Prov. 19), 112 (Gu 1, Prov. 22), 113 (GU 1, Prov. 19), 114 (GU 1, Prov. 23), 115 u. 116 (GU 1, Prov. 19), 117, 118 u. 119 (GU 1, Prov. 22), 120 (GU 1, Prov. 15), 126 (GU 1, Prov. 14), 134 (Gu 97, Karten und Pläne); *Württembergische Landesbibliothek Stuttgart*: Abb. 11, 12, 29, 80, 107, 139, 145, 153, 156, 159, 163, 164-166, 185, 191. 192, 214, 225, 238, 242, 249, 250, 264.

Christian Ottersbach: BEFESTIGTE SCHLOSSBAUTEN IM DEUTSCHEN BUND
Landesherrliche Repräsentation, adeliges Selbstverständnis und die Angst der Monarchen
vor der Revolution 1815–1866
Michael Imhof Verlag, Petersberg 2007
Dissertation am Fachbereich 09 Germanistik und Kunstwissenschaft der Philipps-Universität Marburg 2005

© 2007
Michael Imhof Verlag GmbH & Co. KG
Stettiner Straße 25
D-36100 Petersberg
Tel. 0661/9628286; Fax 0661/63686
www.imhof-verlag.de

Reproduktion und Gestaltung: Michael Imhof Verlag

Druck: Meiling Druck, Haldensleben

Printed in EU

ISBN 978-3-86568-066-2

INHALT

S. 9: Schloss Schwerin. Ansicht von Westen

Abkürzungen

Neben den gängigen Abkürzungen wie „bzw." etc. werden folgende verwendet:

AAB:	Archiv der Abtei St. Bonifaz München
Abb.:	Abbildung
ABK KK:	Akademie der Bildenden Künste Wien, Kupferstichkabinett
ADB:	Allgemeine deutsche Biographie
AKL:	Allgemeines Künstlerlexikon
BHStA, KA:	Bayerisches Hauptstaatsarchiv München, Kriegsarchiv
Bl.:	Blatt
BPH:	Brandenburg-Preußisches Hausarchiv
BSAV:	Blätter des Schwäbischen Albvereins
Bü.:	Büschel
Fasz.:	Faszikel
fol.:	Folio
GHZ Kab.:	Großherzogliches Kabinett
GStA PK:	Geheimes Staatsarchiv Preußischer Kulturbesitz Berlin
HA:	Hauptabteilung
HaBH:	Hausarchiv des vormals regierenden preußischen Königshauses Burg Hohenzollern
HHStA:	Haus-, Hof- und Staatsarchiv Wien
HStA Stgt.:	Hauptstaatsarchiv Stuttgart
HStA Mr.:	Hessisches Staatsarchiv Marburg
HZ:	Historische Zeitschrift
LHA Ko.:	Landeshauptarchiv Koblenz
LHA Schw.:	Landeshauptarchiv Schwerin
ND:	Nachdruck
NDB:	Neue Deutsche Biographie
NF:	Neue Folge
NHStA Han.:	Niedersächsisches Hauptstaatsarchiv Hannover
NL:	Nachlass
N°:	Nummero
Nr.:	Nummer
Pl.:	Plan
Prod.:	Produkt
ÖNB:	Österreichische Nationalbibliothek Wien
o. Nr.:	ohne Nummer
o. S.:	ohne Signatur
o. Sn.:	ohne Seitenangabe
p.:	pagina (Seite)
RM:	Rheinischer Merkur
SH:	Schlosshauptmannschaft Laxenburg
Sign.:	Signatur
SPSG, PK:	Stiftung Preußischer Schlösser und Gärten Berlin-Brandenburg, Plankammer Potsdam-Sanssouci
StA Han.:	Stadtarchiv Hannover,
HBS, AH:	Hannover-Bau-Sammlung, Architekt Hase
StA Sig.:	Staatsarchiv Sigmaringen
StMu/Kuka:	Staatliche Museen Schwerin, Kupferstichkabinett
Tab.:	Tabula (Tafel)
Taf.:	Tafel

VORWORT

Die vorliegende Arbeit wurde 2005 vom Fachbereich 09 Germanistik und Kunstwissenschaften der Philipps-Universität Marburg als Dissertation angenommen. Sie wurde für die Druckfassung nochmals leicht überarbeitet und um einige wenige Details, die meine Argumentation abrunden, ergänzt. Soweit möglich, wurden seit Einreichung der Arbeit erschienene neue Forschungsergebnisse anderer Autoren eingearbeitet. Zuerst ist hier die Dissertation über die Marienburg bei Nordstemmen von Isabel Arends zu nennen, aber auch verschiedene Aufsätze zum Schloss Lichtenstein[1].

Natürlich ist die Entstehung dieses Buches nicht ohne die freundliche Unterstützung und Hilfe zahlreicher Freunde, Kollegen und Institutionen möglich gewesen. Große Unterstützung erfuhr ich durch den Kunstbeauftragten in der Generalverwaltung des vormals regierenden preußischen Königshauses Herrn Ulrich Feldhahn M. A., der mir nicht nur das Archiv auf der Burg Hohenzollern, sondern auch noch zahlreiche Räume wie Kasematten, Dachböden etc. zugänglich gemacht hat. Verantwortlich für die Burg Hohenzollern und ihre Schauräume, zeigte er großes Interesse an meiner Arbeit, und wir haben so manch spannende Diskussion geführt.

Ganz besonders herzlichen Dank schulde ich Prof. Dr. Günther Kokkelink, Hannover, der mir in großzügiger und uneigennütziger Weise Material zur Marienburg zur Verfügung stellte. Dank für Fotos geht auch an Ulrich Feldhahn M. A. und seine Kollegin Michaela Blankart M. A., sowie an Dr. Heiko Laß.
Mein Dank gilt weiter den zahlreichen Mitarbeitern der verschiedenen Archive und Bibliotheken, besonders aber der Württembergischen Landesbibliothek in Stuttgart, die mir mit zahlreichen Fernleihen das beschaffte, was vor Ort nicht zu haben war. Freundlicherweise wurde mir von allen Institutionen die kostenfreie Reproduktion von Abbildungsmaterial gestattet. Ebenso gedankt sei an dieser Stelle dem Fürsten von Urach für die großzügige Genehmigung zur Einsichtnahme in die Akten des Hausarchivs, die als Depositum im Hauptstaatsarchiv Stuttgart verwahrt werden, und die Reproduktionserlaubnis für Planmaterial aus diesem Bestand. In gleicher Weise gilt auch S. K. H. Ernst August Prinz von Hannover für dieselbe Genehmigung zur Einsichtnah-

me in das im Niedersächsischen Hauptstaatsarchiv in Hannover verwahrte Königliche Hausarchiv der Welfen und das Fotografieren auf der Marienburg in Bereichen, die der Öffentlichkeit sonst verschlossen sind, mein Dank.
Für zahlreiche fruchtbare Gespräche, Hinweise, Unterstützung und Ratschläge danke ich Elmar Brohl, Dr. Tim Geiger, Dr. Liselotte Hanzl-Wachter vom Bundesmobiliendepot in Wien, Daniel Hohrath M. A., Andrea Meier M. A., und Frank Pütz M. A. und Dipl.-Pol. Andreas Knoll für die Beherbergung während meines Archivaufenthaltes in München. Dr. Björn Statnik für dieselbe Wohltat in Berlin.

Die Mühe des Korrekturlesens nahmen Ulrich Feldhahn M. A., Petra Gerlach M. A., Susanne Lang M. A., Dr. Heiko Laß und Dr. Rainer Zuch dankenswerter Weise auf sich.

Ein Buch herauszugeben, ist eine teure Angelegenheit. Großer Dank gebührt daher der Deutschen Gesellschaft für Festungsforschung e. V., die den Druck meiner Arbeit in großzügiger Weise finanziell unterstützt hat.

Der Michael Imhof Verlag ermöglichte ebenso großzügig den Druck meiner Dissertation in der vorliegenden Form. Verlagsleiter Dr. Michael Imhof und seiner Mitarbeiterin Margarita Licht möchte ich hierfür und für die gemeinsame Arbeit besonders herzlich danken.

Niemandem aber schulde ich größeren Dank als meinen lieben Eltern, die meine Forschungen immer mit Anteilnahme verfolgt und mich in jeder Hinsicht unterstützt haben. Ihnen, die ich schon als Kind auf zahlreiche Burgen und Schlösser, darunter Lichtenstein und Hohenzollern, gezerrt habe, und die meine Liebe zur Kunst- und Architekturgeschichte immer gefördert haben, ist diese Arbeit gewidmet.
Nicht zuletzt gilt mein Dank auch meinem Doktorvater Prof. Dr. Ulrich Schütte, der mich auf die Idee brachte, meine Magisterarbeit über die Schlösser Lichtenstein und Hohenzollern weiterzuentwickeln, mir mit Hinweisen und Rat immer wieder weiterhalf und mich in meinen Überlegungen bestärkt hat.

C. Ottersbach

Abb. 1: Schloss Lichtenstein. Ansicht des Kernschlosses von Osten.

I. EINLEITUNG

Hoch über dem Echaztal, unweit von Reutlingen, erhebt sich Schloss Lichtenstein, Inbegriff einer mittelalterlichen Ritterburg, und doch in seinen überwiegenden Teilen eine Neuschöpfung der ersten Hälfte des 19. Jahrhunderts (Abb. 1). Das Schloss fand seit seiner Erbauung zahlreiche bildliche Darstellungen, die für gewöhnlich die Ansicht der Kernburg auf schroffem Felsturm von Osten geben. Malerisch bauen sich das zinnengekrönte Tor mit Zugbrücke, der mit Staffelgiebeln, Erkern und Türmchen geschmückte Wohnbau und der hohe, schlanke Rundturm auf eng begrenztem Raum vor dem Betrachter auf. Was alle diese Ansichten unterschlagen, ist die weitläufige Vorburg, eine trutzige Festungsanlage mit Bastionen, Geschütztürmen, Kaponniere, Graben und Schießscharten für Kanonen und Gewehre. Auch diese Verteidigungsanlagen werden von Türmchen und Miniaturzinnen geziert und wollen auf den heutigen Betrachter dadurch so gar nicht bedrohlich wirken. Vielmehr erwecken sie den Eindruck von „Spielzeugbasteien"[2]. Aber näher besehen wird offensichtlich, dass diese Anlagen trotz ihres romantisch-spielerischen Schmucks, der sie ins Gesamtkonzept des Baus als gotischer Burg einpasst, sehr ernst gemeint sind und, wie uns ein Blick auf den Grundriss (Abb. 2) sogleich lehrt, überdies den neuesten fortifikatorischen Entwicklungen der Zeit folgen. Sie dienten tatsächlich der Sicherung dieses einsam am Steilabfall der Schwäbischen Alb gelegenen Schlosses. Der heutige Besucher ist überrascht und irritiert zugleich. Er mag das, was er sieht, im ersten Moment für die Spielerei oder gar den Tick eines militärisch versierten Bauherrn halten und zumindest als einen Einzelfall abtun. Doch Lichtenstein ist nicht das einzige befestigte Schloss, das im 19. Jahrhundert errichtet wurde.

Die Existenz fester Schlossbauten im 19. Jahrhundert scheint ein ungewöhnliches und vor allem sehr unzeitgemäßes Phänomen zu sein. Tatsächlich hat die Forschung zum Schloss im Zeitalter von Romantik und Historismus diese Erscheinung bisher so gut wie gar nicht in einem größeren Rahmen zur Kenntnis genommen. Als festes Schloss ist bisher nur der Hohenzollern bei Hechingen, einer der großen und berühmten Bauten des Zeitalters, wahrgenommen worden[3], der Elemente der im 19. Jahrhundert modernen, so genannten „neudeutschen" Festungsbaukunst aufweist. Wie die vorliegende Arbeit vor allem zeigen wird, war jedoch der Gedanke, ein Schloss zu befestigen, aus bestimmten Gründen heraus auch in jener Epoche nicht abwegig. Es ist

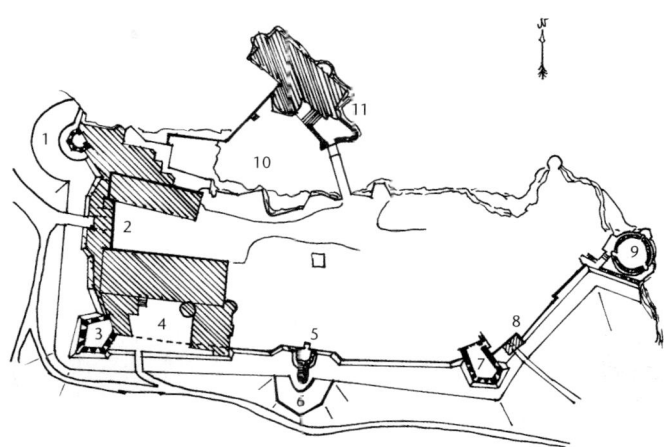

Abb. 2: Schloss Lichtenstein. Grundriss der heutigen Anlage. (Umzeichnung v. Verf. nach Schmitt 1991.)
1. Mathildenturm, 2. Haupttor, 3. Eugenien-Bastion, 4. ehem. Verlauf der Ringmauer, 5. Kaponnierenturm und Grabenkoffer, 6. Waffenplatz, 7. Marien-Bastion, 8. Poterne, 9. Augustenturm, 10. Felsengraben, 11. Kernschloss.

hierbei nicht nur eine latente Revolutionsangst der Eliten, die eine solche Fortifikation notwendig erscheinen ließ, sondern auch landesherrliches Selbstverständnis und adeliges Standesdenken der jeweiligen Bauherren im Spiel.

Um das Thema der Arbeit zeitlich und politisch bzw. lokal einzugrenzen, steht der Zeitraum von 1814/15 bis 1866 im Gebiet des Deutschen Bundes im Mittelpunkt dieser Untersuchung. Ein Blick zurück in die Zeit um 1800, ja bis in die zweite Hälfte des 18. Jahrhunderts wird an gegebener Stelle aber für den Gesamtzusammenhang und die Einordnung des zu behandelnden Phänomens in den (kunst)historischen Kontext unerlässlich sein, ebenso der ein oder andere Exkurs in Gebiete jenseits der Grenzen des abgesteckten geografischen Rahmens.

Da sich das Phänomen befestigter Schlösser im 19. Jahrhundert hauptsächlich aus dem historischen Kontext ergibt, ist die Arbeit in weiten Teilen auf diesen ausgerichtet und wird weitgehend über diesen argumentieren. Im Zentrum steht dabei die Frage, warum im 19. Jahrhundert nochmals oder besser gesagt: noch immer feste Schlösser errichtet wurden, und in welchen Traditionen und Kontinuitäten diese Anlagen zu sehen sind. Dabei wird sehr schnell evident werden, dass sich, und dies ist eine der wesentlichen Thesen dieser Untersuchung, diese Schlossbauten nicht nur aus dem Geist der Romantik und aus rückwärtsgerichtetem Denken eines zutiefst verunsicherten Adels und dessen angeblicher Vergangenheitsflucht in ein vermeintlich goldenes Mittelalter erklären lassen. Vielmehr sind sie Zeugnisse der seit dem Spätmittelalter wirkenden Traditionen und Kontinuitäten adeliger bzw. landesherrlicher Selbstdarstellungsformen, die weit ins 19. Jahrhundert hineinwirken, und Ausdruck bestimmter politischer Programme und Haltungen.

Wesentlich für das Verständnis des Folgenden sind auch die Frage nach den historischen Begrifflichkeiten, d. h. wie wurden Schloss und Burg im späten 18. und im 19. Jahrhundert definiert, und die Darstellung der rechtlichen Verhältnisse, denn nicht jedermann war befugt, Befestigungen zu errichten. Beide Aspekte werden daher zuallererst thematisiert.

Um eine Folie zu erhalten, vor der die entsprechenden Schlösser beschrieben und hinsichtlich ihrer realen und fiktiven Wehrhaftigkeit analysiert werden, schließt sich hieran ein kurzer historischer Überblick über die Epoche von 1789 bis 1866 in Mitteleuropa an, denn nur aus diesem zeithistorischen Kontext wird vieles von dem, was im Folgenden behandelt wird, verständlich und plausibel. Die Zeit zwischen der Französischen Revolution und dem deutsch-deutschen Bruderkrieg, in dem Preußen endgültig seine Vormacht gegenüber den anderen deutschen Staaten durchsetzte und den Weg zur Reichseinigung bahnte, war in politischer, gesellschaftlicher und technischer Hinsicht eine Epoche mannigfacher Umbrüche. Ganz wesentlich ist am Ende dieses Zeitraums die industrielle Revolution, die in Mitteleuropa erst nach 1850 vollständig greift und in ihren weitreichenden Auswirkungen spürbar wird. Sie kann daher als besonders starke Zäsur und Epochengrenze gelten[4].

Als Beispiele für feste Schlösser des 19. Jahrhunderts wurden verschiedene Bauten aus dem preußischen Staatsgebiet und einigen deutschen Mittelstaaten ausgewählt. Mit wenigen Ausnahmen (Bayern) handelt es sich um realisierte Projekte. Ihre Vorstellung erfolgt nach Territorien geordnet bzw. nach den regierenden Dynastien. Das hat seinen Grund in der Tatsache, dass zwar alle hier behandelten Bauten auffälliger Weise von Angehörigen des jeweils regierenden Herrscherhauses errichtet wurden, aber nicht nur als Staatsbauten, sondern mehrfach, wie z. B. der Lichtenstein, als private (Lust)Schlösser. Es ist also nicht immer der Landesherr auch der Bauherr. Festzuhalten ist aber, dass die Bauherren immer der regierenden Dynastie entstammten. Warum dies so ist, wird gerade vor der Folie des Befestigungsrechtes als landesherrliches Hoheitsrecht verständlich.

Nicht in diesen Teil aufgenommen wurden Zitadellen und Bergfestungen, bei denen der militärische Gebrauch ausschließlich ist oder in der Regel zumindest überwiegt, die aber dem Herrscher durchaus als Quartier dienen konnten bzw. Wohnungen für diesen bargen. Wesentliches Kriterium für ein Schloss soll hier die Wohnfunktion sein. Daher werden Zitadellen in dem Abschnitt der Arbeit behandelt, der sich mit dem Kontext der Schlösser beschäftigt und an die monographische Vorstellung der Beispielbauten anschließt. Er untersucht spezielle Aspekte des Themas, wie das Verhältnis der festen Schlösser zur Festungsbaukunst der Zeit, ihre Thematisierung in den theoretischen Schriften zur Zivil- und Kriegsbaukunst und die Kontinuität zu den Burgen und Schlössern des Mittelalters und der Frühen Neuzeit. Die Bauten werden so in ihren (kunst)historischen Kontext eingeordnet, wobei abschließend der Frage von realer bzw. fiktiver Fortifikation im Zusammenhang mit der höfisch-adeligen Kultur des 19. Jahrhunderts nachgegangen werden wird. Doch zuerst ein Blick auf den Forschungsstand.

Die Kontinuität des mittelalterlichen Wehrbaus in den Schlössern der Frühen Neuzeit ist erst in jüngster Zeit in umfangreichem Maße problematisiert worden. Lange wurde dieses Phänomen kaum gewürdigt, und die Behauptung, dass mit dem Ende des Mittelalters durch den Einsatz der Feuerwaffen Burgen und feste Schlösser ihren Sinn verloren hätten, findet sich noch immer in so manch populärer Darstellung, ja sogar in wissenschaftlichen Werken[5]. Ulrich Schütte hat sich als Erster umfassend und grundlegend mit der Befestigung von Schlössern in der Frühen Neuzeit beschäftigt. Er hat ihre reale oder fiktive Wehrhaftigkeit und deren Symbolwert ausführlich untersucht[6]. Lange Zeit hat man in der deutschen Forschung Schlösser im Gegensatz und in Abgrenzung zu Burgen als unbefestigte Anlagen definiert. Jüngst wurde aber zu Recht betont, dass Burg und Schloss ein und dieselbe Bauaufgabe darstellen[7].

Für den Schlossbau im 19. Jahrhundert liegt eine Untersuchung zur Wehrhaftigkeit bisher nicht vor, denn im Gegensatz zur Masse der Objekte in der Frühen Neuzeit handelt es sich bei den Bauten des 19. Jahrhunderts nur um wenige real befestigte Anlagen, so dass sie schon von daher unter dem Aspekt ihrer Fortifikation nicht zur Kenntnis genommen worden sind. Zumal niemand bisher ernsthaft davon ausging, dass man noch zu einem so späten Zeitpunkt Schlösser fortifiziert hat[8], denn die Burg hatte ja nach weit verbreiteter Ansicht mit dem Ende des Mittelalters angeblich jeden militärischen Wert verloren. Im ersten Moment muss uns also die Neuerrichtung fester Schlösser im 19. Jahrhundert wie ein völliger Anachronismus anmuten. Im Allgemeinen herrscht ja die Ansicht vor, Fortifikationen seien nur zur Abwehr großer Heere errichtet worden und daher wären Burgen und feste Schlösser mit den Veränderungen einer fortgeschrittenen Kriegstechnik obsolet geworden. Doch diese Meinung greift zu kurz. Zum einen hat man damit den militärischen Charakter der mittelalterlichen Burg zur Unterscheidung vom neuzeitlichen Schloss überbetont, zum anderen stellt sich die Frage, gegen wen sich die Befestigungen einer Burg bzw. eines Schlosses denn überhaupt richten sollten. Tatsächlich dienten sie in den seltensten Fällen der Verteidigung gegen große, wohlgerüstete Armeen, sondern vielmehr gegen Streifscharen und Banden, vor denen sich die Besitzer angesichts latenter Kriegsgefahr in Mittelalter und Früher Neuzeit zu schützen suchten[9].

Dass die festen Schlösser des 19. Jahrhunderts und ihre teilweise hochmodernen Fortifikationen (Lichtenstein, Hohenzollern) als solche nicht zur Kenntnis genommen worden sind, mag weiterhin daran liegen, dass auch die Festungsbaukunst der Epoche bisher kaum eine Würdigung von kunstwissenschaftlicher Seite erfahren hat, obwohl in den letzten Jahren durch die noch recht junge Disziplin der Festungsforschung zahlreiche Bauten in Aufsätzen bzw. Einzelmonographien publiziert wurden[10]. Dabei mangelt es keinesfalls an nicht nur in funktionaler und bautechnischer, sondern auch in künstlerischer Hinsicht herausragenden architektonischen Leistungen. So gehören die Bauwerke der bayerischen Festungen Germersheim und Ingolstadt sicherlich zum Qualitätsvollsten, was die Militärarchitektur des 19. Jahrhunderts in Europa hervorgebracht hat. Namhafte Zivilarchitekten wie Friedrich v. Gärtner und Leo v. Klenze[11] haben einen Teil der Werke entworfen. Erst in jüngster Zeit haben Dieter Marcos und Klaus T. Weber umfassende Arbeiten zur Architektur der preußischen Festung Koblenz aus kunsthistorischer Sicht vorgelegt[12]. Während Weber ausführlichst die Anlagen in ihrer Baugeschichte und Funktion beschreibt und in den allgemeinen Kontext des Festungsbaues und seiner Entwicklungslinien innerhalb Europas einordnet, analysiert und bewertet Marcos die Koblenzer Bauten überwiegend stilistisch. Er interpretiert die Kriegsbaukunst des 19. Jahrhunderts als reinste Verkörperung romantischer Architektur[13]. Marcos verweist in diesem Zusammenhang auf die großen Gemeinsamkeiten von Entwürfen zu monumentalen Grabmonumenten der so genannten „Revolutionsarchitektur" und der Gestaltung der Koblenzer Festungswerke[14]. Im Bewusstsein der Kunstwissenschaft ist der Festungsbau allerdings sonst kaum präsent und sie ignoriert nach wie vor überwiegend die Auseinandersetzung mit der Militärarchitektur ganz allgemein, wohl aus gewissen Berührungsängsten heraus[15]. Aber auch der Wehrbau ist Teil der Architektur- und Kunstgeschichte und ein beredtes Zeugnis einer bestimmten Epoche mit all ihren technischen und künstlerischen Entwicklungen und Ausdrucksformen im Lauf der Weltgeschichte[16].

Was für die Militärarchitektur gilt, galt lange Zeit ganz allgemein für die historistische Architektur des 19. Jahr-

hunderts. Verpönt und als „*Maskenball der Baukunst*"[17] in Frage gestellt, erfuhr sie erst in den letzten drei Jahrzehnten eine zunehmende Würdigung. Nun kann man deutlich konstatieren, dass es bis heute vielen Arbeiten um Stilfragen geht[18], was nicht erstaunt, wenn man bedenkt, dass die Forschung anfangs von der vermeintlich eklektizistischen Architektur des 19. Jahrhunderts nur das gelten lassen wollte, was in bezug auf neue Baumaterialien und Bautechnik in Tradition zur avantgardistischen, funktionalen Moderne des Neuen Bauens stand. Ihre Stilvielfalt wurde aber grundsätzlich verdammt[19]. Wohl deshalb sah sich die Kunstwissenschaft genötigt, diese Stilvielfalt immer wieder aufs neue zu untersuchen und somit durch entsprechende Begründungen zu rechtfertigen, zumal das Stilproblem in der Tat auch die architekturtheoretische Publizistik im 19. Jahrhundert durchzieht.

Entsprechend der anfänglich abwertenden Sichtweise auf die Architektur des 19. Jahrhunderts schien auch lange Zeit eine wissenschaftliche Auseinandersetzung mit dem Schlossbau der Epoche nicht zu lohnen[20]. Heinz Biehn hat 1970 als Erster diese Bauten in einer Überblicksdarstellung, in der er eine Zusammenstellung romantischer Schlösser unter dem entwicklungsgeschichtlichen Aspekt der Bauten vorgenommen hat, umfassend gewürdigt[21]. Im selben Jahr hat auch Walter Hotz in seiner Kunstgeschichte der deutschen Schlösser den Bogen bis ins frühe 20. Jahrhundert gespannt und immerhin eine ganze Reihe von Anlagen, allerdings ohne weitere Analyse, kurz behandelt. Er hat zu Recht darauf hingewiesen, dass „*auch noch im 19. Jahrhundert eifrig Schlösser gebaut*" wurden[22]. 1975 erschienen die Aufsätze eines Symposiums zum Schlossbau des Historismus, herausgegeben von Renate Wagner-Rieger und Walter Krause, die das Schloss des 19. Jahrhunderts nicht nur in seiner Stilvielfalt endlich ins rechte Licht rückten, sondern auch Fragen nach Funktionen und politisch-historischem Kontext der Bauten nachgingen. Der Band stellt neben der Arbeit von Biehn nach wie vor das einzige größere Überblickswerk zum Schlossbau der Epoche dar und darf zu Recht als Standardwerk gelten[23].

Seither hat sich die Kunstwissenschaft in einigen Monographien mit Einzelbauten der Epoche beschäftigt. Hervorzuheben sind hier vor allem die Arbeiten von Rolf Bothe über den Hohenzollern, die Maßstäbe setzte, und Ursula Rathke über die preußischen Rheinburgen sowie die erst jüngst erschienene Monographie von Isabel M. Arends über die Marienburg bei Nordstemmen[24]. Ein neueres zusammenfassendes Werk ist jedoch nach wie vor ein Desiderat der kunstwissenschaftlichen Forschung. Auch die allzu knappen Ausführungen bei G. Ulrich Großmann befriedigen kaum und erbringen nichts wesentlich Neues an Wertungen. Immerhin weist der Autor auf die nach wie vor wichtigen „*macht-politische*(n) *Aspekte*" der Schlösser hin[25]. Eine Untersuchung der Schlösser in ihrem höfischen Kontext, z. B. unter der Fragestellung des Zeremoniells, unterblieb bisher fast vollständig.

Wurde das feste Schloss des 19. Jahrhunderts als Bauaufgabe bisher kaum wahrgenommen, so gehen wenigstens einige Autoren auf die Verwendung von Wehrbau- und Festungsmotiven in der Schlossarchitektur jener Zeit ein. So hat Rathke 1979 auf den Festungscharakter einzelner Bauelemente der Schlösser Stolzenfels und Sooneck hingewiesen[26]. Wagner-Rieger und Michael Bringmann stellten die Frage nach der symbolischen Bedeutung des *„military look"* der historistischen Schlösser, ohne sich damit aber weiter auseinander zu setzen, obwohl schon Andreas Ley 1970 die legitimierende Symbolfunktion von fiktiven Wehrelementen in der adeligen und großbürgerlichen Villenarchitektur der zweiten Hälfte des 19. Jahrhunderts analysiert hat[27]. Im Mittelpunkt der überwiegenden Mehrzahl der Untersuchungen zum Schloss des Historismus stand die Interpretation der Bauten als familiäre, dynastische oder nationale Denkmäler. Sie wurden oftmals als Ausdruck einer romantisch-rückwärtsgewandten Adelsgesellschaft begriffen, die aus einer sich immer rascher wandelnden Welt der sozialen, wirtschaftlichen, technischen und politischen Umwälzungen in eine vermeintlich heile, verklärte Vergangenheit des deutschen Mittelalters zu flüchten suchte, um sich über diese zu definieren und zu legitimieren[28]. Ist diese Sicht sicher nicht als völlig falsch zu verwerfen, so ist sie doch zu einseitig, zumal sie gänzlich unterschlägt, dass sich der Adels seit jeher über Tradition und Anciennität als gesellschaftliche Elite zu legitimieren suchte, dies also im 19. Jahrhundert gar nicht so neu war, sondern nur viel konsequenter umgesetzt wurde. Dieser etwas zu einseitige Blick liegt u. a. in dem erst seit einigen Jahrzehnten gewachsenen Forschungsinteresse an der Architektur und damit auch an den Zeugnissen höfisch-aristokratischer Baukunst des 19. Jahrhunderts begründet. Erst allmählich gibt es neue Ansätze zu Fragestellungen und Interpretationen höfischer Kunst und Kultur im Zeitalter von Romantik und Historismus, die es ermöglichen, die Architektur in diesem Bereich besser zu verorten[29]. Zu stark wirkt noch die Zeit um 1800 als historischer Bruch in der Geschichts- und Kunstgeschichtsschreibung. Dieser existiert aber in so scharfer Form nicht in allen Bereichen. Vielmehr gibt es langwirkende Kontinuitäten der Epoche vor der Französischen Revolution, des *Ancien régime*, in das 19. Jahrhundert hinein. Sie wurden bisher kaum zur Kenntnis genommen, das 19. Jahrhundert stattdessen als eine überwiegend bürgerliche Epoche gewertet, da ja tatsächlich in dieser Zeit Aufstieg und Emanzipation unserer heutigen bürgerlichen Gesellschaft ihren Anfang nahmen[30]. Die Frage nach einer Hofkultur, ihren Traditionen und Kontinuitäten im 19. Jahrhundert wurde bisher fast gar nicht gestellt[31], und im Unterschied zur Frühneuzeitforschung schon gar nicht die nach dem Zusammenhang von Architektur, Hofkultur und Landesherrschaft[32]. Dieser Fragenkomplex wird in der vorliegenden Arbeit immer wieder thematisiert werden, um einen anderen, neuen Blickwinkel auf die Schlösser der Romantik zu eröffnen.

II. Burg – Schloss – Palast
Anmerkungen zur Terminologie

„Ein Schloß ist etwas anderes als eine Burg. Die Burg zählt jedoch zu seinen Vorfahren. Die Burg war stets in erster Linie ein Wehrbau, das Schloß hingegen ein Wohnbau." So definierte Walter Hotz 1970 die Abgrenzung von Burg und Schloss zueinander[33], womit er einen traditionellen Forschungsstand wiedergab. Schon die frühe Burgenforschung des 19. Jahrhunderts hatte Burgen überwiegend als *„Kriegsbaudenkmäler"* charakterisiert und hauptsächlich nach ihren militärischen und verteidigungstechnischen Aspekten bewertet[34]. Man wollte gar ein Ende des Burgenbaus um 1500 konstatieren: *„Ihre Bestimmung war erfüllt; der Landfrieden, die veränderten Lebensverhältnisse und die neuere Kriegführung machten sie unnütz."*[35]

Bis heute werden Burgen trotz neuer Sichtweisen und umfangreicher Forschungen immer wieder vorrangig als Wehrbauten interpretiert und so dem angeblich repräsentativeren und wohnlicheren Schloss der Neuzeit in scharfer Abgrenzung gegenübergestellt[36]. Das unterschlägt die Tatsache, dass auch ein Wehrbau repräsentativ sein kann und in seiner Architektur beeindrucken soll, auch wenn uns Heutigen dies nicht gar so gegenwärtig ist wie früheren Epochen. Auch wird noch immer der militärische Wert mittelalterlicher Burgen überschätzt und der des Schlosses in der Frühen Neuzeit unterschätzt. Der repräsentative Charakter der Burg, ja des Wehrbaus ganz allgemein als Machtsymbol[37] und Herrschaftszeichen wird so grundsätzlich in Frage gestellt, ohne zu bedenken, dass der Repräsentationswert einer Architektur immer aus seiner Zeit heraus zu beurteilen ist. Es erscheint wenig sinnvoll eine Burg des 13. Jahrhunderts mit einem Palast des 18. Jahrhunderts zu vergleichen, der in einer Epoche entstand, als Säulenordnungen eine wesentliche Prachtkategorie darstellten[38]. Die Burg des Hochmittelalters entsprach aber sicherlich in ihrer Zeit ebenfalls bestimmten Kriterien, nach denen man sie als mehr oder weniger prachtvoll beurteilt haben mag. Die mittelalterliche Burg erscheint nur uns Heutigen als weniger repräsentativ als Schlösser und Paläste späterer Epochen, weil wir bestimmte Vorstellungen von Wohnkomfort, Luxus und Prachtaufwand haben. Das Mittelalter wirkt aus unserer heutigen Warte daher rückständig und primitiv, Militärisches wird – begreiflicherweise nach den Erfahrungen zweier verheerender Weltkriege – nicht als Teil der Repräsentation aufgefasst. Diesen Maßstab können wir aber kaum anlegen, wertet er damit doch das Mittelalter und seine Wohnkultur in unzulässiger Weise aus der Sicht des 21. Jahrhunderts ab.

Nun herrscht immer noch die Meinung vor, dass sich im 16. Jahrhundert Wehr- und Wohnbau in das unbefestigte Wohnschloss und die rein militärisch genutzte Festung getrennt hätten. Doch längst schon haben diverse Untersuchungen gezeigt, dass Schloss und Burg keine getrennte Bauaufgabe darstellen, dass die Begrifflichkeiten schon seit dem Spätmittelalter ein und den selben Gegenstand meinten und sich Schlösser und Burgen nicht durch fehlende bzw. vorhandene Befestigungen unterscheiden lassen[39]. Erst seit dem 19. Jahrhundert wurde diese begriffliche Trennung mehr und mehr von der Wissenschaft vorgenommen. Im 20. Jahrhundert setzte sie sich vollends durch, wobei sie zugleich der Trennung zwischen zwei Epochen, nämlich Mittelalter und Neuzeit, dient[40]. Um so mehr stellt sich die Frage nach der Terminologie und Begriffsdefinition von Burg, Schloss und Palast in dem in dieser Arbeit behandelten Zeitraum.

Rein funktional betrachtet, existiert zwischen Burgen, Schlössern und Palästen kein Unterschied, wenn man sie vorrangig nach ihrer Nutzung als Wohn- und Verwaltungsorte von adeligen Herrschaften betrachtet. Doch im 18. und 19. Jahrhundert wurde hinsichtlich der baulichen Gestalt sehr präzise zwischen Palast einerseits und Burg und Schloss andererseits getrennt. Für letztere war nämlich die Befestigung wesentliches Definitionskriterium. 1798 vermerkte Johann Christoph Adelung unter dem Stichwort Schloss: *„Ein geschlossener, d. i. wider den Anfall eines Feindes verwahrter, Ort, da es denn Spuren gibt, daß ehedem auch befestigte Städte sowohl Bürge, Schlösser und Castelle genannt wurden. Jetzt werden nur noch befestigte und mit gewissen Hoheitsrechten begabte Wohnsitze der Fürsten, Herren und Dynasten Schlösser genannt. Ehedem hießen sie Bürge. [....] In weiterer Bedeutung wird im gemeinen Leben häufig ein jeder ansehnlicher Pallast eines vornehmen Herrn, und in manchen Gegenden ein jeder Rittersitz ein Schloß genannt, ohne Zweifel, weil dergleichen Wohnsitze ehedem wirkliche Schlösser waren."*[41] Burg und Schloss werden hier synonym gebraucht. Sehr ähnlich äußerte sich fast vierzig Jahre später noch der sächsische Baurat Stapel in einem der wesentlichen allgemeinbildenden Lexika der Epoche unter dem Stichwort Palast: *„Statt Palast im engern Sinne ist auch oft die Bezeichnung Schloß gebräuchlich, und wie jene Bezeichnung aus der Zeit des Augustus, dessen Wohn-*

haus auf dem palatinischen Hügel in Rom stand, stammt, so stammt diese aus dem Mittelalter und bezeichnete damals, außer Feste überhaupt, eine feste Wohnung der Großen, einen festen Palast.

So wie sich gewissermaßen beim Bürger und niederen Adel im Mittelalter das unbefestigte Haus zur festen Burg verhielt, so verhielt sich der Palast zum Schlosse bei den Fürsten und Großen. Die in jetziger Zeit errichteten Prachtgebäude dieser Art sind hiernach allemal Paläste, wenn auch örtliche Gebräuche den Namen Schloß, Burg etc. wählen, denn der Begriff desselben findet sich nicht mehr in der kriegerischen Anlage solcher Gebäude. Ein Palast ist jetzt nicht mehr zugleich Festung und umgekehrt. Alte Schlösser sind auch wol durch Entfernung ihrer Befestigungen in Paläste verwandelt."[42]

Nach dieser Definition sind Schlösser also analog zu den Palästen Prachtgebäude hoher Herrschaften, nicht aber des einfachen Adels[43]. Erstere sind im Unterschied zu den Palästen befestigt. Was der Volksmund gemeinhin als Schloss bezeichnet, nämlich Residenzbauten wie Bruchsal, Münster oder Ludwigslust, ist nach der Definition Stapels als Palast anzusehen, weil es sich um repräsentative, unbefestigte Bauten handelt, die der Landesherrschaft als Wohn- und Regierungssitz dienen. Burgen und Häuser gelten demnach nicht als Prachtgebäude. Solche stehen nur großen Herren, also den Landesfürsten zu. Diese Definition von Palast und Schloss findet sich noch im späten 19. Jahrhundert[44], wurzelt allerdings in der Frühen Neuzeit. Schon Joseph Furttenbach bezeichnete 1640 gräfliche und fürstliche Wohnungen als Palast im Gegensatz zum adeligen Haus[45]. Tatsächlich entsprechen seine Bauten unbefestigten Palästen. Die sie umgebenden, von den Wohnbauten separierten Fortifikationen sind nicht integraler und notwendiger Bestandteil der Hauptbauten. Sie könnten auch entfallen, je nach dem, wo der Palast zu stehen kommen soll[46].

Die Architekturtheorie des 17. und 18. Jahrhunderts spricht fast nie von Schlössern, schon gar nicht von Burgen, sondern von Palästen, die als vornehmste Bauaufgabe gelten, wenn die Wohn- und Regierungssitze der Souveräne thematisiert werden[47]. So schreibt Joh. Heinrich Zedler 1740: *"Pallast, Lat. Palatium, Aedes magnificae, Fr. Palais, ist eines der vornehmsten Stücke der gantzen Bau=Kunst, und besteht in einer ansehnlichen und bequemen Wohnung eines grossen Herrn.*"[48] Das Schloss hingegen wird von ihm als befestigter Bau definiert: *"Schloß, Arx, Castrum, Chateau, ein Fürstliches oder Herrn=Hauß, mit Mauren und Thoren, oder mit Graben und Brücken versehen.*" Er weist dabei besonders auf die rechtliche Bedeutung solcher befestigten Wohnsitze des Adels hin[49]. Wenige Jahrzehnte später vermerkt Joh. Georg Sulzer in seiner *Allgemeinen Theorie der schönen Künste* unter dem Stichwort Palast: *"So nennen wir die*

großen Gebäude, die zu Wohnungen der Landesfürsten bestimmt sind; wiewol die Schmeicheley den Namen auf die Wohnungen anderer Personen von hohem Stande ausgedehnt hat."[50] Noch zu Ende des 18. Jahrhunderts definierte der Architekturhistoriker und Jurist Christian Ludwig Stieglitz das Schloss ähnlich wie Zedler[51]. Für ihn gehört die Befestigung eines Schlosses allerdings schon der Vergangenheit an. Stieglitz verweist daher auf den aktuellen Begriff „Palast", der eine unbefestigte Anlage meint. Diese Definition unterscheidet sich also nicht wesentlich von denen Adelungs und Stapels. Der Kunstgelehrte Joh. Gottfried Grohmann verwies 1804 unter dem Stichwort Schloss ebenfalls auf den Palast: *"Pallast, das Gebäude, worin der Landesfürst wohnt, auch Schloß, Residenzschloß genannt; bisweilen auch das Wohnhaus eines Großen und Reichen, ja wohl gar jedes große und reich verzierte Haus.*"[52] Da der Begriff Palast offensichtlich immer inflationärer verwandt wurde, setzte er hinzu: *"Die Palläste, als Wohnsitze der Fürsten, sollten sich durch einen eignen, der Hoheit ihrer Besitzer angemessenen Charakter auszeichnen, und etwas mehr, als bloß vergrößerte und erweiterte Wohnhäuser sein.*" Als landesherrliche Wohnungen sind Paläste auch noch nach der Definition des frühen 19. Jahrhunderts zu einem Teil öffentliche, staatliche Gebäude und müssen daher entsprechend repräsentativ und eindrucksvoll wirken[53].

Ähnlich Stapel definiert noch Oscar Mothes im *Bau=Lexicon*, einem Standardwerk in der zweiten Hälfte des 19. Jahrhunderts: *"Schloß, frz. château, engl. Castle. Wohnhaus eines souveränen Fürsten, wol auch Herrenhaus eines großen Rittergutes.*" Er fährt fort: *"Dieselben waren früher stets, gegenwärtig jedoch höchst selten befestigt [...].*"[54] Wie für andere Autoren gehört auch für Mothes demnach die Befestigung von Schlössern in der Regel der Vergangenheit an[55]. Aber seine Bemerkung weist doch darauf hin, dass man, wenn auch nur in seltenen Fällen, noch zu seiner Zeit Schlösser befestigt hat.

Immer wieder wurde zum Begriff Schloss synonym der der Burg verwandt, wobei man mit der Burg das Schloss des Mittelalters meinte: *"Ein befestigter Wohnsitz eines Fürsten, Grafen oder Dynasten, welcher mit verschiednen Hoheitsrechten versehen ist. [...] In den mittlern Zeiten gab es in Deutschland eine Menge solcher Bürge, welche zum Theil noch vorhanden sind, aber jetzt gemeiniglich Schlösser genannt werden, so daß das Wort Burg auch dieser Bedeutung im Hochdeutschen wenig mehr gebraucht wird, außer wenn von Bürgen der mittlern Zeit die Rede ist. Die Wohnsitze der gemeinen Edelleute werden nun zwar oft Schlösser, aber so viel mir bekannt ist, nicht Bürge genannt; [...].*"[56] Der Begriff Schloss wird sogar mit dem der bastionierten Zitadelle gleichgesetzt. 1852 gibt die *Allgemeine deutsche Real=Encyklopädie* an: *"Citadelle, eigentlich Schloß, heißt eine in oder bei einer Stadt erbaute kleine Festung von vier bis fünf Bollwerken.*"[57] Auch hier verweist der Begriff Schloss also auf einen wehrhaften Bau. Aufschlussreich in diesem Zusammenhang sind Äußerungen über bestehende Objekte, die verraten, dass man unter einem Schloss noch im 19. Jahrhundert eine befestigte Anlage verstand. 1820 wird die Wasserburg der Äbte von Seligenstadt (Abb. 274) als *„ein kleines zweistöckiges Gartenhaus mit einer Zugbrücke und vier kleinen, an den Ecken desselben stehenden Thürmen, die dem Ganzen das Ansehen eines Schlosses geben"*, beschrieben[58]. Es sind Verteidigungseinrichtungen wie Türme und Zugbrücke die demnach das Gebäude zum Schloss machen, ja unabdingbar zu seinem Charakter gehören, um es als Objekt einer bestimmten Baugattung zu kennzeichnen. Eine Beschreibung des im Bau befindlichen Schlosses Peña, Sommersitz der Könige von Portugal bei Sintra, von 1841 bemerkt: *„Jetzt kommen einige Mauern und Thürme hinzu um das Ganze schloßähnlicher zu machen."*[59]

Soweit die Definition von ziviler Seite. Aber auch die kriegswissenschaftliche Literatur der Zeit sah im Schloss grundsätzlich einen befestigten Bau: *„Schloß, dient zur Bewahrung irgend eines festen Postens, und wird dann auch häufig Fort genannt,"* heißt es 1827 in einer militärischen Enzyklopädie[60]. Carl v. Clausewitz, der wichtigste Kriegstheoretiker der Epoche, nahm den Begriff Schloss noch weit wörtlicher. Als *„eigentliche Schlösser"* bezeichnet er Festungen, die Straßen und Flüsse sperren, also etwas abschließen[61]. So wurde der Begriff schon seit dem Mittelalter verstanden und synonym zum Begriff Burg gebraucht[62]. 1795 heißt es in der *Encyklopädie der Kriegswissenschaften*: *„Die alten Deutschen nannten einen jeden befestigten Ort, es mochte eine Stadt oder ein Schloß seyn, Burg. [...] Ueberhaupt sind in der Folge die Wörter Schloß, Burg und Haus von gleicher Bedeutung geworden."* Schloss bedeutet wie Burg einen befestigten, sicheren Ort[63].

Der Begriff Schloss erscheint in der Folgezeit in der militärischen Literatur mehrfach als Form einer kleinen Festung im Unterschied zu den großen Stadtfestungen. So erwähnt Bousmard 1811 neben den Zitadellen, Forts und Reduits innerhalb der großen Festungen auch die Schlösser. Die Funktion von Schloss und Zitadelle ist ein und die selbe. Sie dienen beide als Rückzugsort für die Garnison und zur Beherrschung der Stadt im Falle von Aufständen[64]. Bei A. Rittig von Flammenstern kann man unter dem Stichwort *„Castell, Chateau"* finden: *„Ein befestigtes Bergschloß, Burg, eine kleine Festung."*[65] Auch er verwendet die Begriffe Burg und Schloss also synonym. Und *Romberg's Zeitschrift für Praktische Baukunst* vermeldet über die Grundsteinlegung der Bundesfestung Ulm 1844, dass *„die Burg und Veste, deren Grundstein zunächst hier gelegt ward"*, zu *„Ehren des Landesherrn den Namen Wilhelmsburg"* erhielt[66]. Mit der *„Burg"* ist

hier das Kernwerk der Ulmer Zitadelle, die sich aus zwei Teilen, der Wilhelmsfeste und der Wilhelmsburg zusammensetzt, gemeint, eine gewaltige Defensivkaserne mit runden Geschütztürmen (Abb. 186)[67].

Auch die begriffliche Gleichsetzung von Burg, Zitadelle und Kastell wurzelt im 18. Jahrhundert[68]. Diese definitorische Übereinstimmung zieht sich noch durch weite Teile der Literatur zum Festungsbau im 19. Jahrhundert, seien es Lehrbücher oder Lexika[69]. Mindestens aber gelten die festen Schlösser als funktionale Vorläufer der modernen Zitadelle[70]. Neben dem Begriff Schloss für eine kleinere Befestigungsanlage erscheint als Spezifikum auch das Bergschloss, meistens allerdings unter dem Stichwort Bergfestung abgehandelt[71]. Wie in der zivilen, so erscheint also auch in der militärischen Literatur der Begriff Schloss noch im 19. Jahrhundert als Bezeichnung für ein befestigtes Bauwerk. Als Untergattung zählte es zu den Festungen[72]. Letztere sind rein militärisch definiert: *„Festung heißt ein nach den Grundsätzen der ständigen Befestigungskunst dergestalt verstärkter Ort, daß der Vertheidiger desselben selbst einem stärkeren und geübteren Feind auf die Dauer Widerstand zu leisten vermag."*[73]

Schlösser sind folglich – im Gegensatz zu Palästen, aber synonym zur Burg – befestigte Plätze, so genannte „Schlösser" ohne Befestigung, sei sie real oder rein fiktiv, wären demnach eindeutig als Paläste anzusprechen. Wenn auch der Volksmund z. B. vom „Neuen Schloss" in Stuttgart spricht, so handelt es sich dabei nach Definition des 18. und 19. Jahrhunderts terminologisch um einen Palast. Von einem festen Schloss zu sprechen ist daher ungefähr so sinnvoll wie von einem schwarzen Rappen. Ein Schloss ist nach obigen Definitionen immer ein befestigter Bau. Trotzdem soll im Folgenden der Schlossbegriff gewohnheitsmäßig benützt werden, da er sich als Hilfsmittel zur architekturhistorischen Epochenabgrenzung eingebürgert hat. Das Schloss soll hier demnach die nachmittelalterliche Adelswohnung bedeuten. Das ist natürlich, wie aus obiger Darstellung klar hervorgeht, ein rein modernes Konstrukt und bleibt als epochenscheidender Begriff ebenso problematisch wie alle Epochenbezeichnungen und -grenzen. Der Begriff „festes Schloss" dient dabei als bloßes Hilfskonstrukt zur Unterscheidung befestigter von unbefestigten Adelssitzen der Neuzeit.

Das Folgende wird zeigen, dass die hier behandelten Objekte alle unter die Kategorie Schloss im Sinne eines befestigten, gesicherten Wohnsitzes fallen und der Definition des 19. Jahrhunderts entsprechend unter die Forts, Zitadellen und kleinen Festungen gerechnet werden können.

III. Befestigungsrecht und Befestigungshoheit

Im Lauf des Mittelalters war das Befestigungsrecht, ursprünglich ein Regal, also ein königliches Recht, an die Landesherren übergegangen[74]. Noch im 18. Jahrhundert besaßen Begriffe wie Befestigungs- oder Öffnungsrecht Aktualität. So vermerkt Zedler 1743 unter dem Stichwort Schloss: *„Dergleichen Häuser haben alle allezeit gewisse Herrlichkeiten und Gerechtigkeiten, die ihnen ankleben, und mit ihnen veräussert werden, aber nicht allezeit die Landes=Obrigkeit. Es darf auch, ohne des Landes=Herrn Vorwissen und Bewilligung, niemand, der nicht hergebracht, ein Schloß neu erbauen, und ist schuldig, wenn er eines hat, dasselbe dem Landes=Herrn auf begehren zu öffnen.“*[75] Zedler gibt hier das im Heiligen Römischen Reich deutscher Nation seit dem Spätmittelalter gültige Recht wieder. Das Befestigungsrecht zählte, immer wieder bestätigt durch kaiserliche Wahlkapitulationen, zu den Hoheitsrechten der Landesherren[76]. Wenige Jahrzehnte später heißt es, ebenfalls vor dem Hintergrund des Reichsrechts: *„Das Recht Krieg zu führen hat nur die allerhöchste Regierung.“*[77] Unter die diesbezüglichen Kriegsrechte, welche die Landesherren gemäß der Reichsverfassung inne hatten, wurde auch das Befestigungsrecht gezählt: *„Jus muniendi, das Festungs=Bau=Recht, vermöge dessen man in seinem Lande Festungen haben, anlegen, auch wieder niederreißen darf, wofern nur solches dem Kaiser, dem Reiche und dem allgemeinen Reichs=Frieden nicht nachtheilig ist.“*[78] Überdies kam der Regierungsgewalt das *Jus aperturae*, das Öffnungsrecht zu, *„daß man seinem Landesherrn zu Kriegs= und Friedens=Zeiten, zur Sicherheit und Herberge oder zum Durchzug Städte, Schlösser oder Festungen öffnen muß. Der Landesherr kann Festungen niederreißen lassen.“*[79] Die *Deutsche Encyclopädie* vermerkt 1784: *„Befestigungsrecht; ist das Recht Festungen anzulegen. In den ältesten Zeiten kam solches in Deutschland allein dem Kaiser zu. Mit Einführung der Landeshoheit haben auch die Reichsstände dazu ein Recht erhalten. Privatpersonen dürfen aber auf ihren Gütern sich dergleichen nicht anmassen.“*[80] Das wird auch weiter begründet unter der juristischen Definition von Festungen: *„Was wir hier nach den Grundsätzen des Staatsrechts über die Festungen zu sagen haben, gilt nicht nur von eigentlich also genannten grossen Vertheidigungsplätzen, sondern auch von den unterscheidungsweise mit den Namen Fort, Schloß, Schanze u.s.w. bezeichneten kleineren.*

Nach Grundsätzen des allgemeinen Staatsrechts ist niemand dergleichen anzulegen befugt, als derjenige, welchem die höchste Gewalt im Staate zukommt, und vermöge derselben auf die öffentliche Sicherheit und Vertheidigung des Landes Obacht zu nehmen hat. Es ergiebt sich also auch schon hieraus eine natürliche Einschränkung des Privateigenthums, zufolge deren kein Unterthan auf seinem Grund und Boden dergleichen anzulegen berechtigt ist; weil er eben deswegen in die bürgerliche Gesellschaft tritt, dass ihm diese die erforderliche Sicherheit und Schutz schaffen soll; Privatfestungen aber gar leicht die Ruhe der Unterthanen unter einander stöhren, oder wohl gar eine Widersetzlichkeit gegen die höchste Gewalt selbst begünstigen können.

Dieser Grundsatz wird daher auch in jedem wohlgeordneten Staate ohne Einschränkung behauptet. Nur die unruhigen Zeiten des Faustrechts, welche es nothwendig machten, auch Unterthanen bey der Ohnmacht der höchsten Gewalt, die Selbsthülfe und den eigenen Schutz zu gestatten, machen hiervon in ganz Europa Ausnahme.“[81] Die Befestigung von Privatgebäuden ist verboten und gehört, wie betont wird, der Vergangenheit an, denn man lebt in einer Epoche, in der ein geordneter Staat für Sicherheit sorgt, so dass der einzelne Staatsbürger sich nicht gegen irgendwelche Bedrohungen schützen muss. Das ist der Anfang des heute noch gültigen staatlichen Gewalt- bzw. Polizeimonopols. Die *Deutsche Encyklopädie* erklärt dies folgendermaßen: *„Nur die seit der Erfindung des Schießpulvers nach und nach ganz umgewandelte Art Krieg zu führen, hat den daraus entstandenen Uebeln abgeholfen, und seit dieser Zeit steht die zahllose Menge solcher Festungen nur noch zur Schau da, um uns durch ihren Anblick von dem ehemaligen verwirrten Zustande ein desto lebhafteres Bild zu machen.“*[82] Diese Aussage enthält einen wahren historischen Kern. Die überlegenen militärischen Kräfte der erstarkenden landesherrlichen Macht hatten an der Wende vom Mittelalter zur Frühen Neuzeit viele Burgen eines unbotmäßigen, landsässigen, teilweise auch reichsritterlichen Adels, der sich gegen die Machtbestrebungen der großen Landesherren zur Wehr setzte, gebrochen, und so die Herstellung eines allgemeinen Landfriedens durch die Landesherrschaft möglich gemacht. Trotzdem baute der landsässige Adel auch zwischen dem 16. und 18. Jahrhundert nach wie vor befestigte Wohnsitze, wozu er sogar die Pflicht hatte, auch wenn er hierfür das Einverständnis des Landesherrn brauchte, wie die Äußerung Zedlers deutlich macht[83]. Allerdings musste der landsässige Adel, wie erwähnt, seine Schlösser im Kriegsfall dem Souverän als seinem Lehnsherr öffnen, d. h. diesem zur Verfügung stellen, und er durfte sie keinesfalls gegen ihn verwenden.

Soweit die Definition des Befestigungsrechts im Alten Reich. Wie aber verhielt es sich damit im 19. Jahrhundert im Gebiet des Deutschen Bundes? In der *Allgemei-*

nen *Enzyklopädie der Wissenschaften und Künste* heißt es 1832 über das Öffnungsrecht: *„Daß dasselbe in Fehdezeiten höchst wichtig war, läßt sich nicht verkennen, daß es aber auch, nachdem die öffentliche Sicherheit in den Staaten befestigt war, sowie nach Ausbildung der Landeshoheit, außer Gebrauch kommen mußte, und gegenwärtig gänzlich außer Gebrauch gekommen ist, ebenso wenig.“*[84] Dementsprechend erscheinen Befestigungs- und Öffnungsrecht auch kaum mehr in der politischen und juristischen Literatur der Zeit. In den entsprechenden Lexika sucht man sie als Stichwort meist vergeblich. Die Militärhoheit lag in den Ländern des Deutschen Bundes nur in den Händen der Staatsgewalt, der daher allein das Befestigungsrecht zustand[85]. Der Souverän eines Staates war *„als Inhaber der Staatshoheit“* der oberste Kriegsherr, in der Monarchie war es folglich der regierende Fürst[86]. Genau hundert Jahre zuvor hatte das Öffnungsrecht noch seine alte Bedeutung gehabt und ein Vergleich des obigen mit dem folgenden Zitat zeigt, wie sehr sich die innenpolitischen Verhältnisse bzw. die Auffassung vom Gewaltmonopol des Staates gewandelt hatten, ja letzteres zur Selbstverständlichkeit im modernen, konstitutionellen Staatswesen geworden war: *„Aperturae Jus, das Oeffnungs=Recht, so Lehn=Herren zuweilen in ihrer Lehn=Leute Schlösser und Städte haben, dass man ihnen Nacht und Tag ein Thor öffnen, und sie mit ihrem Gefolg einlassen muß. Es kommt dieses Oeffnungs=Recht denen Fürsten in allen ihren Städten und Festungen zu, und ist, wo es in des Fürsten Land, und über deren Unterthanen Schlösser und Güther exerciret wird, eine Anzeige der Landes=Fürstlichen Obrigkeit, und a parte patientis, eine Land=Sasserey.“*[87] Mit dem Ende des in der Frühen Neuzeit tradierten Lehenstaates aber endete auch dieses noch im 18. Jahrhundert aktuelle Recht, das übrigens nicht zu den Hoheitsrechten zählte, sondern als ein Teil des Lehnrechts angesehen wurde[88]. Das Öffnungsrecht ermöglichte aber dem Landesherrn den Zugriff auf alle Befestigungen in seinem Territorium, die nicht seine eigenen waren. Es war damit unweigerlich mit dem Befestigungsrecht verknüpft.

Zu den Regalien des *„constitutionellen Monarchen“* im 19. Jahrhundert zählte das *„Recht, den ganzen Staat in seinen Verhältnissen gegen andere Staaten zu repräsentiren, Gesandte zu schicken, Bündnisse und andere Staatsverträge zu schließen, Heere auszurüsten, Festungen anzulegen, Krieg zu erklären, Frieden zu schließen.“*[89] So war im *Staats=Recht der Preußischen Monarchie* selbstverständlich festgelegt: *„Die in der Staatsgewalt enthaltene Berechtigung und Verpflichtung, zur Behauptung und Vertheidigung der Selbständigkeit und der Rechte des Staates gegen fremde Staaten, so wie zur Aufrechterhaltung der inneren Sicherheit die erforderliche Macht zu bilden, zu unterhalten und zu verwenden, auch die zu diesem Zwecke nöthigen Schirm- und Wehranstalten anzulegen und zu erhalten, bil-*

det die Militairgewalt (Wehr- und Waffenrecht, jus armorum s[ive] armandiae), welche ein wesentliches Hoheitsrecht ist.“[90] Zu den Befugnissen des Königs als Oberbefehlshaber zählte daher *„die Errichtung und Erhaltung der nöthigen Anstalten zum Schutze und zwar zur Vertheidigung des Landes, insbesondere der Festungen und Arsenale [...].“*[91] Für einen Festungsbau mussten allerdings im Sinne der modernen, konstitutionellen Monarchie bestimmte Voraussetzungen erfüllt sein: *„Befestigungsrecht ist das Recht der Staatsgewalt, im Frieden das zur Befestigung nöthige Terrain in Besitz nehmen und bei Weigerung der Besitzer expropriiren zu lassen. Die Befestigung der genannten Plätze muß zur Sicherung des Staates geboten und von den Kammern bewilligt worden sein.“*[92] Der Staatsrechtler Zachariä stellte 1845 klar: *„Abgesehen von den in das Bundesrecht gehörigen Bestimmungen über die Bundesfestungen, ist das Recht der deutschen Souveräne und freien Städte zur Anlegung, Erhaltung und Restauration von Festungswerken, sowohl im Verhältniß zum deutschen Bunde als im Verhältniß zu den Landständen unbeschränkt.“* Aber auch er hält fest: *„Die durch Steuern zu deckenden Kosten bedürfen aber natürlich der verfassungsmäßigen Bewilligung von Seiten der Stände, nach den von der Steuerbewilligung geltenden Grundsätzen.“*[93]

Der Bau einer Festung und ihr Unterhalt stand also nur dem Staat bzw. dessen Souverän als seinem Oberhaupt und Vertreter zu. Dabei ist erstaunlich, wie eine Festung in rechtlicher Hinsicht in einem der Standardwerke zum deutschen Recht der Zeit, nämlich dem berühmten *Staats-Lexicon* von Carl v. Rotteck und Carl Welcker, definiert wurde: *Jeder Ort, der mit einer crenelierten (mit Schießscharten versehenen), wenigstens 25 Fuß hohen und 4 Fuß dicken Mauer umschlossen ist, die der Feind niederschießen muß, um in den Ort zu gelangen, ist zu einer provisorischen Festung geeignet. [...] Eine solche Ringmauer läßt sich aus einer Entfernung von 200 bis 250 Klaftern nur mit 24pfündigen Kanonen niederschießen.“*[94] Diese Definition einer Festung anhand der Tauglichkeit ihrer Verteidigungseinrichtung erinnert an die aus dem mittelalterlichen Befestigungsrecht bekannten Definitionen, was eine Burg sei[95]. *„Die Vertheidigung eines solchen Platzes wird also nur 5 bis 6 Tage dauern, wenn nicht andere Ringmauern dem Feind neue Hindernisse in den Weg legen [...] Ein Widerstand von 5 bis 6 Tagen ist allerdings nur kurz, aber im Krieg, wo die Zeit so überaus kostbar ist, oft von großer Wichtigkeit. Überdies sind 24pfündige Kanonen sehr schwerfällige Maschinen, die nicht immer bei der Hand sind und deren Herbeischaffung oft mit Schwierigkeiten verbunden ist.“*[96]

Es ist also festzuhalten, dass im 19. Jahrhundert allein der Staatsgewalt, und im Fall des Deutschen Bundes sind dies überwiegend die Monarchen der Einzelstaaten, das Befestigungsrecht zukam. Ein Privatmann verstieß gegen geltendes Recht, wenn er ein verteidigungsfähiges Schloss errichten ließ, es sei denn er hätte eine spezielle Erlaubnis hierzu erhalten. Wie gezeigt, war die Befestigung eines Ortes durch Privatleute schon im Heiligen Römischen Reich deutscher Nation des späten 18. Jahrhunderts aus Gründen der inneren Sicherheit nicht mehr erwünscht. Im Deutschen Bund gab es kein Befestigungsrecht und keine Befestigungspflicht mehr für den Adel, und folglich auch kein Öffnungsrecht, von dem ein Landesherr hätte Gebrauch machen müssen. Tatsächlich erscheint aber auch kein explizites Befestigungsverbot, so dass die Tradition adeliger Eigenbefestigung eine Fortsetzung hätte finden können. Wir werden im Folgenden einem solchen Fall begegnen.

IV. Revolution und Reaktion – die Epoche 1789–1866

Vor der Auseinandersetzung mit den einzelnen Bauten und ihrem Kontext ist es zum besseren Verständnis notwendig, sich einen kursorischen Überblick über die deutsche Geschichte zwischen 1789 und 1866 als zeithistorischem Hintergrund zu verschaffen, einer Epoche, die im Zeichen großer politischer und gesellschaftlicher Veränderungen stand und immer wieder von revolutionären Unruhen erschüttert wurde. Dies wird als Folie dienen, vor der wir die hier behandelten Bauten betrachten müssen.

Als im Jahr 1789 die Revolution in Paris mit dem Sturm auf die Bastille, also bezeichnenderweise auf eine Burg als *dem* Symbol der Unterdrückung, ausbrach, konnte niemand ahnen, dass dieses Ereignis innerhalb weniger Jahre die politische Landschaft Europas in weiten Teilen tiefgreifend verändern würde. Im damaligen Heiligen Römischen Reich deutscher Nation wurde die Revolution zunächst selbst von Seite der Regenten mit einem gewissen Wohlwollen beobachtet und man sah in ihr gar eine Notwendigkeit, das im Sinne des aufgeklärten Absolutismus als politisch und sozial rückständig geltende Frankreich zu modernisieren[97]. Allerdings verflog diese Sympathie bald angesichts der Exzesse und des schließlich staatlich organisierten Terrors, der für die Monarchen Europas in der Hinrichtung Ludwigs XVI. und seiner Gemahlin Marie Antoinette 1793 gipfelte. Der Schock über diese Bluttat saß tief und sollte den deutschen Fürsten noch lange in den Gliedern stecken. Die Revolution wurde zum Schreckgespenst[98]. Die Franzosen stellten mit der Gründung ihrer Republik die bisherige, scheinbar gottgewollte Weltordnung des *Ancien régime* gänzlich auf den Kopf. Wenig später gestaltete Napoleon, der zugleich gefürchtete, gehasste und bewunderte Emporkömmling, ganz Mitteleuropa nach seinen Vorstellungen um und krönte sich zum Kaiser aller Franzosen. Mit der Gründung des Rheinbundes durch Napoleon wurden zahlreiche Lehnsträger des Heiligens Römischen Reiches zu Verbündeten des französischen Kaisers und erhielten als Gegenleistung von diesem entsprechende Standeserhöhungen[99]. So wurden Württemberg und Bayern Königreiche. Dabei mutet es fast wie eine Ironie der Geschichte an, dass ausgerechnet unter Napoleon erstmals wirklich absolutistische Staaten innerhalb des damaligen Deutschland entstanden waren und die alten Freiheiten und Privilegien der traditionsreichen deutschen Stände, die oftmals kräftig mitregiert hatten, ihr Ende fanden – so zum Beispiel in Württemberg.

Die Gründung des Rheinbundes und die Kaiserkrönung Napoleons führten folgerichtig 1806 zur Auflösung eines jahrhundertealten Staatsgebildes in der Mitte Europas, des Heiligen Römischen Reiches deutscher Nation. Sein letztes Oberhaupt, Franz II., trat als römisch-deutscher Kaiser zurück und musste sich mit einem Kaisertum Österreich begnügen. Der neue Imperator mit dem Anspruch auf die Herrschaft über ganz Europa hieß Napoleon Bonaparte.

Die Französische Revolution, die erstmals nationalistische Strömungen in großem Maße auslöste, und in ihrem Gefolge die Herrschaft Napoleons weckten auch bei den Deutschen Nationalgefühle, die während der Befreiungskriege 1813–1814 in einem allgemeinen Patriotismus, verbunden mit politischen Hoffnungen des Bürgertums und vieler Intellueller auf ein geeintes Deutschland mit einer liberaleren Staatsordnung, gipfelten[100]. Aber diese Hoffnungen sollten sich bald zerschlagen. Die Monarchen und Fürsten Europas versuchten auf dem Wiener Kongress 1814/15 einen gewissen vorrevolutionären Zustand wiederherzustellen, zumindest in gesellschaftlicher Hinsicht[101]. Trotzdem wandelte sich die Mehrzahl der deutschen Staaten des nun begründeten Deutschen Bundes in konstitutionelle Monarchien und erhielt nach und nach Verfassungen[102].

Der Deutsche Bund, der für die vorliegende Arbeit den geografischen Rahmen absteckt, war ein sicherlich festeres Staatsgebilde als das alte Reich, auch wenn alle seine Mitglieder als Staaten die volle Souveränität hatten. Die beiden führenden Kräfte bildeten Österreich und Preußen, gefolgt von den Mittelstaaten wie den Königreichen Bayern, Württemberg, Sachsen und Hannover. Daneben existierte noch eine ganze Anzahl kleinerer Staaten[103].

Die Angst vor der Revolution im Allgemeinen und vor dem Nachbarn Frankreich im Speziellen saß tief. Der Deutsche Bund versuchte sich gegen beide Gegner gleichermaßen abzusichern. Die noch 1815 gegründete *Heilige Allianz* der Monarchen von Österreich, Preußen und Russland sollte der Abwehr eines revolutionären Frankreich dienen und die neue Ordnung der politischen Restauration in Europa befestigen, gleichzeitig aber auch das friedliche Miteinander der Staaten untereinander regeln[104]. Tatsächlich setzte alsbald eine reaktionäre Politik ein, die von Verunsicherung und Beunruhigung zeugte. Nach der Ermordung des konservativen Schriftstellers August von Kotzebue durch den Studenten Karl Sand kam es 1819 unter dem Druck des österreichischen Staatskanzlers Metternich zum Erlass der Karlsbader Beschlüsse, der weitreichende Konsequenzen für Presse- und Versammlungsfreiheit hatte. Mit diversen repressiven Maßnahmen versuchte man, der liberalen Tendenzen Herr zu werden[105]. Aber im Juli 1830 erschütterte eine neue Revolution Frankreich, die auch in einigen deutschen Staaten gewalttätige Unruhen auslöste, so im Großherzogtum Mecklenburg-Schwerin. Im Herzogtum Braunschweig ging das Residenzschloss in Flammen auf und der Herzog musste nach seiner Flucht abdanken[106]. Auch in Polen kam es zum Aufstand gegen die russische Fremdherrschaft, und das Königreich der Vereinigten Niederlande zerfiel durch die Revolution in die beiden Staaten Belgien und Holland, wobei Frankreich die Belgier militärisch bei ihrer Lösung von den nördlichen Niederlanden unterstützte[107]. Griechenland hatte unterdessen sich von der osmanischen Herrschaft befreit. Gerade der Freiheitskampf und die Unabhängigkeit der Griechen stellte das Metternichsche System massiv in Frage, auch wenn dort alsbald eine Monarchie durch die alliierten Garantiemächte Griechenlands installiert wurde. Keinesfalls also war die 1814/15 mühsam wieder hergestellte „neue alte" Ordnung Europas auf Dauer gesichert.

Die Angst vor Frankreich schlug sich vor allem in Verteidigungsmaßnahmen, aber auch in einem teilweise recht dröhnenden Patriotismus nieder. Der Rhein stand hierbei im Mittelpunkt – in strategischer wie auch propagandistischer Hinsicht[108]. Preußen galt als die „Wacht am Rhein", und dass die Sicherung des Flusses als strategische Linie vor allem gegen eine erneute, von Frankreich ausgehende Revolution zu verstehen war, zeigen deutlich die Namen der drei großen Fortsysteme der preußischen Festung Koblenz: Sie waren nach jenen drei Herrschern, welche die Heilige Allianz abgeschlossen hatten, benannt worden[109].

1840 kam es zur Rheinkrise, die durch die Kriegsdrohung Frankreichs, das den Rhein als natürliche Grenze forderte, gegen den Deutschen Bund ausgelöst worden war. Sie setzte einen wahren Sturm nationaler Entrüstung frei[110] und führte schließlich von staatlicher Seite zum endgültigen Baubeginn der schon lange geplanten Bundesfestungen Ulm und Rastatt in dem militärisch gegen Westen bisher kaum gesicherten Südwestdeutschland[111].

Die zweite große Revolution erschütterte Europa 1848/49[112]. Gerade im Gebiet südlich des Mains wurden zahlreiche Herrensitze von wütenden Bauern innerhalb kürzester Zeit belagert, erstürmt und teilweise auch niedergebrannt[113]. Kurzfristig musste die Staatsmacht der Straße weichen und den Forderungen des Volkes nachgeben, so in Preußen, wo Friedrich Wilhelm IV. gezwungen wurde, die in den Barrikadenkämpfen gefallenen Aufständischen zu ehren. Letztendlich siegte die Reaktion militärisch und setzte sich

nach 1851 auch politisch endgültig durch[114]. Allerdings war die Revolution nicht völlig gescheitert. Zahlreiche Privilegien des landsässigen Adels hatten ein Ende gefunden[115]. Er hatte in empfindlicher Weise althergebrachte Vorrechte für immer verloren. Gesellschaftlich blieb er aber trotz eines immer selbstbewussteren Bürgertums der führende Stand, der bis 1918 nicht wirklich entmachtet wurde und dem gerade die aufstrebenden Industriellen nachzueifern versuchten. Für viele von ihnen war die Erlangung wenigstens des persönlichen Adelsprädikats der angestrebte Endpunkt ihres gesellschaftlichen Aufstiegs, den sie auch in architektonischer Form zu manifestieren suchten[116].

Die Revolution von 1848/49 hatte mit ihren Barrikadenkämpfen, noch mehr aber mit dem badischen Aufstand, für eine erneute Erschütterung der Fürstenmacht gesorgt. König Friedrich Wilhelm IV. von Preußen hielt sich mit dem Hof nur noch sehr selten in Berlin auf, das für ihn mit demütigenden Erinnerungen verbunden war, und weilte überwiegend in Charlottenburg, besonders aber in Potsdam, wo sich die treue und sichere Garnison befand[117]. Der König von Bayern, Maximilian II., ließ hingegen immer wieder Projekte zur militärischen Sicherung seiner Residenzstadt durch Defensivkasernen und Forts ausarbeiten[118]. Der Schock über die Ereignisse saß bei den Monarchen tief. Um so mehr wurde der Sieg über die Revolution, der sich im Feldzug des Jahres 1849 gegen Baden manifestierte, vor allem von Preußen, das als stärkste Militärmacht die badische Erhebung niedergerungen und damit der Revolution die endgültige Niederlage bereitet hatte, propagandistisch gefeiert. Ruhmes- und Siegesdenkmäler sollten an den Triumph der bestehenden Ordnung über „die aufrührerischen Mörder und Bluthunde" erinnern[119].

Die Revolution hatte aber erstmals auch die Rivalität der beiden führenden Mächte im Deutschen Bund, Preußen und Österreich, deutlich offenbart. Preußen strebte in einem Alleingang eine kleindeutsche Lösung zur Reichseinigung an, auch wenn Friedrich Wilhelm IV. die Krone, jenen „imaginären Reif aus Dreck und Letten gebacken", behaftet mit „ihrem Ludergeruch von Revoluzion", die ihm die Frankfurter Nationalversammlung angetragen hatte, ablehnte[120]. Er wollte nicht von Volkes Gnaden Kaiser sein und die Reichseinigung sollte nicht von unten, sondern von oben erfolgen. Die darauf zielende preußische Politik führte beinahe zu einem Krieg mit Österreich. Im Vertrag von Olmütz verzichtete Preußen 1851 auf seine Bestrebungen und der Status quo im Deutschen Bund war vorerst wieder hergestellt[121]. Während der Revolution war mit den Industriearbeitern erstmals eine neue soziale Gruppe auf der Bildfläche in Erscheinung getreten, die man bald in besonderem Maße revolutionärer Umtriebe für verdächtig hielt und in ihrer stetig zunehmenden Zahl fürchtete. Das lenkt den Blick auf ein weiteres wirkmächtiges Ereignis, das man noch mehr als die Französische Revolution als eine Epochenwende begreifen kann. Mindestens ebenso wichtig und umwälzend wie die politischen Veränderungen war für die Gesellschaft nämlich die um 1850 verstärkt nun auch auf dem europäischen Kontinent einsetzende industrielle Revolution, die alsbald die Lebensbedingungen, aber auch die gesellschaftlichen Verhältnisse in radikaler Weise veränderte. Nach der Jahrhundertmitte entwickelte sich innerhalb weniger Jahrzehnte die deutsche Schwerindustrie und machte Deutschland neben Großbritannien zur führenden Wirtschaftsmacht in Europa[122]. In unserem Zusammenhang ist wichtig, dass sie auch auf militärischem Gebiet weitreichende Folgen hatte. Neue, immer wirkungsmächtigere Waffen, wie die gezogenen Geschütze und die alle Festungswerke durchschlagenden Brisanzgranaten, und deren Massenproduktion veränderten die Kriegsführung und damit auch den Festungsbau nachhaltig[123]. Die ersten drei Viertel des Jahrhunderts hatten noch ganz im Zeichen einer frühneuzeitlichen Kriegstechnik und Bewaffnung gestanden. Schlachten schlug man außer mit Feuerwaffen nach wie vor mit Säbel und Lanze, und seit den napoleonischen Kriegen hatten

Lanzenreiter (Ulanen) und sogar Kürassiere als schwere Reiter ihre Renaissance erlebt[124]. Die Artillerie war dieselbe wie im 18. Jahrhundert[125]. Das ist bei der Beschäftigung mit den Verteidigungseinrichtungen fester Schlösser in der ersten Hälfte des 19. Jahrhunderst zu bedenken, die überwiegend einer waffentechnisch vorindustriellen Epoche angehören. Und somit steckt neben den politischen Ereignissen gerade die industrielle Revolution einen Teil des zeitlichen Rahmens, in dem die vorliegende Untersuchung angesiedelt ist, ab.

Die Spannungen zwischen Österreich und Preußen blieben trotz des Vertrags von Olmütz, der in Preußen als Schmach angesehen wurde[126], ja nahmen noch zu, und gerade in Süddeutschland, dessen Mittelstaaten zwischen den Großmächten zerrieben zu werden drohten, war die Furcht vor Preußen besonders groß[127]. 1866 zwang Preußen schließlich im deutsch-deutschen Bruderkrieg mit seinem Sieg über Österreich und die in der Mehrzahl mit diesem verbündeten deutschen Klein- und Mittelstaaten seinen Konkurrenten zum Ausscheiden aus dem Deutschen Bund[128]. Es legte so den Grund zur deutschen Einigung in Form der kleindeutschen Lösung, die 1871 mit Hilfe des Sieges über Frankreichs Kaiser Napoleon III. erfolgte.

V. Ausgewählte Bauten aus den Staaten des Deutschen Bundes

1. Das Großherzogtum Mecklenburg-Schwerin: das Residenzschloss zu Schwerin

„Das großherzogliche Residenzschloß zu Schwerin ist durch seine Originalität, Großartigkeit, Tüchtigkeit und Pracht ein so bedeutendes Werk in der Kunstgeschichte, daß es nach seiner Vollendung nicht vielseitig genug beleuchtet werden kann, um der Mit= und Nachwelt den Schlüssel zum richtigen Verständniß in die Hand zu geben.“ So urteilte schon 1857, kurz nach dem Bezug des Schlosses durch den Bauherrn Großherzog Friedrich Franz II., der Historiker, großherzogliche Archivrat und Konservator Georg Christian Friedrich Lisch[129]. Sein Urteil kann bis heute Gültigkeit beanspruchen, denn unter den Schlössern des 19. Jahrhunderts zählt das Residenzschloss in Schwerin (Abb. 3) zu den baukünstlerisch gelungensten Werken der Zeit, das sich in großartiger Weise in die umgebende Landschaft einfügt[130].

Wie an keinem anderen Bauwerk der Epoche lässt sich hier der Wandel vom festen Schloss hin zu einer zeichenhaft befestigten Anlage und zurück zu einem real fortifizierten Bau verfolgen, denn das Residenzschloss Schwerin wurde beim Neubau in der Jahrhundertmitte mit neuen Befestigungen versehen. Sie treten allerdings so wenig offensichtlich in Erscheinung, dass sie der Forschung bisher gänzlich entgangen sind. Dabei wurden sie schon in dem 1869 herausgegebenen Prachtband über das fertiggestellte Schloss eigens erwähnt[131]. Aufschluss über die Funktion dieser Befestigungen geben Akten und Pläne im Staatsarchiv Schwerin[132]. Mit ihrer Hilfe lässt sich der Forschung zu Schloss Schwerin, gemäß der obigen, von Lisch erhobenen Forderung, leicht ein weiterer Aspekt hinzufügen.

Die Vorläufer des heutigen Schlosses

Das Schloss bis zum Ende des 18. Jahrhunderts

Im 12. Jahrhundert erhob sich auf der Schlossinsel im Schweriner See der Sitz des slawischen Fürsten Niclot, der die Burg 1160 im Kampf mit dem Sachsenherzog Heinrich dem Löwen aufgab und selbst zerstörte. Er wurde von Heinrich besiegt und fiel im Kampf. Zwar konnten seine Nachfahren das Land als Herzöge von Mecklenburg behalten, da sie den christlichen Glauben

angenommen hatten, aber Schwerins Burg wurde Sitz des deutschen Grafen Gunzelin von Hagen, eines Gefolgsmannes Heinrichs, der die Anlage umgehend wieder herstellen ließ. Erst 1358 gelangte sie in den Besitz Herzog Albrechts II. von Mecklenburg. Damit wurde die Burg ständige Residenz der Herzöge. Grundlegend wandelte sich das Bild der Burg, als Herzog Johann Albrecht I. (1525–1576) ab 1553 in weiten Teilen einen Neu- und Umbau veranlasste. Schwerins Schloss wurde zu einer der eindrucksvollsten Renaissanceanlagen im norddeutschen Raum. Allerdings gab man den vorgegebenen rundlichen Grundriss der alten Burg, der bis heute das unregelmäßige Bild der Anlage bestimmt, nicht auf[133].

Mit dem Umbau ging auch eine Neubefestigung des Schlosses einher. Der aus Italien stammende Francesco di Borno[134] errichtete ab 1557 – unter beratender Mitwirkung des berühmten Francesco Chiaramella – einen Kranz moderner Bastionen rund um die alte Burg[135]. Er fand beim Neubau im 19. Jahrhundert teilweise als Sockel Verwendung und diente nun der Aufnahme von Souterrainräumen. Herzog Adolph Friedrich ließ 1616 durch den niederländischen Baumeister und Ingenieur Ghert Evert Piloot ein Projekt ausarbeiten, welches die bestehenden Bauten in einen vereinheitlichenden, gewaltigen Neubau einbeziehen sollte, wegen des Dreißigjährigen Krieges aber nur zu einem geringen Teil realisiert wurde[136].

Als 1757 die Residenz von Schwerin nach Ludwigslust verlegt wurde, blieben im Schloss, das zeitweise einzelnen Familienmitgliedern noch zur Wohnung diente und darüber hinaus die wertvolle Gemäldegalerie beherbergte, nur Behörden. Lediglich bei gelegentlichen Aufenthalten weilten die Herzöge im Schloss, über das es 1782 heißt: *„Das fürstliche Residenz=Schloß hat eine gar vortreffliche Lage; es liegt auf einer Insel, und hängt mit der Stadt mittelst einer Brücke zusammen. Es ist nach alter Manier befestigt: indessen sind die Werke schon ziemlich verfallen.“*[137]

Das Schloss zwischen 1813 und 1845

Die Bemerkung über die verfallenen Festungswerke alter Art darf aber nicht darüber hinwegtäuschen, dass das Schloss in Schwerin als alter Familiensitz des Lan-

Abb. 3: Schloss Schwerin. Ansicht von Westen.

desherrn eine hohe symbolische Bedeutung und immer noch einen militärischen Wert hatte, der allein schon durch die Insellage des Baus gegeben war. Sie erleichterte eine Verteidigung. Nicht anders kann daher wohl Großherzog Friedrich Franz I. verstanden werden, der während der Befreiungskriege gegen Napoleon einen Kampfaufruf an die Bevölkerung unterzeichnete mit: *„Gegeben auf unserer Vestung Schwerin"*[138]. Die Bezeichnung des Schlosses als Festung hatte hierbei sicher nicht nur den Grund, dass das Schreiben besonders martialisch klingen sollte. Tatsächlich wurden die Befestigungen nach 1800 nochmals modernisiert, so dass das Schloss immer noch die Funktion einer Zitadelle erfüllen konnte. Pläne aus der ersten Hälfte des 19. Jahrhunderts vermitteln ein Bild des Zustandes vor dem späteren Um- und Neubau (Abb. 4). Die alten Bastionen und der innere Wall waren als Verteidigungsanlagen kaum noch brauchbar. Allein die Südbastion verfügte noch über eine mit Geschützscharten ausgestattete Brustwehr. Zwischen ihr und der Ostbastion stand, direkt an die Kurtine angebaut, ein Wirtschaftsgebäude. Auch die Nordostbastion war fast vollständig von Gebäuden umschlossen. Aber man hatte schon im 18. Jahrhundert den einstigen äußeren Wall der Schlossbefestigung als Hauptkampflinie in tenaillierter Form ausgebaut (Abb. 5)[139], der Anfang des 19. Jahrhunderts modernisiert wurde und hinter dem man nun Geschütze fest positionierte, die auf den damals hochmodernen, drehbar gelagerten französischen Walllafetten ruhten, so dass man die Geschütze halbkreisförmig schwenken konnte, um möglichst viele Schusswinkel zu erhalten[140]. Diese Kanonen erlaubten eine Bestreichung der beiden von der Stadt und vom Hofgarten zum Schloss führenden Dämme und Brücken. Das Schloss diente also nach wie vor als Festung[141]. Tatsächlich erfüllte es im Jahr 1830 eine Zitadellenfunktion, als es in Schwerin im Gefolge der französischen Juli-Revolution zu Unruhen kam. Das Münzgebäude, in dem große Gold- und Silbervorräte lagerten, wurde von den Aufständischen bedroht und es kam zu einem Straßenkampf mit dem

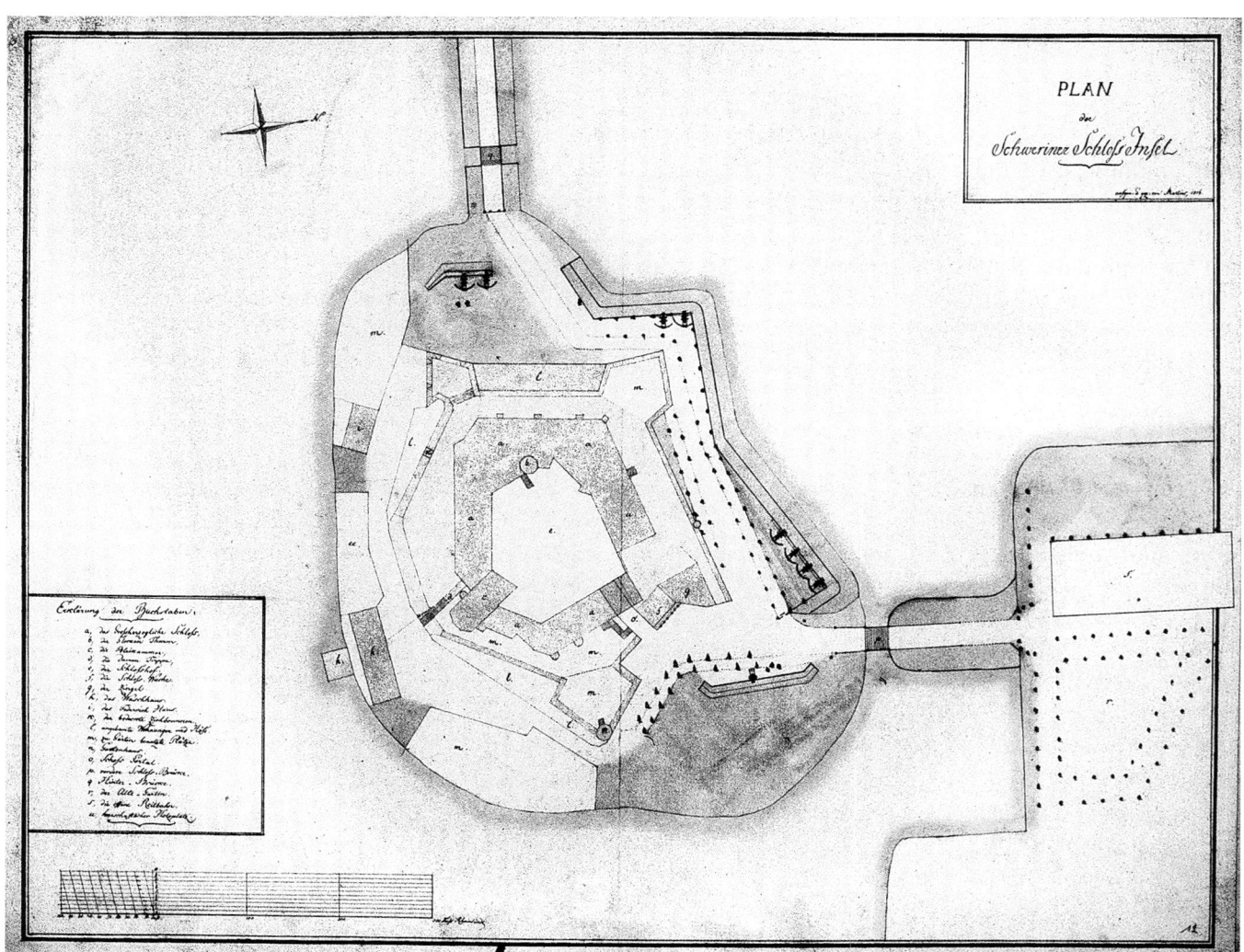

Abb. 4: Schloss Schwerin. Grundriss der alten Schlossanlage von Martius 1816. Hinter den Wällen sind deutlich die auf Drehbolzenlafetten gelagerten Geschütze zu erkennen. Rechts der Damm zur Stadt, oben der zum Schlossgarten.

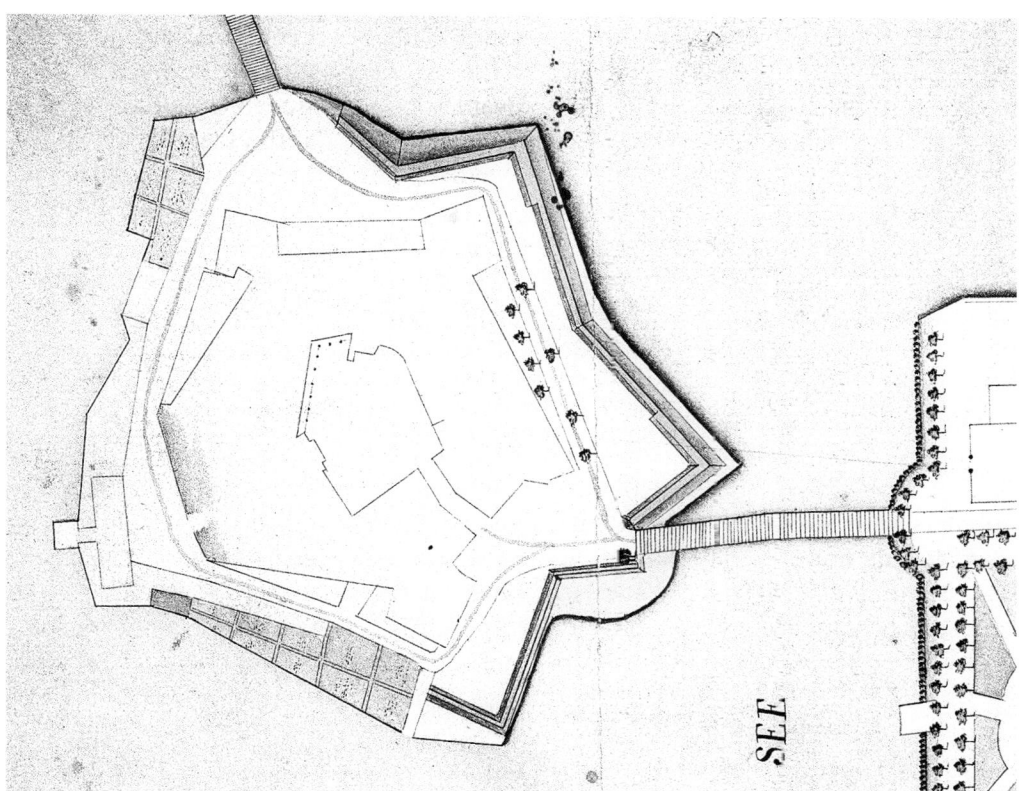

Abb. 5: Schloss Schwerin. Plan der Schlossinsel mit tenaillierter Wallbefestigung um 1788.

regulären Militär, das die Erhebung niederschlug. Am Tag nach den Unruhen wurden in der Schlossstraße zwei Kanonen postiert und alle Gold- und Silbervorräte ins Schloss verbracht[142]. Ganz offensichtlich sah man es nach wie vor als den sichersten Ort Schwerins an. Erst mit Beginn des Neubaus 1845 wurden die Kanonen hinter dem Wall entfernt und, wohl für eine spätere Wiederverwendung nach der Fertigstellung, ins Zeughaus verbracht[143].

Der Neubau des Schlosses

Die ersten beiden Pläne des Hofbaumeisters Demmler

Trotz allem musste, als 1837 *„mit der Regierung Paul Friedrich's die fürstliche Residenz wieder im Wesentlichen nach Schwerin verlegt wurde, der Mangel einer würdigen und geräumigen Fürstenwohnung fühlbar werden, und nahm auch der Sohn und Nachfolger desselben, Großherzog Friedrich Franz, gleich bei seinem Regierungs=Antritte 1842 in dem ehrwürdigen Schlosse seiner Vorfahren seinen Wohnsitz, so ward doch eben dabei einleuchtend, daß dasselbe in seiner dermaligen Gestalt und Festigkeit zur Aufnahme einer größeren Hofhaltung völlig ungeeignet sei."*[144]

Friedrich Franz II. gab daher gleich nach Regierungsantritt bei seinem Hofbaumeister Georg Adolph Demmler[145] Pläne zu einem Neubau in Auftrag, unter der Voraussetzung, dass ein Teil des Altbestandes, vorzugsweise die unter Johann Albrecht I. erbauten und modernisierten Gebäude, erhalten und in den Neubau einbezogen werden sollte. Der Großherzog wollte bewusst an das Bestehende anknüpfen, um damit die Anciennität seines Hauses, aber auch die Tradition des Schweriner Schlosses in seinem alten Erscheinungsbild als Residenz seiner Familie zu betonen. Demmlers erster Entwurf konnte ihm daher nicht gefallen: Sein Hofbaumeister hatte die Neubauten im *„Windsor=Castle=Stil"*, wie Demmler seine Zeichnungen zu einem neugotischen Gebäudekomplex mit Anklängen an die englische Architektur des 15. Jahrhunderts selbst charakterisierte[146], geplant (Abb. 6). Seine Fassaden harmonisieren nicht mit dem Altbestand und wirken teilweise unproportioniert, insbesondere die Zugangssituation[147]. Die alten Bastionen wurden von Demmler auf der Stadt- und Gartenseite allerdings beibehalten und sollten quasi als Sockel für die Architektur dienen.

Der Großherzog beauftragte Demmler noch Anfang des Jahres 1843 mit einem weiteren Entwurf, dem die unausgeführten Planungen Piloots zu Grunde gelegt werden sollten[148]. Auch in diesem treten die alten Bastionen in Erscheinung (Abb. 7). Ihre Einbeziehung in den Neubau scheint einer Forderung des Großherzogs entsprochen zu haben. Allerdings steckte keine reale Verteidigungsabsicht dahinter. Sie erscheinen nur an der Zugangsseite und umgeben nicht mehr das gesamte Schloss. Statt Brustwehren mit Scharten haben die Bastionen in den Entwürfen Demmlers als Abschluss steinerne Balustraden und bilden eine rein fiktive Fortifika-

29

Abb. 6: Erster Entwurf Demmlers in neugotischem Stil zum Neubau des Schlosses Schwerin um 1843.

Abb. 7: Zweiter Entwurf Demmlers zum Schweriner Schloss in Anlehnung an das Ausbauprojekt Piloots um 1843.

tion, die den Charakter des Residenzschlosses als Sitz des Landesherrn, der als Souverän oberster Kriegsherr war, betonen sollten. Das kommt auch in der Diskussion um die Gartengestaltung zum Ausdruck. Neben

Demmler war keine Geringerer als der schon damals berühmte Landschaftsarchitekt Peter Joseph Lenné[149] hierzu mit Planungen beauftragt worden. Die vom Großherzog eingesetzte Schlossbaukommission melde-

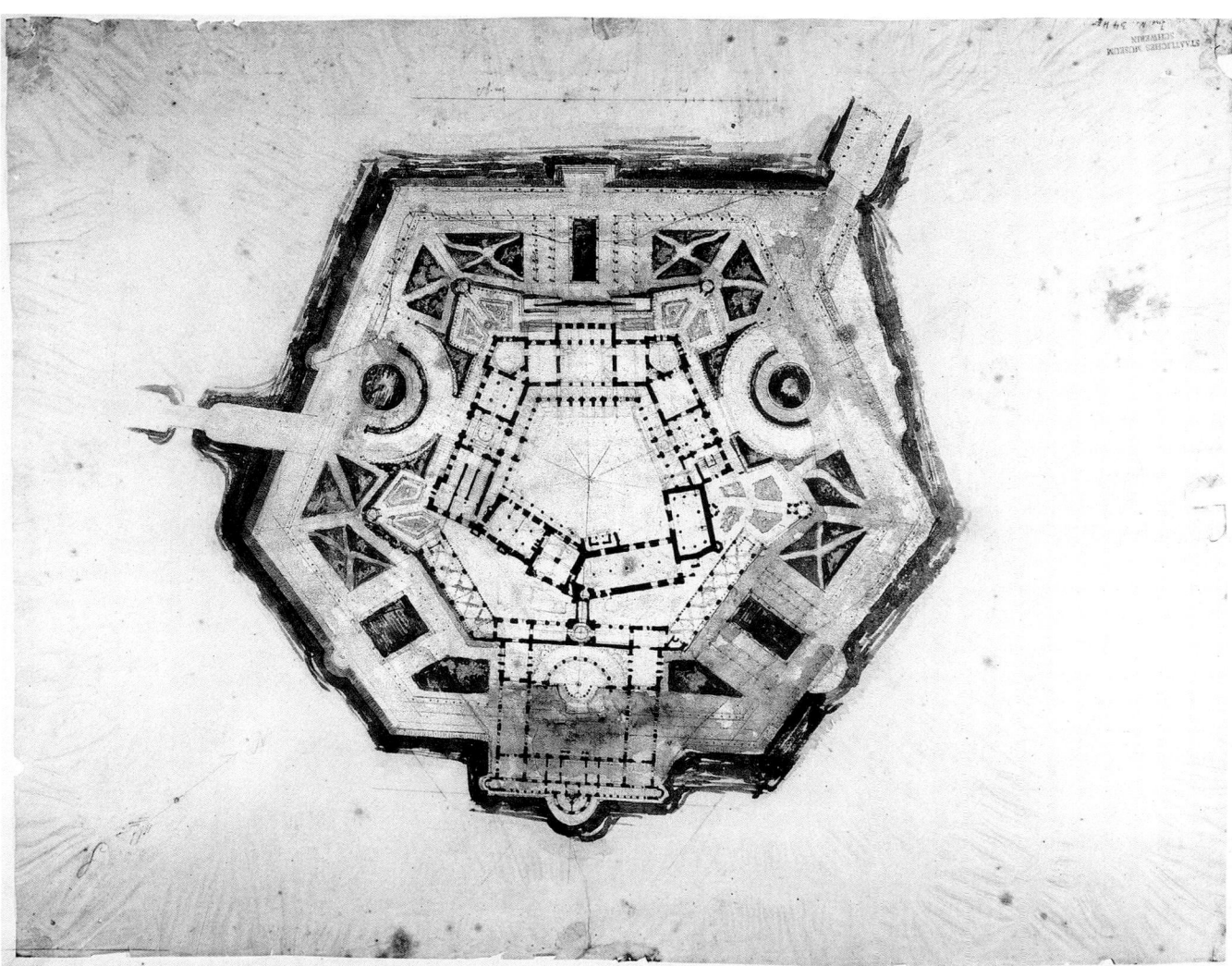

Abb. 8: Gottfried Semper, Grundriss zum Schweriner Schloss 1843.

te im Januar 1843 über die Entwürfe zu den Gartenanlagen von Demmler und Lenné: *„Beide weichen wesentlich von einander ab und unterscheiden sich hauptsächlich dadurch, daß Linné (sic!) die vorhandenen Bastionsmauern zum Theil abbrechen und erweitern und das Schloß ganz hiermit umgeben will, wohingegen in dem Demmlerschen Entwurf die jetzt bestehenden Bastionen beibehalten, also stadtwärts und gegen die Schloßhinterbrücke der Festungs=Charakter nicht alterirt wird, seewärts aber und da, wo die Wohnzimmer liegen, sind die Bastionsmauern nicht herumgeführt, wodurch die Wohn=Etage in Verbindung mit dem übrigen Theil der Insel, theils durch breite mit Orangen besetzte Terrassen, theils durch ausspringende und abfallende Wege gebracht und dadurch Abwechslung erzielt wird.“*[150] Die Schlossbaukommission verwarf Lennés Planung und empfahl nachdrücklich Demmlers Vorschläge, die in allen weiteren Entwürfen aufgenommen wurden. Es ist offensichtlich, dass die beiden von der Stadt aus sichtbaren Fronten des Schlosses aus Repräsentationsgründen ihr militärisches Erscheinungsbild im Unterschied zur Seeseite, die als Gartenfront eher re-

kreativen und ziviler. Charakter Latte, behalten sollten[151].

Der Entwurf Sempers 1843 und seine Auswirkungen auf den Schlossbau

Unzufrieden auch mit dem zweiten Plan, beauftragte Friedrich Franz II. den Architekten Gottfried Semper mit einem Entwurf. Er lieferte noch im Dezember 1843 seine Pläne für das Residenzschloss nebst Erläuterungen[152].

Semper legte mehrere Zeichnungen vor[153], darunter eine Ansicht der Neubauten auf der Stadtseite und einen Grundriss. Er hatte unter Beibehaltung der zu erhaltenden Altbauten eine regelmäßig pentagonale Anlage entworfen, wobei die Bastionen und Kurtinen zu einem regelmäßigen Hexagor. vervollstär.digt sind, einer Grundform, dem auch der äußere Umriss der Schlossinsel angeglichen werden sollte (Abb. 8). Die drei neuen Flügel sind im Stil der italienischen Hochrenaissance gestaltet und werden durch mächt.ge Mittelpavillons und hohe Ecktürme betont (Abb. 9). Auf der Rückseite

31

Abb. 9: Gottfried Semper, Entwurf für die neuen Schlossflügel 1843. Ansicht von Nordwesten.

Abb. 10: Gottfried Semper, Entwurf zur Gartenseite des Schlosses mit rundem Hauptturm und Orangerieflügeln 1843.

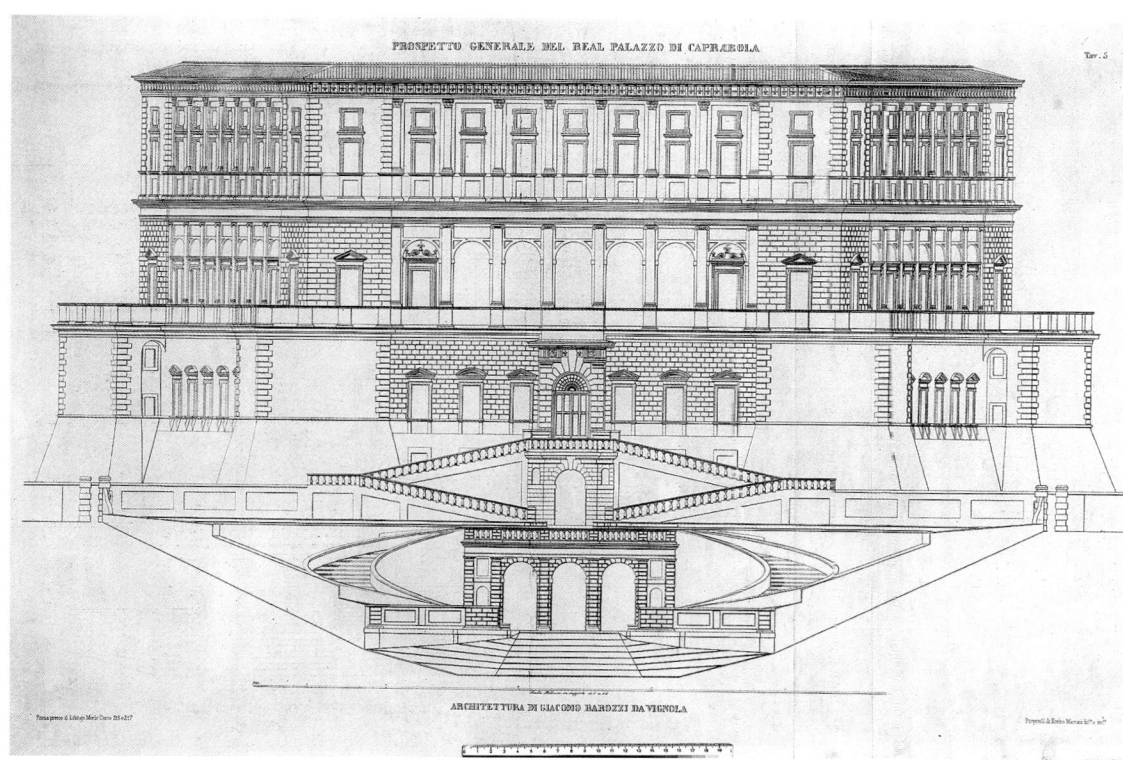

Abb. 11:
Caprarola.
Palazzo Farnese,
Aufriss.

fügte Semper einen Rundturm an, um auch die Altbauten zu akzentuieren, so dass sie neben den monumentalen Neubauten bestehen konnten (Abb. 10). Höchst aufschlussreich ist, was Semper zu seinem Entwurf schreibt: *„Vielmehr habe ich das Bedürfnis gefühlt, der Grundform des Neubaues, so wie den vertikalen Dimensionen desselben, eine gewisse Gesetzmäßigkeit zu geben, deren Hervortreten bei einem Kunstwerke höheren Styles gewiß wünschenswerth ist. Dieses Gesetz fand ich in der regelmäßigen Festungsform des Sattels, worauf sich das Schloß erhebt. Durch dieselbe ergibt sich ein Mittelpunkt, um den sich Altes und Neues gleichsam von selbst ordnet.*
Der zu Grunde gelegten Festungsform des Neubaus entsprechen von selbst ein Eingang in der Mitte der Courtine, und gegenüber ein zweiter ebenfalls in der Courtine. Auf den Bastionen stände jedesmal ein Thurm, dessen sechseckige Basis sich der Grundform des Ganzen am natürlichsten anschließt, und einen runden Aufsatz trägt. In der Mitte jeder der drei Courtinen, gleichsam den Cavalieren der Festungen entsprechend, erheben sich drei höher hervortretende Pavillons, der mittlere und größte enthält den Festsaal.“[154] Nach dem Semperschen Entwurf, sollten die Bastionen als Sockel für den Schlossbau dienen, der über große Rampenanlagen zur Kutschenauffahrt und repräsentative Treppenläufe erreichbar ist. Die nur wenig hervortretenden Ecktürme übernehmen, wie von Semper dargestellt[155], im Grundriss die Bastionsform, ja ihre gebröschten Sockel springen nochmals als kleine Bastionen vor die Türme vor. In diesen Details, aber auch in der Gesamtkonzeption und in der Gliederung der Fassaden durch Blendarkaden und

der Gestaltung des Erdgeschosses durch Rustikamauerwerk erinnert der ganze Bau an den Palazzo Farnese in Caprarola[156], einen Vertreter jener Bauten, die Bastionsformen integrieren (Abb. 11 u. 12). Die Verwendung von Elementen der Fortifikation als Sockel für Palast- und Villenbauten begegnet gerade in der italienischen Architektur des 16. und 17. Jahrhunderts sehr häufig[157]. An diese Tradition konnte Semper hier anknüpfen. Er folgte dabei seinem eigenen Ideal, nach dem ein Bauwerk immer auch die Funktion ausdrükken sollte, die es beinhaltete, und die Stilwahl sich daher nach dessen Gebrauch richten müsse[158]. Für eine Fürstenresidenz waren also Festungsmotive angemessen. Aufschlussreich ist dabei, wie Semper mit den Termini der Fortifikation umging, indem er die Mittelrisalite den Kavalieren auf den Festungswällen gleichsetzte. Sie erhalten dadurch einen quasi militärischen Charakter zugewiesen, mittels dessen der Schlossbau noch martialischer wirken sollte. Der Festungscharakter monumentalisierte das Schloss entsprechend seiner Funktion als Residenz des Landesherrn, einer Bauaufgabe, die laut Semper zu den Werken *„eines höheren Styles"* zählte. Trotzdem wurde auch Sempers Entwurf nicht ausgeführt, vor allem wohl deshalb nicht, weil Semper sich nicht an die Forderung des Großherzogs gehalten und die Lage der alten Brücken beibehalten hatte, obwohl beschlossen worden war, die Schlossstraße direkt auf das Schlossportal zielen zu lassen[159]. Überdies hatte man ja schon die Lennésche Planung, das Schloss vollständig mit bastionierten Terrassen zu umgeben, abgelehnt. Aber die Semperschen Ideen hat-

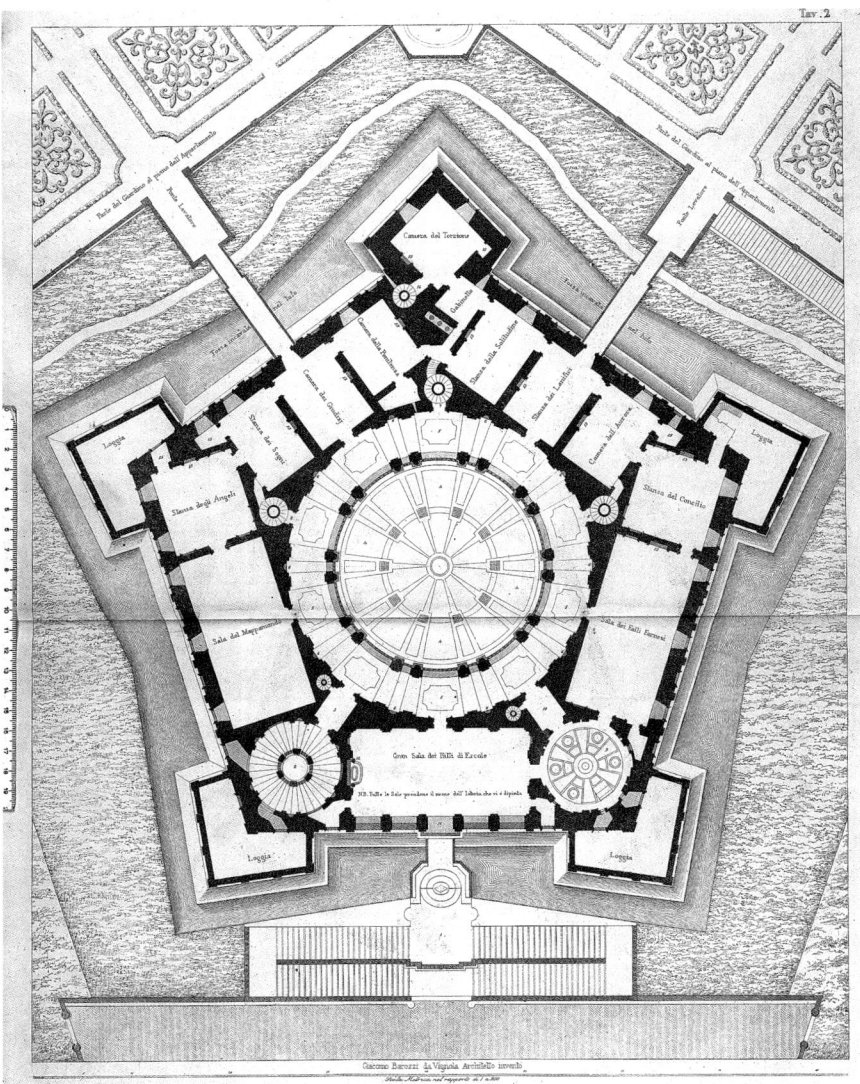

Abb. 12: Caprarola. Palazzo Farnese, Grund-riss des Erdgeschosses.

ten weitreichenden Einfluss auf den nun folgenden Entwurf Demmlers, der nicht nur die mächtigen Mittelpavillons, sondern auch die Akzentuierung des Baus durch hohe Ecktürme, den vor den Altbauten auf der Seeseite platzierten Rundturm quasi als Bergfried und die von Semper entworfene Orangerie auf der Südostseite übernahm[160].

1844 wurden Demmler und sein Baukondukteur Willebrand vom Großherzog auf eine Reise durch Süddeutschland, Frankreich und England geschickt, um die dortigen Schlösser zu studieren. Demmler zeigte sich höchst beeindruckt von Chambord und legte dessen Architektur mit den mächtigen Rundtürmen an den Ecken seinem dritten Entwurf zu Grunde, den der Großherzog am 4. März 1845 zur Ausführung genehmigte[161]. Man begann mit den Abbrucharbeiten und der Fundamentierung des Baues, der nun stetig emporwuchs. Die Revolution von 1848/49 führte zu keinen großen Bauunterbrechungen, hatte aber trotzdem Folgen für den Schlossbau, vor allem aber für Demmler[162]. Wegen seines politischen Engagements bekam er mit seinen Vor-

gesetzten ernsthafte Schwierigkeiten und geriet in Gegnerschaft zu den konservativen Hofkreisen, von denen er schon länger angefeindet worden war. Schließlich suchte er selbst um seine Entlassung nach, die 1851 gewährt wurde[163]. Der Berliner Friedrich August Stüler wurde als künstlerisch leitender Architekt zum Nachfolger bestellt, der vor allem den Bereich des Haupteingangs entgegen der Demmlerschen Planung veränderte[164]. Hermann Willebrand wurde Demmlers Nachfolger als Hofbaumeister und führte mit Stüler gemeinsam den Schlossbau zu Ende[165].

Das militärische Gutachten des Hauptmanns Schmitt

Im Jahr von Demmlers Entlassung erstellte der Ingenieurhauptmann Schmitt im Auftrag des Großherzogs ein Gutachten über die Verteidigungseinrichtungen des Schweriner Schlosses[166]. Warum ausgerechnet jetzt an die Sicherheit des Schlosses, das schon seit sechs Jahren im Bau war, gedacht wurde, erklärt sich sehr wahrscheinlich aus dem Verhältnis des Großherzogs zur Revolution bzw. aus der seit 1850 in Mecklenburg einsetzenden politischen Reaktion. Jedenfalls zeigt der Vorgang, dass man auch noch während der Bauarbeiten immer wieder Veränderungen an den ursprünglichen Plänen vornahm.

Nach Schmitt bot das Schloss „*vermögens seiner Lage auf einer kleinen Insel, zwischen dem großen Schweriner und dem Burgsee, eine sehr günstige Gelegenheit, zu einer Vertheidigung dar [...] Wenngleich bei der Beschaffenheit des ganzen Baues selbstredend an eine längere und ernsthafte Vertheidigung gegen einen wirklichen militairisch angreifenden und mit allen Mitteln zum Angriff ausgerüsteten Feind nicht füglich gedacht werden kann, so dürfte demnach gegen einen augenblicklichen Handstreich, wie auch ganz besonders gegen den Anlauf einer Straßen-Emeute mit verhältnismäßig nur unbedeutenden Mitteln eine genügende Sicherheit sich hinziehen lassen.*" Es ging also hauptsächlich um die Sicherung des Schlosses gegen Aufständische. Die neuralgischen Punkte hierbei waren die beiden Brücken, die zum Schloss führen. Über die vorhandenen Bastionen urteilte Schmitt: „*Die Construktion [...] ist indeß eine ganz veraltete und durchaus fehlerhafte, desgleichen scheint bei dem gegenwärtigen Neubau von dem militairischen Gebrauch derselben gänzlich abgesehen und dieselben nur noch als martialisches Beiwerk und für ökonomische Zwecke beibehalten zu sein.*" Dieser Satz ist sehr aufschlussreich, denn Schmitt weist auf den ausschließlich symbolischen Wert der vorhandenen Festungswerke hin, die man ja in den Neubau einbezogen bzw. teilweise gänzlich neu aufgebaut hatte und deren Räume man nun als Keller nutzte. „*Ebenso sind die sowohl auf den Flanken wie auf den Facen als Kellerfenster angebrachten Gewehrscharten ähnlichen Öffnungen als Scharten zu groß und auch zu hoch angebracht, um ohne besondere Vorrichtung zur Vertheidi-*

Abb. 14: Minden. Defensivkaserne, Schartengruppe.

gung benutzt werden zu können. Zu einer etwaigen Aufstellung von Geschütz in diesen kasemattenartigen Kellerräumen ist gar keine Gelegenheit gegeben, und bleibt daher nur die Möglichkeit dergleichen auf den Plattformen der Bastionen zu gewinnen", wie Schmitt weiter ausführt. Dabei muss es nicht verwundern, dass Schmitt sich bei den in den Außenwänden der Bastionen und Kurtinen paarweise angeordneten, hochrechteckigen Fenstern mit Enge in der Mitte an Gewehrscharten erinnert fühlte (Abb. 13). In der zeitgenössischen Fortifikation war es üblich, die Scharten zur infanteristischen Verteidigung in Dreier- und Zweiergruppen anzuordnen (Abb. 14). Schmitt kannte sicherlich solche Beispiele, und so konnten die Fenster in den Festungswerken von Schwerin bei ihm die Assoziation an Gewehrscharten wecken. Das war offensichtlich gewünscht, denn auch auf den zeitgenössischen Darstellungen des Schlosses wirken die Fenster wie Schießscharten und verleihen den Bastionen und Wällen einen wehrhaften Charakter.

Abb. 13: Schloss Schwerin. Südwestbastion, Face gegen Westen mit Rustikaputz und schartenähnlichen Fenstergruppen.

Im Anschluss an die Beschreibung der vorhandenen Bauten unterbreitet Schmitt seine Vorschläge zur Sicherung des Schlosses gegen Angreifer. Er fordert zuerst die Anlage von Zugbrücken als „wesentlichsten Schutz". Schmitt nennt die wichtigsten Positionen für Geschütze zur Bestreichung der beiden Brücken und weist auf zwei Entwürfe hin, die er seinem Bericht beigefügt hat. So sollen auf den beiden Bastionen, die dem Vorplatz des Schlosses – dem sog. „Alten Garten" – und der Stadt zugewandt liegen, Kanonen aufgestellt werden (Abb. 15), „wobei jedoch zu versuchen ist, daß der fehlerhaften Construktion der Bastionen entsprechend die dort aufzustellenden Geschütze in der Capital-Richtung der dem Angriffe zugekehrten Schulterwinkel feuern müssen."[167] Da die dem Burgsee zugekehrte Nordostbastion in die gärtnerischen Anlagen einbezogen werden sollte, schlägt Schmitt vor, dieser eine feldmäßige Befestigung in Form eines Erddrondells am Seeufer vorzulegen[168] (Abb. 16). „Schließ-

lich würde es nun noch erforderlich sein, einige Erläutherungen in Betreff der beiden Entwurfszeichnungen zu geben, und wird in dieser Beziehung unterthänigst bemerkt, daß bei der Vertheidigungs-Einrichtung der Bastionen es sich lediglich darum gehandelt hat, diese alle mit einer hinreichend starken Brüstungsmauer zu versehen, und in demselben die erforderlichen Schartenöffnungen für die aufzustellenden Geschütze anzulegen." Die Höhe dieser musste allerdings beschränkt werden, „um nicht die Aussicht aus den Fenstern des Erdgeschosses zu sehr zu beeinträchtigen, auch dürfte diese Höhe bei den ganz niedrigen Umgebungen des Schlosses nothdürftig genügen, und nur auf der der Stadt zugekehrten Seite des Bastions am Burgsee ist es nöthig geworden, die Mauer [...] zu erhöhen, um den inneren Raum desselben ganz gegen die Schüsse vom Regierungsgebäude her einigermaßen zu sichern.

Die Stärke der Mauer konnte des Unterbaues wegen nur zu 2 Stein angenommen werden, was indeß gegen einen Feind,

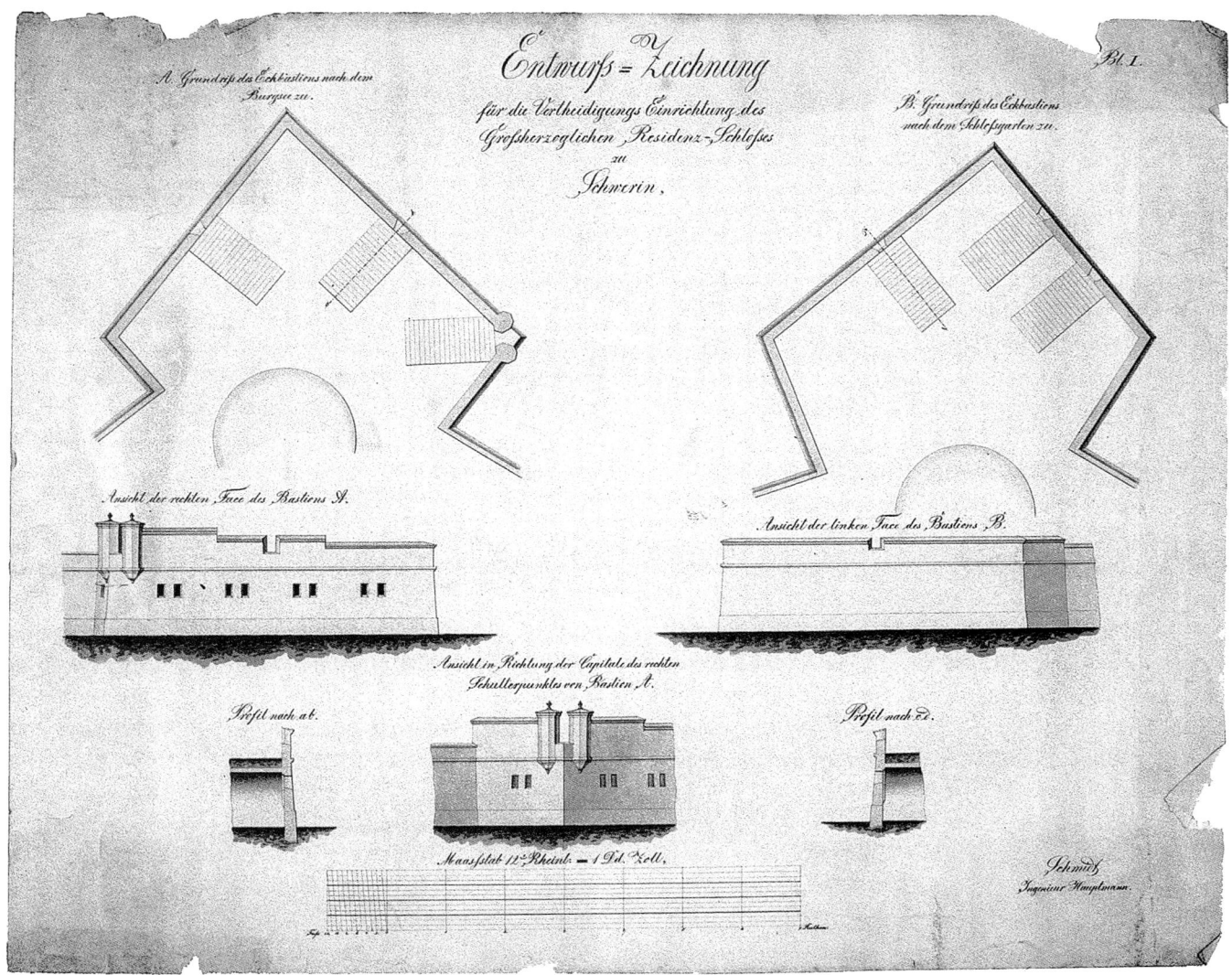

Abb. 15: Schloss Schwerin. Entwurf für die Bastion zum Burgsee und die Bastion zum Schlossgarten mit Geschützstellungen und Brustwehren von Hauptmann Schmitt 1851. Die Profilzeichnungen zeigen deutlich, dass die „Scharten" in den Mauern der Bastionen und Kurtinen für eine Verteidigung zu hoch angebracht sind und nur der Belichtung der Souterrainräume dienen. Um auf die Zufahrt von der Stadt aus zielen zu können, musste eine Scharte über einer Bastionschulter angeordnet werden.

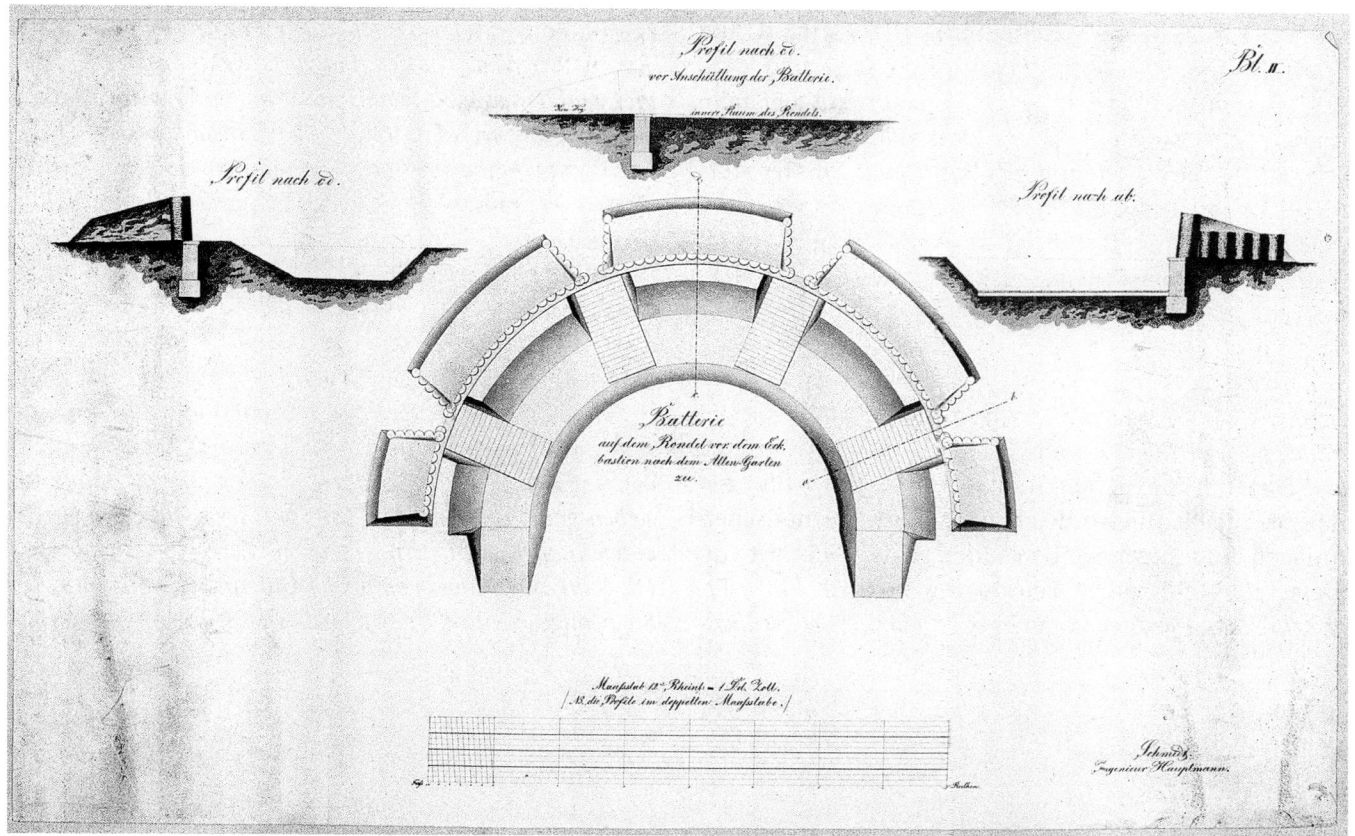

Abb. 16: Schloss Schwerin. Entwurf des Hauptmanns Schmitt für eine improvisierte rondellierte Batterie zur Aufstellung von vier Kanonen am Seeufer vor der Nordwestbastion, 1851.

der nicht mit einer regulären und gut bedienten Artillerie versehen ist, auch ausreichend sein dürfte. In Betreff der vor dem Bastion am Alten-Garten anzulegenden Batterie ist angenommen worden, daß sie erst für den Fall eines zu erwartenden Angriffes zu errichten ist, und als permanente Vorbereitung dazu nur die das Kaie bildende kleine Mauer schon jetzt anzulegen sei." Dieses Festungswerk ließe sich innerhalb nur einer Nacht aufrichten, betont Schmitt. Im Falle eines Angriffs sollte auch das Schloss selbst zur Verteidigung eingerichtet werden: „Was die Vertheidigung durch Infanterie betrifft, so dürfte es vollkommen genügen, alle dem Angriff zugekehrten Fenster in sämmtlichen Etagen, dazu auch die Schartenöffnungen in den Kellern unter den Bastionen, wo zu diesem Zwecke auf den vorhandenen Geschützscharten die erforderlichen Auftritte geschaffen werden müßten, mit Soldaten zu besetzen und auf den Corridoren und Fluren für dieselben die nöthigen Kasernen zu gastiren, und außerdem auf dem Schloßhofe eine Kampfmannschaft in der Stärke von mindestens einem Bataillon aufzustellen, die vorzugsweise die Bestimmung hätte, im anschließenden Augenblicke durch einen kräftigen Ausfall einen gewaltsamen Andrang des Feindes mit dem Bajonett bis über die Brücken zurück zu werfen, ohne jedoch auf weitere Verfolgung sich einzulassen."

Der Hauptmann zog in verantwortungsbewusster Weise für den Ernstfall jede Möglichkeit in Betracht: „Für den Fall endlich, daß ein solcher Angriff zu einer Zeit vielleicht unternommen werden sollte, wo die Seen mit einer hinreichend starken Eisdecke versehen sind, um von diesen Seiten Angriffe zu ermöglichen, würden hingegen Vorkehrungen getroffen werden müssen. Zu diesem Zwecke ist auf der nächsten Face des Bastions nach dem Burgsee zu noch ein Geschützstand projektirt, um die Bestreichung dieses Sees zu bewirken, das gleichsam auf die hintere Face des Bastions nach dem Schloßgarten zu zielt, um in der Richtung nach dem Kalkwerder hin wirken zu können. Außerdem würden aber für einen solchen Fall auf der Plattform der Festungswälle 2 Geschütze placirt werden müssen, die den ganzen Wall zwischen den Marstallanlagen und dem Kalkwerder beherrschen und deren Aufstellung fast ganz ohne alle besondere Vorkehrungen geschehen könnte." Damit schien Schmitt das Schloss gegen einen Angriff durch feindliche Streifscharen oder Aufständische ausreichend gesichert.

Tatsächlich wurden diese Vorschläge zu einem Gutteil in die Tat umgesetzt. Es haben sich eine Reihe von Entwürfen Willebrands zu den Bastionen und Kurtinen erhalten, die zeigen, wie man diese gemäß den Forderungen Schmitts modifizierte, um sie zur Verteidigung gebrauchen zu können. Die Brüstung sollte kreneliert werden und dort, wo die Kanonen positioniert werden sollten, plante man die Erhöhung der Brüstungsmau-

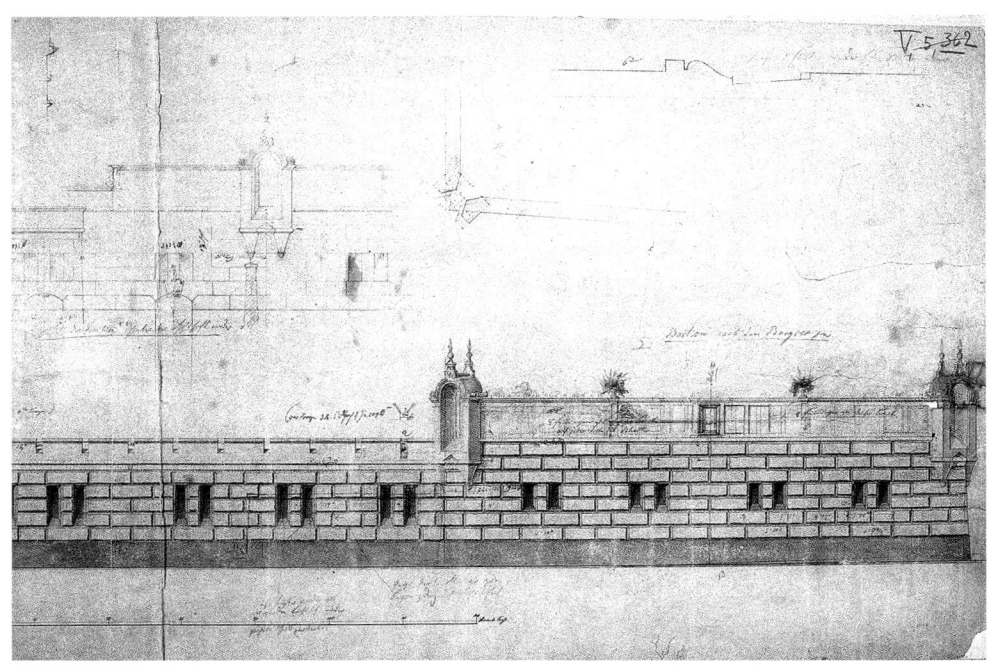

Abb. 17: Schloss Schwerin. Ausführungsentwurf Willebrands für die Westbastion mit Umbau der Brustwehr zur Geschützverteidigung nach den Vorgaben Schmitts.

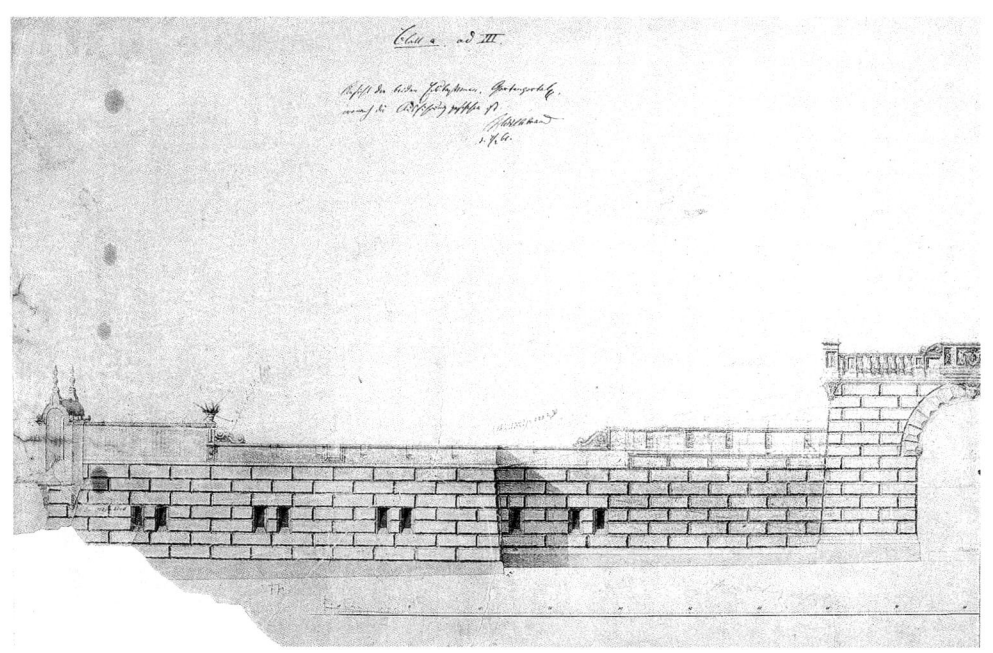

Abb. 18: Schloss Schwerin. Ausführungsentwurf Willebrands für die Westbastion und die Kurtine zum Gartentor des Schlosses. Deutlich erkennbar ist, dass die Brüstungen mit Scharten ausgestattet und die ursprünglich auf den Bastionsecken vorgesehenen Vasen wegfallen sollen.

ern, um diese gegen feindliches Feuer zu decken (Abb. 17)[169]. Besonders aufschlussreich ist eine Zeichnung, in der die ursprünglich auf den Enden der Brüstungsmauern vorgesehenen Blumenvasen mit Bleistiftkreuzen einfach gestrichen wurden (Abb. 18)[170], zumal sie sicher den martialischen Eindruck der Befestigungen geschmälert hätten. Schloss Schwerin hatte sich wieder in einen defensiblen Bau zurückverwandelt.

Zur Bewaffnung desselben wurden allerdings nicht die inzwischen im Zeughaus eingelagerten alten Geschütze verwendet, sondern man bemühte sich um den Ankauf neuer Kanonen: „*Da es Euer Königlichen Hoheit allerhöchste Intention ist, die Bastionen des Schlosses hieselbst an den geeigneten Stellen mit Geschützen besetzen zu lassen, so erlaubt sich die submittest unterzeichnete Commission auf den Umstand, der ihr von kundiger Quelle mitgetheilt worden ist, aufmerksam zu machen, daß augenblicklich obgedachter Bestimmung entsprechende Geschütze, die der aufgelösten deutschen Flotte angehörig gewesen, auf dem Mindener Bahnhofe zu höchst billigen Preisen angekauft werden können. Sie bittet allerunterthänigst, einen Offizier mit der Ausführung des Geschäfts gnädigst befehligen, und diejenigen weiteren Befehle, welche für den Hof=Baumeister Willebrand hinsichtlich der Zahl der Geschütze und der Stellen, wohin dieselben bestimmt sind, als Instruction dienen können, demnächst an sie erlassen zu wollen.*"[171] Tatsächlich

Abb. 19: Grundriss des Schlosses nach der Fertigstellung. Auf den beiden der Stadt zugewandten Bastionen sind deutlich fünf auf Dreh-bolzenlafetten installierte Positionsgeschütze erkennbar. Sie zielten u.a. auf die beiden Dämme, die zum Schloss führen.

erwarb man in der Folge verschiedene Kanonen aus den Beständen der deutschen Flotte, welche auf den Bastionen von Schwerin und der Festung in Dömitz Aufstellung fanden[172]. Die Geschütze am Schweriner Schloss wurden dem Artilleriekommando zur Beaufsichtigung und Übungszwecken unterstellt[173]. Sie sind im Plan der Festschrift von 1869 deutlich auf den Bastionen zu erkennen (Abb. 19). Auf der Nordostbastion stehen zwei Geschütze, auf der Westbastion gegen den Schlossgarten sind drei Kanonen positioniert. Sie haben die damals üblichen schwenkbaren Rahmenlafetten, um ein möglichst weites Schussfeld zu erhalten[174].

Während man die Bastionen zu einer eventuellen Verteidigung des Schlosses umrüstete, fand die Arbeit an den Wohnbauten ihren Fortgang. Im Herbst 1855 standen die neuen Flügel im Rohbau, 1856 wurde die alte Schlosskirche neu eingeweiht[175] und am 26. Mai 1857, dem Geburtstag der Großherzogin, bezog Friedrich Franz II. mit seiner Familie und dem Hofstaat in einem feierlichen Akt das fertiggestellte Schloss[176], *„die erneute und erweiterte herrliche Fürstenburg"*[177], die *„an Glanz und Fülle mit jedem Fürstenbau der neueren Zeit wetteifert, die meisten sogar übertrifft"*[178]. Die auf den Wällen aufgestellten Kanonen schossen dazu Salut[179].

Die Verteidigungseinrichtungen des Schlosses

Schloss Schwerin erhebt sich über einem unregelmäßigen Fünfeck, dessen Ecken Rundtürme besetzen. Vom Altbestand sind nur die Schlosskirche im Osten, der Südostflügel und der Südflügel erhalten geblieben, die allerdings nach den Plänen Demmlers und Willebrands um weiteren Bauschmuck bereichert wurden. Die übrigen Flügel sind völlige Neubauten. Gegen Norden erhebt sich der Torbau, flankiert von zwei Rundtürmen, die die Fassadenarchitektur von Chambord zitieren. Der Torbau ist, entgegen des ursprünglichen Entwurfs von Demmler, als Prunk- und Schauseite zur Stadt durch Stüler deutlich erhöht und durch einen kuppelgekrönten Turm akzentuiert worden (Abb. 20)[180]. Diese Kuppel trägt das Standbild des Erzengels Michael im Kampf mit dem Drachen als Symbol für den Sieg der alten Ordnung über die Revolution. In der selben Form und Funktion findet sich diese Statue auch am Hohenzollern und als Denkmal für den badischen Feldzug von 1849 im Babelsberger Park[181].

Dem Torbau ist ein kleiner Hof vorgelegt, dessen triumphbogenartige Einfahrt zwei schmalere Türme flankieren und der typologisch an eine mittelalterliche Barbakane erinnert. Links und rechts davon schließen sich die Mauern des Souterrains an. Man hat in jüngerer Zeit hierüber geurteilt: *„Auch der Schloßumbau des 19. Jahrhunderts hat sie beibehalten, aber in spielerischer Form ver-*

ändert und mit Rustikamauerwerk verblendet, das allen Regeln damaliger Kriegskunst geradezu Hohn spricht."[182] Sicherlich wurde dieser Eindruck durch die Einbeziehung der Fortifikationen in die umgebenden gärtnerischen Anlagen erweckt, aber der Wert der Bastionen in ihrem zeichenhaften Charakter wurde verkannt. Dieser wurde gerade durch die Rustika noch verstärkt, denn diese war bis ins 19. Jahrhundert ein gebräuchliches Gestaltungsmittel im Festungsbau. Auch in der Zivilarchitektur wurde sie eingesetzt, um das Erdgeschoss mit den Wirtschaftsräumen von den Wohn- und Repräsentationsgemächern deutlich zu scheiden. Der Unterbau des Schweriner Schlosses sollte durch die Rustika noch stabiler und martialischer wirken. Unterstrichen wird dieser Eindruck durch die paarweise angeordneten Fenstergruppen, die, wie gezeigt, Assoziationen an Schießscharten zeitgenössischer Festungsbauten zuließen (Abb. 13 u. 14). Die Mauern der Enceinte bilden den terrassierten Sockel, über dem sich die reiche Architektur der Wohn- und Repräsentationsbauten erhebt. Als oberer Abschluss dient eine Brüstungsmauer, die in kurzen regelmäßigen Abständen von hochrechteckigen, scharten ähnlichen Öffnungen durchbrochen wird. Sie erwecken den Eindruck, es handle sich hierbei um eine Krenelation. Tatsächlich sind diese vermeintlichen Schießscharten nicht wirklich brauchbar, da in sie nochmals kleine Ornamente aus Kreisen und Palmetten eingefügt sind.

Gegen Westen erheben sich zwei Bastionen, die über ihren Vorgängern neu errichtet wurden und die Einfahrt vom Schlossgarten aus flankieren. Das Schlossgartentor in der Mitte zwischen den beiden Bastionen tritt mit leicht geböschten Mauern etwas aus der Flucht der Kurtine hervor und ist auch deutlich höher, so dass es wie ein eigenständiges Torhaus im Festungswall erscheint (Abb. 21). Im ursprünglichen Entwurf Demmlers sollten den Bogen der Durchfahrt links und rechts Trophäen mit Helmen, Waffen und Schilden schmücken, was den Charakter des Tores als Militärbau noch unterstrichen hätte[183]. Der Bau erhielt stattdessen an dem aus der Brüstung mittig hervortretenden Balkon anderen martialischen Schmuck in Form zweier Reliefs, die mittelalterlich gewandte Torwächter darstellen. Sie flankieren das in der Mitte angebrachte Wappen des Großherzogtums[184]. Auf den Ecken der Brüstung stehen ein Trompeter und ein Herold.

Die Brustwehr links und rechts des Torbaus ist mit kleinen Schartenöffnungen versehen. Sie erfüllten offenbar tatsächlich eine Verteidigungsfunktion, denn hinter der hier deutlich erhöhten Brüstungsmauer sind gusseiserne Wehrgänge angebracht, hinter denen der Wallgang beidseitig zum Torbau hinabführt und in diesen einmündet. Zwar sind die Scharten ebenfalls mit den oben erwähnten Schmuckmotiven ausgefüllt, aber sie

Abb. 20: Schloss Schwerin. Stadtseitige Eingangsfront mit der Kuppel Stülers, die vom siegreichen Erzengel Michael als Symbol des Triumphes über die Revolution 1848/49 bekrönt wird.

sind eindeutig in der entsprechenden Höhe zum Einsatz von Gewehren angebracht und weiten sich zur Innenseite so, dass ein Schütze ein entsprechendes Schussfeld erhält[185]. Gewehre hätten sich zumindest durch die kreisförmigen Öffnungen des Ornaments schieben lassen. Der Eisengang würde keinerlei Sinn ergeben, wenn er nicht zur Verteidigung des Tores vorgesehen gewesen wäre; man hätte sonst auch auf ihn verzichten können.

In die Brustwehren der beiden Bastionen sind Geschützscharten eingelassen, hinter denen die Kanonen aus Minden standen (Abb. 22). Sie zielten teilweise über die Bastionsschultern bzw. über den Saillant der Westbastion. Dort sind die Schießscharten als große Rundbogenöffnungen gestaltet, die etwas die Brustwehr überragen und wie an diesen Stellen zu erwartende Postenerker wirken (Abb. 23). Entsprechend dem Stil des Schlosses sind sie in Renaissanceformen gestaltet. Hierfür war Willebrand zuständig, wie die Entwürfe zur Veränderung der Bastionen in Bezug auf das Gutachten Schmitts zeigen. Tatsächlich sind die Brüstungsmauern der Bastionen dort, wo die Geschütze Aufstellung fin-

41

den sollten, erhöht worden, besonders die Brustwehr über der Face der Westbastion zum Burgsee, um diese, wie von Schmitt vorgeschlagen, gegen feindliches Feuer zu decken (Abb. 17).

An die Südwestbastion schließen sich zum Schweriner See hin umfangreiche Rampen- und Treppenbauten an, die die Terrassen der Gartenanlagen erschließen. Schießschartenartige Öffnungen, die an den Festungsbau der Zeit erinnern, sind auch hier zu finden. Dies geht sogar so weit, dass oberhalb einer Treppe ei-

ne Dreiergruppe von Scharten angebracht wurde, die nach außen so auf den Treppenlauf ausgerichtet sind, als sollten sie diesen decken (Abb. 24 u. 14). Tatsächlich handelt es sich auch hier nur um Kellerfenster, ganz abgesehen davon, dass die riesigen Orangerietore eine Verteidigung gegen einen Eindringling sehr erschwert hätten. Hier wird deutlich, dass man bei der Planung zu den Neubauten anfänglich an keine reale Wehrhaftigkeit dachte und erst später nachrüstete.

Abb. 21:
Schloss Schwerin.
Portal zum Burggarten.
Hinter den links und rechts anschließenden Brustwehren verliefen gusseiserne Wehrgänge, die in Resten bis heute erhalten sind.

Abb. 22:
Schloss Schwerin.
Westbastion, nördliche Face mit der nach den abgeänderten Plänen Willebrands erhöhten Brustwehr und Geschützscharten.

Abb. 23: Schloss Schwerin. Westbastion, Geschützscharte über dem Saillant nach dem Entwurf Willebrands in Anlehnung an den Vorschlag Hauptmann Schmitts.

Abb. 24 (oben rechts): Schloss Schwerin. Fenstergruppe am Treppenaufgang vom Muschelbrunnenhof zur Orangerieterrasse. Die Anordnung erinnert an die Gruppierung von Infanteriescharten im zeitgenössischen Festungsbau.

Gegen Südosten springt vor den Terrassen unterhalb des Großen Turms der Orangeriehof mit seiner weit ausgreifenden, halbkreisförmig gebildeten Kolonnade aus, der im Grundriss ähnlich wie der Vorhof am Hauptportal gebildet ist. Die beiden flankierenden runden Ecktürme verfügen in zwei Geschossen über schartenähnliche Öffnungen, die dem ganzen Bau, obwohl eine zivile Gartenarchitektur, ein wehrhaftes Element verleihen (Abb. 25). Das Fortifikationsmotiv wird auch hier konsequent fortgesetzt, aber es wirkt durch die Einbindung in den mit großen Glastüren versehenen Orangeriebau weniger martialisch. Auf dieser Seite aber, so war es ja vorgesehen, sollten die Gartenanlagen und nicht die Festungswerke ihre Wirkung entfalten. Hier gab es auch keine Einrichtungen zu einer Verteidigung. Hingegen war die Bastion auf der Nordostseite zwischen Schlosskirche und Haupttor wieder bestückt und wurde daher mit entsprechenden Brustwehren und Scharten ausgestattet (Abb. 26).

Abb. 25: Schloss Schwerin. Südlicher Eckturm der Orangeriekolonnade mit leicht geböschten Außenmauern und schartenähnlichen Öffnungen.

43

Abb. 26: Schloss Schwerin. Nord-ostbastion, Face gegen Osten mit Geschützscharten. Rechts der barocke Teepavillon aus dem 18. Jahrhundert.

Das Residenzschloss Schwerin als festes Schloss

Obwohl alle Bauten in den Kontext der Gartenanlagen eingebunden sind, so entfalten die Bastionen und Kurtinen auf den der Stadt zugekehrten Seiten die gewünschte martialische und repräsentative Wirkung. Aber nicht nur sie machten das Schloss zu einem wehrhaften Bau, auch die fünf neuen Rundtürme weckten Assoziationen an eine Burg. Das ist nicht verwunderlich, entstammen sie doch der Architektur der festen Schlösser und Burgen an der Wende vom Mittelalter zur Neuzeit[186]. Gerade die dem Schlossgarten zugewandte Front wirkt wie die Abbreviatur des Kastellmotivs; über den Festungswerken mit dem mittigen Tor erhebt sich der von zwei Rundtürmen flankierte Schlossbau (Abb. 27). Türme als Teile einer auf Fernwirkung berechneten Repräsentationsarchitektur gehörten seit dem Mittelalter zum Erscheinungsbild von Schlössern und erschienen teilweise nicht an den militärisch günstigsten Stellen, sondern den Hauptschaufronten besonders massiert. Je mehr Türme, desto wehrhafter wirkte der Charakter eines Schlosses[187], das gilt auch noch für den Schweriner Bau. In dieser Hinsicht ist auch der Große Turm an der Seeseite zu werten, der quasi als Bergfried das Schloss überragt und von Semper in die Planung eingeführt wurde. Diese Funktion des Turms als Teil des Bildes von Burg und Schloss hat im Fall von Schwerin bereits Karl-Heinz Klingenburg herausgestellt, allerdings im romantischen Sinne als Sinnbild für die mittelalterliche Burg[188]. Aber solche Bergfriede sind kein Phänomen der romantischen Architektur des 19. Jahrhunderts, sondern es gibt sie auch schon in der Frühen Neuzeit. Gerade Residenzschlösser behielten, selbst bei vollständigen Neubauten, in der Regel zumindest den mittelalterlichen Hauptturm als Zeichen der Anciennität, wie auch als besonderen architektonischen Akzent, der dem Schloss einen wehrhaften Anstrich verlieh[189]. Der Schweriner Turm ist in deren Kontinuität zu sehen, denn hier hatte ein solcher bisher gänzlich gefehlt, und so verwundert es nicht, dass Demmler und Willebrand den Turm auf der Seeseite höher aufführten, als dies Semper 1843 vorgesehen hatte[190]. Dem Schweriner Schlossturm kam also ein wichtiger Zeichenwert zu.

So entstand das Bild einer Burg, das durch die zahlreichen Türme zu allen Seiten für den Betrachter in Erscheinung tritt. Der Hofprediger Jahn verdeutlichte dies in seiner Festrede am 26. Mai 1857 anlässlich der Einweihung des Schlosses, in der er Schlossbau, Landesherrschaft und Gottesgnadentum eng verknüpfte: *„Hier, [...] an den stillen, schönen, waldumkränzten Wassern, vor dem Angesichte Gottes, hat Friedrich Franz der Zweite gebrochen mit der Sorglosigkeit und dem Dichten der Jugend; hier hat Er Sich gerüstet auf Sein schweres Amt und Sich erfleht das Eine, daran alles gelegen ist, den Segen Gottes; hier hat Er in den Tiefen seines Herzens gelobt: „Ich und mein Haus wir wollen dem Herrn dienen." Heute, indem Er mit seiner erhabenen Familie einzieht in die hohe Burg, lenkte zuerst Seine Schritte in Johann Albrechts von Ihm erweitertes und herrlich geschmücktes Gotteshaus, dem Herrn zu danken, der Ihm Gnade gegeben hat, diesen Neubau des alten Hauses Seiner Väter anzufangen, durch eine bewegte, schwere Zeit hindurch fortführen und in friedlicher Zeit zu vollenden.*

Das Haus des Landesvaters ist nicht sein Haus allein, eben weil Er des Landes Vater ist. Wenn Gottes Ehre wohnt im Haus des Landesvaters, so strömt aus diesem Hause geistlicher und irdischer Segen – der Segen, welchen der Landes-

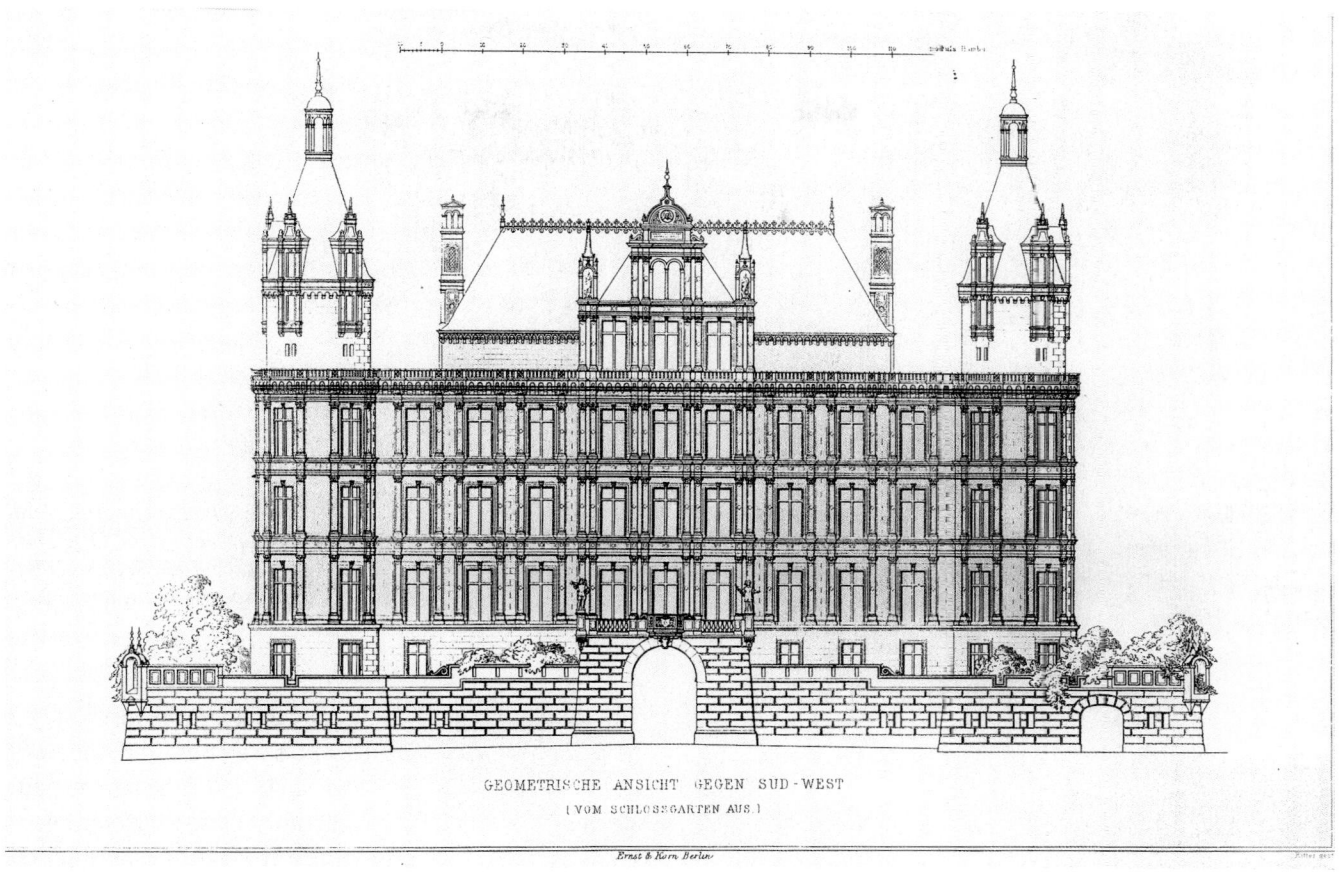

Abb. 27: Schloss Schwerin. Der Aufriss der Front zum Burggarten aus der Festschrift von 1869 wirkt wie die symbolische Abbreviatur einer Burg.

herrschaft christliches Bekenntnis und Beispiel wirken muß, und der Segen eines christlichen und weisen Regiments – auf die Landeskinder.

Wir bitten Gott, daß er die erneute und erweiterte herrliche Fürstenburg zu allen Zeiten sein lasse eine reiche Quelle solchen Segens."[191]

Als „hohe Burg" und „Fürstenburg" wird das Schweriner Residenzschloss hier apostrophiert. Die Zeitgenossen empfanden das Schloss also nach damaligem Verständnis als Burg und damit als Wehrbau, als sicheren Ort[192]. Er ist Gottesburg und Fürstenwohnung des von Gottes Gnaden in diesem Haus regierenden Monarchen. Seine Herrschaft steht für eine sichere Ordnung, die Metapher „Burg" drückt diese Sicherheit bildhaft aus. Tatsächlich war das Schloss ja ein auch real wehrhafter Platz mit Kanonen und Vorrichtungen zur infanteristischen Verteidigung im Falle eines Aufstandes gegen die beschworene gottgewollte Ordnung und Herrschaft des Großherzogs. Da man aber offensichtlich nicht allein auf die Befestigungen des Schlosses vertrauen wollte, wurde noch eine weitere Sicherheitsmaßnahme in der näheren Umgebung ergriffen. Auf dem Ostorfer Berg oberhalb des Schlossgartens, südwestlich des Schlosses, entstand nach Plänen des Militärbaumeisters Ludwig Wachenhusen 1856–1862 die Großherzogliche Artille-

riekaserne[193]. „Im Allgemeinen wurde der Ort nach seiner Entfernung vom Schlosse und seiner Lage zu demselben, zu dem Alten Garten und der Schloßbrücke, wie es durch den Charakter des Gebäudes bedingt schien, bestimmt, während ein weiteres Zurückrücken auf dem Ostorfer Berge, der einmal so ganz überwiegende Vorzüge für sich hatte, bei der Nähe des Ostorfer Sees unmöglich wurde."[194] Es ist offensichtlich, dass die Artilleriekaserne zur Sicherung des Schlosses dienen sollte. Stadt und Schloss waren gleichermaßen gut von hier aus erreichbar, und im Notfall ließen sich rasch weitere Geschütze auf die Schlossinsel bringen. Betrachtet man die Flanken der Ecktürme des kastellartigen, riesigen Komplexes näher, so fallen die Gewehrscharten auf, mittels derer sich die Fronten im Falle eines Angriffs bestreichen ließen (Abb. 28). Die Artilleriekaserne war als Defensivkaserne angelegt worden. Wie verschiedene andere Beispiele zeigen, war die Anlage von verteidigungsfähigen Kasernenbauten in der näheren Umgebung eines Residenzschlosses der Zeit nicht fremd, sondern ein weiteres Mittel, um den Wohnsitz des Landesherrn zu sichern[195]. Die Schweriner Kaserne, städtebaulich in beherrschender Lage, bekam den Charakter einer Burg verliehen: „Mit dem Bau wurde die Situation der mittelalterlichen Schutzburg über der Stadt nachempfunden. Die zinnenbewehrten Türme,

45

kleine Fenster im Erdgeschoß und der exponierte Bauplatz verstärken diesen Eindruck. Der herausragende Torturm mit der großen Durchfahrt erinnert in seiner Gestaltung an die Zufahrten von Festungswerken, deren Eingang das Wappen des Herrscherhauses ziert."[196] Reinhard Parchmann urteilt über diesen Bau treffend: „*Das Arsenal und die Artilleriekaserne entstanden nicht nur als Zweckbau, sondern als Bauwerke, die die Macht des Großherzogs zeigen sollten.*"[197] So waren gleich zwei Trutzburgen gegen die Revolution entstanden. Der Erzengel Michael, der die Kuppel über dem Torbau des Schlosses bekrönt und im Kampf den teuflischen Drachen niederwirft, wird zum Symbol der Verteidigung der alten Ordnung gegen alle Umsturzversuche, das in geradezu apotropäischem Sinn die reale militärische Sicherung der großherzoglichen Residenz als Wohnsitz des rechtmäßigen Landesherrn unterstützt. Als eine Anspielung auf die gottgegebene, legitime Herrschaft ist wohl aus der Sicht des Auftraggebers auch die Wahl der Architekturformen zu werten, die sich eng am französischen Königsschloss Chambord orientieren. Klingenburg hat darauf aufmerksam gemacht, dass Friedrich Franz II. mit der Stilwahl auf den legitimen Herrschaftsanspruch der Bourbonen in Frankreich verweisen wollte, die 1830 erneut durch eine Revolution vom Thron gejagt worden waren und in Karl Marie Dieudonné von Artois als Grafen von Chambord (!) ihren legitimen Erben hatten. So verkörpert Schloss Schwerin durch und durch die fürstliche Reaktion auf alle revolutionären Ereignisse der vorangegangenen Jahrzehnte und manifestierte den Herrschaftsanspruch der Monarchie, die 1848/49 erneut massiv in Frage gestellt worden war[198].

Abb. 28: Schwerin. Eckturm der Artilleriekaserne auf dem Ostorfer Berg mit schartenartiger Öffnung in der Flanke.

2. Das Königreich Hannover: die Marienburg bei Nordstemmen

Abb. 29: Marienburg bei Nordstemmen. Ansicht vom Leinetal, Xylographie 1862.

Auf dem Schulenburger Berg liegt oberhalb der Leine bei Nordstemmen die Marienburg, benannt nach Marie von Sachsen-Altenburg, der Gemahlin des letzten Königs von Hannover, Georg V. (Abb. 29). Das in seinen wesentlichen Teilen nach Plänen des Architekten Conrad Wilhelm Hase errichtete Lustschloss zählt zu den umfangreichsten und eindrucksvollsten romantischen Schlossbauten Norddeutschlands. Eine umfassende wissenschaftliche Aufarbeitung der bis heute in Besitz des Welfenhauses befindlichen bedeutenden Anlage erfolgte erst in jüngster Zeit[199].

Alle Bauakten, mit Ausnahme der Pläne, die sich nach wie vor auf der Marienburg befinden, liegen als Depositum im Staatsarchiv Hannover[200]. Sie umfassen vor allem Rechnungen und Kostenvoranschläge, aber auch Bauberichte, und bilden die wichtigste Quelle zum Bau des Schlosses. Leider finden sich darunter nur sehr wenige Schriftstücke, die etwas über die Intentionen oder

gestalterischen Absichten der Bauherrin Königin Marie zu Beginn der Arbeiten verraten würden[201].

Planungs- und Baugeschichte

Seit 1837 war Hannover ein eigenständiges Königreich und das alte Leineschloss in der Hauptstadt zur königlichen Residenz ausgebaut worden[202]. Allerdings fehlte eine repräsentative Schlossanlage, die vor allem die hohe Anciennität der königlichen Familie entsprechend vor Augen führen konnte. Das Leineschloss ging im Kern auf ein erst im 17. Jahrhundert mit der Erhebung Hannovers zur Residenz ausgebautes Kloster zurück, und die einstige Stammburg Calenberg unweit des Schulenburger Berges war schon seit langem eine Ruine. Der Neubau der Marienburg konnte hier adäquaten Ersatz schaffen. So beschloss König Georg V. den Bau einer königlichen Burg in mittelalterlichem Stil, bewusst

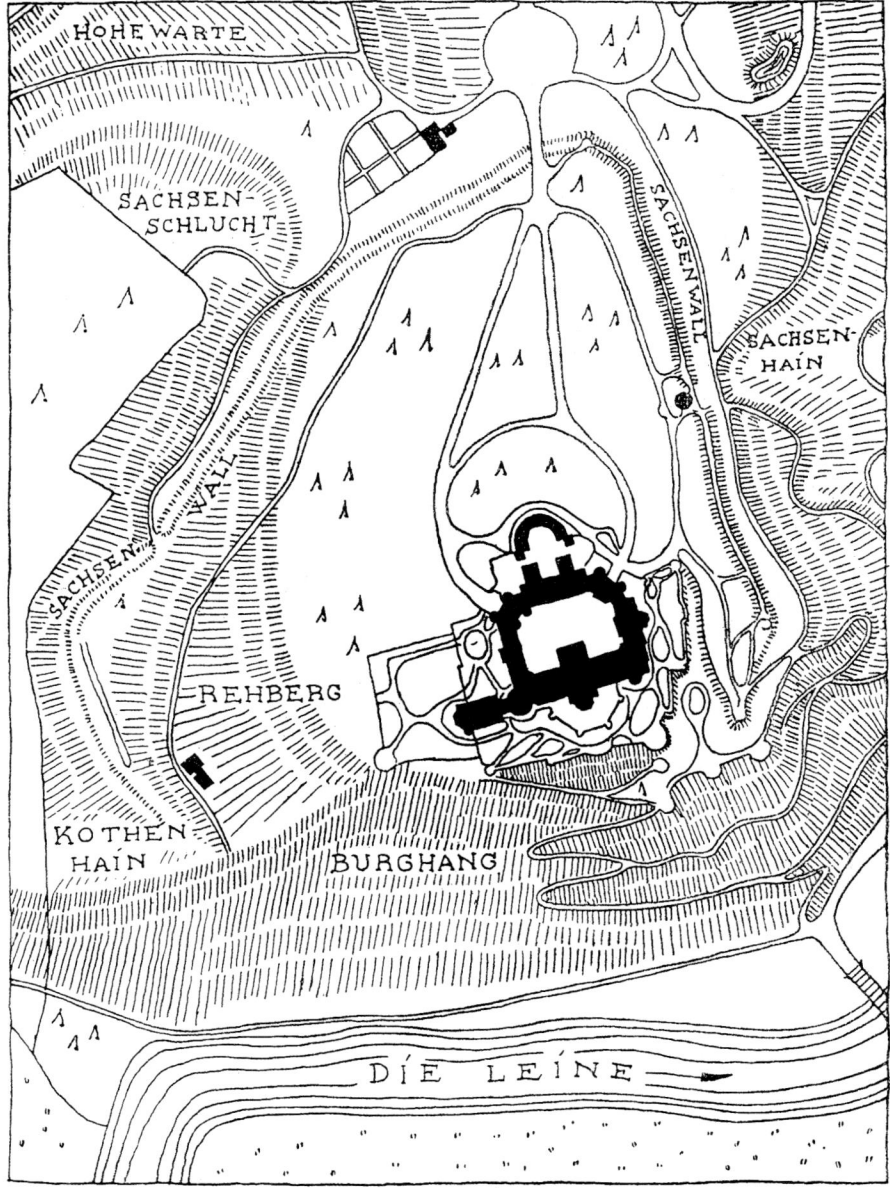

Abb. 30: Lageplan der Marienburg.

in Sichtweite der ehemaligen Stammburg gelegen[203].
Der König schenkte seiner Gattin Marie anlässlich ihres
Geburtstages am 14. April 1857 das noch zu errichtende Schloss und den dafür vorgesehenen Baugrund auf
dem Schulenburger Berg. Das Grundstück hatte der Ar-
tilleriemajor Eduard Julius Hugo Witte, der mit der
Oberleitung des Baus beauftragt worden war, ausge-
sucht und durch den Landbauinspektor und Hofbaumeister Christian Adolph Vogell untersuchen lassen.
Witte und Vogell scheinen die Königin maßgeblich in
ihren Vorstellungen von dem Neubau beeinflusst zu
haben[204]. Es ist bezeichnend, dass, wie bei vielen Burg-
neu- und Burgausbauten des 19. Jahrhunderts, auch im
Fall der Marienburg ein Artillerieoffizier und Militärin-
genieur an den Planungen beteiligt war. Diese Fachleu-
te verfügten über entsprechende Kenntnisse in der Fortifikation und waren somit für einen Burgbau prädesti-
niert[205].

Witte leitete seit 1857 eine auf seine eigene Bitte und
auf Anregung des Königs eingesetzte Baukommission,
allerdings als Günstling Königin Maries in recht selbst-
herrlicher Weise und ohne jede Kontrollinstanz[206]. Als
noch im August 1857 der Hannoveraner Architekt Conrad Wilhelm Hase, einer der führenden Vertreter der
Neugotik und einer der wichtigsten Baumeister des 19.
Jahrhunderts in Norddeutschland, zu den Planungen
hinzugezogen und mit dem Bau der Marienburg beauftragt wurde, hatte er sich an einem offensichtlich
schon fertigen Konzept zu orientieren, das ihm nur
noch wenig Spielraum zu eigenständigen Überlegungen ließ[207]. Die Königin hatte schon im Frühling Erkun-
digungen über die preußischen Schlösser Babelsberg
und Stolzenfels einziehen lassen. Sie sollten ihr als Anregung bei der Entwicklung ihrer persönlichen Ideen
zum Neubau dienen[208]. Ab 1858 entstand so ein sym-
metrischer, kastellartiger Baukomplex mit vier Flügeln

um einen Innenhof an der Südkante des Schulenburger Berges (Abb. 30). Hase versuchte diese streng symmetrische Anlage im Sinne einer malerisch aufgefassten Neugotik durch die unterschiedliche Architektur der Ecktürme aufzulockern und somit pittoresker und abwechslungsreicher erscheinen zu lassen[209].

1860 standen der Ost-, Süd- und Westflügel im Rohbau und am 3. Dezember des Jahres konnte Richtfest gefeiert werden. Neben der Errichtung der Hauptgebäude schritt seit 1861 auch die Umwehrung des Schlosses durch eine Ringmauer mit Türmen, Rondellen und kleinen Bastionen voran[210]. 1862 teilte die Baukommission dem Oberhofmarschallamt mit, dass die Tor-, Stall- und Remisenbauten vollendet seien[211]. Noch im selben Jahr, der Innenausbau hatte gerade begonnen und schritt voran, fiel Hase bei der Königin in Ungnade. 1864 ersetzte daher Hases Schüler Edwin Oppler diesen als führender Architekt[212]. Oppler veränderte einige Bauten maßgeblich – so ließ er sogleich den mächtigen Südwestturm mit der Bibliothek fast vollständig neu aufführen – kümmerte sich aber hauptsächlich um die Fertigstellung der Innenräume[213]. Der deutsch-deutsche Krieg 1866 und die Vertreibung des Königs bereitete den Baumaßnahmen ein vorläufiges Ende. 1869 wurde der weitere Ausbau der Marienburg endgültig eingestellt[214].

Infolge des Krieges war die Burg auch nur sehr kurz durch Königin Marie und ihre Kinder 1866/67 bewohnt. Die *„Marienburg und ihre Hüterin"* waren den preußischen Behörden allerdings ein Dorn im Auge: *„Seitdem die Königin die Marienburg bezogen, galt letztere als Herd der antipreußischen Agitationen, die vor, während und nach den Parlamentswahlen unsere Polizei in Athem hielten."*[215] Mit dem Bezug der Marienburg zeigte das Welfenhaus deutlich Präsenz im vom Feind annektierten Königreich Hannover. Schließlich folgte die Königin ihrem Gemahl aber doch ins Exil nach Österreich, nachdem ihr die preußischen Behörden versucht hatten, einen neuen, preußenfreundlichen Hofstaat aufzuzwingen[216].

Die baulichen Anlagen der Marienburg

Die Marienburg steht an der Südkante des Schulenburger Berges hoch über der Leine. Das Schloss war schon im 19. Jahrhundert von der durch das Leinetal führenden Eisenbahnlinie gut zu sehen, ein Aspekt, der ganz sicher beabsichtigt war und bei seinem Bau Berücksichtigung fand, zumal der Berg zur Entstehungszeit der Burg nicht so dicht bewaldet war wie heute[217]. Mauern, Türme und Dächer der Marienburg beherrschen die Silhouette des Berglandes, das hier direkt an die norddeutsche Tiefebene grenzt.

Auf der Ost-, Nord-, und Westseite umgibt in einigem Abstand eine vorgeschichtliche Wallanlage, der sog. Sachsenwall, das Burggelände, das durch den Hofgarteninspektor Schaumburg in einen Landschaftspark verwandelt wurde[218].

Der ganze Schlosskomplex wird auf allen Seiten von einer, teilweise zinnenbekrönten, Ringmauer umzogen, deren Ecken Rundtürme, Rondelle und kleine Bastionen besetzen. Einen natürlichen Schutz für die Marienburg bieten im Süden der Steilhang des Schulenburger Berges und im Osten und Südosten ein aufgelassener Steinbruch, der gestalterisch in die Anlagen einbezogen wurde. So wirken die Bauten, als seien sie auf eine natürliche Felsenklippe gesetzt (Abb. 31). Der Steinbruch findet seine Fortesetzung in einem Graben von geringer Tiefe auf der Ostseite, wo ihn die Brücke zum Einfahrtstor quert.

Der Kernbau des Schlosses besteht aus vier Flügeln, von denen drei zur Wohnung für die königliche Familie, der vierte als Bedienstetenunterkunft sowie Wirtschafts- und Stallungsgebäude diente (Abb. 33). Vor den Südflügel als Corps de logis tritt in den Hofraum der wuchtige Hauptturm, der in seinen Dimensionen eher an französische Donjons und englische Keeps als an mittelalterliche deutsche Bergfriede erinnert. Ihm gegenüber ist die Zufahrt zum Marstall gelegen, der mit zwei Flügeln gegen Norden vorspringt und seinen Abschluss in einem etwas niedrigeren, großen Rondellbau findet.

Die Marienburg besitzt zwei Tore, ein über eine Brücke erreichbares Zufahrtstor in der Nordostecke und ein Tor, das der Ausfahrt diente, in der Nordwestecke (Abb. 32 u. 35). Beide Torbauten werden von Rundtürmen flankiert. Die beiden Türme des Ausfahrtores sind von größerem Umfanf als die der Einfahrt, eine der Maßnahmen, die Hase beim Bau der Marienburg ergriff, um den streng geordneten Baukomplex in seiner Architektur abwechslungsreicher zu gestalten und historisch gewachsener wirken zu lassen[219].

Schon die Lage der Tore zeigt, wie traditionell der ganze Schlossbau angelegt war. Von Nordosten fuhr man in den Ehrenhof einer Dreiflügelanlage ein, auf der Nordwestseite wieder hinaus. Der Bergfried wirkt dabei wie der Mittelpavillon eines barocken Palastes, der das Treppenhaus und den Saal aufnimmt. Die Nordseite wird allerdings durch einen vierten Flügel, dem durch seine Wirtschaftsfunktionen eine untergeordnete Funktion zukam, abgeschlossen. Die beiden Torbauten, die nochmals etwas niedriger sind, binden ihn an den dreiflügeligen Hauptbau an.

Werden die Nordost- und die Nordwestecke durch die Torhäuser mit ihren Flankentürmen betont, so die Ecken des Südflügels durch zwei unterschiedliche Türme. Die Südwestecke nimmt ein großer Rundturm, der Bibliotheksturm, ein, die Südostecke ein zierlicher, schlanker Achteckturm. Auch hier lockerte Hase die strenge Grundrissform der Marienburg auf und sorgte für Ab-

wechslung. Im Prinzip handelt es sich bei den beiden Türmen um nichts anderes als um Eckpavillons, die den Südflügel an beiden Seiten abschließen. Der aus den mittelalterlichen Wehrtürmen entwickelte Pavillon[220] erfährt hier die Zurückverwandlung in seine ursprüngliche Form.

Die Türme der Marienburg werden von Stockwerken mit Zinnen und Scharten abgeschlossen, die teilweise auf fiktiven Maschikulikränzen vorkragen. Gerade die beiden Türme am Nordosttor (Abb. 32) wirken hierdurch recht wehrhaft. Die dicht gesetzten kleinen Rundbogenöffnungen ihrer Obergeschosse mit abgesenkten Füßen muten wie Gewehrscharten zur Infanterieverteidigung an[221].

Grundriss und Gesamtanlage der Marienburg folgen also einem ausgesprochen traditionellen Konzept, das zumindest noch in der ersten Hälfte des 19. Jahrhunderts für fürstliche und königliche Palastbauten verbindlich war[222]. Aus der Mitte des Südflügels tritt gegen Süden, mit Ausblick zum Leinetal, ein von einem Staffelgiebel bekrönter Mittelpavillon vor, der den nicht vollendeten Rittersaal aufnehmen sollte. Er wird vom Vestibül im hofseitigen Bergfried erschlossen[223].

Aus dem Ostflügel springt der polygonale Chor der Schlosskapelle vor. Auf der Westseite liegen die Reste des nie fertiggestellten Wintergartens, der direkt an den Bibliotheksturm angrenzt.

Der ganze Komplex wird von einer Ringmauer umgeben (Abb. 37). Sie umfasst nicht nur das Schloss, sondern auch einen Terrassengarten, der den Bau auf der Süd- und Südwestseite umfasst, wobei die Mauer noch 1867 im Westen auf Grund des Wintergartenprojekts von Oppler erweitert wurde, um den Bereich des königlichen Privatgartens zu vergrößern[224].

Mehrere Rondelle und kleine, turmartige Baukörper springen an den Ecken aus der Flucht der Mauern hervor. Einer der Rundtürme in der Südfront der Ringmauer besitzt Schlüsselscharten (Abb. 34). Er wird im Innern durch ein Kuppelgewölbe abgeschlossen. Die Schießscharten lassen sich allerdings nicht wirklich nutzen, denn für einen Schützen bieten sie an der Innenseite keinen ausreichenden Raum zur Bewegung der Waffe und zum Zielen. Die sehr niedrige Brüstung der Ringmauer wurde auf der dem Tal zugewandten Front, die wohl als Hauptschauseite der Burg zu werten ist,

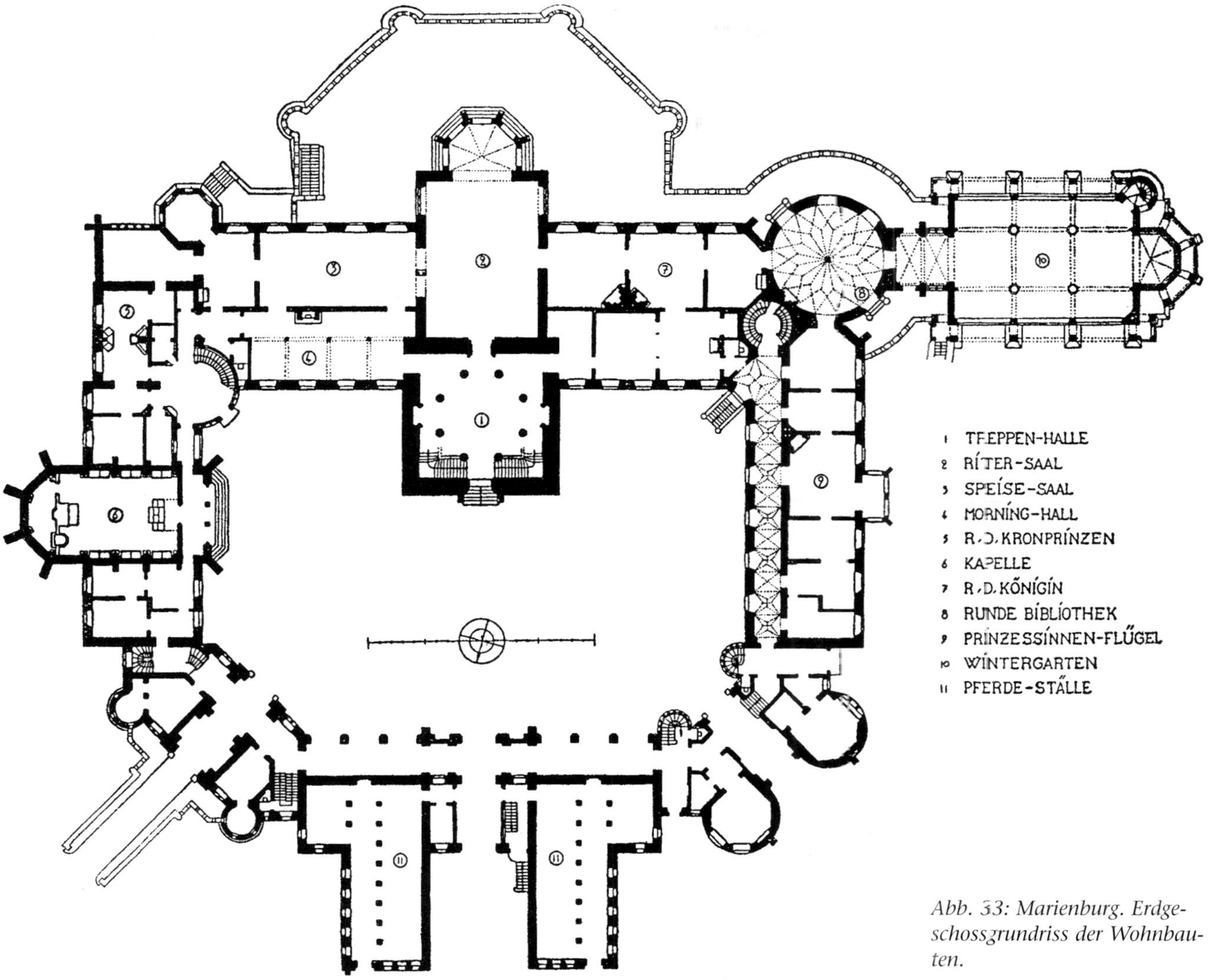

1 TREPPEN-HALLE
2 RITTER-SAAL
3 SPEISE-SAAL
4 MORNING-HALL
5 R. D. KRONPRINZEN
6 KAPELLE
7 R. D. KÖNIGIN
8 RUNDE BIBLIOTHEK
9 PRINZESSINNEN-FLÜGEL
10 WINTERGARTEN
11 PFERDE-STÄLLE

*Abb. 33: Marienburg. Erdge-
schossgrundriss der Wohnbauten.*

durch Zinnen abgeschlossen, die heute vermauert sind.
Schon an ihrer geringen Höhe wird aber deutlich, dass
sie lediglich eine Zierfunktion zu erfüllen hatten, bieten
sie doch keine Deckung. Auch die beiden großen Geschützscharten in der Brustwehr direkt über dem Fels-
hang des Steinbruchs (Abb. 31), die der Schlossumweh-
rung zusammen mit einem teilweise um die Türme und
Mauern geführten Kordongesims einen festungsartigen
Anstrich verleihen, dienen offensichtlich nur dem martialischen Schmuck der Anlage. Sie waren von Anfang
an vermauert. Hinter den Scharten gibt es auch keinerlei Raum zur Aufstellung von Kanonen. Dieser zeichenhaften Befestigung sind auch jene steinernen Geschütz-
rohre zuzurechnen, die aus der Stützmauer der Terrasse
vor dem Rittersaal, welche von kleinen Zinnen abgeschlossen wird, ragen und als Wasserspeier dienen
(Abb. 39).

Abb. 34: Marienburg. Südwestturm mit Schlüsselscharten.

Im Bereich der beiden Haupttore erheben sich hingegen bauliche Anlagen, die eindeutig der Sicherung der Zugänge gedient haben müssen. Hier fürchtete man anscheinend eine besondere Bedrohung. Das Einfahrtstor wird rechter Hand von einer kleinen Bastion gedeckt (Abb. 36), deren Südostflanke parallel zur Brücke fast bis an den Kernbau des Schlosses reicht. Ihr oberer Abschluss ist als Brustwehr ausgebildet und vollständig mit hochrechteckigen Gewehrscharten kreneliert (Abb. 38), deren Form mit der Enge in der Mitte an vergleichbare Schießscharten im Festungsbau des 19. Jahrhunderts erinnert (Abb. 14 u. 53) und wenig mittelalterlich anmutet, also wohl nicht nur eine romantisierende Zutat ist, um den Bau im Sinne der damaligen Zeit noch historischer wirken zu lassen. Eine Bestreichung der Hauptzufahrt zum Schloss wäre damit jederzeit möglich gewesen. Tatsächlich kann man anhand der Baupläne feststellen, dass die heutige Anlage eine bewusste Abänderung eines ursprünglich anders gedachten Mauerverlaufs darstellt, der eine direkte Flankierung des Tores nicht erlaubt hätte (Abb. 40)[225]. Überdies verfügte das Einfahrtstor ursprünglich über eine Zugbrücke mit Schwungruten, die aber 1866 schon wieder aufgegeben und durch eine vollständig gemauerte Brücke über den kurzen Graben ersetzt wurde (Abb. 37)[226]. Sicherlich sollte das Einfahrtstor auf die Ankommenden einen besonders authentisch mittelalterlichen, aber auch wehrhaften Eindruck machen und erhielt daher ursprünglich eine Zugbrücke, die für das Erscheinungsbild einer mittelalterlichen Burg als unabdingbar galt. Aber darüber hinaus wies das 19. Jahrhundert Zugbrücken in der militärischen Praxis eindeutig den Defensivmaßnahmen zu[227]. Betrachtet man die Befestigungen auf der Nordseite der Marienburg genauer, so fällt auf, dass das mächtige

Abb. 35: Marienburg. Das nordwestliche Ausfahrtstor. Links und rechts zwei flankierende Wachttürmchen mit Gewehrscharten.

Abb. 36: Marienburg. Bastion am Einfahrtstor.

Abb. 37: Modell der Marienburg im Zustand vor 1864. Ansicht des Schlosses von Nordosten. Das Einfahrtstor hat noch die Zugbrücke.

Rondell vor dem Marstall, das die Remisen birgt, einen Wehrgang besitzt. Er ist über die rückwärtig an das Rondell angebauten Treppentürmchen zugänglich. Seine Brustwehr bildet ein Kranz mächtiger Zinnen, die auf einem Segmentbogenfries vorkragen. Der wuchtige Bau (Abb. 42) mit geböschtem Sockel erinnert ein wenig an die von Dürer in seinem Traktat *Etliche underricht zu be-* *festigung der Stett, Schloß und flecken* 1527 in Vorschlag gebrachten runden Basteien. Im Sockelmauerwerk erscheinen Entlastungsbogen, die bei Dürer nicht nur eine statische, sondern offensichtlich auch eine gestalterische Funktion erfüllen (Abb. 41). Auch am Marstallrondell der Marienburg sind sie sichtbarer Bestandteil der Außenarchitektur.

Abb. 38: Marienburg. Bastion am Einfahrtstor. Krenelierte Brustwehr zur Flankierung der Brücke.

Abb. 39: Marienburg. Wasserspeier in Form einer Geschützmündung an der Terrasse vor dem Corps de logis.

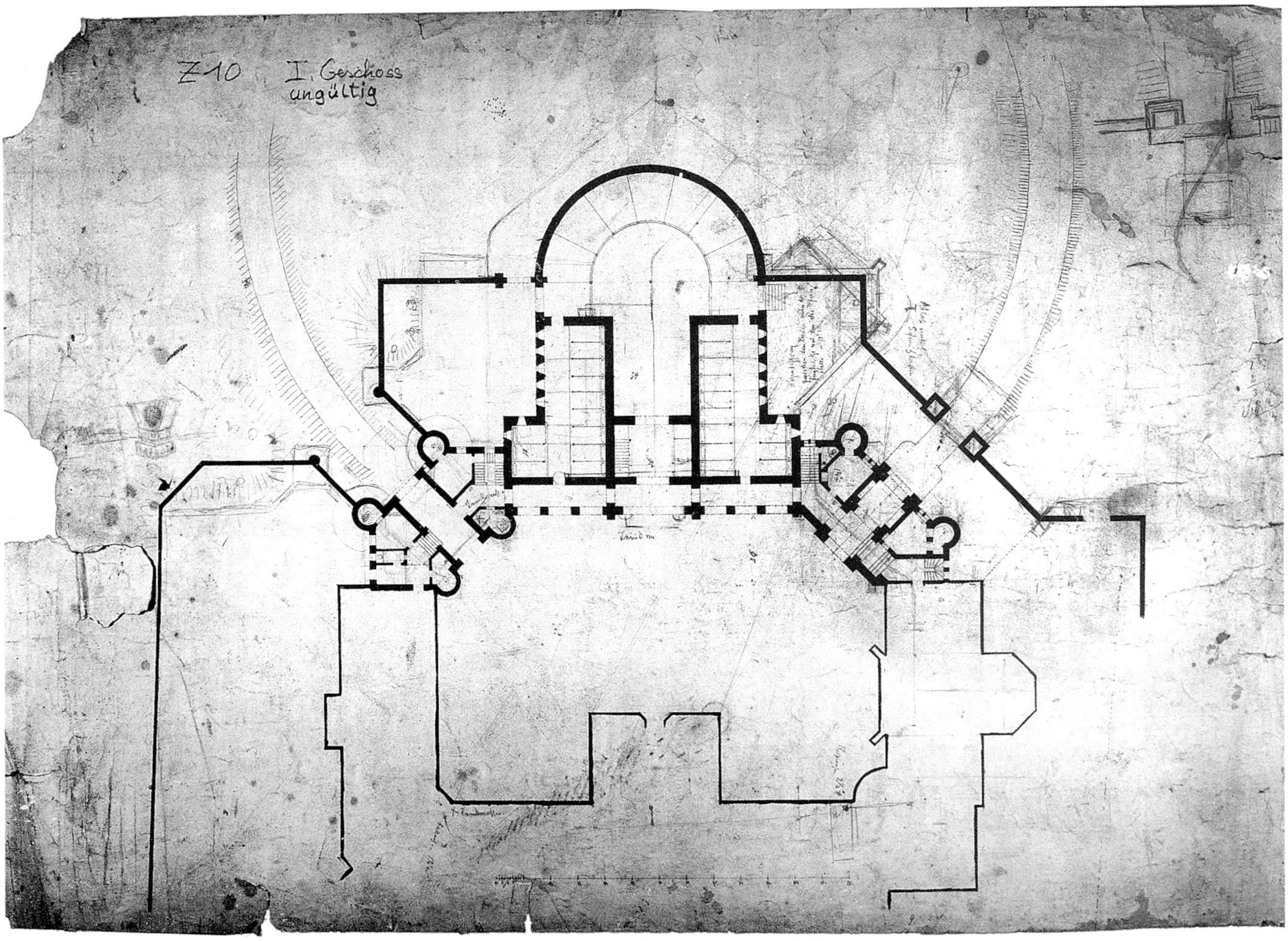

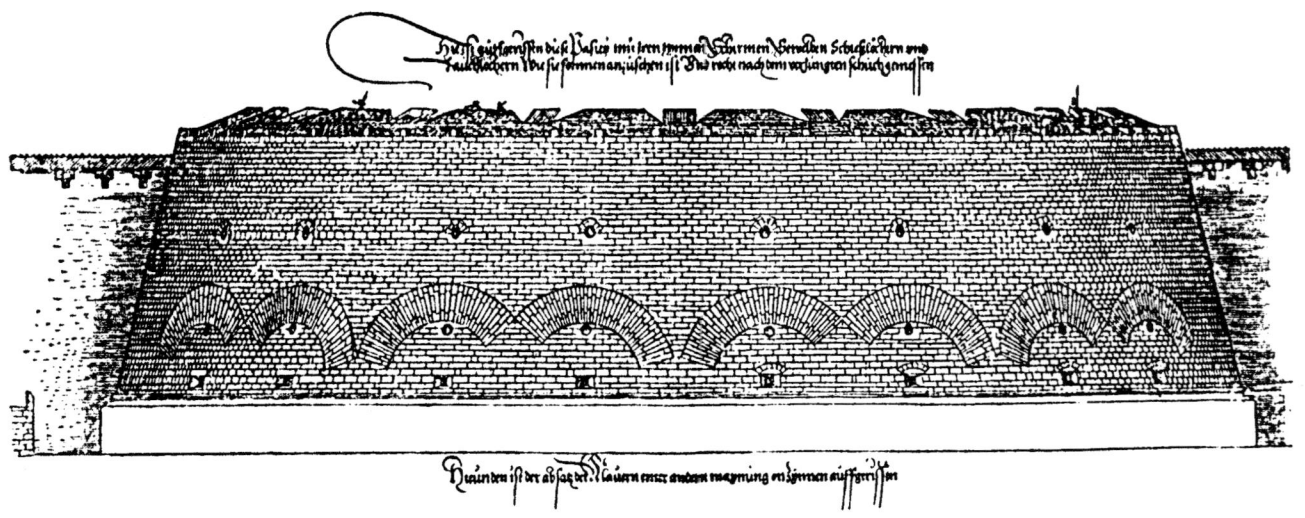

Abb. 40: Marienburg. Grundrissentwurf Hases für die Situation am Nordosttor mit nachträglicher Einzeichnung der heutigen Bastion neben dem Tor in Bleistift. Eingetragen ist auch die Vergrößerung der Türme am Nordwesttor und die Anlage der beiden Wachtürmchen.

Abb. 41: Albrecht Dürer, Entwurf einer Bastei aus Etliche Unterricht, zu befestigung der Stett, Schlosz, und flecken 1527.

Abb. 42: Marienburg. Marstallrondell von Westen.

Abb. 43: Marienburg. Wachtürmchen mit zugesetzten Gewehrscharten vor dem Nordwesttor.

Wie das Nordwesttor, so ist auch das Ausfahrtstor der Marienburg gesichert. Links und rechts des Torweges stehen zwei Wachthäuschen, die als zinnengekrönte Türmchen gestaltet sind (Abb. 35 u. 43). Sie springen, über Eck gestellt, aus der Ringmauer vor, welche hier zu beiden Seiten zangenartig einknickt und direkt an die beiden Rundtürme, die das Tor flankieren, stößt. Die Wachttürmchen besitzen, heute vermauerte, paarweise angeordnete Gewehrscharten, die eine beidseitige Bestreichung des Torweges erlaubt hätten. Tatsächlich aber beherbergte das Türmchen rechts der Ausfahrt die Ställe für die Tiere der königlichen Kinder, darunter Vogelvolieren[228].

Die Schlüsselscharten im Sockel der zwei Rundtürme dienen hingegen lediglich der Zierde, ähnlich denen des erwähnten Rundturmes an der Südseite. Sie signalisieren zeichenhaft Verteidigungsbereitschaft.

Die Marienburg als festes Schloss

Offensichtlich diente die Ringmauer vorwiegend nur als Einfassung und wehrhaft wirkendes Schmuckelement des Schlosses im Sinne einer fiktiven Fortifikation, die sich zeichenhaft traditioneller Elemente des Festungsbaus bedient. Mauern, Türme, Schießscharten und Zinnenschmuck verleihen der Marienburg den gewünschten martialischen Charakter und machten sie zur Burg. Verstärkt wurde diese rein symbolische Fortifikation noch durch kleine Details wie die steinernen Kanonenrohre und den Kordongesims als Motiv aus dem Festungsbau, der an verschiedenen Bauteilen die Böschung der Mauern von den Brustwehren bzw. den oberen Stockwerken trennt.

Die Ringmauern bilden in der Ansicht vom Tal her, ähnlich wie bei vielen Schlössern der Zeit, den Sockel, auf dem sich der reich dekorierte Hauptbau erhebt und damit umso besser zur Geltung kommt. Mit ihren sich staffelnden Baumassen, den Türmen, Erkern und Zinnenbrüstungen war die Marienburg sichtlich auf Fernwirkung angelegt. Zu realer Verteidigung scheinen nur die Bauten auf der Nordseite, also dort, wo sich die Hochfläche des Berges und der Hauptzugang der Marienburg befinden, geeignet und bestimmt gewesen zu sein. Die Defensiveinrichtungen blieben dabei auf Gewehrscharten in den flankierenden Turm- und Bastionsbauten im Bereich der Tore beschränkt. Platz zur Aufstellung von Geschütz war nicht vorgesehen. Man hielt diese Sicherung für das königliche Lustschloss wohl als ausreichend. Immerhin konnte die Anlage so bei einem Überfall verteidigt werden. Verschiedene Pläne verdeutlichen, dass den Ringmauern und den Einfahrten bei den Planungen tatsächlich eine nicht geringe Beachtung geschenkt wurde. So zeigt ein Grundrissentwurf Hases zu den Wirtschaftstrakten vor dem Nordosttor eine kreisrunde Barbakane aus krenelierten Mauern als Brückenkopf (Abb. 44). Sie ist wohl eher zeichenhaft zu verstehen und sollte den wehrhaften Eindruck der Hauptzufahrt steigern. An diese schließt zu beiden Seiten die Ringmauer an. Die Brücke quert den zwischen Hauptbau und Ringmauer entstandenen Zwingerraum[229]. Auf einem etwas späteren Plan (Abb. 40) erscheint ein Brückenkopf, der aus zwei die Zufahrt flankierenden, schmalen Vierecktürmen gebildet wird. In Bleistift sind umfangreiche Änderungen in diesem Grundriss vorgenommen worden, die schließlich zur Ausführung gelangten. So wurden nun an den Ecken der zum Nordwesttor einknickenden Zwingermauern die beiden heute noch existenten Wachttürmchen geplant, die die Ausfahrt flankieren.

Noch weit interessanter in unserem Zusammenhang ist die Eintragung der Bastion neben dem Nordosttor. Ihre langgezogene Flanke, die parallel zur Brücke der Einfahrt verläuft, soll den Torbereich offensichtlich optimal flankieren, um die Einfahrt gegen einen eventuellen Angriff zu sichern[230]. Ein Foto aus der Bauzeit zeigt die Bastion als bereits aufgeschüttetes Erdwerk im Bau (Abb. 45). Unter dem Stallgeschoss des Marstalls erscheinen hier Öffnungen angeordnet, die Geschützscharten ähneln. Auf jeden Fall verstärkten sie den wehrhaften Charakter des Schlosses auf dieser Seite. Der Bau der Bastion vor dem Marstall, bei dem die Öffnungen zugesetzt wurden, schuf aber eine bessere Verteidigungsmöglichkeit, indem man nun nicht nur die Zufahrt militärisch sichern, sondern auch die Brücke selbst direkt flankieren konnte.

Die Möglichkeit eines solchen Angriffs wurde tatsächlich von den Verantwortlichen in Betracht gezogen, wie den Überlegungen zur Bewachung des Schlosses für je-

nen Zeitraum, in dem der königliche Hof sich nicht auf der Burg aufhielt, zu entnehmen ist. Darin wurde vor allem auf die isolierte Lage der Marienburg und auf das darin befindliche wertvolle Inventar aufmerksam gemacht[231]. Deshalb sollte die „*Kraft der Vertheidigung bei einem Einbruche*" in jedem Fall durch die Anwesenheit einer ausreichenden Zahl von Wächtern gewährleistet sein[232]. Die Schlosswächter „*müssten mit Waffen zur Vertheidigung versehen sein und bei der Auswahl der Persönlichkeit müsste vorher geprüft werden, ob sie die erforderlichen Eigenschaften besitzen, ihnen auch Geistesgegenwart u. Muth zuzutrauen ist.*" Aus Sicherheitsgründen empfahl man eine reguläre „*Militair-Wache*", auch wenn diese teurer kommen sollte, „*womit der Bewachung die unter allen Umständen nur mangelnde Sicherheit gegeben wird.*"[233] Für die Zeit der Anwesenheit des Hofes auf der Burg war schon im August 1865 ein Wach-Reglement erlassen worden, in dem es heißt: „*Wenn auf dem Schlosshofe oder vom Thurme ein Ruf oder Horn-Signal im bezug auf etwa ausbrechende Feuer oder sonstige Vorfälle erfolgt, tritt die Mannschaft sofort auf den ihr dazu bestimmten Platz unter Gewehr.*"[234] Bemerkenswert an dieser Be-

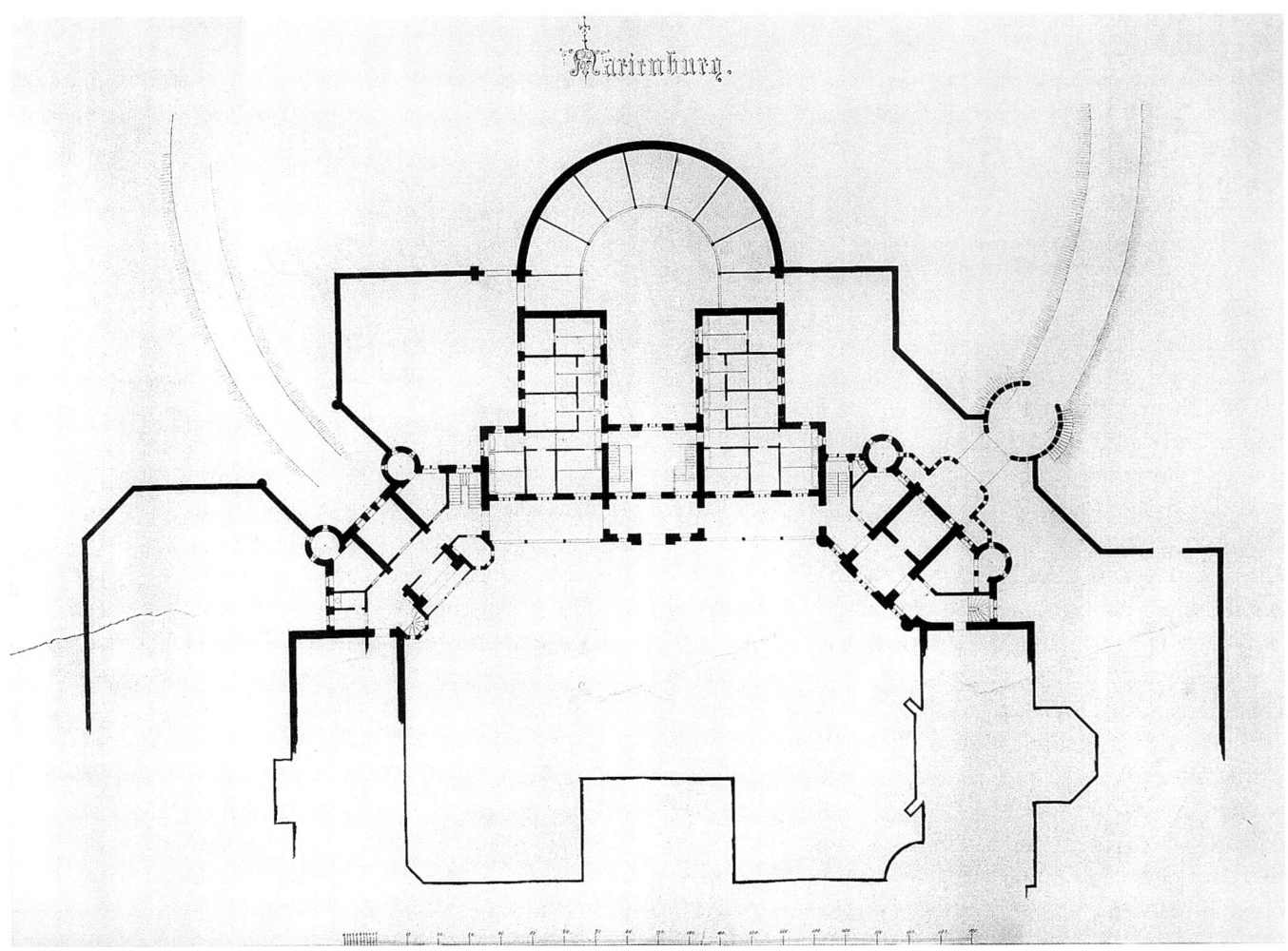

Abb. 44: Grundrissentwurf Hases zum Nordteil der Marienburg mit Stallungen und runder Barbakane als Brückenkopf vor dem Nordosttor.

Abb. 45: Marienburg. Die Bastion neben dem Nordosttor im Bau. Aufnahme vor 1864.

stimmung ist die Tatsache, dass der Hauptturm der Marienburg bei Anwesenheit der Herrschaft offensichtlich als Wachtturm benützt und mit einem Posten besetzt wurde und damit wieder eine jener Funktionen erfüllte, die dem Bergfried der mittelalterlichen Burg zukamen und die auch noch die Haupttürme frühneuzeitlicher Schlösser besaßen[235].

Um die *„Sicherheit der Burg"* zu gewährleisten, wurde noch 1867 die Fertigstellung der Ringmauererweiterung um den Bereich des Wintergartens und des Prinzessinnengärtchens als dringend erforderlich angeführt[236].

Möglicherweise ist die Umfassung der Burg durch eine Ringmauer, die den fortifikatorischen Charakter der Anlage betont und in jedem Fall ein unbefugtes und unbemerktes Eindringen verhindert, durch den Bau des Hohenzollern inspiriert, wo die Festungswerke ebenfalls als martialischer Sockel für den architektonisch reich gestalteten Wohnbau dienen[237]. Auch wenn dies nicht explizit aus den Quellen abzulesen ist,

so erscheint es doch wahrscheinlich, dass der Hohenzollern eine große Rolle als Vorbild für die Marienburg spielte. Dieser befand sich noch während des Arbeitsbeginns auf dem Schulenburger Berg im Bau, war aber schon weit fortgeschritten und erregte einiges Aufsehen[238]. Die architektonische Gestaltung der Außenfassaden der Marienburg verrät eine starke Orientierung an den preußischen Burgen der Zeit[239]: die streng geordneten, in die Fassade geschnittenen Rechteckfenster, die überwiegend glatten Mauerflächen ohne große Schmuckelemente, die nur an einzelnen Stellen (Erker, Türme, Dachgestaltungen) Verwendung finden, und der abschließende Kranz aus großen, eng stehenden Zinnen lassen sich in ähnlicher Form am Hohenzollern, aber auch in Babelsberg wiederfinden. Sie verleihen der Marienburg eine gewisse Strenge und Würde, die sicherlich für ein so prominentes Objekt, eben *„einen wahrhaft königlichen Sitz"*[240], gewünscht waren. Auf jeden Fall gibt es keinen freien Zugang und auch keine Öffnung bzw. Bezug einzelner Bauteile zum um-

gebenden Parkgelände, die Burg wird durch die Ringmauer von diesem optisch getrennt[241]. Leider geben
die Quellen kaum Auskünfte zur Intention der politisch ausgesprochen konservativen Bauherrin und ihres einflussreichen Burghauptmanns Witte bei der Umwehrung der Burg, sieht man von den erhaltenen Planänderungen zur Führung der Ringmauer ab. Möglicherweise war es Witte in seiner Eigenschaft als Artillerieoffizier, der entsprechende Sicherungen im Hinblick
auf die zurückliegenden revolutionären Ereignisse von
1848/49 forderte oder auf königlichen Wunsch hin
selbst plante[242]. Von einem Artillerieoffizier lassen sich
in dieser Zeit ohne weiteres umfassende Kenntnisse in
der Festungsbaukunst erwarten[243]. So wurden auch an
der 1843 gegründeten Militärakademie zu Hannover in
der Ingenieur- und Artillerieklasse selbstredend in zwei
von drei Semestern Festungsbaukunst gelehrt und

überdies Kenntnisse in der Feldbefestigung vermittelt[244].

Mit dem Bau der Marienburg schuf sich das Welfenhaus
jedenfalls ein weithin sichtbares Repräsentationsobjekt,
quasi eine fiktive Stammburg in der Nähe des ruinier-
ten Stammsitzes Calenberg. Erstaunlich genug ist die
Tatsache, dass man nicht an einen Wiederaufbau von
Calenberg dachte. Dies wäre sicherlich möglich gewesen. Aber im 19. Jahrhundert scheint eine Wasserburg
die Ansprüche an einen repräsentativen Burgbau nicht
befriedigt zu haben. Mit Burgen verband man offensichtlich Berge. Auf einem Berg konnte die neugeschaf-
fene Stammburg der Welfen weitaus besser zur Geltung
kommen und mit trutzigen Bauformen von Größe und
Herrlichkeit des Königshauses Zeugnis ablegen.

Der Festungscharakter der Marienburg gewann aber
später noch eine ganz andere Bedeutung, als er seine

*Abb. 46: Das Hannoversche Militair im Jahre 1866. Kolorierte Lithographie mit Marienburg und Welfenschloss im Hintergrund. Die
Burg präsentiert sich in der Ansicht vor dem Umbau des Bibliotheksturmes durch Oppler ab 1864. Dieser wirkt hier wie ein mächtiger
Geschützturm. Die stark stilisiert, mit gebösten Mauern dargestellten Substruktionen verleihen der Burg Festungscharakter.*

Abb. 47: Das Welfenschloss in Hannover, Mittelbau der Stadtfront. Die einstigen Turmhauben fehlen teilweise seit dem Zweiten Weltkrieg.

bildliche Darstellung nach dem Krieg von 1866 fand: nämlich als ein Symbol für das Welfenhaus, das untergegangene Königreich Hannover und dessen Militär. Die hannoverschen Truppen hatten als einzige Armee der mit Österreich verbündeten deutschen Staaten bei Bad Langensalza einen Sieg über die Preußen errungen[245]. Georg V. half dies allerdings nichts, denn das siegreiche Hannover wurde für seine Anlehnung an Österreich hart bestraft und fiel an Preußen. Doch der hannoversche Patriotismus vergaß die Schlacht von Langensalza nicht. In Gedenkblättern wurden die an den Kämpfen beteiligten Truppeneinheiten mit ihren Uniformen und Waffen vorgestellt. Interessanterweise posieren diese Figuren nicht vor irgendeinem beliebigen landschaftlichen Hintergrund oder Schloss der Könige aus dem Welfenhaus, sondern vor der Marienburg und dem burghaft wirkenden Welfenschloss in Hannover (Abb. 46)[246]. Dieses war an Stelle des Schlosses Monbrillant ab 1857 durch Hofbaumeister Christian Heinrich Tramm errichtet worden und beim Fall Hannovers an Preußen wie die Marienburg im Innern noch unvollendet. Der Bau in den romanisierenden Formen des sogenannten Rundbogenstils hat bisher kaum eine kunsthistorische Würdigung erfahren[247]. Hohe Türme, Zinnen und ein bergfriedartiger Hauptturm verleihen dem

Königsschloss, das 1858 von Georg V. zur neuen Residenz bestimmt worden war[243], einen wehrhaften Charakter, allerdings rein fiktiver Natur (Abb. 47). An eine reale Befestigung war nicht gedacht. Aber auch im Falle des Welfenschlosses ist es auffallend, dass nicht das ab 1817[249] klassizistisch ausgebaute alte Residenzschloss an der Leine den Hintergrund für das Militär in der bildlichen Darstellung abgibt, sondern ein Bau, der sichtlich Burgenarchitektur rezipiert. Burg und Militär bilden so in der Sicht der Zeitgenossen einen Zusammenhang.

Über diese Darstellungsform erfahren das Welfenschloss und vor allem die Marienburg eine Identifikation mit dem Militär. Die Marienburg wird hierdurch klar in ihrer Eigenschaft als Burg im Sinne des 19. Jahrhunderts und so als Fortifikationsbau aufgefasst. Sie wurde als Symbol des untergegangenen Königreichs und der legitimen Herrschaft der Welfen interpretiert und damit wie der Hohenzollern zu einem dynastischen Denkmal. Es ist somit auch nicht verwunderlich, dass Königin Marie hier zu Anfang der preußischen Besetzung Hannovers ihren Exilsitz wählte, dessen weiterer Ausbau sie voranzutreiben suchte, und genau dies der Besatzungsmacht verständlicherweise sehr missfiel.

3. Das Königreich Preußen

Das Herrscherhaus der Hohenzollern hat in der ersten Hälfte bzw. um die Mitte des 19. Jahrhunderts mit dem Bau gleich mehrerer Schlösser seine politischen Vorstellungen und Ansprüche im Deutschen Bund zu untermauern gesucht. Zuerst konzentrierte es sich auf das seit 1815 unter preußischer Herrschaft stehende Rheinland, später, nach der Übernahme der hohenzollerischen Fürstentümer in Schwaben, machte sich Friedrich Wilhelm IV. an den Wiederaufbau der Stammburg des Geschlechts. Bei all diesen Anlagen handelt es sich um Schlösser mit realen Fortifikationen.

Die Rheinburgen

Mit dem Wiener Kongress erhielt Preußen 1815 die Gebiete des Mittel- und Niederrheins zugesprochen. Als *„Wächter des Reichs"* sollte das Königreich *„auf der Vorhut"*, wie Ernst Moritz Arndt es ausdrückte, *„die Rheinische Mark"* beschützen[250]. Deren Einwohner sollten *„eine feste Wehrmauer und ein Schutz dem Vaterlande werden"*[251]. Dem Mittelrhein wurde hierbei eine besondere strategische Bedeutung zugesprochen[252]. Tatsächlich wurde schon 1814 mit den Planungen zum Wiederaufbau der Festungswerke von Koblenz begonnen und Köln ab 1816 zur Festung ausgebaut[253]. Der Rhein, von den Zeitgenossen auf Grund seiner hochmittelalterlichen Geschichte quasi als Kernland des Alten Reiches interpretiert, gewann politisch enorm an Bedeutung. Die mittelalterlichen Bauzeugen an den Ufern des Stroms wurden mit nationaler Symbolik aufgeladen. Friedrich Schlegel sah in den Rheinburgen ein typisch deutsches Phänomen und interpretierte sie 1823 als eine der Wurzeln gotischer Baukunst, die als der deutsche Nationalstil galt[254]. Als 1840 die Rheinkrise Mitteleuropa in Aufregung ver-

Abb. 48:
Burg Rheinstein
vom Rheinufer
aus südlicher
Richtung gese-
hen. Lithographie
aus Kuhn 1842.

setzte, entstand das berühmte, gegen Frankreich gerichtete Lied Max Schneckenburgers von der „*Wacht am Rhein*". Und Nikolaus Becker dichtete in einem nicht minder bekannten Lied: „*Sie sollen ihn nicht haben, den freien deutschen Rhein.*"[255]

Das Rheintal wurde zu einer der wichtigen Landschaften für die deutsche Romantik. Auch Mitglieder des preußischen Königshauses, so Kronprinz Friedrich Wilhelm (IV.), begeisterten sich für den Strom und vor allem für die reichen Zeugnisse der Vergangenheit an seinen Ufern[256]. Gerade die Burgen taten es dem jungen Prinzen an, der im Angesicht der zahlreichen Ruinen auf einer Rheinreise 1815 begeistert schwärmte: „ [...] *bei Ehrenfels, Pfalzburg und all den 1000 alten göttlichen Burgen und Felsen und Strömungen vorbei, ich war matt vor Seligkeit.*"[257]

Auf der Grundlage dieser Begeisterung erwuchs der Gedanke, einige dieser Burgruinen aufzukaufen und wiederherstellen zu lassen. Die wiederaufgebauten Rheinburgen bilden aber nicht nur ein Zeugnis für die Mittelalterbegeisterung der Romantik, sondern stehen auch für die preußische Herrschaft am Rhein und deren militärische Sicherung gegen ein revolutionäres, als stete Bedrohung empfundenes Frankreich. Die überwiegende Mehrzahl der Rheinburgen war den Eroberungskriegen Ludwigs XIV. zum Opfer gefallen, spätestens aber in den Revolutionskriegen untergegangen und stand seither, mit Ausnahme der inzwischen nassauischen Marksburg, in Ruinen da[258]. Ihr Wiederaufbau, ja schon der Ankauf zahlreicher Ruinen durch Mitglieder des preußischen Königshauses setzte ein deutliches Signal. Auf diese politische Bedeutung der preußischen Rheinburgen wurde schon mehrfach hingewiesen[259]. Man kann schon beinahe von einer „*preußischen Burgenpolitik*" sprechen[260], deren Ziel und Zweck es war, mittels der Erwerbung zahlreicher Burgruinen „*den familiären Anspruch*" des preußischen Königshauses auf den Rhein zu verfestigen und zu legitimieren[261]. Dabei wurde die rein symbolische Funktion der Anlagen, die zu ihrer Zeit angeblich keinen militärischen Zweck mehr hätten erfüllen können, stets betont[262]. Es ist zu prüfen, ob dies so stimmt. Immerhin hat Ursula Rathke schon 1979 darauf hingewiesen, dass den Burgen, besonders Sooneck, ein „*gewisser fortifikatorischer Zweck*" nicht abzusprechen sei[263].

Burg Rheinstein

Baugeschichte

Die erste der drei von Mitgliedern des preußischen Königshauses restaurierten Burgen ist Rheinstein, ursprünglich „Vaitsburg" oder auch „Vogtsburg" genannt

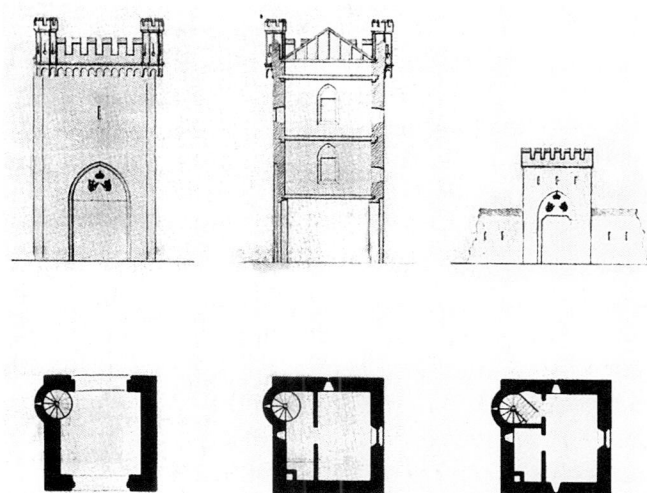

Abb. 49: Rheinstein. Entwurf Lassaulxs zum Torbau mit anschließender krenelierter Mauer, um 1823.

(Abb. 48)[264]. Sie wurde ab 1316 vom Erzbistum Mainz errichtet[265]. Die Anlage verfiel seit dem 17. Jahrhundert zunehmend und wurde zur Ruine. In den Revolutionskriegen erlangte sie 1797 nochmals militärische Bedeutung, als sie der Festungskommandant von Mainz als Vorposten besetzen ließ[266]. 1823 gelangte die Burg an Prinz Friedrich Ludwig Wilhelm von Preußen, einen Neffen Friedrich Wilhelms III., der als Kommandeur der 14. Division in Düsseldorf stationiert war und über den ihm befreundeten Oberpräsidenten der Rheinprovinz, Karl Freiherr v. Ingersleben, nach einer zum Kauf geeigneten Ruine hatte suchen lassen[267].

Ingersleben brachte rasch einen ihm für den Wiederaufbau geeignet erscheinenden Architekten ins Spiel: den Koblenzer Bauinspektor Johann Claudius von Lassaulx[268]. Dieser fertigte schon bald erste Entwürfe, die 1824 nochmals überarbeitet wurden und als Grundlage für die Ausführung dienen sollten. Die wiederhergestellte Burg sollte Prinz Friedrich als „*Jagdburg*" dienen[269].

Dass die Anlage im Äußeren möglichst wehrhaft wirken sollte, verrät ein Blick auf den überarbeiteten Entwurf Lassaulxs. Er zeigt die beiden Torbauten, die ausgesprochen schlicht gehalten sind. Der südliche Torturm als Hauptzugang zur Burg sollte in den beiden Geschossen über der Durchfahrt Schießscharten erhalten, wie aus den Grundrissen hervorgeht. Ein Zinnenkranz und zwei polygonale Ecktürmchen mit Schlüsselscharten hätten den Bau abgeschlossen, ebenso das nördliche, etwas kleinere Tor. Über dessen Durchgang sitzen drei Schlitzscharten. Die zu beiden Seiten anschließenden Mauern, die wohl den Halsgraben vor der gegen den Hang gestellten mittelalterlichen Mantelmauer abriegeln sollten, sind kreneliert (Abb. 49). Weit weniger wehrhaft präsentierte sich in dieser Entwurfsserie die Zugangs-

Abb. 50: Rheinstein. Ansicht des Hauptbaus, Lithographie aus Kuhn 1842.

front der Hauptburg, die von großen Fenstern durchsetzt ist und mehr an eine neugotische Villa als eine Burg erinnert. Vielleicht war dies einer der Gründe, die den Prinzen veranlassten, Schinkel mit Änderungen der Pläne zu beauftragen, sehr zum Missfallen Lassaulxs, der seine Entwürfe hierauf nochmals überarbeiten musste[270]. Er schied 1827, zwei Jahre nach Baubeginn, aus dem Dienst. Der Bau wurde von seinem Schüler und Mitarbeiter Wilhelm Kuhn bis 1829 zu Ende geführt. Im Ausführungsentwurf Kuhns[271] erscheint der Hauptbau nun in der Ansicht von Süden sehr viel wehrhafter, aber auch bewegter als in den Projekten Lassaulxs (Abb. 50). Das Bauprogramm wurde außerdem um eine größere Vorburg erweitert. Die ab 1828 errichteten Torbauten mit Zugbrücke haben keinen Altbestand zur Grundlage und sind völlige Neuschöpfungen (Abb. 51)[272].

Die Verteidigungseinrichtungen auf Rheinstein
Burg Rheinstein liegt oberhalb von Trechtingshausen an einem Hang über dem Westufer des Rheins etwas nördlich von Bingen. Ihre Hauptschauseiten sind nach Süden, Osten und Norden orientiert. Erstere, gut von der Uferstraße von Mainz nach Koblenz aus zu sehen, wurde von den zeitgenössischen Künstlern besonders oft und gern im Bild festgehalten, da die Burg mit ihren übereinander gestaffelten Mauern, Zinnen, abenteuerlich geführten gusseisernen Treppengängen und Türmen von hier aus einen besonders imposanten und zugleich pittoresken Eindruck macht. Ein Pfad führt in engen Serpentinen vom Tal zum Torbau im Norden der Anlage. Zwei turmartige Bauten flankieren das weit einspringende Tor zwischen beiden und bieten somit Schutz. Der südliche Bau nahm die Stube des Portiers auf, der nördliche im Erdgeschoss die Stallung, im ersten Stock die Wohnung des Burgvogts. Beide Gebäude besitzen in den torseitigen Flanken je zwei bzw. drei schlitzförmige Schießscharten mit Enge in der Mitte und gesenktem Fuß, die so ausgerichtet sind, dass sie genau auf den Aufgang bzw. auf die Zugbrücke zielen und diese sich so verteidigen lassen (Abb. 52 u. 54). Diese Scharten auf Rheinstein waren, wie sowohl aus dem Grundriss (Abb. 51)[273], als

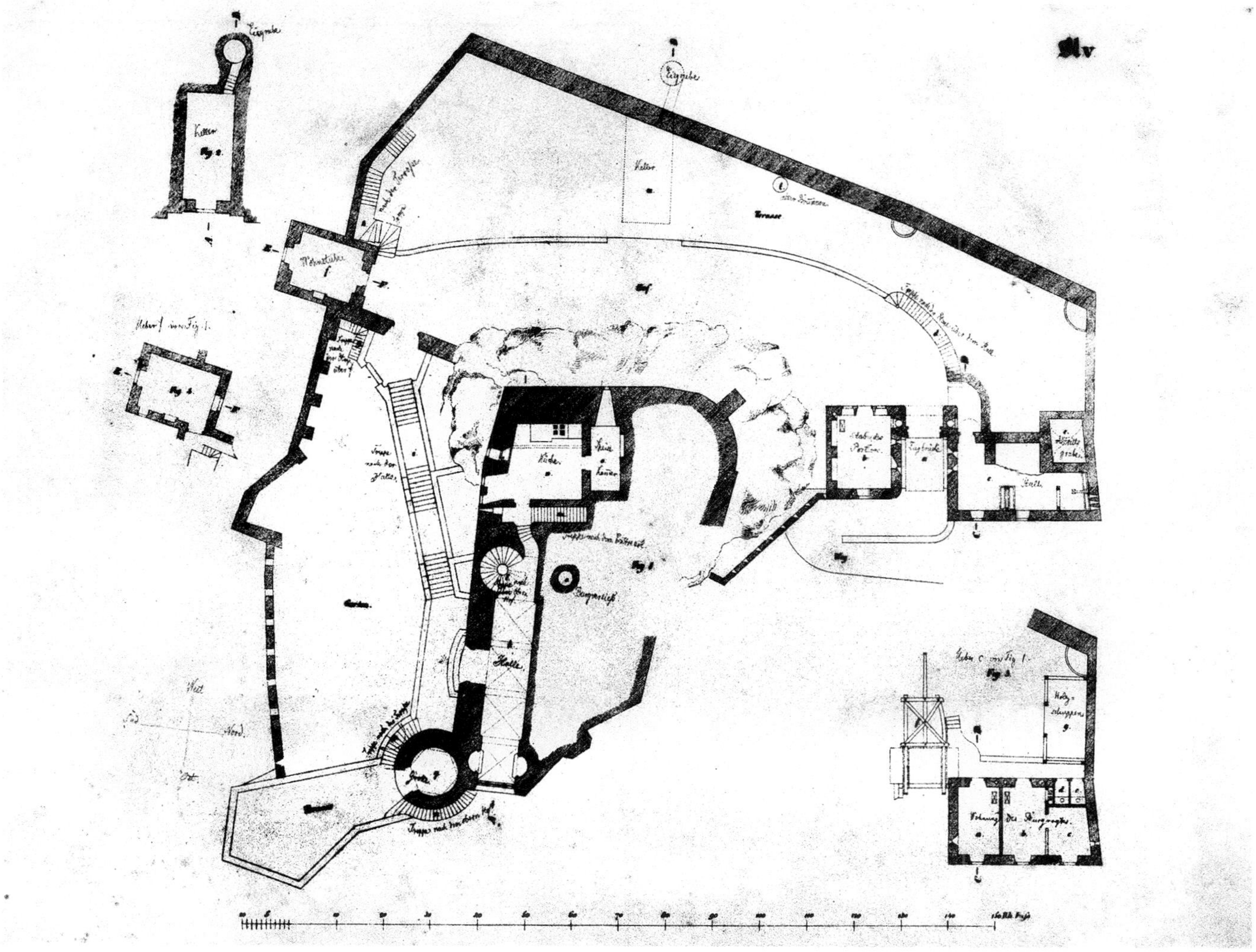

Abb. 51: Rheinstein. Grundriss der Burg, Lithographie aus Kuhn 1842. Deutlich erkennbar sind die auf den Eingang und den Torweg ausgerichteten Gewehrscharten in den Bauten zu beiden Seiten des Tores.

auch dem Baubefund hervorgeht, keinesfalls reine Zierde, sondern entsprachen den Gewehrscharten im zeittypischen Festungsbau, wie sie sich in der krenelierten Mauer der Rheinkehle der Stadtenceinte von Koblenz direkt hinter dem Schloss finden lassen (Abb. 53).

Die nach Süden zum Felsen der Hauptburg anstoßende Mauer mit ihren Zinnen hatte dem Grundriss Kuhns

Abb. 52: Rheinstein. Torbau, Gewehrscharte zur Flankierung der Zugbrücke.

Abb. 53: Koblenz. Scharten in der krenelierten Mauer der Stadtbefestigung am Rheinufer.

Abb. 54 (links): Rheinstein. Auf den Aufgang ausgerichtete Gewehrscharten am Bau rechts des Tores.

Abb. 55 (rechts): Rheinstein. Tor mit Pseudofallgatter.

nach eine ähnliche Funktion. Ihre Scharten deckten den Aufgang.

Die Zugbrücke mit Schwungruten führt über einen Diamantgraben zwischen den beiden Flankierungsbauten. Während die Brücke tatsächlich aufziehbar ist, war das teilweise sichtbare Fallgatter nur Zierde (Abb. 55). Ein starkes, mit Eisen beschlagenes und mit Spitzen bewehrtes Gattertor aus Holz dient als weiterer Verschluss. Über dem Tor befindet sich eine Maschikulation (Abb. 56). Hat man dieses passiert, so steht man im einstigen Halsgraben, der die mittelalterliche Kernburg

Abb. 56: Rheinstein. Maschikulation über dem Tor. Links und rechts die Öffnungen für die Hebevorrichtungen der Zugbrücke.

gegen den hinter ihr ansteigenden Berghang sichert. Links erhebt sich der riesige, direkt aus dem schroffen Fels empor wachsende Mantel der kompakten Hauptburg, der zugleich die Außenwand des Wohnbaus bildet. Der Weg führt durch den Graben um die Kernburg zum „Kommandantenturm", der den Halsgraben als Zwingerraum nach Süden abschließt. Die nach Westen anstoßende Mauer ist wie die Torbauten durchgehend mit Gewehrscharten kreneliert (Abb. 57). Ein weiteres Tor lässt zum sog. Burgundergarten ein. Von hier aus erreicht man über Treppen den Zugang zur Hauptburg, die aus dem dreigeschossigen Wohnbau, der in den Mantel hineingestellt ist, und einem anstoßenden Südflügel mit Wehrgang und dem ihn abschließenden schlanken, runden Rheinturm besteht. Der auf der Südostecke des Hauptbaus sitzende, aus der Mauer emporwachsende achteckige Treppenturm, der im Kern mittelalterlich ist, bildet in dem unregelmäßigen Auf und Ab der Zinnenkrönung den Höhe- und Mittelpunkt[274]. Der Wehrgang auf dem Südflügel, über Treppen vom inneren Hof, dem Brunnengarten, aus erreichbar, besitzt genau über dem Zugang zur Kernburg einen Erker mit Maschikulation, der auf Befunden fußt, die Lassaulx in seiner Bauaufnahme 1823 festgehalten hatte[275]. Kleine Fenster zur Außenseite, Zinnenabschlüsse auf allen Gebäudeteilen und diese Verteidigungseinrichtung verleihen dem Bau einen sehr wehrhaften Anstrich (Abb. 50).

Abb. 57: Rheinstein. Ansicht der Burg von Westen mit krenelierter Mauer links vom Kommandantenturm.

Burg Rheinstein als festes Schloss

„Der Geschmack altritterlicher Burgen ist hier beliebt worden, und nur über schmale Fallbrücken und unter spitzigen Fallgattern hindurch gelangte ich in den halb in Felsen eingehauenen Burghof", berichtete Carl Gustav Carus über seinen Besuch auf Rheinstein[276]. *„Da bellen gegen den Fremden hinter eisernen Gittern zwei gewaltige Doggen, da steigt man über manche Freitreppen und eine außen am Turm schwindelnd sich herumwindende Wendeltreppe; über zackige, freistehende Klippen wachsen breite Gehänge der Waldrebe, ein Adler wohnt da im Eisenbauer am Turm, von welchem die lange preußische Flagge herabweht [...] Einige kleine aufgestellte Geschütze mangelten nicht und in den unteren Räumen des eigentlichen [...] Schlosses finden sich auf einer Holztäfelung nachahmenden Malerei der Wände eine Menge von alten Waffen und Harnischen, Pickelhauben, Streitäxten und Morgensternen aufgehangen."* Damit fasste Carus all das prägnant zusammen, was den Charakter der Burg bis heute ausmacht. Besonders die Eingangssituation wird als fast schon bedrohlich und abweisend geschildert. Rheinstein wirkt düster und wehrhaft[277]. Die von Carus erwähnten Geschütze, alles älte-

re Modelle, standen auf der kleinen, dem Rhein zugewandten Plattform am Fuße des Rheinturms. Mit ihnen wurden *„hohe Gäste begrüsst, und der Gruss der vorüberrauschenden Dampfschiffe erwiedert [...], welche jedes Mal gegenüber der Burg die grosse Flagge Preussens entfalten"*, wie eine Beschreibung Rheinsteins von 1837 vermerkt[278].

Doch was Carus die Schauer schwarzer Romantik über den Rücken gejagt haben mag, war sehr ernst gemeint, auch wenn man den rein symbolischen Charakter Rheinsteins im Zusammenhang mit der preußischen Wacht am Rhein betont hat[279]. Zumindest die gerichteten, benutzbaren Gewehrscharten und die Maschikulation im Torbereich erwecken einen anderen Eindruck. Mit reiner Freude an der Burgenromantik und einem gewissen Hang zur Perfektion des wehrhaft-schaurigen Charakters lassen sich diese, wie bereits oben erwähnt, ganz modernen Verteidigungseinrichtungen nicht erklären. Die Quellen schweigen sich allerdings hartnäckig über deren realen Verteidigungswert aus. Einen Hinweis auf die Intention des Prinzen könnte allerdings Joseph Görres geben. Er schrieb 1814 in seinem Aufsatz

65

Über die Landwehr auf dem linken Rheinufer noch unter dem unmittelbaren Eindruck der Befreiung des Rheinlandes von der französischen Herrschaft: „*Noch sind aus alter Zeit alle Elemente zu seiner Vertheidigung beisammen. [...] Aus dem wehrhaften, rüstigen Jahrhunderte des Mittelalters sind an seinen Ufern so viele befestigte Orte noch übrig geblieben, die vortrefflich als Sammelpunkt und Schutzwehren für den Landsturm dienen können. [...] Auch ein Theil der alten Burgen würde sich leicht hineinziehen lassen und die gleiche Behandlung aller wehrfähigen Punkte auf der anderen Seite, würde den Strom mit festem undurchdringlichem Harnisch umfangen, daß er wie ein Drache mit hundert stahlharten Buckeln und Schildern als Hüter feuersprühend an den Grenzen Teutschlands läge.*"[280] Görres hat die französische Revolution als noch nicht abgeschlossen betrachtet und forderte daher, Deutschland müsse gegen diese quasi eine Mauer bauen[281]. Ursula Rathke hat den hohen Symbolwert der Burg Rheinstein als erster preußischer Burg am Rhein in diesem Zusammenhang hervorgehoben.

Auf Rheinstein ließen sich für die damaligen Zeitgenossen direkte Bezüge zur Rolle Preußens am Rhein und in Deutschland finden. So gab es in der Waffensammlung des Prinzen zahlreiche Beutestücke aus den Befreiungskriegen wie französische Kürasse, Säbel und Helme[282]. Rheinstein gemahnte mit dieser Sammlung denkmalhaft an den Kampf der Deutschen um die Befreiung von der Fremdherrschaft und konnte quasi, ganz im Sinne von Görres, als Aufforderung verstanden werden, den errungenen Frieden und diese Form von Freiheit zu sichern und notfalls auch mit Waffengewalt zu verteidigen. Der wehrhafte Eindruck, die Sicherheit verheißende Uneinnehmbarkeit der mittelalterlichen Burg wird von den Zeitgenossen, die den Rheinstein beschrieben haben, besonders betont: „*Betrachtet man die Burg bei ihrer vortrefflichen Lage vom Standpunkte der Kriegskunst ihrer Zeit, so muss sie für uneinnehmbar angesehen werden; auch erzählt die Geschichte nichts von einer feindlichen Eroberung.*"[283]

Preußen sicherte den Rhein und damit den Deutschen Bund militärisch gegen alle befürchteten Begehrlichkeiten des westlichen Nachbarn. Zur Legitimation dieser Position dienten mehr oder weniger gut bezeugte historische Begebenheiten. So heißt es 1828 über den Ausbau von Rheinstein: „*Ein rühmliches Beginnen, würdig eines Fürstensohnes aus dem erlauchten Stamme der Hohenzollern, der hochgesinnt, gleichsam angeweht vom Heldengeiste seiner erhabenen Ahnen, gern an einer heiligen Stelle weilt, wo stolz flatternd die deutsche Reichsstandarte in ihrer Hand fern hin erglänzt! Denn war es z. B. nicht hier, wo der Sieger in der Schlacht von Mühldorf (1322 – Anm. d. Verf.), Friedrich von Hohenzollern, Rathgeber und Begleiter Ludwig des Baiers, auf der Fahrt zur Rhenser Fürstenversammlung, mit dem Kaiser landete und das Reichsbanner*

am Rande des Strandes aufsteckte."[284] Die Hohenzollern konnten sich als Ordnungsmacht am Rhein zugleich in der Nachfolge deutscher Könige sehen. Besonders gerne bezog man sich auf den Kampf Rudolfs von Habsburg gegen die Raubritter, die den Handel am Rhein im späten 13. Jahrhundert empfindlich störten. König Rudolf hatte ihre Burgen gebrochen. Nur Rheinstein, das sich dem Rheinischen Städtebund im Kampf gegen die adeligen Wegelagerer angeschlossen hatte, blieb von der Zerstörung verschont. Hier soll der König seine Fahne aufgesteckt haben. Man konnte diese Geschichte entsprechend uminterpretieren: die Alliierten analog zu Rudolf von Habsburg als Befreier und Befrieder des Rheinlandes, die Franzosen als Raubritter, die das Land immer wieder heimsuchten[285]. Diese Interpretation fußte auf geschichtlichen Erfahrungswerten. Die Zeitgenossen behaupteten sogar, entgegen der historischen Wahrheit, auch Rheinstein sei 1689 vom Erbfeind zerstört worden[286], um dem Wiederaufbau eine noch größere Bedeutung zu verleihen. Quasi in Nachfolge des Reichsbanners flatterte auf der Burg nun wieder eine königliche Flagge im Wind: die Preußens. In diesem Zusammenhang ist auch die Umbenennung der alten „Vaitsburg" in „Rheinstein" als programmatisch zu verstehen. Mittelalter, jüngste Vergangenheit und damalige Gegenwart verschmolzen so miteinander. Man hielt oberhalb der Burg auf einem geeigneten Platz traditionelle Reiterspiele wie Ringelstechen und Turniere bewusst im mittelalterlichen Kostüm ab[287]. Die oft und gerne zitierte Stelle bei Carus über ein historisierendes Kostüm, das ihm von seinem Führer mit der Erklärung „*Wenn der Prinz da sind, gehen wir alle im Mittelalter!*" gezeigt wurde[288], verleitet allzu gerne, in einer solchen Scharade eine Realitätsflucht in eine Traumwelt zu vermuten[289]. Aber diese Verkleidung „*geschieht im vollen Bewusstsein, in einer Zeit zu leben, in der das Vorbild des Mittelalters politisch wirksam werden soll.*"[290]

Schloss Stolzenfels

Stolzenfels gilt als Höhepunkt der rheinischen Burgenromantik. Nicht nur weil es die größte der drei ausgebauten preußischen Anlagen darstellt, sondern auch wegen seines prominenten, sehr ambitionierten und architektonisch versierten Bauherrn Friedrich Wilhelm IV., des grundlegenden Entwurfes von Karl Friedrich Schinkel für die Wiederherstellung und wegen ihrer baukünstlerischen Qualitäten. In noch höherem Maße als Rheinstein haftet dem Bau als schließlich königlichem Sommersitz eine wichtige politische Bedeutung für die Rheinprovinz an[291].

Abb. 58: Schloss Stolzenfels, Rheinfront

Die mittelalterliche Anlage

Schloss Stolzenfels (Abb. 58) wurde durch den Trierer Erzbischof Arnold von Isenburg um 1248 als Station zur Eintreibung und Sicherung des Koblenzer Zolles errichtet[292]. In diese Zeit geht der Kern der heute noch bestehenden Anlage mit den Ringmauern und dem unregelmäßig fünfeckigen Bergfried, dem „Rauhen Turm", zurück. Der Turm, hinter der einstigen Mantelmauer gelegen, ist mit einer Ecke, die eine besonders scharfe Kante bildet, wie ein mächtiger Keil gegen die Hauptangriffsseite im Süden gerichtet. Der starke Mantel ist typisch für die rheinischen Burgen ab der Mitte des 13. Jahrhunderts[293]. Die Wohnbauten auf der Westseite wurden wohl in der Zeit der Erzbischöfe Cuno und Werner von Falkenstein im 14. Jahrhundert hinzugefügt. Schenkelmauern verbanden die Burg mit der Siedlung Capellen im Tal[294]. 1689 wurde Stolzenfels durch die Franzosen zerstört[295]. Die Ruinen gelangten 1802 an die Stadt Koblenz, die sie am 4. März 1823 dem preußischen Kronprinzen Friedrich Wilhelm (IV.) schenkte. Dies geschah nicht ohne Hintergedanken und eventuell auch unter dem Einfluss des Erbauers von Rheinstein, Prinz Friedrich. Die Schenkung war als politischer Akt zu verstehen, mit dem die einst kurtrierische Residenzstadt Koblenz gegenüber dem vom Rhein und seiner Burgenlandschaft begeisterten Kronprinzen deutlich machte, dass sie die preußische Herrschaft anerkannte und sich mit dieser zu arrangieren suchte[296]. Die Koblenzer Stadträte hofften, dass der Kronprinz öfter im Rheinland weilen und so für bessere Beziehungen zwischen der Provinz und der preußischen Verwaltung sorgen werde[297]. Sie trugen ihm in der Schenkungsschrift an, dass er die Burg ihrer *„Hohen Bestimmung"* wiedergeben solle und durch die Wahl derselben als

Wohnsitz im Rheinland an die Tradition der vormaligen Herrscher, der Kurfürsten und Erzbischöfe von Trier, die Stolzenfels gerne aufgesucht hatten, anknüpfen möge[298]. Friedrich Wilhelm zeigte sich in der Tat hiervon begeistert und hegte schon bald die Absicht, einen Teil der Ruine mit Zimmern ausbauen zu lassen.

Die Planungs- und Baugeschichte bis 1840

Der Oberpräsident v. Ingersleben, empfahl auch diesmal den Bauinspektor Lassaulx[299], der einen Plan zur Wiederherstellung des unter den Falkensteinern erbauten Wohnturmes als kleiner Absteige innerhalb der Ruine entwarf. An einen Gesamtaufbau war noch nicht gedacht, eher an ein Ruinenschloss. Das Projekt scheiterte aber vorerst an den Kosten[300]. Immerhin wurde ein Reitweg zum Schloss angelegt, ausgeführt durch die 7. Pionier-Abteilung in Koblenz. Der Besuch Friedrich Wilhelms 1825 dürfte dann dazu geführt haben, dass Karl Friedrich Schinkel mit einem ersten Plan zur teilweisen Wiederherstellung der Burg betraut wurde[301]. Dieser sah den Wiederaufbau der Rheinfront der Hauptburg, also des alten Torbaus, des anschließenden Wohnturms und des folgenden „Palas" mit dem daran stoßenden Mauerturm, dem späteren Elisenturm, vor. Die übrigen Teile der Burg sollten als Ruine erhalten

Abb. 59: Stolzenfels. Generalplan Karl Friedrich Schinkels zum Wiederaufbau 1836.

bleiben und entsprechend verwunschen von Pflanzen überwuchert werden. Auch dieser Plan blieb unausgeführt[302]. Erst als der Kronprinz 1833 erneut das Rheinland besuchte, brachte dies Bewegung in die Planungen. Als treibende Kraft wirkte nun der preußische Generalleutnant und Ingenieur-Inspektor Philipp v. Wussow[303]. Schinkel erhielt schließlich den Auftrag zur Ausarbeitung eines neuen Entwurfs, diesmal auf der Grundlage von Bauaufnahmen, die 1835 der Pionier-

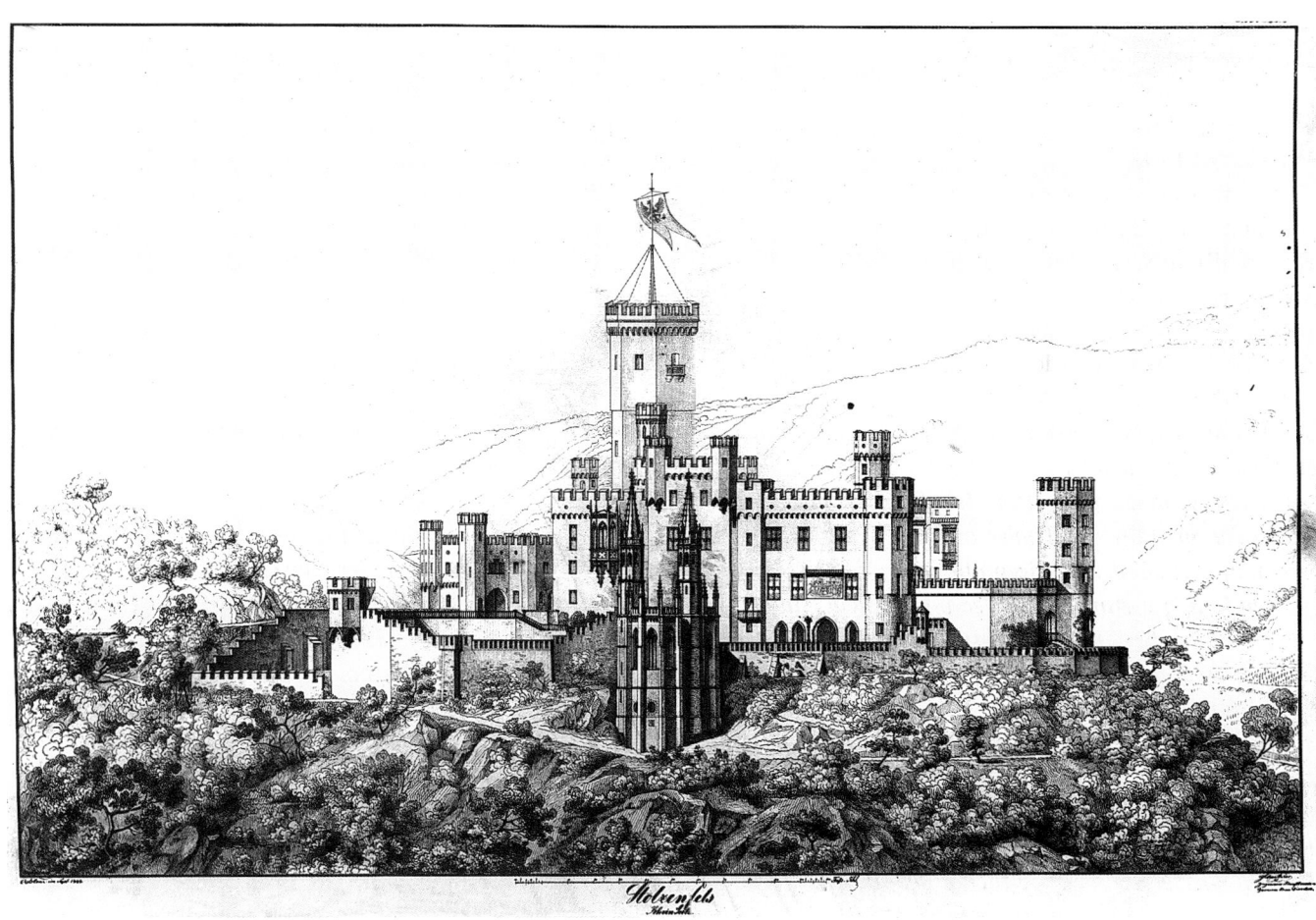

Abb. 60: Stolzenfels. Ansicht der Rheinseite, Zeichnung von Schnitzler 1843.

hauptmann Adam Gottfried Naumann im Auftrag v. Wussows erarbeitet hatte[304]. Anfang 1836 entstand der Generalplan Schinkels zum vollständigen Ausbau (Abb. 59). Die Burg präsentiert sich in seinem Entwurf als mächtige Anlage aus mehreren kubischen, schlichten Blöcken, die von breiten Zinnenkränzen abgeschlossen werden. Schmuckelemente in den Fassaden bilden nur die Maßwerkrahmungen der Fenster und ein gotischer Maßwerkerker an der Ostseite des Torbaues zur Kernburg. Alles überragt der Rauhe Turm. Interessant in unserem Zusammenhang ist die Tatsache, dass die mittelalterliche Ringmauer als vollständig krenelierte Mauer wiederhergestellt werden sollte. Sie fungiert in Schinkels Entwurf als martialischer Sockel für die Architektur der Wohnbauten. Dieser Generalplan diente der Orientierung für die Kräfte vor Ort, allen voran Hauptmann Naumann, der mit der Bauleitung betraut wurde, nachdem der Kronprinz hierfür explizit einen Ingenieuroffizier gewünscht hatte. Naumann war daraufhin von Wussow, der die Oberleitung inne hatte, vorgeschlagen worden, da er von Generalleutnant v. Aster empfohlen worden war[305]. Naumann fertigte verschiedene Entwürfe, die zur Korrektur an Schinkel nach Berlin gingen und überwiegend dessen Wohlgefallen fanden[306].

Bis 1839 war die Kernburg in weiten Teilen fertiggestellt. Allerdings umfassten die Baumaßnahmen bis dahin, wie von Schinkel vorgesehen, nur die rheinseitigen Wohnbauten[307].

Die Baugeschichte bis zur Vollendung des Wiederaufbaus

Das Jahr 1840 brachte eine Erweiterung des Ausbaus mit sich. Grund hierfür war die Thronbesteigung Friedrich Wilhelms. Für eine königliche Hofhaltung zur Sommerzeit reichten die vorhandenen Baulichkeiten keinesfalls aus. Vor allem für die entsprechende Zahl Bediensteter und Pferde musste Platz geschaffen werden. Daher schlug v. Wussow dem König einen Klausenbau am Fahrweg im Tal westlich der Burg vor: *„Dieses Thal würde hiedurch nicht allein lebendig gemacht, sondern das Gebäude im entsprechenden Style gehalten, zugleich der Sperrung des Thales auf eine Weise entsprechen, wie man dies bei den hiesigen alten Burg- und Stadtbefestigungen häufig vorfindet. Zur Vervollständigung dieses Charakters würde die Chaussee selbst, das Gebäude als Thorweg passiren und daselbst geschlossen werden können.“*[308] Wussow ging aber noch weiter: *„Mit dieser Anlage wäre auf eine geeignete Weise, die eines geschlossenen großen Wartthurmes auf dem Kamme des Gebirgsrückens des Stolzenfels (in b), so wie die eines kleinen Wartthürmchens auf der dem Rheine zugelegenen Kante des Thalrandes in Verbindung zu bringen. Derselbe, ein vortreffliches Belvedere, wäre zur Aufnahme einer Theegesellschaft einzurichten; beide Thürme aber unter sich und dem oben erwähnten Stallgebäude durch*

eine Art Landwehr zu verbinden, wodurch dem Hauptgebäude des Schlosses ein zweckmäßiger Abschluß gegeben werden könnte.“ Eine weitere Mauer sollte bis zu einer Anlegestelle am Rheinufer führen und gleichzeitig die Straße nach Koblenz sperren, so wie dies schon im Mittelalter der Fall gewesen war[309]. Alles in allem eine gewaltige Anlage, die v. Wussow hier projektierte. Tatsächlich wurde aber nur das Klausengebäude 1842/43 ausgeführt (Abb. 61)[310].

Nach den Plänen Naumanns waren schon 1841 die Ringmauern vervollständigt und das Brückengebäude mit der Zugbrücke hergestellt worden[311]. Im Jahr darauf wurde der Major Carl Joseph Heinrich Schnitzler, Koblenzer Garnisonsbaudirektor[312], an die Stelle Naumanns gesetzt und übernahm die Bauleitung, um die Fertigstellung zu beschleunigen. Nach Plänen Friedrich August Stülers wurde der Innenausbau der Räume vollendet und die eindrucksvolle Hofarkade zum Garten errichtet. Schon am 14. September 1842 kam es zur feierlichen Einweihung des Stolzenfels durch Friedrich Wilhelm IV., als der König und die Königin auf *„der neuerstandenen Rheinpfalz‘* ihren Einzug hielten[313]. Der Koblenzer Oberpostdirektor Schüller verfasste anlässlich dessen eine Kasualgedicht, das deutlich auf die Schicksale des Stolzenfels Bezug nimmt:

„Der Feind, der uns're Grenzen stets verwüstet,
Der Erbfeind war's, der diese Mauern brach!
Den es nach neuer Beute stets gelüstet,
Und der das Reich gestürzt in bitt're Schmach,
Weil Deutsche gegen Deutsche sich gerüstet!
Da sank den Burgen manches Große nach! –
　　Und auch der Stolzenfels lag in Ruinen, –
　　Den aber Hoffnungs=Ranken doch umgrünen! –
　　Und diese Hoffnung wurde nicht zu Schanden,
　　Denn eine neue Sieges=Sonne tagt;
　　Den Deutschen, ach! zu lang getrennten Landes,
　　Die nach der Rettungsstunde oft gefragt.
　　Es fielen ab des fremden Joches Banden.
　　Was Fürst und Volk im letzten Kampf gewagt,
　　Das krönt' mit Sieg der Lenker der Geschicke,
　　Und giebt den Rhein dem deutschen Volk zurücke.
Und fromm entbietet einem König=Sohne
Des Schlosses Trümmer eine treue Stadt.
Es war nur eine morsche Mauer=Krone,
Die keinen goldnen Reif zu zeigen hat.
Doch rauscht es drin von alter Sage Tone,
Das Moos erzählt, es klagt das Epheublatt:
„So ist es, hoher Fürst! dem Reich ergangen!
Es blickt zu Dir mit hoffendem Verlangen!“[314]

Die Burgruine wird hier zu einem Symbol für das zerstörte Alte Reich. Etwas weiter unten folgt ein Vers mit deutlichem Verweis auf den Symbolcharakter des Stolzenfels als preußischer Wacht am Rhein und den daran geknüpften Friedenserwartungen, deren Sinnbild die Wiederauferstehung der Burg aus ihren Ruinen wurde:

„Und fern nicht von des Vaterlandes Marken
Steht nun der Stolzenfels für immerdar.
Da sammeln sich die Guten und die Starken,
Die Zinn' umkreis't der Hohenzollern Aar!
An seinem Fuße ankern Friedens=Barken,
Ein fröhlich Volk, nicht scheuend die Gefahr,
Vom Uebermuthe fern, mit deutscher Treue,
Empfängt von Dir, o Fürst, der Zukunft Weihe!"[315]

Der Wiederaufbau setzte ein Zeichen für den Neube-ginn und weckte die Hoffnung auf nationale Einigung unter preußischer Führung als starker, Sicherheit garan-tierender Militärmacht, die viele ersehnten.

Die Verteidigungseinrichtungen auf Stolzenfels

Schloss Stolzenfels liegt südlich von Koblenz auf einem Bergvorsprung oberhalb des Ortes Capellen am Rhein. Der Auffahrtsweg zur Burg führt durch einen engen Tal-einschnitt über einen gewundenen Weg, der das Tal schließlich als Viadukt quert. Wie ein vorgeschobenes Werk stellt sich dem Ankommenden als erstes die sog. Klause (Abb. 61) in den Weg, die Bedientenzimmer, Ställe und Remisen, aber auch Gemächer für Gäste auf-nahm[316]. Ein hoher Torturm muss durchschritten wer-den, um dem Weg weiter zur Burg zu folgen.

Die Burg gliedert sich in die Kernburg um den Innenhof und den Gartenhof, den Vorhof im Südosten und den die Anlage im Norden und Westen umfassenden Zwin-ger (Abb. 63). Betrachtet man einzelne Teile der äußeren Einfassung genauer, entdeckt man Elemente, die weni-ger mit Burgenromantik zu tun haben, als mit neudeut-scher, genauer gesagt preußischer Festungsbaukunst des 19. Jahrhunderts. Hierauf hat schon Rathke hingewie-sen: *„Auch Beiträge des Festungsbaus sind integriert, wie sie auch auf Burg Hohenzollern zu finden sind: solide Konstruk-tion der Ringmauern, Brückenbauten, Rampenaufschüttun-gen, Wegebau und der zahlreichen Sicherungsböschungen, Ausfalltore, Klausenbau, die Einbeziehung entfernt liegender Türme durch Ringmaueranschluß, Zinnengänge, Terrassen und immer wieder die Laufgangsverbindungen wären ohne die Erfahrungen der Pionieringenieure nicht möglich gewe-*

Abb. 61: Stolzenfels. Torturm am Klausenbau.

Abb. 62: Stolzenfels. Torbau mit Zugbrücke.

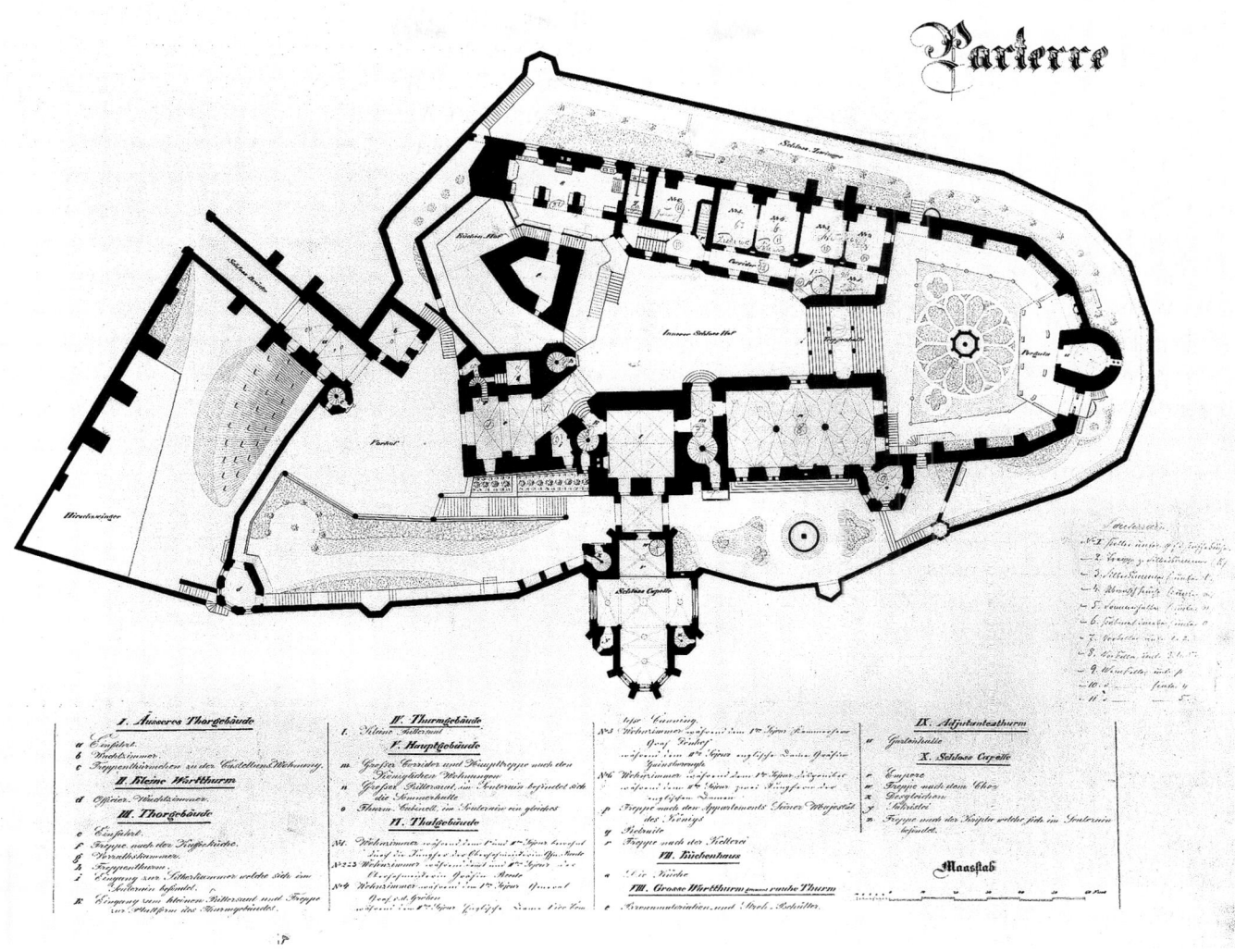

Abb. 63: Stolzenfels. Parterregrundriss des Schlosses von Infanterieoffizier C. Koch 1845.

sen.[317] Diese Beiträge des Festungsbaus reichen bis in Details hinein. Dies fängt beim Brücken- und Wachtgebäude, das die Kastellanswohnung und Torwachtstube aufnahm, mit der Zugbrücke an (Abb. 62 u. 72). Sie stellt keine rekonstruierende, mittelalterliche Zugbrücken imitierende Vorrichtung dar, sondern eine moderne Brücke mit Stahlketten, wie sie im Festungsbau der Zeit üblich waren. Die Brücke war mittelst zweier Ketten über Kolben mit herabhängenden Gewichten beweglich. Die Ketten liefen über Löcher im Boden der Durchfahrt hinunter in einen Brückenkeller im Souterrain, wo sich die Gegengewichte befanden. Diese Vorrichtung ist noch heute erkennbar (Abb. 64). Unter der Zugbrücke befand sich in der Art kleiner Diamantgräben eine Fallgrube[318]. Außerdem sicherte ein *„starkes eichenes Thor"* die Einfahrt zum Vorhof[319].

Die nach Osten an das Brückengebäude anschließende Ringmauer hat eine gezinnelte Brustwehr, deren Scharten, ähnlich denen krenelierter Mauern im zeitgenössischen Festungsbau, sehr eng gesetzt sind (Abb. 66 u.

68). Die Schartenenge sitzt nicht ganz auf der Innenseite, sondern so, dass sich die Öffnung nach innen und außen weitet und ein Schütze damit entsprechenden Spielraum zum Zielen erhalten würde. Solche Zinnen besaßen auch die Stadttore von Koblenz.

Die Südwestecke zum Rhein besetzt ein auf Konsolen über die Ringmauer vorkragendes Türmchen, der sog. Elisabethturm, der als *„Officierwachtstube"* diente (Abb. 69)[320]. Dieser polygonale Turm ist eine Zutat des 19. Jahrhunderts ohne mittelalterlichen Vorgänger[321]. Um so erstaunlicher ist ein auf den ersten Blick kaum sichtbares Element, das unter den Auskragungen zu finden ist (Abb. 65). Zwischen den steinernen Konsolen lässt sich eine Maschikulation aus jeweils zwei nebeneinander angeordneten Senkscharten auf der Süd- und der Ostseite entdecken. Hier, an der Südostecke, mündete ein um die Burg führender Fußpfad über einige Treppenstufen in den Halsgraben ein. Offensichtlich sollten dieser und eine alte, nun erneuerte Ausfallpforte in der Ringmauer neben dem Elisabethturm gesichert werden.

Abb. 64: Stolzenfels. Bügel zum Einlauf der Aufzugskette in den Brückenkeller unter der Durchfahrt des Torbaues.

Abb. 65: Stolzenfels. Senkscharten unter dem Elisabethturm.

Diese Verteidigungseinrichtungen können nicht als romantische Zutat gewertet werden. Sie sind zu versteckt, als dass sie z. B. Einfluss auf das wehrhafte Gesamtbild der Burg haben. Ihr Sinn muss in einer realen Wehrfunktion liegen.

Abb. 66: Stolzenfels. Südliche Ringmauer mit Zinnen in Form von Gewehrscharten. Auf der Ecke der Elisabethturm.

Zum Rhein hin erscheint die gesamte Brustwehr zwischen dem Elisabethturm und der erst ab 1843 eingefügten Kapelle[322] als krenelierte Mauer wie sie ähnlich z. B. als Kehlschluss am Fort Großfürst Konstantin in Koblenz in Erscheinung tritt (Abb. 60, 67 u. 68). Die Scharten haben abgesenkte Füße und weiten sich mit ihren Wangen zur Außenseite, um ein möglichst großes Schussfeld zu erhalten. Im Anschluss an die Kapelle liegt die Rheinterrasse, auf die sich der Gartensaal im Souterrain des Saalbaues mit seinen großen Spitzbogentüren öffnet. Statt durch eine krenelierte Brustwehr wird die Terrasse durch ein steinernes Geländer abgeschlossen, das allerdings das Motiv der engen Reihung hochrechteckiger Öffnungen fortführt, um so den wehrhaften Gesamteindruck der Ansicht vom Tal aus nicht zu stören, der allerdings durch den Bau der Kapelle schließlich doch etwas beeinträchtigt wurde. Nördlich davon setzt erneut die krenelierte Brustwehr mit den Gewehrscharten an und führt mit einem kurzen Treppengang hinauf zu einem sechseckigen Postenerker, der über Schlüsselscharten verfügt (Abb. 70). Deren ‚Schlüssellöcher' sind hier allerdings dreipassartig in einer Form erweitert, wie das späte Mittelalter sie nicht kannte. Man findet sie aber in ähnlicher Weise an den Ecktürmchen des Torbaues von Rheinstein wieder. Sie besitzen wie die anderen Scharten abgesenkte Füße und sind nach außen erweitert. In der selben Form sind die Scharten in den breiten Zinnen des Elisabethturmes gestaltet. Das Motiv wiederholt sich ähnlich im Zinnenkranz des Rauhen Turmes (Abb. 72). Allerdings sind die Schlüsselscharten hier in spielerischer Weise auf den Kopf gestellt, wie man dies öfter im romantischen Schlossbau finden kann, aber wie sie auch an den beiden Ecktürmchen des Moselbrückentores der Festung Koblenz existierten. Das fortifikatorische Element wird hier zu einem reinen, in der Unmöglichkeit zur Benützung fast schon karikierenden Schmuckmotiv[323]. An-

Abb. 67: Stolzenfels. Krenelierte Brustwehr des Wehrganges zum Rhein, Innenseite. Die Scharten sind gegen das Tal abgesenkt und ermöglichen ein gezieltes Feuer den Hang hinab.

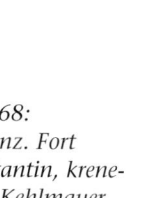

Abb. 68: Koblenz. Fort Konstantin, krenelierte Kehlmauer

ders verhält es sich an dem erwähnten Postenerker und dem Elisabethturm. Hier sind die Scharten ganz offensichtlich brauchbar.

Zwischen dem Postenerker und der Ringmauer der Kernburg sperrt eine kurze krenelierte Mauer mit Poter-

ne in den Zwinger den Zutritt zur Terrasse vor dem Gartensaal ab (Abb. 63 u. 70). Der „*Schloss-Zwinger*"[324], der die Burg auf der Nord- und Westseite mit einer Zinnenmauer umfasst, beruht nicht auf mittelalterlichem Bestand, sondern ist eine Zutat des Wiederaufbaus. Die

Abb. 69: Stolzenfels. Elisabethturm.

Abb. 70: Stolzenfels. Sechseckiger Postenerker mit krenelierter Sperrmauer (Innenseite) an der Gartenterrasse. Eine Poterne führt in den Zwinger.

Abb. 71: Stolzenfels. Krenelierte Mauer an der Hauptzugangsseite im Süden mit gerichteten Gewehrscharten.

mit Gewehrscharten krenelierte Sperrmauer sollte den Zugang zum Gartensaal und damit zur Kernburg gegen Eindringlinge aus dem Zwinger sichern. Eine weitere Pforte versperrt zwischen dem Westflügel und der dem Mantel vorgelegten Mauer den Zugang vom Zwinger zum Vorhof. Die dem Torweg und der Brücke zugewandte Zwingermauer verfügt über eine ganze Reihe von Gewehrscharten, die den Torweg und die Zugbrücke bestreichen konnten (Abb. 71).

Die Kernburg weist im Gegensatz zur Befestigung des Vorhofs außer dem Laufgang auf der Mantelmauer vor dem Rauhen Turm und auf der Ringmauer um den Gartenhof, der hier durch das erste Stockwerk des Adjutantenturmes führt, keine Wehreinrichtungen auf. Die gesamte Burg stellt aber eine kompakte, rundum geschlossene Anlage dar, in die es nicht ohne Weiteres möglich ist, einzudringen.

Stolzenfels als festes Schloss

Die beschriebenen Bauten und ihre Details machen deutlich, dass Stolzenfels Elemente der neudeutschen Festungsbaukunst aufweist und für Infanterie verteidigungsfähig war[325]. An eine Bestückung mit Geschütz war offensichtlich nicht gedacht. Die Sicherung richtete sich wohl gegen plötzliche Überfälle. Nach den oben zitierten Ausführungen v. Wussows diente z. B. der Klausenbau nicht nur als Erweiterungsbau zur Unterbringung des Hofstaates und als Schmuck für die Auffahrt, der Assoziationen an die mittelalterlichen Sperrwerke der Zollstätten am Rheinufer wecken sollte, sondern ganz ernsthaft auch der Abriegelung der Zufahrt. Die Sicherungsmaßnahmen beschränken sich auf die Zugänge zum Schloss und die Rheinfront. Letzteres ist

besonders bemerkenswert. Es scheint fast so, als sollten der Fluss und die Uferstraße, die linksrheinisch nach Koblenz führt, aber auch der Fußpfad um die Burg von hier aus unter Infanteriefeuer genommen werden können. Auch wäre eine optische Kontrolle der Stolzenfels gegenübergelegenen Lahnmündung von hier aus möglich gewesen. Sollte das Schloss also eine Funktion im Verteidigungssystem der Festung Koblenz erfüllen, ähnlich den detachierten Forts auf den die Stadt umgebenden Höhen, und die Straße nach Koblenz sichern, um einem eventuell hier vorrückenden Angreifer ein erstes Hindernis in den Weg zu legen? Abschließend wird sich diese Frage wohl nicht mehr eindeutig klären lassen[326]. So bleibt nur der Baubefund als Quelle, die bisher keine Beachtung gefunden hat und allerlei Fragen aufwirft.

Schon in Schinkels Generalplan fällt die dichte Reihung von Schartenöffnungen im rheinseitigen Mauerabschnitt auf (Abb. 59)[327]. Die real ausgeführten Scharten entsprechen in ihrer Form den Gewehrscharten, wie sie im zeitüblichen Festungsbau ihre Anwendung fanden und im nahen Koblenz noch zu sehen sind. Hätten sie allein zur Zierde oder Vervollständigung des mittelalterlich-wehrhaften Bildes der Burg dienen sollen, so hätte man sich auch auf gänzlich funktionslose Schmuckelemente beschränken können, wie sie in Form der auf den Kopf gestellten, unbrauchbaren Schlüsselscharten in den Zinnen des Rauhen Turmes auftreten und öfter im historistischen Schlossbau quasi als Abbreviatur von Verteidigungseinrichtungen zu finden sind[328]. Bei der Einrichtung der benutzbaren Scharten auf Stolzenfels schlugen sich offensichtlich die umfassenden Kenntnisse der leitenden Militäringe-

Abb. 72: Stolzenfels. Rauher Turm und Torbau mit Zugbrücke.

nieure wie Naumann oder Schnitzler im Festungsbau nieder, ebenso in der Anlage der ganz modernen Zugbrücke.

Eine mögliche Erklärung für die Sicherungseinrichtungen könnte unter anderem in der Thronbesteigung Friedrich Wilhelms IV. und dem in Folge veränderten Bauprogramm des Schlosses liegen. Als Sommersitz des Königs am Rhein[329] musste Stolzenfels wohl über gewisse Verteidigungsmöglichkeiten verfügen. Es war immerhin ein gutes Stück abseits der Stadt und der Garnison gelegen und beinhaltete wertvolle Antiquitäten und Kunstwerke. Erst jetzt wurde z. B. der Torbau mit der Zugbrücke ausgeführt[330]. In jedem Fall machten Schießscharten und Zugbrücke als Verteidigungseinrichtungen aus dem Stolzenfels wieder ein wehrhaftes Gebäude. Es wurde zu einer festen Königsburg. Die Befestigungsanlagen unterstrichen optisch den Charakter des Stolzenfels als landesherrliches Schloss des preußischen Königs in seiner Rheinprovinz. Kurz nach der Revolution von 1848/49 bei „den immer mehr von allen Seiten sich heraufziehenden Gewitterwolken am politischen Horizonte, in einer Zeit, in der selbst der geübteste diplomatische Scharfblick keinen Ausweg zur Lösung der socialen und kriegerischen Wirren zu finden weiß, wo die Edelsten und Muthigsten an einer glücklichen Entwickelung der gewaltigen Ereignisse fast verzweifeln, in einer solchen schweren, wie ein Alp drückenden Zeit"[331] konnte im neuen Stolzenfels erst recht ein Symbol für die Eintracht einer gespaltenen Gesellschaft und Nation unter der legitimen Herrschaft des preußischen Monarchen gefunden werden. Schon v. Wussow hatte gegenüber Friedrich Wilhelm IV. dem Wiederaufbau des Stolzenfels einen hohen politischen Wert als Faktor zur Integration der Rheinlande in den preußischen Staat beigemessen und ihn als Manifestation preußischen Herrschaftsanspruches auf den Rhein gedeutet[332]. In den Augen der Zeitgenossen war der Stolzenfels „nicht nur die Fürstenburg, die hohe Feste wieder geworden, welche es ehemals war", sondern „es hat einen viel größern Glanz dadurch erlangt, daß der großgeistige und hochherzige Träger des unvergänglichen Ruhmes eines aus dem Dunkel der Vorzeit hervorragenden Herrscher=Geschlechts, daß der erhabene Sohn der großen Hohenzollern, der jetzt Preußens Thron ehrt und schmückt, diese Burg aus formlosen Trümmern erhoben, und sie, ihres Namens vollkommen würdig [...] zum Stolz der Rheinlande gemacht" hat[333]. In sehr enger Anlehnung an das Mittelalter wurde Stolzenfels gar als „königliche Rheinpfalz" bezeichnet, womit deutlich genug die Königsherrschaft der Hohenzollern in die Tradition mittelalterlichen Königtums, das am Rhein u. a. mit den Domen von Speyer und Worms und den Pfalzen in Ingelheim und Kaiserswerth eindrucksvolle Bauzeugen hinterlassen hat, gestellt wurde. Der neumittelalterliche Bau legitimierte so den „königlichen Großherzog vom preußischen Rheinlande"[334] als den Landesherrn. Dieser Landesherr aber sicherte den Rhein gegen die Bedrohung aus dem Westen, gegen Frankreich, in dem der König Zeit seines Lebens einen revolutionären Schwelbrand vermutete[335]. In den Augen der Zeitgenossen brachte die Wehrhaftigkeit des neuen Stolzenfels die Verteidigungsbereitschaft Preußens deutlich zum Ausdruck:

„Unsre alte Zeit, die starke,
Ist erwacht im Rheinesland;
Denn ein König, groß am Geiste
Schirmet uns mit seiner Hand.
Uns're Burgen, lang zertrümmert,
heben sich aus langer Nacht;
Uns're Waffen, lang verrostet,
Glänzen jetzt in alter Pracht",

lässt Brandenbusch eine rheinische Ritterschar in seiner Huldigung der Ritter auf Stolzenfels. Eine patriotische Fest-Cantate 1850 singen[336]. Das erinnert wieder an Görres und seine Forderung nach der Einrichtung fester Stützpunkte für die Landwehr. Aus dem Mittelalter sollte die Kraft der modernen Zeit gespeist werden.

Für Stolzenfels darf man also vermuten, dass die Anbringung von Wehrelementen mit solchen Hintergedanken vorgenommen wurde[337]. Ein Grund hierfür ist wohl in der Rheinkrise 1840 zu suchen, als Frankreich Ansprüche auf linksrheinische Gebiete erhob. In einer politisch sehr erregten Stimmung konnte der Wiederaufbau des Stolzenfels und wenig später Soonecks (s.u.) ähnlich dem Beschluss über den Ausbau von Rastatt und Ulm zu Bundesfestungen als politisches Signal an die eigene Bevölkerung, aber auch als Machtdemonstration gegenüber Frankreich verstanden werden. Auch auf Stolzenfels wurden in der Waffensammlung Erinnerungs- und Beutestücke aus den Freiheitskriegen neben spätmittelalterlichen Harnischen und Schwertern gezeigt, darunter der Säbel Blüchers[338]. Eine moderne Heldenzeit knüpfte an die Heldenzeit des Mittelalters an, stets gewappnet, den revolutionären „Erbfeind" in die Schranken zu weisen[339]. Von solchen Vorstellungen war in ganz entscheidendem Maße auch die politische Gedankenwelt Friedrich Wilhelms IV. geprägt[340].

Burg Sooneck

Nur vier Tage nach der Einweihung des Schlosses Stolzenfels beschlossen der König und seine drei Brüder Wilhelm, Karl und Albrecht, wohl noch unter dem unmittelbaren Eindruck der erst zwei Jahre zurückliegenden Rheinkrise, den Ausbau der Burg Sooneck[341], einer weiteren linksrheinischen Ruine, als „Königliche Jagdburg" und gemeinsames Refugium (Abb. 73)[342].

Abb. 73: Sooneck. Ansicht der Burg von Süden.

Die mittelalterliche Anlage

Die Ursprünge der Burg Sooneck sind ungeklärt. 1282 wurde sie durch König Rudolf I. als Raubritternest erobert und zerstört, ihr Wiederaufbau 1290 verboten. 1346 kam sie als Mainzer Lehen an Johann Marschall von Waldeck, der nach der Aufhebung des Bauverbots durch Karl IV. drei Jahre später den Kernbau der heutigen Anlage errichten ließ[343]. Die Hauptburg, die wie ein Donjon wirkt, ist in ihrer kompakten, geschlossenen Form typisch für die rheinischen Burgen im 14. Jahrhundert (Abb. 74). Gerundete Ecken und die für den rheinischen Burgenbau ab der Zeit um 1300 als Elemente der architektonischen Gliederung nachweisbaren Tourellen[344], die von Türmchen an den Ecken des Wehrganges überhöht werden, verstärken diesen Charakter noch. Die mittelalterliche Kernburg war allerdings kein Turmhaus, sondern bestand aus dem Bergfried, dem daran östlich angelehnten Wohnbau und einem sehr engen, schachtartigen Hof in der Südwestecke.

Im frühen 17. Jahrhundert wurden die Befestigungen der Vorburg im Süden nochmals modernisiert, was die Anlage nicht vor der Einnahme und Verwüstung durch französische Truppen 1689 bewahren konnte[345].

Der Wiederaufbau im 19. Jahrhundert

Als sich 1822 Prinz Friedrich bei dem befreundeten Oberpräsidenten v. Ingersleben nach käuflichen Burgen erkundigte, hatte dieser nicht nur Rheinstein empfohlen, sondern auch auf Sooneck hingewiesen. Der Prinz versuchte nun seinen Vetter, Prinz Wilhelm, den späteren König und Kaiser, von einem Ankauf zu überzeugen. Der Baudirektor v. Lassaulx inspizierte und begutachtete die Ruine. Die Burg gehörte der Gemeinde Niederheimbach, die sie gerne an Prinz Wilhelm verkauft hätte, nicht nur, weil sie Geld brauchte, sondern weil sie wie die Stadtväter von Koblenz ähnliche Hoffnungen auf die Ansiedlung eines Hohenzollern in ihrer unmittelbaren Nähe hegte[346]. Aber erst 1834 kam es zum Kauf der Burg durch die vier Söhne Friedrich Wilhelms

Abb. 74: Sooneck. Hauptburg von Südosten.

III. Schon im Jahr darauf untersuchte der Ingenieur-Hauptmann Karl Schnitzler die Burg und fertigte Bauaufnahmen zur Vorbereitung von Wiederherstellungsmaßnahmen[347].

Unter dem unmittelbaren Eindruck der Einweihung von Schloss Stolzenfels am 14. September 1842 unterzeichneten der König und seine Brüder vier Tage später auf dem Dampfschiff „Prinzessin von Preußen" einen Kontrakt zum Wiederaufbau Soonecks, den sie gemeinsam durch jährliche Einzahlung einer bestimmten anteiligen Summe durchzuführen gedachten[348]. Gemäß dem Vertrag sollte der Oberpräsident Justus v. Schaper das Geld verwenden und für die Ausführung des von den allerhöchsten Herrschaften genehmigten Planes sorgen. Schaper erteilte Philipp v. Wussow den Auftrag, Pläne zum Ausbau anfertigen zu lassen. Dieser wandte sich hierzu an den bewährten Karl Schnitzler. Schnitzler und v. Wussow nahmen die Burg nochmals gemeinsam in Augenschein, und Schnitzler arbeitete darauf Entwürfe zur Wiederherstellung aus (Abb. 76)[349], die nach Genehmigung durch die vier Bauherren 1843 ohne große Abänderungen ausgeführt wurden. Ging der Ausbau anfänglich zügig voran, endete er 1848 auf Grund der Revolution[350]. Erst drei Jahre später wurde er fortgesetzt. Schnitzler schilderte die erforderlichen Maßnahmen und betonte, dass es vor allem darauf ankomme, *„die für die Sicherheit des Schlosses dringend nothwendige Herstellung der Schloß-Mauern"* noch in diesem Jahr, spätestens aber im nächsten Frühling abzuschließen[351]. Die Sicherung der Burg scheint im Angesicht

Abb. 75: Sooneck. Ansicht der Burg von Osten.

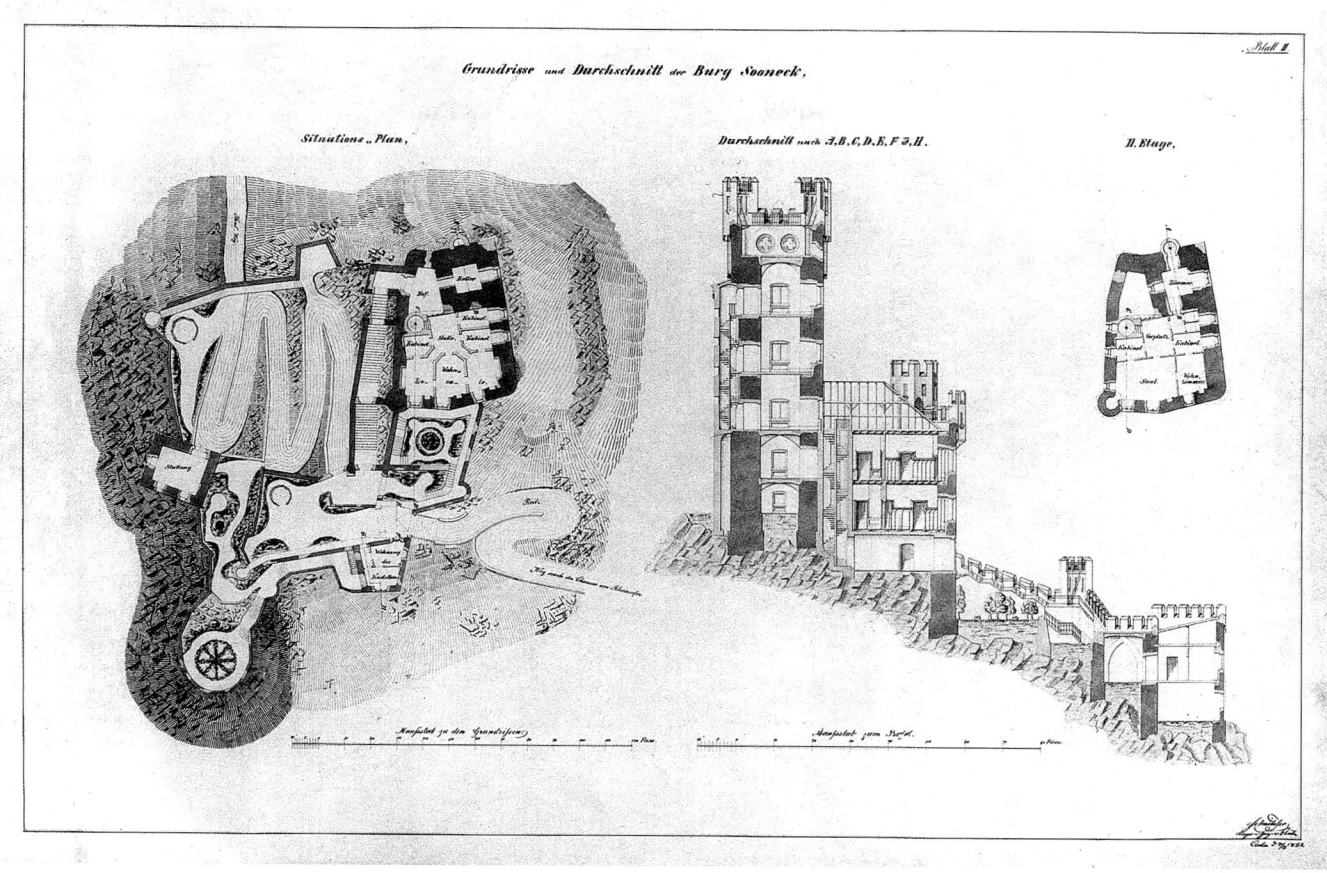

Abb. 76: Sooneck. Grundrisse und Schnitt von Schnitzler 1852.

der jüngsten revolutionären Ereignisse als besonders wichtig erachtet worden zu sein. In der Folge wird die Fertigstellung der Ringmauern und die Anbringung einer Zugbrücke als sicherer Torverschluss mehrfach angemahnt. Die Burg wurde nach und nach *„gegen den Zugang von außen gesichert.“*[352] 1855 musste Schnitzler allerdings immer noch feststellen: *„Die gegenwärtigen, provisorischen Verschlüsse in der äußeren Ringmauer sind durch solidere zu ersetzen und der Haupteingang mit Thor und Zugbrücke zu versehen.“*[353] Zur Einsetzung der Zugbrücke kam es erst 1860[354]. Im Jahr darauf waren die Arbeiten an der Burg endlich abgeschlossen[355]. Ihre Funktion als Jagdsitz und privater Rückzugsort für Friedrich Wilhelm IV. und seine drei Brüder erfüllte sie allerdings nie. Mehrfach besuchte aber Prinz Karl anlässlich seines Geburtstags Sooneck, um diesen hier im engsten Familienkreis zu verbringen[356].

Die Verteidigungseinrichtungen auf Sooneck

Rathke hat als erste im Fall von Sooneck auf den Zusammenhang zwischen der Befestigung von Schlössern im 19. Jahrhundert und der deutschen Revolution hingewiesen: *„Hinzu tritt ein gewisser fortifikatorischer Zweck, der nach der Revolution von 1848 dringlicher betont wurde und z. B. für Hohenzollern klar durchgeführt wurde; er wird bei Sooneck bemerkbar in Bastionen, Mauern, Rampen, Terrassen*

und einem komplizierten Netz von Wegverbindungen innerhalb der Burg. Deutlich ist die Burg zweimal, durch äußere und innere Ringmauern, abgeschlossen, und selbst vom unteren Burghof aus noch erscheint die Burg fern und uneinnehmbar auf dem Bergkegel, während auf Rheinstein und Stolzenfels sich der Besucher weniger schroff abgewiesen sieht.“[357] Sooneck gliedert sich in zwei Teile, einmal in die sehr geräumige Vorburg am Hang und dann in die kompakte Kernburg auf der Höhe des Bergkegels (Abb. 73 u. 75). Sie steht mit ihrem Bergfried direkt über einer nach Westen steil abfallenden Felskuppe, hinter welcher der Hang weiter ansteigt. Der Hauptzugang befindet sich heute im Norden und führt über einen kurzen Graben. Das Tor sichert eine Zugbrücke (Abb. 77). Sie ist nicht in historisierender Form gehalten, sondern eine moderne Konstruktion des 19. Jahrhunderts mit gusseisernen Gegengewichten in Form rechteckiger Klötze, wie sie sich auch im zeitgenössischen Festungsbau finden lässt (Abb. 78). Die Ketten laufen über Eisenräder.
Östlich an das Tor schließt das Haus des Kastellans an, westlich springt die Ringmauer flankierend vor und bildet einen kleinen Schalenturm aus.
Ein zweites Tor befindet sich in der östlichen Ringmauer, die von der Kernburg den Hang nach Süden bis zur Felskante herabläuft. Hier war wohl der ursprüngliche Zugang[358]. Zur Flankierung dient ein kleiner bastionsar-

tiger Vorbau nördlich oberhalb des Tores, der eine freie Ergänzung des 19. Jahrhunderts darstellt.

Die Ringmauern umschließen eine gänzlich unregelmäßige Anlage (Abb. 76). Aus der Südfront tritt der von Schnitzler wieder hergestellte Talturm hervor, der unten die Stallung und oben die Wohnung für Gäste aufnahm. Gegen Osten springt eine Bastei vor, die Schnitzler über den Resten der Befestigungen des 17. Jahrhunderts errichtet haben dürfte[359].

Die Ringmauern haben auf der Nord- und Südseite Wehrgänge mit breiten Zinnen und *„Armbrustscharten"*[360] darin, die sich wohl weitgehend am vorgefundenen spätmittelalterlichen Bestand orientieren und diesen fortführen (Abb. 79). Die Wehrgänge erlauben eine Kommunikation auf allen wichtigen Mauerabschnitten, zumindest an der potentiell besonders gefährdeten Nordfront mit dem Haupttor.

Der Zugang zur Kernburg erfolgt über einen, hinter Zinnenmauern geführten, erst 1860/61 vollendeten Treppengang[361]. Der Ankommende muss zuerst zwei Spitzbogenpforten durchschreiten und eine kleine Steinbrücke, die ursprünglich in Holz über einen kurzen Graben ausgeführt werden sollte (vgl. Abb. 76), überqueren, ehe er vor der eigentlichen Pforte zur Hauptburg steht, die mit Bergfried, Wohnbau und Ringmauer einen schmalen Hof umschließt. Die Kernburg wird von einem umlaufenden Kranz breiter Zinnen über dem für den rheinischen Burgenbau als gestalterisches Motiv so typischen Rundbogenfries abgeschlossen. Die Ecken betonen die, teilweise aus Tourellen emporwachsenden, Türmchen. Der mittelalterliche Bestand wurde hier weitgehend von Schnitzler übernommen und behutsam erneuert. Nur die Fenster der Kernburg stellen Neuerungen des 19. Jahrhunderts dar.

Die gesamte Anlage macht, wie von Rathke sehr treffend charakterisiert, einen sehr wehrhaften Eindruck. Im Gegensatz zu Rheinstein oder Stolzenfels fehlen aber mit Ausnahme der modernen Zugbrücke Elemente der neudeutschen Festungsbaukunst wie die an den anderen beiden Burgen so auffälligen Schießscharten. Beim Ausbau von Sooneck wurde mehr Wert auf ein vermeintlich authentisches Mittelalterbild der Burg gelegt[362].

Die Ringmauer mit ihren Schießscharten machte Sooneck in jedem Fall zu einer wehrhaften Anlage. Dass man hierauf Wert legte, geht eindeutig aus den Äußerungen v. Wussows und Schnitzlers hervor, die die notwendige Sicherung der Burg durch die Schließung der Ringmauern und vor allem durch Anbringung fester Tore und einer stabilen Zugbrücke gegen eventuelle Eindringlinge anmahnten. Die konsequent beibehaltene Steinsichtigkeit der Anlage unterstreicht den wehrhaften Charakter

Abb. 77: Sooneck. Zufahrt zum Tor mit Zugbrücke.

Abb. 78: Sooneck. Stählernes Gegengewicht der Zugbrücke.

Abb. 79: Sooneck. Wehrgang auf der westlichen Ringmauer.

noch, auch wenn sie ein Idealkonstrukt des 19. Jahrhunderts ist, das in der Materialsichtigkeit etwas originär Mittelalterliches sah. Die Burg scheint durch das Zeigen des Materials noch mehr mit den Felsen, auf denen sie steht, zu verwachsen, ihr trotzig herausfordernder Eindruck wird verstärkt. *„Ein ganzes Burgenbild hat sich daraus herauskristallisiert, im düsteren Grau der Trümmer über dem wilden Grün des Waldes verfangen, fern über den glitzernden Strömen und silbrig glänzenden Schieferdächern der Häuser in den Tälern"*[363]. Es prägt bis heute unsere Vorstellung von Burgen ganz entscheidend.

Es gab Pläne, noch eine vierte Burg am Rhein – zumindest teilweise – wiederaufzubauen. 1841 hatte der St. Goarer Bürger Peter Glaß die in seinem Besitz befindlichen Ruinen der einst starken hessischen Festung Rheinfels, ebenfalls auf dem linken Rheinufer gelegen, Friedrich Wilhelm IV. zum Kauf angeboten. Sein Anschreiben an den König ist sehr aufschlussreich: *„Da es mein Wunsch wäre, diese durch ihre Thoten so rühmlich gewordene, durch die Franzosen später ruinierte Feste an die Hohe königliche Preußische Monarchie zu bringen, so wage ich es, dieselbe Eurer Königlichen Majestät ganz unterthänigst anzubieten."*[364] Glaß spielte gleich auf zwei Dinge an, nämlich auf die ruhmvolle Verteidigung der Festung 1693 gegen die Franzosen und auf ihr Ende durch die französische Schleifung 1796, und hob damit indirekt den hohen Symbolwert der Burg im Zusammenhang mit der preußischen Burgenpolitik hervor. Erstaunlicherweise antwortete der König 1842 nach langwierigen Verhandlungen, er nehme von dem Kauf Abstand, da die Ruine von keinerlei besonderem militärischen Wert befunden worden sei. Auch wenn Hans Caspary in dieser Äußerung eine Ausrede des Königs sieht, dem der Kaufpreis zu hoch war[365], scheint sie eher darauf hinzuweisen, dass der König vor Ankauf einer Burg auch deren militärischen Wert prüfen ließ. Wenige Mo-

nate später erklärte sich allerdings des Königs Bruder, Kronprinz Wilhelm, zum Kauf bereit. Der Schriftverkehr, der die Ruine und ihre mögliche Wiederherstellung betrifft, bricht zwar 1847 ab, aber es blieben drei Zeichnungen von unbekannter Hand erhalten, die einen Entwurf zum Ausbau von Rheinfels zeigen. Unter Wahrung der historischen Mauersubstanz sollten die Ruinen der Hauptburg zu Wohnzwecken ausgebaut werden. Ebenso war an eine Wiederherstellung der Tore und von Wirtschaftsbauten in der Vorburg gedacht. Die alten, ruinösen Außenbefestigungen sollten allerdings nicht vollständig wiederaufgebaut werden, sondern Rheinfels diesen Plänen nach eine romantische Teilruine bleiben. Einige der wiederherzustellenden Türme sollten allerdings ihre alten Geschützscharten behalten und die mit Schießscharten und wiederhergestellten Zinnen bewehrte Eingangsseite macht im Gegensatz zur geplanten Rheinfront einen weitaus wehrhafteren und abweisenderen Eindruck[366].

Die Rheinburgen und der preußische Festungsbau

Wie wir sehen konnten, verfügen die drei Burgen Rheinstein, Stolzenfels und Sooneck alle über Elemente, die sich im zeitgenössischen Festungsbau wiederfinden lassen. Die nötigen Fachkenntnisse hierfür lieferten die preußischen Ingenieuroffiziere, die maßgeblich an den Wiederherstellungen beteiligt waren. Im Fall des Rheinstein war der Bauherr sogar selbst Militär und hat wohl als Auftraggeber entsprechendes Wissen einfließen lassen. Preußische Pioniere aus dem nahen Koblenz wurden im Wegebau und bei den ingenieurtechnischen Arbeiten, die den Wiederaufbau der Burgen vorbereiteten, herangezogen. Von Anfang an waren gerade bei den königlichen Projekten Stolzenfels und Sooneck Militärs in entscheidenden Positionen tätig. Friedrich Wilhelm IV. hatte schon, wie oben deutlich wurde, in seiner Kronprinzenzeit explizit einen Ingenieuroffizier für die örtliche Bauleitung auf Stolzenfels gefordert, worauf man ihm Naumann ans Herz gelegt hatte. Die Oberleitung blieb mit v. Wussow ebenfalls in den Händen eines Militärs. Später trat Karl Schnitzler an die Stelle Naumanns, welcher dann auch, wieder unter der Oberleitung v. Wussows, den Wiederaufbau von Sooneck plante und leitete.

Naumann hatte zwar den Generalplan Schinkels umzusetzen, für alle Details war er aber selbst zuständig, auch für die Planung des äußeren Torgebäudes auf Stolzenfels. Dabei wurde allerdings immer wieder Rücksprache mit Schinkel in Berlin gehalten. Diese Arbeitsteilung von Zivil- und Militärarchitekten lässt sich mehrfach bei preußischen Schloss-, aber auch Festungsbauten finden, wie z. B. der Wiederaufbau des Hohenzollern deutlich zeigt (s.u.). Die Beteiligung von Zivilarchitekten im Festungsbau war im 19. Jahrhundert nicht unüblich. Nicht nur in Preußen wirkten z. B. Schinkel (Juliusturm

der Zitadelle Spandau, Abb. 183) und Stüler (Festungstore in Posen und Königsberg, Abb. 80) an der baukünstlerischen Gestaltung der von den Militärs oftmals nach rein funktionalen Gesichtspunkten geplanten Verteidigungsanlagen mit[367], sondern z. B. auch im Königreich Bayern, wo Friedrich von Gärtner die *„äußere Architectur"* der Festung Germersheim am Oberrhein und Leo von Klenze die Reduits im Donaubrückenkopf der bayerischen Landesfestung Ingolstadt (Abb. 81) entwarfen[368]. Seit dem 18. Jahrhundert war es in Preußen wie auch anderen Staaten zunehmend zu einer Trennung von Zivil- und Kriegsbaukunst gekommen. Zivil- und Militäringenieure wurden in unterschiedlichen Institutionen ausgebildet[369]. Hauptaufgabe der Ingenieuroffiziere war der Festungsbau. Im 19. Jahrhundert erschien eine ganze Reihe von Lehrbüchern speziell zur Ausbildung in diesem Fach. Allerdings wurden nach wie vor z. B. an der Artillerie- und Ingenieurschule zu Berlin auch Grundlagen der Zivilbaukunst vermittelt[370]. Trotzdem überließ man die baukünstlerische Gestaltung der Festungswerke lieber ausgebildeten Zivilarchitekten. Dass man besonders Ingenieuroffiziere zur Wie-

Äußere Frontseite des Königsthores zu Königsberg i. P.

Abb. 80: Königsberg. Feldseite des Königstores, Xylographie 1852.

Abb. 81: Ingolstadt. Reduit Tilly im Donaubrückenkopf, Detail.

derherstellung von Burgen heranzog, beruht darauf, dass das 19. Jahrhundert Burgen in erster Linie als Wehrbauten verstand. Tatsächlich zählen unter anderem preußische Militärs auf Grund ihres beruflichen Interesses zu den ersten Burgenforschern[371]. Durch ihre Erfahrungen im Wehrbau wurden Festungsbaumeister für die Wiederaufbauten als die geeignetsten Kräfte mit dem besten Verständnis für Burgenarchitektur betrachtet. Fest steht, dass Elemente des neudeutschen Festungsbaus in den Wiederaufbau der Rheinburgen einflossen. Umgekehrt wurden dekorative Motive mittelalterlicher Burgen und Stadtbefestigungen seit der Regierungszeit Friedrich Wilhelms IV. vermehrt in der Fortifikation verwandt, wie vor allem die Festungswerke von Köln[372], aber auch die späteren Ausbauten der Stadtbefestigung von Koblenz-Ehrenbreitstein zeigen. Hier waren besonders rheinische Bauwerke das Vorbild. Bei der Festung Königsberg wirkte hingegen die norddeutsche Backsteingotik, vor allem aber die Architektur des Deutschen Ritterordens stilprägend. Die vergangene Heldenzeit des Mittelalters sollte auch den Geist der damaligen Soldaten beflügeln helfen und zur Verteidigung anspornen.

Die preußischen Burgen als symbolische und reale Befestigungen in ihrer Bedeutung für den Rhein als strategische Grenze

Josef Görres hatte 1814 gefordert, die Burgen am Rhein zu Stützpunkten der Landwehr auszubauen. Ruft man sich die Befestigungen von Rheinstein, Stolzenfels und Sooneck ins Gedächtnis, so liegt die Vermutung nahe, dass diese Überlegung tatsächlich zumindest teilweise zur Ausführung kam. Besonders die auf den Rhein und die Uferstraße ausgerichtete Schartenreihung auf Stol-

zenfels, das sich ja im nächsten Umfeld der preußischen Festung Koblenz erhebt, scheint auf eine reale Umsetzung solcher Gedanken hinzuweisen. Aus Sicht der Militärs konnten auch kleinere befestigte Punkte einen Wert haben, zumindest stellten sie für einen Gegner eine potentielle militärische Bedrohung dar[373]. Das zeigt besonders schön das Beispiel der Marksburg. Sie war seit 1815 im Besitz des Herzogtums Nassau und quasi dessen Landesfestung. Sie war allerdings nur mit einer Invalidenkompanie besetzt und diente hauptsächlich als Gefängnis, aber auch als Pulverlager. Ihre Bewaffnung bestand allein aus sieben Kanonen, die unter anderem als Beutestücke der Schlacht bei Belle-Alliance 1813 auf die Burg gekommen waren und hier als Lärm- und Salutstücke dienten[374]. Allerdings erschien die Festung den Preußen im deutsch-deutschen Krieg 1866 als immer noch so wichtig, dass sie als einziger fester Punkt des Herzogtums und Garnison bei einem „Überfall", wie der damalige Kommandant berichtete, von 800 Mann preußischer Infanterie, die aus Koblenz anrückten, im Sturm genommen wurde. Alle Pulver- und Gewehrvorräte sowie die Kanonen wurden beschlagnahmt[375]. Dies zeigt, welchen militärischen Stellenwert eine mittelalterliche Burg, die lediglich mit Invaliden besetzt war, damals noch haben konnte. Da erscheint es nicht ganz unwahrscheinlich, dass man auch den linksrheinischen Burgen im Kriegsfall eine entsprechende Bedeutung beimaß. Garnisonen beherbergten sie allerdings nicht, sieht man von der Wache auf Stolzenfels ab. Es fällt aber auf, dass die drei Burgen am Rhein, sollten sie wirklich in die militärischen Planspiele einbezogen worden sein, gemeinsam mit den anderen vom Königshaus erworbenen und zum Wiederaufbau vorgesehenen Burgen wie eine Perlenkette die Verbindung zwischen der preußischen Festung Koblenz und der südlich davon gelegenen Bundesfestung Mainz gebildet hätten, also quasi als Stützpunkte von Infanterieeinheiten oder der Landwehr hätten dienen können. Friedrich Wilhelm IV. sprach gerade in Folge der Rheinkrise vom Wiederaufbau sämtlicher durch das preußische Königshaus erworbener Rheinburgen, besonders der auf dem umstrittenen linken Flussufer[376]. Die Äußerung des Königs hinsichtlich der Ruine Rheinfels und ihrer militärischen Brauchbarkeit muss in solchen Zusammenhängen gesehen werden. Die Untersuchungen zur militärischen Bedeutung des Rheins im 19. Jahrhundert lassen diese Frage allerdings offen. Da die Akten des Heeresarchivs Potsdam im Zweiten Weltkrieg verbrannt sind, lässt sich hier auch kein weiteres Beweismaterial ausfindig machen. Zumindest aber symbolisch war der Rhein durch die preußischen Burgen aufs neue befestigt worden.

Aber der Rhein galt nicht als Grenze, sondern als Deutschlands Mitte. Ernst Moritz Arndt hatte schon 1813 verkündet: *„Hat Frankreich den Rhein, so liegt ihm alles westliche Land offen bis zur Elbe, und gegen Osten kann es seine Heere ungestraft vorstoßen bis an den Lech und die Quellen des Mains und der Saale, d.h.: die gute Hälfte Deutschlands liegt abhängig von ihm, und die übrige Hälfte muß dem dienenden und zitternden Theile dann bald nachfolgen.“*[377] Und tatsächlich hatte Friedrich Wilhelm III. gleich nach der Besitzergreifung der Rheinlande 1815 in einem Aufruf an die neuen Untertanen *„den nationalen Sicherheitsaspekt seiner Inbesitznahme des Linksrheinischen bewußt betont und dieses Gebiet als Vormauer der Freiheit und Unabhängigkeit Deutschlands charakterisiert.“*[378]

In den strategischen Überlegungen der preußischen Militärs spielte der Rhein eine bedeutende Rolle. Die wichtigen Punkte Wesel, Köln, Koblenz und Mainz, das zwar Bundesfestung war, aber zur Hälfte eine preußische Garnison hatte[379], wurden zu Festungen ausgebaut oder modernisiert. Weiter südlich lag die Bundesfestung Landau, die sich in bayerischem Besitz befand. Bayern errichtete außerdem 1834–1855 die Festung Germersheim als Ersatz für die einstige Reichsfestung Philippsburg[380] und schließlich der Deutsche Bund ab 1842 die Bundesfestung Rastatt[381], um auch den Oberrhein militärisch zu sichern. Preußen hielt in den Augen der Zeitgenossen als stärkste Militärmacht des Deutschen Bundes neben Österreich die *„Wacht am Rhein“*. Tatsächlich konzentrierte sich ein Gutteil ihres Potentials in den Festungen der Rheinprovinz. Die Rheinverteidigung sollte allerdings nach Möglichkeit auf dem linken Ufer und nicht direkt am Fluss stattfinden[382]. Den Festungen am Rhein kam als Sicherung der Hauptübergänge über den Strom hierbei eine offensive Rolle zu. Sie sollten als Ausgangspunkte für Vorstöße gegen Frankreich dienen bzw. als Rückzugs- und Sammelpunkte für die Truppen, um erneut aus den gesicherten Stellungen ausfallen zu

können[383]. Als große moderne Lagerfestungen mit weit ausgreifenden Fortgürteln konzipiert[384], konnten die Anlagen Tausenden von Soldaten Schutz und Quartier gewähren. Diese Festungen sollten sich gegenseitig in den Flanken decken und sichern. Den Rheinfestungen vorgelagert waren die preußischen Festungen Saarlouis und Jülich und die Bundesfestung Luxemburg, in der sich die Preußen das Besatzungsrecht gesichert hatten. Sie bildeten eine Art vorgeschobene Front gegen einen befürchteten französischen Einfall[385]. Als Hauptlinie diente der Rhein, der als Barriere mit seinen Festungen einen Einfall französischer Armeen aufhalten sollte[386]. Das Gebiet dazwischen war ähnlich dem Glacis einer Festung für Offensivoperationen und als Sammelraum für die Heere gedacht[387]. Der Linie zwischen der Bundesfestung Mainz und der preußischen Festung Wesel wurde dementsprechend eine außerordentliche Widerstandskraft beigemessen[388].

Zum Zeichen für diese militärische Sicherung des Flusses durch feste Punkte wurden die Burgen. Caspary charakterisierte sie *„als Symbole der Wehrbereitschaft“*[389]. Anlässlich der politischen Auseinandersetzung mit Frankreich, das Ansprüche auf deutsche Gebiete westlich des Rheins erhob, erhielten vor allem die linksrheinischen Burgruinen wie schon in den Freiheitskriegen eine gewaltige symbolische Bedeutung als Sinnbilder deutscher Verteidigungsbereitschaft, ebenso aber auch die modernen *„weit hin spähenden Festungswerke Ehrenbreitsteins, welche, als wären sie sich vollkommener Unbesiegbarkeit bewußt, unbedingte Sorglosigkeit ihrem königlichen Gebieter zuzurufen scheinen.“*[390] Beide, alte Rheinburgen und moderne Festungsanlagen, wurden als Wehrbauten zu Machtsymbolen ihrer Erbauer, des preußischen Königs und anderer Mitglieder des Hauses Hohenzollern. In der Wiederherstellung von Stolzenfels und Sooneck drückt sich auch der Anspruch der Landesherrschaft aus. Nur der Landesherr war im 19. Jahrhundert berechtigt, befestigte Plätze anzulegen[391]. Hierin dürfte eine Erklärung für die Verwendung brauchbarer Verteidigungseinrichtungen liegen, die auch die Zeitgenossen als eindeutig modern erkennen mussten. Mit dem Burgenbau machte der preußische König bzw. die regierende Dynastie vom Befestigungsrecht in offensichtlicher Weise umfänglichen Gebrauch und untermauerte die Legitimität der preußischen Herrschaft über die Rheinprovinz. Die Rheinburgen werden dabei auch zum sichtbaren Ausdruck der ganz eigenen Vorstellungen Friedrich Wilhelms IV. von einem geeinten Mitteleuropa unter Führung eines Kaisers, die seine Umgebung oft genug in Missfallen versetzte und nicht immer kongruent war mit der offiziellen Politik Preußens. Der König wünschte sich selbst in der Rolle des Reichserzfeldherrn, der die preußische Militärmacht einem erneuerten deutschen Kaiserreich in der Tradition des

Alten Reiches mit einem österreichischen Kaiser an der Spitze zur Verfügung stellte[392].

Den postulierten *„Funktions- und Bedeutungswandel feudaler Bautypen im bürgerlichen Zeitalter"* gab es also nicht[393]. Burgen waren seit jeher Symbole der Macht ihrer Bauherren und ihre Errichtung diente nie allein, schon gar nicht zum überwiegenden Teil, militärischen Zwecken, sondern auch als steingewordene Machtdemonstration, um Herrschaftsansprüche zu untermauern und zu legitimieren[394].

Die Stammburg Hohenzollern

Noch stärker als auf den Rheinburgen wurde der Wehrcharakter beim Wiederaufbau der einstigen Stammburg Hohenzollern betont, die schließlich zur modernen Festung ausgebaut wurde. Auch hier vermischen sich reale und fiktive Wehrhaftigkeit in wesentlichen Punkten. Der Hohenzollern, der das Vorland der Schwäbischen Alb weithin beherrscht, zählt zu den eindrucksvollsten neugotischen Schlössern in Deutschland (Abb. 82 u. 84). Als Stammburg des preußischen Königs- und deutschen Kaiserhauses ist er weithin bekannt[395].

Die Baugeschichte

Die beiden mittelalterlichen Vorgänger[396]

Die heutige Burg Hohenzollern ist die dritte Anlage an dieser Stelle. Die erste Burg entstand wohl im 11. Jahrhundert und war Stammsitz der Grafen von Zollern. Sie wurde 1423 durch den Schwäbischen Städtebund und Württemberg zerstört. Erst Kaiser Friedrich III. gestattete dem Grafen Jos Niklas 1453 den Wiederaufbau. Er wurde zu einem Symbol des gegen die Städte erstarkten Adels in Schwaben[397]. Von der spätmittelalterlichen Burg blieb allerdings nichts erhalten außer der katholischen Schlosskapelle St. Michael und einigen Kasematten. Der Hohenzollern erfuhr zu Beginn des Dreißigjährigen Krieges den Ausbau zur bastionierten Festung (Abb. 83)[398]. 1771 wurde sie aufgegeben, ihre Hauptbauten standen aber noch bis 1815 unter Dach. Der zunehmende Verfall der Burg wurde damals allgemein bedauert[399].

Die Planungen zur dritten Burg und ihre Voraussetzungen

1819 reiste Kronprinz Friedrich Wilhelm von Preußen durch Süddeutschland und besuchte auch die Stamm-

Abb. 82: Hohenzollern. Gesamtansicht von Südosten.

burg seiner Vorfahren. Er war begeistert von der Idee ihrer Restaurierung und setzte sich für eine Wiederherstellung ein. Fürst Friedrich Xaver von Hohenzollern-Hechingen hatte ihn um Fürsprache bei seinem Vater Friedrich Wilhelm III. von Preußen zur Bereitstellung von Geldmitteln für die Restaurierung gebeten[400]. Hohenzollern-Hechingen war kein großes Territorium und auch nicht sehr reich, ein Wiederaufbau daher alleine nicht zu bewerkstelligen.

Der Hechinger Fürst beauftragte 1822 mit finanzieller Unterstützung aus Preußen den badischen Ingenieurleutnant Friedrich Arnold mit ersten Baumaßnahmen auf Hohenzollern[401]. Dieser verwandelte die in beträchtlichen Teilen noch stehende Burg in eine künstliche Ruine, ließ nur den Mittelteil des Nordflügels als Zeughaus zur Aufbewahrung der Waffensammlung wiederaufbauen und einen Aussichtsturm errichten. Auch wurde die katholische Kapelle restauriert[402].

Ein bereits 1819 erarbeitetes Projekt des Architekten Rudolf Burnitz hatte den Hohenzollern wieder als befestigte Schlossanlage vorgesehen (Abb. 85). Mit Festungsbau kannte sich Burnitz aus, denn er war bis 1819 Mitglied des württembergischen Geniekorps gewesen[403]. Möglicherweise dachte er bei seinen Plänen an eine Äußerung Gottschalks zum strategischen Wert des Berges aus dem Jahr 1810: *„Selbst bei der jetzigen Art Krieg zu führen, würde dieser Burg wenig Schaden zugefügt werden können. Die benachbarten Berge sind entweder zu nieder, oder zu weit, durch sie herumziehende Thäler, davon*

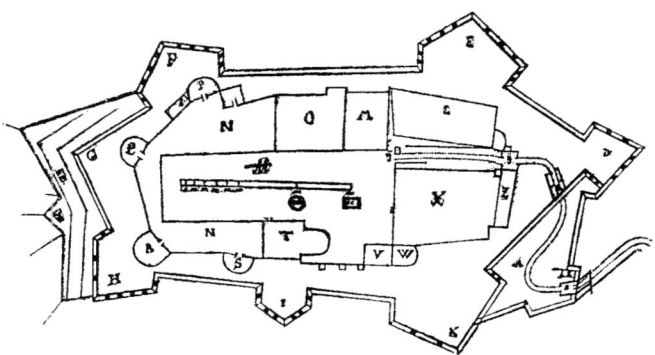

Abb. 83: Hohenzollern. Grundriss der Burg mit umgebenden Festungswerken 1692.

entfernt, als dass aufgerichtete Batterien mit einiger Wirkung darauf spielen könnten. Indessen möchte sie wohl, nach der heutigen Verfahrungsart in Kriegen, von keiner Wichtigkeit und höchstens zur Aufbewahrung von Kostbarkeiten zu gebrauchen seyn.“[404] Dass dem Berg auch noch zu Beginn des 19. Jahrhunderts eine gewisse militärische Bedeutung zukam, zeigt die Tatsache, dass der württembergische Herzog Friedrich II. 1806 den Hohenzollern militärisch besetzen wollte[405]. Und in einem württembergischen Gutachten zur Sicherung Südwestdeutschlands aus dem Jahr 1814 wird der Hohenzollern ebenfalls als einer von mehreren strategisch wichtigen Punkten aufgezählt, der für eine Neubefestigung in Frage käme[406]. Burnitz' Entwurf zeigt Grundriss und zwei Ansichten des Hohenzollern mit wiederhergestellter bastionierter

Abb. 84: Hohenzollern. Ansicht von Westen nach Vollendung der Burg mit unbepflanztem Berghang. Zwischen den Bastionen Spitz und Scharfeck im Vordergrund sind die Zinnen des kleinen Zwingers vor der Ausfallpforte erkennbar, hinter der Brustwehr der Aufbau der zur Poterne führenden Treppenspindel.

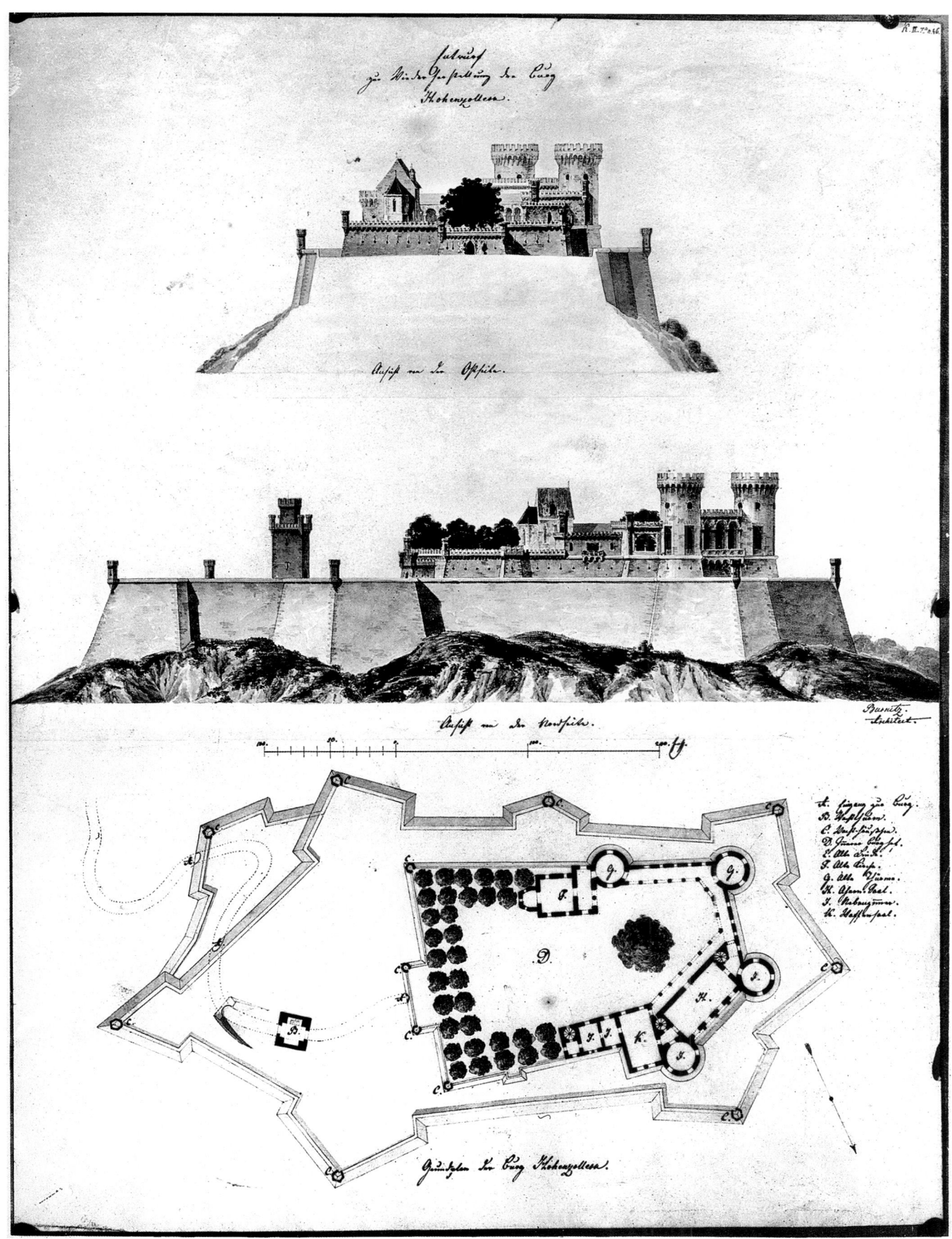

Abb. 85: Hohenzollern. Wiederaufbauentwurf von Burnitz 1819. Schnitt, Ansicht und Grundriss.

Abb. 86: Hohenzollern. Entwurf Stillfrieds zum Wiederaufbau.

Enceinte. Der alte Torturm ist wiederaufgebaut, steht nun jedoch, völlig aus seinem alten Kontext herausgelöst, funktionslos im Vorhof und dient, quasi Bergfried, nur der architektonischen Fernwirkung des Schlosses. Der eigentliche Schlossbau besteht aus einem hufeisenförmigen Gebäudekomplex mit Rundtürmen, der ganz offensichtlich die vorgegebene Grundrissstruktur der mittelalterlichen Burg übernehmen sollte[407]. Eine geböschte Mauer schließt den inneren Hof auf der Zugangsseite. Die Spitzen der Bastionen und die Ecken der Ringmauer tragen achteckige Postenerker. Der Torbau tritt aus der inneren Enceinte hervor. Die gesamte Mauer ist kreneliert. Ihren Abschluss bildet eine gezinnte Brustwehr, die auf einem Rundbogenfries vorkragt und wohl Assoziationen an Maschikuli wecken soll. Der Fries findet seine Fortsetzung in Form eines Kordongesimses an den Wohnbauten. Die hohen Bastionen dienen schon in diesem Entwurf als sockelartiger Unterbau für das eigentliche Schloss, das aber der Beschriftung zufolge hauptsächlich als Denkmalbau zu verstehen ist, sieht Burnitz doch keinerlei Wohnappartmens in den Gebäuden vor, wohl aber einen Ahnen- und einen Waffensaal.

Der ausgeführte Bau Stülers auf Hohenzollern hat sich dann sogar in Details wie den polygonalen Postenerkern auf den Bastionsspitzen am Burnitzschen Entwurf orientiert.

Die Arbeiten Arnolds konnten nicht befriedigen. Es trat nun der vom Kronprinzen maßgeblich geförderte Baron Rudolf von Stillfried-Rattonitz in Erscheinung. Seine Leidenschaft galt der Geschichte des Hauses Hohenzollern, das er in seinen Werken verherrlichte[408]. Er entwickelte während seiner Forschungsarbeit eigene Vorstellungen zum Wiederaufbau der Burg und fertigte verschiedene Entwürfe an. Ziel und Zweck der Stillfriedschen Pläne war es, ein Denkmal für die Geschichte des Hauses Hohenzollern zu schaffen (Abb. 86). Entsprechend zeigen seine Entwürfe mehrere Burggebäude in den unterschiedlichsten Stilformen, um den Eindruck einer im Laufe der Jahrhunderte gewachsenen Anlage zu erwecken[409]. Die Fortifikationen spielen hierbei eine nur untergeordnete Rolle. Sie wirken auf den Entwürfen winzig im Vergleich zu den großen Gebäuden und erscheinen damit als bloßes Beiwerk mit Sockelfunktion für die reich gestalteten Wohnbauten.

Nach der Inthronisation Friedrich Wilhelms IV. kam das Projekt endlich in Gang. Ein Vertrag regelte 1846 die finanzielle Beteiligung der hohenzollerischen Fürsten von Hechingen und Sigmaringen an der Wiederherstellung des Hohenzollern als „Hofburg" der drei Familienzweige[410]. Der König beauftragte Friedrich August Stüler mit den Planungen[411]. Doch sollte dies vorerst geheim bleiben, denn die preußische Regierung fürchtete diplomatische Komplikationen mit Württemberg. Es musste Misstrauen erwecken, wenn Preußen auf die hohenzollerischen Fürstentümer Einfluss nahm und sich damit in Süddeutschland einen Stützpunkt schuf. So meldete Stillfrieds Mitarbeiter Traugott Märcker: „In bezug auf die wegen des Baues anzuknüpfenden Unterhandlungen, erlaube ich mir nur noch die Bemerkung, dass dabei von vornherein die Ansprüche auf preußischen Mitbesitz der Burg sorgfältig vermieden werden müssen, da, wie ich seit einiger Zeit von verschiedenen Seiten her erfahren habe, dies allein die Leute stutzig macht und diplomatische Verwicklungen herbeiführen würde, deren Ende schwer abzusehen wäre. Graf Wilhelm von Württemberg hat hier Augen und Ohren überall."[412]

Stüler arbeitete Pläne nach Anregungen Stillfrieds aus[413]. Die Fortifikation der Burg spielte auch hier keine wesentliche Rolle. Eine Wiederherstellung der alten Enceinte war beabsichtigt, weil sie dem Neubau als Sockel dienen konnte, aber die Pläne Stülers enthalten kaum Ausarbeitungen hierzu. Eine militärische Rolle war ihnen noch nicht zugedacht.

Der Ausbau zur preußischen Festung ab 1850

Das Jahr 1848 bedeutete für die gerade begonnenen Arbeiten[414] einen Einschnitt. Der Ausbruch der Revolution drohte das Projekt zum Scheitern zu bringen. Auch in den hohenzollerischen Fürstentümern kam es zu Unruhen[415]. Die beiden Fürsten wünschten ihre Länder daraufhin an Preußen abzutreten. Am Königshof reagierte man zuerst zurückhaltend, da eine Übernahme der Regierungsgewalt in Hohenzollern-Hechingen und Hohenzollern-Sigmaringen zu diplomatischen Komplikationen führen musste. Tatsächlich argumentierten die hohenzollerischen Gesandten in Berlin mit der Frage, ob denn Preußen kein Interesse daran habe, in Süddeutschland „wenigstens einen Haltepunkt" zu gewinnen. Man drohte gar, sich dem württembergischen Erbfeind in die Arme zu werfen, wenn es anders nicht ginge[416]. Das zeigte Wirkung. Am 7. Dezember 1849 kam es zu einem Staatsvertrag zwischen Preußen und den hohenzollerischen Fürstentümern, der die Vereinigung regelte[417]. Mit der Inbesitznahme Hohenzollerns durch Preußen gewann das Wiederaufbauprojekt eine ganz neue Wertigkeit. Man brauchte einen Stützpunkt, nicht nur um Unruhen begegnen zu können, sondern auch, um den neu erworbenen Besitz gegen die süddeutschen Staa-

ten, insbesondere das rundum angrenzende Württemberg[418], abzusichern, dessen König erbost äußerte: „Soll ich mich denn nicht ärgern, daß mir die verfluchten Pickelhauben auf meinem Hohenzollern sitzen!"[419] In der Tat hatte man von württembergischer Seite immer wieder Ambitionen gehegt, sich den kleinen Nachbarn einzuverleiben, und das Verhältnis zwischen Württemberg und den hohenzollerischen Fürstentümern hatte nicht immer zum Besten gestanden. Zwischen Berlin und Stuttgart kam es in der Folge zu Spannungen, die im zeitweiligen Abbruch der diplomatischen Beziehungen gipfelten[420].

Wegen der strategischen Bedeutung des Berges wurde in Berlin noch 1849 der Beschluss gefasst, den Hohenzollern wieder als Festung auszubauen. Die militärischen Anlagen hatten dabei Vorrang vor dem eigentlichen Wohnbau. Die Grundsteinlegungsurkunde von 1850 vermerkte: „Die bauliche Herstellung der Burg Hohenzollern soll in militairischer Beziehung den Zweck haben, einen festen Posten zu gewinnen, der in Zeiten der Unruhe einen vollständig gesicherten Aufenthalt – ein Refugium – und in einer zeitweiligen Besatzung das Mittel darbietet, von hier aus einen Einfluss auf die Fürstenthümer auszuüben. Es liegt also nicht in der Absicht, die Burg im Charakter einer Festung herzustellen, die den Feind zur Belagerung auffordert und solche ehrenvoll zu bestehen vermag; man wird daher auf defensive Kasematten, bombensichere Unterkunftsräume für eine Besatzung und die Erfordernisse der Ausrüstung verzichten können. Dem ausschließlich militairischen Bedürfnisse in dem obigen Sinne, also ohne Rücksicht auf die Belagerung und Bombardement, wird demnach durch
a) die Herstellung der äußeren Enceinte,
b) die Anlage einer gesicherten Auffahrt mit gleichmäßiger Steigung bis zum oberen Burghofe,
c) die Beschaffung einer gewöhnlichen Friedensunterkunft für etwa 150 Mann vollständig Genüge geleistet."[421]

An die Arbeiter erging damals die Aufforderung: „Es ist unsere Aufgabe die Wiege eines großen Fürstenstammes aus ihren Trümmern wieder erstehen zu lassen und sie zu Schutz und Trutz mit festen Mauern und Zinnen zu gürten, gegen jeden Angriff, er komme woher er wolle."[422]

Der in Ulm beim Bau der Bundesfestung tätige preußische Festungsbaumeister Moritz von Prittwitz und Gaffron wurde mit der Leitung der Arbeiten auf dem Hohenzollern betraut[423]. Er verfügte bereits über Erfahrungen in der Planung von Höhenfestungen, hatte man ihn doch schon 1847 von württembergischer Seite mit einem Wiederaufbauprojekt für den Hohentwiel beauftragt[424]. Im Gegensatz zu der im Kriegsministerium verbreiteten Meinung glaubte er, dass Militärbau und Schloss gut zu verbinden seien[425]. Stillfried berichtet über die Äußerungen v. Prittwitz' zur Lage der Burg: „Eine sehr entscheidende Frage bleibt mir die, ob die Burg als Festung einmal beschossen werden würde und ob ihr in die-

89

sem Falle die gegenüberliegenden schon im württembergischen Besitz befindlichen Höhen gefährlich werden könnten. Herr von Prittwitz ist zwar der Ansicht, daß eine Belagerung des Hohenzollern selbst im Falle kriegerischer Operationen in hiesiger Gegend nicht zu besorgen sei, indessen ließe sich nicht in Abrede stellen, daß die Burg von den gegenüberliegenden Höhen leicht beschossen werden könnte; denn wäre auch die Ersteigung dieser Höhen vom Hechinger Thal aus das heißt von der Nordseite her ziemlich mühsam und beschwerlich, so könnte man doch südwärts her von der Hochebene der Alb ohne allzu große Anstrengung mit Belagerungs-Geschütz hingelangen und die Entfernung des sogenannten Zellerhörnle von der Burg Hohenzollern werde wie schon von Obrist von Kuhserow in seinem demgemäßen Berichte angeführt hat, rund 5000 Schritte betragen."[426]

Über den ursprünglichen Plan hinaus wurden daher auch bombensicher gewölbte Keller- und Erdgeschossräume „als Grundlage des darüber aufzuführenden Prachtbaues" geplant. „Dies scheidet diesen letztern zu dem militairischen."[427] Die Kasematten sollten der Aufnahme von Proviant und Mannschaften und der Verteidigung der Hauptburg dienen[428].

Ein großes Problem bildete der Zugang zur Burg. Stillfried bemerkte: „Die Kunstbrücke, welche zur Heraufschaffung des Baumaterials am oberen Bergkegel seit einigen Jahren angelegt worden ist, will Herr von Prittwitz nicht benützen, projektirt dagegen die Anlage eines Thurms an der Ostseite des Bergkegels, worin man wie in den Festungswerken zu Posen durch verschlungene Wege und Ueberbrückungen derselben eine allmählige Steigung vermitteln könnte ohne der Anlage einer Chauseé an der Nordseite der Burg zu bedürfen."[429] Diese schließlich ausgeführte Lösung des Fahrwegs als kasemattierter „Rampenthurm oder Schnekkenberg" unter Einbeziehung des älteren sog. Niederen Vorwerks (Abb. 88) wurde auch schon von den Zeitge-

nossen einhellig hervorgehoben und gelobt[430]. Prittwitz sollte das Projekt des Festungsbaus vertraulich behandeln und war angehalten, seine Tätigkeit auf der Burg als Privatangelegenheit darzustellen, um nicht Württemberg weiter zu verstimmen, für das er pikanterweise ja gleichzeitig als Baudirektor der Bundesfestung Ulm tätig war. Das musste ihn in eine äußerst schwierige Situation bringen[431]. Tatsächlich wurde die württembergische Regierung bald von ihrem Oberamt Balingen benachrichtigt, „daß der K. Festungsbau Director v. Prittwitz zu Ulm kürzlich am Hohenzollern allerlei Messungen theils selbst vorgenommen, theils habe vornehmen lassen."[432]

Offensichtlich sorgte diese Meldung für Unruhe. Anfang Dezember 1850 wurde v. Prittwitz aus Ulm abberufen[433].

Nach den Entwürfen des Obersten v. Prittwitz arbeitete der Ingenieurleutnant Heinrich v. Blankenburg die Pläne aus[434]. Ihm unterlag die Ausführung der Bauten, während v. Prittwitz die Oberleitung inne hatte. Stüler, der als Zivilarchitekt nun den Militärs untergeordnet war, behielt bei der Gestaltung der Anlagen aber ein Mitspracherecht[435]. Auch für das künstlerische Dekor der Festungswerke zeichnete er verantwortlich. Die Festungswerke, und hierbei hauptsächlich die Tore und die Postenerker auf den Bastionen, entwarf er in gotischem Stil, um sie dem eigentlichen Schlossbau harmonisch einzugliedern[436].

Nach dem Ausscheiden v. Prittwitz' blieb die Leitung des Schlossbaues in den Händen v. Blankenburgs, allerdings weiter unter Beteiligung Stülers. Blankenburg plante u. a. noch das Wehrhaus, die Kaserne für die Festungsbesatzung, die 1855 ausgeführt wurde. Im selben Jahr wurde Peter Joseph Lenné mit der Gestaltung des Festungsrayons, also des Umfeldes, aber auch mit der

25

Abb. 87: Der Hohenzollern während des Baus, Aufnahme um 1855.
Die Festungswerke sind bereits vollendet, der Schlossbau ist über die Souterrainräume emporgewachsen.

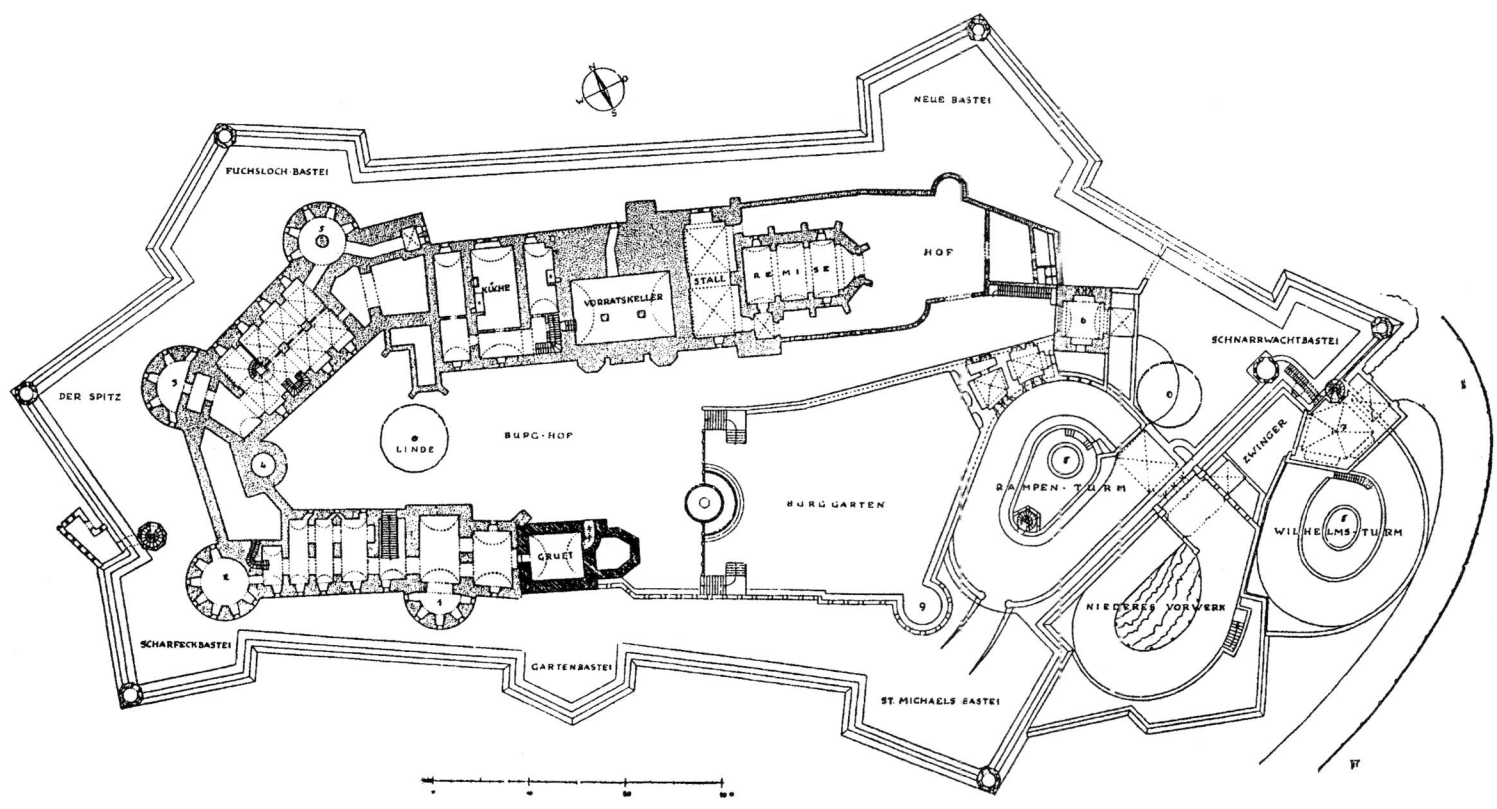

Abb. 88: Hohenzollern. Grundriss der Gesamtanlage mit Souterrainräumen des Hochschlosses.

der Gärten innerhalb der Befestigungsanlagen betraut[437]. Es war nicht unüblich, im Vorfeld einer Festung Bäume und Strauchwerk anzupflanzen: *„Um dem Belagerer den Fortgang seiner Angriffsarbeiten auf dem Glacis zu erschweren, bepflanzt man dasselbe mit Bäumen oder Sträuchern, und benutzt diese Anpflanzungen nebenbei im Frieden sehr vortheilhaft als Promenaden um die Festungen. Im Kriege werden sie abgeholzt.[...]. Die Abholzung liefert außerdem bei der Armirung einen großen und sehr schätzbaren Vorrath an Strauch und Stammholz, von dem man niemals zuviel haben kann.“[438]* Die Ausführungen v. Prittwitz' zeigen, dass eine Bepflanzung des Rayons in keinerlei Widerspruch zum militärischen Gebrauch einer Festung stand. Trotzdem blieb aber entgegen der Pläne das obere Drittel des Berges sicherheitshalber bewuchsfrei (Abb. 83)[439].

Schon 1853 war mit der Errichtung der Wohnbauten begonnen worden (Abb. 87). Doch auch nach Fertigstellung der Festungswerke blieb die Oberleitung des Baues bis 1864 noch in militärischer Hand[440]. Dann erst übernahm wieder ein Zivilist, Reinhold Persius, die Leitung[441]. In Anwesenheit des preußischen Königs Wilhelm I. wurde die Burg 1867 eingeweiht. Damit erhob sich an historischem Ort die Stammburg als neuer Mittelpunkt Hohenzollerns und ein Denkmal für eine Dynastie, die unter den deutschen Herrscherhäusern ihren Führungsanspruch zur Geltung bringen wollte[442]. Schon 1859 urteilte die Presse über Stülers Architektur: *„Obschon der Meister in seiner Composition der neuen Hohenzollernburg dadurch künstlerisch beengt war, dass er beim Entwurfe des grossartigen Bauwerkes möglichst genau an die historischen Grundlagen und an einzelne noch vorfindliche Bautheile sich zu binden gehalten war [...], so muß man es dem Talente desselben dennoch einräumen, dass es ihm vollständig gelungen ist, [...] den äussern Aufriss und die Detailformen des majestätischen Schlossbaues mit grösster künstlerischer Freiheit so zu entwickeln und zu gestalten, wie dieselben der Würde und dem Ansehen einer Königsburg nach heutigen Anforderungen entsprechend sind.“[443]*

Wie sehr diese *„Königsburg“* in ihrer ursprünglichen Funktion als Landesfestung verstanden wurde, verdeutlicht die Ansprache des Ingenieur-Leutnants v. Blankenburg am Tag der Grundsteinlegung 1850, der in markigen Worten die Werkgesellen und Arbeiter aufrief: *„In den Tagen des Friedens prange unser Werk von seinem Felsenthron hinaus in die deutschen Lande und künde den Völkern, dass unter Preußens Scepter Millionen Herzen glücklich schlagen; – in den Tagen der Gefahr aber werdet Ihr, Hohenzollern, die Erbauer und Anwohner der Königlichen Burg gewiss die ersten sein, welche nach ächter Preußenart die Axt mit dem Schwert vertauschen und mit treuer Brust ihren letzten Zugang decken. Lieber wollet Ihr die Veste, Euer eigenes Werk, zum eigenen Leichenstein werden lassen, als zum Tummelplatz eines Fremden.“[444]* Das war ganz sicher gegen Württemberg gerichtet.

Die Festungswerke und Wehrbauten

Die Burg Hohenzollern erhebt sich auf einem, dem nördlichen Rand der Schwäbischen Alb vorgelagerten, gleichmäßig ansteigenden Bergkegel. Sie gliedert sich in die sockelartigen Festungswerke im unteren Bereich und das Hochschloss mit den Wohnbauten auf dem Gipfel. Die äußeren Befestigungen bilden einen länglichen, nahezu sechseckigen Bering mit geböschten Mauern unter Verwendung der Bastionen des 17. Jahrhunderts (Abb. 88). Auf der Südseite sind ihm das Niedere Vorwerk und der Wilhelmsturm vorgelegt, durch die der Zugang zur Burg erfolgt; im Westen befindet sich zwischen Scharfeckbastei und Spitz eine Poterne, zu der man über eine Wendeltreppe von der Höhe der Bastionen gelangt[445]. Die Ausfallpforte wird durch einen Tambour gesichert, ein niedriges, aus einer krenelierten Mauer gebildetes Vorwerk (Abb. 89).

Die äußeren Festungswerke erscheinen wie ein Sockel für die hufeisenförmig angelegten Wohnbauten, deren Dominante die Hechingen zugewandte Westfront mit der eindrucksvollen Baugruppe von Markgrafenturm, Bischofsturm und Kaiserturm als Hauptansicht bildet (Abb. 83).

Das Außenwerk Fuchsturm

In einer der Kehren der Fahrstraße liegt etwa 110 m unterhalb der Burg das detachierte Werk Fuchsturm (Abb. 90–92), das zum Schutz der Fuchsquelle errichtet wurde. Der zweistöckige Rundturm beherbergte das Wasserpumpwerk, mit dessen Hilfe das kostbare Nass von der Quelle auf die Burg geleitet wurde[446]. Die Wasserversorgung hätte im Belagerungsfall eines der Hauptprobleme der Festung dargestellt, wie schon v. Prittwitz 1850 zu Bedenken gegeben hatte[447]. Entsprechend musste sie gesichert sein.

Ursprünglich waren am Berghang gleich mehrere solcher Türme als vorgeschobene Verteidigungswerke von Prittwitz geplant worden: *„Außerdem würde ich sehr dafür sein, 2–3 Wartthürme für die Infanterie (etwa wie die kleinsten Tours modeles der Franzosen) an der Straße anzu-*

Abb. 89: Hohenzollern. Aus krenelierten Mauern gebildeter kleiner Torzwinger (Tambour) zwischen Scharfeckbastei und Spitz.

Abb. 90: Hohenzollern. Fuchsturm, Ansicht mit Tambour.

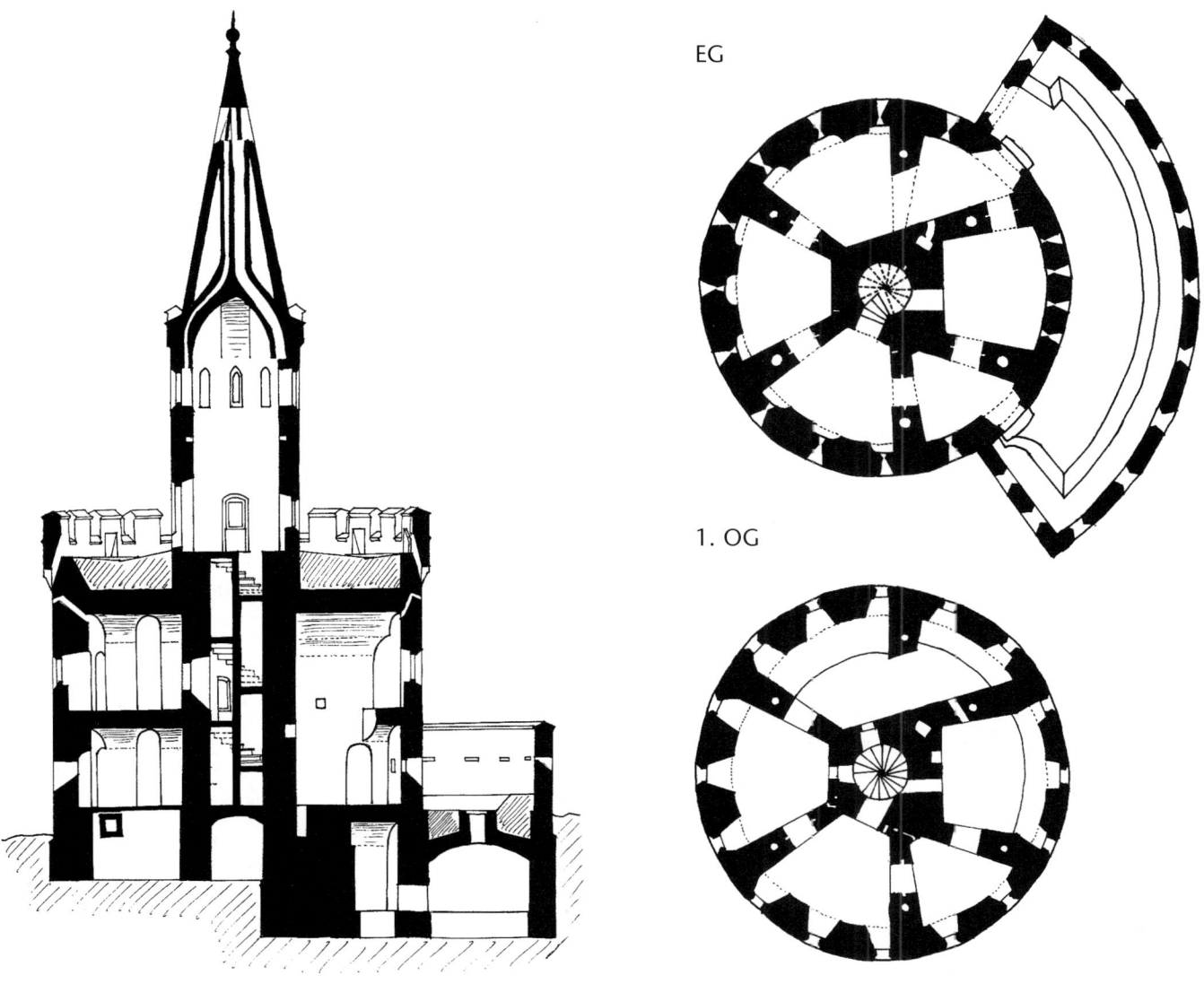

Abb. 91: Hohenzollern. Fuchsturm, Schnitt und Grundrisse von EG und 1. OG. (Umzeichnung des Verf. nach Rissen im HaBH.)

legen, theils um diese zum Theil in seiner Gewalt zu behalten, theils um die Quellen zu decken, außerdem um nöthigen Falls mehr Unterkunft für die Besatzung zu erlangen, endlich für Verzierung der Gegend. Geschützfeuer gegen diese Thürme oder Warten wäre nicht zu befürchten da sie gegen die feindlichen möglichen Aufstellungs Punkte zu entfernt und hoch liegen, auch das Büchsenfeuer der Burg sie ganz lohnend vertheidigt."[448]

Gebaut wurde schließlich 1857 nur der Fuchsturm. Er schließt mit einem Zinnenkranz ab, der, ganz entsprechend den von Prittwitz erwähnten französischen *tours-modèles*, von einem Ring aus Maschikuli getragen wird (Abb. 92 u. 93). Jede zweite Zinne verfügt über eine entsprechende Senkscharte. In der Mitte der Turmplattform erhebt sich ein achteckiger Aufsatz, der eine Wendeltreppe zur Erschließung der einzelnen Stockwerke enthält (Abb. 91). Die beiden Hauptgeschosse des Fuchsturms sind rundum mit Scharten versehen.

Im Erdgeschoss sind es senkrechte Gewehrscharten, im ersten Stock größere fensterartige Scharten. Auf der Ostseite des Turms befindet sich im Erdgeschoss der Zugang. Eine krenelierte Mauer mit Maulscharten ist ihm zur Sicherung vorgelegt (Abb. 90 u. 91). Sie folgt der Rundung des Turms und bildet einen kleinen Zwinger. Zinnen und Maschikuli passen den Turm dem ‚mittelalterlichen' Eindruck der Burg an[449]. Gestalterisch besitzt er ein nur wenig älteres Pendant in der Bundesfestung Mainz (Abb. 94). Dort sicherte seit 1854 ein ähnlicher Geschützturm die defensible Gasfabrik[450]. Hier ist die Maschikulation aber nur durch einen einfachen Rundbogenfries symbolisch angedeutet.

Rechts unterhalb des Fuchsturms befanden sich das Friedenspulvermagazin der Burgbesatzung und ein Schießplatz[451].

Die Außenbefestigung der Burg und der Rampenturm

Die äußere Befestigungslinie des Hohenzollern bilden sechs durch Kurtinen verbundene Bastionen, die von einer einfachen Brustwehr abgeschlossen werden. Über dem Saillant jeder Bastion sitzt ein achteckiger Posten-erker (Abb. 83 u. 88). Doch dienten diese Türmchen nur dem Schmuck. Ein Zeitgenosse bemerkte, dass sie *„eine einzige Kanonenkugel wahrscheinlich kopfüber hinab-stürzen könnte [...]"*[452].

Vor der Südseite liegt das Niedere Vorwerk, das aus dem Bestand der zweiten Burg übernommen wurde. Dieses nun wurde von Blankenburg und Prittwitz nach neue-ren Gesichtspunkten der Befestigungskunst verstärkt und in sein Inneres wurde als bequeme Auffahrt eine Rampe gelegt, die den Höhenunterschied überwin-det[453].

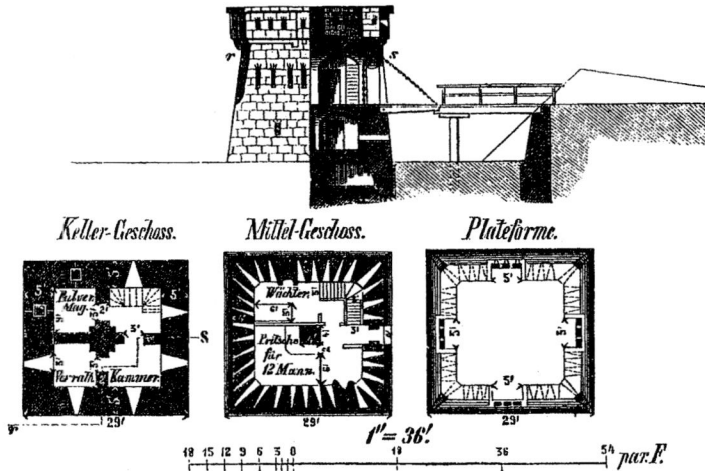

Abb. 93: Napoleonischer tour-modèle nach Blumhardt 1864.

Abb. 92: Hohenzollern. Fuchsturm, Maschikulation.

Abb. 94: Mainz. Geschützturm an der Gasfabrik.

Abb. 96: Hohenzollern. Wilhelmsturm, Schießscharten.

Abb. 95 (links): Hohenzollern. Vorwerk Wilhelmsturm.

Abb. 97: Hohenzollern. Obere Durchfahrt des Adlertores. Links eine von zwei Gewehrscharten flankierte Geschützscharte zur Verteidigung der Auffahrtsrampe des Wilhelmsturmes.

Vor dem Niederen Vorwerk liegt der zur Außenseite parabelförmig gebildete Wilhelmsturm (Abb. 95)[454]. Er umfasst eine große Perpendikularkasematte, d. h. die Tonne der Gewölbe stößt mit der Stirnseite gegen die Eskarpe[455]. Der Turm ist vollständig mit Gewehrscharten kreneliert, nur unterbrochen von zwei größeren Kanonenscharten (Abb. 96)[456]. Oben wird er von einem Kranz breiter Zinnen mit schmalen Abständen abgeschlossen. Sie bilden die Brustwehr, hinter der die Auffahrt ansteigt. In den Kasematten des Wilhelmsturmes befanden sich die Wachstube, das Arrestlokal und eine Bekleidungskammer[457].

Im Winkel zwischen der Scharwachtbastei und dem Wilhelmsturm liegt das als Turm ausgebildete Adlertor (Abb. 99). Ein Zinnenkranz mit dem preußischen Adler in der Mitte und der Devise des hohenzollerischen Hausordens *„Vom Fels zum Meer"* schließt den über dem Grundriss einer Halbbastion errichteten Torbau ab. In der glatten Mauerfläche der Festungswerke bildet das Tor den einzigen Bauschmuck. Ein mächtiger über beide Geschosse des Turmes reichender Spitzbogen überfängt das eigentliche, ebenfalls spitzbogige Tor. In den Wangen des Überfangbogens sitzt auf jeder Seite eine Gewehrscharte zur Verteidigung des Zugangs[458]. Im Tympanon erscheint hoch zu Ross im Harnisch Kurfürst Friedrich I. von Brandenburg.

Das Adlertor wird durch eine Zugbrücke gesichert, die über einen Diamantgraben führt[459]. Solche Diamantgräben gehören zu den typischen Elementen der Festungsbaukunst im 19. Jahrhundert. Man legte sie unter anderem *„vor Thoren (Poternen) und an der Vorderseite von, mit niedrig liegenden Scharten versehenen Mauern"* an,

„um den Feind zu verhindern an diese heranzukommen."[460] Nach Passieren des Adlertores folgt der Verlauf des Weges spiralförmig ansteigend über die Kasematten des Wilhelmsturmes in vier Windungen und durch drei weitere Tore bis hinauf zum Hochschloss[461], von denen Stüler bemerkt, dass sie *„unstreitig das Schönste sind, was die neuere Befestigungskunst nach dieser Richtung hin aufzuweisen hat".*[462]

Das zweite Tor befindet sich im ersten Geschoss des Adlertores (Abb. 97). Man überschreitet somit dessen Durchfahrt. Der Torraum diente gleichzeitig als Geschützstellung, denn von hier ließen sich durch Scharten die vom Adlertor herführende Rampe und die östliche Bastionsface des Niederen Vorwerks bestreichen. Es folgt ein drittes Tor, das ins Niedere Vorwerk einlässt, und wieder durch eine Zugbrücke gesichert ist (Abb. 98)[463]. Erneut macht der Weg eine Windung, um zum Tor in der Hauptenceinte zu führen, das zugleich den Zugang zum eigentlichen Rampenturm darstellt. Sein Bogen wird von zwei Pfeilern gerahmt, die allein der Dekoration dienen (Abb. 100) und auf denen *„zwei trotzig gegen das Zollerhorn, als den einzigen für die kleine Feste gefährlichen Punkt hinblickende, lebensgroße Knappenbilder stehen."*[464] Sie gehören zu jenen Gestaltungselementen, mit denen Stüler den Festungswerken einen mittelalterlichen Charakter verlieh, der zum Burgbau passen sollte.

Nach Durchschreiten des Tores gelangt man in einen Tunnel, der sich um den dritten Hof der Auffahrt windet und schon innerhalb der alten Enceinte liegt. Die spiralförmige Auffahrt ist zuerst überwölbt und dann offen zum Torturm des Hochschlosses hinaufgeführt.

*Abb. 98: Hohenzollern. Toreinfahrt ins Niedere Vorwerk mit Zug-
brücke.*

Der Tunnel diente zugleich als Kasematte. Eine große
Geschützscharte ermöglichte die Aufstellung einer Kanone mit Schussrichtung auf das Zellerhörnle, von dem
aus sich die Burg durch Aufstellung von Geschütz bedrohen ließ[465]. Die ungedeckte Auffahrt über dem Tunnel fungierte wie schon die erste und zweite Windung
gleichzeitig als Zwinger. Die östliche Mauer des Hochschlosses ist in ihrem nördlichen, kasemattierten Teil
mit Gewehrscharten bestückt, die auf diesen Bereich
ausgerichtet sind (Abb. 101). Die Kasematten befinden
sich direkt unter dem Burggarten. Sie dienten der Wache am Tor zum Hochschloss als Aufenthalt und im
Ernstfall als kleines Kriegspulvermagazin[466]. Eine niedrige krenelierte Mauer mit Tor schließt den Zugang zu
den Bastionen[467].

*Abb. 99 (unten links): Hohenzollern. Adlertor. In die Torwandung
sind links und rechts Gewehrscharten eingelassen.*

*Abb. 100 (unten rechts): Hohenzollern. Tor zum kasemattierten
Rampenturm.*

Abb. 101: Hohenzollern. Kasemattenkorps der Hauptburg gegen die Auffahrt. Dahinter der Torturm des Hochschlosses.

Die Befestigung des Hochschlosses

Auch das Hochschloss wurde zur Verteidigung einge-richtet. Ein viergeschossiger Torturm, der sich an Stelle des mittelalterlichen Vorgängers erhebt, lässt in die Hauptburg ein (Abb. 101 u. 102). Noch einmal sichert eine Zugbrücke das Tor. Es wird auf beiden Seiten von einer krenelierten Mauer mit Maulscharten flankiert[468]. Den östlichen Hofbereich des Hochschlosses um-schließt im Süden, Osten und Norden eine Ringmauer, die an einigen Stellen mit Maulscharten kreneliert (Abb. 103)[469], an anderen, so im Bereich des Burggar-tens, mit Zinnen versehen ist. Maulscharten boten ge-genüber den hochrechteckigen Scharten gewisse Vortei-le für die Feuerkraft der Verteidiger, denn sie *„haben ein ausgedehntes Gesichtsfeld in horizontaler Richtung; sie ge-statten die Anstellung von 2 Mann an einer Scharte und bie-ten den feindlichen Kugeln nur ein geringes Feld zum Ein-dringen.“*[470]

Direkt neben der evangelischen Schlosskirche befindet sich in der Mauer eine hochgelegene rechteckige Poter-ne. Sie ermöglichte den Verteidigern den Rückzug von der Höhe der Bastionen in das Hochschloss. An der Nordseite wird sie von dem kleinen Rondell *„Katze“* ge-deckt. Die Südostecke des Hochschlosses markiert der als Rondell ausgebildete Schmiedeturm. Hinter ihm liegt unter dem Burggarten ein großes Kriegspulverma-gazin (Abb. 104)[471].

Die eigentlichen, hufeisenförmig angelegten Schlossge-bäude bieten mit Türmen und Türmchen, teils realen und teils fiktiven Maschikuli, steilen Dächern, den zin-nengekrönten Mauerabschlüssen und Erkern ein archi-tektonisch vielfältiges und abwechslungsreiches Bild. Hechingen zugewandt erhebt sich signifikant über dem Albvorland vor der Silhouette des Albtraufs die Schau-seite der Burg mit Markgrafen-, Bischofs- und Kaiser-turm. Den Nordflügel der Anlage nehmen der Bau des Grafensaals, die evangelische Schlosskirche und das Wehrhaus ein[472]. Im West- und Ostflügel befinden sich die Räume für den preußischen König und ein Apparte-ment für den Fürsten von Hohenzollern-Sigmaringen. Alle Gebäude werden zur Hof- und Feldseite von Zin-nenkränzen abgeschlossen, hinter denen die steilen Satteldächer emporragen.

Die drei Schlossflügel sind im Erdgeschoss und Souter-rain kasemattiert und bombensicher gewölbt. Zwischen Markgrafen- und Bischofsturm befindet sich noch ein zweites Souterrain, das unter Benützung der spätmittel-

Abb. 102: Hohenzollern. Tor des Hochschlosses mit Zugbrücke und Diamantgraben.

alterlichen Kasematten der zweiten Zollernburg ausgebaut wurde[473]. Diese Räume boten somit Unterkunftsmöglichkeiten für die Besatzung im Kriegsfall und zur feuersicheren Aufbewahrung von Vorräten. Noch 1859 plante man eine bombensichere Kriegsbäckerei im Souterrain zwischen dem Markgrafen- und dem Bischofsturm, die allerdings nicht ausgeführt wurde[474]. Die Übernahme des Grundrisses und der Fundamente der spätmittelalterlichen Schlossgebäude für den Neubau ermöglichte auch die Verwendung der Turmuntergeschosse zur Flankierung der Gebäudeaußenmauern[475]. Entsprechend ihrer Funktion sind Wehr- und Wohnbau durch die Fassadengestaltung voneinander getrennt. Über den höchst einfachen, leicht geböschten und bossierten Mauerflächen der beiden unteren Stockwerke erheben sich die Wohngeschosse mit reicher Durchfensterung. Die Öffnungen in den unteren Geschossen hingegen sind klein und konnten im Notfall als Schießscharten dienen[476]. Die Wohn- und Repräsentationsbauten sind in die Befestigung einbezogen und entsprechen ganz mittelalterlichen und frühneuzeitlichen Schlössern, die in der Regel über integrierte Wehrelemente verfügten[477]. Mit der Befestigung des Hochschlosses war auch ein letzter Rückzugsraum für die Verteidiger gewonnen. Die Bau- und Funktionsgeschichte des Hohenzollern als wehrhafter Stammsitz des preußischen Königshauses war so jedermann sichtbar gemacht.

Abb. 103: Hohenzollern. Rondell „Katze" und Ringmauer des Hochschlosses mit Maulscharten.

Der Hohenzollern als preußische Festung im Deutschen Bund

Auf dem Hohenzollern wurde wie geplant eine Garnison eingerichtet[478]. Ab 1857 war er ständig mit einer Truppe belegt. Aber schon Ende 1856 wurde die Burg erstmals in Kriegszustand versetzt, als es zu Spannungen um die einst preußischen Kantone Neuenburg und Valangin, die 1847/48 an die Schweiz verlorengegangen waren, mit den Eidgenossen kam. Eine zweite Mobilmachung des Hohenzollern erfolgte 1859, als wegen des Krieges zwischen Österreich und Sardinien/Frankreich Gefahr für den Deutschen Bund drohte. Die Bundesfestungen wurden in den Belagerungszustand versetzt, aber auch die militärischen Stützpunkte der einzelnen Bundesstaaten, da man mit einer Eskalation und einem Krieg gegen Frankreich rechnete. Der Hohenzollern war in dieser Zeit also nicht mehr nur ein fester Platz, der als Refugium und militärischer Stützpunkt bei Unruhen dienen sollte, sondern *„eine kleine moderne Festung"*[479], die als Ausgangspunkt für Truppenoperationen genutzt werden konnte[480]. Ein Zeitgenosse vermerkte, dass die Burg *„nach der neusten Befestigungskunst mit Allem ausgestattet"* wurde, *„was ihr Haltbarkeit versprechen konnte, mit Schanzen und Bastionen, Kugelpyramiden und Geschützen aller Art."*[481] Im Zusammenhang mit dieser Funktion sind sicherlich das unter dem Schlosshof angelegte Kriegspulvermagazin und die Planung für die bombensichere Kriegsbäckerei zu sehen[482]. Dem Hohenzollern kam also ein Platz in den strategischen Überlegungen für eine Verteidigung des südlichen Bundesgebiets und der militärischen Sicherung Südwestdeutschlands zu. Schon 1814 war die Festung ja als möglicher fester Punkt zur Verteidigung Schwabens in Erwägung gezogen worden[483]. Allerdings waren die beiden Armierungen des Hohenzollern ungemein aufwendig und kostspielig, mussten doch schwere Geschütze und große Truppenverbände aus der preußischen Rheinprovinz per Eisenbahn und zu Fuß über große Entfernungen herangeführt werden. Hierzu existierte notwendigerweise seit 1856 eine Absprache mit Württemberg, denn das preußische Gebiet lag inmitten des Königreichs. Die Vereinbarung legte unter anderem fest: *„§. 1. Die K. Württ. Regierung gestattet in widerruflicher Weise (nach §. 14.) den aus den Hohenzollernschen Landen nach der Rheinprovinz oder aus letzterer nach den Hohenzollernschen Landen bestimmten Transporte von Recruten oder Reserven sowie geschlossenen Truppentheilen und einzeln marschirenden Mannschaften den Durchmarsch durch das Württemberg. Gebiet in der Richtung von Hechingen nach Stuttgart und umgekehrt, nicht minder die Benützung der Eisenbahn zwischen Stuttgart und Bruchsal."*[484]

Auf Grund der großen Umstände, welche jede erneute Armierung der kleinen Festung erforderte, entschied

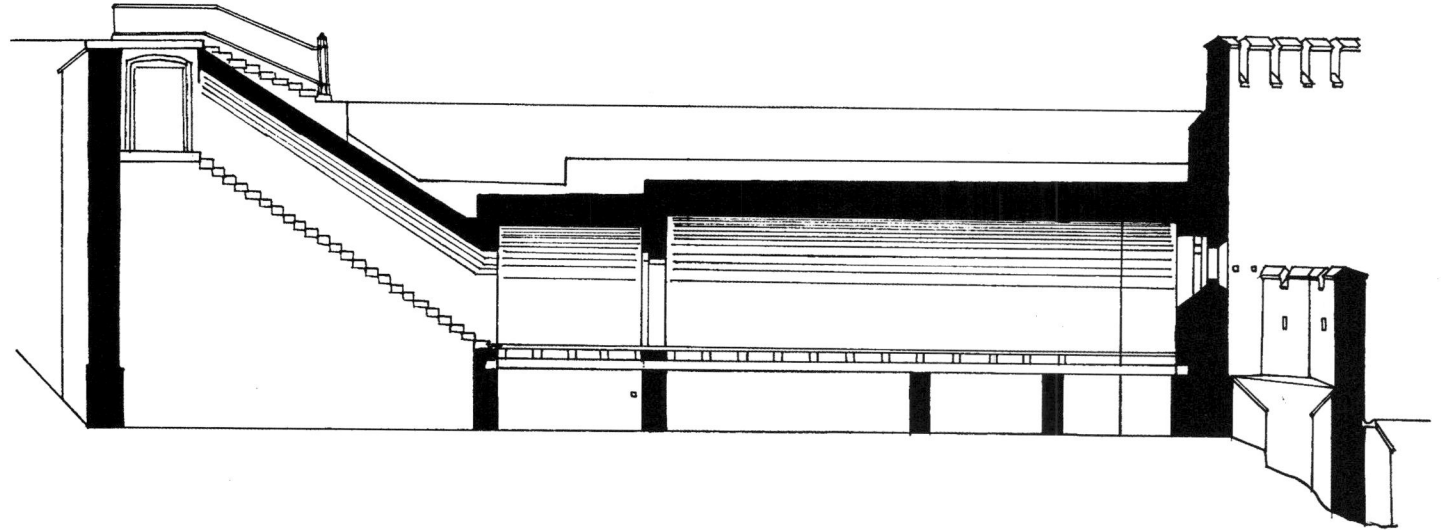

Abb. 104: Hohenzollern. Längsschnitt durch das Kriegspulvermagazin unter dem Burggarten. (Umzeichnung vom Verf. nach Rissen im HaBH.)

man sich aber schon 1861 für eine Aufgabe der Burg als kriegstaugliche Festung: *„Einer allerhöchsten Bestimmung zufolge soll die Stammburg Hohenzollern im Frieden wie bisher nur als Garnison betrachtet, im Kriege dagegen nicht vertheidigt und daher, je nach den Umständen, geräumt und wie alle übrigen nicht festen Schlösser bewacht werden."*[485] Dies geschah dann bei Ausbruch des deutsch-deutschen Kriegs 1866, bei dem die Burg zum letzten Mal im Zentrum militärischer Operationen innerhalb des Landes Hohenzollern stand.

Der Hohenzollern als Ort historischer Symbolik

Der Hohenzollern wurde noch vor Abschluss des Staatsvertrags 1849 von preußischen Truppen besetzt. *„Donnernd rollte der Salut weit hinaus ins schwäbische Land, während der preußische Adler über der Stammburg der preußischen Könige wehte."*[486] Die Besetzung des Burgbergs war ein sehr symbolischer Akt, der laut verkündete, dass sich Hohenzollern nun in preußischem Besitz befand. Das war eine Machtdemonstration gegenüber der Bevölkerung wie auch dem württembergischen Nachbarn, der ja schon mehrfach Besitzansprüche auf Burg und Land angemeldet hatte.

Nach dem Baubeginn folgte 1851 eine weitere preußische Machtdemonstration. Friedrich Wilhelm IV. ließ sich in einer feierlichen Zeremonie höchstpersönlich von den Deputierten des Landes den *Erbhuldigungseid* leisten. Für die Betroffenen war es wohl eher *„ein Akt der Unterwerfung"*[487]. Es ist bezeichnend, dass dieser auf dem Hohenzollern stattfand, denn so wurde die Funktion des Hohenzollern als 'Zwingburg' der Landesherrschaft besonders deutlich zum Ausdruck gebracht. Als

Sinnbild des monarchischen Sieges und Triumphes über die Revolution ziert bis heute den Giebel des Michaelsturmes der sieghafte Erzengel Michael, wie er auch am Schweriner Schloss zu finden ist[488].

1866 wurde die herrenlose Festung nach Abzug der preußischen Garnison ohne eine Kampfhandlung von württembergischen Truppen besetzt. Sofort nach dem Einmarsch in Hohenzollern nahmen sie den militärischen Platz in Besitz. Es war nicht nur eine Sicherheitsmaßnahme, sondern auch ein symbolischer Akt, wenn das Königreich Württemberg das Stammhaus des Feindes besetzte. Unterstrichen wurde diese Geste noch, indem man die Burg nach der damaligen württembergischen Königin kurzerhand in *„Olgaburg"* umbenannte[489]. Die preußische Landesfestung wurde also in eine württembergische verwandelt.

Die Besetzung währte wegen der Kriegsereignisse, die für Württemberg als Verbündetem Österreichs sehr unglücklich verliefen, nicht lange. Doch zeigte sie noch einmal deutlich die nicht zu unterschätzende symbolische Funktion der Burg[490]. Kurz nachdem die württembergischen Truppen den Hohenzollern geräumt hatten, wurden sie von dort aus wie zum Hohn durch die Bevölkerung mittels einiger Böllerschüsse aus einer alten Kanone, die man rasch herbeigeschafft hatte, verabschiedet[491]. Das signalisierte nicht nur den Spott der Einheimischen über die verhassten Besatzer, sondern war auch ein lautstarkes Zeichen dafür, dass die Festung wieder im Besitz der Hohenzollern war[492].

Und so war die neue Festung Hohenzollern auch als ein Affront gegen Württemberg[493] und die übrigen süddeutschen Staaten zu verstehen.

4. Das Königreich Württemberg: Schloss Lichtenstein

Lichtenstein zählt sicher zu den bekanntesten Schlössern des romantischen Zeitalters. Es wurde zum Inbegriff einer ‚Ritterburg', wie sie sich jedes Kind vorstellt (Abb. 105). Wie bei vielen berühmten historistischen Schlössern verhält es sich aber auch mit diesem. Seit Vollendung des Bauwerks erschienen zwar für die Besucher zahllose Führer und Schriften[494], aber eine kunstwissenschaftliche Würdigung erfuhr der Bau erst spät[495]. Kaum beachtet wurden von der Forschung bisher die Festungsanlagen der Vorburg, die das neudeutsche System rezipieren[496]. Man interpretierte sie noch jüngst als *„eine seltsame architektonische Spielerei"*[497].

Die wichtigsten Quellen in diesem Zusammenhang liegen seit 1987 als Teil eines Depositums im Hauptstaatsarchiv Stuttgart. Sie sind wesentliche Grundlage für die folgende Darstellung[498].

Der Bauherr

Vor der Beschäftigung mit dem Bauwerk ist zuerst ein Blick auf den Bauherrn Graf Wilhelm von Württemberg nötig, denn der Graf war eine sehr komplexe und vielseitige Persönlichkeit, ohne deren Kenntnis ein Verständnis des Schlosses nicht möglich ist. Wilhelm war zwar ein Mitglied der königlichen Familie, aber aufgrund bestimmter Umstände stand er in der Hierarchie bei Hofe unterhalb aller anderen Angehörigen der regierenden Dynastie[499]. Daher baute auf Lichtenstein nicht der Landesherr, sondern in erster Linie ein Privatmann, der allerdings vermittels Architektur deutlich den Anspruch vertrat, zum königlichen Haus zu gehören.

Der 1810 geborene Wilhelm war das Kind einer morganatischen Ehe zwischen Herzog Wilhelm Friedrich von Württemberg, einem Bruder König Friedrichs I., und Friederike Freiin von Rhodis, Burggräfin zu Thunderfeld. Durch diese Eheschließung verwirkte Wilhelm Friedrich jeden Anspruch auf die Thronfolge für sich und seine Nachkommen im Falle eines Erlöschens der Hauptlinie. Diese durften nur noch den Titel eines Grafen von Württemberg führen, nicht aber den des Herzogs, der sonst allen Verwandten des Königs zustand, was einen schmerzlichen Abstieg in der Hierarchie bei Hofe bedeutete, ja sogar den Verlust der Mitgliedschaft im königlichen Haus[500].

Wie viele seiner adeligen Zeitgenossen trat Graf Wilhelm in der Hoffnung, seinem Stand entsprechenden Kriegsruhm zu erwerben, in die württembergische Armee ein. Seine militärische Karriere begann er 1828 als Hauptmann bei der reitenden Artillerie. Zur Ausbildung des Artilleristen gehörte selbstverständlich die Wissenschaft vom Festungskrieg. So führte ihn 1834 eine militärische Studienreise in die Bundesfestung Mainz[501]. Sowohl für die Artillerie als auch die Fortifikation hegte der Graf eine besondere Vorliebe[502]. Dieser Punkt ist unter anderen wesentlich für die Frage, warum auf Lichtenstein damals moderne Festungswerke errichtet wurden.

Wilhelm hatte mit Truppenverbänden am Krieg gegen Dänemark 1848 teilgenommen und 1849 Beobachtungstruppen bei der Niederschlagung des badischen Aufstandes angeführt, war allerdings zu seinem großen Bedauern nie unmittelbar in Kampfhandlungen verstrickt worden. Höhepunkt seiner militärischen Laufbahn war 1857 die Ernennung zum Gouverneur der Bundesfestung Ulm. Umfangreiche Tätigkeiten entfaltete Wilhelm auf dem Gebiet der Artilleriewissenschaft als Erfinder und Verbesserer von Geschützen und Lafetten. Rühmend wird seine Entwicklung einer hängenden Lafette erwähnt, die den Rückstoß des Geschützes durch Pendelschwingung besser abfing[503].

Auch als politischer Schriftsteller im Zeichen der Restauration nach 1848/49 versuchte er sich. Seine tiefsitzende Angst vor revolutionären Umtrieben, seine Verachtung für die liberalen Kräfte und sein Hass auf die Revolution finden in seinen konservativen Schriften Ausdruck, von denen aber nur ein kleiner Teil in Buchform publiziert wurde. Aus dem Inhalt des in Briefform verfassten Büchleins spricht eine tiefsitzende Revolutionsangst, wenn Wilhelm die Aktivitäten der Demokraten als *„terroristisch"* charakterisiert. Für ihn stand fest: *„[...] denn, so wie die Sachen nach meiner höchst beschränkten Ansichtsweise sich gestalten dürften, wird am Ende doch der Säbel und nur der Säbel helfen können"*, wie er in einem der *Briefe über württembergische Zustände im Sommer 1851 an einen Gesinnungsgenossen* urteilte[504]. Diese Angst hatte ihre Ursache sicherlich in den Stuttgarter Unruhen während der Hungerkrise 1846/47. Der König und Teile seiner Familie, darunter Graf Wilhelm, waren bei einem Umritt von der Menge tätlich angegriffen worden[505]. Wilhelms Freund und späterer Biograph Conrad Kümmel urteilte über ihn: *„Graf Wilhelm v. Württemberg, dieser bei aller Begeisterung für wahren Fortschritt und wahre, persönliche Freiheit durchaus konservative Mann im besten und edelsten Sinne, war der geborene unerbittliche Gegner jener „Freiheits"-Männer, welche unter ihr nichts anderes verstanden, als Zügellosigkeit und Anarchie, Verleugnung und Verachtung aller göttlichen und menschlichen*

Abb. 105 (S. 101): Schloss Lichtenstein. Ansicht des Kernschlosses von Osten.

Autorität." Für Wilhelm sei es daher eine *„persönliche Herzens- und Ehrensache"* gewesen, die Revolution zu bekämpfen[506].

1867 erfolgte in Anerkennung der Verdienste des Grafen um das Land die Standeserhöhung zum Herzog von Urach durch König Karl, die seiner Familie den Rang unmittelbar unter dem Königshaus und noch vor den Standesherren einräumte[507].

Die Baugeschichte

Die Vorgängerbauten seit dem Mittelalter

Die auf einem freistehenden Jurakalkfelsen errichtete mittelalterliche Burg entstand etwa zwischen 1100 und 1150 und erfuhr wohl im frühen 13. Jahrhundert einen weitgehenden Neubau. Sie wurde zweimal in den Auseinandersetzungen der Grafen von Württemberg mit den schwäbischen Reichsstädten zerstört, zuletzt 1377 durch das nahe Reutlingen. 1389 kam sie an Württemberg, das sogleich den Wiederaufbau betrieb[508].

Die mittelalterliche Burg umfasste nur den Bau auf dem Felsen, der wohl aus einem Wohnturm mit Anbauten, einem runden, von der Grabensohle aufsteigenden Turm und einem winzigen Hof bestand[509]. Hier soll 1519 der unter Reichsacht stehende Herzog Ulrich von Württemberg für kurze Zeit vor seinen Verfolgern Zuflucht gefunden haben. Das ist jedoch historisch nicht einwandfrei belegt[510].

1802 ließ Herzog Friedrich II. die oberen Stockwerke einreißen und über den Mauern ein Forsthaus errichten, das zugleich als herzogliches Jagdschloss diente. Zu diesem Zeitpunkt begann die verwegene Lage des Baus auf dem Felsen die ersten Besucher anzuziehen. *„Wie groß aber ist ihre Ueberraschung, kein bequem auf der Ebene gelagertes Haus zu finden, sondern aus einem tief aufgerissenen Albthal, einen senkrechten Felsen aufsteigen zu sehen, auf dessen Spitze das lustige Schlößchen wie ein Vogelnest hängt, und mit den Grundmauern eines zerstörten Schlosses verwachsen ist"*, schrieb Gustav Schwab[511].

1826 erschien Wilhelm Hauffs historischer Roman *„Lichtenstein. Romantische Sage aus der württembergischen Geschichte"*, der von der Flucht des geächteten Herzogs Ulrich vor den Truppen des Schwäbischen Bundes 1519 und seinem Aufenthalt auf dem Schloss handelt. Die Geschichte hatte großen Erfolg[512], denn sie popularisierte ein wichtiges Stück württembergischer Historie. Hauff verherrlichte darin Ulrich als den Landesherrn, der in Württemberg die Reformation eingeführt hatte. Der Roman kann durchaus als ein Lobgesang auf fürstliche Tugend in Gestalt Ulrichs, die Treue des Adels in Gestalt des Ritters vom Lichtenstein, der ihm die Pforte öffnet, und die Ergebenheit des kleinen Mannes gegenüber der althergebrachten Obrigkeit gelesen werden[513]. Er machte das Schloss noch populärer und stilisierte es

für die Württemberger zu einem landesgeschichtlichen und patriotischen Denkmal von großer Bedeutung.

Der Bau des Schlosses und der Vorburg-Enceinte bis 1844

Auch der historisch interessierte Graf Wilhelm kannte den Roman Hauffs. Ob dies jedoch allein den Ausschlag gab für die Wahl des Platzes zum Bau eines *„bewaffneten Landsitzes im edelsten Style des vergangenen Mittelalter"*, einer *„Teutschen Ritterburg"*[514], ist fraglich, denn Wilhelm suchte schon eine Weile nach einem geeigneten Ort. Sein Blick fiel auf wichtige Burgruinen Württembergs, so auf die *„Veste Neuffen: weil aber dieser für seinen Plan allzu umfassend schien, wurde davon abgestanden."*[515] Lichtenstein hingegen war dem Bürgertum und weiten Kreisen des Adels durch den Roman wohlbekannt[516]. Damit musste ein Neubau an diesem Platz öffentliches Interesse erregen.

Wilhelm beauftragte verschiedene Künstler, Baumeister und Militärs mit Planungen, darunter den württembergischen Artillerie-Leutnant Christian Wilhelm v. Faber du Faur und den Maler Franz Seraph Stirnbrand, die beide zum Freundeskreis des Grafen gehörten[517]. 1837 wandte sich Wilhelm an den Nürnberger Architekten Carl Alexander Heideloff, um ihn mit der Planung des Schlosses zu beauftragen. Heideloff, ein engagierter Denkmalpfleger und Verfechter einer Erneuerung der Gotik als altdeutscher Baukunst, war von Wilhelms Idee begeistert: *„Euer Erlaucht brechen in Hochdero Vaterlande eine Bahn, die bald von allen, welche das Vaterländische lieben, betreten werden wird, um so mehr, als unser altdeutscher Baustyl, neben größerer Wohlfeilheit, auch noch das Angenehme der Rückerinnerung des Romantisch-gotischen hat, Eigenschaften, welche unsern modernen unmalerischen, langweiligen Gebäude(n), welche die Phantasie wenig ansprechen, ganz abgehen."*[518]

Wilhelm unterrichtete darauf Heideloff brieflich über seine genaueren Absichten: *„Ein Punkt wird vielleicht Ihren Beyfall nicht finden; ich habe nämlich als früherer Offizier der Artillerie eine unendliche Vorliebe für diese Waffen, und die Befestigung gewonnen und da ich ohnedem im Besitze einer ziemlichen Anzahl von Geschützen aller Caliber (1/2 Pfünder, 6 Pfünder, Bombenkanonen zu 7 Pfund, etc.) bin, wünschte ich dieselben vorzugsweise in Lichtenstein an- und unterbringen zu können. Zu meiner Beruhigung hat übrigens das Zeitalter des Herzogs Ulrich schon vielfältige Anwendung der Artillerie vorzuweisen, und somit ließe sich doch vieleicht auf den benannten Punkt Rücksicht nehmen, ohne dem ritterlichen Style bedeutend Abbruch zu thun."*[519] Wilhelm plante also die Burg in Anlehnung an das frühe 16. Jahrhundert. Gleichzeitig ging es ihm darum, einen geeigneten Rahmen für die Aufstellung seiner Kanonen zu schaffen. Heideloff entsprach diesem Wunsch, denn er antwortete: *„[...] im Ganzen schmeich-*

Abb. 106: Schloss Lichtenstein. Entwurf zu einem Brückenkopf in Form eines Geschützrondells, vielleicht von Heideloff.

le ich mir jedoch, die Idee Er. Erlaucht so ziemlich aufgefaßt zu haben, besonders mit dem Brückenkopfe, der nach meiner Angabe vorzüglich zur Aufnahme von Geschütz geeignet sein dürfte, wofür sich ohnehin im Schlosse selbst zu wenig Raum darbietet. Ich habe diesen Brückenkopf dem der Feste Plassenburg nachgebildet, welcher zur Zeit Herzog Ulrichs von Friedrich von Brandenburg dem Aelteren erbaut wurde. Dieser Brückenkopf wird, wenn er mit Schanzkörben versehn, und armirt ist, einen malerischen Effekt machen, er kann, wie die Zeichnung ausweißt, aus Erde oder Mauerwerk aufgeführt und mit einem bedeckten Burgeingang, nebst einem besonderen Fahrwege für das Geschütz versehen werden."[520] Damit lässt sich eine aquarellierte Zeichnung in Verbindung bringen, die den Grundriss eines runden Vorwerkes vor der Brücke in der Art eines Geschützrondells zeigt und mit dem von Heideloff erwähnten Entwurf identisch sein könnte (Abb. 106)[521]. Durch den Wall, auf dem die erwähnten Schanzkörbe eingezeichnet sind, führt ein Tunnel. Die Äußerung Heideloffs macht jedenfalls deutlich, dass schon zu Beginn der Planungsphase Festungselemente für Lichtenstein vorgesehen waren. Nicht umsonst sprach Gratianus im ersten Schlossführer 1844 von einem „bewaffneten Landsitz"[522].

Während dieser Planungen konnte Wilhelm 1838 den Lichtenstein vom Staat unter der Voraussetzung erwerben, dass der Platz auch weiterhin der Öffentlichkeit zugänglich bliebe[523]. Heideloff sollte vor Ort sein, doch hielten ihn Verpflichtungen in Nürnberg als Direktor der von ihm gegründeten Polytechnischen Schule zurück. Wilhelm fürchtete schon um sein Projekt und beauftragte deshalb noch im selben Jahr den Reutlinger Architekten und Bauinspektor Johann Georg Rupp mit Entwürfen für das Schloss[524]. Ein erhaltenes Briefkonzept enthält wieder genaue Vorstellungen zu den Wehranlagen: „Die Ringmauer[525] und die Bedeckung des Thores erhält Zinnen und damit das Ganze das Ansehen eines vertheidigungsfertigen Zustandes erhalte, sind sowohl Hof e als Turm d sowie Cassemate unterhalb dieser Räume mit Schießscharten für zwei Kanonen zu versehen.
Das Thor und Brücke erhalten eine Zugbrücke, der Graben wird ausgeräumt und die Brücke erhält einen sogenannten Brückenkopf, dessen äußere Abdachungen durch Geschütz bestrichen werden, und die Innen (:der Waffenplatz:) für Pferde, Wagen und BedientenLocals bereitet sind."[526] Diese Gestaltung des Kernschlosses mit Scharten für Kanonen sollte offensichtlich Bezug auf Hauffs Schilderung des Schlosses nehmen: „Es konnte oben keinen sehr großen

103

Raum haben, denn außer einem Turm sah man nur eine be-
festigte Wohnung, aber die vielen Schießscharten im unteren
Teil des Gebäudes, und mehrere weite Öffnungen, aus denen
die Mündungen von schwerem Geschütz hervorragten, zeig-
ten, daß es wohlverwahrt und trotz seines kleinen Raumes
eine nicht zu verachtende Feste sei; [...]"[527]
Trotz der Einstellung Rupps war Heideloff aber weiterhin an den Planungen beteiligt. Wilhelm gab genaue
Anweisungen, ja nahm sogar Umzeichnungen und Ein-
tragungen in den Plänen Rupps und Heideloffs vor[528].
Im Frühjahr 1839 wurde mit den Arbeiten am Schloss
begonnen[529]. Es entstand ein zweiteiliger Wohnbau mit
Staffelgiebeln unter Einbeziehung der mittelalterlichen
Mauern[530], einem hohen Turm über den Resten des mittelalterlichen Rundturmes und der wiederhergestellten
Ringmauer um den kleinen Innenhof. Das war von Heideloff so vorgesehen und kam auch ganz den denkmalpflegerischen Absichten des Architekten wie auch seines
Bauherrn entgegen[531]. 1842 waren dann schon die Gebäude und die Enceinte des äußeren Hofes in Arbeit, um
noch rechtzeitig zur Einweihung des Schlosses im Bei-
sein des württembergischen Königs Wilhelm I. am 27.
Mai fertiggestellt zu werden[532]. *„Und obgleich der König*
nur für die Antike Liebe hatte, so konnte er doch nicht um-
hin, seinem Vetter, dem Grafen Wilhelm seine volle Anerken-
nung auszusprechen.“[533] Es war aber noch nicht alles vollendet. So wurde erst 1847 die Zugbrücke installiert[534].
Es war ein sehr charakteristisches Bauwerk entstanden.
Der fertige Lichtenstein bildete einen reizvollen Staffa-
gebau vor der Kulisse der Alb[535]. In seiner pittoresken
und malerischen Erscheinung war er vor allem auf
Fernsicht geplant und passte sich hervorragend in die
umgebende Landschaft ein, indem das Gebäude aus
dem selben Material wie der anstehende Fels errichtet
wurde, und mit diesem gleichsam zu verschmelzen
scheint[536]. Wenn man die malerische Baugruppe in ver-
wegener Lage vom Tal oder vom gegenüber liegenden
Hang aus betrachtet, so erinnert sie mit ihrer abwechs-
lungsreichen Komposition an Burgen auf den Hinter-
gründen altdeutscher Gemälde und Graphiken der Dürerzeit[537]. Das war vom Bauherrn und seinem Architekten Heideloff mit Sicherheit so beabsichtigt. Es wird auf
diesen Umstand zurückzukommen sein.
Einen Plan dieser Bauphase und eine aufschlussreiche
Ansicht von Westen gibt der Maler Georg Eberlein in
seinem Stichwerk aus dem Jahre 1852 (Abb. 107)[538]. Die
Befestigung der Vorburg umfasst eine einfache Enceinte, die den nahezu trapezförmigen Innenhof umschließt. Ihre Eckpunkte markieren vier Bastionen bzw.
Türme, die zum damaligen Zeitpunkt noch etwas niedriger waren. Das Haupttor liegt im Westen zwischen
dem Fremden- und dem Ritterbau. Die Kurtinen sind
kreneliert[539]. Die großen Scharten im Mathildenturm
und der Eugenien-Bastion weisen auf die Aufstellung

von Kanonen hin. Den breiten Felsengraben, der das eigentliche Schloss von der Vorburg trennt, schließt eine
Mauer mit *„Ausfallthor“*[540]. Im wesentlichen ist hier der
Bestand gezeigt, der schon 1842 existierte[541]. Im ersten
Führer zum Lichtenstein hat Gratianus die Vorburg
1844 detailliert beschrieben: *„Keine Möglichkeit zeigt*
sich, der Burg beizukommen; die Brücke ist unseren Augen
verborgen: denn auf den Rand des Felsengrabens setzt die
Ringmauer nun mit der ersten Bastei des äußeren Burghofs
den Fuß. [...] Wir gelangen zu der inneren Burg durch zwei
befestigte und schön bewaffnete Burghöfe diesseits und jen-
seits des Felsengrabens. [...] Der äußere Burghof diesseits des
Felsengrabens bildet ein geräumiges, an der Grabenseite un-
regelmäßiges Viereck, hat auf jeder Ecke eine Bastei mit
Rondel, und wird von Mauern mit Umgängen und Schieß-
scharten umschlossen. [...] Die Thore werden von ihren Er-
kern und den vorstehenden Basteien vertheidigt. Von den
Rondelen der vier Basteien[542] *lugen 16 Feuerschlünde, halbe*
Carthaunen, Feldschlangen und andere alte Stücke, im
Burghof liegen 2 Zwölfpfünder und eine schwere Haubitze,
wozu noch eine zweite Haubitze erwartet wird. Sie werden
auf der südlichen Anhöhe Stellung erhalten, dass ihre Rich-
tung gerade auf das untere Thor geht. Ein großer schwarzer
Cerberus, welcher im Burghof an der Kette liegt, wittert und
verräth durch sein dumpfes aber starkes Gebell die Annähe-
rung jedes Fremden.“[543] Im inneren Burghof lagern *„60*
eiserne Granaten in zwei Pyramiden aufgehäuft, und die
Seitenmauern haben Stücköffnungen.“[544] Selbst aus der
Waffenhalle im Erdgeschoss und dem Rittersaal in der
Beletage gab es Möglichkeiten, durch Scharten mit kleinen Geschützen in das Echaztal bzw. den Graben zu
schießen[545], und auf dem Turm stand eine *„leichte me-*
tallene Kanone“[546]. Auch wenn *„das Ideal“* unverkenn-
bar das *„einer einfachen, aber möglichst festen, gegen un-*
verhoffte Überfälle gesicherten Ritterburg, im edelsten Style
des Mittelalters, aus dem XVI. Jahrhundert, der Zeit des
Herzogs Ulrich“[547] ist, so erweckte das Schloss auch noch
für das 19. Jahrhundert einen sehr wehrhaften Eindruck. Dieses Schloss war in der Tat ein *„bewaffneter*
Landsitz“, wie die Ereignisse des Jahres 1849 zeigen.

Die Ereignisse von 1849 und der weitere Ausbau der Festungswerke

Dass die von Gratianus mit altertümlichen Namen, wie
„Carthaunen“ und *„Feldschlangen“* belegten Kanonen
auf Lichtenstein offensichtlich recht moderne Waffen
waren, zeigte sich 1849, als sich die Revolution im deutschen Südwesten radikalisierte. In Reutlingen gab es eine große Volksversammlung, die darüber beriet, ob
man den badischen Revolutionären im Kampf um die
Reichsverfassung zu Hilfe eilen sollte[548]. Dort, aber
auch in Honau, habe man, so meldete der Oberamtmann Wolfer, *„von einzelnen Freischarenlustigen die Äu-*
ßerung gehört, so nehme man die auf Schloß Lichtenstein

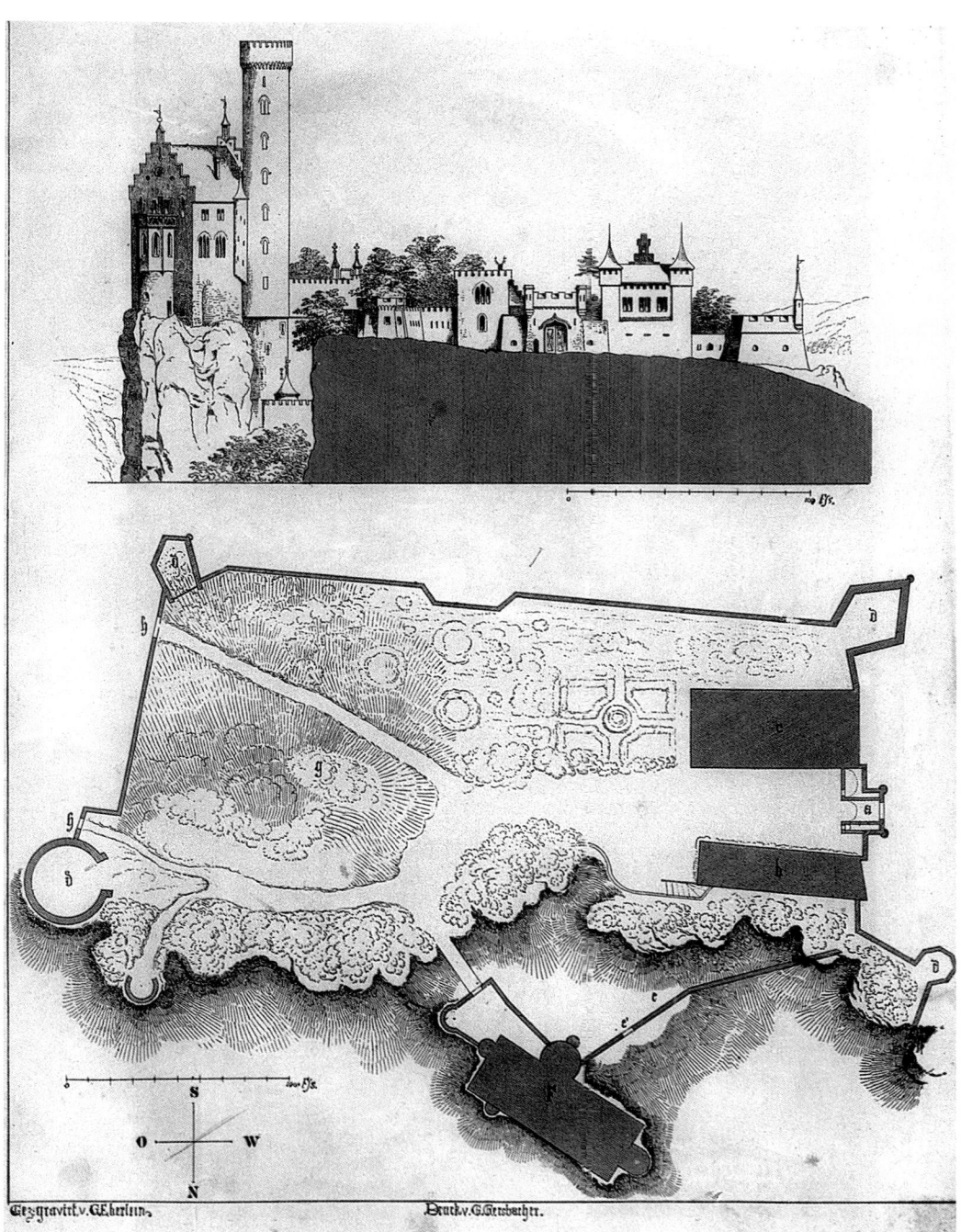

Abb. 107:
Schloss Lichtenstein.
Grundriss der Gesamt-
anlage und Ansicht
von Westen mit Vor-
burg und äußerem
Haupttor, Kupferstich
aus Eberlein 1852.

stehenden, *Sr. Erlaucht dem Herrn Grafen Wilhelm von Württemberg gehörigen Kanonen mit.*"[549] Der Oberamtmann sah deshalb in den Geschützen eine Gefahr für die öffentliche Sicherheit; er fürchtete einen Überfall der Rebellen und eine Entführung der Kanonen einschließlich der zugehörigen Munition, die sich auf dem Schloss befand. Er äußerte daher die dringende Bitte: „*Ich beeile mich, Euer Hochwohlgeborhren von dem Vernehmen zur Einleitung des Weitern unter dem Bemerken Mittheilung zu machen, daß auch mir die Verbringung dieser Kanonen u. Munition in eine Garnison-Stadt durch die Vorsicht geboten scheint.*" Es entspann sich nun ein regelrechter Behördenstreit um die Verbringung der Geschütze, der Graf Wilhelm offenbar nicht zustimmen

wollte. Eine Herausgabe der Kanonen wurde durch seinen Schlossverwalter verweigert[550].

Wilhelm wandte sich unterdessen an den König und erbat über Vermittlung seines Schwagers, des Oberstallmeisters v. Taubenheim[551], „*daß auf Kosten Sr. Erlaucht und unter der Voraussetzung der besten Verpflegung 10–12 Infanteristen in der Nacht nach Lichtenstein beordert werden dürften, um die Vertheidigung des vermittelst einer Zugbrücke* beinahe unzugänglich gemachten *Schlosses Lichtenstein und der darin enthaltenen Kunst uc. uc. Schätzen so wie der* im Innersten des *Schlosses aufbewahrten Geschütze zu bewerkstelligen. Für die abgehende Mannschaft wäre unter den angeführten Befestigungsverhältnissen lediglich* nichts *zu befürchten.*"[552]

105

Der König entsprach dieser Bitte[553]. Rupp konnte wenig später an Graf Wilhelm melden, dass die Soldaten wohlbehalten auf Lichtenstein angelangt seien, gut verpflegt würden und *„in der ganzen Württembergischen Armee keine vergnügter und zufriedener sind, als diese Lichtensteiner."* Er versprach täglich Nachricht über eventuelle Vorkommnisse zu geben[554]. Wilhelm unterrichtete nun selbst das Innenministerium über die Art der auf Lichtenstein befindlichen Geschütze und die zugehörige Munition. Er beruhigte dieses, dass für die beiden schweren Haubitzen keine scharfe Munition zur Verfügung stünde, hingegen aber für die kleineren Kanonen, welche der *„Vertheidigung des Innern mit einer Zugbrücke versehenen durchaus unzugangbaren Schlosses"* dienten[555]. Graf Wilhelm bewahrte auf Lichtenstein nämlich große Teile seiner wertvollen Sammlungen, zu denen auch Schätze mittelalterlicher Kunst aus Schwaben zählten. Er erklärte, die Kanonen befänden sich gerade deshalb auf dem Schloss, um das darin befindliche Eigentum gegen ein etwaiges Eindringen von Freischärlern zu verteidigen. Eine *„durchaus uneinnehmbare Befestigung"* und die Wachmannschaft würden einen solchen Angriff aber aussichtslos machen[556]. Der Innenminister musste kleinlaut einlenken: *„Euer Erlaucht, gefällige Mittheilung v. 2. d. M. über die Sicherung der auf dem Schlosse Lichten-*

stein befindlichen Geschütze hat den Unterzeichneten in der Hauptsache befriedigt, und indem er dafür Euer Erlaucht dankt, ersucht er Hochdenselben, die Versicherung zu genehmigen, daß er weit entfernt war, das Eigenthum Euer Erlaucht irgend beeinträchtigen zu wollen, vielmehr um dessen Sicherung, zugleich im öffentlichen Interesse, sich in Erwartung bemühte, daß Hochdenselben seine Verfügungen von diesem Gesichtspunkte aus beurtheilen und denselben genehmigen werden."[557] Damit war der Streit erledigt. Der Briefwechsel macht deutlich, dass Graf Wilhelm sein Schloss als verteidigungsfähigen Wehrbau ansah, und die Befestigungen einen entsprechenden Zweck zu erfüllen hatten.

Ab 1854 begann Wilhelm dann mit den Planungen zum Ausbau der Fortifikationen. Es scheint, als habe er aus den Erfahrungen von 1849 die Lehre gezogen, dass ein befestigtes Schloss angesichts aufständischer Scharen durchaus seinen Zweck erfüllen konnte. Es ist anzunehmen, dass er hierbei von den Arbeiten auf dem Hohenzollern angeregt wurde, von denen er Kenntnis hatte. Der Ausbau der ‚Festung' Lichtenstein würde damit in unmittelbarem Zusammenhang zur Festung Hohenzollern stehen.

Bis 1861 wurden die Festungswerke der Vorburg nach Wilhelms eigenen Plänen erheblich erweitert und aus-

Abb. 108: Lichtenstein. Ansicht der Vorburg von Südwesten, aquarellierte Bleistiftzeichnung von Peters 1857. Die Eugenien-Bastion hat noch einen hölzernen Aufbau. Der Kaponnierenturm ist rechts davon noch ohne die etwas später erfolgte Aufstockung zu erkennen. Rechts im Hintergrund die Marien-Bastion. Davor das Fundament des Waffenplatzes.

gebaut. So wurden ab 1856 die Türme und Bastionen erhöht und vor der Mitte der Südfront der „Caponnierenthurm" und ein Grabenkoffer errichtet[558]. Im Frühjahr 1857 drängte die Zeit zur Fertigstellung der Festungswerke, da man Fotografen erwartete, die die Anlagen aufnehmen sollten. Ein Briefwechsel zwischen Graf Wilhelm und seinem Bauführer Strohbach unterrichtet über die letzten Arbeiten und die durch die große Eile bedingten Schwierigkeiten[559]. Wilhelm lässt Strohbach unter anderem wissen: „Der Thurm II[560] wird, wenn er vollendet ist, von dem Schlosshofe aus etwas allzuregelmäßig und langweilig aussehen.

Um diesem Uebelstande abzuhelfen, erhalten Sie hier eine Zeichnung. In derselben habe ich nur ein ganz kleines Erkerthürmchen hingezeichnet, das der ganzen Sache abhelfen und dem Thurme, von allen Seiten gesehen, ein lebendigeres, malerisches Ansehen geben wird.

Das Erkerthürmchen hat gar keinen andern Zweck, als den der gefälligeren Ansicht. [...] Hr Bauinspector Rupp wird die Sache genau angeben können – es ist wie gesagt eine bloße Papperei, die aber dem ganzen viel mehr Zeichnung giebt."[561] Die Befestigungen sollten also dem möglichst mittelalterlichen Erscheinungsbild eingeordnet werden. Die Türmchen auf den Bastionen waren nicht begehbar und dienten allein der Dekoration[562], um dem Schloss das erwünschte malerische Aussehen zu verleihen. Hinzu kam noch eine Bepflanzung der Mauern, u. a. mit Efeu[563], welche die Befestigung in die gärtnerische Gestaltung der Umgebung einbezog.

Der Bauzustand im Jahr 1857 ist auf der einzigen Ansicht dargestellt, die ein Zeitgenosse, der Maler Pieter Francis Peters, von den Festungswerken gefertigt hat (Abb. 108)[564]. Sie zeigt die Eugenien-Bastion noch ohne ihr heutiges steinernes Obergeschoss. Statt dessen trug sie einen hölzernen Aufbau mit Gewehrscharten. Der Kaponnierenturm ist bereits erhöht, der Waffenplatz vor dem Graben allerdings noch ohne seine steinerne Umwehrung dargestellt. Er wurde erst 1861 fertiggestellt[565].

Zu den Entwürfen Graf Wilhelms

Wilhelm begann ab 1854 mit den Planungen zum Ausbau der Werke auf Lichtenstein[566]. In Dutzenden von Zeichnungen beschäftigte er sich vor allem mit der Südfront zwischen Eugenien- und Marien-Bastion. Die meist in Bleistift ausgeführten, teilweise aquarellierten Entwürfe zeugen von den umfassenden Kenntnissen Wilhelms im Befestigungswesen seiner Zeit. Der Graf beschäftigte sich fast täglich mit seinen Planungen. Da die Mehrzahl der Blätter signiert und datiert ist, lassen sich ganze Planreihen über den Zeitraum 1854–1857 aufstellen.

Erste Ideenskizzen sahen Großes für Lichtenstein vor. So sollten Vorwerke in Form von Kontergarden vor die

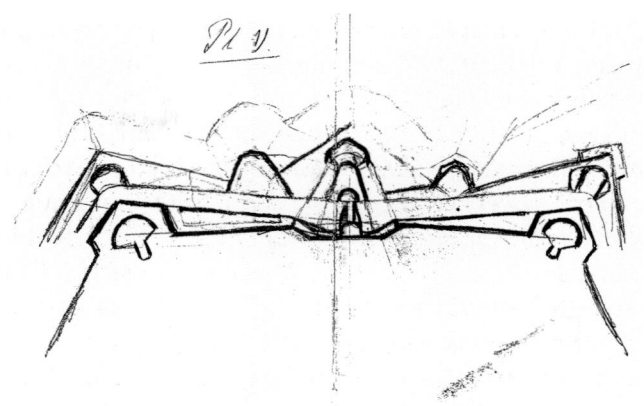

Abb. 109: Lichtenstein. Ausbauplan Graf Wilhelms mit Vorwerken jenseits des Grabens und halbrunden Reduitbauten in den Bastionen. Die Reduits haben rückwärtig in der Kehle eine Kaponniere.

Bastionen und Kaponnieren gestellt werden. Innerhalb der Bastionen waren Kavaliere oder Reduits auf halbkreisförmigem Grundriss mit Kaponnieren in den Kehlen geplant (Abb. 107)[567]. Besonderes Augenmerk schenkte Wilhelm der Planung von Kaponnierenanlage und Waffenplatz in der Südfront. Aus der Vielzahl der Entwürfe seien nur zwei frühe Blätter genannt, die Variationen zum Kaponnierenturm und Grabenkoffer zeigen. Beide treten schon sehr früh in den Plänen Wilhelms auf und rechnen zu den wesentlichen Ausbauten. Auf dem einen Blatt ist der Koffer als polygonaler hölzerner Bau ausgeführt[568]. In der anderen Zeichnung erscheint vor dem halbrunden Kaponnierenturm ein den gesamten Graben abriegelnder Koffer, aus dem eine Poterne durch das Glacis führt (Abb. 111)[569]. In ihrer Form erinnert diese Konstruktion an einen ähnlichen Entwurf von Flankierungswerken für ein detachiertes Turmfort aus dem Jahr 1849 (Abb. 110)[570].

Zahlreiche Entwürfe existieren auch zum Waffenplatz.

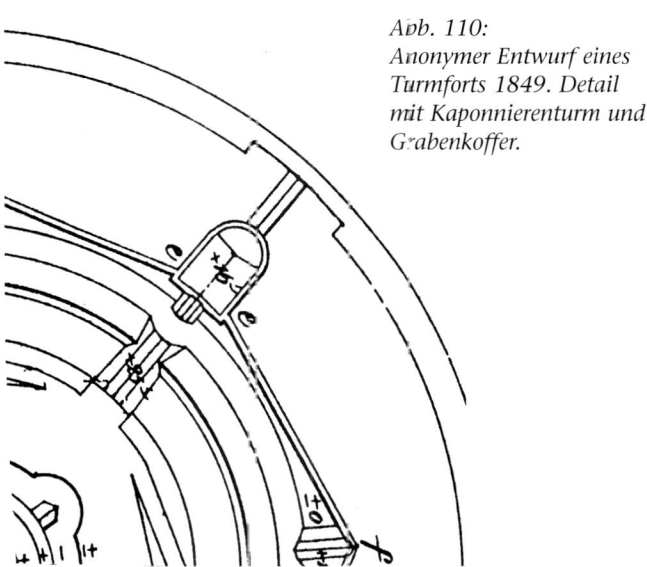

Abb. 110: Anonymer Entwurf eines Turmforts 1849. Detail mit Kaponnierenturm und Grabenkoffer.

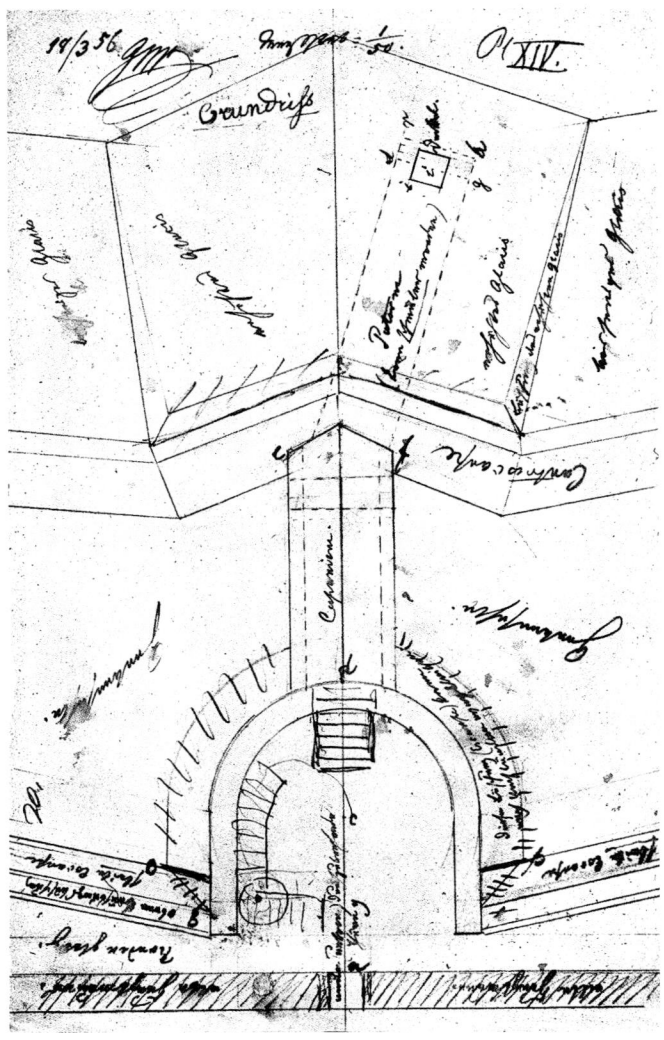

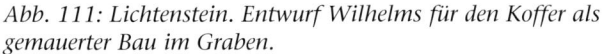

Abb. 111: Lichtenstein. Entwurf Wilhelms für den Koffer als gemauerter Bau im Graben.

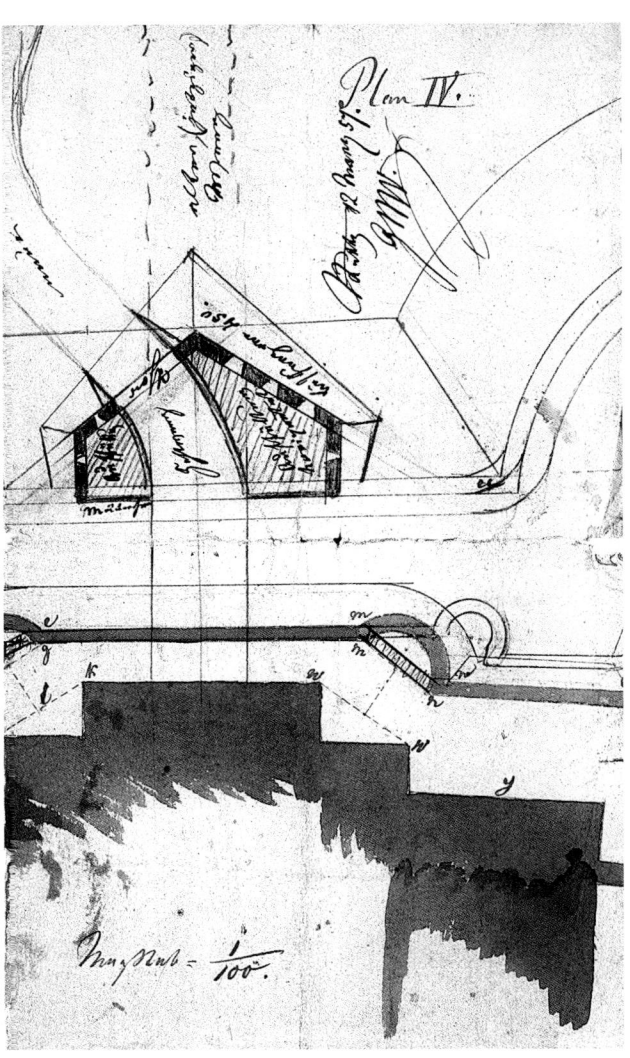

Abb. 112: Lichtenstein. Grundriss zum Waffenplatz vor dem Haupttor der Vorburg.

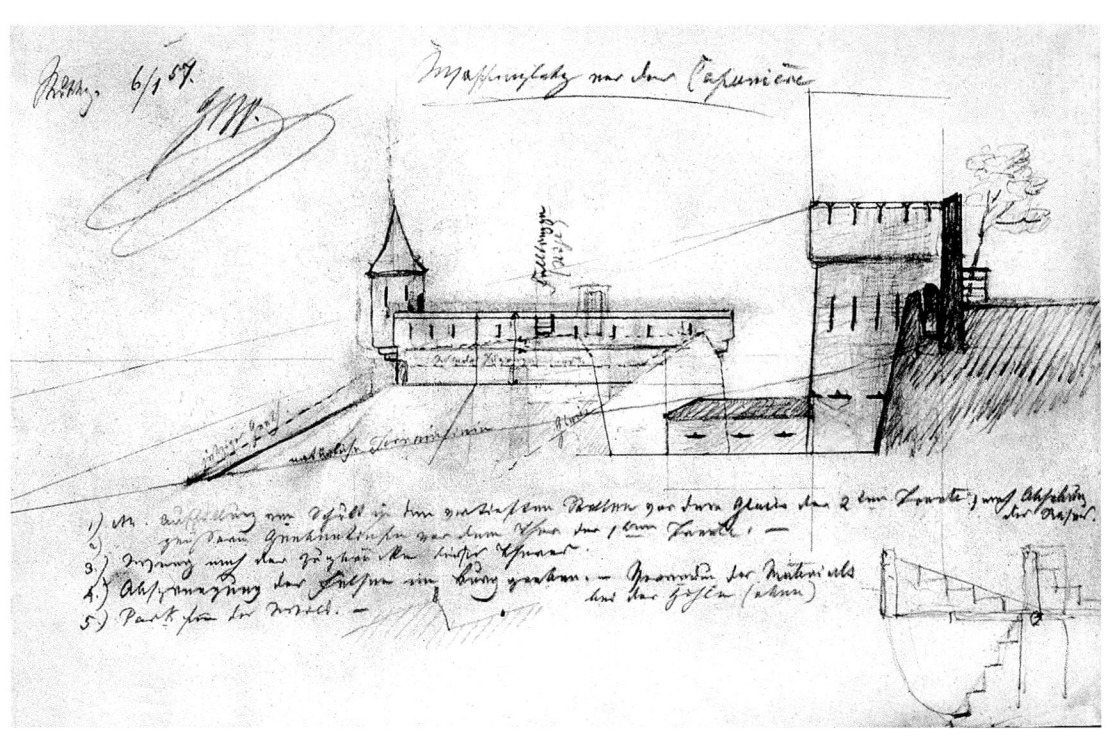

Abb. 113: Lichtenstein. Profil des Grabens mit Seitenansicht des Waffenplatzes und der Kaponnierenanlage, Bleistiftzeichnung Graf Wilhelms von 1857.

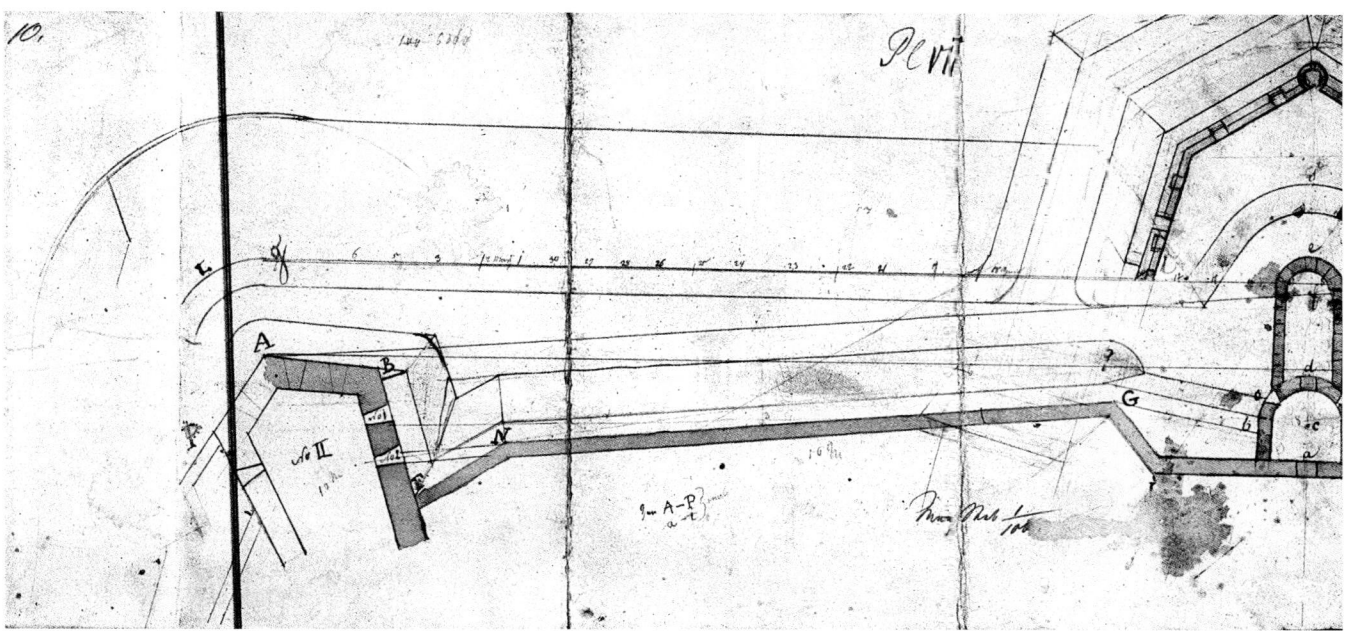

Abb. 114: Lichtenstein. Grundrissentwurf Graf Wilhelms für den Waffenplatz als frei stehendem Ravelin und die spätere Marien-Bastion.

Dieser sollte von Anfang an entweder als Erdwall oder steinerne Brustwehr ausgeführt werden. Im Saillant des polygonalen Gebildes plante Wilhelm mehrmals ein Türmchen (Abb. 113)[571], womit die Anlage einen altertümlichen, historisierenden Charakter verliehen bekam, da der neudeutsche Festungsbau solche Postenerker auf den Spitzen von Bastionen nicht mehr kannte. Zeitweilig hatte Wilhelm sogar vor, den Waffenplatz zu einem grabenumgebenen Ravelin vor Kaponnierenturm und Koffer auszubauen (Abb. 114)[572]. Diese Anlage entspricht im Grundriss typischen Festungsfronten der neudeutschen Manier (Abb. 189)[573]. Einen zweiten Waffenplatz hatte Wilhelm vor dem Haupttor vorgesehen (Abb. 112)[574].

Aufschluss über die Intentionen des Bauherrn zur Befestigung von Lichtenstein geben verschiedene Details in den Entwürfen. So erscheinen schon in den ersten Planungen zum Ausbau der Südfront sich vor dem Kaponnierenturm kreuzende Schussfelder[575]. In einem Entwurf zur Südfront mit Grundriss der Kaponnierenanlage und des Waffenplatzes finden sich in den Bastionen und hinter der krenelierten Mauer Kanonen eingezeichnet (Abb. 115)[576]. In der Marien-Bastion war offensichtlich ein drehbar gelagertes Geschütz ähnlich den Kanonen auf den britischen Martellotürmen vorgesehen (Abb. 116). Ein ähnliches Geschütz findet sich in einem Entwurf für den Mathildenturm[577]. Auch in einem der Entwürfe für den Ausbau des Augustenturmes ist in einer Profilzeichnung hinter einer Scharte eine Kanone zu sehen (Abb. 118). Es handelt sich um eines der in einer Pendellafette aufgehängten Geschütze, die Wilhelm konstruiert hatte[578]. Um ein Schießen über die auf der Berme vor dem Turm stehende Brustwehr zu er-

möglichen, sind in diese große Scharten eingelassen. Für die Schützen waren auf dem Dach des Kaponnierenturmes und hinter dem Wall des Waffenplatzes hölzerne Auftritte vorgesehen (Abb. 119)[579]. Vollends klar wird die Bestimmung der Fortifikationen zur realen Verteidigung des Schlosses in zwei Bleistiftzeichnungen. Die eine zeigt in einem Teilschnitt den Mathildenturm (Abb. 120). Im obersten Stockwerk steht ein zeitgenössischer Soldat – erkennbar an dem Bajonett auf dem Gewehr – der durch eine der Maulscharten in der zweiten Etage diagonal nach unten in den Graben feuert [580]. Die Scharten direkt unter dem Dachansatz dienen lediglich der Lüftung des Raumes. Das zweite Blatt (Abb. 117) zeigt hinter der Ringmauer eine Kanone auf einer hohen, kurzen zweirädrigen Lafette, die an einem Balken darüber mit einem Seil befestigt ist, um den Rückstoss des Geschützes aufzufangen. Vor der Mauer steht auf der Berme hinter einer dort geplanten, allerdings nie zur Ausführung gelangten, Brustwehr erneut ein Soldat, der mit einer Flinte auf einen Angreifer mit Gewehr auf dem Glaciswall jenseits des Grabens zielt. Zwei weitere Angreifer sind bereits in den Graben eingedrungen und versuchen eine Sturmleiter an die Mauer anzulegen[581].

Die großzügigen Ausbauprojekte, von denen nur die wesentlichsten Teile (Kaponnierenturm, Grabenkoffer und Waffenplatz) verwirklicht wurden, zeugen nicht nur von einer Liebhaberei bezüglich der Fortifikation, die der Graf hier in besonderem Maße ausleben konnte, sondern machen auch deutlich, dass Wilhelm eine reale und nicht nur fiktive Wehrhaftigkeit für sein Schloss beabsichtigte, plante und so weit es ging, auch ausführen ließ[582].

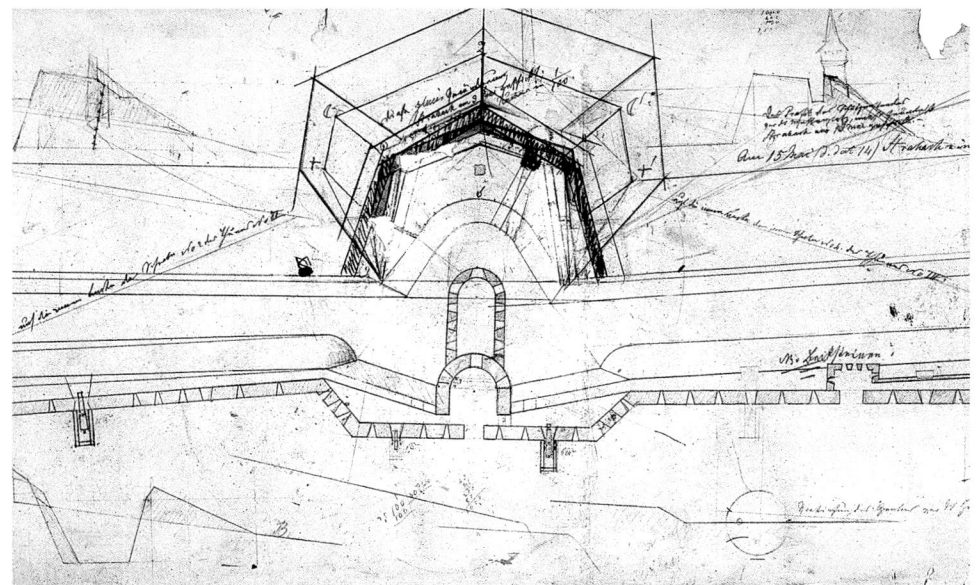

Abb. 115: Lichtenstein. Entwurf Graf Wilhelms zur Anlage von Waffenplatz und Kaponniere. Hinter der krenelierten Mauer erscheinen Kanonen auf Blocklafetten.

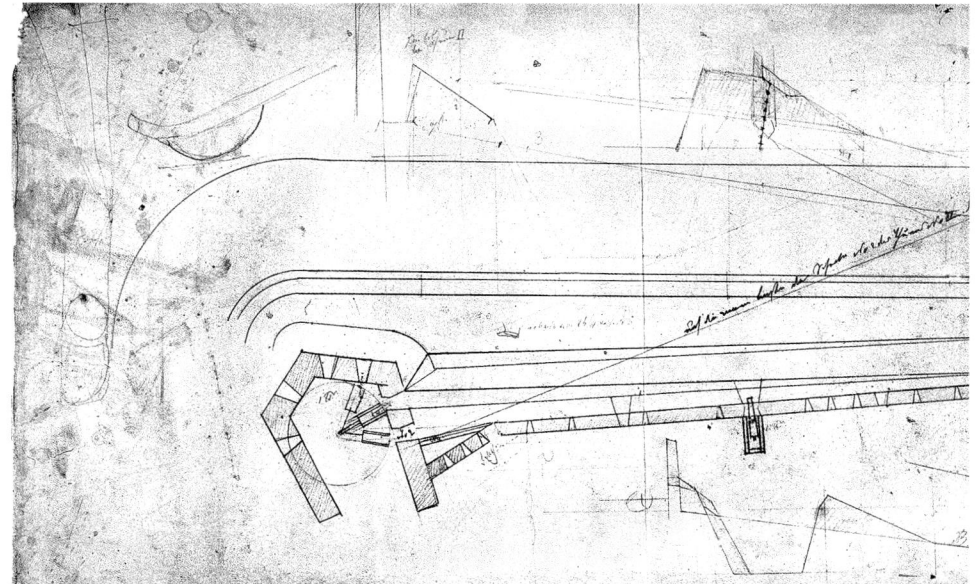

Abb. 116: Lichtenstein. Grundrissentwurf Graf Wilhelms zur Marien-Bastion mit Schussfeld und drehbar gelagertem Geschütz im Innern der Bastion.

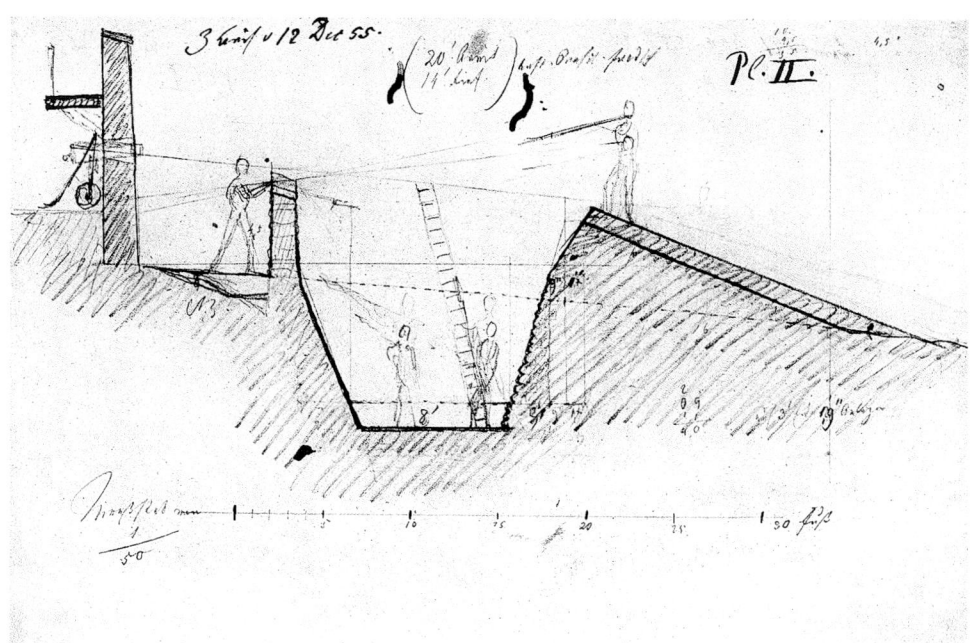

Abb. 117: Lichtenstein. Profil der Ringmauer, Berme und des Grabens mit Kämpfenden, Bleistiftzeichnung Graf Wilhelms.

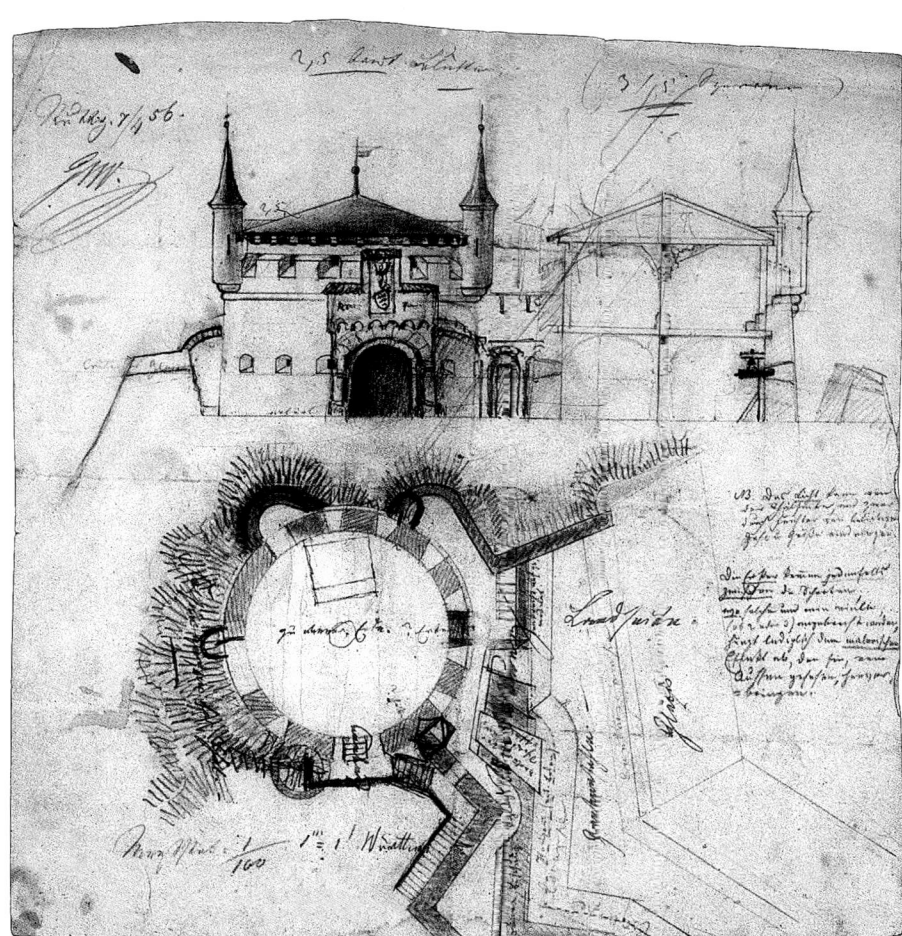

*Abb. 118: Lichtenstein. Entwurfszeich-
nungen Graf Wilhelms zum Augustenturm. Im Schnitt erscheint hinter einer
der Scharten ein Kanonenrohr, das in
einer der von Wilhelm konstruierten
Pendellafetten aufgehängt werden soll.*

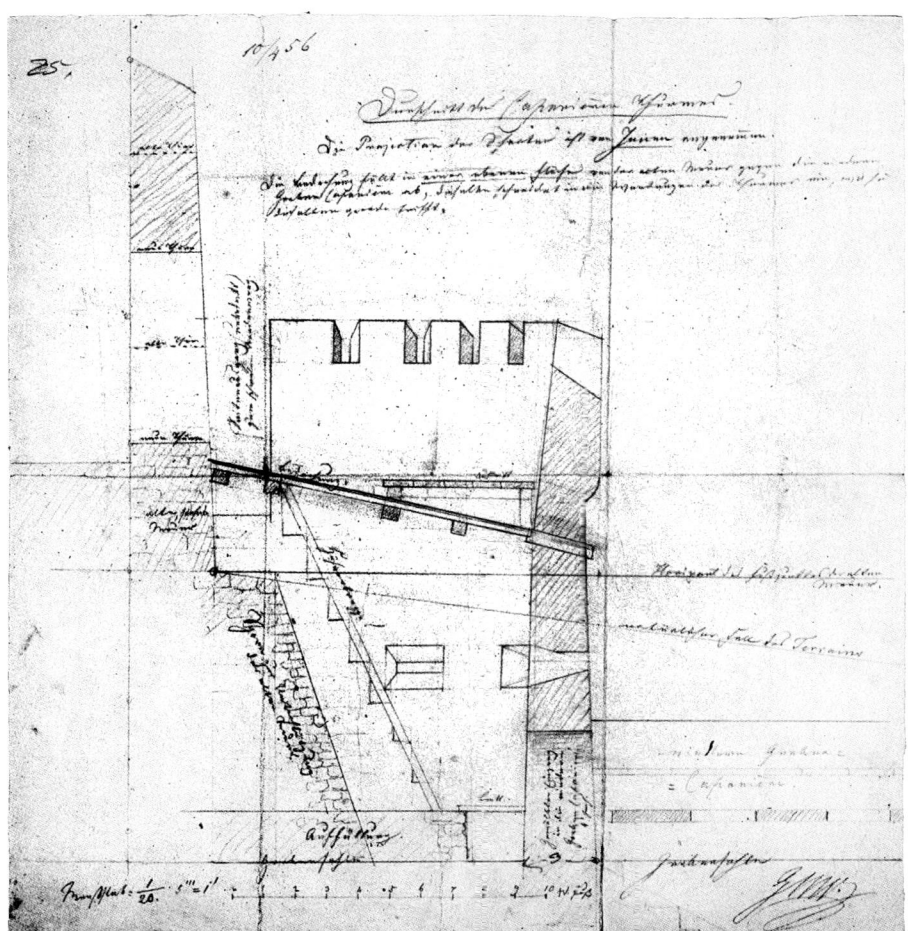

*Abb. 119: Lichtenstein. Schnitt durch
den Kaponnierenturm und den Grabenkoffer. Auf dem zum Wasserablauf
leicht schräg geführten Dach des Turmes
erscheint ein hölzerner Schützenauftritt.*

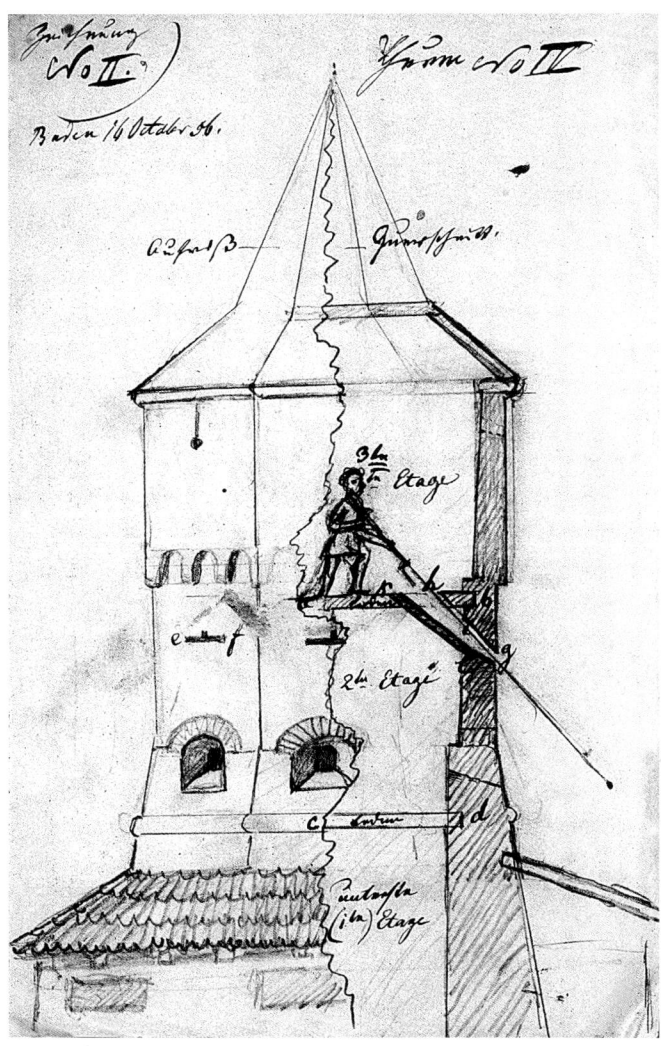

Abb. 120: Lichtenstein. Ansicht und Teilschnitt des Mathilden-
turmes, Bleistiftzeichnung Graf Wilhelms. Im obersten Stock steht
ein Soldat und feuert durch eine Senkscharte in den Graben.

Abb. 122: Lichtenstein. Mathildenturm, Ansicht von Westen. Fast
im Graben versteckt liegt der später vorgesetzte Wehrgang zur Infanterieverteidigung. Darüber ist noch das alte Oktogon der Bastei
erkennbar, die später zum Rundturm erhöht wurde.

Abb. 121: Lichtenstein. Feldseite des Haupttores zur Vorburg.
Links und rechts kasemattierte Wachhäuschen.

Die Fortifikationen des Lichtenstein

Die Vorburg und die äußeren Werke

Der Lichtenstein liegt am Albtrauf über dem Ort Honau. Die Anlage gliedert sich in zwei Teile, zum einen
in das sich auf einem frei stehenden Felsen erhebende
eigentliche Schloss, zum anderen in die jenseits eines
breiten Grabens auf der Albhochfläche gelegene geräumige Vorburg (Abb. 2). Diese beschreibt ein unregelmä-
ßiges Viereck, das von West nach Ost in die Länge gezogen ist. Die Ecken der Vorburg markieren vier Türme.
Sie sind miteinander durch einfache mit Gewehr- und
Kanonenscharten krenelierte Mauern verbunden. In
der Mitte der Südfront liegt zwischen zwei eingezogenen Flanken der halbrunde Kaponnierenturm mit dem
Grabenkoffer und dem jenseits des Grabens befindlichen Waffenplatz. Der die Anlage umgebende Graben
ist nur ca. zwei Meter tief und ca. drei Meter breit. Davor erstreckt sich rund um die Festungswerke ein unter

Abb. 123: Lichtenstein. Saillant der Eugenien-Bastion.

Abb. 124: Lichtenstein. Eugenien-Bastion, Ansicht von Südosten.

Ausnutzung des natürlichen Geländes sanft ansteigendes Glacis.

Im Westen des Berings befindet sich das Haupttor (Abb. 121). Der Zugang erfolgt durch den das Glacis durchschneidenden Weg und über eine hölzerne Brücke. Flankiert wird der Bau von zwei Wachkasematten, die in der zweiten Bauphase nach 1854 auf die geböschte Berme gesetzt wurden[583]. Hinter dem Torhaus liegen im *„wohlbewaffneten Burghof"*[584] auf der rechten Seite der Ritterbau und auf der linken Seite der Fremdenbau, der über Hundehütten für die *„Cerber*(i)" verfügt[585]. Das übrige Areal der Vorburg ist unbebaut.

Je ein weiteres Tor findet sich auf der Südseite bei der Ostflanke der Eugenien-Bastion und in der Ostfront neben der Nordostflanke der Marien-Bastion. Letzteres wurde in der zweiten Bauphase um 1856/57 durch einen kleinen Vorbau zu einer Poterne verkleinert[586].

An der Nordwestecke des Berings erhebt sich der ursprünglich freistehende Mathildenturm (Abb. 122). Er schließt mit einem geknickten Kegeldach. Sein Erdgeschoss umläuft ein überdachter Wehrgang mit Gewehr-

scharten, in dessen Westseite sich nahe dem Grabenschluss eine Poterne in den Graben öffnet. Der Wehrgang verdeckt das alte Polygon der ersten Bauphase[587]. Über diesem Polygon erhebt sich der runde Turmaufbau. Im unteren Geschoss über dem Wehrgang befinden sich, jetzt vermauerte, Geschützscharten, darüber Maulscharten mit einer eigentümlichen viereckigen Aussparung in der Oberseite[588]. Sie sind nicht Teil eines eigenen Stockwerks, sondern waren vom dritten Geschoss aus als Senkscharten zu benutzen (vgl. den Entwurf Abb. 120). Die Erhöhung des Turmes um 1856/57 dürfte verteidigungstechnische Gründe gehabt haben, da das Gelände in seinem Vorfeld gegen Westen leicht ansteigt[589].

Die Eugenien-Bastion an der Südwestecke ist als dreigeschossiger bastionierter Turm gebildet (Abb. 123 u. 124)[590]. Ein Kordongesims schließt das Erdgeschoss ab und umläuft den Turm auf allen vier Seiten. Der oberste Aufbau springt etwas zurück und trägt auf den beiden Ecken, wo Flanken und Facen zusammentreffen, quadratische Türmchen. Ein weiteres, achteckiges

Türmchen sitzt über dem Saillant. In den Flanken und Facen der beiden unteren Stockwerke befinden sich je zwei Geschützscharten.

Von der Eugenien-Bastion führt die Enceinte zur Marien-Bastion[591]. Sie bildet ungefähr in der Mitte eine Secondeflanke aus.

Die Marien-Bastion ist ebenfalls als bastionierter Turm gestaltet (Abb. 125 u. 126). Sie erhielt einen Aufbau unter Einbeziehung der alten Plattform, wobei die Scharten zwischen den Zinnen zu Fenstern umgebaut wurden[592]. Kordongesims und Rundbogenfries schmücken den Bau. Der Postenerker an der Südwestecke gehört zu jenen malerischen Zutaten, an denen 1857 so eifrig gearbeitet wurde. Ein flaches Zeltdach schließt den Turm nach oben ab[593].

Zwischen den beiden Secondeflanken wurde genau in der Mitte der Kurtine der Kaponnierenturm vorgesetzt, ein halbrundes dreistöckiges Bauwerk (Abb. 127 u. 128)[594]. Der Turm war ursprünglich nur zwei Geschosse hoch. Der heutige Ziegelaufbau mit Blendarkatur ist erst 1857 aufgesetzt worden[595]. Ursprünglich schloss den Turm eine Plattform mit leicht vorkragendem Zinnenkranz ab. Seine Außenmauern laufen nach oben et-

was konisch zu. In der ursprünglichen Form muss er damit sehr gedrungen gewirkt haben, was den festungsmäßigen Charakter des Bauwerks, das mit zahlreichen Scharten ausgestattet ist, betonte.

Der Zugang zum Kaponnierenturm erfolgt vom Hof aus durch eine kleine Pforte. Über eine Stiege im Boden erreicht man das erste Geschoss unter der alten Plattform (Abb. 129). Die Mauer ist vollständig kreneliert, die Enge der Gewehrscharten liegt auf der Außenseite. Über eine Leiter gelangt man in den unteren Stock, der mit drei Maulscharten ähnlich denen am Mathildenturm ausgestattet ist. Eine rundbogige Öffnung und einige Stufen führen aus der Front des Turmes in den mit Maulscharten ausgerüsteten Grabenkoffer (Abb. 130). Er erhebt sich nur leicht über das Grabenniveau. Sein Gewölbe ist mit einer Erddecke versehen (Abb. 128 u. 131). Das längliche Bauwerk ragt über die Breite des Grabens hinaus, so dass die Kontereskarpe und der Graben einen Bogen um das Bauwerk machen müssen. Damit kann vom Koffer aus der gesamte Graben zu beiden Seiten unter Feuer genommen werden. Koffer und Turm dienten also keinesfalls nur der Zierde, etwa als sogenannte *„Spielzeugbasteien"*[596], sondern waren voll-

Abb. 125: Lichtenstein. Marien-Bastion, Ansicht von Westen mit Graben und krenelierter Ringmauer.

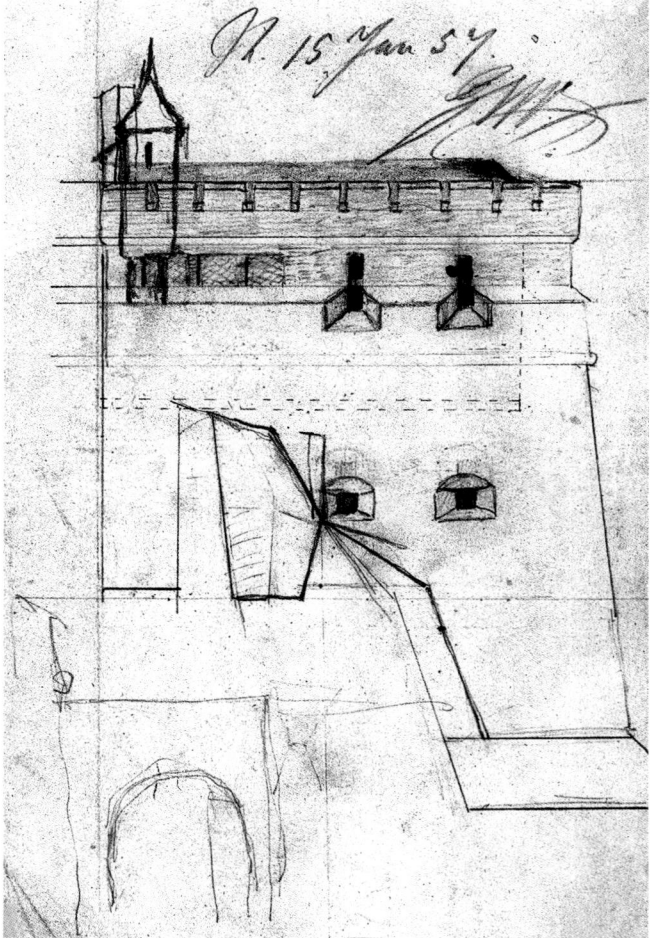

Abb. 126: Lichtenstein. Entwurf Graf Wilhelms zur Erhöhung der Marien-Bastion.

Abb. 127: Lichtenstein. Kaponnierenturm. Deutlich erkennbar sind die alte Brustwehr und die spätere Erhöhung mit Blendarkaden.

Abb. 128: Lichtenstein. Unterbau des Kaponnierenturms und Grabenkoffer.

Abb. 129 (Mitte links): Lichtenstein. Kaponnierenturm, Gewehrscharten von innen.

Abb. 130 (Mitte rechts): Lichtenstein. Blick in die Kasematte des Grabenkoffers mit Maulscharten.

Abb. 131 (unten): Lichtenstein. Grabenkoffer von außen.

*Abb. 132: Lichtenstein. Waffen-
platz und Glacis.*

*Abb. 133: Lichtenstein. Augusten-
turm von Osten mit Glacis.*

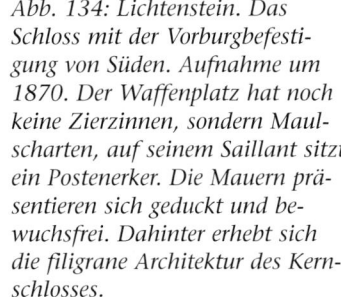

*Abb. 134: Lichtenstein. Das
Schloss mit der Vorburgbefestigung von Süden. Aufnahme um
1870. Der Waffenplatz hat noch
keine Zierzinnen, sondern Maulscharten, auf seinem Saillant sitzt
ein Postenerker. Die Mauern präsentieren sich geduckt und bewuchsfrei. Dahinter erhebt sich
die filigrane Architektur des Kernschlosses.*

ständig begehbar und real zur Abwehr eines Angriffs nutzbar.

Aus der Westseite des Koffers führte eine heute vermauerte Poterne zu einer Pforte in der Kontereskarpe. Von dort aus gelangte man über einen quadratischen, senkrechten Schacht mit Trittsteinen in die Umfriedung des Waffenplatzes (Abb. 132)[597]. Dieser ist polygonal mit zwei Facen und zwei Flanken angelegt und heute von einer mit kleinen Zinnen bekrönten Mauer umgeben. Ursprünglich war die Brustwehrmauer aber durch Ziegel abgeschlossen, wie eine alte Aufnahme zeigt (Abb. 134). Auf dem Saillant saß eine Pfefferbüchse und in der Mauer befanden sich Maulscharten in der selben Art wie am Kaponnierenturm[598]. Der Bau wirkte so einst viel wehrhafter und festungsmäßiger.

Westlich an den Kaponnierenturm wurde später eine Art Blockhaus mit Gewehrscharten angefügt[599].

Die bereits beschriebene Marien-Bastion an der Südostecke des Berings deckte das später zur Poterne verkleinerte Tor in der Ostmauer[600]. Von hier führt die Enceinte weiter zum Augustenturm (Abb. 133 u. 136). Kurz bevor sie den Turm erreicht, springt sie bastionsartig aus. Der Augustenturm ist ein leicht konisch zulaufender Geschützturm. Die auf seiner Süd- und Ostseite vorgelegte Zwingermauer diente als Streichwehr[601].

Auch der Augustenturm war ursprünglich nur einstökkig und verfügte über eine Plattform mit einem über einem Kordongesims stehenden Zinnenkranz. Seine Scharten dienten der Aufnahme von Geschützen. 1856 wurde er erhöht und erhielt als Bekrönung drei kleine Rundtürmchen und das flach geneigte Kegeldach[602].

Die gedrungene Form des Turmes und sein Abschluss mit breiten Zinnen und Scharten für Kanonen weckt Assoziationen an Geschütztürme der Zeit um 1500. Der Eindruck wird noch verstärkt durch das Aufsetzen des zweiten Geschosses mit den drei Türmchen. In dieser Gestalt erinnert der Turm an Darstellungen von Burgtürmen auf Dürer-Holzschnitten (Abb. 135)[603]. Die Fortifikation wird damit der Idee angepasst, den Lichtenstein als eine Burg der Zeit Herzog Ulrichs zu inszenieren und den ‚altdeutschen' Charakter der Bauwerke auch in der Fernwirkung zu unterstreichen.

Das Kernschloss

An der Nordseite zum Steilabfall des Albtraufes waren Befestigungen nicht nötig. Zur anderen Seite hin trennt ein breiter Felsgraben die Vorburg vom eigentlichen Schloss (Abb. 1). Die Westseite des Grabens wird von einer krenelierten Mauer mit einer spitzbogigen Poterne geschlossen (Abb. 137).

Den Zutritt zum kleinen Vorhof des Kernschlosses ermöglichen eine ansteigende Holzbrücke und eine kurze Zugbrücke[604]. In seine Mauer sind Kanonen- und Gewehrscharten eingelassen (Abb. 138). So konnten auch

Abb. 135: Albrecht Dürer, „Die Heimsuchung". Holzschnitt, ca. 1503. Detail aus dem Hintergrund mit Burgdarstellung. Der dicke runde Turm links verfügt über eine ähnliche Gestaltung des obersten Geschosses wie der Augustenturm auf Lichtenstein. Das von mehreren Pfefferbüchsen begleitete Dach taucht in den Darstellungen von Rundtürmen bei Dürer und seinen Zeitgenossen öfter auf.

Abb. 136: Lichtenstein. Blick von Süden durch den Graben auf den Augustenturm mit vorgelegter Streichwehr.

117

Abb. 137: Lichtenstein. Krenelierter Grabenschluss am Kernschloss mit Ausfallpforte.

hier Geschütze aus der gräflichen Sammlung Aufstellung finden und damit Assoziationen an die Beschreibung Hauffs wecken. Deutlich hebt sich dieser Teil der Mauer als neuer vom mittelalterlichen Unterbau ab, der mit Schaufel- und Maulscharten durchsetzt ist. Die Verteidigungseinrichtungen sind über in den Felsen geschlagene, mehrstöckige Kasematten zugänglich. In einem der Räume war die Küche untergebracht[605]. Die unterirdischen Anlagen waren noch im 19. Jahrhundert zur Verteidigung nutzbar. Die Erwähnungen von Verteidigungseinrichtungen bei Gratianus und im oben angeführten Briefwechsel des Jahres 1849, die sich hauptsächlich auf das Kernschloss beziehen, zeigen, dass an eine solche Möglichkeit gedacht wurde.

Unterhalb der Zugbrücke liegt im Graben als gemauerter Koffer jener unterirdische Gang, der seit dem Mittelalter aus den Kasematten zum Steilhang auf der Nordseite des Grabens führt[606]. Seine Wiederherstellung erfolgte noch in der ersten Bauphase, weil er von Herzog Ulrich bei sei-

nen heimlichen Besuchen auf dem Lichtenstein in der Zeit seiner Verbannung benutzt worden sein soll[607]. Er ermöglichte den Zugang zum Felsengraben und bot tatsächlich eine Fluchtmöglichkeit ins Echaztal.

Der eigentliche, in seiner Komposition höchst ausgewogene Schlossbau (Abb. 105) entspricht in seiner Gestaltung mit Zinnen und Türmchen, der Zugbrücke, dem zweiteiligen Hauptbau, der eine gewachsene mittelalterliche Anlage vortäuscht, unterirdischen Gelassen und dem mit Maschikuli und Zinnenkranz bekrönten hohen, schlanken Rundturm als Bergfried geradezu dem Idealbild Burg, wie es sich das Zeitalter der Romantik ausmalte. Heideloff hielt sich bei der Gestaltung an die Ratschläge seines Bekannten Fürst Pückler: „*Diesem* (mittelalterlichen Geschmack – der Verf.) *muss allerdings die Kunst das Aussehen des Alters verleihen, es soll aber dennoch keine nutzlose Ruine [...] sondern nur ein altes Schloss, das mit der Zeit anderen Zwecken gedient, ein theilweise verändertes, oft repariertes und fortwährend gebrauchtes Ganzes,*" sein[608]

Der Lichtenstein als festes Schloss

Pater Kümmel, der mit Graf Wilhelm persönlich befreundet gewesen war, hob den Festungscharakter des Schlosses hervor: „*Der ganze Burghof von Lichtenstein mit seinen sämtlichen Gebäuden ist als Festung gedacht und dementsprechend mit Wall, Graben und hoher Mauer umgeben, Türme bezeichnen die Ecken der letzteren, und zu all dem kommen treue Wächter und Hüter, an deren Spitze der gestrenge Kastellan und für die Nacht außerdem noch wachsame gewaltige Rüden. Die Kunst- und Altertumsschätze,*

Abb. 138: Lichtenstein. Scharten am Kernschloss und Zugbrücke.

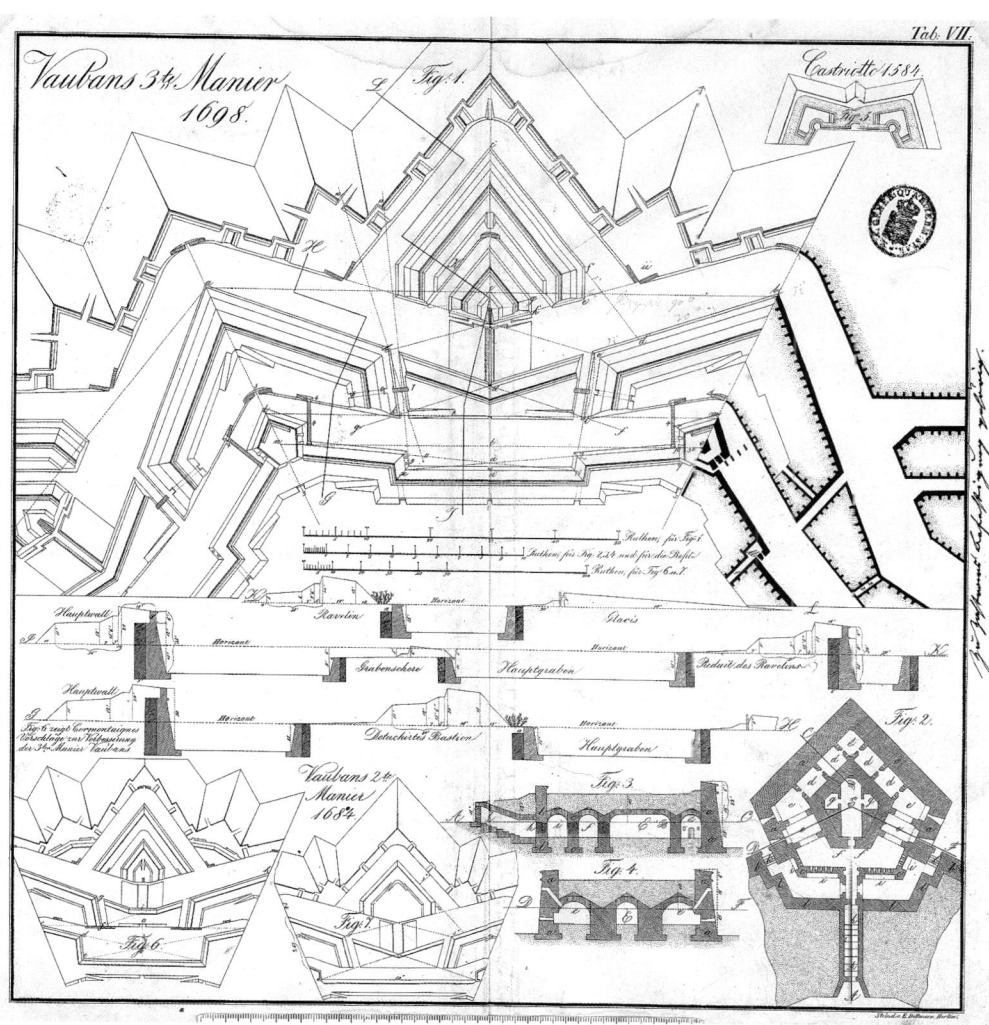

Abb. 139: Sébastien le Prestre de Vauban. Grundriss seiner „Dritten Manier" mit bastionierten Türmen nach Zastrow 1854.

die das Schloß birgt, sind bestens gehütet."[609] Nach Kümmel entsprach *„die heutige Umwallung mit polygonalen Tracen"* dem *„damaligen modernsten Befestigungssystem"*[610], also der neudeutschen Festungsbaukunst. Ähnlich äußert sich auch die Reutlinger Oberamtsbeschreibung von 1893: *„Die neuerstandene Ritterburg zeigt durchweg gotischen Stil. Sie ist umschlossen von einem rechteckigen Burghof, der nach den zu Beginn der 40er Jahre neusten Grundsätzen der bastionären Befestigungsweise angelegt und befestigt ist."*[611] Das trifft aber nur bedingt zu. So erinnerte die Südfront vor dem Ausbau mit ihren beiden bastionierten Türmen im Grundriss eher an die dritte Manier des französischen Festungsbaumeisters Sébastien le Prestre de Vauban (Abb. 139). Erst durch die Umbauten im Torbereich und die Anlage von Kaponnierenturm, Grabenkoffer und vorgelegtem Waffenplatz entstand eine Befestigung, die im Grundriss an der neudeutschen Manier orientiert ist, zumindest aber Assoziationen an den damaligen Festungsbau zulässt.

Graf Wilhelm ging es um die Sicherung seines Sommersitzes und der darin befindlichen Kunstschätze gegen streifende Freischaren und Revolutionäre. Da er, wie aus seinen Schriften hervorgeht, einen erneuten Aus-

bruch revolutionärer Unruhen befürchtete, lag es für ihn als Militär nahe, den Lichtenstein zu befestigen. Wilhelm dürfte den Wert einer kleinen befestigten Anlage erkannt haben und mag sich dabei an den Vorgängen auf Hohenzollern orientiert haben. Auch dort sind die Fortifikationen, wie gezeigt, ursprünglich als Sicherung gegen eventuelle Attacken leichtbewaffneter Aufständischer gedacht gewesen. Solche Haufen hatten während des Jahres 1848 gerade im Gebiet südlich des Mains zahlreiche Schlösser innerhalb kürzester Zeit belagert, erstürmt und geplündert. *„Hier und da wurden auch Gebäude, wie am 5./6. März das hohenlohische Schloß Niederstetten, niedergebrannt"*[612]. Graf Wilhelm wusste, was ihm und seinem Schloss im Fall von Unruhen drohen konnte. Noch 1893 wird die Funktion der Außenanlagen entsprechend gewertet: *„An den 4 Ecke dienen armierte Basteien, die durch eine Ringmauer verbunden sind, zur Vertheidigung."*[613] Und es wird auch nicht vergessen darauf hinzuweisen, dass die Seite zum Echaztal keine so aufwendige Befestigung nötig hatte. In jedem Fall hat beim Bau der Fortifikationen auch das Repräsentationsdenken des Militärs und Angehörigen der königlichen Familie eine Rolle gespielt. Wer auf den Lichtenstein kam, lernte dort nicht nur in den Sammlungen einen vielseitig begabten und interessierten Mann kennen, sondern auch einen bedeutenden württembergischen Offizier, der mit einem nach modernen Gesichtspunkten (Kaponniere) befestigten Schloss[614] über einen standesgemäßen Sommer- und Jagdsitz[615] verfügte.

Diese Repräsentationsidee kommt in einem der Entwürfe des Grafen zum Ausdruck. So sah er im Augustenturm die Aufhängung von Kanonen in den von ihm entwickelten Pendellafetten hinter den Geschützscharten vor (Abb. 114)[616]. Da der Lichtenstein (bedingt) der Öffentlichkeit zugänglich war[617], konnte hier jedermann den Grafen als Erfinder und Konstrukteur im artilleristischen Bereich bewundern. Möglicherweise sollte die Anordnung aber auch Versuchszwecken dienen. Jedenfalls wurden seit 1855 Versuche mit den neuen Lafettenkonstruktionen und Kanonen des Grafen beim Schloss durchgeführt[618]. Durch diese Versuche rückt der Lichtenstein in die Nähe der Festungsarchitekturen in Gärten[619]. Auch die miniaturhafte Erscheinung der Werke scheint darauf hinzuweisen, ebenso wie ein Bewuchs der Mauern mit Efeu[620], zumal das Vorgelände des Schlosses zu „Lustanlagen"[621] in den Formen eines Landschaftsgartens gestaltet ist. Die Ausschmückung der Festungsbauten durch gotisierende Stilelemente wie Türmchen mit altertümlichen Schartenformen und Zinnen verlieh den Bauten das für Gartenarchitekturen erwünschte malerische Aussehen[622].

Historisierende Elemente als Teil eines Gesamtkonzeptes

Erst durch die Anlage des Kaponnierenturms und des Grabenkoffers wurde aus Lichtenstein eine 'Festung' gemäß den Anforderungen des 19. Jahrhunderts. Die teilweise bastionierten Türme verliehen den Wehrbauten hingegen einen eher altertümlichen Charakter. Bemerkenswert ist aber vor allem die Idee, den Festungswerken durch Putz ein altes Aussehen zu verleihen, so als stünden sie schon seit Jahrhunderten als gewachsene Teile der alten Schlossbefestigung[623]. Türmchen und Zinnen erwecken einen mittelalterlichen Eindruck. Nun mag dies zwar der Unterordnung der Baulichkeiten zum Kernschloss gedient haben, aber es dürfte noch ein anderer Zweck verfolgt worden sein. Becker hat stichhaltig nachgewiesen, dass Schloss Lichtenstein als Denkmalbau für die Geschichte Württembergs und der mit dieser verknüpften Dynastie zu sehen ist. Er hat die stichhaltige These aufgestellt, der Lichtenstein sei als Ersatz für die 1819 auf Befehl König Wilhelms abgebrochene Stammburg des Hauses Württemberg bei Stuttgart anzusehen[624]. Die historische Überhöhung des Ortes durch den Roman Hauffs zu einem für die württembergische Geschichte bedeutenden Ort machte den

Platz tatsächlich zu einem Denkmal und damit wichtigen Identifikationsfaktor für das Land, aber auch für die Dynastie. Der Wiederaufbau des Lichtenstein sollte ein Bild der Burg zu Ulrichs Lebzeiten vorstellen. Dazu gehörten auch Geschütztürme. Folglich orientieren sich einige Motive der Baulichkeiten ganz beabsichtigt an Burgendarstellungen der Dürerzeit und am Wehrbau des frühen 16. Jahrhunderts. Die Anlage einer modernen Befestigung wie der Kaponniere fügte sich dabei ohne Probleme in das Gesamtbild ein. Zwar handelt es sich bei ihr um ein Versatzstück der Militärarchitektur des 19. Jahrhunderts, doch nahmen gerade die Theoretiker der neudeutschen Festungsbaukunst Bezug auf Dürer als einen ihrer Vorläufer, unter anderem als Erfinder der Kaponnieren[625]. Durch den Bau der Kaponniere auf Lichtenstein bezog sich Wilhelm ebenfalls auf das frühe 16. Jahrhundert. Wie Heideloff mit einem Rückgriff auf die Gotik, in der er den Nationalstil der Deutschen sah, als Propagandist einer Erneuerung der deutschen Baukunst erscheint, so nimmt Graf Wilhelm mit den Befestigungen ebenfalls auf die Ursprünge einer neuen deutschen Architektur Bezug, in diesem Falle der Militärarchitektur, die er offensichtlich propagiert sehen mochte[626]. So konnte der Lichtenstein von den Zeitgenossen als ein Beispielbau für eine Erneuerung deutscher Baukunst auf den ‚nationalen' Grundlagen des 16. Jahrhunderts im zivilen und militärischen Bereich angesehen werden, was den Charakter seiner Denkmalhaftigkeit unterstrich.

Indem die Befestigungswerke auf Lichtenstein ein altertümliches Aussehen verliehen bekamen, verhalfen sie dem Schloss aber auch zu einer Wirkung, als wäre dieses über die Jahrhunderte hinweg kontinuierlich gewachsen und immer wieder aufs neue mit modernen Fortifikationen verstärkt worden, ja es zeigte geradezu exemplarisch die Entwicklung vom spätmittelalterlichen Wehrbau zur zeitgenössischen Befestigungskunst. Dieses vorgetäuschte Alter betonte die Berufung Wilhelms auf altes Herkommen, die vor allem im Innern des Schlosses, wie von Becker dargestellt, zum Ausdruck kam[627]. Wilhelm, der Spross einer unstandesgemäßen Ehe, betonte durch die Ausstattung des Schlosses seine Zugehörigkeit zur regierenden Dynastie. Nach dem *Oeffentlichen Recht des Teutschen Bundes* zählten Angehörige des Regentenhauses nicht zum übrigen Adel eines Staates und somit auch nicht zu den Untertanen des Landesherrn. Sie standen rechtlich quasi zwischen dem Staatsoberhaupt und dem Hochadel[628]. Die Festungswerke auf Lichtenstein mögen den Anspruch auf Legitimität insofern unterstützt haben, als der Bau von Befestigungen ein landesherrliches Privileg war[629]. Graf Wilhelm scheint darauf zurückgegriffen zu haben, um seine verlorene Stellung als Mitglied des königlichen Hauses herauszustellen[630].

5. Das Königreich Bayern

In Bayern wurde im 19. Jahrhundert kein einziges festes Schloss für die Wittelsbacher errichtet, aber es gab mehrere Projekte zur erneuten Fortifizierung bereits vorhandener Bauten wie auch zur Sicherung Münchens gegen eine von König Maximilian II. stets befürchtete neue Revolution.

Die Angst des Königs vor der Revolution – Projekte zur Sicherung der Residenzstadt München

Kronprinz Maximilian bestieg 1848 den Thron. Sein Vater, Ludwig I., hatte der Revolution weichen müssen. Maximilian II. wurde von den dramatischen Ereignissen und den Umständen, unter denen er König wurde, tief geprägt. Zeit seines Lebens fürchtete er wie der Vater durch einen Aufruhr gestürzt zu werden[631]. Deshalb ließ er durch den Ingenieur-Obersten Franz Hörmann v. Hörbach als Leiter eines „Special-Commissoriums" Gutachten über die militärische Sicherheit der wichtigsten bayerischen Städte erstellen und Pläne zur Verteidigung im Fall von Unruhen ausarbeiten[632]. Diese Pläne Hörmanns zeigen, dass man ein Residenzschloss auch indirekt durch Befestigungen sichern konnte. Sie sahen keine Fortifikation für die im Zentrum von München gelegene Residenz vor, die ohne größere städtebauliche Eingriffe nicht zu verwirklichen gewesen wäre, sondern die Anlage mehrerer defensiver Punkte innerhalb und außerhalb des Stadtgebiets. Sie sollten die wichtigsten Plätze, Straßenzüge und den Zugang zu den zentralen Regierungsgebäuden kontrollieren und im Notfall sperren.

Franz Seraphim Hörmann von Hörbach besaß für ein solches Gutachten alle wesentlichen Voraussetzungen. Er war erfahren im Vermessungswesen und im Festungsbau und mit den Instandsetzungsarbeiten verschiedener bayerischer Festungen betraut. Seit 1840 stand er der I. Genie-Direktion in München vor und war 1848 zum Oberst befördert worden. Politisch vertrat Hörbach eindeutig die Kräfte der Reaktion und gab einem vom Militär dominierten Staat deutlich den Vorzug. Sein Ideal war dabei Preußen. Gegen Demokraten halfen seiner Meinung nach allein Soldaten[633]. Mit entsprechender Akribie stellte sich Hörmann daher auch dem königlichen Auftrag, die wichtigsten bayerischen Städte und Garnisonen hinsichtlich ihrer Belegungsfähigkeit mit Truppen und der Errichtung verteidigungsfähiger Punkte zu untersuchen. Seine Vorschläge und Entwürfe sind Teil geheimer Vorbereitungen zu einem regelrechten Bürgerkrieg gegen das eigene Volk im Fall

einer Erhebung. Hörmann legte hierzu 1852 und 1853 zwei ausführliche Berichte vor[634].

Hörmanns Befestigungspläne für München

Hörmann schlug für die Verteidigung Münchens an bestimmten Punkten der Stadt defensive Wachtgebäude in Form von Türmen und Blockhäusern vor. Die alten, noch bestehenden Tore sollten nach seinen Vorstellungen zu Forts ausgebaut werden, von denen aus man die wichtigsten Straßen in die Innenstadt beherrschen konnte (Abb. 141)[635]. Besonders gesichert wollte Hörmann die Isarbrücke wissen, die die Vororte rechts des Flusses mit der Innenstadt verbindet und als Teil der neuen Prachtstraße, die Maximilian II. anlegen ließ, direkt zur Residenz führt. Die neue Straße ermöglichte zwar den raschen Anmarsch von jenen Truppenteilen,

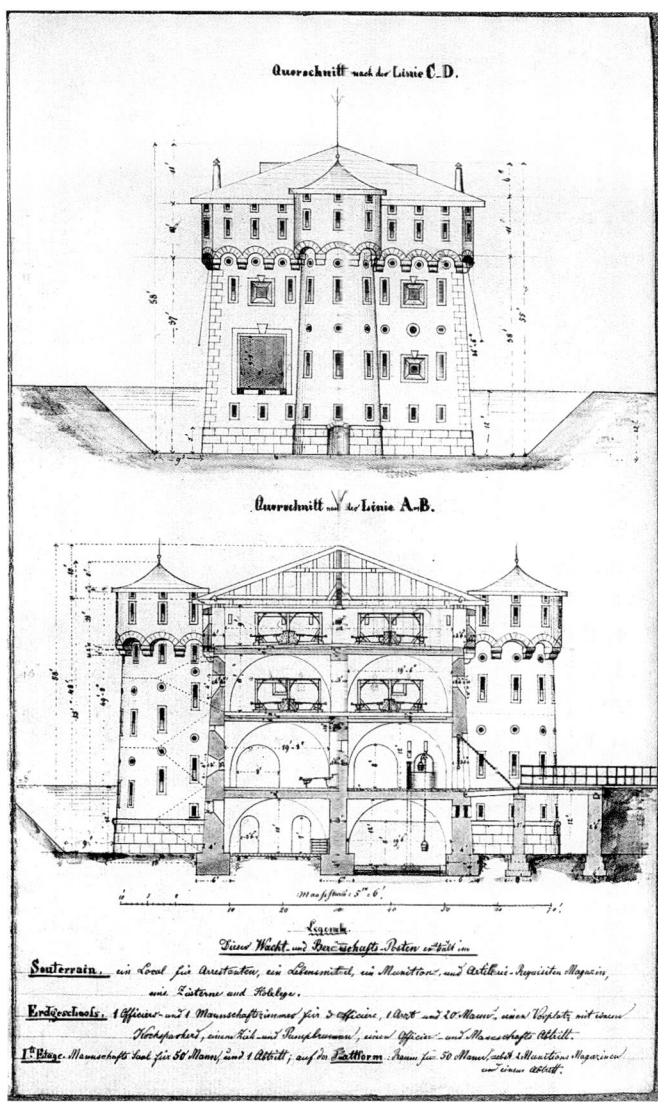

Abb. 140: München. Entwurf Hörmanns für einen Wacht- und Bereitschaftsposten, Seitenansicht und Längsschnitt.

die rechts der Isar in Garnison lagen, und erfüllte damit ähnlich den Haussmannschen Boulevards in Paris auch eine unmittelbar strategische Funktion[636], aber sie barg auch die Gefahr, dass von jenseits der Isar *„bei auswärtigen Proletariats=Zuzügen die Unruhestifter auf dieser breiten neuen Straße schneller zur Residenz und den nächsten mit Kaßen wohl versehenen Staats=Gebäuden eindringen"* konnten[637]. Daher plante Hörmann defensive Wachtgebäude an den Brückenköpfen (Abb. 140) und eine Defensivkaserne in Form eines kleinen Forts mit Reduit und krenelierten Mauern auf dem Gasteigberg oberhalb der Brücke, *„um die Beschießung der öffentlichen Plätze, Straßen und Brücken=Passage gegen übermäßigen Indrang vornehmen zu können."*[638] Dieses Fort (Abb. 142 u. 143), direkt an der Wiener Straße über dem Steilabfall zur Isar gelegen, sollte aus einem dreistöckigen Mittelbau und zwei anstoßenden, um einen Stock niedrigeren Flügeln bestehen[639]. Alle Geschosse sollten zur Feuersicherheit

eingewölbt werden. Die obersten Geschosse waren als Wehrplattformen zur Infanterieverteidigung gedacht. Den Zugang sichert ein breiter Wehrerker. Das Gebäude sollte von einer krenelierten Mauer umfasste werden, aus der gegen die Wiener Strasse ein Rondell ausspringt, um nicht nur den Eingang zu flankieren, sondern auch die Straße mittels Geschützfeuer zu bestreichen. Hinter der Enceinte waren mehrere kleinere Geschützplattformen vorgesehen, die die Aufstellung von Kanonen ermöglicht hätten. Darüber hinaus schlug Hörmann *„Bereitschafts=Thürme"* (Abb. 146 u. 147) auf dem Gasteig, auf der Prater-Insel, an der Gasfabrik, den übrigen Brücken und anderen strategisch wichtigen Punkten der Stadt vor, so u. a. am Bahnhof. Es handelt sich dabei um maschikulierte Türme und reduitartige Bauten unterschiedlichen Umfangs mit hochgelegenen, teilweise durch Zugbrücken gesicherten Eingängen, die mit Kanonen bestückt und mit Infanteriekompanien besetzt

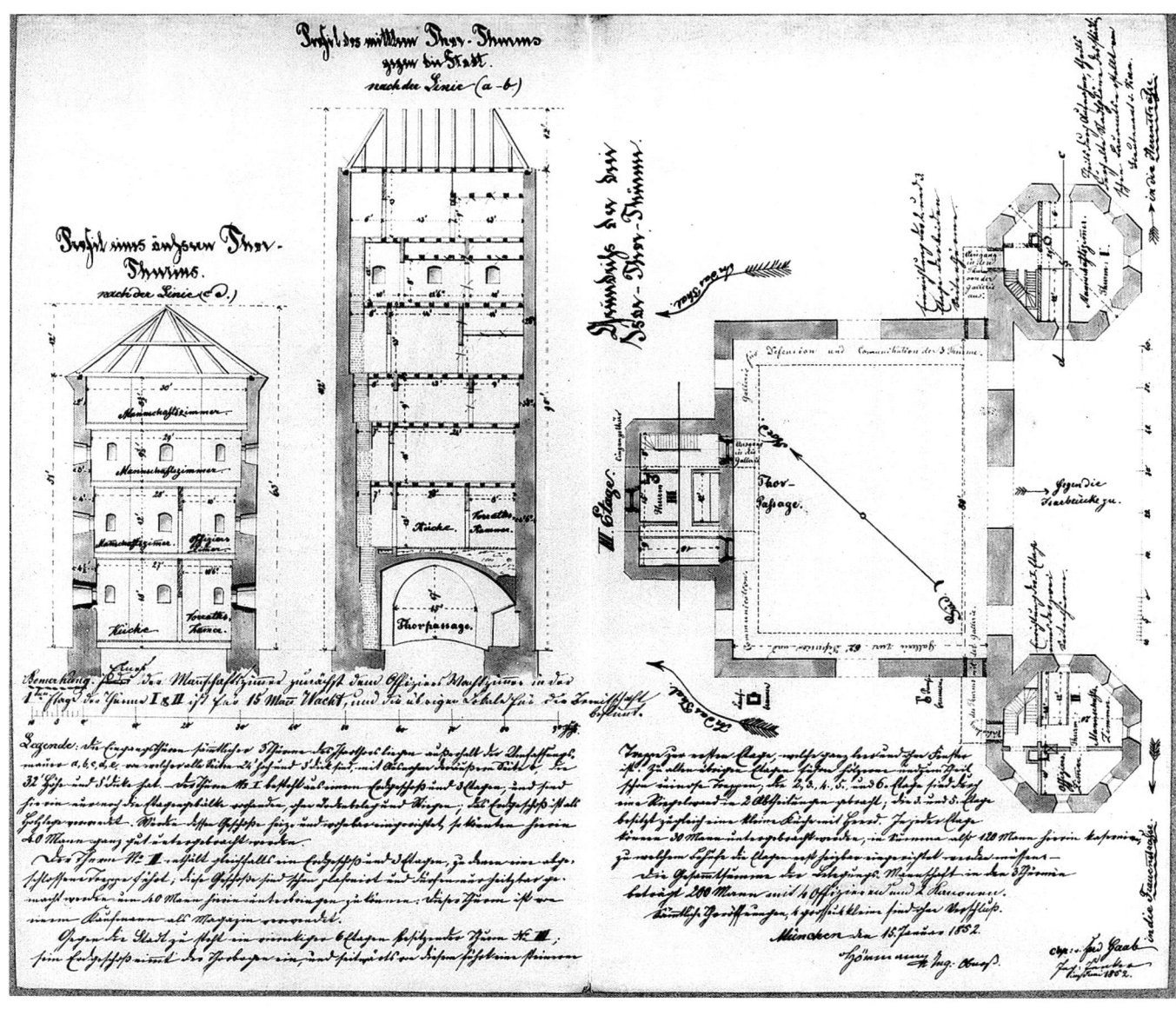

Abb. 141: München. Entwurf Hörmanns für den Umbau des Isartores zu einem Fort, Profil der Türme und Grundriss.

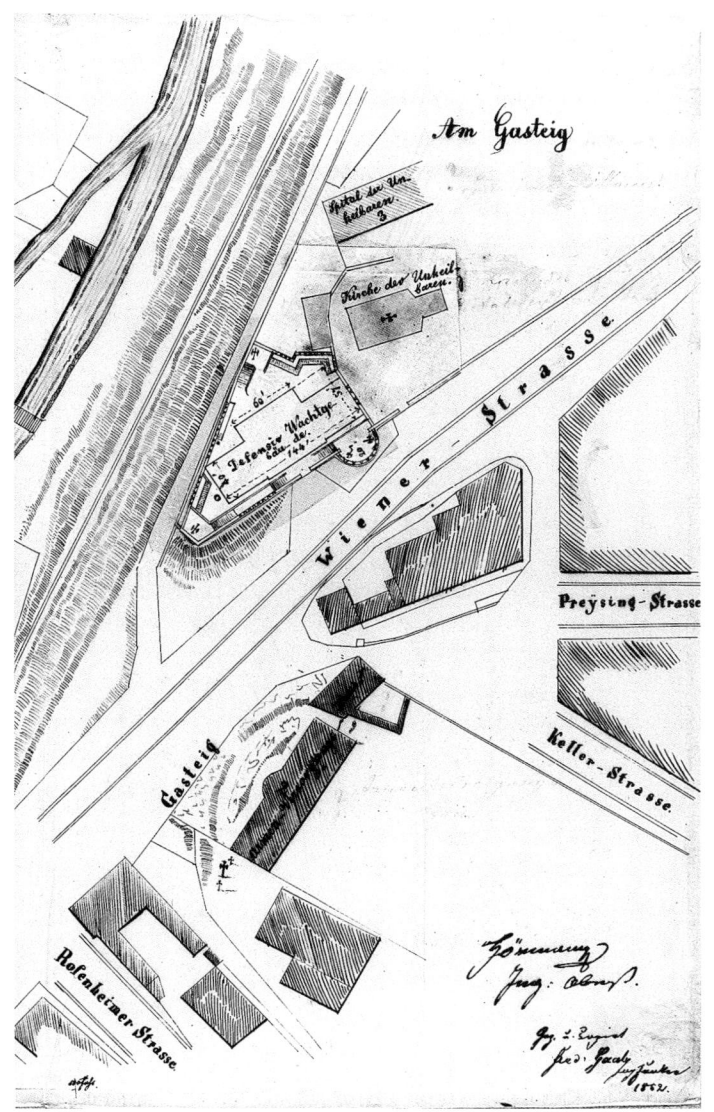

Abb. 142: München. Lageplan für das von Hörmann am Gasteig geplante Fort zur Deckung des Isarüberganges.

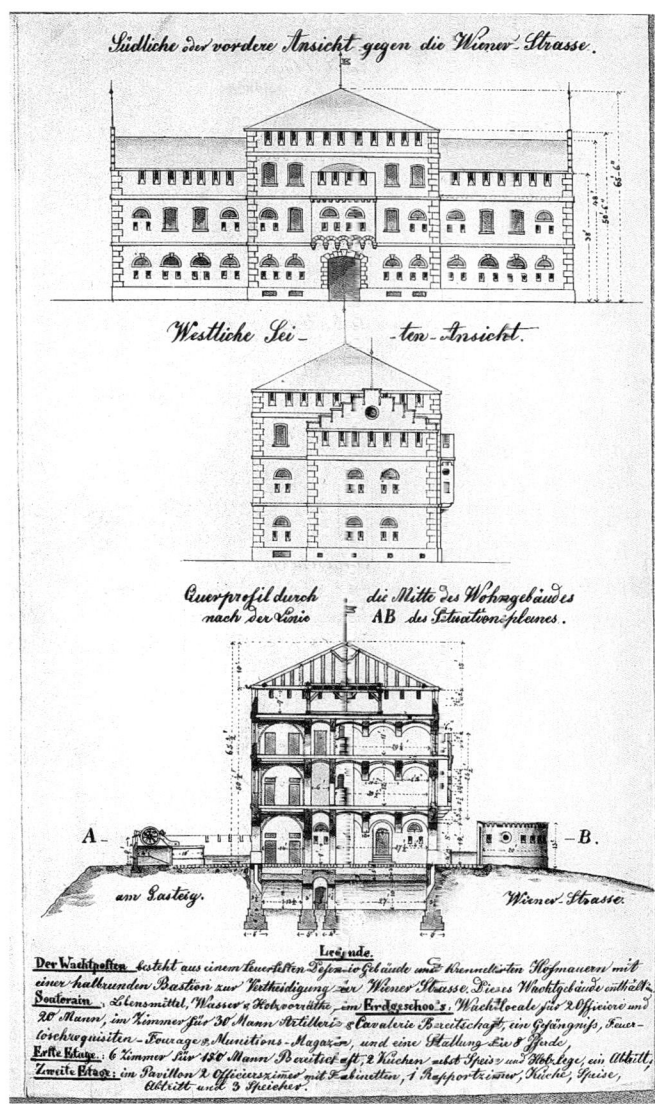

Abb. 143: München. Vorder- und Seitenansicht und Querschnitt des defensiven Wachtgebäudes im Fort am Gasteig, Entwurf von Hörmann.

werden sollten[640]. So sollte mitten auf der Maximilianstraße ein solcher Turm errichtet werden, um den Zugang zur Residenz sperren zu können[641]. Der über quadratischem Grundriss zu errichtende Turm hätte sich über einem bossierten Sockelgeschoss erhoben und drei Stockwerke umfasst. Das oberste Geschoss sollte auf einem Maschikulikranz vorkragen. Der Zugang wäre über eine schmale Erdrampe zum erhöht gelegenen Eingang erfolgt. Um die Wasserversorgung im Belagerungsfall zu sichern, war sogar eine Zisterne vorgesehen. Alles in allem erinnert das Projekt funktional an die französischen *tours modèles* der Zeit Napoleons. Man kann sich vorstellen, dass ein Wachtturm dieser Art mitten auf einer Prachtstraße städtebaulich eine sehr eigenartige Lösung ergeben und einen Fremdkörper dargestellt hätte. Aber Hörmann ging noch weiter: *„Auf der Prater Insel ist schon ein neuer defensiver Wacht=Thurm beantragt; allein die dominirende Lage des Gasteigberges gegen die Altstadt,*

St. Anna und Isar=Vorstadt wird doch auch noch eine Defensions Einrichtung des Erdgeschoßes in dem auf diese Anhöhe bestimmten Atheneum nothwendig machen.“[642] Heute erhebt sich hier das Maximilianeum.

Auch für die Residenz plante Hörmann Sicherungsmaßnahmen. So arbeitete er einen Entwurf zur *„Vertheidigungs-Instandsetzung der Residenz-Wache“* aus. Die Eingangstüren sollten verstärkt und die Fenster durch schussfeste Läden gesichert werden[643]. Für die Verteidigung wichtiger öffentlicher Gebäude schlug Hörmann allgemein krenelierte, eisenbeschlagene Fensterläden vor (Abb. 144). Damit ließ sich jedes Gebäude in einfachster Weise in eine provisorische Festung verwandeln[644].

Hörmann fand die Vorbilder für solche Verteidigungsanstalten in der französischen Hauptstadt. *„Die innere Befestigung von Paris“* war *„lediglich auf den Kampf der Ordnung und Gesetzmäßigkeit gegen den Pöbel berech-*

123

Abb. 144: Ingolstadt. Schussfeste Eisenläden an den Fenstern der Kehlkaserne von Fort Prittwitz (um 1885). Die Läden haben im unteren Bereich kleine Schlüsselscharten für Infanteriefeuer. Ähnlich sind die von Hörmann in Vorschlag gebrachten eisernen Läden zu denken.

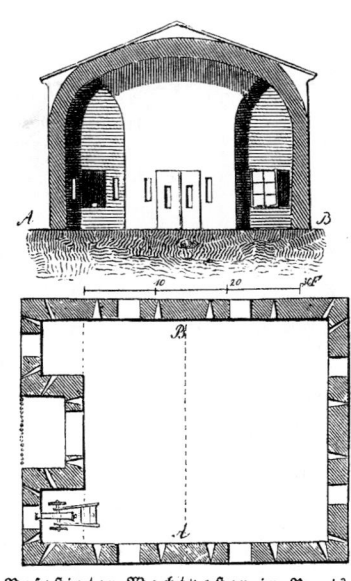

Abb. 145: Paris. Querschnitt und Grundriss eines defensiven Wachtpostens. Xylographie 1846.

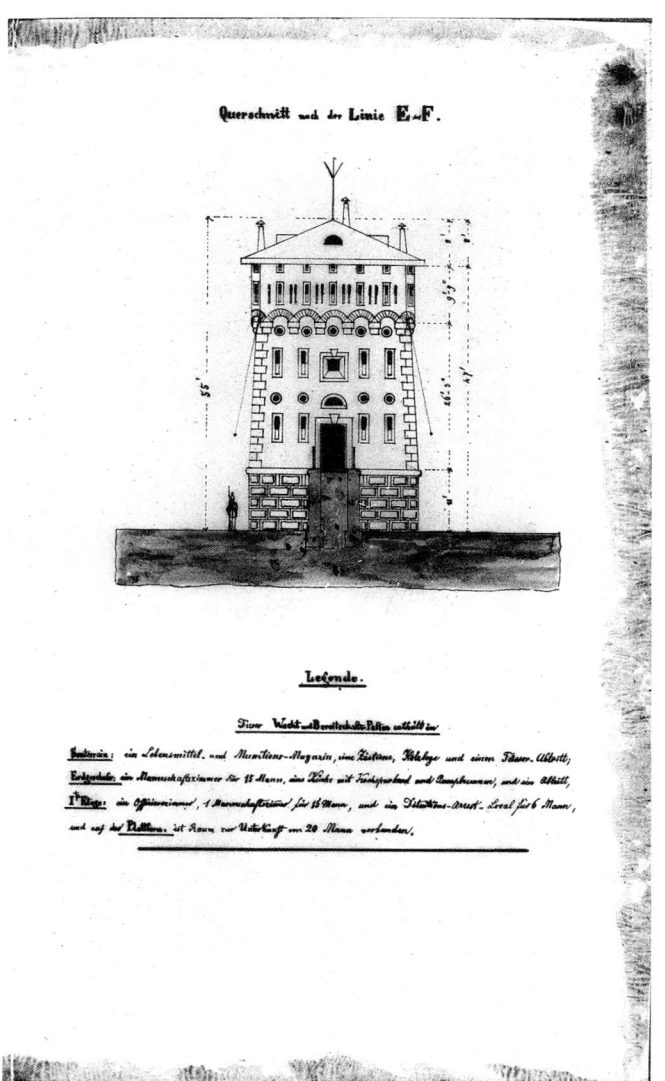

Abb. 146: München. Entwurf Hörmanns zu einem Wacht- und Bereitschaftsposten in Form eines maschikulierten Turmes. Ein solcher Turm war auch mitten auf der heutigen Maximilianstraße vorgesehen.

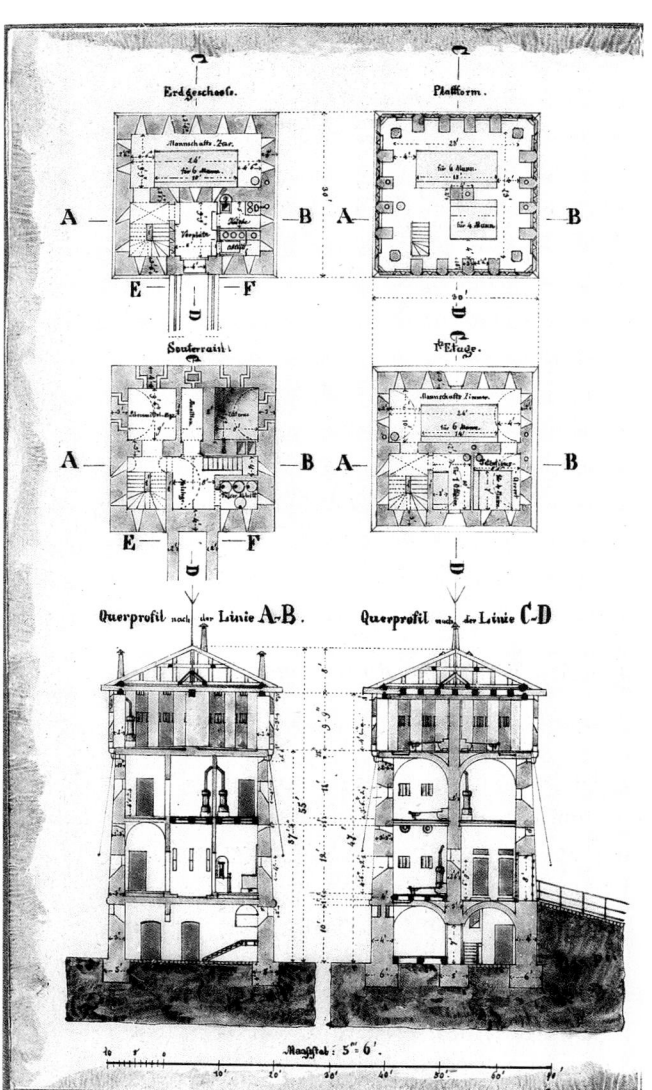

Abb. 147: München. Grundrisse und Schnitte zum maschikulierten Turm.

124

Abb. 148: München. Plan der Stadt mit Lage der von Hörmann geplanten Defensivkaserne auf dem Oberwiesenfeld.

net."645 Dabei handelte es sich um höchst einfache kleine Gebäude, um defensive Wachtposten mit Schießscharten für Gewehre und mit Fenstern, welche sich durch eisenbeschlagene Läden verschließen und nur eine Öffnung für Kanonenmündungen frei ließen (Abb. 145). Sie hatten *„den Vortheil, daß ihr geringfügiges Ansehen nicht im Stande ist, die hochfliegende Aufmerksamkeit auf sich zu ziehen [...]"*646, und standen an allen wichtigen Straßen und Brücken, um die Stadt gegen jene *„wilden Horden, die jetzt in den unheimlichen Quartieren der City und der oberen Vorstädte hausen"*647, zu sichern.

Eine Defensivkaserne als Zitadelle für München

Hörmanns Projekt für das Oberwiesenfeld
Noch während Hörmann am ersten Teil seines Berichts über die bayerischen Städte arbeitete, erhielt er 1852 den Auftrag ein Projekt für eine große Defensivkaserne auf dem Oberwiesenfeld bei Neuhausen im Nordwesten der Stadt, zwischen den Straßen nach Nymphenburg und Dachau, für 2000 Mann Artillerie, 1000 Mann Infanterie und 600 Pferde auszuarbeiten (Abb. 148)648. Hörmann selbst hatte bereits in seinen Überlegungen zur Sicherung Münchens hier eine, allerdings etwas kleinere, Defensivkaserne und eine große Anlage dieser

125

Art auf dem Gasteigberg und damit näher an der Residenz geplant[649]. Die neue Kaserne sollte neben der sicheren Aufbewahrung des Artilleriematerials und der Unterkunft für Truppen und Offiziere unter anderen die folgenden Funktionen erfüllen: „*Die wechselseitige Unterstützung und Verbindung der Max-Kaserne mit dem Residenz=Schloß und Nymphenburg und Schleissheim, mit dem Pulvermagazin von Milbertshofen, dem Eisenbahnhofe und der Infanteriekaserne am Türken Graben ist leicht durch mehrere Straßen oder auch in freiem Felde außerhalb der Stadt zu unterhalten, ja selbst eine Vereinigung der Max=Kasernen=Besatzung mit der Garnison von Augsburg, Freysing und Landshut kann ohne Beeinträchtigung und Kenntnißnahme der Stadt München geschehn.*
d: *Von der Max-Kaserne aus können die drei Straßen von Nymphenburg, Dachau und Schleissheim, der Kugelfang, das Marsfeld, die Eisenbahn und die Zugänge der größten Vorstadt von München beherrscht werden.*
e: *Diese geräumige, vertheidigungsfähige und feuerfeste Max-Kaserne, ausgerüstet mit allen Vertheidigungs= und*

Subsistenz=Mitteln, dient nicht nur als Zitadelle, bei um sich greifendem Tumult=Allarm oder bei Angriff eines Streifkorps zu Kriegszeiten, sondern auch als Zufluchtsort für höchste Herrschaften, Schätze, Archive und werthvollster Material=Vorräthe bei einem durch hiesige, ganz feuerpolizei widrigen Bauart, und theilweisen noch ungeregelte Feuerlösch=Anstalt leicht begünstigt werden könnenden Feuersbrunst in München."[650]

Was die Lage und Funktion der Kaserne betraf, so führte Hörmann das im Bau befindliche Arsenal in Wien als Vorbild an[651]. Tatsächlich orientierte sich sein Grundrissentwurf stark an den ursprünglichen Vorgaben des Militärs für den Arsenalbau in Wien, ja das Tracé der Festungsanlagen ist fast identisch mit diesen[652]. Hörmann muss ihn ähnlich den Pariser Bauten gekannt haben. Sein Plan (Abb. 149) sah eine große längsrechteckige Anlage vor, deren vier Ecken bastionierte Türme als Quartiere für die Offiziere besetzen und in deren unteren Geschossen Kanonen Aufstellung finden sollten (Abb. 150). Aus der Mitte der beiden Längsseiten springt

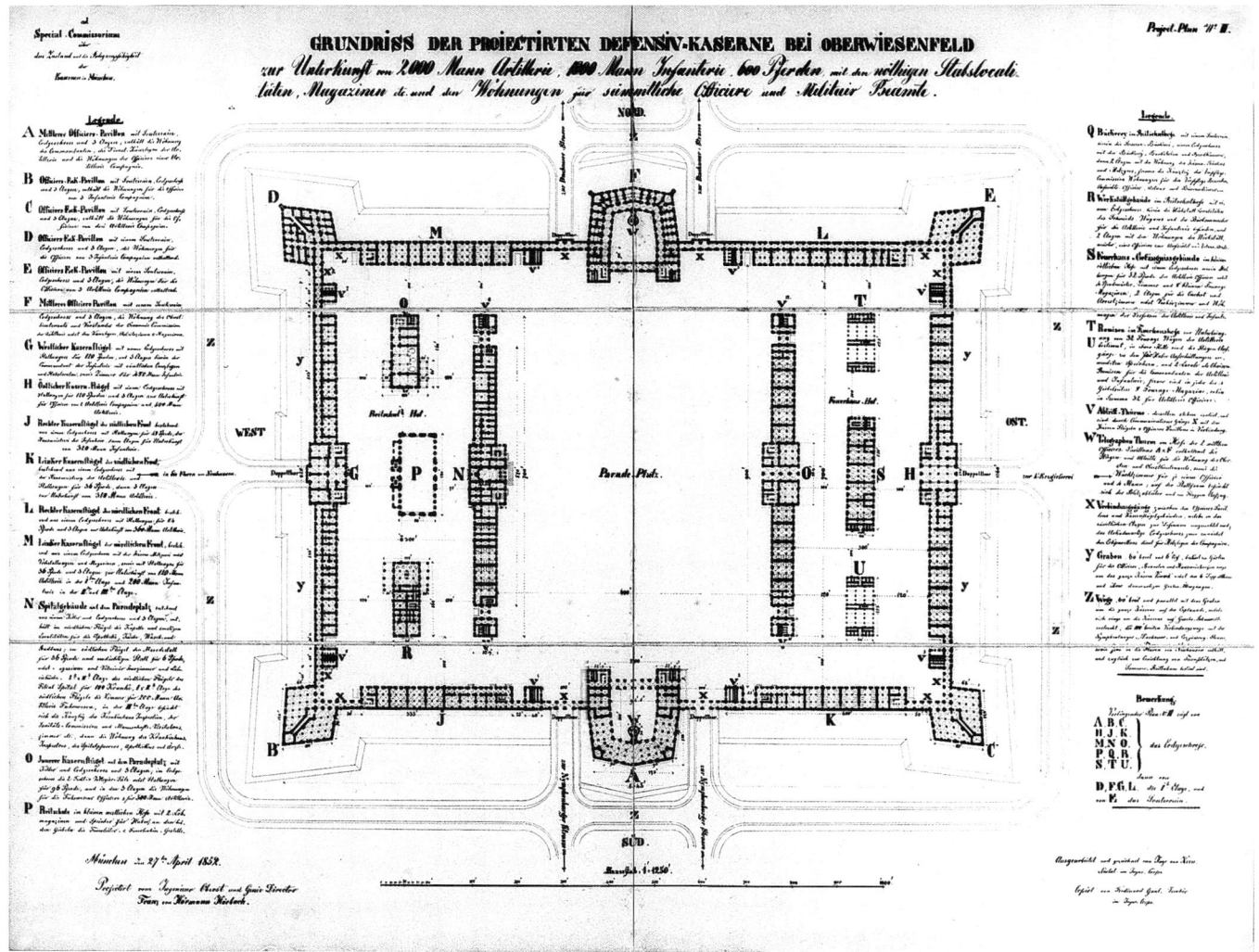

Abb. 149: München. Entwurf Hörmanns zur Defensivkaserne auf dem Oberwiesenfeld als Zitadelle für München, Grundriss. Die Ecken beherrschen die als Bastionen ausgebildeten Offizierspavillons, die Mitten der Längsseiten ebenfalls Offiziersquartiere, die in der Art von Reduitbauten bzw. großen Kaponnieren errichtet werden sollten.

jeweils eine bastionsförmige Kaponniere zur Deckung der beidseitig von diesen angeordneten Doppeltore vor. Diese Kaponnieren sind zur Hofseite durch Verbindungsgänge geschlossen und über kasemattierte Wehrgänge an die Kasernen- und Arsenalflügel zu beiden Seiten angeschlossen. Sie wären so zu eigenständigen Verteidigungsabschnitten geworden ähnlich den Reduitbauten in der neudeutschen Festungsbaukunst. Die gesamte Längsfront orientiert sich in dieser Form an der modernen Fortifikation und deren Schema für Festungsfronten, wie sie u. a. in Posen errichtet wurden (Abb. 189)[653]. Zwei weitere Doppeltore waren in den Mittelpavillons der beiden Kasernenflügel an den Schmalseiten vorgesehen. Alle Bauten wurden von Hörmann bombensicher kasemattiert geplant. Der ganze Komplex sollte von einem breiten Graben umfangen werden.

Hörmann sah seine Defensivkaserne in der Funktion einer Zitadelle für die Stadt. Sie hätte dem König und seiner Familie im Notfall eine sichere Zufluchtsmöglichkeit geboten, sowohl von der Stadtresidenz aus, wie auch vom Sommersitz Nymphenburg. Sie wäre nahe genug zu beiden Objekten gelegen gewesen. Im allerhöchsten Notfall blieb immer noch der Rückzug weiter nach Norden in die Landesfestung Ingolstadt[654]. Darüber hinaus war offensichtlich auch an eine Sicherung der Residenzstadt in Kriegszeiten gegen plötzliche Überfälle von Vorauskommandos gedacht, ein Gedanke, der unter anderen auch der Neubefestigung des Schlosses in Schwerin zu Grunde lag[655]. Hörmanns Pläne aber wurden bald wieder fallen gelassen, vor allem aus finanziellen Gründen. Gerade seine Vorschläge für die Befestigung zahlreicher Punkte in München hätten enorme Summen verschlungen[656].

Die architektonische Gestaltung der Hörmannschen Bauten

Hörmann fertigte Dutzende von fein säuberlich gezeichneten Entwürfen für die von ihm in Vorschlag gebrachten Bauten. Er machte sich dabei offensichtlich nicht nur Gedanken über die Funktionalität seiner Festungswerke, sondern auch über deren baukünstlerische Gestaltung und ihren repräsentativen Charakter. Zwar sind die Gebäude entsprechend ihrer Eigenschaft als militärische Bauwerke und sicherlich auch auf Grund der weniger künstlerischen als ingenieurtechnischen Ausbildung Hörmanns recht schlicht, aber er versuchte doch gewisse ästhetische Kriterien zu erfüllen. Aufriss und Gestaltung unterliegen noch eindeutig klassizistischen Gliederungsprinzipien. Die Kanten der Gebäude werden durch große, saubere Quader gefasst, einfache Gurtbänder unterteilen die einzelnen Geschosse, wie die Aufrisse zur Max-II-Kaserne auf dem Oberwiesenfeld (Abb. 151) und dem Wachtgebäude auf dem Gasteig (Abb. 143) zeigen[657], und betonen die ho-

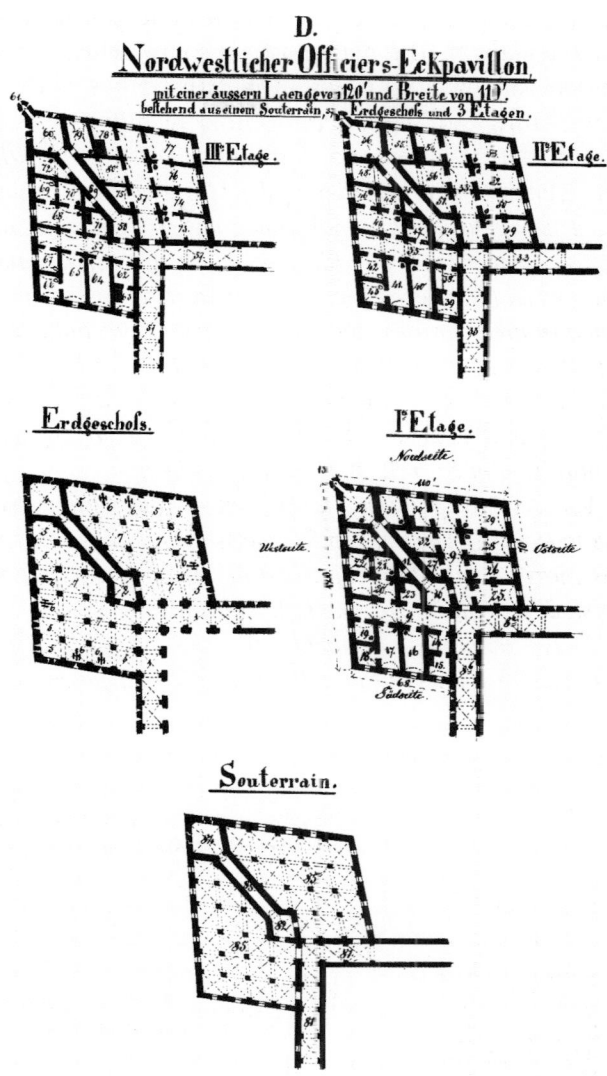

Abb. 150: München. Grundrissentwürfe Hörmanns für den nordwestlichen Offizierseckpavillon der Defensivkaserne in Form eines bastionierten Turmes. Im Erdgeschoss sind hinter den Scharten Kanonen eingezeichnet. Im Saillant sollte ein Pulvermagazin liegen.

rizontale Gliederung der Baukörper. Aber Hörmann versuchte gleichzeitig auch, die Gebäude dem von seinem Auftraggeber König Maximilian II. favorisierten neuen Nationalstil, der sich an der Gotik orientierte und mit der Anlage der Maximilianstrasse als Maximilianstil in die Kunstgeschichte einging, anzupassen. Versatzstücke spätmittelalterlicher Wehrarchitektur wie Türmchen und Schlüsselscharten im Fall der Defensivkaserne auf dem Oberwiesenfeld dienten Hörmann zur architektonischen Gestaltung seiner Gebäude und gleichzeitig auch zu deren eindeutiger Charakterisierung als Wehrbauten[658]. Die Saillants der bastionierten Türme z. B. zieren dreistöckige Türmchen, die von kleinen Zierzinnenkränzen abgeschlossen werden. Zinnen krönen auch die beiden runden Treppentürme in den Kehlseiten der Kaponnierenbauten. Sie überragen deutlich den ganzen Baukomplex und sollten große Fahnen mit dem Mono-

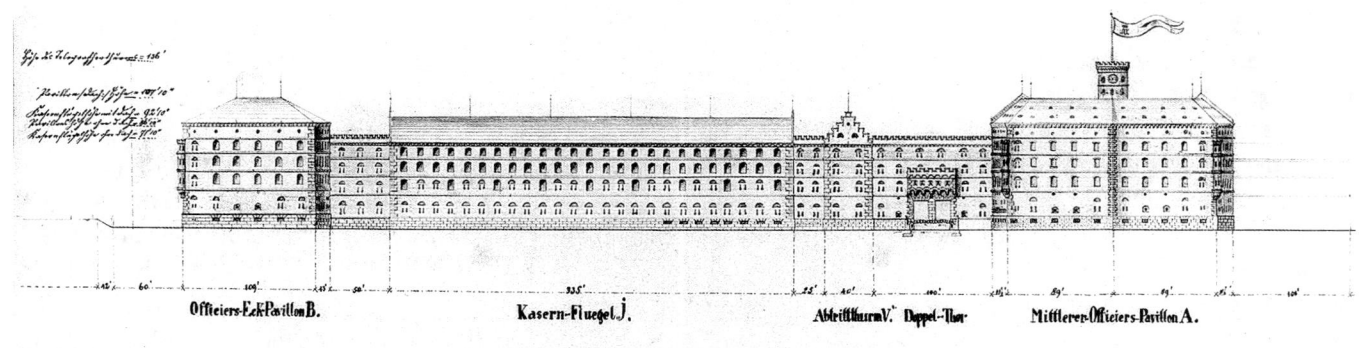

Abb. 151: München. Fassadenentwurf der Defensivkaserne auf dem Oberwiesenfeld von Hörmann. Teilansicht der Südfront bis zum mittleren Offizierspavillon, hinter dem der zentrale Treppenturm mit der Fahne des Königs aufragt.

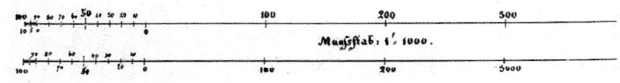

gramm des Königs tragen. Zinnen sollten auch die Verbindungsgänge zwischen den Kasernenflügel schmükken. Gotisierende, flache Staffelgiebel prägen die Gebäude. Die Kaserne hätte somit den Eindruck einer großen, königlichen Burg gemacht.

Die Aufnahme von Motiven der mittelalterlichen Burgenbaukunst ist bei Kasernen im 19. Jahrhundert zu ihrer Charakterisierung als Militärbauten nicht ungewöhnlich. Hörmann hat sie allerdings mit besonderer Konsequenz zur Anwendung gebracht.

Die Stildiskussion der Zeit erstreckte sich auch auf den Festungs- und Militärbau. So wurde verlangt, *„einen eignen Styl der militairarchitectonischen Verzierungen zu bilden"*[659]. Dabei galt als grundlegend: *„einmal, dass man die Hauptgestalt des zu verzierenden Bauwerks aus seiner militairischen Bedeutung und Charakteristik herleitet und dann, daß man die Technik der Verzierungen von classischen Mustern auswählt und der Construction und dem Character des Gebäudes anpasst.*

Eigene Verzierungen ohne erprobte Vorbilder aus der Vergangenheit erfinden führt in phantastische Verirrungen und muß vermieden werden."[660] Darüber hinaus musste die Stilwahl auf die militärischen Bedürfnisse Rücksicht nehmen. So wurde von gotischen Elementen abgeraten: *„Bei letzterem lief Alles auf einen Ausdruck der Höhe und auf thurmartige Anlagen, freie Uebersicht der Umgegend und eigne Unersteiglichkeit hinaus. Man kannte damals noch nicht die Nothwendigkeit schwerer und bombensicherer Wölbungen und möglichster Erniedrigung der Umfassungsmauern um sie gegen die außerhalb stehenden feindlichen Batterien durch Erdwälle zu schützen.*

So großartig der Spitzbogenstyl für den Bau von Kirchen= und Prachtgebäuden ist, so wenig erscheint er für den Festungsbau in der Erde geeignet."[661] Allerdings gab es auch Ausnahmefälle, z. B. *„bei hohen Casernen"*[662]. Und in der Tat finden sich ab der Mitte des 19. Jahrhunderts zahlreiche Kasernenbauten, die Elemente der mittelalterlichen Burgenarchitektur aufweisen[663]. In diesem Kontext lassen sich Hörmanns Entwürfe einordnen.

Spätere Planungen und der Bau der Defensivkaserne
Obwohl Hörmanns Entwurf für eine Defensivkaserne auf Grund der hohen Kosten abgelehnt worden war, wurden seit 1854 alternative Planungen erarbeitet. Das Kriegsministerium verwies auf Hörmanns Entwürfe als Orientierungshilfe[664]. Doch wirkliche Aktualität gewannen die Pläne für einen solchen Bau erst wieder 1858, als König Maximilian II., aufgeschreckt durch ein Attentat auf Napoleon III., erneut Gutachten und Projekte zur Sicherung der Residenzstadt in Auftrag gab. Maximilian fürchtete, dass ein weiterer Anschlag in Frankreich zu einem revolutionären Umsturz und in der Folge auch zu Unruhen im Deutschen Bund führen könnte. Der König forderte daher „*ein für allemal fixierte Versammlungspunkte (:wie in Wien das Arsenal:), von wo aus man die Stadt beherrschen, behaupten und die militärischen Operationen leiten könnte. Da der Bau einer neuen Kaserne dahier ohnedieß unabweislich geworden ist, so könnte man vielleicht damit auch den letzt genannten Zweck verbinden und diese Kaserne an einem geeigneten Platze als befestigte erbauen, so daß sie mithin auch zur Aufnahme von Artillerie-Abtheilungen geeigenschaftet wäre.*"[665] Maximilian II. schlug in Anlehnung an die ihm gut bekannten und von ihm immer wieder ins Gespräch gebrachten Pläne Hörmanns ein Fort auf dem Gasteig und eine befestigte Kaserne in der Stadt vor. Der Kriegsminister Wilhelm von Manz verfasste in den Diskussionen um die Sicherung der Residenzstadt eine Denkschrift, in der er auf die strategische Rolle der neuen Prachtstraßen für einen raschen Truppenaufmarsch hinwies. Er schlug gar vor, den Max-Joseph-Platz vor dem Königsbau der Residenz zu einem Glacis mit weitem Schussfeld umzugestalten und die umgebenden Gebäude daher wegzureißen. In unmittelbarer Nähe zum Palast wollte Manz eine Defensivkaserne errichtet sehen. Die Residenz wäre somit wieder zum festen Schloss geworden. Seine Vorschläge hätten allerdings städtebaulich weitreichende Konsequenzen gehabt, weshalb man davon wieder abrückte[666]. Man beschloss schließlich doch den Bau einer Defensivkaserne auf dem Oberwiesenfeld zwischen den Straßen nach Dachau und Nymphenburg. Explizit wurde ihre Nähe zur Sommerresidenz betont, für deren Sicherheit sie u. a. sorgen sollte[667]. 1860 wurde mit dem Bau begonnen. Für diesen hatte zuerst der Architekt Georg Friedrich Ziebland, der den Ausbau von Hohenschwangau für Maximilian II. ab 1840 bewerkstelligt hatte, einen Entwurf vorgelegt. Ausgeführt wurde schließlich nach diversen Planänderungen aus Kostengründen ab 1861 ein vereinfachter Entwurf des Zivilarchitekten Matthias Berger, der im Außenbau zwar mit Türmchen und Zinnen Elemente mittelalterlicher Wehrbauten aufgriff, aber auf den ersten Blick keine realen Fortifikationen mit Schießscharten oder gar Bastionen aufwies, wie dies im Hörmannschen, ja sogar noch im Entwurf Zieblands, der Torzwinger mit krenelierten Mauern vorgesehen hatte[668], der Fall gewesen war. Erst 1877 war der riesige Komplex abgeschlossen[669].

Die verschiedenen Projekte zu Verteidigungseinrichtungen in der Residenzstadt München zeigen, dass man eine Residenz auch indirekt befestigen konnte, indem man im Stadtgebiet mehrere feste Punkte verteilte, von denen aus sich Stadt und Wohnsitz des Souveräns sichern ließen. Eine Fortifikation des königlichen Palastes schied schon aus städtebaulichen Gründen und Platzmangel von vorneherein aus. Das Projekt von Manz war in dieser Beziehung völlig unrealistisch. Aber auch die Ideen Hörmanns blieben, obwohl der König sie sehr schätzte, letztlich nur Papier. Maximilian II. fürchtete zwar die Revolution über alles, und die verschiedenen militärischen Gutachten, die er immer wieder einforderte, zeugen von regelrechten Vorbreitungen für einen möglichen Bürgerkrieg in Bayern, allerdings „*begnügte er sich auch bei diesen für ihn elementaren Problemen in der bekannten Weise mit theoretischen Erörterungen*" und „*unverbindlichen Vorschlägen*"[670]. Letztendlich hätte die Verwirklichung der Vorschläge Hörmanns psychologisch gesehen nicht nur den Bürgern Münchens ein ständiges Gefühl der Bedrohung vermittelt, sondern auch als Zeugnis tief sitzender Angst der Obrigkeit ein zu deutliches Zeichen von Schwäche suggerieren können. Übertriebenes Misstrauen des Herrschers gegenüber seinen Untertanen galt als unklug[671]. Eine etablierte Regierung, die allgemein anerkannt ist und sich sicher fühlt, kann auf solche Verteidigungsmaßnahmen daher verzichten. König Maximilian entsprach dem „*Leitbild des Bürgerkönigs*"[672], der sich strikt an die Verfassung hielt. Das dürfte zu einem Gutteil der Sicherung seiner Herrschaft dienlicher gewesen sein als alle Planspiele für den revolutionären Ernstfall.

Ein Exkurs: Defensivkasernen als Mittel zur Wahrung der inneren Sicherheit
Die bayerischen Projekte zur Sicherung der Residenzstadt durch Defensivkasernen sind, wie gerade die Hinweise Hörmanns wie auch des Königs auf das Arsenal in Wien deutlich machen, kein Einzelfall gewesen. Hörmann legte ähnliche Planungen wie für München auch für andere Städte vor. So entwickelte er einen bestimmten Typ solcher Bauten, den er in verschiedenen bayerischen Städten an strategisch günstigen Standorten zu platzieren gedachte (Abb. 152). Hörmanns zitadellenartige Defensivkaserne ist eine rechteckige Anlage, die auf drei Seiten von Kasernentrakten eingenommen wird. Jede Ecke markiert ein turmartiger Bau. Eine krenelierte Mauer schließt den zu einer der beiden Schmalseiten geöffneten Hofraum. Hinter ihr erhebt sich ein freistehendes Torhaus. Aus der Front der gegenüberliegenden

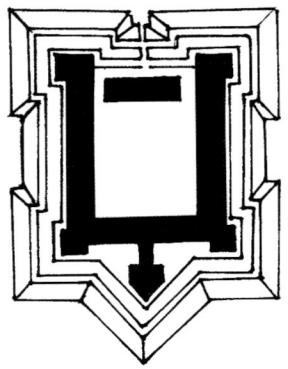

Abb. 152: Typisierter Entwurf Hörmanns einer Defensivkaserne für verschiedene bayerische Städte, wie er z. B. in Schweinfurt und Aschaffenburg ausgeführt werden sollte. Umzeichnung v. Verf. nach Plänen im Bayerischen Kriegsarchiv München.

Schmalseite springt als Kaponniere ein bastionsartiger Baukörper vor, der an die Koffer im Programm für das Wiener Arsenal erinnert, indem er durch einen kurzen, eingezogenen Verbindungsbau mit der Enceinte verbunden ist. Die gesamte Anlage wird von einem Graben, den eine Zugbrücke quert, einem gedeckten Weg mit Palisaden und einem Glacis umgeben. So entsteht ein bomben- und feuersicheres Fort. In **Schweinfurt** sollte diese „*Zitadelle*" die Stadt, den Mainübergang und die Eisenbahn beherrschen[673]. In **Aschaffenburg** plante Hörmann ihre Anlage oberhalb des Schlosses zwischen diesem und dem Bahnhof. Die Defensivkaserne sollte Schloss und Bahnhof als wichtigste strategische Objekte der Stadt „*gegen Überrumpelung äusserer und innerer Feinde*" sichern[674].

Defensivkasernen waren eigentlich ein Bestandteil der neudeutschen Festungsbaukunst. Als bombensicher eingewölbte Bauten wurden sie häufig in den Kehlen von Bastionen und Forts erbaut und erfüllten zugleich die Funktion eines Reduits (so in Ulm oder Königsberg, Abb. 153). Aus diesem Kontext herausgelöst konnte dieser Bautypus im Sinne einer Zitadelle Verwendung zur Wahrung der inneren Sicherheit finden. Hörmann war nun nicht der erste, der sich mit Defensivkasernen zur Sicherung gegen innere Unruhen beschäftigte, und es war offensichtlich auch nicht erst die Revolution von 1848/49 mit ihren Folgen in der Reaktionsphase, die den Bau solcher Defensivkasernen, die als Zitadellen die Residenzstädte beherrschen konnten, als dringend notwendig erscheinen ließ. So hatte sich die strategische Bedeutung von Kasernen in der Stadt z. B. in Wien 1848 gezeigt, wo die Leopoldstädter Kavalleriekaserne ein bedeutsamer Stütz- und Kampfpunkt war, von dem aus die Truppen operieren konnten[675]. Nach der Revolution stellte man, ähnlich wie in Bayern, auch in Preußen von Seiten des Kriegsministeriums 1850 die Errichtung fester Stützpunkte innerhalb des Gebietes der Residenzstadt **Berlin** an. Im Bereich des späteren Friedrichshains plante man eine Zitadelle zu bauen. Die Projekte scheiterten an der Finanzierung[676]. Schon vor der Revolution hatte es in Berlin Überlegungen zum Bau einer De-

Abb. 153: Königsberg. Kehlseite der Defensivkaserne in der Bastion Grolmann, Xylographie 1852.

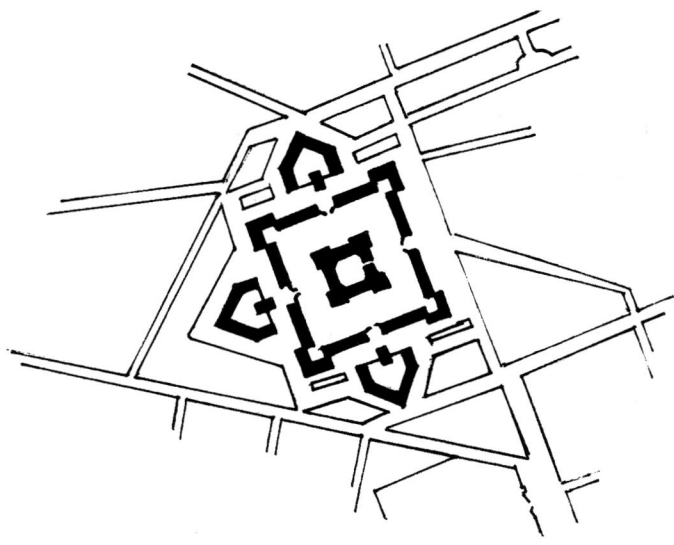

Abb. 154: Berlin. Entwurf zu einer Defensivkaserne in Moabit. Umzeichnung v. Verf. nach „Projectirte Schmuck u. Grenzzüge v. Berlin" von Lenné, 1840.

fensivkaserne gegeben. 1840 wurde nordwestlich des Spreebogens, direkt neben dem Gefängnis Moabit und gegenüber des königlichen Invalidenhauses, ein gewaltiger Kasernenkomplex geplant, der die Projekte für Wien und München[677] vorwegnimmt (Abb. 154). Der Kasernenkomplex wurde tatsächlich gebaut[678], allerdings in weit weniger martialischer Form als ursprünglich geplant.

Die Berliner Kaserne sollte als nahezu quadratisches Fort errichtet werden. Die Ecken springen bastionsförmig aus und hätten so die Flankierung der Längsseiten ermöglicht. Um diese und die Facen der Eckbauten zu decken war vor der Mitte von drei Fronten je ein Gebäude über bastioniertem Grundriss geplant, das die Funktion einer Kaponniere oder eines Ravelins erfüllen sollte. Die Kehlen dieser drei Anlagen wären von krenelierten Mauern abgeschlossen worden, in deren Mitte, ähnlich den Forts der neudeutschen Festungsbaukunst, kleine rechteckige Bauten vorgesehen waren, die wohl als Reduits und zur Flankierung der rückwärtigen Zugänge bzw. der Kehlmauern dienen konnten. Im Zentrum der ganzen Kasernenanlage, mitten auf dem Hof, hätte sich eine Art zentrales Reduit, eine innere Festung in Form eines Kastells mit vier Ecktürmen erhoben. Alles in allem wäre eine geradezu gewaltige Festungsanlage entstanden. Im Äußeren hätte der Bau wohl eine ähnliche Gestalt erhalten wie die große Defensivkaserne „Kronprinz", die sich in **Königsberg** hinter dem Reduit der Bastion Grolmann erhebt. Sie besteht aus einer fünfeckigen Anlage mit viereckigen und runden Ecktürmen. Ein schmaler Graben umgab diese kleine Zitadelle und war nur mittels Zugbrücken zu queren (Abb. 156)[679].

In der Reaktionsphase nach der Revolution gewann dann der Bau solcher Anlagen an Bedeutung. Das verdeutlichen die Planungen Hörmanns für München und

andere bayerische Städte ebenso wie die bereits weiter oben vorgestellte Artilleriekaserne auf dem Ostorfer Berg in **Schwerin** (Abb. 28), die das Residenzschloss absichern sollte. Auch im Königreich Hannover gab es Überlegungen, wie Kasernen bei Aufständen zu verteidigen seien, was die militärischen Unterkunftsbauten eindeutig in die Nähe der Fortifikationsarchitektur rückt. Ein Lageplan für die Welfenplatz-Kaserne in **Hannover** aus dem Jahr 1858 zeigt Schussbahnen, die verdeutlichen, wie mit Hilfe von flankierendem Feuer die einzelnen Baukörper der Kaserne gedeckt werden konnten (Abb. 155). Urheber des Plans war der Kriegsbaumeister Hunaeus, der hierzu vom Kriegsminister die Anweisung erhalten hatte[680].

Das bekannteste Beispiel einer verteidigungsfähigen Kaserne stellt das **Arsenal in Wien** auf dem Laaer Berg vor, ein gewaltiger Komplex, der als zentrales Magazin für die österreichische Artillerie und Kaserne dienen sollte (Abb. 157). Diese Verbindung findet sich öfter. Es sind vor allem die Artillerie und ihr Zubehör, die man in gesicherten Zeughäusern und Kasernen untergebracht wissen wollte, um sie vor dem Zugriff der Volksmassen zu schützen. Sie sollten Aufständischen auf keinen Fall zu leicht in die Hände fallen dürfen, wie gerade der Bau des Arsenals in Wien deutlich macht. *„Die Ereignisse im Jahre 1848 haben aber vollends die Dringlichkeit dargethan die Waffen= und Materialvorräthe, welche die verschiedenen Artillerie=Werkstätten von Wien enthalten, gegen Beraubung sicherzustellen, und dadurch reifte der Entschluß, so schnell als möglich ein gehörig geordnetes Arsenal in Wien zu erbauen."*[681] Kaiser Franz Joseph wandte sich dieser Anlage daher mit großem persönlichen Engagement zu[682].

Für diesen Bau war schon im November 1848 von Antonius Pius von Rigel ein Plan ausgearbeitet worden, dem ein bastioniertes, von Graben und Glacis umgebenes Oktogon vorschwebte[683]. Seine Bastionen verfügen

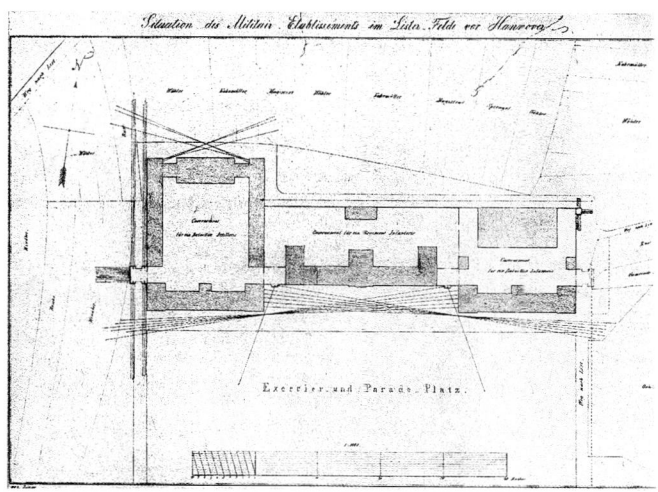

Abb. 155: Hannover. Kasernenplan von Kriegsbaumeister Hunaeus 1858.

131

über eingezogene Flanken und erinnern an italienische Befestigungen des 16. Jahrhunderts[684]. Im Zentrum der Anlage erhebt sich ein mächtiger, fünfgeschossiger, die ganze Anlage überragender, zinnengekrönter Reduitbau in der Art eines Montalembertschen Turms mit Kaponnieren an den acht Ecken. Er sollte das Waffenmuseum aufnehmen, in welchem der Kriegsruhm des österreichischen Heeres seine Verherrlichung finden konnte[685]. Dieses Museum wurde schließlich als ein zentraler Bestandteil des Arsenals verwirklicht.

Für den ausgeführten Bau wurde 1849 unter zwölf Wiener Zivilarchitekten ein Wettbewerb ausgeschrieben. Als Vorgabe diente ein Projektplan nebst Grundriss der k.k. Artillerie-Behörde (Abb. 158), nach dem der Bau mit mehreren Flügeln, die Werkstätten, Depots und Kasernen wie auch das Museum aufnehmen sollten, über einer rechteckigen Grundfläche zu errichten war. Die Ecken sollten bastionierte Koffer besetzen, von denen zwei auch vor den Längsfronten des Komplexes vorgesehen waren[686]. In den Eckbauten waren Wachstuben für 30 Mann und jeweils zehn Geschützstände, je drei in den Facen, je zwei in den Flanken vorgesehen[687]. „Das gegebene Programm wurde jedoch bald vielfach abgeändert, denn nach den ernsten Ereignissen des Jahres 1848 fanden selbst zwischen den hohen Militärs Meinungsdiffe-

renzen über den Grad der Vertheidigungsfähigkeit der ganzen Bauanlage statt", berichtet der am Bau beteiligte Architekt Heinrich Ritter von Förster[688]. „Von all den erschwerenden Bedingungen, welche aus einem spezifisch industriellen Etablissement eine Festung machen wollten, wurde Stück für Stück abgegangen; bombenfeste Gewölbe, Vertheidigungsgänge längs des ganzen Umfanges u. s. w. hatte man fallen lassen gegenüber der Geldfrage, welche bei der ungeheueren Ausdehnung dieses ganzen Gebäudekomplexes eine drei- bis vierfache Kostenerhöhung hervorgerufen hätte."[689] Tatsächlich blieb aber der ursprüngliche Grundriss mit einer gewissen Variation derselbe und wurde dementsprechend bis 1856 ausgeführt, nachdem man die Entwürfe „der Architekten von Siccardsburg, van der Nüll, von Förster, Hansen und Rösner zu einem einheitlichen Plane umgeschaffen" hatte (Abb. 159)[690]. Die Ecken besetzen weiterhin vier turmartige Gebäude, die als quadratische Baukörper jeweils einen Innenhof umgeben. Aus den Fronten der Längsseiten springen in der Art von Kaponnieren dreiflügelige Bauten in der selben Höhe hervor, ebenso aus der östlichen Schmalseite. Die westliche nimmt der vierflügelige Torbau ein. „Die Mittel= und Eckgebäude Nr. 1, 3, 5, 7, 9, 12, 14 und 16 sind Wohngebäude für Officiere, Mannschaft und Kanzleien; ihre in das Außenfeld vorspringenden Ecken haben ebenerdig

Abb. 156: Königsberg. Defensivkaserne „Kronprinz" hinter der Bastion Grolmann, Xylographie 1852.

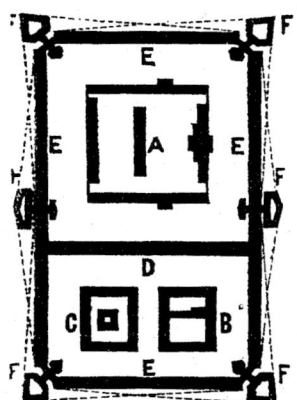

A. Werkstätten zur Ge-
   schützerzeugung.
B. Gewehrfabrik.
C Museum und Gewehr-
   reparatur.
D. Wohnungen und Kanz-
   leien.
E. Depôts.
F. Koffer für Geschütz-
   vertheidigung und zu
   Wohnungen mit den
   dazugehörigen Verbin-
   dungsgängen.

Abb. 157: Wien. Der vom Militär vorgegebene Plan zur Anlage des Arsenals.

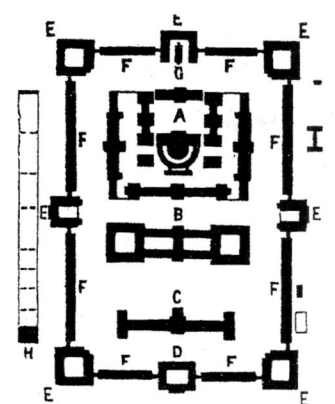

A. Werkstätten.
B. Gewehrfabrik.
C. Museum.
D. Kommandantengebäude.
E. Kasernen.
F. Depôts mit den Verbin-
   dungsgängen zu den Ka-
   sernen.
G. Kirche.
H. Schiessstätte.

Abb. 158: Wien. Arsenal, Plan des ausgeführten Baues.

Schießscharten für Geschütz; die Zwischengebäude sind Depôts und gegen das Außenfeld mit Creneaux versehen."[691]
Mit ihrer Hauptachse ist die ganze Anlage in weiter Luftlinie auf die Hofburg orientiert[692]. Im Innern des Komplexes fanden das Museum, eine Gewehrfabrik und die Werkstätten als größter Baukomplex des Arsenals ihren Platz. Hatte man aber ursprünglich eine vollständige bombenfeste Kasemattierung aller Bauten vorgesehen, so blieb zum Schluss nur noch die Wölbung der obersten Stockwerke zum Schutz vor Feuer und Be-

schießung[693]. Ein Bauverbotsrayon umgab die gesamte Anlage ähnlich einer Festung[694].
Trotz der Zurücknahme des Festungscharakters blieb das Arsenal entgegen der Aussagen v. Försters also fortifiziert und somit gegen Überfälle gesichert, auch wenn bisweilen immer noch Gegenteiliges behauptet wird[695]. Bis heute sind Infanterie- und Geschützscharten in den Außenmauern des Arsenals erhalten geblieben. In den Sockeln der Eckkasernen, die in ihrer Form an oberitalienische Kastellbauten gemahnen[696],

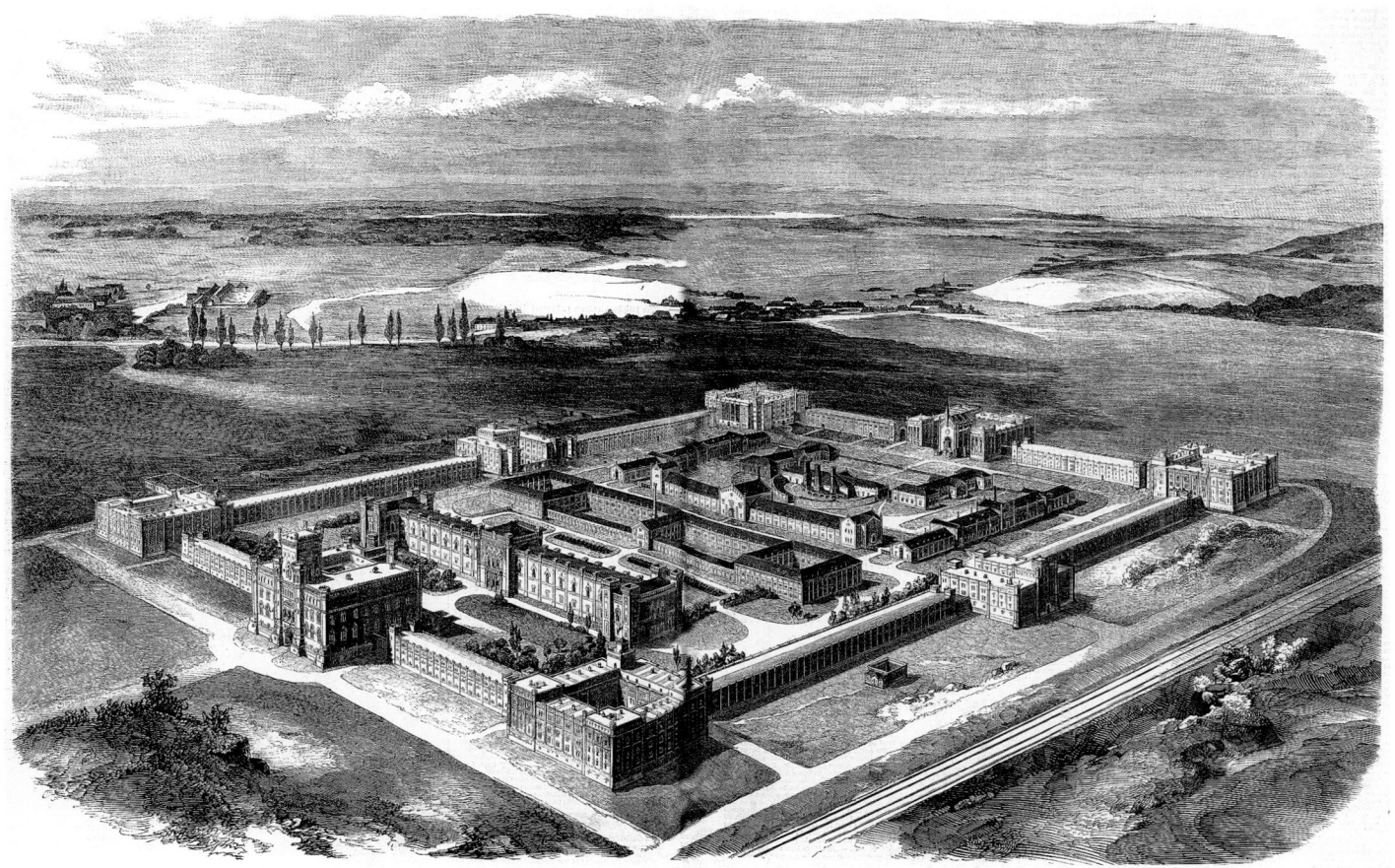

Abb. 159: Wien. Vogelschauansicht des Arsenalkomplexes, Xylographie 1854.

Abb. 160: Wien. Arsenal, Geschützscharte im Souterrain des nordwestlichen Eckpavillons.

sitzen je vier Geschützscharten in den Facen und je drei in den Flanken der Bauwerke (Abb. 160). Die Zwischengebäude, die durch krenelierte Mauern mit zweistöckigen Wehrgängen an diese Türme angebunden waren, zeigen nach außen in ihren beiden Geschossen in monotoner Form eine Anordnung der Öffnungen, wie sie typisch für die neudeutsche Fortifikation ist (Abb. 161). Zwischen zwei schmalen Gewehrscharten sitzt eine größere, rundbogige Fensteröffnung, die wohl im Notfall als Geschützscharte hätte dienen können. In ähnlicher Weise waren die Defensivkasernen und bombensicheren Hohlbauten in den großen Festungen wie z. B. Germersheim gestaltet (Abb. 162).

Die Funktion des Wiener Arsenals als eine Art Zitadelle spiegelt sich in der zeitgenössischen Militärliteratur wider: *„Was politische Rücksichten gebieten, der Städte Meister zu bleiben oder sie vor den Verheerungen des Feindes zu sichern, lässt sich gleichfalls durch kleine, rein militairische Festungen oder Forts erzielen, welche in unmittelbarer Nähe der Stadt auf dominirenden Anhöhen zu placiren sind, die man bei allen grösseren Städten antrifft, z. B. die Höhe nächst dem Belvedere bei Wien, der Hradschin in Prag, der Spielberg in Brünn u.s.w.“* [697]

Unter diesem Aspekt wurde das Arsenal noch 1866 im Angesicht der drohenden Kriegsgefahr gewertet, als man eine provisorische Befestigung der Donauübergänge im Norden Wiens begann: *„Es ist dieser befestigte Platz (das Arsenal – Anm. d. Verf.) eine Art großer Cidatelle (sic!), welche ein Armeecorps von 40,000 Mann aufzunehmen im Stande ist. Sowie man mit Hülfe des Arsenals verhindern kann, daß ein Feind sich in der Stadt festsetzt, ebenso könnte es gegen Angriffe einer von Süden oder Osten kommenden Armee dienen.“* [698]

Das Wiener Arsenal war kein isoliertes Bauwerk, sondern Teil eines größeren militärischen Systems zur Sicherung der Residenzstadt gegen innere Unruhen, aber auch gegen Überfälle von außen. Noch im Revolutionsjahr 1848 beschloss man die Anlage von vier Defensivkasernen in regelmäßigem Abstand zueinander rund um das Stadtzentrum[699], von der zuerst die im Osten nahe zur Donau gelegene Franz-Joseph-Kaserne 1854–1857 errichtet wurde (Abb. 163)[700]. Gleichzeit waren damit ein Ausbau und die Instandsetzung der alten Bastionärbefestigung Wiens verbunden. Man bestückte sie neu mit Kanonen, Mörsern und Haubitzen. Aber schon wenige Jahre später wurden die Festungsanlagen geschleift und man ging an die Anlage der Ringstraße[701]. Erst jetzt er-

Abb. 161: Wien. Arsenal, Südfront der Zwischengebäude mit Scharten und Fensteröffnungen in regelmäßiger Anordnung.

Abb. 162: Germersheim. Scharten einer Flankenbatterie zur Hauptgrabenkaponniere der Fronte Beckers. Zwischen je zwei Infanteriescharten ist eine große Geschützscharte angeordnet.

Abb. 163: Wien. Ansicht der kastellartigen Franz-Joseph-Kaserne auf dem Wall, Xylographie 1857.

richtete man auch die zweite Defensivkaserne, die Rossauer Kaserne, die 1865–1870 u. a. zur Sicherung des Donauübergangs entstand und als Abschluss eine Brustwehr und an den Schmalseiten halbkreisförmige Vorbauten als Geschützstellungen erhielt[702].

In die militärischen Sicherungsmaßnahmen wurden auch die Überreste des einstigen kaiserlichen Lustschlosses Neugebäude südöstlich der Stadt einbezogen. Schon 1848 war der Befehl zur Anlage von Verschanzungen rund um den Komplex ergangen, der nun als Depot für das Militär diente. Ein kleiner Gürtel von mehreren eigenständigen, sich gegenseitig deckenden Erdwerken umzog das Gebäude ähnlich den großen Festungen der Zeit[703]. Diese umfassenden Einrichtungen zur Sicherung der Haupt- und Residenzstadt Wien dürften Hörmann bekannt gewesen sein. Sie haben wohl unmittelbar auf seine Planungen eingewirkt.

Im Arsenalbau zu Wien kulminierten Angst vor und Triumph über die Revolution. Als Denkmal für das österreichische Heer, das soeben höchst erfolgreich und blutig die Aufstandsbewegungen in Wien, Italien und Ungarn niedergeworfen und somit die Monarchie gerettet hatte[704], und als Zweckbau kommt dem Komplex architekturgeschichtlich hohe Bedeutung zu. *„Mit dem Waffenmuseum, das nach der Revolution von 1848 dem „Waffenruhm der Beherrscher Oesterreichs" errichtet wurde, konnte eines der meines Erachtens bedeutendsten Nationaldenkmäler der Ära Franz Josephs geschaffen werden"*, urteilt Klingenstein über den Museumsbau im Innern des Arsenals[705]. *„Hier gelang es den auf politischer wie kultureller Ebene maßgeblichen Persönlichkeiten, den Hoffnungen der Ära des Neoabsolutismus und Konservatismus Ausdruck zu verleihen, Hoffnungen auf eine Zukunft, in der sich*

alle Untertanen der Habsburgermonarchie nach dem Vorbild des kaiserlichen Heeres zutiefst verpflichtet fühlen sollten, für deren ewigen Fortbestand treu zu kämpfen."

Die Verschmelzung von Denkmal und Fortifikation reiht das Arsenal ein in eine ähnliche Ikonographie mehrerer fester Schlösser, nämlich des Residenzschlosses in Schwerin und der Burg Hohenzollern, wo beide Male der Erzengel Michael den durch die Schlange personifizierten Satan stürzt und so zum Sinnbild der siegreichen Reaktion über die Revolution wird.

Noch im frühen 20. Jahrhundert ist der Schutz des Residenzschlosses durch eine Kaserne Thema. Als die beiden Bataillonskasernen des *Kaiser Alexander Garde Grenadier-Regiments No. 1* am Kupfergraben in **Berlin** 1901 durch Kaiser Wilhelm II. eingeweiht wurden, wies dieser in seiner Ansprache darauf hin: *„Wie eine feste Burg ragt eure neue Kaserne in der nächsten Nähe des Schlosses auf, das ihr in erster Linie zu schützen bereit sein werdet. [...] Und wenn jemals wieder in dieser Stadt wie damals eine Zeit kommen sollte, eine Zeit der Auflehnung gegen den König, dann bin Ich davon überzeugt, wird das Regiment Alexander alle Unbotmäßigkeit und Ungehörigkeit [...] in die Schranken zurückverweisen."*[706] Der Bezug auf die schon über ein halbes Jahrhundert zurückliegenden Ereignisse von 1848 wird aus diesen Worten nur zu deutlich. Das Schreckgespenst der Revolution und damit verbunden die Erinnerung an die Demütigung Friedrich Wilhelms IV. prägten auch noch den Großneffen. Zinnen und Türme verliehen dem Bauwerk der inneren Sicherheit die entsprechende martialische Wirkung.

Doch zurück nach Bayern und den Projekten, die Oberst Hörmann von Hörbach zur Befestigung zweier bayerischer Königsschlösser entwarf.

Die Befestigung der königlichen Schlösser in Nürnberg und Aschaffenburg

Die Kaiserburg in Nürnberg

Hörmann wollte nicht nur die königliche Residenz in München gegen Aufständische gesichert sehen, sondern projektierte auch Maßnahmen zur Verteidigungseinrichtung anderer bayerischer Königsschlösser, so in Nürnberg und Aschaffenburg, die höchst aufschlussreich sind, was die Einrichtung älterer Schlösser zu Verteidigungszwecken im 19. Jahrhundert anbelangt. Gerade die fränkischen Städte waren dem König ein Anliegen, denn gegenüber den neubayerischen Gebieten war man besonders misstrauisch[707]. Bemerkenswert ist, wie Hörmann die Schlösser von Nürnberg und Aschaffenburg in militärischer Hinsicht einschätzte. Über die Nürnberger Kaiserburg, die noch bis 1866 militärisches Objekt war[708], urteilte er: *„Die Burg macht den Schlußstein in der Ringmauer der Stadt, und bildet durch ihre höchste, freie Lage die Citadelle von Nürnberg. Die Eskarpen bestehen größtentheils aus Felsen."*[709] Als *„Königliche(s) Schloß"*, das *„die für die Königlichen Majestäten bestimmten Wohnlokalitäten, die Gemäldegallerie und Kunstschätze im südlichen, westlichen und nördlichen Flügelbau"* beherbergte[710], musste die Burg im Notfall besonders gesichert sein. Aus strategischen Gründen beantragte Hörmann *„die Burg als 1ten Hauptposten zu besetzen wie folgt: Das Königliche Schloß und die Veste, eigentlich Vorhof, mit 300 Mann Infanterie als Kaserne."*[711] Hörmann sieht zur Ausrüstung schweres Wurfgeschütz, Mörser und Haubitzen vor[712], mit dessen Hilfe die Stadt bei Unruhen hätte bombardiert werden können. Zur *„Vertheidigungsinstandsetzung"* beantragte Hörmann:

1. *„Ausbesserung und Verstärkung der 3 Hauptthore in der Burg, Veste und Freyung, dann der 2 Thore der Vestner-Brücke und Schloßeinfahrt – 5 Thore*
2. *Herstellung zweier neuer Thore am Eingang zwischen der Veste und der Freyung neben dem runden Vestnerthurm und der Einfahrt in den Schloßzwinger*
3. *Ausbesserung einiger Schußscharten, Bankettanlage und Souterrainierung*
4. *Verrammelung aller übrigen Schloß- und Zwingereingänge, der unterirdischen Gallerien links zum Thiergärtnerbastion, und rechts gegen den unterirdischen Rathhausgang*
5. *Tambourierung des Wachhauses und Waffenplatzes vor der Vestnerthorbrücke im Unfang von 100' nebst großer Barriere*

6. *Tambourierung vor der Kaiserstallung und der Haupteinfahrt aus der Stadt in die Burg, im Umfange von 230' nebst großer Barriere*
7. *Einrichtung von 3 Pulverhandmagazinen in der Veste, Freyung und im Kronwerk*
8. *Einrichtung der Keller und Gewölbe für Lebensmittelaufbewahrung."*[713]

Wären diese Maßnahmen ausgeführt worden, hätte sich die Nürnberger Burg in eine waffenstarrende Zitadelle mit Kasematten und Geschützständen verwandelt. Gerüchte von diesen Vorhaben drangen an die Öffentlichkeit und verunsicherten die Nürnberger: *„Das beunruhigende Gerücht, der König gedenke die Burg in eine Art Citadelle umzuschaffen, hat sich wieder gelegt, doch bleibt die Behauptung aufrecht, es würde ein neues sehr großes Gebäude aufgeführt, für eine Hofhaltung bestimmt, im Nothfalle aber auch zu einer tüchtigen Kaserne verwendbar."*[714]

An einer militärischen Sicherung der Nürnberger Burg muss Maximilian II. wohl besonders gelegen sein, denn er ließ etwa zeitgleich die schon unter seinem Vater Ludwig I. durch Carl Alexander Heideloff 1833 begonnene neugotische Restaurierung und Innenausstattung durch August von Voit 1852–1858 vollenden und damit das Schloss zu Wohnzwecken wieder herrichten[715]. Tatsächlich hatte die Burg schon 1849 für die militärische Beherrschung der Stadt eine wichtige Rolle gespielt. So hatte man nicht nur die vier großen Rundtürme der Stadtbefestigung mit Kanonen armiert, sondern auch die Burg, um notfalls die Stadt unter Feuer zu nehmen, was unter der Nürnberger Bevölkerung verständlicherweise für einige Aufregung sorgte. Auf der Burg bezogen Truppen Stellung, fürchtete man doch besonders die Arbeiterschaft der aufstrebenden Industriestadt[716]. Noch 1858 hob der Generalleutnant von der Mark in einem Gutachten gegenüber dem König den militärischen Wert der Burg zur Beherrschung Nürnbergs hervor und ließ sie entsprechend einrichten[717]. Erst mit der Aufhebung der Festungseigenschaft Nürnbergs 1866 nach dem deutschen Bruderkrieg verlor auch die Burg ihre militärische Bedeutung als festes Schloss[718].

Das Aschaffenburger Schloss Johannisburg

Ähnlich wie in Nürnberg sahen Hörmanns Vorschläge für Aschaffenburg aus, dessen Schloss Johannisburg im 19. Jahrhundert von der bayerischen Königsfamilie als Absteigequartier bzw. zeitweise als Sommerresidenz für Kronprinz Ludwig (I.) genutzt wurde[719].

„Die Vertheidigungs Instandsetzung von Aschaffenburg soll demnach in den Hauptpunkten bestehen, nämlich zum Schutze

I. des Residenzschlosses und der Stadt

II. des Mainüberganges und der Flußschifffahrt

III. der alten und projektirten neuen Kaserne außerhalb der Stadt, und

IV. des Eisenbahnhofes zwischen diesen zwei Kasernen.

ad I: Das Residenzschloß bildet die Zitadelle von Aschaffenburg theils wegen seiner freyen hohen Lage, theils wegen des wichtigsten, am maßivsten gemauerten mit großen und vielen Kellern und Gewölben versehenen, und von meisten Räumlichkeiten enthaltenen, wohl verschlossenen Gebäude Komplexe. Zu seinem Schutze und Sicherheit wären folgende fortifikatorische und bauliche Vorkehrungen nothwendig als

a) Die Verrammelung zweyer entbehrlicher Einfahrts-Thore auf der Nord-ost und westlichen Seite, nach vorheriger Herstellung eines für das jetzt bestehende zierliche aber nicht maßive Eisen=Gitter ersatzweise eichernen Thores gleich den übrigen zweien schon Vorfindlichen,

b) Wiederherstellung einer in früheren Zeiten schon bestandenen Aufzugsbrücke vor dem 3ten und Hauptthore der süd-östlichen Hauptfront; Vergitterung der Erdgeschoß Fenster daselbst gegen den nur 15' tiefen Zwingergraben[720] und Anbringen eines Doppeltbarriers vor dieser steinernen Grabenbrücke.

c) Abschluß aller Zwinger-Zugänge theils mit 2 kleinen, theils mit 2 großen, doppeltflügeligen Barrieren und Tambourierung der Vorplätze.

d) Verschluß der zwei Thoröffnungen vom untern Zwinger und der Viehbergschlucht gegen die Dampfschifffahrts Anstalt und Agraraeralische Holz-Magazin respektive dem Mainufer mittelst maßiver eiserner Thorflügeln.

e) Verstärkung der Thore in den Marstall= und Remisenstallungen und Wagen-Remisen

worin ein Platz für 96 Pferde und dem Aufsichtspersonale sich befindet. Im äußersten Nothfalle können diese zum Schlosse gehörigen Neben-Gebäude nicht behauptet, sondern müßten Pferde, und Fourage im Innern des Schloßes rechtzeitig untergebracht werden."[721]

Die Befestigungsmaßnahmen sind weniger aufwendig gedacht als in Nürnberg, dafür bot in Aschaffenburg die oben erwähnte Defensivkaserne oberhalb des Schlosses zusätzlichen Schutz.

In Hörmanns Projekt wurde das einstige kurfürstlich-mainzische Schloss Johannisburg wieder zu dem wehrhaften Bau, der es einst gewesen war. Der mächtige Kastellbau mit vier Ecktürmen erhebt sich über hohen und starken Terrassenmauern, die als Sockel für das Schloss über dem Mainufer dienen. Ein Graben umgibt es an drei Seiten, dessen Sockel rundum durch ein Kordongesims als typischem Motiv der Festungsarchitektur abgeschlossen wird. Die Johannisburg, die unter dem Mainzer Erzbischof Johann Schweickhard von Kronberg 1604–1614 als einer der modernsten und aufsehenerregendsten Schlossbauten seiner Zeit im Alten Reich errichtet worden war, verband reale Fortifikation mit zeichenhafter Befestigung gleichermaßen[722]. Hörmann gab dem Schloss seinen Charakter als fester Bau zurück. Seine Sicherungsmaßnahmen sind aber nur von geringem Umfang. Sie zeigen, mit wie wenig Mitteln es für die Militärs des 19. Jahrhunderts möglich schien, ein Gebäude in verteidigungsfähigen Zustand zu versetzen. Zur Sicherung gehört dabei in jedem Fall die Anlage einer Zugbrücke, die, wie wir mehrfach gesehen haben, wichtiger Bestandteil vieler romantischer Burgbauten ist und damit offensichtlich nicht nur eine rein ästhetische Funktion als unabdingbarer Bestandteil einer mittelalterlichen Burg besaß, sondern tatsächlich in erster Linie die Sicherung eines Schlosses gegen Überfälle ermöglichen sollte.

Hörmanns Projekte für Nürnberg und Aschaffenburg blieben unausgeführt. Sie spiegeln aber die Angst der Zeit vor Aufständen in hervorragender Weise wider.

Schloss Hohenschwangau

Die Zeitgenossen feierten es als ein *„Loretto des germanischen Mittelalters"*[723], jenes Schloss Hohenschwangau, das sich auf einem niedrigen Felskegel vor der Front der Alpen erhebt, nachdem Maximilian II. noch in seiner Kronprinzenzeit die ruinöse Burganlage angekauft[724] und unter weitgehender Einbeziehung des vorhandenen Bestandes wiederhergestellt hatte. *„Dem trefflichen und berühmten Meister in der Darstellung der Werke altdeutscher Baukunst: „Dominik Quaglio" war es vorbehalten durch Herstellung dieses klassischen Baudenkmales die großen Ideen Sr. Königl. Hoheit des Kronprinzen zu realisiren."*[725] Quaglio, Zeichenlehrer des Kronprinzen, war Architektur- und Theatermaler, und so orientierte sich sein Wiederaufbau des Schlosses vornehmlich an malerischen Gesichtspunkten, die das Gebäude in der umgebenden Landschaft hervorragend zur Wirkung bringen[726].

Das Schloss geht auf eine 1090 erstmals erwähnte Burg zurück. Sie erfuhr 1538–1547 einen weitgehenden Umbau unter der Patrizierfamilie der Baumgartner aus Augsburg[727]. 1809 spielte die Burg nach einer wechselvollen Geschichte noch einmal eine militärische Rolle, als sie von den *„Tyroler Insurgenten"* besetzt und in der Folge zum Ziel französischer Angriffe wurde, die das Schloss schwer in Mitleidenschaft zogen[728]. Es folgte der Verfall und schließlich war das Schloss vom Abbruch bedroht[729]. Als Maximilian 1829 eine Wanderung durch das Allgäu unternahm und ihm von seinem Mentor Joseph Freiherr von Hormayr-Hortenburg die Ruinen des Schlosses Hohenschwangau gezeigt wurden, war der Kronprinz sogleich begeistert und spielte mit dem Gedanken an einen Ankauf und die Wiederherstellung. 1832 konnte er die Burg erwerben[730]. Maximilian, der sich sehr für die Geschichte des deutschen Mittelalters begeisterte und einen aus der Gotik entwickelten Nationalstil propagierte, der sich später im Bau der Maximilianstraße in München manifestieren sollte[731], wünschte mit Hohenschwangau einen Denkmalbau für die deutsche und insbesondere bayerisch-wittelsbachische Geschichte zu schaffen. Die Ausstattung nahm bewusst direkten Bezug auf die – teilweise vermeintlichen[732] – historischen Begebenheiten im Zusammenhang mit der Burg, insbesondere auf die Herrscherhäuser der Welfen, Staufer und der Grafen von Scheyern, den Vorfahren der Wittelsbacher[733].

Als 1837 Quaglio starb, war der Hauptbau zwar schon bezogen, aber noch nicht alles fertiggestellt. Nachdem einige Zeit Joseph Daniel Ohlmüller den Bau fortgeführt und dabei den Südwestturm errichtet und die übrigen drei Türme erhöht hatte[734], übernahm ihn 1840 Georg Friedrich Ziebland[735]. Als Maximilian II. 1848 den Thron bestieg, wuchs der Platzbedarf zur Unterbringung eines nun königlichen Hofstaates auf der Burg, weshalb Ziebland 1850 mit Ausbauplanungen beauftragt wurde, die allerdings nicht im vorgesehenen Umfang durchgeführt wurden und teilweise auf schon ältere Projekte von 1841 zurückgriffen[736]. Neben einem großen Erweiterungsbau sah Ziebland die Besetzung der Ringmauern durch mehrere Rundtürme, darunter einen als *„Donjon"* oder *„Wacht=Thurm"*[737] bezeichneten besonders großen Hauptturm, vor. Mit dessen Bau wurde zwar 1850 auch begonnen, aber schließlich wurde er aufgegeben und wieder abgebrochen[738].

Zu den umfänglichen Planungen gehörte auch die Anlage einer Zugbrücke vor dem untersten Tor[739]. Schon 1841 zeigt ein Plan das nun durch einen runden Turm an einer Ecke verstärkte Tor, vor dem sich ein kurzer Diamantgraben befindet, über den die Zugbrücke geführt werden sollte[740]. Der flankierende Turm sollte dem *„Thorwart"* dienen[741]. Wie oben gezeigt, galten Zugbrücken als Defensivmaßnahmen. Nun stellt sich die Frage, ob die Ausbaupläne für Hohenschwangau im Hinblick auf eine reale Verteidigung zu sehen sind, oder ob es sich um rein fiktive Fortifikationen handelt, die den mittelalterlichen Charakter der Burg verstärken sollten. Die Quellen schweigen sich hierüber aus und die vorhanden Bauzeichnungen zeigen nur grobe Grundrisse, die keine weiteren Schlüsse zulassen. Zu den Architekturformen des Schlosses im Sinne einer für neomittelalterliche Schlösser des 19. Jahrhunderts *„allgemeinen Wehrhaftigkeit"*[742] sind jedenfalls sicherlich Türme, Zinnen und mächtige Torbauten zu zählen. Das äußere Tor gibt sich eindeutig wehrhaft, denn über der Durchfahrt des sehr einfach gehaltenen Bauwerks sitzen zwei schmale Schießscharten, die eine Wappennische rahmen. Sie sind allerdings nicht wirklich nutzbar, sondern lediglich zeichenhaft zu verstehen, denn der Torbau besitzt kein zugängliches Obergeschoss. Abgeschlossen wird der Bau von einem Zierzinnenkranz.

Fest steht, dass die gesamte Anlage einen wehrhafteren Eindruck gemacht hätte als im jetzigen Zustand. Baumgartner hat darauf hingewiesen, dass Hohenschwangau ab 1848 den Status eines königlichen Sommersitzes erhielt, was den Ausbau nicht nur aus Platz-, sondern auch aus Statusgründen nötig machte[743]. Das könnte zumindest dazu geführt haben, dass man die Pläne von 1841 später wieder aufgriff. Aus Kostengründen blieben sie aber unausgeführt[744]. Ob bei der Anlage der Zugbrücke und der Verstärkung der Ringmauer durch Türme Maximilians Revolutionsfurcht, die ihn ja, wie dargestellt, zu umfangreichen Planungen für München veranlasste, eine Rolle gespielt hat, wäre denkbar, muss aber dahingestellt bleiben[745].

VI. Der Kontext

1. Das feste Schloss in den Schriften zur Zivil- und der Kriegsbaukunst 1780–1870

Angesichts einer doch ganz erheblichen Anzahl von real befestigten Schlössern bzw. Projekten zu solchen im 19. Jahrhundert stellt sich die Frage, ob Bauten dieser Art in der einschlägigen theoretischen Literatur thematisiert wurden. In den zivilen oder militärischen Architekturtraktaten der Frühen Neuzeit geschah dies nur am Rande[746]. Der Bau von adeligen und vor allem landesherrlichen Wohn- und Regierungssitzen wurde in der Regel unter der Palastbaukunst abgehandelt, ohne ein Augenmerk auf die mögliche Fortifikation zu richten. Für den Wehrbau gab es eine eigenständige Fachliteratur, die heranziehen konnte, wer einen Zivilbau mit Wehrelementen kombinieren wollte.

Das feste Schloss in den Schriften zur Zivilbaukunst

Pückler, Heigelin und Lange

Der Architekturhistoriker Christian Ludwig Stieglitz hatte 1798 in seiner *Enzyclopädie der bürgerlichen Baukunst* Schlösser als Wohnsitze der Landesherren definiert und mit dem Schlossbegriff die Befestigung verbunden. Er ging aber davon aus, dass die Befestigung eines Schlosses in seiner Zeit schon der Vergangenheit angehört[747], und thematisierte sie daher in keiner Weise näher. Rund sechzig Jahre zuvor war in Zedlers *Universal-Lexicon* die Befestigung eines Schlosses allerdings noch eine Selbstverständlichkeit und keinesfalls Teil einer fernen Epoche gewesen[748].

Wie Stieglitz haben in der Folge auch die Autoren des frühen 19. Jahrhunderts reale Wehranlagen einer früheren, weniger friedlichen Zeit zugerechnet. 1843 schrieb Fürst Pückler in seinen bekannten *Andeutungen über Landschaftsgärtnerei*: *„Das weite Schloss mit seinen Zinnen und Thürmen schickt sich vielleicht nur schlecht für den Kaufmann, steht aber dem vornehmen Aristokraten, dessen Familienglanz sich durch Jahrhunderte fortvererbte, und dessen Vorfahren es wirklich bedurften, ihren Sitz in festen Schlössern aufzuschlagen, gar wohl.“*[749] Aus diesen Worten geht klar hervor, dass Pückler Wehrelemente in fiktiver Form als legitimes Statussymbol des adeligen Schlossbaus ansah. Bürgerlichen wollte er diese Architekturformen nicht zugestehen. Ein Wohnhaus *„sollte nicht nur der Umgebung, sondern auch Stand, dem Reich-*

thum, ja sogar dem Beruf des Besitzers angemessen seyn.“[750] Diese Ansicht Pücklers gründet in einer alten Tradition, das adelige Wohngebäude aus Statusgründen mit fiktiven Fortifikationen zu schmücken. Er forderte gar die äußere Erhaltung des alten Zustands ohne große Modernisierungen bei Anlagen in traditionsreichem Familienbesitz[751]. Das war nichts Neues, denn schon die Frühe Neuzeit kannte den Einsatz fiktiver bzw. auch altertümlicher Wehrelemente zur Kennzeichnung adeliger oder gar landesherrlicher Architektur, um Legitimität und Anciennität des Besitzers zu dokumentieren[752]. Pückler wehrt sich sogar ausdrücklich gerade gegen den romantisierenden Einsatz von mittelalterlichen Wehrformen, die allein ein pittoreskes Aussehen und das Wecken bestimmter Assoziationen zum Sinn und Zweck haben sollten, wenn er bissig bemerkt: *„Misslungen erscheinen mir dagegen die Bestrebungen der Neuern, für modernen friedlichen Gebrauch wieder Schlösser im Festungsstyle, zur Wohnung aufzuführen. Die kostspieligsten Anlagen dieser Art sind Eatonhall und Ashridge, für die Millionen verschwendet wurden, um eine Kinderei zu schaffen, ungeheure Burgen in Blumengärten, wo oben Créneaux und unzählige kriegerische Wachtthürme, unten Glaswände mit exotischen Zierpflanzen angefüllt, zum baaren Unsinn werden, und deren Besitzer, wie ein lustiger Reiseschreiber ganz richtig sagt, um analog mit ihrem Bauwerke zu bleiben, auch wie Don Quixote im Harnisch und mit eingelegter Lanze in ihrem pleasureground spazieren gehen sollten.“*[753]

Wie Pückler sahen auch andere Zeitgenossen in der Anlehnung an militärische Bauformen ein Mittel der Statusrepräsentation. Der Stuttgarter Architekt Karl Marcell Heigelin[754] stellte in seiner Beschreibung eines Idealentwurfs für einen Königspalast fest: *„In männlicher Kraft erhoben sich dagegen* (im Gegensatz zum Palast des 18. Jahrhunderts – der Verf.) *die Schlösser des Mittelalters. Sie sind Burgen; und selbst im Süden, wo die runden Eckthürme, die Gräben u.s.w. fehlen, drückt sich dieser Stil in den ernsthaften stolzen Formen und dem ganzen Geiste der Anlagen aus. Mit jenen eisernen Zeiten ist nun zwar das Bedürfnis eines eigentlichen Festungs-mäsigen Baues gewichen; aber das Motiv der Burg bleibt wohl das passendste. Dasselbe kann, mit dem Stile heiterer Öffentlichkeit vermählt, ein neues Ganzes bilden, welches sich sehr von den weichlichen Bildungen der modernen Kunst unterschei-*

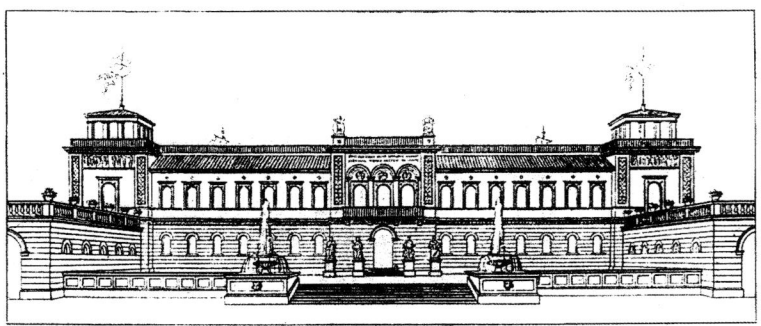

Abb. 164: Karl Marcell Heigelin. Entwurf zu einem königlichen Palast 1832, Ansicht.

det."[755] Bemerkenswerterweise weist Heigelins Palast (Abb. 164) in unseren Augen so gut wie keine Wehrmotive auf, auch wenn der Architekt meint: *„Ein solches Ziel hatte ich im Auge bei der Bearbeitung des Entwurfes [...]"*[756] Lediglich die Bänderrustika, das Motiv der vier Ecktürme und die sich hieraus ergebende Kastellform lassen Assoziationen an Militärarchitektur und Burgen zu. Eindeutig erkennbare Motive aus dem mittelalterlichen Wehrbau wie Maschikuli oder Zinnen oder gar aus der damals modernen Festungsbaukunst fehlen allerdings gänzlich.

Sowohl Pückler als auch Heigelin gingen also in ihren Werken von keiner realen Wehrhaftigkeit eines Schlosses aus, da diese, zeitbedingt, nicht mehr nötig sei. In einem pazifizierten modernen Territorium mit der Wehrhoheit eines einzigen Landesherrn[757] sind solche realen Fortifikationen auch nicht mehr wichtig, es sei denn in zeichenhafter Form als Statussymbole. Und so definieren Pückler wie auch Heigelin fiktive Befestigungen nach wie vor als Elemente der Selbstdarstellung des Adels, egal ob es sich um einen Landesherrn oder nur einen einfachen Edelmann handelt, womit sich, was

aber an anderer Stelle nochmals diskutiert werden soll, schon die Frage ergibt, ob die Wiederauf- bzw. Neubauten von Burgen nicht abseits von aller Ritterromantik und Mittelalterschwärmerei der Epoche auch im Sinne einer Kontinuität adeliger Repräsentation durch Wehrarchitektur verstanden werden müssen[758].

Schlösser als unbefestigte Anlagen im heutigen Sinne werden in der Architekturtheorie der Zeit überwiegend unter dem Stichwort *„Palast"* thematisiert und auch dementsprechend charakterisiert. Man unterschied Schlösser, wie oben gezeigt, ganz bewusst von den Palästen[759].

Fest steht, dass der Einsatz von Wehrelementen, gerade in historisierender Form, zur Charakterisierung eines Gebäudes als Schloss um die Jahrhundertmitte immer noch aktuell ist, wie das Beispiel des Schlosses in Schwerin gezeigt hat. Das machen auch die Entwürfe des Münchner Architekten Ludwig Lange deutlich[760]. Der *„Entwurf zu einem fürstl. Haus"* von 1846 ist im Rundbogenstil gestaltet (Abb. 165). Aber es trägt Zinnenschmuck[761]. Seinen Entwurf zu einem fürstlichen Landhaus von 1859 mit einem Turm in der Mitte der Hauptfassade (Abb. 166) beschreibt Lange folgendermaßen: *„In diesem Project den Character eines Schlößchens niederzulegen, habe ich einen Thurm angebracht, und diesen in die Mitte der Hauptfaçade so gesetzt, daß seine inneren Räume vollständig mit dem Hauptbau in Verbindung stehen."*[762] Auch die Ecken des Gebäudes zieren Türmchen. Durch Turmbauten wird also die Funktion des Gebäudes als Schloss herausgestellt, womit sich Lange einer alten, in der Kontinuität zum Schloss des Mittelalters und der Frühen Neuzeit tradierten Architekturform bedient, für die Türme ein wichtiger Bestandteil sind. Sein Entwurf zeigt, wie wesentlich ein Turm zur Charakterisierung eines Schlosses auch noch im 19. Jahrhundert ist[763].

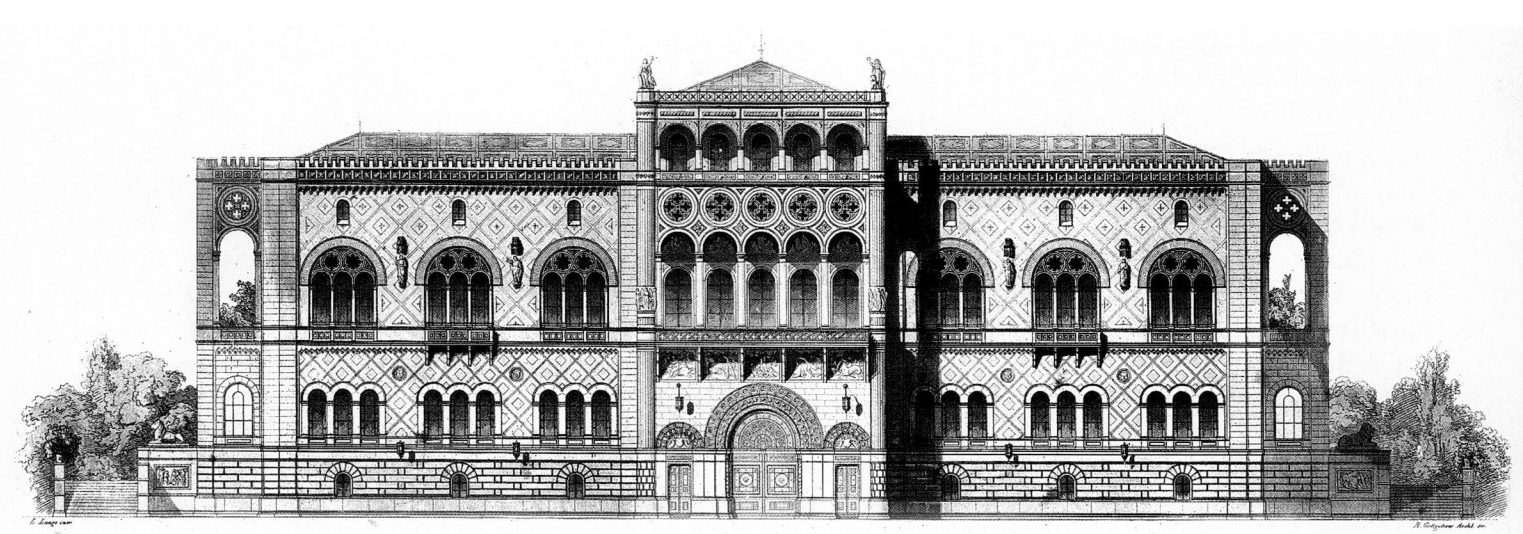

Abb. 165: Ludwig Lange. Entwurf zu einem fürstlichen Haus 1846, Ansicht.

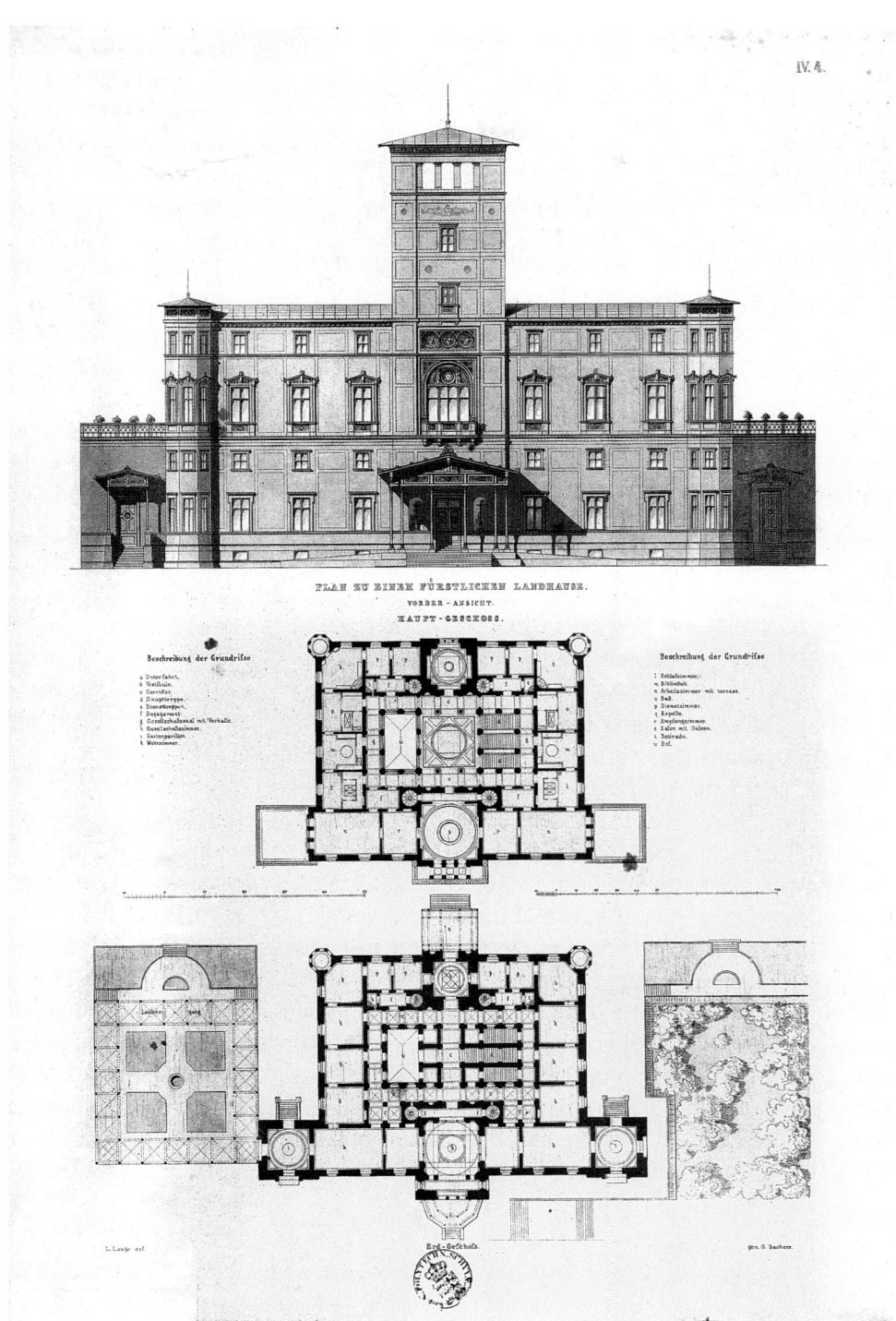

Abb. 166: Ludwig Lange. Entwurf zu einem fürstlichen Landhaus 1859, Ansicht und Grundrisse.

Schinkels Architektonisches Lehrbuch

Sehr aufschlussreich ist auch eine Betrachtung der Entwürfe zu Musterprojekten, die Karl Friedrich Schinkel für sein geplantes *Architektonisches Lehrbuch* gezeichnet hat[764]. Sie fanden zwar keine druckgraphische Verbreitung, da das Buch nie publiziert wurde, werfen aber ein bezeichnendes Licht darauf, dass in der ersten Hälfte des 19. Jahrhunderts zumindest die Wehrhaftigkeit als architektonisches Bild immer noch eine große Rolle spielte. Hier erscheinen sogar Bauten, die wohl über eine reale Fortifikation verfügen sollen. So findet sich un-

ter den Reinzeichnungen zu Musterprojekten für die Fassung des Buches von 1825 der Aufriss eines großen Palastes (Abb. 167), der sich mit seinem Rustikamauerwerk, den großen Rundbogenfenstern und dem etwas eingezogenen, den Bau um ein Stockwerk überragenden vierten Geschoss sichtlich vom Palazzo Pitti in Florenz inspiriert zeigt. Das Gebäude wird von einem Kranz breiter Zinnen abgeschlossen, die mit Wappen gefüllt sind. Der ganze Bau wirkt sehr fest und wehrhaft, wozu auch die kleinen, quadratischen Öffnungen mit abgeschrägten Leibungen im Erdgeschoss beitra-

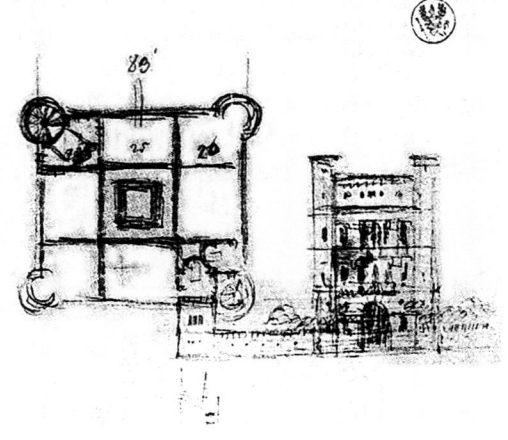

Abb. 167: Karl Friedrich Schinkel. Palastentwurf, Vorzeichnung für den Stich der ersten Fassung des geplanten Architektonischen Lehrbuches von 1825.

Abb. 168: Karl Friedrich Schinkel. Entwurfskizze für ein Schloss zur Fassung des Architektonischen Lehrbuchs von 1830.

gen, die sich etwa vier Meter über dem Erdboden befinden und wie Schießscharten wirken. Sie mögen *„einen Keller belichten und belüften, der zugleich Kasematte ist"*, wie G. Peschken vermutet. Ob der Palast tatsächlich verteidigungsfähig ist[765], muss allerdings dahingestellt bleiben, da nur ein Grundriss und ein Profil zeigen

könnten, wie diese Fensteröffnungen genutzt werden sollten. Diese fehlen allerdings. Fest steht, dass Wehrhaftigkeit nicht nur architektonisch inszeniert wird, sondern auch im skulpturalen Bauschmuck des Gebäudes ihren Ausdruck findet. So erscheint in den beiden Eckzinnen der Palastbekrönung je ein bewaffneter Jüngling. In den Bogenfeldern über den Fenstern der beiden obersten Geschosse finden sich Darstellungen ruhender und sitzender Krieger. Ein Mädchen und eine Frau warten mit Siegerkränzen für die Helden auf. Über dem Portal erscheint ein Gefallener, um den sich seine Kampfgefährten bemühen.

Welche Funktion der Palast haben soll, ist nicht eindeutig, da ein entsprechender Kommentar Schinkels fehlt. Möglicherweise soll er als Residenz eines Landesfürsten dienen, auf dessen Funktion als oberster Kriegsherr die so martialische Ikonographie des Gebäudes anspielen könnte, vielleicht ist es aber auch nur ein adeliges Stadtpalais, das mit seiner Wehrhaftigkeit und der Thematisierung des Krieges auf eine der wesentlichen traditionsreichen Aufgaben des Adels in seiner Funktion als militärischer Elite verweist[766].

Für eine weitere Fassung seines Lehrbuches gegen 1830 hat Schinkel erneut Musterprojekte entworfen. Es handelt sich um die vorbereitenden Skizzen zu einer Reihe von Landhäusern und Schlössern. Ein Entwurf (Abb. 168) zeigt einen hoch aufragenden, turmartigen Bau in Kastellform, der an den Ecken von schlanken Rundtürmen leicht überragt wird. Das Ganze umgibt eine Mauer mit Ecktürmen. Diese ist offensichtlich kreneliert, aber ob man gar *„Kanonenlöcher"* darin erkennen will, wie es Peschken tut[767], lässt sich aus Schinkels Skizze nicht eindeutig ablesen. In jedem Fall wirkt der Bau sehr wehrhaft. Es handelt sich zweifellos eher um den Entwurf für ein Schloss als für ein *„Vorstadthaus"*[768]. Auch der Entwurf für ein *„Landhaus auf einem Berg"*

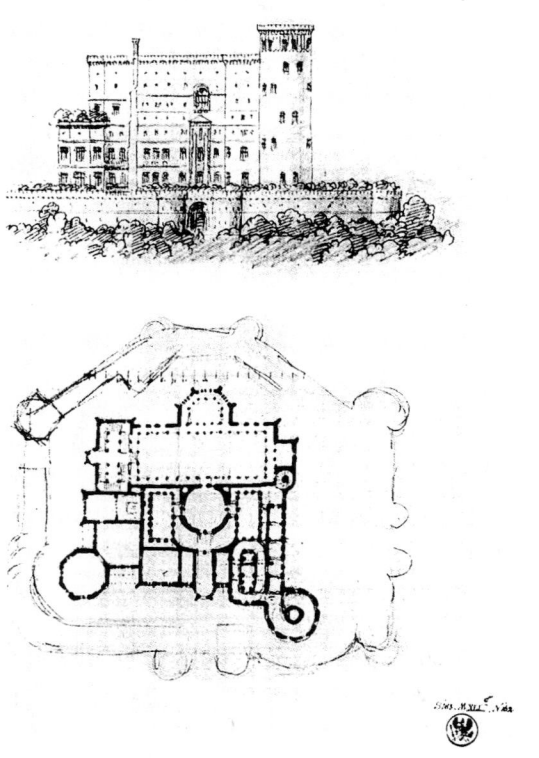

Abb. 169: Karl Friedrich Schinkel. Entwurfsskizze für ein Bergschloss zur Fassung des Architektonischen Lehrbuchs von 1830.

(Abb. 169) gleicht eher einer veritablen Burg als einer Villa[769]. Das Gebäude soll sich als riesenhafter Baublock auf der Höhe eines Berges befinden. Eine Ecke markiert ein hoher, kräftiger Rundturm, der im Innern eine Rampe aufnehmen soll. Auf Rundbogenfriesen auskragende Zinnenkränze schließen den Gebäudekomplex ab. Eine hohe, in zwei Ebenen mit Schlitzscharten krenelierte Ringmauer soll den ganzen Bau umgeben. An den Ecken sitzen Rundtürme, und auch das zentrale Haupttor wird von zwei Rundtürmen flankiert. Auch hier wird Wehrhaftigkeit zumindest als architektonisches Bild inszeniert.

Mehr ergibt eine Durchsicht der zivilen Architekturtheorie bis um die Mitte des 19. Jahrhunderts nicht. Zwar wird nach wie vor die Bauaufgabe „Schloss" thematisiert, in der Regel als landesherrlicher Residenzpalast[770], aber nicht real befestigte Schlösser. Frühneuzeitliche oder gar aktuelle Elemente der Festungsbaukunst sucht man vergebens. Wie aber sieht es mit der Thematisierung fester Schlösser in der Literatur zur Kriegsbaukunst der Zeit aus?

Das feste Schloss in den Schriften zur Kriegsbaukunst

Schloss, Kastell, Fort und Bergfestung

Die Theoretiker des Festungsbaus und die Militärs haben sich so gut wie nie mit der Anlage solcher Bauten im Sinne von Adelswohnungen beschäftigt, definierten Schlösser aber durchweg als Wehranlagen[771]. Sie wurden neben Zitadellen als Untergattung der Festung der permanenten Fortifikation zugerechnet[772]. Heinrich Friedrich Rumpf setzte 1827 das Schloss im Sinne eines Forts mit einer eigenständigen, kleinen Befestigung gleich[773]. Auch für ihn gehören Schlösser als Bauaufgabe offensichtlich der Vergangenheit an, denn er schreibt: „Die Alten erbauten ihre Schlösser gewöhnlich auf hohen und steilen Bergen und unzugänglichen Felsen, so dass einige hundert Mann sich dauernd gegen eine starke Mehrzahl vertheidigen konnten."[774] Wie man ein solch altes Schloss in einen aktuellen Verteidigungszustand versetzt, beschreibt Rumpf unter dem Stichwort „Haus", wo dargestellt wird, wie im Rahmen der provisorischen Feldbefestigungskunst durch Zusetzung von Fenstern und Türen und die Anlage von Palisaden und Erdwällen ein Wohngebäude sturmfrei gemacht werden kann[775]. Unter dem Begriff „Felsenschloß" verweist er ebenfalls auf einen Wehrbau, die Bergfestung[776]. Über diese bemerkt er: „Eine solche Festung hat immer sehr viel Vortheile, und ist gewöhnlich schwer zu erobern, da sie weder ordentlich beschossen, noch ihr durch Minen Schaden zugefügt werden kann; doch leistet sie im Ganzen wenig Nutzen, da sie auch leicht einzuschließen ist, und wenig zur

Beschützung des sie umgebenden Landstriches beiträgt. Sie werden daher gewöhnlich zur Aufbewahrung von Schätzen, geheimer Archive u.s.w. gebraucht; nur wenn sie eine andere neben ihnen liegende Festung dominiren, oder in einem Gebirgspaß angelegt sind, können sie daher von besonderem Nutzen für die Kriegsoperationen seyn."[777]

Allgemein galten Bergfestungen den Theoretikern seit dem späten 18. Jahrhundert als veraltet und nicht mehr zweckdienlich, mussten allerdings, da es ja immer noch Anlagen gab, die in Dienst standen, auch in den Lehr- und Theoriebüchern Berücksichtigung finden und wurden daher mehrfach thematisiert. Die Autoren wiesen den Bergfestungen übereinstimmend nur noch eine wesentliche Funktion als sichere Depotplätze und Zufluchtsorte zu. So urteilt ein Lexikonartikel schon 1784: „Der größte Dienst den sie leisten, wenn sie recht unzugänglich sind, bestehet darin, dass sie dem Schatze und den Kostbarkeiten des Landesherrn in Kriegszeiten zur Verwahrung dienen."[778] Damit erfüllen Bergfestungen im Sinne von Zitadellen (s.u.) eindeutig eine Funktion für den Souverän. Die Nachteile von Bergfestungen überwogen trotzdem für die Zeitgenossen. Johann Georg Hoyer betonte: „Da jedoch dergleichen Schlösser nur in Hochgebirgen zu Bewahrung der Pässe dienen, die von dem Feinde immer umgangen werden können, hat man ihren Gebrauch in der neuern Zeit fast ganz verlassen."[779] Vor allem boten sie für die Massenheere der zeitgenössischen Kriegführung keinen ausreichenden Platz: „Bei diesen Schlössern findet man gewöhnlich nur wenig Gelegenheit zu geräumigen, einander gegenseitig bestreichenden Werken, sondern man muß sich mit dem begnügen, was eben die äußere Form des Felsenberges darbietet. Der größte Vorzug einer solchen Lage ist die Beschwerlichkeit des Zuganges, wozu mehrentheils nur ein Weg vorhanden ist, der durch vielfache Gräben mit Aufziehbrücken und anderen Annäherungshindernissen versperrt werden kann. Eine Hauptbedingung ist hier: die Bestreichung der möglichen Zugänge durch das Festungsgeschütz, oder wenigstens mit Doppelhaken und Wallbüchsen, wenn die Höhe des Felsen keinen nahen Senkschuß erlaubet. [...] Es darf dagegen in der Festung selbst nicht an bombenfesten Räumen fehlen, um das Geschütz, die Besatzung und alle Vorräthe gegen ein Bombardement – die einzig mögliche Angriffsweise – zu sichern. [...] Als Muster eines solchen Felsenschlosses lässt sich vorzüglich Königstein in Sachsen aufstellen [...], was die mehrjährige Vertheidigung durch einige hundert Mann sichern kann. Silberberg und Kosel in Schlesien, Hohen Asperg, Bitsch, Exilles, die Klausen in Tyrol sind hier ebenfalls als Beispiele zu erwähnen."[780] Solche „unangreifbare Felsennester" können aber allenfalls noch als Depot und Zufluchtsort dienen[781]. Noch Moritz v. Prittwitz weist 1865 darauf hin, dass Bergfestungen „gewöhnlich zur Aufbewahrung von Schätzen, wichtigen Archiven, zur Aufnahme der Regentenfamilie u.s.w. dienen"[782]. Der letzte Aspekt rückt diese an sich rein militärisch genutzten Anlagen[783] in die Nähe des höfischen Umfelds und macht sie im Bedarfsfall letztlich zu festen Wohn- und Regierungssitzen des Landesherrn. Die Erwähnung des Königstein, der auch im 19. Jahrhundert noch als Bergfestung im Ruf der Uneinnehmbarkeit stand, als Beispiel für eine solche Anlage durch Hoyer taucht in der Folgezeit immer wieder in der einschlägigen Literatur auf[784].

Der Begriff Schloss wurde von den Zeitgenossen, wie auch die Äußerungen Hoyers zeigen, durchaus synonym mit dem einer kleinen Festung[785] verwendet: *„Die eigentlichen Festungen sind alle für sich bestehende Werke des Festungssystems, anders verhält es sich mit den Kastellen. Diese sind bloße Kriegsplätze von geringem Umfange, welche entweder als vorliegende Werke der Festungen, als Forts, den Annäherungen des Feindes gegen die Umfassung Hindernisse in den Weg legen, oder als Zitadellen zum letzten Vertheidigungsorte der Festungsbesatzungen dienen, oder endlich, ebenfalls als selbständige Werke des Festungssystems, als eigentliche Kastelle und Schlösser, wichtige Punkte der Landesgränzen, Pässe, Ströme, Seehäfen u.s.w. beschützen und beherrschen sollen.“*[786]

Weitere Ausführungen, wie ein Schloss anzulegen sei, finden sich aber bei keinem der genannten Autoren. Ein festes Schloss nach unserem heutigen Verständnis stellt letztlich eine Verbindung aus Wohn- und Wehrbau dar. In der Architekturtheorie wurde aber scharf zwischen Zivil- und Kriegsbaukunst getrennt, um so mehr, als sich die Berufsfelder der Baumeister seit dem 17. Jahrhundert immer weiter in zivile Architekten und militärische Ingenieure aufgetrennt hatten, was sich auch in der Fachliteratur der Zeit spiegelt. Nur der preußische Generalleutnant J.W.T. From gibt im ersten Teil seines *Handbuch des Ingenieur-Dienstes* 1854 präzise Angaben, wie ein *„Schloß“* oder *„Citadellenschloß“*, wie er es nennt, in zeitgemäßer Form entsprechend der modernen Kriegsbaukunst zu konstruieren sei, allerdings ebenfalls unter rein militärischen Gesichtspunkten.

Die Entwürfe des J.W.T. From

Zu seinen Beschreibungen im Handbuch gibt From[787] detaillierte Pläne, die einer näheren Betrachtung in unserem Zusammenhang wert sind. Zuerst führt er die *„Zusammenstellung einer grossen Stadtbefestigung“* vor. Es handelt sich um eine regelmäßige Festung mit tenaillierter Enceinte, Kaponnieren und Ravelins, die eine Idealstadt umschließt, in deren Ecken ein Theater, ein Rathaus und zwei Kirchen vorgesehen sind (Abb. 170)[788]. Die Außenseiten der Quartiere, die dem Wall am nächsten liegen, besetzt From überwiegend mit Kasernen und Versorgungseinrichtungen für die Besatzung, aber auch mit einem Schulgebäude, einem Gymnasium, einem Hospital und einem Verwaltungsbau für die Geistlichkeit, womit er die wichtigsten Erfordernisse einer zu seiner Zeit modernen Stadt zu erfüllen sucht.

Im Zentrum liegt der riesige Waffenplatz, dessen Mitte von der über Eck gestellten Zitadelle eingenommen wird. From führt zu dieser aus: *„Die Citadelle endlich liegt in dieser idealen Auffassung im Mittelpunkt der ganzen Befestigung, um jedem Punkte des Umfangs gleich nahe zu sein.*

Sie erhält den Character eines bombensicheren Schlosses und wird nur mit einem tiefen durch Caponnieren bestrichenen revettirten Graben umgeben. Diese Caponnieren bilden zugleich die Thoreingänge. Das Citadellenschloß erhält vier gemauerte und gewölbte Stockwerke und überragt mit 67 Fuß Höhe die ganze Stadt. Die Magazine liegen an der Escarpenmauer des Grabens. Die Räumlichkeiten über der Erde sind für Dienstwohnungen, Geschäftslocale, Casernement, auch für die wichtigsten Staatskassen und Archive bestimmt. Mitten im Citadellenhofe liegt ein Montalembert'scher Thurm, welcher die Wohnung des Commandanten enthält. Dieser wird noch einige Stockwerke über die Zinnen des Citadellenschlosses aufgeführt, um zu jeder Zeit als Beobachtungs= und Signalposten gebraucht zu werden.“[789]

Ähnlich angeordnet finden sich Stadt und Zitadelle in einem zweiten Entwurf Froms zu einer *„kleinen Stadtbefestigung“*[790]. Ein tenaillierter Festungswall in der Form eines sechszackigen Sterns mit Ravelins und Kaponnieren umschließt eine kreisförmige Stadt, deren Wohnquartiere in zwei Ringen einen Platz umgeben, auf dem sich eine runde Zitadelle erhebt. Auf einen Graben um das zentrale Schloss wird hier aus Platzgründen verzichtet[791]. In einem dritten Entwurf zeigt From die *„Zusammenstellung eines regelmässigen Fort's“* als bastionierter Anlage[792]. Auch innerhalb dieses Forts plant er ein Schloss, ein Achteck, von dem vier Ecken mit bastionierten Türmen besetzt sind. Er begründet diesen Bau folgendermaßen: *„Zur Sicherung der Geschütze gegen ein überwältigendes Wurf= und selbst Rohrgeschützfeuer befindet sich im Mittelpunkt der Befestigung ein zwei Etagen hohes Schloß mit Hangard. Die untere Etage des Schlosses enthält nemlich eine Reihe von Hallen, in welche die Wallgeschütze zurückgezogen werden können sobald man sie der feindlichen Artilleriewirkung nicht mehr aussetzen will. In vielen Fällen kann das Schloß sogar als Traverse dienen, um die Geschütze auf den dem Feinde abwärts gekehrten Wallgängen zu decken. Als Schloß dient dies Gebäude zur sturmfreien und bombensicheren Unterkunft der Besatzung und eines Theils ihrer Vorräthe.“*[793]

From sieht in seinen Schlössern also rein militärische Objekte und definiert ihre Funktion zum Teil im Sinne der zeitgenössischen Reduitbauten innerhalb einzelner Festungsabschnitte. Seine Ideen stehen in einer langen Tradition utopisch-idealer Stadtentwürfe. Dabei können Froms Vorschläge ihr direktes Vorbild nicht verleugnen: Albrecht Dürers Königsschloss inmitten der von ihm geplanten Idealstadt, die sehr ähnlich angeordnet ist (Abb. 171)[794]. Auch hier befinden sich die we-

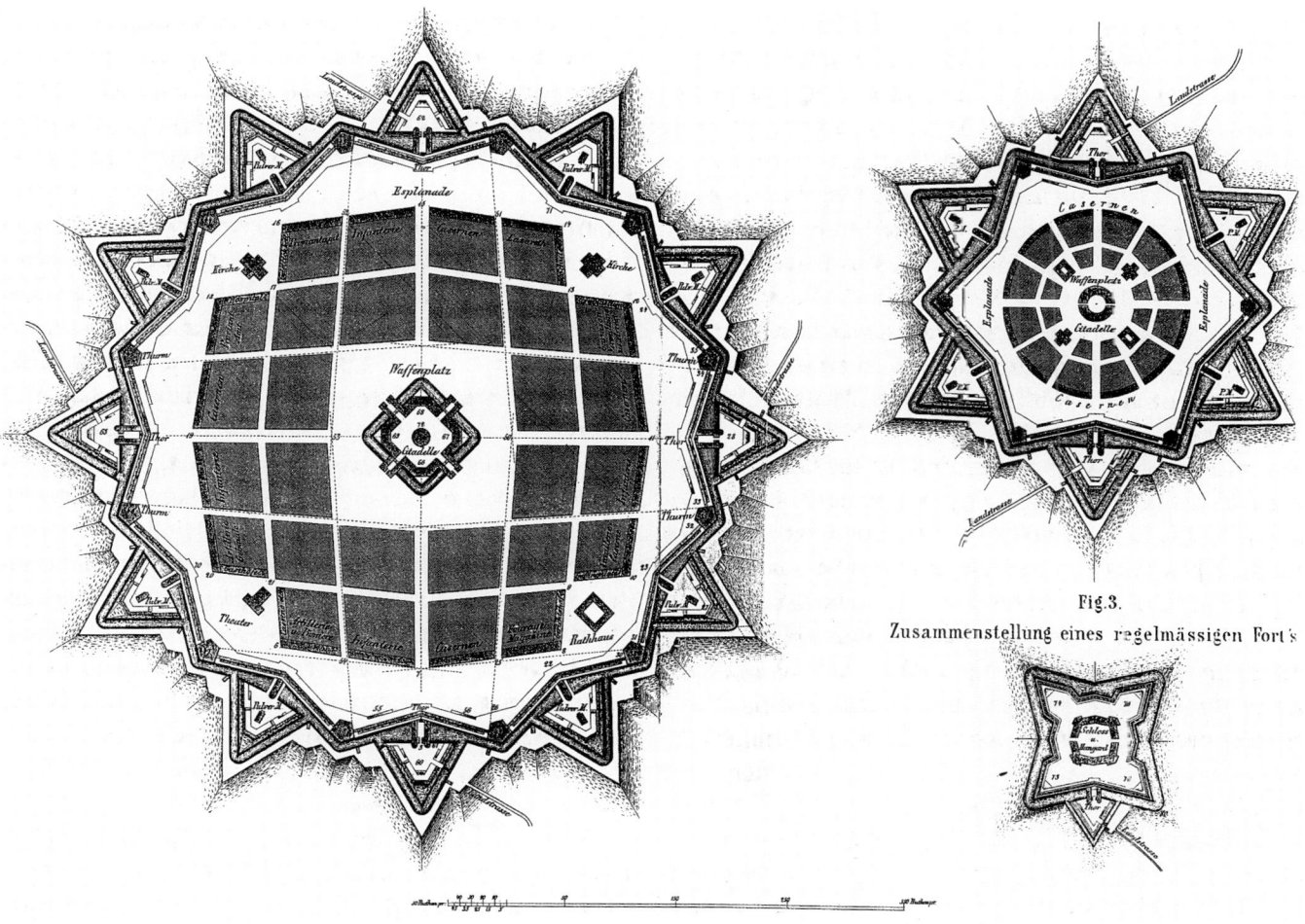

Fig. 3.
Zusammenstellung eines regelmässigen Fort's

Abb. 170: J.W.T. From. Entwürfe zu zwei idealen Festungsstädten und einem Fort 1854.

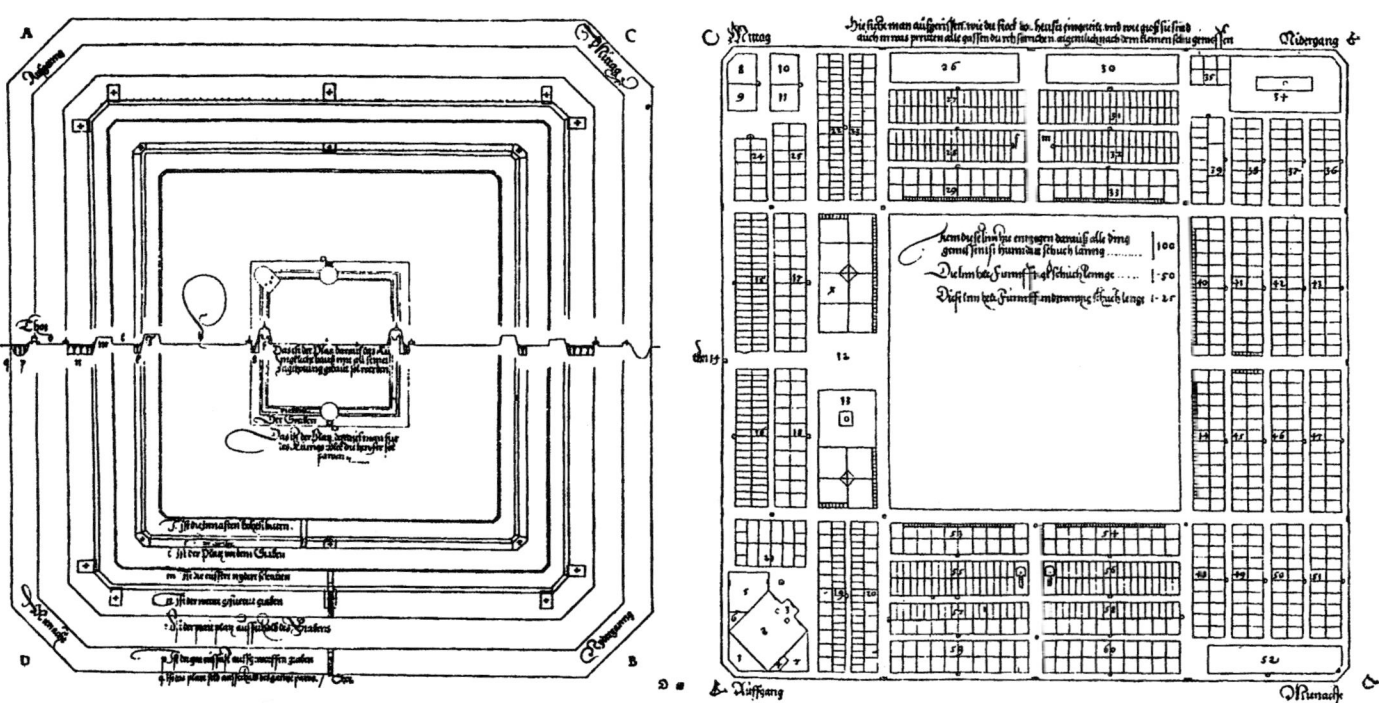

Abb. 171: Albrecht Dürer. Entwurf zu einer idealen Königsstadt aus „Etliche underricht, zu befestigung der Stett, Schlosz, und flecken" 1527. Die Flankierung der Wälle erfolgt mittels Kaponnieren.

sentlichen öffentlichen Gebäude in den vier Ecken der Stadt. From übernimmt in seinem ersten Entwurf gar das achteckige Tracé der Stadtenceinte Dürers für sein „*Citadellenschloss*" und die Führung des Torweges durch Bollwerke, hier Kaponnieren, in der Mitte der Schlossumwallung. Im Gegensatz zu Dürer stellt er aber sein Schloss über Eck, was an die Entwürfe Heinrich Schickhardts für das nie ausgeführte Schloss mitten auf dem Markt von Freudenstadt 1598 erinnert[795]. Als man um 1831 den Ausbau Freudenstadts zur Bundesfestung projektierte, sah einer der Pläne tatsächlich an eben dieser Stelle ein zentrales Reduit vor, was den späteren Ideen Froms entspricht[796].

Dürers Zitadelle ist ein Residenzschloss für den Landesherrn, den König, wobei er allerdings zum Aussehen dieses Schlosses keine näheren Angaben macht. Die Funktion als Wohnort kommt für Froms Schlösser aber nicht in Betracht. Zwar ist eine höfisch-landesherrliche Nutzung insoweit gegeben, als hier Staatsschatz und Staatsarchiv verwahrt werden sollen, aber von Wohnungen für den Landesherrn ist nicht die Rede, und innerhalb der Stadtbefestigung ist auch sonst nirgends

ein Residenzgebäude geplant. Was aber die Gestaltung seines Schlosses im ersten Entwurf angeht, so greift From außer auf Dürer ganz eindeutig auch auf Burgen des Mittelalters und der Frühen Neuzeit zurück. Sein Montalembertscher Turm in der Mitte des Schlosses erscheint wie ein Bergfried oder gar Donjon. Letztere Funktion erfüllt er auch, indem er die Wohnung des Kommandanten aufnehmen soll. Als weithin sichtbares Machtsymbol dominiert er zugleich Stadt und Festung und dient sowohl deren Kontrolle als auch der des Umlandes. Das Schloss selbst soll wohl mittelalterliche Wehrarchitektur rezipieren, da From für die Gebäude Zinnen vorsieht.

From zeigt noch weitere beispielhafte Grundrisse zu Festungen, so für eine irreguläre Anlage, die hauptsächlich aus krenelierten Mauern besteht und einen Berg zwischen drei Flussläufen beherrscht, die natürlichen Schutz gewähren, wobei die Festung den Übergang über alle drei sichert (Abb. 172). Auf dem höchsten Punkt innerhalb der Anlage sieht From ein nochmals durch Zwingermauern, Gräben und Türme abgegrenztes Schloss in Form einer viereckigen Defensivkaserne vor,

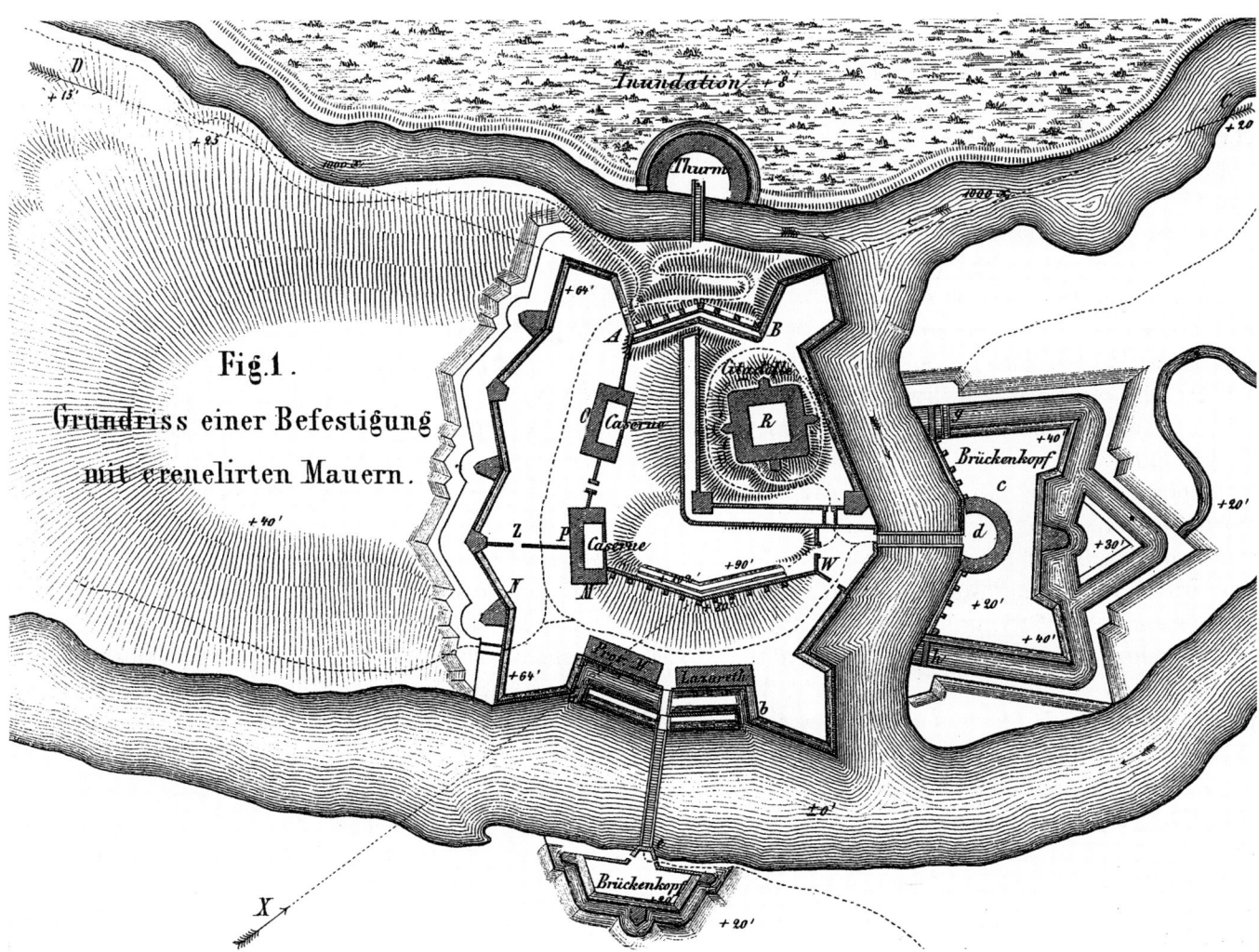

Abb. 172: J.W.T. From. Idealbild einer kleinen irregulären Festung an der Einmündung dreier Flüsse 1854.

aus deren Fronten mittig je eine Kaponniere vorspringt. Es dient als Zitadelle der Anlage[797]. Auch hier ist dem Bau aber nur eine rein militärische Funktion zugewiesen.

Wie gezeigt, werden in der Festungsliteratur des 19. Jahrhunderts feste Schlösser im Sinne befestigter Adelswohnungen nicht wirklich thematisiert. Es gibt keinen Hinweis auf die Fortifikation von Residenzgebäuden gegen Aufständische und die sinnvolle Verbindung von Zivil- und Wehrbau zu einer Einheit. Schlösser erscheinen als rein militärische Bauwerke in der Funktion von Zitadellen[798], die, z. B. als Bergfestungen, vorrangig der Aufbewahrung wertvoller Güter und Papiere dienen. Damit sind wir bei einem wesentlichen Punkt angelangt: Der Thematisierung der Zitadelle in der Festungsbaulehre und der Funktion, die ihr das 19. Jahrhundert als Mittel zur Sicherung des inneren Friedens zugewiesen hat.

Das Thema der Zitadelle

Maximilian de Traux äußerte 1817, wohl noch unter dem unmittelbaren Eindruck der revolutionären Ereignisse in den Jahrzehnten zuvor, über den Nutzen der Festungen: „*Sie sind das sicherste und sanfteste Mittel die Macht und das Ansehen des Souverains zu erhalten, und die Würkungen einer zügellosen so genannten Freyheit zu verhindern, das heißt Rebellen im Zaum zu halten.*"[799] Ähnliche Äußerungen, gerade im Hinblick auf die aktuelle politische Lage in der Zeit des Vormärz, lassen sich bei den Militärs öfter finden: „*Die ursprüngliche Bestimmung aller Citadellen, die empörungslustigen Einwohner einer großen Stadt zu zügeln, welcher besonders die Citadellen der niederländischen Städte ihr Dasein verdanken, ist in der leztern Zeit wieder ziemlich scharf hervorgetreten. Durch sie beherrschen die Holländer bei Antwerpen noch immer die Schelde, die aufrührerische Bewegungen der Einwohner scheiterten an der Entschlossenheit des trefflichen Commandanten. In Brüssel und Warschau würden sich die Ereignisse ganz anders gestaltet haben, wäre in ersterer Stadt die Citadelle nicht geschleift worden, und in lezterer eine zum Schutz der russischen Besatzung vorhanden gewesen.*"[800] Und wieder ein anderer Autor schreibt: „*Die politischen Ereignisse der letzten Jahre sind geeignet gewesen, den Werth der Citadellen im obigen Sinne zu zeigen. Hätten Brüssel und Warschau gut armirte Citadellen gehabt, wie Antwerpen, es wäre vielleicht Manches ungeschehen geblieben.*"[801] Diese Zeilen stehen ganz offensichtlich unter dem tiefen Eindruck, den die revolutionären Ereignisse des Jahres 1830 in den Niederlanden und Polen bei konservativen Zeitgenossen hinterlassen hatten. Louis Blesson hob in enger Anlehnung an de Traux 1830 hervor: „*Reine Festungen stellen das sicherste, wohlfeilste und menschlichste Mittel her,*

1) die Würde der Regierung aufrecht und die Folgen zügelloser Freiheit abzuhalten;
2) das Volk in dem erforderlichen Gehorsam gegen das Gesetz zu halten, und Versuche zu vereiteln, die Regierung umzustürzen;
3) endlich die Regierung leicht in den Stand zu setzen, Ausartungen der bürgerlichen oder religiösen Streitigkeiten vorzubeugen. Anlagen dieser Art können sehr klein sein: eine Citadelle oder eine Burg sind hinreichend, um eine Rebellion zu unterdrücken.
Sie dürfen sogar nicht zu gross sein, weil sie dann eine zu grosse Heeres-Abtheilung dem Feldkriege entziehen. Grössere Orte eignen sich nie dazu. [...] Es liegt folglich in ihnen eine sichere Bürgschaft der bestehenden guten Ordnung; wenn gleich nicht zu läugnen ist, daß sie hin und wieder gemissbraucht wurden."[802]

Eine Festung, die der inneren Sicherheit dienen sollte, musste also nicht groß sein. Blesson benützt sogar den Begriff „*Burg*", um die Anlage von der großen modernen Stadt- und Lagerfestung abzugrenzen, und setzt so die Burg mit der Zitadelle funktional gleich[803]. Der Sinn und Zweck einer Zitadelle liegt allein in der Kontrolle der Bevölkerung, ihrer Polizeifunktion, wobei Blesson auch ihre Funktion als Mittel zur Sicherung einer Willkürherrschaft anspricht, wenn er auf deren missbräuchliche Verwendung verweist. Festungen ganz allgemein wurden von den Zeitgenossen als ein Mittel zur Aufrechterhaltung der inneren Ordnung und Sicherheit begriffen.

Die Revolution von 1848/49 schreckte die Militärs erst recht auf. Im *Oesterreichischen Militär=Konversations=Lexikon* von 1851 steht daher zu lesen: „*Reine Festungen endlich nennt man solche, welche nur die zur Besatzung nöthigen Truppen beherbergen, und keine, oder nur sehr wenige Privathäuser enthalten. Sie sind das beste Mittel der Regierungen, um den Gehorsam gegen die Geseze aufrecht zu erhalten, und die Folgen zügelloser Freiheitsideen abzuwehren. Solche Festungen können sehr oft von geringem Umfange sein; eine Citadelle oder eine Burg erfüllen den vorgestekten Zweck.*"[804] Über den ganz allgemeinen Nutzen von Festungen wird, auch hier in enger Anlehnung an de Traux, bemerkt: „*Festungen sind für die Regierungen der Staaten das sicherste, sanfteste und (so viele Gegner die Behauptung auch finden mag) das wohlfeilste Mittel, die Ausbrüche überspannter Freiheitsideen niederzuhalten.*" Denn es „*wird auch das stehende Heer, diese beste Stüze einer guten Regierung, in den Festungen Stüzpunkte finden, welche ihm Sicherheit und Freiheit seiner Bewegungen zur Unterdrückung eines Aufstandes gewähren.*"[805] Der Autor hat hierbei besonders die Ereignisse während der Revolution in Oberitalien im Blick, wenn er hinsichtlich der Bedeutung von Festungen fortfährt: „*Und besonders unsere Zeiten scheinen bestimmt dies zu erhärten, wo der Schwindel überspannter Freiheitsideen, und das Treiben einer Ver-*

147

bindung raub= und ehrsüchtiger Wühler, die Ruhe aller Staaten zu untergraben trachten. In den verhängnißvollen Jahren 1848 und 1849 haben die Festungen wahrlich bewiesen, wie kostbar ihr Besitz, wie schädlich ihr Verlust ist. Hat nicht vorzüglich Verona und Mantua in den Händen des treuen Heeres dem österreichischen Staate die eiserne Krone erhalten?"[806]

Die Angst vor dem Umsturz und die Zitadelle als Mittel *„gegen die Verirrungen einer zahlreichen Volksmasse, [...] die stets zu Verirrungen leicht aufgelegt ist"*[807], erscheint daher immer wieder in den Lehrbüchern zum Festungsbau des 19. Jahrhunderts. So schlägt From zur Sicherung unruhiger Gebiete vor: *„Citadellen auf hochgelegenen Punkten neben tiefer liegenden großen oder kleinen Städten können in eroberten Provinzen noch den eigenthümlichen Zweck haben, eine unruhige Bürgerschaft im Gehorsam zu erhalten, auch unter Hinzufügung leichten festen Umzuges den Zugang von Banden, welche keine Artillerie haben, zu verhindern."*[808] Wie sehr erinnert dies doch an die Funktion des Hohenzollern, der gerade unter dem Eindruck der Inbesitznahme eines Landes, das kurz zuvor von der Revolution erschüttert worden war, erneut zur Festung ausgebaut wurde, aber auch an die Projekte Hörmanns für München oder die Befestigungen des Schweriner Schlosses[809]. Im Übrigen sicherte eine Zitadelle die Waffenvorräte des Militärs vor dem unerwünschten Zugriff von aufrührerischen Massen, eine Erfahrung, die in Folge der Revolution, wie oben gezeigt, zum Bau befestigter Arsenalkomplexe mit Zitadellenfunktion im äußeren Umfeld der Residenzstädte führte[810].

Sollte die Bevölkerung dennoch den Versuch einer Erhebung wagen, so hatte die Anlage einer solchen Zwingburg *„nicht allein einer numerisch schwachen Besatzung und den höchsten Behörden Schutz zu gewähren, sondern auch die Bevölkerung von gewaltsamen Versuchen in dem Bewusstsein abzuhalten, dass der Commandant der Citadelle jeden Augenblick die Mittel besitzt, dieselbe zu bestrafen."*[811] Im Falle der noch zu besprechenden Akropolis-Planung von Schinkel[812] wäre es zum Beispiel ein Leichtes gewesen, ganz Athen bei einem Aufstand mittels eines Bombardements vom Burgberg aus in Schutt und Asche zu legen, denn jede Zitadelle hatte die Aufgabe im Ernstfall *„die Stadt zu beschießen und durch die Uebel des Krieges zu bestrafen."*[813] Folglich sollte eine Zitadelle möglichst so angelegt werden, dass sie *„die Stadt in mehreren Punkten beherrscht, und die Straßen und öffentlichen Plätze derselben beschießen kann"*[814], also jener Orte, an denen mit großen Volksaufläufen zu rechnen war. All diese Gedanken gewannen um 1830 wieder an Aktualität[815].

Diese strenge Form der militärischen Kontrolle fand aber nicht nur ungeteilten Zuspruch. Es gab auch nachdenklichere Stimmen, die den Zitadellen kritisch gegenüberstanden. Schon Blesson hatte ja in seinen Ausführungen auf den Missbrauch von solchen Festungen durch despotische Regenten verwiesen. *„Eine gewisse Klasse Widersacher von Festungen macht ihnen den Vorwurf, daß sie in den Händen von schlechten Regierungen zur Knechtung des Volkes dienen könnten. Hierauf lässt sich erwiedern, daß die Zeiten wohl für immer vorüber sind, wo die Knechtung eines Volkes möglich war [...]"*, wetterte hingegen Hirtenfeld 1852[816]. Selbstverständlich sahen die konservativ eingestellten Militärs des 19. Jahrhunderts in ihren Souveränen keine Despoten, sondern die Verkörperung der rechtmäßigen modernen Staatsordnung, die aus ihrer Sicht nur einzelne geistig Verirrte in Frage zu stellen wagten. Während der österreichische Autor daher Festungen als unabdingbar für den Bestand der Staatsgewalt definierte, kam der französische Kavallerieoffizier Pertuisier 1821 zu einem ganz anderen Schluss: *„In einem gut geordneten Staate kann eine Citadelle nur als der letzte Zufluchtsort der Festung angesehen werden, zu deren Vertheidigung sie mitwirkt. Sie müsste deshalb blos gegen Außen gerichtet sein; würde aber alsdann des Zweckes der Vertheidigung ganz verfehlen, und es bleibt die traurige Bestimmung jeder Citadelle: die zu ihr gehörende Stadt rücksichtslos zu zerstören, sobald diese in die Hände des Feindes fällt. In Folge dieses offenbaren Widerspruches werden die Citadellen stets an den Grund erinnern, aus dem sie größtentheils entstanden sind und durch den sie jenen befestigten Pallästen Morgenländischer Despoten gleichen. Sollte der Bürger sie nicht mit scheelen Augen ansehen, müssen sie ihm eine Zuflucht darbieten, wie in den frühern Zeiten."*[817] Das ist die Sicht eines liberalen, bürgerlich denkenden Militärs, der vermerkt, dass es unklug von einem Regenten sei, gegenüber seinen Untertanen Misstrauen zu zeigen. Er schränkt aber ein, dass in einem neu eroberten Gebiet, *„wenn die Unterthanen eine andere Sprache, eine andere Religion und andere Sitten haben"*, es doch aus Gründen der Vorsicht angeraten erscheint, eine Zitadelle anzulegen, und verweist als Vorbild auf die alten Römer[818].

Allerdings dienen Zitadellen nicht nur der Kontrolle einer eventuell unbotmäßigen Einwohnerschaft, sondern auch als stärkster und wichtigster Punkt der gesamten Festung, der *„beinahe unangreifbar"* sein musste[819]. Wilhelm Rüstow definierte: *„Eine Cittadelle ist eine kleine Festung, welche entweder innerhalb einer grösseren oder seitwärts derselben angelegt wird, doch immer so, dass der Fall der grossen Festung den Fall der Cittadelle nicht bedingt, und meistentheils so, dass die Cittadelle die Hauptfestung beherrscht. [...] Hat der Belagerer die Stadt genommen, so zieht deren Besatzung sich in die Cittadelle zurück, um hier den Widerstand fortzusetzen, den Belagerer an der Festsetzung in der Stadt zu hindern oder sich wenigstens eine günstige Kapitulation zu erkämpfen."*[820] Eine Zitadelle muss daher *„stark befestigt, und einer langen und hartnäckigen Vertheidigung fähig, und hinreichend mit guten, bombenfesten Souterrains und Casematten versehen seyn."*[821]

Innerhalb einer Zitadelle sollten vor allem Kasernen, Arsenalbauten und natürlich die Kommandantur untergebracht werden, das „vornehmste und geräumigste" Gebäude, für dessen innere Einrichtung Hoyer 1832 forderte: „Sie muß im obern Stock 1 Salon und 8 bis 12 geräumige Zimmer, mit einigen kleinen Behältnissen für den Commandanten enthalten, um auch nach Erfordern den Regenten des Staates auf einige Tage aufnehmen zu können."[822] Damit wurde die Zitadelle wieder zum festen Schloss. Vorsorglich führt Hoyer in einer Fußnote an, wie ein herrschaftliches Appartement einzurichten sei: „Zu einer herrschaftlichen Wohnung werden 1 Haupt= und 1 Vorzimmer, 1 Kabinett, 1 Schlafzimmer und 1 Garderobe erfordert, die jedoch bisweilen etwas abwärts angebracht ist. Neben dem Salon sind einige Gesellschaftszimmer nöthig, eine Bibliothek darf auch nicht fehlen."[823] Hoyer gibt hier quasi das Raumprogramm eines fürstlichen Residenzschlosses wieder. Auch Friedrich Meinert schlägt 1819 einen solchen Bau vor, wobei allerdings nicht klar ist, ob das entsprechende Gebäude in einer rein militärischen Festung, also einer Zitadelle, oder innerhalb einer Stadtfestung zu stehen kommen soll: „Das Gouvernementshaus ist das einzige, was der Würde des Staats und der Nation gemäß in Festungen, nach dem Grade ihrer Wichtigkeit imponiren darf; es enthält zugleich das Absteigequartier des Regenten und der höchsten Kriegsbehörden; ernst, feierlich und edel aber ohne jeden Prunk, der zu leicht ins lächerliche übergeht, sei der äußere Charakter und die innere Einrichtung befriedige das Bedürfniß mit Anständigkeit." Existiert kein „Gouvernementshaus", muss die Kommandantur die Funktion des Regentenquartiers übernehmen[824]. Hoyer und Meinert sind damit die einzigen, die ihrer Zitadelle auch eine, zumindest temporäre, Wohnfunktion für den Landesherrn zuweisen und etwas nähere Angaben zur Einrichtung des Schlosses machen. Immerhin hat Prittwitz noch 1865 hierauf hingewiesen und bemerkt, dass Zitadellen den Zweck haben, auch „dem Herrn der Stadt bei Volksaufständen Schutz zu gewähren."[825]

Die Festung, besonders aber die Zitadelle als Sicherung gegen eine unbotmäßige Bevölkerung ist ein alter Topos. Seit dem späten Mittelalter wurden Befestigungen errichtet, die nicht nur gegen den äußeren Feind, sondern, gerade im Falle von Stadtburgen des Landesherrn, auch gegen die eigenen Untertanen gerichtet waren[826]. Aufgabe der Zitadelle ist die Polizeifunktion für die Landesherrschaft.

Schon in der Frühen Neuzeit waren „Theorie der Architektur und Theorie der politischen Herrschaft" aufs engste verknüpft[827]. Die Zitadelle stellt hierbei ein Bindeglied dar. Sie „muß nicht mit dem Ort politischer Herrschaft identisch sein. Aber ‚Herrschaftliches' haftet ihr in jedem Fall an, schon durch ihre politisch-militärische Machtfunktion innerhalb eines fürstlichen Territoriums. [...] Immer befindet sich das Schloß am Rande der Residenzstadt, also in der Lage einer Zitadelle. Ob sie auch deren fortifikatorischen Zweck erfüllt, läßt sich nur in jedem einzelnen Fall klären."[828] Ruft man sich die von dem Obersten von Hörmann gemachten Vorschläge zur Sicherung der Kaiserburg in Nürnberg und des Aschaffenburger Schlosses, die er eindeutig auf Grund ihrer Lage als Zitadellen einstuft, in Erinnerung, oder die Lage des Schweriner Schlosses, so scheint dies auch für das 19. Jahrhundert bestätigt. Das Koblenzer Stadtschloss, einst Residenz der Trierer Kurfürsten, sollte ursprünglich als Bestandteil der Festungsanlagen in die preußischen Befestigungen von Koblenz einbezogen werden[829]. Es ist offensichtlich, dass, aus militärischer Sicht, Schlösser noch im 19. Jahrhundert ihren fortifikatorischen Sinn als Zitadellen erfüllen konnten, um die Macht des Landesherrn zu sichern und diese gleichzeitig den Untertanen sinnfällig vor Augen zu führen. In der Regel dienten hierzu aber nicht Schlösser im Sinne von herrschaftlichen Wohnsitzen, sondern rein oder überwiegend militärisch genutzte Anlagen, wie wir sie mit Dömitz, Spandau oder dem Königstein im Folgenden kennen lernen werden.

2. Rückzugsort, Schatzhaus und Staatsgefängnis – Zitadellen und Bergfestungen

Die Zitadelle in Dömitz

Nach der Beschäftigung mit der Rolle, die die Festungstheorie den Bergfestungen und Zitadellen im 19. Jahrhundert zudachte, ist nun zu prüfen, wie die Praxis aussah. Mehrfach wurden ältere Zitadellen ausgebaut oder teilweise im Rahmen von großen Neubauten wie in Ulm oder Posen neu errichtet.

Der Großherzog von Mecklenburg-Schwerin hatte, wie wir gesehen haben, ab 1851 Wert auf die militärische Sicherung seiner Residenz gelegt und diese neu gegen Überfälle und Aufständische befestigen lassen[830]. Friedrich Franz II. ließ aber noch eine weitere Anlage, nämlich Dömitz, Mecklenburgs wichtigste Landesfestung an der Elbe, modernisieren. Eine Holztafel neben dem Tor verkündet bis heute, dass *„diese Festung vom Jahre 1851 bis zum Jahre 1865 mit geringen Veränderungen erneuert"* wurde.

Dömitz kommt ein hoher Stellenwert in der Entwicklung der Festungsbaukunst zu, bildet sie doch die erste Bastionärfestung über einem regelmäßigen fünfeckigen Grundriss im deutschsprachigen Raum (Abb. 173). Trotzdem erregte Dömitz in der überregionalen For-

schung bisher kaum Interesse. Es zählt bis heute zu den eher unbekannten Anlagen[831].

Der Bau der Festung

Die Festung Dömitz erhebt sich an Stelle eines slawischen Burgwalles. Im 13. Jahrhundert errichteten die Grafen von Dannenberg einen Neubau aus Ziegeln, von dem noch Teile in den Gebäuden der Festung erhalten geblieben sind[832]. 1372 kam die Burg in den Besitz des Herzogs Albrecht von Mecklenburg[833]. Von 1559–1565 ließ Johann Albrecht I. von Mecklenburg-Schwerin, der selbst Italien bereist und somit die moderne italienische Festungsbaukunst kennen gelernt hatte, durch den bereits im Zusammenhang mit Schwerin erwähnten Francesco di Borno mit Hilfe vor allem italienischer Bauleute die heutige Zitadelle über einem regelmäßigen Pentagon errichten[834]. Sie war damals neben Spandau, Küstrin, Peitz[835] und Jülich die modernste Festung im deutschen Sprachraum und umfasste fünf Bastionen mit Orillons[836], hinter denen die in den Flankenkasematten aufgestellten Geschütze gedeckt waren. Das

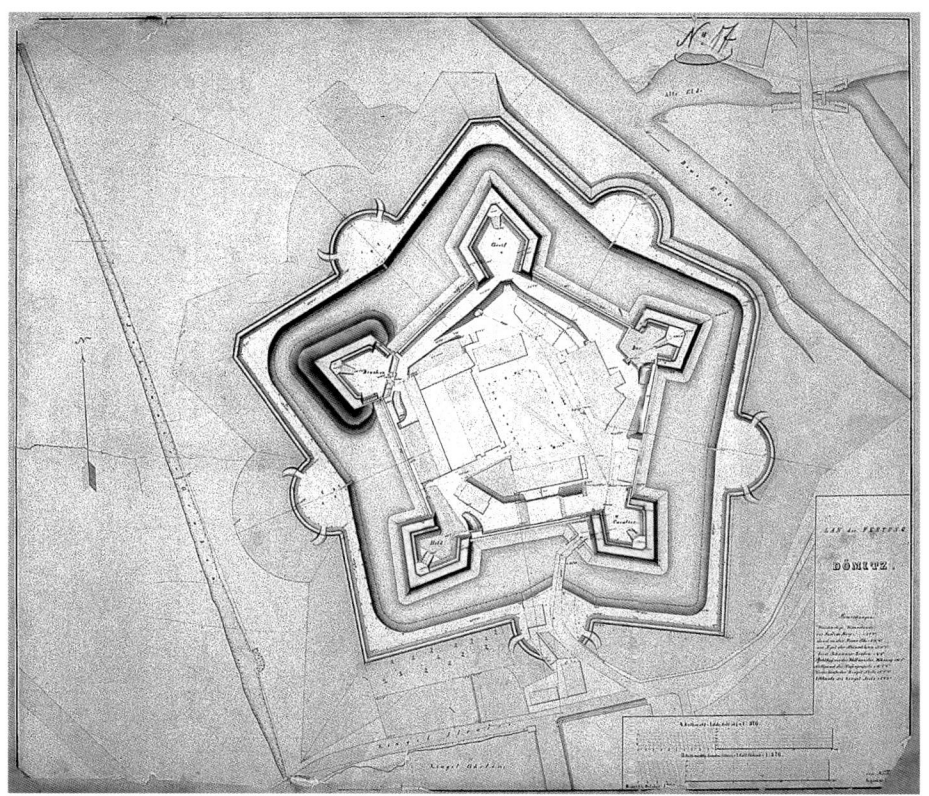

Abb. 173: Dömitz. Zitadelle, Grundriss nach dem Ausbau um 1864.

Pentagon umfing den Schlossbau mit den mittelalterlichen Bauteilen, darunter den alten Hauptturm, der nun zu einer Art Kavalier und Geschützturm umfunktioniert wurde[837]. Um 1612 wurde die Anlage durch Ghert Evert Piloot nochmals ausgebaut und verstärkt[838]. Von 1719–1723 und 1741–1747 diente Dömitz als Residenz Herzog Karl Leopolds, der hier in den Auseinandersetzungen mit den Ständen um die Vorherrschaft in Mecklenburg Zuflucht suchte[839]. Danach wurde auf der Festung ein Zucht- und Tollhaus eingerichtet. 1767 stürzte ein Teil der Bastion „Drachen" in den Graben. Sie wurde nicht wieder aufgemauert, sondern zu einem Erdwerk umgeformt, die Bastion „Greif" wesentlich vergrößert und neu kasemattiert[840].

Dömitz in der ersten Hälfte des 19. Jahrhunderts

Schauplatz größerer Kampfhandlungen wurde die inzwischen in schlechtem Zustand befindliche Festung 1809, als der preußische Major Ferdinand v. Schill Dömitz bei seinem Aufstandsversuch gegen die Franzosen kurzfristig besetzen ließ. Die Festung wurde von französisch-holländischen Truppen bombardiert und eingenommen[841]. Daraufhin drängte die Bevölkerung der bei dem Bombardement schwer zerstörten Stadt auf die Schleifung, doch kam es hierzu nicht mehr (Abb. 174)[842]. Während der Kämpfe 1813 wurde Dömitz erneut Stützpunkt für militärische Operationen. Man ging an die provisorische Verstärkung der zerschossenen Werke. Eine Redoute sollte im Vorfeld angelegt werden[843]. Auch in der Folge wurden immer wieder Erneuerungsarbeiten vorgenommen. So wurde die Konterreskarpe 1825 neu mit Palisaden besetzt[844]. Im Gegensatz zur bisher verbreiteten Meinung wurde der Festung also immer noch ein militärischer Wert beigemessen und diese nicht nur als Staatsgefängnis genutzt[845]. Auf der Festung befand sich eine Garnison von neunzig Mann unter Kommando eines Hauptmanns und vier Leutnants, und man beschrieb Dömitz als „mit ziemlich haltbaren Werken" versehen[846]. In der Festung befanden sich neben dem „Zucht= und Stockhaus" auch „das Schloß und das Zollamt"[847]. 1832 verfasste der Major und Festungskommandant v. Huth auf großherzoglichen Befehl hin einen Bericht über den Zustand der Festung und über die vorzunehmenden Ausbesserungsarbeiten. Dabei erfährt die Festung auch eine Einschätzung in ihrem taktischen Wert: „Durch Lage, Gestalt und Ausdehnung einer Festung wird, in taktischer Beziehung, ihre Vertheidigungsfähigkeit und ihr Rang bestimmt; obgleich erstere nur durch eine brave Besatzung und durch einen sachkundigen und entschlossenen Commandanten erst ihren wahren Werth erhält. Ohne diese Zuthat bleiben Wälle

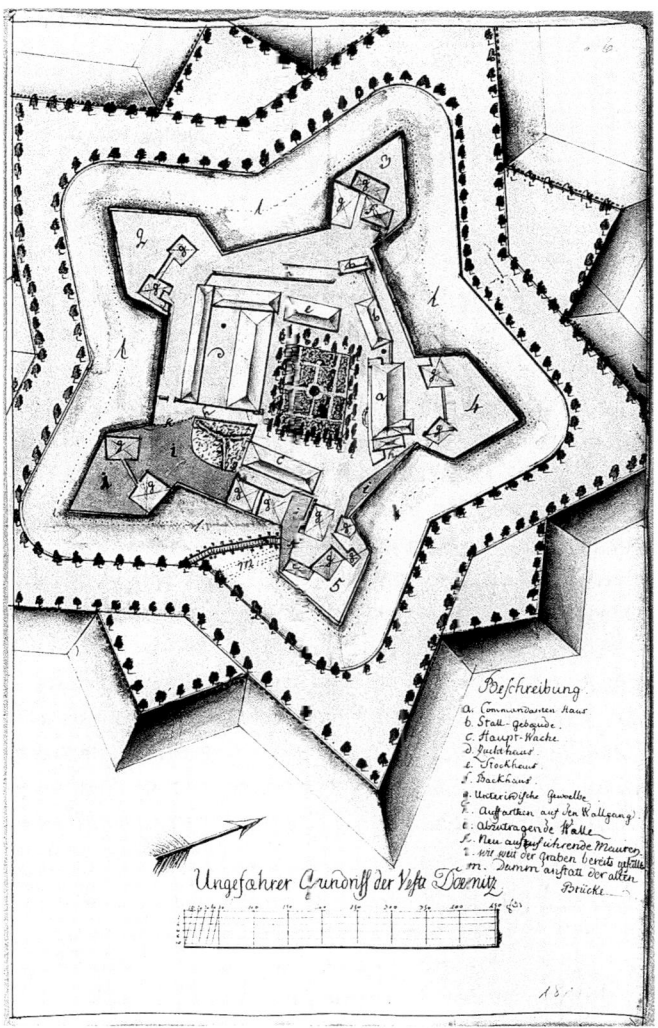

Abb. 174: Dömitz. Zitadelle, Grundriss zur geplanten Schleifung der Werke 1811.

und Mauern todte Massen, die nur zu oft geringen äußeren Einwirkungen unterlegen haben. Mit der Benennung ‚Fort', welche ich für die kleine Feste Dömitz entsprechend hielt, dürfte gleichzeitig der Rang ausgedrückt sein, den solches unter den festen Plätzen einzunehmen geeignet ist. Hiernach kann dieses Fort bei großen, allgemeinen Kriegszwecken nicht sehr in Betracht kommen; wohl aber bei außerordentlichen Begebenheiten, woran das gegenwärtige Zeitalter so reich ist, dem Staate von großem Nutzen sein. Zu solchen Fällen würde Dömitz, wenn es in einen haltbaren Zustand gesetzt, gehörig bewaffnet und mit einer verhältnismäßigen Besatzung versehen ist, einen sicheren Zufluchtsort für die Kriegsvorräthe und kostbarsten Schätze des Landes sein."[848] Auch im Falle von Dömitz erscheint im Hintergrund die ständig präsente Angst vor revolutionären Unruhen und plötzlichen Veränderungen innerhalb des Deutschen Bundes. Die Pariser Julirevolution und deren Folgen lagen ja erst zwei Jahre zurück. Die taktische Bewertung der Festung als „Fort", die v. Huth vornimmt, entspricht dabei ganz der Kategorisierung der zeitgenössischen Festungstheorie[849]. In jedem Fall war er der Überzeugung, dass die Werke „*auch jetzt noch mit Erfolg zu vertheidigen*" seien[850].

Die Ausbau- und Modernisierungsmaßnahmen unter Friedrich Franz II.

Trotz der Maßnahmen zur Instandhaltung in den ersten Jahrzehnten des 19. Jahrhunderts verwahrloste die Festung zunehmend. Der Graben war seit dem Bombardement von 1809 teilweise verschüttet, es fehlte seither die Zugbrücke und im Graben befanden sich Gärten[851]. 1851–1867 wurde die Festung auf Veranlassung Friedrich Franz II. erneuert und modernisiert. Die renaissancezeitlichen Orillons der Bastionen wurden aufgegeben und die Werke gemäß den Forderungen der neudeutschen Festungsbautheorie kasemattiert. Die durch einen Fahrdamm ersetzte Zugbrücke wurde wieder hergestellt und das Tor durch einen Zwinger gesichert. 1865 waren die Arbeiten weitgehend abgeschlossen[852], der Umbau des Hauptturmes 1867 vollendet[853]. Man hatte sein bisheriges Ziegeldach heruntergenommen und eine offene Geschützplattform mit Brustwehr und Zinnen geschaffen (Abb. 175)[854]. Wahrscheinlich sollte

Abb. 176: Dömitz. Eines der 1851 in Minden erworbenen Positionsgeschütze der deutschen Flotte.

der Turm als zentrales Reduit der Festung dienen, zumindest aber ermöglichte er eine Beherrschung des ganzen Geländes. Außer zur Verstärkung der Festungswerke kam es auch noch zu einer Neubestückung der Anlage mit modernen Positionsgeschützen, die man, wie die Kanonen für das Schweriner Schloss, auf dem Bahnhof von Minden ersteigert hatte (Abb. 176)[855]. Damit war Dömitz als Landesfestung des Großherzogtums wieder hergestellt und armiert. Erst 1894 wurde sie aufgegeben[856].

Die modernisierten Festungsanlagen

Die Festung Dömitz liegt inmitten der Elbauen an der Einmündung der Elde in die Elbe. Sie bildet ein regelmäßiges Fünfeck aus mächtigen Erdwällen mit vorgeblendetem Ziegelmauerwerk. Jede Ecke besetzt eine Bastion mit kasemattierten Flanken zur Deckung der verbindenden Kurtinen und der benachbarten Bastionsfacen. Die ganze Anlage wird von einem breiten Wassergraben, der von der Elbe gespeist wird, umfangen, vor dem sich, immer noch gut ablesbar, der gedeckte Weg und das Glacis erstrecken. Der Zugang zur Festung liegt auf ihrer der Stadt zugewandten Seite und führt heute über einen Damm bis zum Vortor, das als Zwingeranlage dem Tor in der Flanke der Bastion „Cavalier" unter Friedrich Franz II. vorgelegt wurde (Abb. 177). Das Tor springt leicht aus der krenelierten Mauer des Zwingers, die mit kleinen Infanteriescharten und einer Kanonenscharte ausgestattet ist, vor[857]. Dahinter öffnet sich das von einer aufwändigen Hausteinrahmung eingefasste renaissancezeitliche Portal der Festung. Die Passage führt in einem Bogen unter der Bastion „Cavalier" hindurch in den Festungshof. Auf dessen Nordseite erhebt sich das Schloss bzw. die Kommandantur mit dem mächtigen Hauptturm, der bis 1934 die 1867 errichtete

Abb. 175: Dömitz. Zitadelle, Hauptturm nach der Umgestaltung 1866/67.

Abb. 177: Dömitz. Zitadelle, Äußeres Tor mit krenelierten Mauern.

Abb. 178: Dömitz. Zitadelle, krenelierte Kehlmauer mit Diamantgraben zur Sicherung der Bastion Drache.

153

Geschützplattform und ein Uhr- und Glockentürmchen trug. Von seiner einstigen architektonischen Gestaltung zeugen nur noch die gliedernden Lisenen, die an den vier Ecken des Turmes in türmchenartigen Aufsätzen endeten. Er setzte so einen schon von Weitem gut sichtbaren Akzent.

Der Schlossbau wie auch die übrigen Gebäude im Festungshof sind schmucklos und weisen nur noch wenige Reste einstigen architektonischen Zierrats auf.

Zur Verstärkung der Befestigungen unter Friedrich Franz II. zählt das Blockhaus auf der Bastion „Held" (Abb. 179), ein einfacher kleiner Ziegelbau in der Kehle des Festungswerks, der auf drei Seiten mit Maulscharten zur infanteristischen Verteidigung ausgerüstet ist. Es sollte offensichtlich bei einer Erstürmung der Bastion als Reduit dienen. Ebenfalls modernisiert werden musste die Bastion „Drache", deren Mauerwerk ja zusammengestürzt war. Sie blieb als Erdwerk bestehen. Um aber diesen als Schwachstelle empfundenen Punkt, wo der Graben etwas schmaler ist, zusätzlich zu sichern, wurde in der Kehle eine krenelierte Mauer zur Infanterieverteidigung errichtet (Abb. 178). Man legte ihr einen schmalen Graben, über den eine kurze Brücke führt, vor. Die Ecken markieren runde Türmchen, die als Postenerker dienten.

Blockhäuser und krenelierte Mauern sind wesentliche Elemente der neudeutschen Festungsbaukunst[858], die hier zur Anwendung gelangten, um die alte Anlage wenigstens in Teilen zu modernisieren. Tatsächlich waren die Festungsbauten rasch veraltet, denn mit Einführung der gezogenen Geschütze um 1860 hätten sie einer regelrechten Belagerung nicht mehr lange standgehalten. Trotzdem erhielt die Festung nochmals militärische Bedeutung als Posten an der 1870–1873 errichteten Eisenbahnbrücke über die Elbe, die mit vier kasemattierten Türmen auf beiden Ufern befestigt wurde[859].

Abb. 179: Dömitz. Zitadelle, Blockhaus mit Maulscharten auf der Bastion Held.

Die Festung Dömitz als festes Schloss

Zuletzt war Dömitz unter Herzog Karl Leopold in der ersten Hälfte des 18. Jahrhunderts als landesherrliche Wohnung genutzt worden, da der Herzog zwischenzeitlich gezwungen war in der Festung seine Hofhaltung aufzuschlagen und Dömitz zur Residenz avancierte. Später wurde die immer wieder als „Schloss" bezeichnete Kommandantur wohl nur noch vom Kommandanten bewohnt. Möglich ist aber, dass es auch noch im 19. Jahrhundert ein Absteigequartier für den Großherzog gab. Hierüber verraten die Quellen nichts. Auffallend ist aber, dass sich im Landeshauptarchiv Schwerin im Bestand des Hofmarschallamts Akten zu Reparaturen an der Festung finden. Sie beziehen sich allerdings nur auf die Festungswerke, nicht auf herzogliche Wohnräume[860]. Offensichtlich oblag dem Hofmarschallamt weiterhin eine gewisse Verantwortung für die Bauten. Demnach wurde Dömitz, das ein landesherrliches Amt war[861], zu den Schlössern des Großherzogs gezählt, deren Bauangelegenheiten und Pflege, wie üblich, unter der Obhut des Hofmarschallamts standen.

Fest steht, dass Friedrich Franz II. nach 1851 ein gesteigertes Sicherheitsbedürfnis hatte und nicht nur das Schloss in Schwerin neu befestigen, sondern auch Modernisierungs- und Erneuerungsmaßnahmen großen Umfangs in Dömitz durchführen ließ. Es scheint auch bei diesen Maßnahmen einen Bezug zur Revolution von 1848/49 zu geben. Möglicherweise wünschte Friedrich Franz II. einen weiteren Zufluchtsort nahe der Grenze im Fall erneuter Unruhen und einer nötigen Flucht aus der Residenzstadt, zumindest aber, wie schon im erwähnten Gutachten des Kommandanten v. Huth vorgeschlagen, einen sicheren Aufbewahrungsort für Kriegsvorräte und den Staatsschatz. Hierfür waren die vorgenommenen Um- und Ausbauten allemal ausreichend.

Wie das Schweriner Schloss wird Dömitz von einem Turmbau überragt. Normalerweise vermied man solch hohe Bauwerke, um dem Gegner möglichst wenig Angriffsfläche für sein Geschützfeuer zu bieten. Militärisch hatte der Turm nur als Kavalier und Beobachtungsposten einen Sinn. Seine Gestalt als zinnengekrönte Geschützplattform mit einem überhöhenden Uhr- und Glockentürmchen dient also nicht nur einem militärischen Zweck, sondern ist auch als Bergfriedsymbol zu interpretieren. In dieser zeichenhaften Form hatte man noch in der Frühen Neuzeit Türme in Festungsneubauten errichtet bzw. einbezogen, wie das Beispiel Peitz oder die Beibehaltung des Juliusturmes in Spandau, den man für den Geschützkampf modernisierte, zeigen[862].

Die Zitadelle in Spandau

Ähnlich wie die Zitadelle in Dömitz, so diente auch die Spandauer Zitadelle als Zuflucht der Regentenfamilie, als Aufbewahrungsort von Staatspapieren und Schätzen und, nicht zuletzt, als Staatsgefängnis. Sie war zumindest in der Frühen Neuzeit integraler Bestandteil der Residenzlandschaft um Berlin, der Hauptstadt des Kurfürstentums Brandenburg, und zählt zu jenen landesherrlichen Bauwerken, welche die unmittelbare Umgebung der Residenzstadt optisch im Sinn von Herrschaftssymbolen besetzten[863].

Die Baugeschichte bis 1813

Die Geschichte der Spandauer Zitadelle reicht bis ins 12. Jahrhundert zurück. Als Ersatz für eine slawische Burg sollte sie wie Dömitz und Schwerin das durch die Deutschen der slawischen Herrschaft entrissene Gebiet sichern. Ältester erhaltener Bauteil der Anlage ist der in seinem Kern aus der ersten Hälfte des 13. Jahrhunderts stammende runde Juliusturm, einst der Bergfried[864].

Nach verschiedenen Um- und Ausbauten kam es ab 1559 unter Kurfürst Joachim II. zum totalen Neubau als hochmoderne reguläre Zitadelle über viereckigem Grundriss mit vier großen Eckbastionen nach italienischem Vorbild, eine der frühesten Bastionärfestungen nördlich der Alpen (Abb. 180). Errichtet wurde die Anlage von dem venezianischen Baumeister Francesco Chiaramella de Gandino, der uns bereits beim Bau von Dömitz als Gutachter begegnet ist, und ab 1578 durch Rochus Guerrini Graf zu Lynar[865]. 1590 errichtete man die beiden Ravelins[866], die zu den frühesten auf deutschem Boden zählen dürften. Als einer der Gründe, die für den Ausbau Spandaus zur Festung sprachen, gab man schon damals die nahe Lage zur Residenz an[867]. In dieser Funktion bewährte sich die Festung im Siebenjährigen Krieg 1757, als tatsächlich der gesamte königliche Hof und die Regierung mitsamt den Staatsakten in der Zitadelle Zuflucht fanden, da Berlin durch österreichische Verbände unmittelbar bedroht wurde. Allerdings fand sich kein genügender Raum zur Aufnahme der hohen Herrschaften, die sich, wie Prinzessin Amalia, jüngste Schwester Friedrichs II., beklagte, mit Stroh als Bettstatt zufrieden geben mussten. Ein standesgemäßes Absteigequartier in der seit ihrer Erbauung als Staatsgefängnis und ansonsten rein militärisch genutzten Festung gab es nicht[868]. Der von Lynar projektierte Schlossflügel innerhalb der Festungswerke war nie zur Ausführung gelangt[869], und der ehemalige sog. „Palas", der ursprünglich die herrschaftliche Wohnung barg, scheint im 18. Jahrhundert für solche Zwecke nicht mehr nutzbar gewesen zu sein.

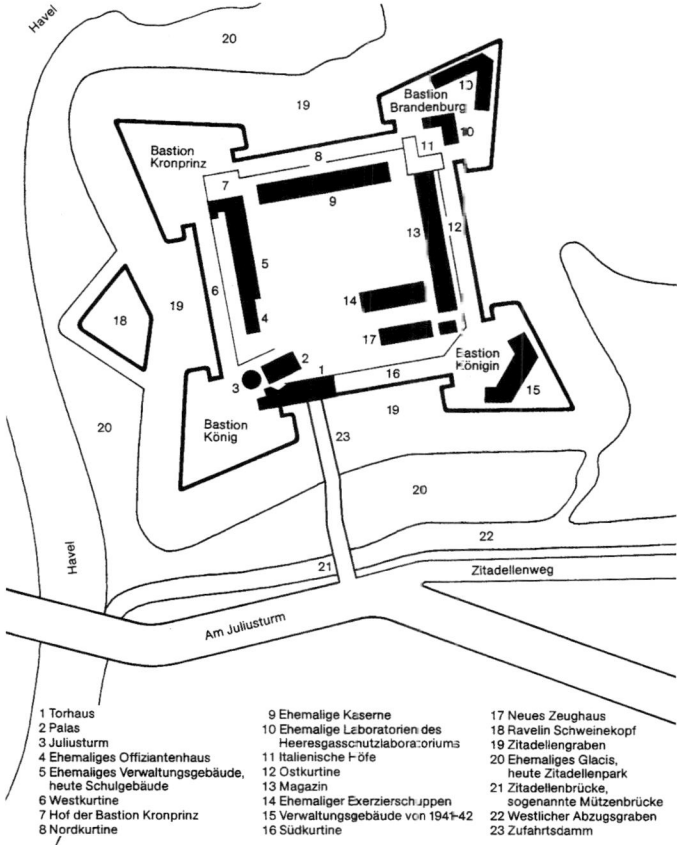

Abb. 180: Spandau. Zitadelle, Grundriss.

1 Torhaus
2 Palas
3 Juliusturm
4 Ehemaliges Offiziantenhaus
5 Ehemaliges Verwaltungsgebäude, heute Schulgebäude
6 Westkurtine
7 Hof der Bastion Kronprinz
8 Nordkurtine

9 Ehemalige Kaserne
10 Ehemalige Laboratorien des Heeresgasschutzlaboratoriums
11 Italienische Höfe
12 Ostkurtine
13 Magazin
14 Ehemaliger Exerzierschuppen
15 Verwaltungsgebäude von 1941-42
16 Südkurtine

17 Neues Zeughaus
18 Ravelin Schweinekopf
19 Zitadellengraben
20 Ehemaliges Glacis, heute Zitadellenpark
21 Zitadellenbrücke, sogenannte Mützenbrücke
22 Westlicher Abzugsgraben
23 Zufahrtsdamm

Im Zusammenhang mit den Befreiungskriegen wurde die Zitadelle, die von Teilen der einstigen Großen Armee Napoleons besetzt gehalten wurde, 1813 über zwei Monate von preußischen und russischen Truppen belagert und bombardiert. Dabei kam es zu schweren Zerstörungen. Durch eine Pulverexplosion wurde die Bastion Königin in ihrem Kern fast vollständig zerstört und der Juliusturm durch die Beschießung stark in Mitleidenschaft gezogen[870].

Wiederaufbau und Modernisierung

Der Wiederherstellung der Zitadelle ab 1821 gab Anlass zu einer umfassenden Modernisierung der gesamten Festung im Sinn der aktuellen neudeutschen Festungsbaukunst, an deren Entwicklung vor allem preußische Ingenieure einen erheblichen Anteil hatten[871]. Gemäß der damaligen Forderung, die Festungswerke zu kasemattieren, um mehr Raum zur Aufstellung von Geschütz zu erhalten und so die Feuerkraft der Festungen zu verstärken, erneuerte man die älteren Kasematten der Festung und legte neue Schützengalerien in den Facen der Bastionen an (Abb. 181)[872]. In typischem Wechsel erscheinen neben den großen Kanonenscharten zu

Abb. 181: Spandau. Zitadelle, Südkurtine und Westflanke der Bastion Königin mit Geschützscharten.

Dreiergruppen zusammengefasste Gewehrscharten. Die Kasematten erhielten Kochnischen und waren so im Kriegsfall zur Bewohnung eingerichtet[873]. Die Kavaliere auf den Bastionen Kronprinz und Brandenburg wurden als Reduits erneuert bzw. gänzlich neu gebaut[874]. Auf diese Erneuerungsmaßnahmen geht auch die heutige Gestaltung des Tores mit flankierenden Gewehrscharten zurück (179)[875]. Auf den Wällen errichtete man Quertraversen aus Erde gegen Rikoschettschüsse[876]. Der schwer beschädigte Juliusturm wurde 1838 restauriert.

Man brach mehrere große Geschützscharten in seine Außenwände[877]. Er sollte als Kavalier mit seinem Feuer über die Bastion König und die Kurtine zur Bastion Kronprinz hinweg wirken. Karl Friedrich Schinkel entwarf damals den heutigen Turmabschluss, einen Kranz sehr eng stehender Zinnen (Abb. 183)[878]. Sie konnten keine reale Wehrfunktion erfüllen, denn sie sind zu klein, um ausreichend Deckung zu gewähren, und die Scharten zu schmal. Sie dienen allein als martialischer Schmuck. Der Turm hatte wie in Dömitz auch eine zei-

Abb. 182: Spandau. Zitadelle, Torbau.

chenhafte Funktion zu erfüllen, da er auf die Kontinuität des Platzes als Festung verwies. Der Zinnenkranz unterstrich vor allem seinen altertümlichen, mittelalterlichen Charakter.

Im Prinzip blieb also wie in Dömitz die alte Form der Festung erhalten und wurde nur entsprechend den damaligen Bedürfnissen etwas modernisiert und modifiziert, indem man z. B. zusätzliche Kasematten und Scharten einbaute.

Die Zitadelle als sicherer Depotplatz

Als Zitadelle dürfte die Festung ähnlich dem Hohenzollern nach wie vor auch als Zufluchtsort für den König, den Hof und die wichtigsten Staatsbehörden gedacht gewesen sein. Erstaunlicherweise war dies allerdings im Gegensatz zum sächsischen Königstein nie der Fall, sicherlich vor allem deshalb, weil es eben an entsprechenden Unterbringungsmöglichkeiten mangelte. Nur Prinz Wilhelm, der für das harte militärische Vorgehen gegen die Demonstranten in den Märztagen 1848 in Berlin als „Kartätschen-Prinz" allgemein verantwortlich gemacht wurde, kam auf Befehl des Königs als Bauer verkleidet nach Spandau, um aber sogleich von dort aus weiter nach England zu fliehen. Zur Aufrechterhaltung der inneren Sicherheit wurde die Festung jedenfalls damals armiert und sie diente als Staatsgefängnis auch der Inhaftierung von Gefangenen der Berliner Märztage[879]. Hier brachte man damals Teile des Staats- und Kronschatzes in Sicherheit[880]. Die Zitadelle erfüllte ab 1873 dauerhaft den Zweck eines sicheren Schatzdepots, eine Funktion, die man ja im 19. Jahrhundert gerne kleinen, älteren Anlagen zuwies[881]. Diese behielt die Zitadelle noch bis 1919, während die Festungseigenschaft der Stadt Spandau mit den so wichtigen Gewehrfabriken und Geschützgießereien schon 1904 aufgehoben worden war. Man lagerte im Juliusturm, quasi Riesentresor,

Abb. 183: Spandau. Zitadelle, Juliusturm von Westen.

den sog. Reichskriegsschatz im Wert von 120 Millionen Goldmark ein. Dafür vermauerte man alle Fensteröffnungen und wölbte den Turm unter der Plattform bombensicher ein. Sein Zugang wurde durch zwei Türen mit je zwei Schlössern besonders gesichert und 1910 nochmals mit einer neuen Panzertür versehen[882].

Die sächsische Bergfestung Königstein

Das Königreich Sachsen verfügte im 19. Jahrhundert über kein festes Schloss, das noch als solches brauchbar gewesen wäre. Man errichtete auch keine neugotische, denkmalhafte Anlage als neuen Stammsitz. Aber die Bergfestung Königstein[883] bot mit ihrer unmittelbaren Nähe zur Residenz und Hauptstadt Dresden einen hervorragenden Zufluchtsort im Fall von Kriegsereignissen oder inneren Unruhen und konnte so die Funktion einer, wenn auch sehr weit vorgeschobenen, Zitadelle erfüllen. Über die Elbe war die Stadt jedenfalls rasch erreichbar, was sich während der Mairevolution 1849 für die Heranschaffung von Munition auf einem Dampfschiff zur Versorgung der preußischen und sächsischen Truppen, die Dresden stürmten, als sehr hilfreich erwies[884]. Zum Bau eines repräsentativen Absteigequartiers innerhalb der Festung kam es allerdings im 19. Jahrhundert nicht.

Die Festung bis 1815

Der Königstein erhebt sich auf einem gewaltigen, rundum fast senkrecht abfallenden Felsplateau des Elbsandsteingebirges unmittelbar über dem Fluss nahe der böhmischen Grenze. Hierin lag auch seine einstige strategische Bedeutung, denn vom Königstein aus konnte der Elbstrom kontrolliert werden. Die Festung geht auf eine mittelalterliche Anlage zurück, die im 13. Jahrhundert dem König von Böhmen gehörte. 1408 eroberten sie die Wettiner. Zu einem umfassenden Ausbau der Burg kam es erstaunlicherweise erst recht spät, nämlich ab 1589 unter Kurfürst Christian I.[885]. Man verlegte das Festungstor an seinen heutigen Platz, baute die mittelalterliche Kernburg zum kurfürstlichen Jagdschloss aus und umzog das gesamte Plateau mit einer Brustwehr und kleinen Wachttürmchen.

Der Königstein wurde vom Hof bis ins 18. Jahrhundert hinein als Lustschloss genutzt. Es gab mehrere Lusthäuser auf der Festung, die höfischen Festlichkeiten dienten[886]. August der Starke plante auf dem Plateau sogar den Bau einer großen Palastanlage, die aber nicht zur Ausführung gelangte. Auch begann unter ihm ein umfassender Ausbau der Festungswerke im Bereich des Zugangs[887]. Im Lauf des 18. Jahrhundert wandelte sich der Königstein von einem kurfürstlichen Lustschloss immer mehr zu einem rein militärischen Platz und zum berüchtigten Staatsgefängnis. Als stärkste sächsische Festung kam ihm auch in den Kriegen Napoleons große Bedeutung zu. Sachsen stand als treuer Verbündeter fest an Frankreichs Seite. Man machte 1813 den Königstein daher zum Stützpunkt in einem gewaltigen System aus Schanzen und dem nahe gelegenen Lilienstein, der als Lagerfestung ausgebaut wurde[888].

Die Festung als königlicher Zufluchtsort

Nachdem Sachsen 1813/14 die Elbfestungen Torgau und Wittenberg an Preußen verloren hatte, verblieb als einzige einigermaßen zeitgemäße Festung nur noch der Königstein. Er wurde im Lauf des 19. Jahrhunderts stetig modernisiert. Man baute die vorhandenen Anlagen aus, indem man u. a. weitere Kasemattenkorps einrichtete[889]. Eine Beschreibung aus dem Jahr 1821 bemängelte allerdings das Fehlen eines bombensicheren Schatzhauses für die Verwahrung der berühmten Gemäldegalerie und der Schätze des Grünen Gewölbes, die man in Notzeiten auf der Festung unterzubringen pflegte[890]. Der Königstein hatte immer wieder als Zuflucht und sichere Unterkunft für die sächsischen Herrscher und ihre wertvollsten Besitztümer gedient. Dies geschah auch während der Unruhen im Mai 1849[891]. König Friedrich August II. blieb nach Niederschlagung der Revolution in Dresden durch sächsische und preußische Truppen noch zwei Monate auf der Festung und ließ sogar erst jetzt die Schätze des Grünen Gewölbes auf den Königstein verbringen[892]. Das Quartier für den König befand sich damals im Kommandantenbau, also jenem Ort, wo es die Festungsbautheorie untergebracht wissen wollte[893]. Sein Aufenthalt diente nicht nur der persönlichen Sicherheit, sondern auch als Strafe für die aufrührerische Residenzstadt. Erst auf inständige Bitten des Magistrats kehrte Friedrich August II. zurück und bezog zuerst noch eine Weile Pillnitz, bevor er endgültig wieder in die Dresdner Residenz übersiedelte[894]. Sowohl die Revolution, als auch die Gefahr einer Auseinandersetzung zwischen Preußen und Österreich, die seit 1850 drohte, führten zu weiteren Projekten und Baumaßnahmen. Endlich wurde 1854/55 das schon lange geforderte bombenfeste Schatzhaus auf der Festung errichtet[895].

Der Königstein erfüllte alle Anforderungen, die das 19. Jahrhundert an eine Bergfestung richtete: Er diente als Waffenarsenal und letzter Zufluchtsort[896]. Man bescheinigte ihm, dass er bei entsprechender Verproviantierung sogar einer mehrjährigen Belagerung standhalten könne[897]. Auf Grund seiner Größe und der sturmfreien und strategischen Lage kam dem Königstein darüber hinaus noch einige Bedeutung als Passfestung zu, was dazu führte, dass man die Bergfestung noch nach der Reichsgründung als Sperrfort mit umfangreichen Geschützstellungen und Kasemattenanlagen ausbaute und bis 1920/21 in dieser Funktion nutzte. Nach den Bestimmungen des Versailler Vertrags musste sie wie viele andere deutsche Festungen schließlich ebenfalls desarmiert werden, entging aber der Schleifung[898].

Die Wiederaufbauprojekte für den Hohentwiel

Hoch über Singen thront eine der imposantesten Festungsruinen Südwestdeutschlands, die einstige württembergische Landesfestung Hohentwiel. Nach der Zerstörung durch die Franzosen 1801 sollte sie wiederaufgebaut werden[899]. Bemerkenswert ist dabei, dass man den Hohentwiel nicht nur als rein militärischen Platz reaktivieren wollte, sondern ihn in seiner ursprünglichen Funktion als Schloss und Festung gleichermaßen wieder herzustellen beabsichtigte.

Der Hohentwiel als württembergische Landesfestung

Seit 1521 bzw. 1528 befand sich die Festung Hohentwiel, die in einer frühmittelalterlichen Burg ihren Ursprung hat, in württembergischem Besitz. Herzog Ulrich hatte sie 1519 bei seiner Vertreibung durch den Schwäbischen Bund und die Habsburger erstmals als Zufluchtsort gewählt und sie wenig später ihren bisherigen Besitzern, den Herren von Klingen, unter teilweise recht zweifelhaften Bedingungen zum Kauf abgepresst. Fortan fungierte die württembergische Exklave als eine der wichtigsten Landesfestungen des Herzogtums, die nach ihrem Ausbau im 16. Jahrhundert bald im Ruf der Uneinnehmbarkeit stand. Auf der Festung gab es die „Burg", das herzogliche Schloss, das unter Herzog Christoph 1552–1554 unter Einbeziehung der hochmittelalterlichen Burg des 13. Jahrhunderts errichtet wurde. Bis ins späte 18. Jahrhundert diente das Schloss diversen württembergischen Herzögen als Unterkunft, wenn sie die Festung aufsuchten.

Mehrfach wurde der Hohentwiel bis ins 18. Jahrhundert ausgebaut[900]. 1800 erfolgte die kampflose Übergabe an die Franzosen, die entgegen ihres Versprechens die Festung im Jahr darauf zum großen Ärger des württembergischen Herzogs schleifen und sprengen ließen. So verwundert es nicht, dass man sich schon 1814, kurz nach dem Sieg über Napoleon, Gedanken über eine Wiederherstellung machte.

Der Hohentwiel als fester Punkt im Rahmen strategischer Planungen um 1814

Kaum war Napoleon geschlagen, wurden von Seiten des württembergischen Militärs Überlegungen angestellt, wie Süddeutschland im Fall eines erneuten französischen Angriffs zu verteidigen sei. Dabei geriet unweigerlich auch der ruinöse Hohentwiel ins Blickfeld der Strategen. „Was die Wiederherstellung von Hohentwiel betrifft, so wäre es allerdings sehr wünschenswerth, diesen wichtigen Punkt, wie ehemals benuzen zu können; daß aber dieses ohne einen verhältnismäßigen großen Kostens Aufwand geschehen kann, ist nicht leicht einzusehen, nur muß hierüber der Augenschein lehren, ob es nur möglich ist, diesen Plaz auf seinen vorigen Vertheidigungs Stand zurückzubringen."[901] So versuchte man sich baldmöglichst ein Bild vom Zustand der Festung zu machen. Graf Franquemont, General der Infanterie, berichtete über den baulichen Zustand der unteren Festung: „Von dem an den Werken befindlich gewesenen Mauerwerk sind blos die Fundamente noch brauchbar, alles andere müsste, wenn man die Festung wieder herstellen wollte, neu aufgeführt werden.

Bei den Häusern findet dasselbe statt, ein Theil der Mauern steht noch, und könnte gebraucht werden."[902] Auch an der oberen Festung fanden sich noch brauchbare Teile, wobei Franquemont auch auf das Schloss innerhalb der Festung eingeht: „Von der Burg sind die Fundamente und ein Theil der Gewölbe gut, das Gewölbe im Rittersaale aber und in einer daran anstoßenden Linie haben gelitten, theils durch die Erschütterung, welche das Sprengen der benachbarten Werke verursachte, theils dadurch, daß sie seit 14. Jahren jeder Witterung ausgesetzt waren. Wie an den meisten übrigen Gebäuden sind auch hier die Mauern gut, bis auf die Thüren= und Fensterbekleidungen."[903]

Dass der Wiederaufbau einiges an Kosten erfordern würde, macht Franquemont in einem anschließenden Gutachten klar. Er gibt zu bedenken: „Die Fundamente und Mauern der Werke müssen nochmals genau nachgesehen werden, denn bei einer Festung, wie Hohentwiel, wo meist schwere Kaliber und Wurfgeschütz gebraucht wird, muß, wegen ihres kleinen Umfangs, weil die Erschütterung sehr groß ist, das Mauerwerk an den Werken und Gebäuden sehr solide erbaut werden."[904]

Die hohen Kosten, die das Unterfangen wohl verursacht hätte, dürften dazu geführt haben, dass man den Plan zum Wiederaufbau der Festung vorerst fallen ließ.

Wiederaufbauprojekte in den Jahren 1821 bis 1847

Nur wenige Jahre später schon kam das Projekt erneut auf den Tisch, diesmal wohl, weil das Großherzogtum Baden begehrliche Blicke auf die württembergische Exklave inmitten seines Staatsgebiets geworfen hatte und sich um einen Erwerb derselben bemühte[905]. Doch Württemberg war nicht im geringsten bereit, den Berg herauszugeben, denn er behielt in den taktischen und strategischen Planungen der Militärs immer noch eine Schlüsselfunktion. „Das Ministerium der auswärtigen Angelegenheiten", schreibt der inzwischen zum Kriegsminister aufgestiegene Graf von Franquemont 1821 an seinen Dienstherrn, König Wilhelm I., „*hat seinen unterthänigsten Bericht an Euer Königliche Majestät, hinsichtlich der Abtretung der Domaine Hohentwiel vorerst dem Kriegsministerium mitgetheilt, damit dieses seine Ansicht hierüber in militärischer Beziehung noch beifüge.*

Ich habe hierauf für geeignet erachtet, den Generalmajor, Generalquartiermeister von Varnbüler zur gutachtlichen Äusserung über diesen Gegenstand aufzufordern, welche ich nun zur Allerhöchsten Einsicht hier anschliesse.

Wenn sich Generalmajor von Varnbüler darinn gegen jeden Austausch der Domaine Hohentwiel bestimmt ausspricht, so könnte es vielleicht scheinen, daß er einen zu hohen Werth auf die Erhaltung und den Besiz dieses Plazes lege; allein die Momente, auf welche der General von Varnbüler seine Ansichten stüzt, sind nach meiner Meinung immerhin beachtungswerth und ich erlaube mir hier noch zu berühren, wie ich vor nicht langer Zeit gelegentlich habe sagen hören, daß von Seiten Badens, wenn es durch Tausch oder auf sonstige Art zu dem Besize von Hohentwiel gelangen würde, wahrscheinlich Anstalten zu einer Befestigung dieses Plazes getroffen werden würden."[906] Das konnte die württembergische Regierung nicht dulden. Noch im selben Jahr unternahm man erste Bemühungen, die baulichen Überreste der Festungsanlagen zu sichern, da es „*in der höchsten Absicht liege, die Ueber=Reste der Festung Hohentwiel soweit zu erhalten, um für eine künftige Herstellung den Vorrath an Steinen und anderen Materialien nicht verlohren gehen zu lassen.*"[907]

Im Jahr darauf erstellte der Hauptmann v. Berger einen ersten Entwurf und eine Kostenberechnung zur Wiederherstellung der Festung, wobei er umfangreiche Neubauten plante, die der modernen Befestigungskunst entsprachen. Diese umfassten vor allem kasemattierte, bombenfeste Defensivbauten. Ausführlich beschrieb v. Berger die geplanten Maßnahmen und ließ auch nicht die Entfernung zu den umliegenden Höhen außer Acht, die der Festung im Falle einer Belagerung als Aufstellungsort gegnerischer Batterien gefährlich werden konnten. Was die Sturmfreiheit des Berges anbelangt, kam er zu einem positiven Ergebnis. Allerdings schränkte er ein: „*Da von den Werken der unteren Festung die Abhänge des Terrains gegen den erwähnten Perlen- und Stauffenberg gar nicht eingesehen werden können, und um der unteren Festung mehrere Hauptmomente der Belagerung zu sichern, so auch in Beziehung des Terrains mehr an Ausdehnung zu gewinnen, so dürften auf den Berghängen drey bombenfeste Thürme ABC. zur Vertheidigung der Festung einen sehr grossen Vortheil gewähren.*"[908] In der unteren Festung plante v. Berger eine umfassende Neuanlage nach modernsten Erfordernissen. Er sah eine mächtige Defensivkaserne vor, die zugleich als Reduit für die Besatzung dienen sollte. Die existente äußere Wallanlage („Enveloppe") wollte er im Umriss beibehalten und schlug zu ihrer Verstärkung halbkreisförmige Blockhäu-

ser vor. Aufschlussreich in unserem Zusammenhang aber ist, was v. Berger zum zentralen Teil der oberen Festung, dem alten Herzogsschloss bemerkte: „*Die alte Burg R ist wiederherzustellen, ein Theil dieses Gebäudes ist zur Wohnung für seine Königliche Majestät, der andere Theil hingegen für Offiziere einzurichten.*"[909] Der Hohentwiel sollte also nicht nur als eine rein militärische Anlage wiederaufgebaut werden, sondern auch als festes Schloss. Möglicherweise war hierbei an eine Zuflucht für die königliche Familie in Zeiten der Bedrängnis gedacht. Hierüber äußerte sich v. Berger nicht, gab allerdings in einem weiteren Gutachten 1825 über den Wert der Festung als Depotplatz zu bedenken: „*Obschon die Lage der Festung Hohentwiel von der Natur mit so großen Vortheilen in Absicht auf seine Vertheidigung begabt ist, daß kein förmlicher Angriff oder wirksames Bombardement auf diesen Platz denken lässt, so hat man doch so viele bombensichere Gebäude in Antrag gebracht, als zu Unterkünften der Vertheidigungsmannschaft, Approvisonement und zur Aufbewahrung der in einem Feldzuge von der königlichen Armee nicht mitführenden Waffen erforderlich sind, wodurch diese Befestigung die Eigenschaft einer unangreifbaren Festung und Depotplatz zweiten Ranges erhalten würde.*"[910] Berger teilte dem Hohentwiel damit jene Rolle zu, die seine Zeitgenossen als Bestimmung von Bergfestungen definierten: sichere Depotplätze für Kriegsgerät, aber auch Staatsschätze oder gar Zuflucht für die Regierung eines Landes[911].

Der geflissentliche Hauptmann hat schließlich auch noch in einem letzten Projekt für den Hohentwiel einen Schlossbau in Erwägung gezogen: „*Im Falle auf der Festung ein königliches Schloß erbaut werden sollte, so wäre die mit rothen Linien bezeichnete Stelle darzu zu benützen, dieses Gebäude ist in dem Kostenvoranschlag nicht berechnet worden.*"[912] Offensichtlich waren entsprechende Wünsche von Seiten des Königs geäußert worden. Eine Ausführung des Schlosses wäre wohl einem Zivilarchitekten überlassen worden, der auch einen entsprechenden Kostenvoranschlag geliefert hätte. Von Berger konnte auf diesen also verzichten.

Tatsächlich sorgte man noch während dieser Planungen für die Sicherung der Überreste[913]. Allerdings wollte man nicht allzu viel investieren, und schließlich verschwand das Projekt eines Wiederaufbaus, sehr zum Bedauern der Militärs, aus Kostengründen erneut in der Schublade[914]. Doch die unruhigen Zeiten ließen die Planungen rascher an Aktualität gewinnen als gedacht. 1834 wurde ein militärisches Gutachten über die Verstärkung der Westgrenze Deutschlands am Oberrhein erstellt, aus dem sichtlich die Angst vor einem revolutionären Frankreich spricht und das mit wirklich allen Eventualitäten rechnet: „*Wenn die defensive Beschaffenheit des Ober-Rheins untersucht wird, so kommt nicht blos die Linie von Germersheim bis Hüningen in Betracht, son-*

dern auch jene von Basel bis Constanz. Die Neutralität der Schweiz ist zwar von den europäischen Mächten anerkannt: allein die Beobachtung dieser Stipulation eines Staatsvertrags ist kündigungszuverlässig verbürgt, weil in dem Falle des Krieges alle vertragten Artikel wieder in Frage gestellt werden. Die Schweiz kann Parthie für Frankreich ergreifen, sey es, daß die beiden Regierungen sich verbünden, oder daß es der Regierung von Frankreich gelingt das Schweizervolk zu revolutioniren und für sein Interesse zu gewinnen. Es muß daher der Fall vorgesehen werden, daß die Schweiz in ein feindliches Verhältniß gegen Deutschland tritt."[915] Da gewann auch der Hohentwiel wieder an Bedeutung: „Die gleichzeitige Befestigung von Hohentwiel, als eines gegen die Schweiz vorgeschobenen Postens, würde in einem hohen Grade wünschenswerth seyn, wenn derselbe (der Feind – Anm. d. Verf.) wirklich aus der Schweiz vordringen sollte, unter den günstigsten Umständen Widerstand zu leisten, theils um ein aus der Schweiz kommendes Nebenkorps leichter zurückzuweisen und seine Vereinigung mit der über Donaueschingen andringenden Hauptarmee zu erschweren. Überdiß ist die örtliche Beschaffenheit von Hohentwiel zur Befestigung so ganz geeignet und diese mit verhältnismäßig so geringen Mitteln auszuführen, daß es für eine militärische Unterlassungssünde zu ächten seyn würde, wenn eine so treffliche Gelegenheit unbenutzt gelassen würde."[916] Über eine mögliche Nutzung als königliches Schloss äußert sich der unbekannte Gutachter allerdings nicht. Ihm ging es nur um die Einbeziehung des Berges in die strategischen Planungen gegen einen möglichen Angriff aus dem Süden.

1847 wurde dann Moritz v. Prittwitz und Gaffron, zu diesem Zeitpunkt für Württemberg bereits als Oberbaudirektor beim Ausbau Ulms zur Bundesfestung tätig, mit der Ausarbeitung eines weiteren Wiederaufbauprojekts samt Kostenvoranschlag für den Hohentwiel betraut. Er schlug vor, der unteren Festung als vorgeschobenes Werk ein mit vier runden Türmen befestigtes Truppenlager vorzulegen, womit er wohl ähnliche, schon von Berger geäußerte Gedanken (s.o.) aufgriff. In diesem Lager sollten zusätzlich zur Festungsbesatzung nochmals 2500 Mann Quartier finden[917]. Prittwitz versuchte damit den Hohentwiel an die modernen Bedürfnisse der Zeit nach großen Lagerfestungen ähnlich den Bundesfestungen anzupassen.

Das Projekt Blumhardts

Ein letztes Projekt zur Wiederherstellung arbeitete schließlich der Hauptmann Heinrich Blumhardt um 1860 aus, wobei er sich an den Plänen von Prittwitz orientierte und diese zur Grundlage seiner eigenen Entwürfe nahm[918]. Über den baulichen Zustand wusste Blumhardt nur Katastrophales zu berichten, denn der Zahn der Zeit hatte inzwischen an den Ruinen der Fe-

stung deutliche Spuren hinterlassen: „Was nun zunächst den jezigen Zustand von Hohentwiel betrifft, so hat sich der Unterzeichnete durch zweimalige genaue Besichtigung überzeugt, daß die vorhandenen Gebäude=Ueberreste in einem solch zerfallenen Zustande sich befinden, daß an eine Benützung derselben als Bautheile bei einer Wiederherstellung nicht zu denken ist, vielmehr diese eben gänzlich abgetragen werden müßen. Nur die unter dem Schloßbau A befindlichen Kellergewölbe werden noch zu brauchen seyn."[919] Sein Vorschlag zum Wiederaufbau sieht daher Folgendes vor: „Der Unterzeichnete hat nun in der angeschlossenen Planklappe und unter Beibehaltung der von General v. Prittwitz gegebenen allgemeinen Idee ein Projekt zur Wiederherstellung der Obern Festung eingetragen. Dabei schickt er voraus, daß seit Einführung der gezogenen weittragenden Geschütze die Angriffsverhältnisse von Hohentwiel sich gänzlich geändert haben, und die Gebäude der Obern Festung nicht blos gegen Wurffeuer, sondern auch gleicherweise gegen direktes Feuer zu sichern sind.

Ferner bemerkt der Unterzeichnete, daß, da nur auf die Wiederherstellung der Obern Festung Rücksicht genommen werden soll, die zu dieser führende Rampe bei ihrem Beginn einen gesicherten Abschluß durch eine Batterie erhalten sollte, die Kosten aber, welche durch den Bau derselben in Anspruch genommen werden, durch Ersparnisse an den Gebäuden der Obern Festung gedrückt werden können."[920]

Wie Berger plante auch Blumhardt einen Wiederaufbau des Schlosses, wobei offen bleibt, ob der Bau lediglich als defensive, bombensichere Kaserne gedacht war, oder auch als Wohnung für die allerhöchsten Herrschaften. „Das Schloß A. ist, da dessen Keller noch vollständig brauchbar sind, in seiner früheren Form und mit 2 kasemattirten Etagen, einer Plateforme und 2 Eckthürmen entworfen, welch letztere zur Dekoration des ganzen Baues eine weitere Etage erhalten und mit Zinnen versehen werden könnten."[921]

Außer dem Schloss schlug Blumhardt noch den Ausbau weiterer ruinöser Gebäude auf dem Berg zu einem „Aufbewahrungs=Gebäude" vor, dessen obere Etage „zur Wohnung und Vertheidigung verwendet werden" könnte[922].

Die Wiederaufbauplanungen für den Hohentwiel fanden mit dem Projekt Blumhardts ihren endgültigen Abschluss. Nichts davon wurde je realisiert, und so blieb die Festung bis zum heutigen Tag als Ruine bestehen, um statt militärischer Nutzung seit dem frühen 19. Jahrhundert der touristischen als beliebtes Ausflugsziel zugeführt zu werden. Das Beispiel des Hohentwiel zeigt aber deutlich, welchen Stellenwert man noch in der ersten Hälfte des 19. Jahrhunderts Höhenfestungen beimaß[923]. Und der Hohentwiel sollte nicht nur Festung, sondern auch wieder Schloss sein, wie die Projekte v. Bergers und Blumhardts beweisen. Leider machen beide keine konkreten Angaben zur architektonischen Gestaltung des Schlosses. Das war auch nicht Aufgabe der

Militärs. Sie kümmerten sich nur um die Verteidigungsanlagen. Wahrscheinlich wäre aber ein Schloss unter der Regierung Wilhelms I. in klassizistischen Formen zu denken, da der König keine große Vorliebe für die Neugotik und den romantischen Wiederaufbau mittelalterlicher Burgen hegte. Er hatte gar die einstige Stammburg Wirtemberg für den Bau seiner Grabkapelle auf dem Rotenberg 1819 abbrechen lassen. Nur Blumhardt gibt in seinem Projekt einen Hinweis darauf, wie das Schloss wiederaufgebaut werden könnte. Die beiden Türme und ihr Zinnenschmuck stellen eindeutig eine Mittelalterrezeption in romantischem Sinne dar, betont Blumhardt doch ihren ausschließlichen Ziercharakter. Ob diese gestalterische Analogie zum preußischen Wiederaufbau des Hohenzollern beabsichtigt war, wäre denkbar, bleibt allerdings dahingestellt[924].

Sowohl Dömitz wie auch Spandau, der Königstein und der Hohentwiel erfüllten alle die an Zitadellen und Bergfestungen, kleine Festungen, gestellten Anforderungen und dienten zeitweise und in bestimmten Situationen dem Herrscher als Quartier, oder sie sollten dies zumindest tun. Damit rücken sie in die Nähe der festen Schlösser, wenn sie auch im Gegensatz zu diesen fast ausschließlich oder zumindest doch überwiegend militärischen Charakter haben. Eine Kontrolle der jeweiligen Residenzstadt hingegen war nur bedingt möglich. Dömitz lag zu weit entfernt, Spandau und der Königsstein befanden sich zwar in der näheren Umgebung der Hauptstadt, aber nicht nahe genug, um mit ihren Kanonen im Fall eines Aufstandes effektiv die Residenz zu beherrschen.

Abb. 184: Koblenz. Festung Ehrenbreitstein, Ansicht vom linksseitigen Rheinufer.

Neue Zitadellen

Neben diese alten Anlagen, die stetig modernisiert und ausgebaut wurden und ihre Bedeutung aus der Nähe zur Residenz erhalten, treten noch einige moderne Zitadellen an anderen Orten, die man im Zusammenhang von großen Festungsneubauten errichtete. Zwei von ihnen entstanden bezeichnenderweise in Gebieten, die der preußische Staat sich erst im späten 18. bzw. frühen 19. Jahrhundert einverleibt hatte. Als erste Festung ist hier der **Ehrenbreitstein** zu nennen (Abb. 184). Schon den Zeitgenossen fiel auf, dass seine Kanonen auch zur Kontrolle der Stadt dienten[925]. Während der Juli-Revolution 1830 und der Revolution von 1848 wurde die Festung beide Male in Verteidigungsbereitschaft versetzt[926]. Eine ähnliche Funktion übernahm die Zitadelle von **Posen**, die ebenfalls im Zuge der Neubefestigung der Stadt als preußische Festung ab 1830 nach Entwürfen des Majors Johann Ludwig Leopold Brese angelegt wurde und den Namen Feste Winiary trug[927]. Sie wurde 1848 vorsichtshalber in Verteidigungszustand versetzt[928].

Auch im Königreich Württemberg wollte man beim Bau der Bundesfestung **Ulm** nicht auf eine Zitadelle verzichten. Man errichtete oberhalb der Stadt, am höchsten Punkt der Enceinte, die Wilhelmsburg mit der nach Norden vorgeschobenen Wilhelmsfeste (Abb. 185 u. 186). Die Wilhelmsburg, benannt zu Ehren des Landesherrn König Wilhelm I., stellt eine kompakte Defensivkaserne in Variation eines typischen neudeutschen Forts dar. Die Ecken zur Hauptangriffsseite besetzen zwei mächtige Geschütztürme, die eine Flankierung von drei der vier Werksseiten ermöglichten. Die Mitte der Südfront wird hingegen von einem reduitartigen Mittelturm beherrscht[929]. Die Ulmer Zitadelle dürfte allerdings mehr gegen äußere Feinde gerichtet gewesen sein. Sie erhebt sich nicht umsonst an der gefährdetsten Stelle der Enceinte. Ihr großer Raum bot den Truppen im Fall einer Erstürmung der Stadtumwallung die Möglichkeit zum Rückzug in das Areal der Wilhelmsfeste.

Abb. 185: Ulm. Ansicht der Bundesfestung von Südosten. Deutlich wird die stadtbeherrschende Lage der Wilhelmsburg, Xylographie 1859.

Abb. 186: Ulm. Wilhelmsburg, stadtseitige Kehlkaserne mit Mittelturm.

3. Der Festungsbau in der ersten Hälfte des 19. Jahrhunderts und sein Verhältnis zu den festen Schlössern

An allen oben vorgestellten Schlössern begegneten uns zumindest einzelne Elemente der im 19. Jahrhundert modernen Fortifikation, wenn nicht sogar, wie auf Lichtenstein, ganze Teile des sog. „neudeutschen" Systems zur Anwendung gelangten. Nun erscheint die Befestigung so kleiner Anlagen in einer Epoche großer Festungen und einer Kriegführung mit Massenheeren völlig unzeitgemäß zu sein. Wie sich die Schlösser im Vergleich zu den großen Festungsbauten der Epoche – es handelte sich überwiegend um Stadtfestungen – verhielten und welchen realen militärischen Wert sie einnehmen konnten, verdeutlicht ein Blick auf die Festungsbaukunst zwischen 1815 und 1866 und ihre Bedingungen. Dabei ist festzuhalten, dass sich die technischen Möglichkeiten der damaligen Kriegführung nicht wesentlich von denen der Frühen Neuzeit unterschieden. Erst mit dem Durchbruch der Industrialisierung nach 1850, die auch gravierende Auswirkungen auf die Kriegstechnik hatte, kam es zu tiefgreifenden Wandlungen im Festungsbau, der nun immer mehr den Charakter des Repräsentationsbaus entbehren musste und schließlich mit Stahl- und Betonbauten überwiegend funktionalen Aspekten folgte[930].

Das „neudeutsche" System

Eine neue Befestigungsweise

Unmittelbar nach den Befreiungskriegen wurde in Deutschland ein neues permanentes Befestigungssystem entwickelt, das sich wesentlich von den Festungsbauten des 17. und 18. Jahrhunderts unterschied[931]. Es verzichtete weitgehend auf die bisher übliche Bastionierung und favorisierte ein möglichst einfaches, polygonales Tracé, das sich nach Umständen auch den geographischen Gegebenheiten anpasste und diese optimal zur Verteidigung nutzte (Abb. 187 u.186). Man verlegte die flankierende Verteidigung in die Gräben vor die Kurtinen, wo man Kaponnieren, welche den Graben nicht weit überragten, zur Bestreichung der Encein-

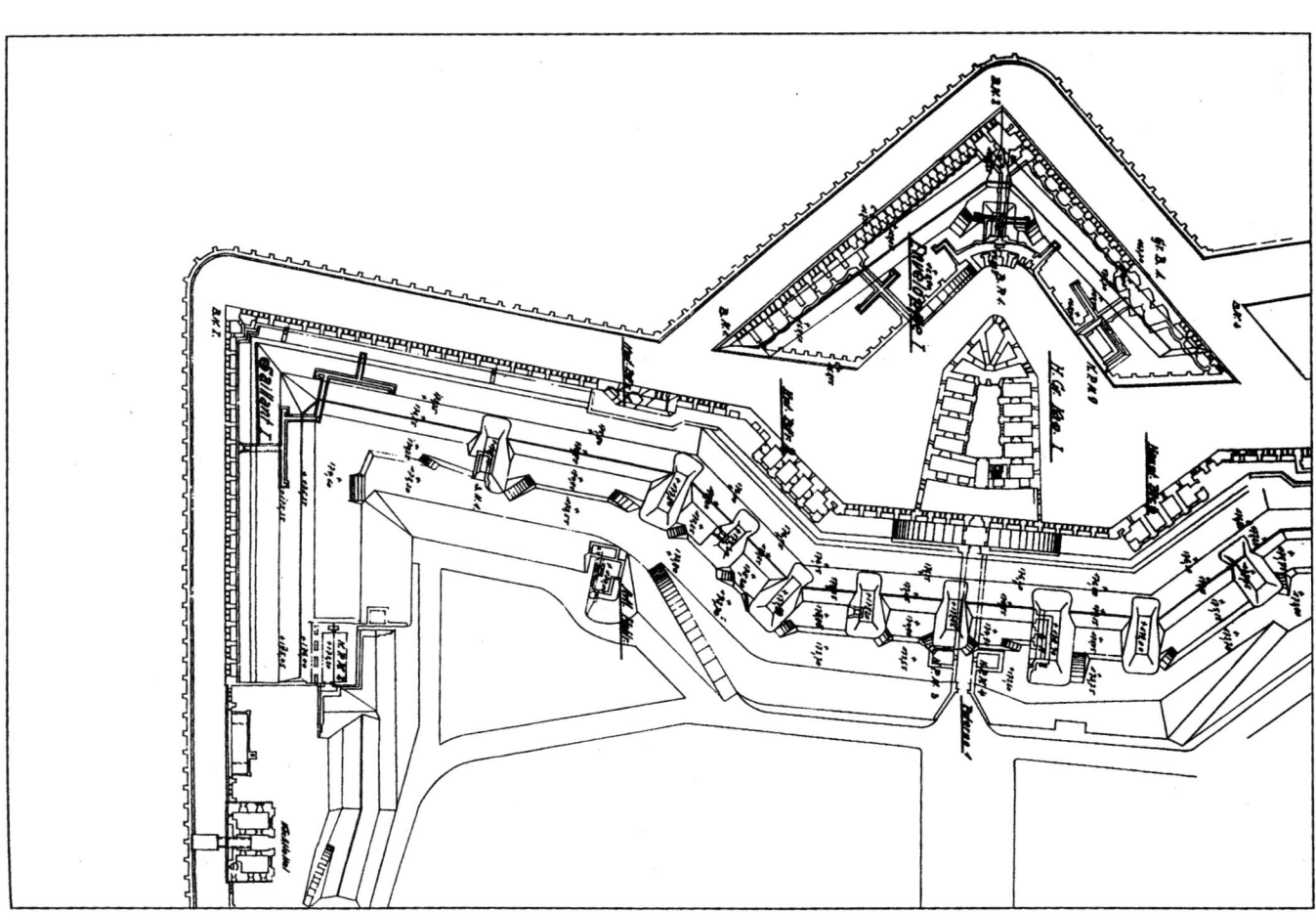

Abb. 187: Koblenz. Feste Kaiser Alexander, Ausschnitt aus dem Grundriss mit Hauptgrabenkaponniere und Kontergarde.

Abb. 188: Neu-Ulm. Hauptgrabenkaponniere Nr. 6. Rechts ein Teil der frei stehenden Mauer am Wallfuß mit Scharten zur Infanterie-verteidigung

te beim Nahkampf anlegte, und versuchte dem Angreifer eine möglichst große Zahl von Geschütz auf den Wällen für den Fernkampf entgegenzustellen. Die Erfahrungen des Festungskrieges hatten gelehrt, dass der Angreifer durch seine Artilleriekräfte jeder Festung nahezu überlegen war. Folglich musste mehr Raum für mehr Kanonen geschaffen werden, um die Feuerkraft

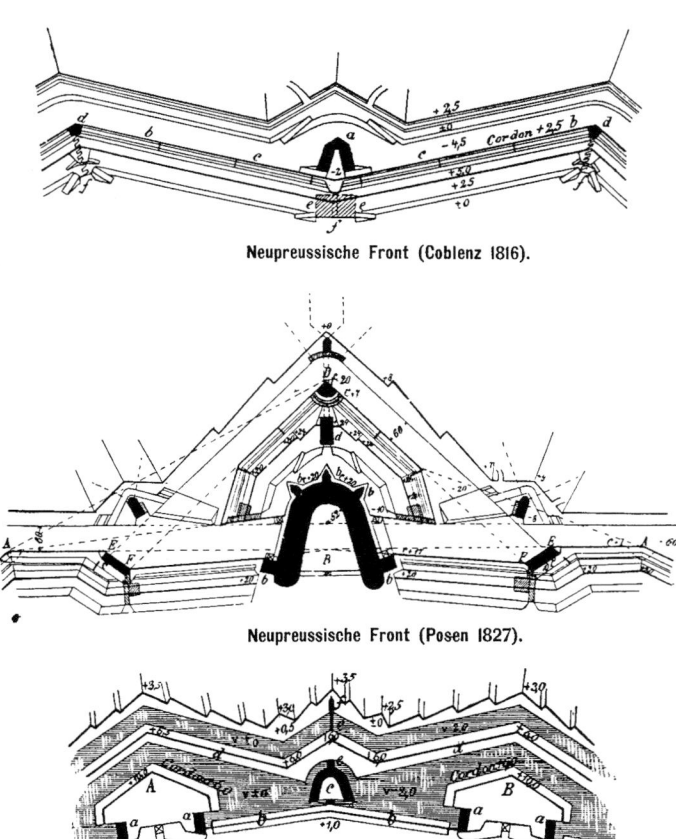

Abb. 189: Grundrisse der Stadtenceinten von Koblenz, Posen und Königsberg aus Frobenius 1901. In schwarz sind alle kasemattierten Baukörper hervorgehoben.

zu erhöhen und den Verteidigern einen entsprechenden Vorteil zu verschaffen[932]. Lange gerade Fronten sorgten für mehr Aufstellungsplatz. Die neue Manier legte außerdem einen ihrer Schwerpunkte auf die Verteidigung aus einer Vielzahl von bombensicheren Kasematten, die teilweise in mehreren Etagen übereinander angeordnet wurden. Wichtigster Bestandteil der modernen Fronte wurde die kasemattierte, massiv aufgeführte sog. Hauptgrabenkaponniere, die entweder frei vor der Kurtine im Graben steht oder als bombensichere Defensivkaserne aus dem Wall einer Fronte hervorspringt (Abb. 188). Der Kaponniere legte man in der Regel eine Kontergarde als deckendes Erdwerk vor (Abb. 187 u. 189), denn man suchte möglichst alle gemauerten Baukörper gegen das direkte feindliche Feuer zu decken und dem gegnerischen Blick zu entziehen.

Die Hauptwerke waren in einzelne feste Abschnitte unterteilt, die einen Angreifer jedes Mal erneut zu einer verlustreichen Eroberung zwangen. Überdies sollten die Festungswerke eine aktive, offensive und nicht nur rein passive Verteidigung ermöglichen. Es sollte also nicht nur das Geschütz im Fernkampf zum Einsatz kommen, sondern nun auch die Masse der Infanterie im Nahkampf. Ausfallpforten im Schutz von Kaponnieren und Türmen ermöglichten den Kampf größerer Verbände gegen einen in den Graben eingedrungenen Feind. Unterstützt werden sollten die Offensivoperationen der Verteidiger durch ins Vorfeld gelegte Außenforts, die mit ihrem Feuer die Vorstöße gegen die Belagerer decken konnten und sich untereinander und die Zwischenräume bestrichen. Gleichzeitig hielten sie die Angreifer auf Abstand vom Kernwerk der Festung, der Stadtumwallung, und verhinderten, dass er sofort mit den Belagerungsarbeiten gegen die Enceinte beginnen oder die innere Festung mit einem wirkungsvollen Bombardement bedrohen konnte[933]. Diese Forts ähnelten im Grundriss von der Enceinte gelösten Bastionen und waren in der Kehle durch eine krenelierte Mauer gegen Überfälle gesichert, wodurch sie zu eigenständigen kleinen Festungen wurden, die jede für sich einen Angreifer zur förmlichen Belagerung und damit Zeitverlusten zwangen (Abb. 190). Sie besaßen ein gemauertes kasemattiertes Reduit im Zentrum als Zuflucht für die Verteidiger und wurden als Gürtel um die Hauptumwallung gelegt, wobei man darauf achtete, dass sie möglichst strategisch wichtige Punkte wie Geländeüberhöhungen besetzten. So erhielt man eine vorgeschobene Linie und konnte ein weites Terrain effektiv beherrschen. Dieser äußere Verteidigungsring umschloss einen genügend großen Raum für umfangreiche Truppenkonzentrationen, denn die Epoche favorisierte statt vieler kleiner Festungen wenige große Lagerfestungen[934]. In den Revolutions- und Befreiungskriegen hatte man erkannt, dass eine große Anzahl kleiner Anlagen militärisch kaum noch einen Sinn hatte, ließen sich die einzelnen Festungen doch von den Heermassen einfach umgehen und banden die eigenen, im Feld dringlicher benötigten Truppen als Besatzung[935]. Es galt der Grundsatz: *„Nur grosse Festungen haben Einfluß auf Entscheidung eines Feldzugs, auf Schicksale der Provinzen und Staaten."*[936] War Krieg in der Frühen Neuzeit in weiten Bereichen ein Belagerungskrieg gewesen[937], so wurde er nun zum Krieg im offenen Feld[938]. Festungen sollten hauptsächlich als Rückzugs- und Sammelpunkte ganzer Armeen dienen, für die sie ausreichend Material und Vorräte zur Versorgung bereithielten[939]. Ein geschlagenes Feldheer konnte sich im Schutz der riesigen Lagerfestungen neu formieren und wieder in die Offensive gehen[940]. Diesem Konzept folgten z. B. die Festungen am Rhein, die als Ausgangsbasen für eventuelle Opera-

tionen gegen Frankreich dienen sollten[941]. Eine ähnliche Funktion kam dem sog. Festungsviereck in Oberitalien zu, das von den Österreichern als Aufmarschgebiet und Rückhalt bei militärischen Operationen gedacht war und sich 1848/49 in dieser Funktion bewährte[942]. Dem neuen Muster folgten alle Neubauten innerhalb des Deutschen Bundes, Preußens und Österreichs[943]. Eine der ersten modernen Anlagen war das Festungssystem von Koblenz und Ehrenbreitstein, wo die Neuerungen geradezu beispielhaft vorgeführt wurden. Sie sollten europaweit für Aufsehen sorgen.

Die Väter des Neuen: Montalembert und Carnot

Die neue Befestigung war zwar eine Entwicklung deutscher Ingenieure, aber sie fußte insbesondere auf den Ideen zweier Franzosen. Diese übten maßgeblichen Einfluss auf die Gestaltung des Systems aus. Der Marquis Marc-René de Montalembert[944] publizierte ab 1776 ein Festungssystem, das gänzlich auf Bastionen verzichtete. Die artilleristische Überlegenheit des Angreifers zwang zu neuen Konzepten. Montalembert revolutionierte alle Ansichten über den Festungsbau. Er entwickelte verschiedene Manieren zur Befestigung, u. a. eine Enceinte aus geraden Fronten, die ein Polygon bilden (Abb. 192)[945]. Die Wälle dachte er sich mit zahllosen Kanonen besetzt, die möglichst weit in das Vorfeld hineinwirken sollten, um schon das Anlegen der ersten Angriffsbatterien und Laufgräben zu verhindern. Zur Flankierung entwarf Montalembert statt der an den Eckpunkten üblichen Bastionen eine bastionsförmige Kaponniere vor der Mitte jeder der Kurtinen. Sie sollte vollständig kasemattiert sein und mit einer enormen Zahl von Scharten für Infanterie und Artillerie in mehreren Stockwerken übereinander ausgestattet werden[946]. Dieses Tracé mit den Kaponnieren wurde ab 1815 von den deutschen Ingenieuren übernommen und entsprechend eigener Überlegungen leicht abgewandelt (vgl. Abb. 187 u. 189).

Montalembert war also bestrebt *„die Vertheidigung fester Plätze auf absolute Geschützüberlegenheit zu begründen"*[947]. Nicht umsonst war der Titel des Werkes, das einer der wichtigsten deutschen Autoren zum Festungsbau im 19. Jahrhundert, Johann Gottfried Hoyer, ins Deutsche übersetzte: *Die Vertheidigung stärker als der Angriff oder Die Befestigung mit rechtwinklicher Bestreichung*[948]. Montalembert legte einen der Schwerpunkte der Verteidigung in flankierende Kasematten, so dass ein großer Teil der Kanonen vor der feindlichen Artillerie verborgen war und nicht einfach durch gezieltes Feuer, die sog. Rikoschettschüsse, oder Wurffeuer aus Mörsern auf dem offenen Wall ausgeschaltet werden konnte (Abb. 191). Versuchte ein Angreifer nach Niederkämpfung der Geschütze auf dem Wall einen Sturm gegen die Kurtine oder eine darin befindliche Bresche,

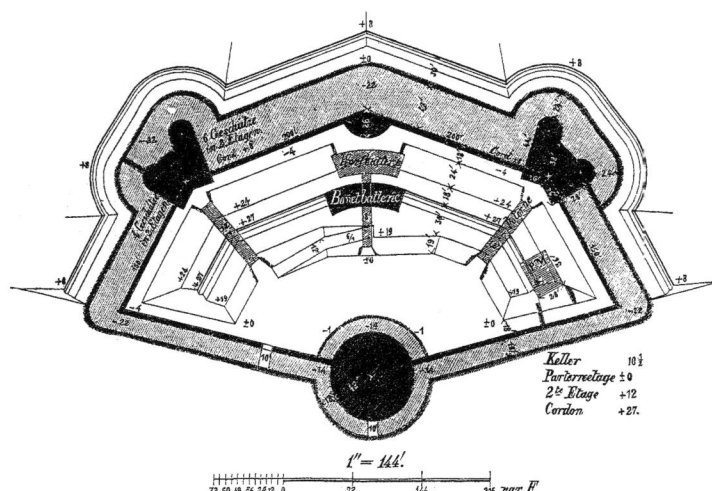

Abb. 190: Neudeutsches Fort (Fort Prittwitz in Ulm), Grundriss aus Blumhardt 1864. In Schwarz sind alle kasemattierten Bauten hervorgehoben (Kehlreduit, Schulter-Kaponnieren)

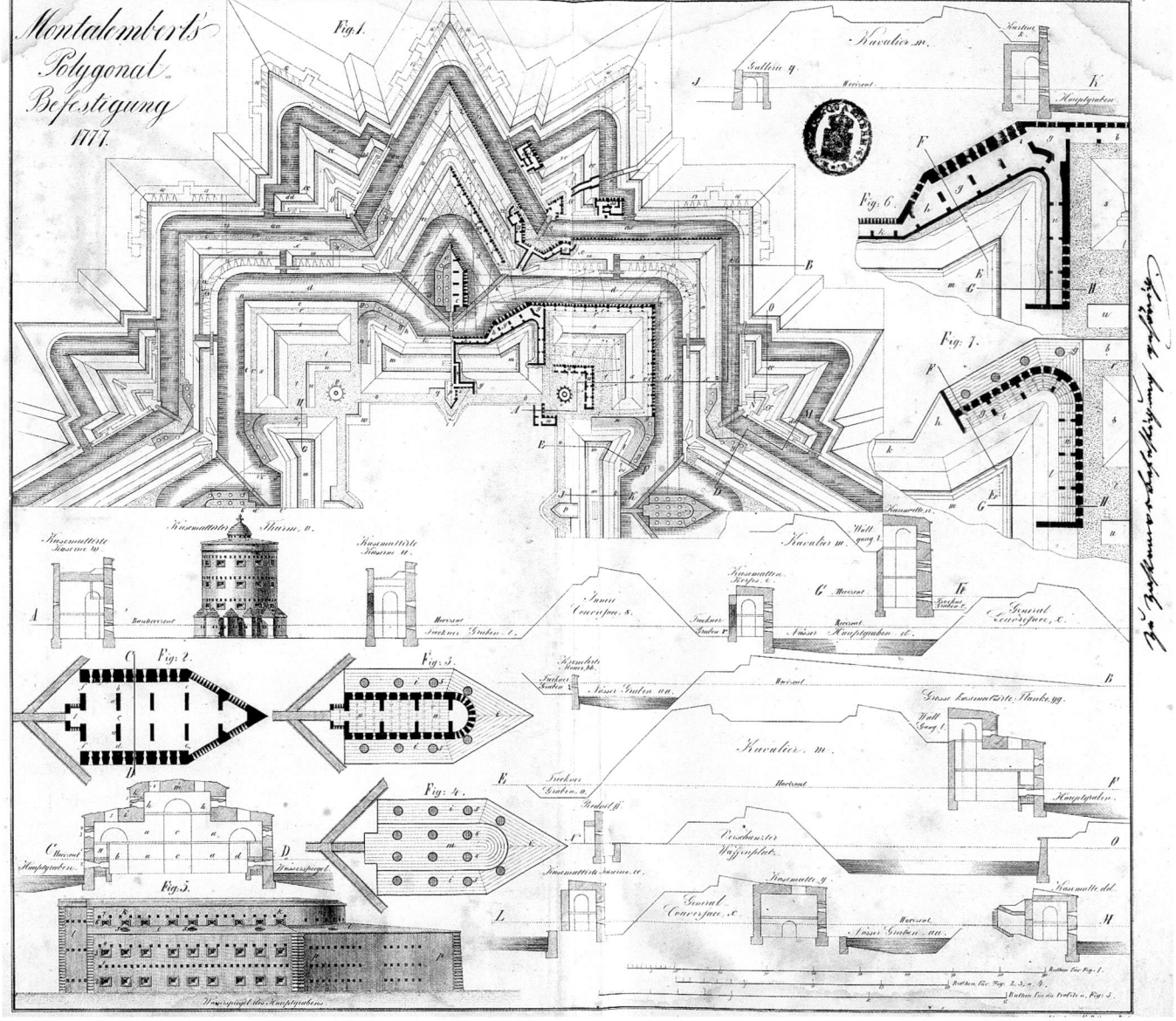

Abb. 191: Marc-René Marquis de Montalembert. Entwurf zur Polygonalbefestigung 1777 nach Zastrow 1854.

konnte er immer noch von einer großen Anzahl Kanonen, die das Bombardement in den Kasematten der Kaponnieren heil überstanden hatten, unter gezieltes Flankenfeuer genommen werden. Die Anlage der Werke selbst ermöglichte eine abschnittsweise Verteidigung. Der Fall eines Hauptwerkes musste also nicht unbedingt den der ganzen Festung nach sich ziehen. Hierzu sah Montalembert runde Geschütztürme vor, die als Reduits dienen sollten (Abb. 193)[949]. Auch sie fanden bei den deutschen Ingenieuren begeisterte Aufnahme[950] und wurden nach gewissen Modifikationen in zahlreichen Festungen errichtet (Abb. 94)[951]. Damit hatte Montalembert die wichtigsten theoretischen Grundlagen geliefert, nach denen die deutschen Ingenieure ihr System entwickelten. In Deutschland galt er als einer der ganz großen Theoretiker, seine Ideen wurden allgemein gerühmt und von Ingenieuroffizieren in ihren

Traktaten und Lehrbüchern eifrig diskutiert. *„Hätte der General Montalembert kein anderes Verdienst um die Kriegsbaukunst, als die Idee zu kasemattirten und in Stockwerke abgetheilten Kaponieren gegeben zu haben; so würde er schon unter die Zahl der vorzüglichsten Verbesserer der Kriegsbaukunst gehören"*, hob man lobend hervor[952] Der bayerische Oberstleutnant Ritter von Xylander urteilte: *„Besonders gab aber Montalembert gegen die einzelnen Hauptfehler einen Reichthum der Idee; – er verlangte eine gänzliche Umgestaltung in der Kriegsbauart, und Schutz gegen die nunmehrige Hauptwaffe des Angriffs, gegen das Wurfgeschütz, die größten Waffen gedeckten Feuers zur Vertheidigung (welche dem ältern Systeme ganz mangeln) sind ihm die einzige Versicherungen einer guten Befestigung; eben so hat Carnot den Schutz gegen die Wurfgeschütze, dagegen den bisher seltnen Gebrauch derselben für die Vertheidigung aus gedeckten Batterien; [...] das Unzulängliche der Pallisa-*

167

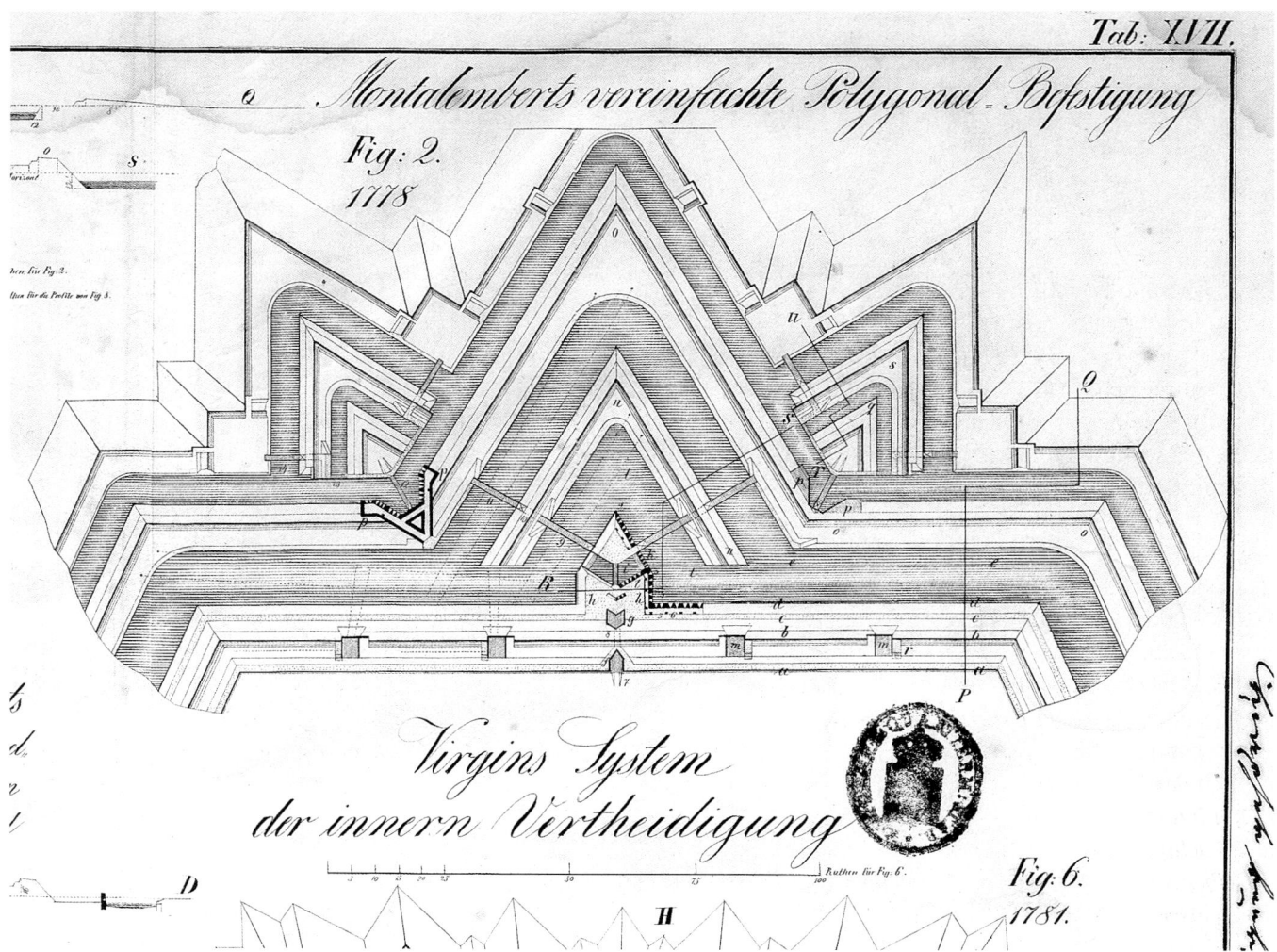

Abb. 192: Marc René Marquis de Montalembert. Grundriss der vereinfachten polygonalen Manier 1778 nach Zastrow 1854. Im Zentrum vor der Kurtine befindet sich eine Kaponniere.

den; das Fehlerhafte der an den Wall angelegten Beklei-dungsmauern; die Vortheile ihres Verbergens vor dem feind-lichen Feuer aus der Ferne, und deren Trennung von dem Walle; dieß hat Carnot zur Vervollkommnung vorgeschla-gen.* So rühmt Xylander den zweiten wichtigen Theo-retiker der neuen Festungsbaukunst und charakterisiert knapp dessen Neuerungen. Auf Lazare Nicolas Margue-rite Graf Carnot[953] gehen die vor dem Wall freistehen-den krenelierten Infanteriemauern im Graben zurück, die eine optimale Verteidigung gegen Eindringlinge in diesen ermöglichen sollten. Die endlos dichte Reihung ihrer Scharten erlaubte ein mörderisches Feuer aus zahl-reichen Gewehren. Außerdem schlug Carnot die Anla-ge von Mörserkasematten in den Festungswerken vor, um den Belagerer aus gedeckter Stellung mit Granaten bewerfen zu können (Abb. 194). Gleichzeitig sollte die-ses Wurffeuer die Ausfälle der Verteidiger unterstützen, denn Carnot legte großen Wert auf die aktiv geführte Verteidigung[954].

Nationale Abgrenzung und Dürerkult

Die deutschen Ingenieure, allen voran die Preußen, ent-wickelten aus den Grundsätzen Carnots und vor allem Montalemberts in Verbindung mit eigenen Ideen und Erfahrungen das neue System. In der Folge entstanden mehrere Schriften, die die Grundsätze Montalemberts und Carnots variierten und eigene Vorschläge zur Poly-gonalbefestigung machten. Sie alle messen den Kapon-nieren eine zentrale Bedeutung bei. Man sprach daher im Gegensatz zur älteren Bastionärbefestigung allge-mein von den *„Caponièrsystemen“*, die in zwei Gruppen zerfallen, die Polygonal- und die Zirkularbefestigung[955]. Im Heimatland Montalemberts fanden seine Ideen hin-gegen anfänglich wenig Anklang. Dort wurde er im Ge-genteil das Opfer harscher Kritik, stellte er doch die, in-zwischen zum Dogma erstarrten, Lehren des berühm-ten französischen Festungsbaumeisters Sébastien le Pre-stre de Vauban und der *Fortifikationsschule von Mézières*, die im 18. Jahrhundert wesentlichen Einfluss ausübte, mit seiner Arbeit in Frage[956]. Die französischen Inge-nieure der *Ecole d'Application d'Artillerie du Genie* in

Metz, der im 19. Jahrhundert in Frankreich maßgeblichen Ingenieurschule, hielten eisern an denn althergebrachten Grundsätzen fest[957]. Bis zum Krieg von
1870/71 wurden in Frankreich Bastionärfestungen errichtet[958]. Die französischen Theoretiker verdammten
das deutsche System in Grund und Boden. Es gab hefti-
ge Diskussionen, die in mehreren Streitschriften gipfelten. Diese blieben nicht frei von nationalistischen Tö-
nen[959]. Mit Stolz blickten die Deutschen auf die von ihnen perfektionierte Manier Montalemberts und verteidigten sie gegen alle Angriffe französischer Kritiker,
nicht ohne dabei zwar Montalembert einhellig zu lo-
ben, aber die Behauptung aufzustellen, die für den modernen Festungsbau so wichtigen Kaponnieren und die
Kasemattierung der Geschützstellungen seien eine
schon weit ältere, eigentlich deutsche Erfindung[960]. Die
Stoßrichtung der Kritik am alten Bastionärsystem war
dabei spezifisch antifranzösisch. So ereiferte sich Ritter
von Xylander: „*Daher jene deutsch, italienisch und hollän-
disch redenden Vaubans, daher jene kleinliche Nachahmung
und Dieberey französischer Befestigungs=Linien, welche uns
noch heute in den Schriften jener Zeit ergötzen. Aber nicht
allein fällt dieser Vorwurf der Blindheit auf die Ingenieure jener Zeit der Reifröcke und Bouteillen=Tapeten, jener Zeit der
Demuth und Aefferey vor allem Fremden – jener ersten Hälfte des achtzehnten Jahrhunderts; unter allen Verblendungen
derselben zeichne ich hier nur noch eine auf: es ließen sich
die Deutschen von den Italienern glauben machen, daß jene
uralte, eigenthümliche, heilige Baukunst – gothisch sey!*“[961]
Diese Stelle verrät, wie sehr die neue Festungsbaukunst
nationalistisch vereinnahmt wurde. Man wünschte
sich, ähnlich wie in der Zivilbaukunst, auch in der
Kriegsbaukunst stilistisch vom angeblich übermächtigen französischen Einfluss in der Vergangenheit und
Gegenwart[962] abzugrenzen und genuin deutsche Traditionen zu beleben. Hoyer betonte in der von ihm herausgegebenen Übersetzung Montalemberts: „*Nur die
Deutschen, bei denen die Wurfgeschütze früher und häufiger
angewendet wurden, kehrten bald wieder zum Gebrauche
gewölbter Geschützstände zurück, durch die es möglich
wird, selbst in dem letzten Zeitraum der Belagerung dem
Feinde noch ein wirksames Kanonenfeuer entgegenzusetzen.
Von diesen allein aber läßt sich eine kräftige Vertheidigung
erwarten: und einzig die Ueberlegenheit desselben vermag
im Belagerungskriege den Sieg zu schaffen.*“[963] Es waren also aus damaliger Sicht die Deutschen die eigentlichen
Erfinder des Neuen. So ließen sich die Ideen Montalemberts als eigene Kulturleistung vereinnahmen. Als nationaler Kunstheros und Lichtgestalt leuchtete aus der
glorreichen mittelalterlichen Vergangenheit für die Festungsbaumeister der Zeit dabei zuallererst Albrecht
Dürer herüber (Abb. 196)[964]. „*Die Constructionen A. Dürers und Montalemberts zusammengenommen geben Vortheile, welche in den neuesten Fortificationen Geltung gefun-*

*Abb. 193: Marc René Marquis de Montalembert. Runder Geschütz-
turm.*

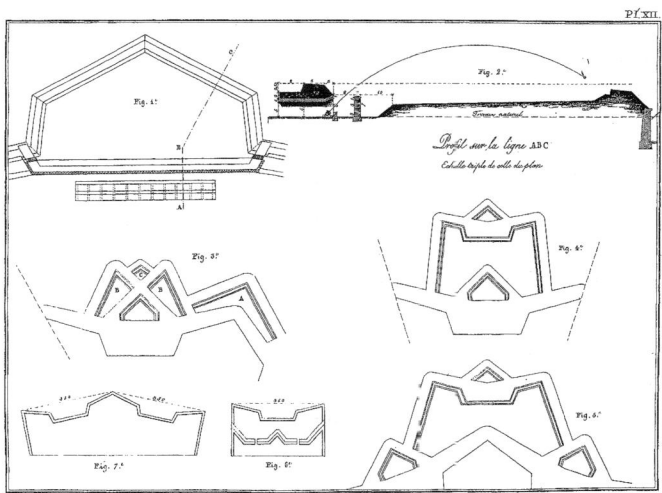

*Abb. 194: Profil einer Carnotschen Wurfbatterie und einer krene-
lierten Mauer vor dem Wall aus Dufour 1822.*

*den haben, aber auch hie und da wieder in unkluger Weise
vernachlässigt worden sind*“, urteilte z. B. der württembergische Ingenieuroffizier Blumhardt[965]. Dürer wurde
allgemein als der Erfinder der Polygonalbefestigung,

der Zirkularbefestigung, der detachierten Forts und der Kaponnieren und damit aller wesentlichen Elemente der neuen Befestigungsweise angesehen[966]. Zur Bestreichung der Kurtinen hatte er gewölbte Koffer in den Gräben vorgesehen (Abb. 171 u. 196). Diese kasemattierten Batterien und die Bedeutung, die er der Grabenverteidigung beimaß, wurden immer wieder als vorbildhaft hervorgehoben[967]. Wie die zivile Baukunst, so sollte auch die Kriegsbaukunst in der mittelalterlichen Architektur der Gotik wurzeln, die man als genuin deutsch ansah. Montalembert habe Dürers berühmte Schrift zum Festungsbau *Etliche vnderricht/ zu befestigung der Stett, Schlosz/ und flecken*, die erste deutschsprachige Publikation zu diesem Thema, gekannt, Dürers Ideen übernommen und verbessert, so hoben die Deutschen in ihren Lehrbüchern immer wieder hervor[968]: *„So kamen Dürer's Ideen, welche vor Einführung der Bastionärbefestigung der Oeffentlichkeit übergeben sind, erst Ende des vorigen Jahrhunderts zur Geltung und zwar in Folge der erkannten grossen Mängel des drei Jahrhunderte bereits bestehenden Bastionärsystems."[969]* Besonders die Idee, Geschütze in kasemattierten Stellungen bombensicher zu positionieren, wurde ihm zugeschrieben[970]. Die Realität ist freilich eine andere. Kaponnieren und Kasematten sind keine Erfindung Dürers. Kaponnieren waren z. B. schon um 1500 allgemein verbreitet[971]. Auch im späteren 17. Jahrhundert waren sie noch gebräuchlich, wie zwei solche Anlagen am Heidelberger Schloss beweisen (Abb. 195)[972]. Aber die Theoretiker der Zeit dachten

Abb. 195: Heidelberg. Schloss, Kaponniere im Graben vor dem Apothekerturm.

sehr verschult. Ihre Abhandlungen über die Entwicklung der Festungsbaukunst, die in keinem Lehrbuch fehlen durften, diskutierten eifrig die Ideen älterer Autoren gerade im Zusammenhang mit der Vorstellung neuer, eigener Entwürfe zu Befestigungssystemen, um sich von diesen abzugrenzen. Sie orientierten sich so gut wie nie an der Baupraxis oder existenten Objekten vergangener Jahrhunderte. Sie zogen auch fast nie Vergleiche zu historischen Festungsbauten in anderen europäischen Ländern. Dogmatisch wurden die Systeme,

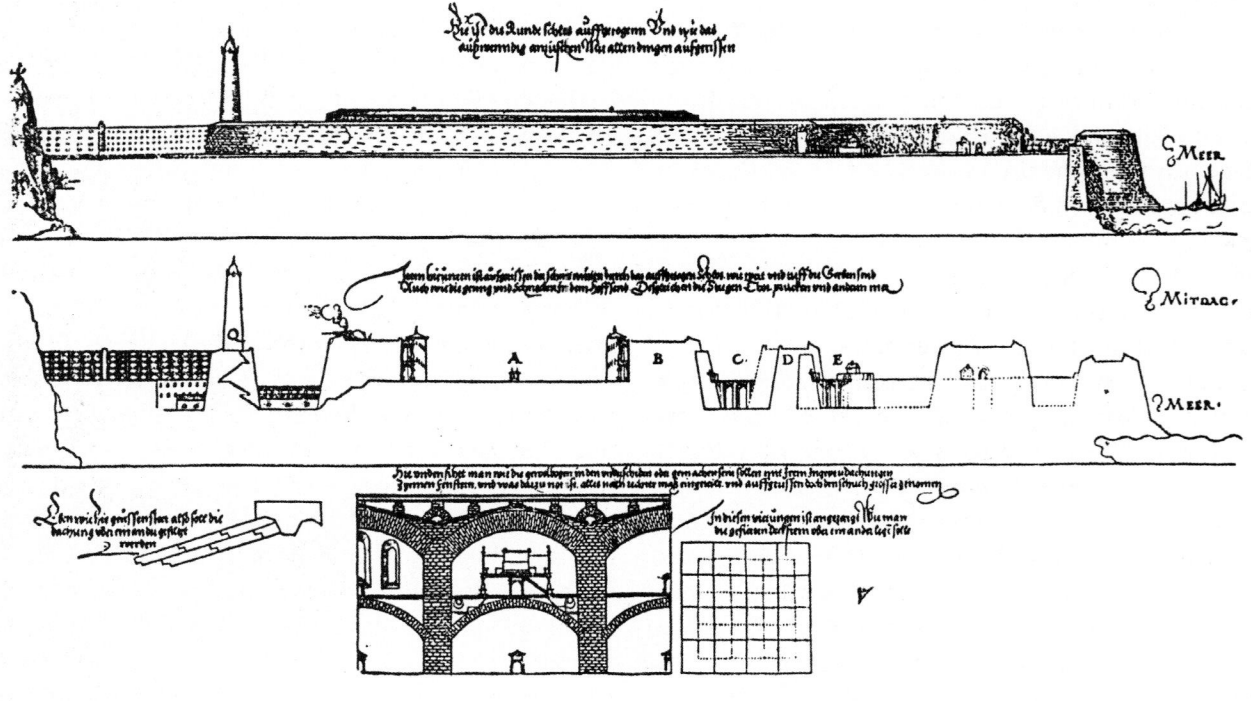

Abb. 196: Albrecht Dürer. Entwurf zu einer Zirkularbefestigung aus „Etliche underricht, zu befestigung der Stett, Schlosz, und flecken" 1527. Die Kaponnieren sind im Schnitt links zu sehen.

die seit Dürer entwickelt worden waren, bis ins frühe 20. Jahrhundert lediglich als Theoriegeschichte ausführlichst besprochen und mit all ihren Vor- und Nachteilen kritisch gewertet. Aber sie waren oft nur Idealbilder und die Mehrzahl von ihnen fand kaum praktische Anwendung[973].

Neupreußisch, neuösterreichisch oder neudeutsch?

Kurz nach Beginn der Arbeiten in Koblenz und Köln urteilte v. Xylander: *„Seit die Preußen Festungen nach diesen Grundsätzen zu bauen angefangen haben, hat die Befestigung nach den selben aufgehört, nurmehr in der Schule zu existiren, und es macht ihnen Ehre, daß sie die ersten waren, welche sie ins Leben zu rufen wagten.“*[974] In der Tat hatten die Preußen hier zum ersten Mal systematisch die neu entwickelten Ideen zur Anwendung gebracht. Die Festungswerke des Ehrenbreitstein folgen Montalemberts Vorschlägen und ermöglichen Etagenfeuer aus mehrstöckigen Kasematten über ganze Fronten hinweg. Am deutlichsten wird die Verbindung der Gedanken Montalemberts und Carnots zu einer eigenständigen Lösung in den Werken der Feste Kaiser Alexander, die auf den linksrheinischen Höhenzügen südlich der Stadt stand. Hier fand die neudeutsche Festungsfront erstmals zu ihrer typischen Form. Die Feste Alexander (Abb. 187) bildete eines von vier einzelnen Festungssystemen[975] auf den strategisch wichtigen Höhen um Koblenz, das selbst nur mit einer einfachen, stumpfwinklig tenaillierten Enceinte und Kaponnieren in den eingehenden Winkeln befestigt wurde. Die Umwallung der Feste Alexander sprang an den Ecken in Form von Bastionen leicht aus, zwischen diesen lag vor der Kurtine die kasemattierte Hauptgrabenkaponniere, die durch eine deckende Kontergarde geschützt wurde. Die Erdwerke der Enceinte wurden von der in den Graben abgesenkten Carnotschen Infanteriemauer mit Gewehrscharten umzogen. In der Kehle des Forts erhob sich ein runder Reduitbau, der zugleich das hier befindliche Haupttor deckte. Dieses Tracé gelangte in der Folge noch mehrfach, wenn auch in diversen Variationen, im deutschen Festungsbau zur Anwendung.

Die Preußen nahmen folglich in Anspruch, die Erfinder der neuen Befestigungsmethode zu sein[976]. Das entsprach ihrem Selbstverständnis als führender Militärmacht, die wesentlichen Anteil an den Befreiungskriegen gehabt hatte und in Konkurrenz zu Österreich die Vorherrschaft im Deutschen Bund beanspruchte. In den vor allem von preußischen Ingenieuroffizieren verfassten Lehrbüchern wurde stets auf die sog. „altpreußische“ Befestigung unter Friedrich II. verwiesen, dem man wesentliche Neuerungen zuschrieb[977].

Tatsächlich legte der König großen Wert auf kasemattierte Geschützstellungen und auf den Gebrauch der Fe-

Abb. 197: Würzburg. Festung Marienberg. Maschikuliturm.

stungen als verschanzte Lager[978]. Mit der Identifikationsfigur des berühmten Königs, der für jeden preußischen Militär selbstredend Vorbildcharakter hatte, fand sich neben Dürer noch ein Prominenter, der das neue System in seinen Grundlagen als spezifisch deutsch bzw. preußisch legitimieren half[979]. Aber nicht allein Friedrich II. und seine Ingenieure experimentierten im 18. Jahrhundert mit detachierten Forts, kasemattierten Reduits und der Anlage von Lagerfestungen wie in Glatz oder Schweidnitz. Auch in der Reichsfestung Mainz entstanden unter Leitung Maximilians v. Welsch schon in der ersten Jahrhunderthälfte ähnliche Anlagen. Viele Elemente der Fortifikation des 19. Jahrhunderts waren bereits in den beiden vorhergehenden Jahrhunderten wiederentdeckt oder entwickelt worden und zur Anwendung gelangt[980]. So hatte noch vor Montalembert Balthasar Neumann nach Plänen Maximilians v. Welsch einen vierstöckigen kasemattierten Geschützturm mit Maschikulation auf dem Marienberg über Würzburg errichtet (Abb. 197)[981].

An der Wende vom 18. zum 19. Jahrhundert entstanden dann auch auf theoretischem Gebiet von unterschiedlichster Seite – mitunter recht seltsame und in ihrer Brauchbarkeit fragwürdige – Manieren, die aber deutlich zeigen, dass die alte Bastionärbefestigung sich in einer tiefgreifenden Krise befand und der Wunsch nach umfassenden Neuerungen bzw. Verbesserungen im Sinne einer verstärkten Feuerkraft der Festungen zunahm[982].

Die wesentlichen Merkmale der neuen Fortifikation hatte schon zu Beginn ihrer Entwicklung F. S. Seydel 1818 als Elemente für das *„Ideal einer deutschen Festung“*

171

aufgezählt: Kasemattierte Türme, Blockhäuser und detachierte Forts. Als vorbildhaft hierfür sah er u. a. mittelalterliche Wehranlagen an[983].

Neben den preußischen Ingenieuren bauten bald schon Bayern und Österreicher nach den neuen Erkenntnissen. Die bayerischen Festungswerke in Ingolstadt und Germersheim wie auch die österreichischen in Verona und auf der Franzensfeste bei Brixen waren ebenso modern wie die preußischen in Koblenz oder Minden und benützten die selben Elemente, die sich innerhalb kürzester Zeit innerhalb des Deutschen Bundes verbreiteten[984]. Im Gegensatz zur neupreußischen sprach man bald auch schon von einer neuösterreichischen Befestigung, worin sich die Konkurrenz der beiden Großmächte im Bund ausdrückte.

Mögen die Preußen auch wesentlichen Anteil an der Entwicklung des Neuen gehabt und in Anknüpfung an ihr altpreußisches System Friedrichs II. ein neupreußisches postuliert haben, so ist es wohl doch richtiger von einer neudeutschen Fortifikation und vielleicht noch besser ganz allgemein von der Polygonalbefestigung zu sprechen. Das neue, im gesamten Deutschen Bund angewandte System wurde jedenfalls auch im Ausland vorrangig als eine deutsche Entwicklung begriffen und so rezipiert[985].

Die Verbindung von Neugotik und modernem Festungsbau in der Schlossarchitektur

Die Tatsache, dass die neue Fortifikation von Nationalismen begleitet wurde, ja sogar innerdeutsche Abgrenzungen stattfanden, die einer einzelnen Macht die Erfindung zuschreiben wollten, ist zum Verständnis der festen Schlösser wichtig. Dies wird offensichtlich, wenn wir einen kurzen Blick auf die Architekturdiskussion der Zeit werfen. Die seit dem späten 18. Jahrhundert auch von den deutschen Intellektuellen und Künstlern wiederentdeckte Gotik avancierte bald zum Nationalstil und sollte, in Verkennung der Realitäten, ein germanischer, von den Deutschen erfundener Baustil sein, mit dem man sich bewusst von allem Französischen abgrenzen wollte[986]. Einer ihrer wichtigsten Propagandisten war Heideloff, der Architekt des Lichtenstein. Er forderte eine zeitgenössische Architektur, die sich am *„deutschen Styl"*, also der Gotik, orientieren sollte, und propagierte vor allem die Bauten Nürnbergs als Vorbilder[987]. Heideloff war der Meinung, *„daß der deutsche Baustyl, obgleich er seit fast drei Jahrhunderten fremdartigen Baustylen weichen mußte, für unser Clima und unsere Verhältnisse der zweckmäßigste und zugleich geschmackvollste ist und seine Anwendung wohl finden kann, wenn man, dessen originelle Grundlagen festhaltend, zugleich mit praktischem Blick die Bedürfnisse der Gegenwart berücksichtigt"*[988].

Bezogen sich eine ganze Reihe von Theoretikern der Zivilbaukunst auf die Gotik als Grundlage für einen neuen deutschen Baustil, wie ihn noch Maximilian II. von Bayern zu verwirklichen suchte, so konnten sich die Festungsingenieure auf Dürer als großes Vorbild ruhmreicher Vergangenheit berufen, dessen Leben und Wirken in den Zeitraum der deutschen Spätgotik und der Reformation fiel. Der national gesinnte Graf Wilhelm v. Württemberg wollte auf seinem Schloss Lichtenstein exemplarisch die Entwicklung einer neuen deutschen Baukunst sowohl im zivilen wie auch im militärischen Bereich, die im deutschen Mittelalter als heroischem Zeitalter wurzelte, vorführen[989]. Und auch im Marstallrondell der Marienburg bei Nordstemmen mit den großen, sichtbar im Mauerwerk der Böschung belassenen Entlastungsbogen sollten vermutlich Assoziationen an Dürers Entwürfe zu Basteien geweckt werden (Abb. 41 u. 42). Ein sehr ähnlicher Gedanke dürfte den preußischen Festungsbauten im Osten, so z. B. in Königsberg (Abb. 153 u. 156), zu Grunde gelegen haben, bei denen bewusst auf Formen der norddeutschen Backsteingotik, hier spezifisch der Architektur des Deutschen Ritterordens, zurückgegriffen wurde, wie sie sich an einem der großen nationalen Symbole der Zeit, der Marienburg (s.u.), beispielhaft fanden. Auch auf dem Hohenzollern konnten moderner Festungsbau und die Idee eines deutschen Nationalstils die ideale Verbindung eingehen, um zu einer bestimmten architekturikonologischen Aussage zu gelangen. Die länglichen Formate der Steine und die leicht rötliche Färbung des Mauerwerks, die beide an Ziegel erinnern, wie auch die gotischen Formen verbinden die Festungsarchitektur auf Hohenzollern mit den zeitgleichen Bauten im östlichen Preußen. Als Symbol für den preußischen Führungsanspruch als wichtigster Militärmacht im Deutschen Bund mit den meisten festen Plätzen[990] und für die Bemühungen um eine Einigung unter preußischer Führung führte so auch der Hohenzollern exemplarisch eine neue deutsche Kriegs- und Zivilbaukunst als Ausdruck preußischer Stärke in harmonischem Einklang vor. Ähnlich dürften die Elemente modernen Festungsbaus an einem Teil der Rheinburgen zu verstehen sein, zumindest auf Stolzenfels und Sooneck. Auch hier gehen, wie schon gezeigt, ein bestimmtes Mittelalterbild und die damalige Zeitgeschichte eine enge Verbindung ein. Was aber in der Zivilbaukunst in künstlerischer Hinsicht scheiterte, nämlich einen neuen Nationalstil zu erschaffen, gelang tatsächlich in der Kriegsarchitektur unter rein funktionalen Gesichtspunkten und wurde auch im Ausland entsprechend honoriert.

Abb. 198: Würzburg. Festung Marienberg, Secondeflanke auf der Südseite der Festung zwischen Bastion St. Nikolaus und Bastion Mars mit Schartengruppe aus der ersten Hälfte des 19. Jahrhunderts.

Der Wert von Bergfestungen und kleinen Festungen

Die in den vorigen Kapiteln vorgestellten Schlösser entsprachen nun keinesfalls allen den Vorstellungen des 19. Jahrhunderts von einer modernen Festung für den Großen Krieg mit den entsprechenden Eigenschaften. Man hatte die Zahl der festen Plätze ganz erheblich reduziert. Wichtig waren nur noch einige wenige zentrale Großfestungen mit Fortgürteln als fortifizierte Lager, Ausgangsbasen für Operationen und Reduits für das Feldheer, um es der Vernichtung durch den Gegner zu entziehen. Kleine Festungen hingegen konnten *„freylich nicht die Vortheile der größeren haben; weil ihre mindere Garnisonen einer eigenen Armee nicht sehr behülflich seyn können, weil sie zu beträchtlichen Magazinen und Depots für die Armee nicht wohl Platz haben, und weil sie, wenn sie nicht an einem Passe liegen, durch den der Feind kommen muß, leicht umgangen, oder von einem kleinen Corps eingeschlossen werden.“*[991] Und sie hatten nach Ansicht der Theorie den großen Nachteil, dass man sie oft gleichzeitig von zwei Seiten angreifen und durch Bombardement bezwingen konnte, sofern es keine bombensicheren Quartiere für die Soldaten und das Gerät gab[992]. Schlösser wie Lichtenstein oder Schwerin spielten nach den damaligen Lehren also für den Großen Krieg keinerlei Rolle mehr. Allein der Hohenzollern diente im 19. Jahrhundert zeitweise als kleine Festung, der im Rahmen der Verteidigung Süddeutschlands eine bestimmte Funktion zugedacht war, wie die Armierungen 1857 und 1859 zeigen. Er entsprach einer typi-

schen Bergfestung, denen man immer noch einen Wert als Passsperren sowie Zufluchts- und Aufbewahrungsort von Schätzen zugestehen wollte[993]. Verschiedene Staaten des Deutschen Bundes unterhielten nach wie vor solche, in der Regel älteren, Anlagen. Allein Bayern verfügte über vier Festungen dieser Art: Rosenberg über Kronach[994], Marienberg über Würzburg, das sogar in der zeitgenössischen Literatur als Musterbeispiel einer Zitadelle aufgeführt wird[995], Wülzburg über Weißenburg und die Festungen Oberhaus u. Niederhaus in Passau[996]. Diese Anlagen wurden aber nur teilweise modernisiert und verstärkt, indem man z. B. auf Marienberg gemäß den fortifikatorischen Anforderungen der Zeit zusätzliche Kasematten einbaute (Abb. 198)[997].

Auch die isoliert gelegene Wülzburg war gemessen an der Festungsbaukunst des 19. Jahrhunderts veraltet. Sie hatte als Höhenfestung all jene Nachteile, die an kleinen Festungen von den Zeitgenossen kritisiert wurden. Daher wurde sie lediglich immer wieder erneuert und nicht mehr dem Stand der aktuellen Kriegstechnik angepasst[998]. Aber ab 1849 wurden kleinere Maßnahmen durchgeführt, denn auch der Wülzburg wurde als militärischem Platz zur Sicherung des inneren Friedens gegen zukünftig im Königreich Bayern drohende Volkserhebungen eine wichtige Bedeutung zugemessen[999]. Sie übernahm damit die Polizeifunktion einer Zitadelle, die man damals in der Regel kleinen Festungen zuwies. Mochten sie auch nicht mehr im Rahmen großer kriegerischer Auseinandersetzungen zu gebrauchen sein, so sicherten sie das Land auf jeden Fall gegen revolutionäre Freischaren

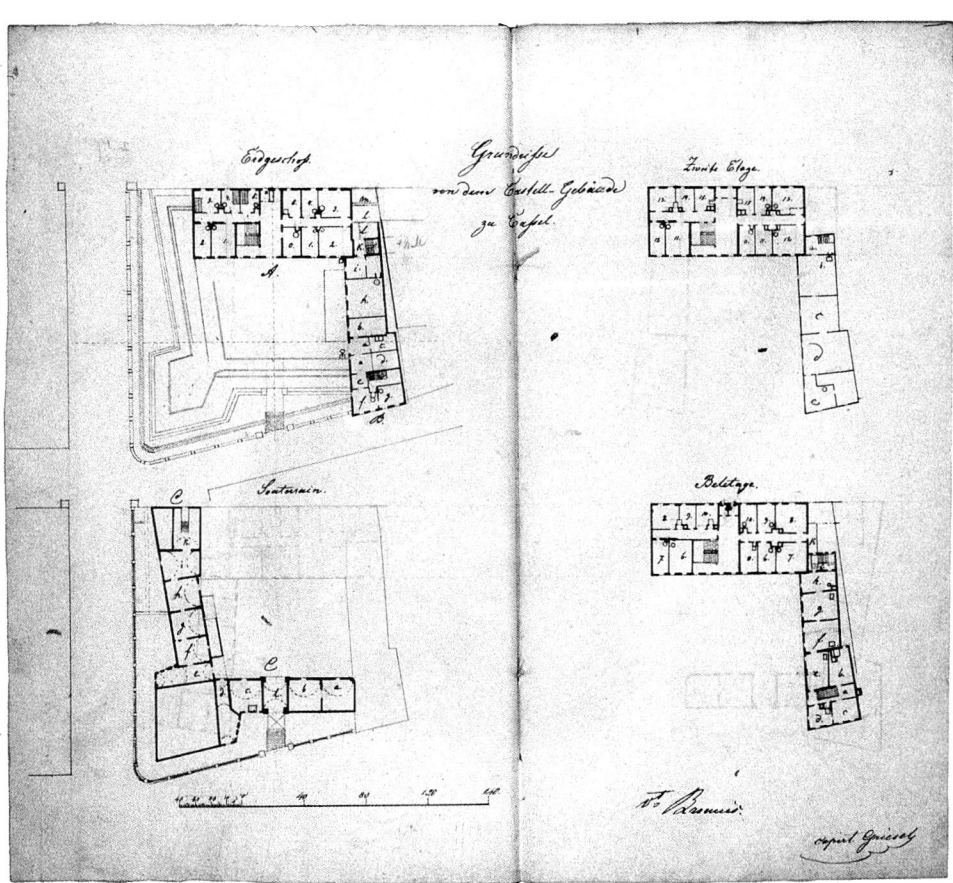

Abb. 199: Kassel. Kastell, Grundriss um 1840. Hessisches Staatsarchiv Marburg

und boten den Garnisonen und den Behörden ausreichenden Schutz.

Handelte es sich bei den bayerischen Festungen noch um relativ brauchbare Anlagen, waren hingegen Festungen wie die nassauische Marksburg am Rhein oder der kurhessische Spangenberg[1000] hoffnungslos veraltet und daher nur noch mit Veteranengarnisonen belegt. Sie dienten in erster Linie als Staatsgefängnisse und spielten so eine gewisse Rolle zur Sicherung der inneren Ordnung[1001]. Trotzdem wurde ihnen militärischer Wert beigemessen. Die Befestigungen des Spangenberg wurden immer wieder instandgesetzt. Man reparierte 1864 die Zugbrücke, und noch aus dem Jahr 1867 datiert ein Kostenanschlag zur Herstellung der Zugbrücke und der Palisaden, als die Festung schon preußisch war[1002].

Die Festungseigenschaft fast all dieser kleinen, älteren Anlagen wurde nach dem deutsch-deutschen Krieg bis 1867 aufgehoben[1003].

Im Rahmen von Kontrolle und innerer Sicherheit bedurfte es keiner großen Festungen. Kleine Anlagen, so hatte schon Blesson bemerkt, genügten vollauf[1004]. Dem dienten die weiter oben beschriebenen zitadellenartigen defensiblen Zeughäuser und Kasernen in und bei den Residenzstädten. Dabei muss man sich vor Augen führen, dass solche Befestigungen weniger zur Verteidigung gegen einen mit großer Heeresmacht anrükkenden äußeren Feind dienen sollten, der über ausrei-

chend schwere Belagerungsartillerie und ein Geniekorps verfügte, sondern gegen Aufständische. Unter diesem Eindruck plante z. B. Oberst v. Hörmann[1005] 1851 die „*Erbauung einer Citadelle auf der Burghalte*" in Kempten unter Einbeziehung von Teilen der mittelalterlichen Stadtbefestigung. Der als Defensivkaserne ausgeführte Bau sollte Platz für 2200 Mann und fünfzig „*Artillerie-Pferde*" bieten[1006].

Schon ab 1794 war in Kassel durch den Umbau des alten Jägerhauses an der Fulda unter Landgraf Wilhelm IX. das sog. „Kastell" entstanden, das den Zeitgenossen als hessische Bastille galt, da es vor allem als Staatsgefängnis diente[1007]. Der Vergleich lag nahe, denn tatsächlich handelte es sich wie bei der Pariser Bastille um eine befestigte Anlage (Abb. 199). Das Kastell lag an der Fuldabrücke und bestand aus einem zweiflügeligen Bau, der in zwei Geschossen die Arrestzellen und die Wohnung des Kommandanten enthielt. Die beiden anderen Seiten des Hofes schloss zu den angrenzenden Straßen ein Wall ab, dessen Ecke eine kasemattierte Bastion besetzte. Ein Graben, über den eine Zugbrücke führte, umschloss den Bau auf diesen Seiten[1008]. Offensichtlich sollte durch die Verteidigungseinrichtungen eine Erstürmung und Gefangenenbefreiung durch Aufständische verhindert werden. Auch dieses Bauwerk diente also in erster Linie der Aufrechterhaltung der inneren Sicherheit[1009].

Noch im letzten Viertel des 19. Jahrhunderts errichteten die Österreicher in Bosnien kleine militärische Stützpunkte, die nach dem Stand damaliger Kriegstechnik auf den potentiellen westeuropäischen Kriegsschauplätzen keinen großen militärischen Wert gehabt hätten, in einer Gegend aber, wo lediglich mit leicht bewaffneten Insurgenten und Räuberbanden zu rechnen war, als völlig hinreichend gelten konnten. Man ging hier im Ernstfall höchstens vom Einsatz leichter Feldgeschütze aus[1010]. Es entstanden daher mehrere kleine Forts mit krenelierten Mauern und Defensivkasernen als Wachtposten, die an strategisch günstigen Stellen im Gebirge verteilt waren (Abb. 197). Sie wurden in der Tradition örtlicher Befestigungswerke – ländlicher Wehrhöfe und der im ganzen südlichen Balkanraum anzutreffenden Wohntürme – errichtet. Kaponnieren und kleine Türme dienten der Flankierung dieser Bauten. Die Verteidigung erfolgte mittels Gewehrfeuer und leichter Geschütze. Einige besaßen Maschikuli zur Deckung des Gebäudefußes. Andere verfügten auch über größere Batteriestellungen zur Beherrschung wichtiger Straßen und Pässe[1011]. Die Funktion dieser Forts beschrieb Moritz v. Brunner: *„Solche Befestigungen kommen vor:*

a) zur Sicherung von Orten und Objecten gegen Freischaren, Aufständische, überraschende (Cavallerie=)Einfälle des Nachbars und gegen Streifcommanden, im Rücken der Armee,

b) wenn die als Gegner vorausgesetzte Armee über schwere Geschütze überhaupt nicht verfügt und solche auch, im Hinblick auf das ungangbare Terrain, nicht in den Kampf bringen, noch weniger aber entsprechend lange im Feuer erhalten könnte.“[1012]

Es kommt also immer auf den Ort und die Zeitumstände an, unter denen eine Befestigung angelegt und genutzt wurde, um sie in ihrer Funktion und ihrem realen Wert zu beurteilen. Wie die überwiegende Mehrzahl mittelalterlicher Burgen entgegen ihrer heute oftmals immer noch falschen Bewertung keine waffenstarrenden Garnisons- und Kriegsplätze waren, sondern gegen Überfälle gesicherte Adelssitze, so verhält es sich auch mit den hier beschriebenen Anlagen. Sie erfüllten ihren Zweck nur im Volkskrieg bzw. Kleinen Krieg, der im 19. Jahrhundert als Mittel der nationalen Verteidigung gegen einen übermächtigen Gegner an Bedeutung gewonnen hatte. Die Kriege gegen Napoleon hatten mehrfach den Nutzen des Kleinen Krieges gezeigt[1013]. Unter genau diesem Aspekt hatte man, ähnlich den Vorschlägen Görres', die Rheinburgen als Teile einer Landwehr wiederherzustellen, 1814 Überlegungen in Württemberg angestellt, verschiedene Punkte im Schwarzwald zu befestigen und hierbei auch neueste Medientechnologie zum Einsatz zu bringen: *„Die Befestigung dieser Höhenpunkte an dazu schicklichen Stellen à*

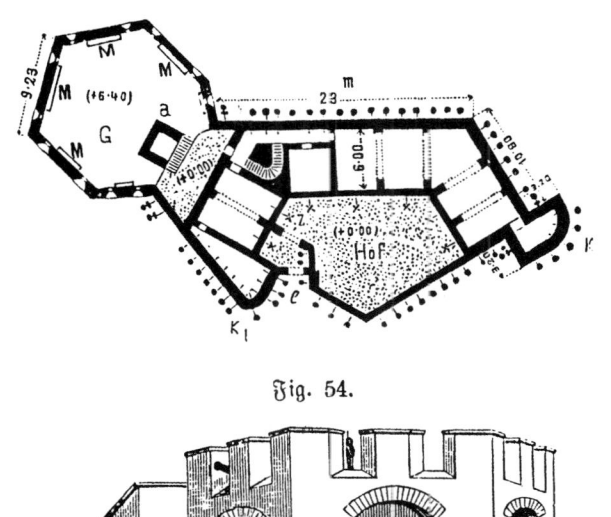

Abb. 200: Österreichisches Fort in Bosnien in Form einer Defensivkaserne mit Ecktürmen und maschikulierter Batterie aus Brunner 1896. M bezeichnet die Maschikuli, K die Kaponnieren.

Partée derjenigen Thäler, welche am reichsten bevölkert sind, ist und bleibt das einzige Mittel, diesen so wichtigen Terrain=Abschnitt dauernd zu behaupten und einen kräftigen Volkskrieg in demselben zu führen. Ein solches Fort ist ein steinernes, aber nach Umständen auch nur hölzernes Blokhaus, durch seine Lage unangreiflich gemacht. Die Commandanten dieser Burgschlösser beobachten den Feind und leiten den Angriff gegen denselben; sie stehen alle miteinander in Verbindung, welches durch Telegraphen geschehen kann.“[1014]

Elemente der neudeutschen Fortifikation in den festen Schlössern des 19. Jahrhunderts

„Die Horizontalscharten, breiten Kleingewehrscharten oder Maulscharten finden sich in alten Burgen und Festungen und werden neuerdings wieder vorzugsweise angewendet, weil sie ein grosses Gesichtsfeld geben, die Mauern nicht zu sehr durchlöchern, und die Aufstellung mehrerer Schützen an einer und derselben Scharte gestatten.“[1015] Solche Scharten gelangten, wie aus der obigen Beschreibung des Hohenzollern hervorgeht, dort zur Anwendung (Abb. 103).

Das 19. Jahrhundert griff immer wieder Befestigungselemente auf, die – mit wenigen Ausnahmen – seit fast zwei Jahrhunderten nicht mehr gebräuchlich waren. Sie sind ein Charakteristikum der neudeutschen Festungsbaukunst. Es handelt sich dabei nicht um große Festungswerke, sondern um kleinere Bauten, die im Wehrbau an der Wende vom Spätmittelalter zur Frühen Neuzeit weit verbreitet waren: Mauertürme zur Flankierung, Geschütztürme, krenelierte Zwingermauern und Grabenkoffer (Abb. 201–203). Mit der Einführung der Bastion im Lauf des 16. Jahrhunderts nördlich der Alpen und der endgültigen Durchsetzung der neuen Befestigungsform[1016] waren diese älteren Elemente fast vollständig aus dem Festungsbau verschwunden. Nun gelangten sie wieder in verschiedenster Gestalt, den damaligen Bedürfnissen angepasst, zur Anwendung und dienten so u. a. der Abwehr von in die Gräben eingedrungenen Feinden. So betonte 1854 From: *„Die Burgen geben ein Vorbild für unsere Citadellen. Nachahmenswerth*

sind: die Verbindung der Wohnungen mit den Vertheidigungseinrichtungen, die Anlage von Abschnitten, die Beherrschung der Städte durch die Burgen [...], die gewundenen mehrfach bestrichenen Eingänge, die Lage der Administrationsgebäude an den am meisten gesicherten Punkten, die systematische Lage der Burgen für die Landesvertheidigung, so weit dies die heutige Kriegführung gestattet.“[1017] Fast meint man, From habe hierbei den Hohenzollern vor Augen gehabt.

Türme

Die Briten hatten 1794 als erste wieder den Wert auch kleinster Befestigungen schätzen gelernt, als sie in der Bucht von Mortella auf Korsika in einem langwierigen Gefecht trotz artilleristischer Überlegenheit ihrer Schiffsgeschütze den Widerstand eines einfachen Wachtturmes niederkämpfen mussten. Es war einer jener vielen Türme mit hochgelegenem Eingang, die man überall an den Küsten des westlichen Mittelmee-

Abb. 201: Ulm. Fort Oberer Kuhberg, krenelierte Mauer und Reduit in der Werkskehle.

Abb. 202: Ingolstadt. Kaponniere an der Umwallung des Kriegshafens.

res finden kann und die vor allem der Abwehr von osmanischen und algerischen Piraten dienen sollten. Die Briten entwickelten nach dieser Erfahrung einen Geschützturm, auf dessen Plattform eine oder gar mehrere auf einer Pivotlafette drehbar gelagerte Kanonen standen und der eine kleine Garnison aufnehmen konnte. Diese sog. Martellotürme wurden ab 1803 an der britischen und kanadischen Küste gegen eine mögliche französische Invasion errichtet[1018]. Auch in Frankreich experimentierte man mit dem Bau solcher Wachttürme, den sog. *tours-modelès*, die Napoleon zur Küstensicherung in Auftrag gab (Abb. 93)[1019].

Die Idee zu Verteidigungstürmen als kleinen, sehr widerstandsfähigen Befestigungen, sei es als Einzelforts oder Reduits innerhalb einer größeren Anlage, hatte, wie oben gezeigt, in der Theorie zuerst wieder Montalembert vorgeschlagen, war in der Praxis aber teilweise auch in deutschen Festungen des 17. und 18. Jahrhunderts wieder oder besser gesagt noch in verschiedenster Form zur Anwendung gelangt. Die Ingenieure des frühen 19. Jahrhunderts beschäftigten sich immer wieder mit dem Thema Turm. „*Die freistehenden Thürme gewähren in letztem Fall den vollen Vortheil der vorgeschobenen oder detaschirten Werke, indem sie es dem Vertheidiger möglich machen, zwischen ihnen hindurch und unter ihrem Schutz auszufallen und sich zurückzuziehen, den Angreifer von der Hauptfestung entfernter halten und somit die Gefahren eines Bombardements weniger befürchten lassen; ferner gestatten sie, die Hauptfestung einfacher zu halten, und endlich sind sie als Stützpunkte eines verschanzten Lagers zu betrachten.*“[1020] Die von Montalembert erdachten Turmforts mit Graben und eigenem Glacis entwickelte z. B. Erzherzog Maximilian Joseph d'Este zu einer monumentalen eigenständigen Form, mit der er riesige Lagerfestungen zu sichern gedachte. Als Versuchsfeld

Abb. 203: Koblenz. Festung Ehrenbreitstein, Johannisturm.

diente Linz an der Donau, das von einem Ring mit 32 seiner Turmforts umgeben wurde[1021].

In der Schweiz entwarf und baute Guillaume Henri Dufour im Umfang weitaus kleinere Rundtürme zur Infanterieverteidigung, die bestimmte strategische Punkte sichern sollten oder in Forts als Reduits dienen konnten[1022]. Teilweise sollten sie über einem steil geböschten Sockel eine rundumlaufende Reihe von Maschikuli aufweisen (Abb. 204)[1023]. Auch Maschikuli sind ein mittelalterliches Element, das nun wieder zur Anwendung

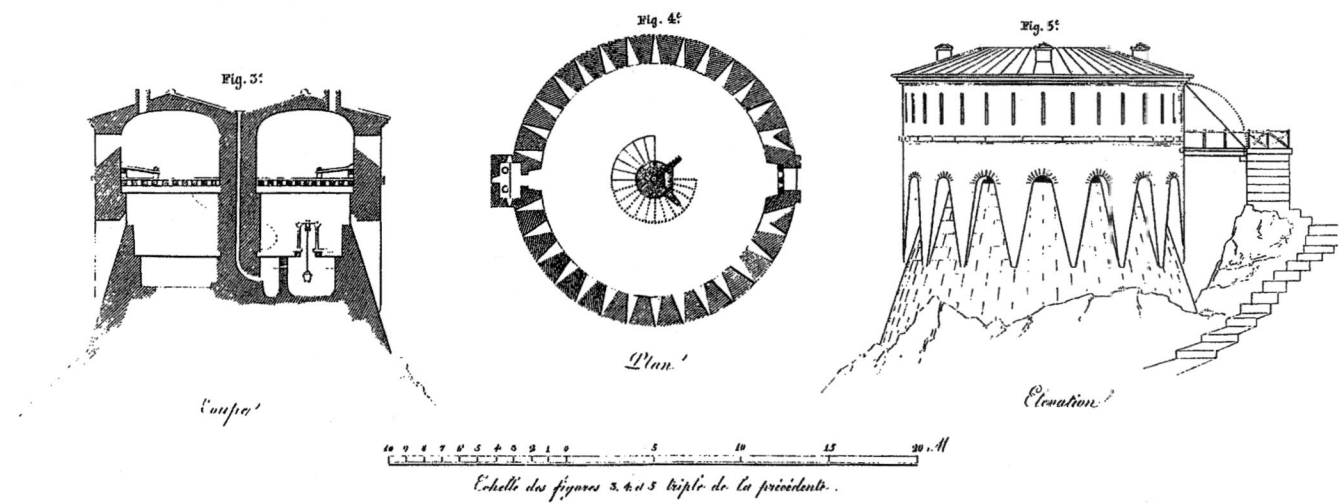

Abb. 204: Guillaume Henri Dufour. Entwurf für einen maschikulierten Turm 1822. Vorbild für den Entwurf waren ähnliche Türme, die in der Zeit Napoleons auf der Rocca d'Anfo über dem Lago d'Idro in Norditalien und auf den Höhen um Genua entstanden.

kam (Abb. 205). Prittwitz bemerkt zu dieser Verteidigungseinrichtung: *„Bei Thürmen, gegen die kein schweres Geschütz aufgefahren werden kann, oder die mehr zu Beobachtungsposten bestimmt sind, werden sie auch heute zweckmäßig anzuwenden seyn, da es Schwierigkeit hat, den Fuß solcher Thürme auf eine andere Weise zu vertheidigen.*"[1024] Auch die erwähnten französischen Türme hatten eine Maschikulation, und schon Montalembert hatte Maschikuli zur Verteidigung seiner Turmfüße vorgesehen. Rundtürme, maschikuliert oder nicht, bilden eines der wesentlichen Merkmale der neudeutschen Fortifikation, so an verschiedenen Forts in Ulm, wo sie in der Funktion von Kaponnieren der Flankierung der Kurtinen dienen (Abb. 209). Mit ihren Kanonen- und Infanteriescharten in mehreren Stockwerken erinnern sie an ihre Vorläufer im 15. und 16. Jahrhundert. Das Fort Oberer Kuhberg z. B. unterscheidet sich auf den ersten Blick in der Anlage kaum von den frühen Artilleriefestungen im Spätmittelalter (Abb. 206 u. 207)[1025]. Allerdings sind die Bauten des 19. Jahrhunderts in der Anlage der Schartenformen und ihrer Grundrisse viel stärker typisiert. Der auf Hohenzollern errichtete, maschikulierte Fuchsturm ist ein charakteristischer Vertreter solcher Bauten (Abb. 90). Der so bewehrte, bombensicher gewölbte Turm übernimmt zugleich die Funktion eines, wenn auch im Umfang weitaus bescheideneren, detachierten Forts, wie sie in den großen Festungen der Zeit zur Anwendung gelangten[1026], und es sollte ja, wie gezeigt, ursprünglich auch mehr als nur ein Turm am Hohenzollern gebaut werden. Vorgeschobene Türme hatte v. Prittwitz auch auf dem Hohentwiel in Vorschlag gebracht. Man übernahm also ein wesentliches Element der Großfestungen für eine kleine Befestigung und versuchte so den modernen Anforderungen gerecht zu werden.

Ganz sicher dienten den Ingenieuroffizieren des 19. Jahrhunderts ältere Anlagen als Anregung für die Praxis, schon deshalb, weil man sie mit Albrecht Dürers Befestigungslehre in Zusammenhang bringen konnte und wollte[1027]. Für die Anwendung gerade im Bereich kleiner Befestigungen, ja insbesondere romantischer Schlossbauten, die bewusst in ihrer Architektur auf das Mittelalter rekurrierten, waren die spätmittelalterlichen Wehrbauten ideal geeignet. Hier konnten Türme zur Flankierung von Gebäudefronten oder Ringmauern mit Gewehrfeuer dienen. Das beste Beispiel hierfür bilden die Anlagen auf Lichtenstein[1028]. So vermischen sich

Abb. 206: Burg Breuberg. Michelsturm, 1504.

Abb. 207: Ulm. Fort Oberer Kuhberg, Reduit mit halbrunden Koffern.

moderne und alte Elemente nicht nur in den großen Festungsbauten des 19. Jahrhunderts, sondern auch in den Schlössern.

Kaponnieren

Wie bereits erwähnt, kam den Kaponnieren bzw. Grabenkoffern innerhalb der neudeutschen Festungsbaukunst eine immense Bedeutung zu. Sie entstanden in verschiedenen Formen und Größen und dienten in der Regel der *„rasanten Grabenvertheidigung"* durch Geschütz-, vor allem aber durch Infanteriefeuer[1029]. Auf Schloss Lichtenstein erscheinen der halbrunde Koffer und der Kaponnierenturm als charakteristische Elemente dieser Art (Abb. 127). Es ist bezeichnend, dass Graf Wilhelm mit dem Kaponnierenturm einen eigentümlicher Zwitter aus Koffer und Turm schuf, der in seiner halbrunden Form an spätmittelalterliche Schalentürme erinnert. Kleine Türme, die als Kaponnieren fungierten, finden sich zur Verteidigung der Gräben und Eskarpenmauern auch an den Festungswerken von Ulm, besonders an den Forts, und der Ehrenbreitsteiner Stadtbefestigung (Abb. 207 u. 208). Der Wilhelmsturm auf Hohenzollern (Abb. 95) ist hingegen eher als parabelförmige Kaponniere denn als Turm anzusprechen. Das bombensicher eingewölbte, kasemattierte Werk entspricht gestalterisch und in der Ausstattung den damaligen Reduits und Kaponnieren, wie sie sich u. a. in Ulm und Minden erhalten haben (Abb. 210). Am auffallendsten sind hierbei die für den Festungsbau der Zeit üblichen Scharten und ihre so typische Anordnung. Die großen Geschützscharten werden grundsätzlich von schmaleren, hochrechteckigen Gewehrscharten flankiert (Abb. 162).

Abschnittsweise Befestigung

Zu den wesentlichen Forderungen, die schon Montalembert erhoben hatte, gehörte in der neudeutschen Fortifikation die Untergliederung einer Festung in zahlreiche, selbständige Abschnitte, die es dem Gegner erschweren sollten, die Festung mit Hilfe einer einzigen Bresche und durch Fortnahme eines wichtigen Werkes

Abb. 208: Koblenz. Turm der Stadtbefestigung Ehrenbreitstein.

einzunehmen. Immer neue Hindernisse in Form von Gräben, krenelierten Mauern und defensiblen, kasemattierten Kasernen als Reduits wurden dem Angreifer entgegengestellt. Auch dieses System weist Parallelen zur mittelalterlichen Befestigung auf. Gräben, Zwingermauern, Vorhöfe untergliederten die Burgen seit dem Spätmittelalter in einzelne verteidigungsfähige Abschnitte. Da wundert es nicht, wenn nun diese alten Konzepte gerade beim Wiederaufbau einer Burg erneut zur Anwendung gelangten. Die gestaffelten Höfe, Zwinger und Auffahranlagen auf Hohenzollern waren für die Verteidiger bestens einsehbar[1030]. Sie ermöglichten die von der Theorie geforderte abschnittsweise Verteidi-

gung der Festung mit kleinkalibrigen Waffen. Auch hier wurde also ein Element der großen Fortifikation auf ein kleines Objekt übertragen, weil es sich als zweckmäßig für die Abwehr leichtbewaffneter Freischaren erwies. Ebenso lassen sich solche Elemente mit Zwinger und krenelierten Sperrmauern auf Stolzenfels finden[1031].

Da die festen Schlösser lediglich gegen Handstreiche, vor allem aber gegen Aufständische gesichert sein sollten, reichten die kleineren Elemente der Festungsbaukunst hierzu völlig aus. Auf Wälle, gewaltige Kasemattenanlagen und ausgedehnte Vorwerke einschließlich detachierter Forts konnten sie verzichten. Der Fuchsturm auf Hohenzollern stellt hier eine Ausnahme dar.

Abb. 209: Ulm. Fort Unterer Kuhberg, Nebenwerk XXX, Schulter gegen Nordosten mit Eckturm.

Abb. 210: Minden. Reduit im Fort C.

Was für die Verteidigung mit Infanterie gegen Überfälle ausreichte, also die Sturmfreiheit eines Objektes garantierte, wurde aus dem Gesamtzusammenhang der neudeutschen Fortifikation herausgelöst und in den festen Schlössern zur Anwendung gebracht bzw. für den entsprechenden Gebrauch modifiziert, wie gerade das Beispiel der Maschikulation auf Stolzenfels belegt. Aus der Festungsbaukunst der Zeit wurden aber nicht nur einzelne Details wie Maschikuli, Schießschartenformen und Zugbrückenkonstruktionen übernommen, sondern sogar ganze grundlegende Konzepte. Am deutlichsten wird dies auf Lichtenstein und Hohenzollern. Auf Schloss Lichtenstein wird in Miniaturform die so typische neudeutsche Fronte variiert (Abb. 2). Als Beispiel sei noch einmal die Feste Alexander in Koblenz (Abb. 187) in Erinnerung gerufen. Auf Lichtenstein bilden Kaponnierenturm, Koffer und Waffenplatz, der ja ursprünglich als freistehender Ravelin (Abb. 114) geplant war, dieselbe Anordnung der Werke. Graf Wilhelm zitierte auf Lichtenstein also eine neudeutsche Fronte in ihrer typischen Ausprägung, modifizierte sie aber für die Verteidigung mit Infanterie und leichtem Geschütz im Sinne seiner Bedürfnisse.

Der militärische Wert mittelalterlicher Befestigungen im 19. Jahrhundert

Welchen Stellenwert man letztlich jenseits der Theorie in der Praxis mittelalterlichen Befestigungen, deren Elemente ja teilweise in der modernen Fortifikation wieder zur Anwendung gelangten, beimaß, zeigt das Beispiel des Königreichs Bayern. Die bayerische Regierung besaß zwar in Ingolstadt eine mächtige, nach neuesten Gesichtspunkten errichtete Landesfestung[1032], doch wollte gerade Ludwig I. keinesfalls auf die mittelalterlichen Befestigungen verschiedener wichtiger Städte, vor allem in den neu hinzugewonnenen Gebieten Frankens, verzichten. Eine königliche Verordnung vom 12. Januar 1826 bestimmte, dass ab sofort alle Stadtbefestigungen im Lande vor der Schleifung zu bewahren seien[1033]. Eine Kommission unter des Königs Vorsitz hatte seit 1825 darüber beraten, wie Bayern militärisch zu sichern sei[1034]. Ausgerechnet diese Überlegungen führten so zu ersten denkmalpflegerischen Erhaltungsbemühungen um die alten Stadtbefestigungen. Den Stadtmauern in Rothenburg oder Nürnberg z. B. maß man eine wichtige Funktion für die Landesverteidigung zu[1035]. Diese Städte wurden nach wie vor als feste Plätze definiert, und dies, obwohl ihre Befestigungen im Vergleich zu den modernen Fortifikationen als hoffnungslos veraltet gelten mussten. Aus Sicht des Königs und seiner Militärberater Generalstabschef Clemens v.

Raglovich und Oberstleutnant Michael (v.) Streiter konnten sie immer noch *„für die Führung eines kräftigen Vertheidigungskrieges von einigem Werth"*[1036] sein. Hierbei spielten Gedanken des Volkskrieges und des Kleinen Krieges auf Grund der Erfahrungen aus den Befreiungskämpfen eine wichtige Rolle. Die patriotisch gesinnten Bürger selbst und die Landwehr sollten im Ernstfall die Verteidigung leisten[1037]. So wurde die Festungseigenschaft von Nürnberg z. B. erst 1866 aufgehoben[1038].
Auch in der Fortifikationsliteratur finden sich Hinweise auf die Brauchbarkeit älterer Befestigungen. So führte Blesson aus: *„Die Befestigung einer Landstadt wird dadurch erleichtert, dass gewöhnlich alte Mauern und Befestigungen sie umgeben, die sehr leicht zu einer hartnäckigen Vertheidigung eingerichtet werden können."*[1039] Er empfahl dabei nachdrücklich die Nutzung älterer Toranlagen: *„Wo die alte deutsche Thorbefestigung sich noch vorfindet, wo nämlich eine crenelirte Mauer an beiden Seiten der äusseren Grabenbrücke gehet und eine Art Thurm davor liegt, eignet sich diese besonders zur Herstellung einer tüchtigen Bestreichung und darf nie vernachlässigt werden."*[1040] Für Blesson erfüllen solche Anlagen letztlich die Funktion der modernen Kaponnieren. Sicherlich dachte er hierbei an die alten Torburgen Kölns, die beim Ausbau der Festungsanlagen durch die Preußen seit 1816 wie die alte Stadtmauer als Teil der Enceinte beibehalten und modernisiert worden waren. From urteilte noch 1854: *„Die Stadtbefestigung des Mittelalters ist noch für die heutigen Kriege wichtig."*[1041] Es folgt hieraus, dass in der noch wenig industrialisierten ersten Hälfte des 19. Jahrhunderts selbst mittelalterliche Stadtbefestigungen einen militärischen Wert haben konnten, wenn man sie nicht als große Waffenplätze (mit Ausnahme des modernisierten und ausgebauten Köln), sondern als Stützpunkte für den Volks- und Guerillakrieg betrachtet[1042]. Wie aber sah es nun unter dieser Prämisse mit älteren Burgen und Schlössern aus?

Die Modernisierung von alten Schlössern zu militärischen Zwecken

Der Kampf um die Reichsverfassung 1849 in Baden ist nach der Diktion des 19. Jahrhunderts als Volkskrieg zu werten. In Hirschhorn am Neckar mussten reguläre Truppen damals die bittere Erfahrung machen, dass ihnen selbst eine mit Freischärlern besetzte mittelalterliche Burg bei entsprechend hartnäckiger Verteidigung erfolgreich Widerstand leisten konnte[1043].
Mochte eine mittelalterliche Anlage wie Hirschhorn im Volkskrieg noch eine Rolle spielen, so wurde ihr fortifikatorischer Wert für den Festungskrieg gänzlich anders eingeschätzt. *„Isolirte alte Burgen können für den Festungskrieg gar nicht gebraucht werden und gehören dem Feld- und*

Positionskriege an. Burgen aber, welche zu dem Umkreise einer größeren permanenten Befestigung gehören und einen wichtigen Terrainpunkt einnehmen, müssen völlig Kanonen= und Bombensicher sein, wenn sie ihren Platz als Festungstheil behaupten sollen", bemerkte From, wobei er auf die nötigen umfangreichen Ausbaumaßnahmen zu einer Modernisierung hinwies. Er schloss: *„Wichtigkeit und Ausdehnung der Burgen müssen bestimmen, ob ihre unveränderte Erhaltung des Opfers einer solchen Ausdehnung der Befestigung werth sei."*[1044] Blesson urteilte ganz anders: *„Alte Schlösser, Klöster u.s.w. bedürfen zuweilen nur einer geringen Nachhülfe um einer kräftigen Vertheidigung fähig zu werden."*[1045]

Die Nutzung alter Burgen und ihre Modernisierung wird von den damaligen Militärs in der Regel unter dem Aspekt der provisorischen oder passageren Befestigung abgehandelt, wobei beschrieben wird, welche Verteidigungsanstalten zu treffen sind, um solche Bauten zu sichern[1046]. Trotzdem sah die Praxis anders aus. Wie bereits oben gezeigt, wurden zumindest ältere Höhenfestungen im 19. Jahrhundert noch genutzt (Spangenberg, Marksburg). Sie wurden bis zur Einführung des gezogenen Geschützes auch nach wie vor als Militärobjekte betrachtet und unterhalten. Im Königreich Württemberg geriet 1814 das Schloss Kaltenstein zu Vaihingen an der Enz in den Blickpunkt der Militärs, als man die Sicherung Südwestdeutschlands gegen einen französischen Angriff diskutierte. Die Anlage war zuletzt im 18. Jahrhundert auf Befehl Herzog Karl Alexanders modernisiert worden[1047]. Man verwarf aber den Gedanken an eine erneute Fortifikation. Der Feldzeugmeister Camrer meldete dem Kriegsministerium über seine Inspektion, *„daß das Vaihinger Schloß wegen seiner kleinen Enceinte und beschränkten Bergfläche weder zur Vertheidigung der dasigen Gegend irgend einen Nuzen darbietet, noch daß solches durch einige anzulegende Seitenwerke von Vortheil zu vertheidigen sei."*[1048] Das Vaihinger Schloss sei zu klein und könne höchstens als detachiertes Werk für eine größere Festung oberhalb des Schlossberges dienen, hieß es[1049]. Das Beispiel zeigt aber deutlich, dass man in jedem Fall den Nutzen einer älteren Schlossanlage für aktuelle Bedürfnisse in Betracht zog[1050].

Benno von Zehme und sein Urteil über die Veste Coburg 1856

Welchen Wert man von militärischer Seite aus einem älteren Bergschloss zumaß, verdeutlichen auch die Ausführungen des sächsisch-coburgischen Hauptmanns Benno von Zehme 1856 über die Veste Coburg. Seit dem 18. Jahrhundert war die einst bedeutende Burg zunehmend verfallen und nur noch als Zucht- und Irrenhaus genutzt worden, womit sie das Schicksal vieler al-

ter Bergfestungen teilte. Als militärisches Objekt hatte man sie längst aufgegeben[1051]. Unter dem Eindruck der Befreiungskriege ließ Herzog Ernst I. von Sachsen-Coburg die einzige Festung seines Landes 1814 mit französischen Beutegeschützen armieren, ein Vorgang der parallel auch von der nassauischen Landesfestung Marksburg überliefert ist[1052]. 1838 begannen umfangreiche Restaurierungsmaßnahmen unter Leitung Carl Alexander v. Heideloffs und seines Schülers, des Nürnberger Baumeisters Carl Görgel, die unter Ernst II. vollendet wurden[1053]. Von Zehme bemerkte hierzu: *„Die Wiederherstellung der Burg hat zwar nur einen friedlichen Charakter angenommen; die hohen Basteien scheinen nur noch vorhanden zu sein, um von ihnen herab das Auge durch den Blick auf das Wundervolle der umgebenden Natur [...] zu entzücken [...], und doch hat die Festung ihren militärischen Werth noch nicht verloren, sie beherrscht nach wie vor die schöne Kunststraße, welche als Bandstreifen über den Bergrücken des Thüringer Waldes gelegt Nord= und Süddeutschland verbindet, und sie wird dereinst auch Herrin der Eisenbahn sein [...]"*[1054]

Diese Aussage ist aufschlussreich, verrät sie doch das Urteil eines ausgewiesenen Fachmanns über die Brauchbarkeit selbst einer alten Burg zur Beherrschung wichtiger Verkehrsverbindungen in der Mitte des 19. Jahrhunderts. *„Und wenn nun auch die Restauration der Festung keinen militärischen Zweck im Auge hatte, wer vermag in die Zukunft sehen, ob sie nicht doch für den Soldaten gearbeitet hat? Denn wie man im siebzehnten Jahrhundert und später nicht ahnen mochte, daß der Waffenplatz, an welchem Wallenstein's Stürme abprallten, im neunzehnten in einen Platz verwandelt werden würde, in welchem die vorhandenen Waffen nur für das beschauende Auge und nicht für den wehrhaften Arm aufbewahrt werden, wer kann wissen, ob nicht die aus Kunstsinn und Pietät erhaltenen Mauern früher oder später von Neuem vom Waffengeklirre durchdröhnt werden?"*[1055]

Deutlich scheint aus diesen Worten das Bedauern des Militärs zu sprechen, dass man die Veste Coburg *nur* als Denkmal herzoglich sachsen-coburgischer Historie und zur Verherrlichung der legitimen Dynastie quasi museal restauriert und nicht als festen Platz wiederhergestellt hatte. *„Wie es auch kommen mag: die heutigen, wie die künftigen Geschlechter werden von Dank für die Fürsten erfüllt sein, welche die Coburg ihrem Verfall entrissen haben, auf daß die Wiege Ihres Stammes noch ferneren Jahrhunderten Kunde bringe von der Festigkeit und Dauer Ihres erhabenen Hauses"*, schließt von Zehme seine Betrachtungen[1056]. So wird die Burg nur noch zur symbolischen Festung und ihre Fortifikationen stehen zeichenhaft als Sinnbild für das Herzogshaus und seine Tradition.

Die Schlösser in Torgau und Wittenberg in preußischer Zeit

Abb. 211: Torgau. Schloss, krenelierte Mauer als Grabenschluss.

Während man in Sachsen-Coburg oder Württemberg die Wiederherstellung alter Schlösser zu modernen militärischen Zwecken lediglich theoretisch erörterte, ging man in Preußen an die Realisierung solcher Vorhaben. Durch den Wiener Kongress hatte Preußen die sächsischen Festungen Wittenberg und Torgau als wichtige militärische Punkte an der Elbe erhalten. In beiden Städten fanden sich zwei große alte Schlossbauten. Das Schloss in Wittenberg hatte Kurfürst Friedrich der Weise um 1489/90 mit dem Neubau einer Residenz, die zugleich die Funktion einer Zitadelle erfüllen konnte, beginnen lassen. Die Fortifikationen hatten aber überwiegend zeichenhaften Charakter. Das Schloss, ein Dreiflügelbau, blieb letztlich unvollendet[1057]. Nachdem es 1817 an den preußischen Militärfiskus gefallen war, wurde der Bau ab 1819 im Zuge des Ausbaus der Festung Wittenberg zu einer Defensivkaserne eingerichtet, die als Zitadelle[1058] der Festung dienen sollte. Man vermauerte die Vorhangbogenfenster der Erbauungszeit

und ersetzte sie durch Kanonen- und Gewehrscharten (Abb. 212). Ein weiteres Geschoss wurde eingezogen und auf den Plattformen der beiden Rundtürme richtete man Geschützstellungen ein, von denen aus sich ähnlich wie von einem Kavalier über den Wall vor dem Schloss feuern ließ[1059]. Aus dem einst mehr auf landesherrliche Repräsentation angelegten Bau, der Wehrformen in reduzierter Form symbolhaft zeigte (Türme), war wieder eine Festung geworden.

Ähnlich verhielt es sich mit dem Schloss Hartenfels in Torgau, einem der bedeutendsten Bauten der deutschen Renaissance, errichtet hauptsächlich unter Kurfürst Johann Friedrich dem Großmütigen in der ersten Hälfte des 16. Jahrhunderts. Das Schloss war ein ausgesprochen repräsentativer Bau, dessen Hauptschauseite mit zahlreichen runden und viereckigen Türmen und Erkertürmchen der Elbe zugewandt ist. Aber auch hier gab es im 16. Jahrhundert kaum Wehreinrichtungen, die Wehrhaftigkeit, die „Burgwirkung", die durch die

183

Abb. 212: Wittenberg. Schloss, Eckturm mit Geschützscharten.

vielen Türme erzielt wurde, war eher bildhaft als real[1060]. Im 19. Jahrhundert änderte sich dieser Charakter grundlegend. Das Schloss wurde zur Zitadelle der preußischen Festung Torgau, die ab 1819 unter Leitung des Festungsintendanten und Platzmajors Toepel[1061] ausgebaut und modernisiert wurde. Das Schloss nahm besonders im Rahmen der Sicherung des Elbübergangs eine wichtige Position im Verlauf der Enceinte ein. Eine königliche Order vom 23. August 1818 ordnete die Verteidigungsfähigkeit des Schlosses an. Hierzu sollte das gesamte Gebäude möglichst von den übrigen Festungswerken und besonders der Stadt isoliert werden. Nach der Elbe sollte es durch eine krenelierte Mauer geschützt werden, gegen die Stadt war der Graben zu vervollständigen (Abb. 211). Im Innern wurden bombensichere Balkendecken eingezogen. Die bestehenden Türme sollten der Flankierung dienen[1062]. Daher ersetzte man auch hier, zumindest an der Elbfront, die alten Vorhangbogenfenster durch Kanonenscharten und verwandelte so die Türme in Geschützstellungen. In dieser Form präsentiert sich das Schloss bis heute (Abb. 213). Es bleibt anzumerken, dass sowohl Wittenberg wie auch Hartenfels in Torgau als rein militärische Anlagen verstanden werden müssen. An eine Wohnfunktion für Mitglieder des preußischen Königshauses war nie gedacht. Aber sie sind hervorragende Beispiele für die Rückverwandlung eines mehr zeichenhaft in ein real wehrhaftes Gebäude, wie schon am Beispiel Schwerin gezeigt[1063].

Abb. 213: Torgau. Schloss, Ansicht vom Elbufer. In den elbseitigen Türmen sind die Geschützscharten aus preußischer Zeit erkennbar.

Die Marienburg in Westpreußen

Zu den wenigen alten Anlagen, die im 19. Jahrhundert aus strategischen Erwägungen erneut zum militärischen Gebrauch ausgebaut wurden, zählt eine der bekanntesten Burgen des Mittelalters: Der einstige Hochmeistersitz des Deutschen Ordens, die Marienburg, die sich seit 1772 auf Grund der ersten polnischen Teilung in preußischem Besitz befand. Seit dem Mittelalter führte hier eine Brücke über die Nogat. Dieser Übergang gewann im Zusammenhang mit dem Bau der preußischen Ostbahn um die Mitte des 19. Jahrhunderts erneut an Bedeutung[1064]. Obwohl die Marienburg nicht nur als wichtigste Burg des Deutschen Ordens und eine der größten und repräsentativsten Burganlagen des Spätmittelalters in Nordosteuropa prominentes Objekt zahlreicher wissenschaftlicher Untersuchungen war, ist über ihre Vergangenheit als festes Schloss im 19. Jahrhundert fast nichts bekannt[1065].

Das Hochschloss der Marienburg war unter Friedrich dem Großen zur Kaserne umgebaut worden[1066]. Die gesamte Anlage geriet um 1800 mehr und mehr in Verfall. Es drohte gar der Abbruch ganzer Teile. Aber schon früh gab es ein denkmalpflegerisches Engagement. 1804 ordnete Friedrich Wilhelm III. den Schutz der Burggebäude an[1067]. Seit 1815 engagierte sich wesentlich der Regierungspräsident der neu gebildeten Provinz Westpreußen für die Erhaltung und Wiederherstellung der Burg in ih-

rem ursprünglichen Zustand. Unter anderem wirkte Schinkel wesentlich an den Restaurierungsmaßnahmen mit[1068]. Regierungspräsident Schön interpretierte die Burg als nationales Symbol für die deutsche Geschichte. Er sah sie als den zukünftigen Ort der preußischen Landtage, der dabei gewissermaßen durch seine historische Aura auf die Zeitgenossen und ihre Entscheidungen wirken sollte[1069].

Seit 1807 war die Stadt Marienburg wieder fester Platz. Die Franzosen hatten den Ort mit Erdwerken gesichert. Sie nutzten als Grundlage die Reste schwedischer Bastionärbefestigungen aus dem 17. Jahrhundert[1070]. Nach weiteren Arbeiten an den Werken 1813 beschloss der preußische Staat aus strategischen Gründen die weitere Nutzung Marienburgs als Festung[1071]. Das Schloss selbst blieb vorerst davon unberührt. Es wurde auf Betreiben Schöns nach und nach restauriert. Doch mit dem Bau der Ostbahn ab den 40er Jahren kam es zu tiefgreifenden Veränderungen. Ein Zeitgenosse vermerkt: *„Hier in der Nähe des Buttermilchthurmes, unter den Ruinen einer großen Vergangenheit, bemerken wir großartige Anstalten zum Bau der kolossalen Brükke, auf welcher die brausende Lokomotive über die Nogat dahinfliegen soll. Ein eigenthümliches Zusammentreffen der Umstände! Von der Marienburg wurde einst deutsches Leben und deutsche Bildung über das Ostseeland verbreitet, und durch die ehemalige Vorburg wird die Ei-*

Abb. 214: Nogatbrücke in Marienburg, Xylographie um 1857.

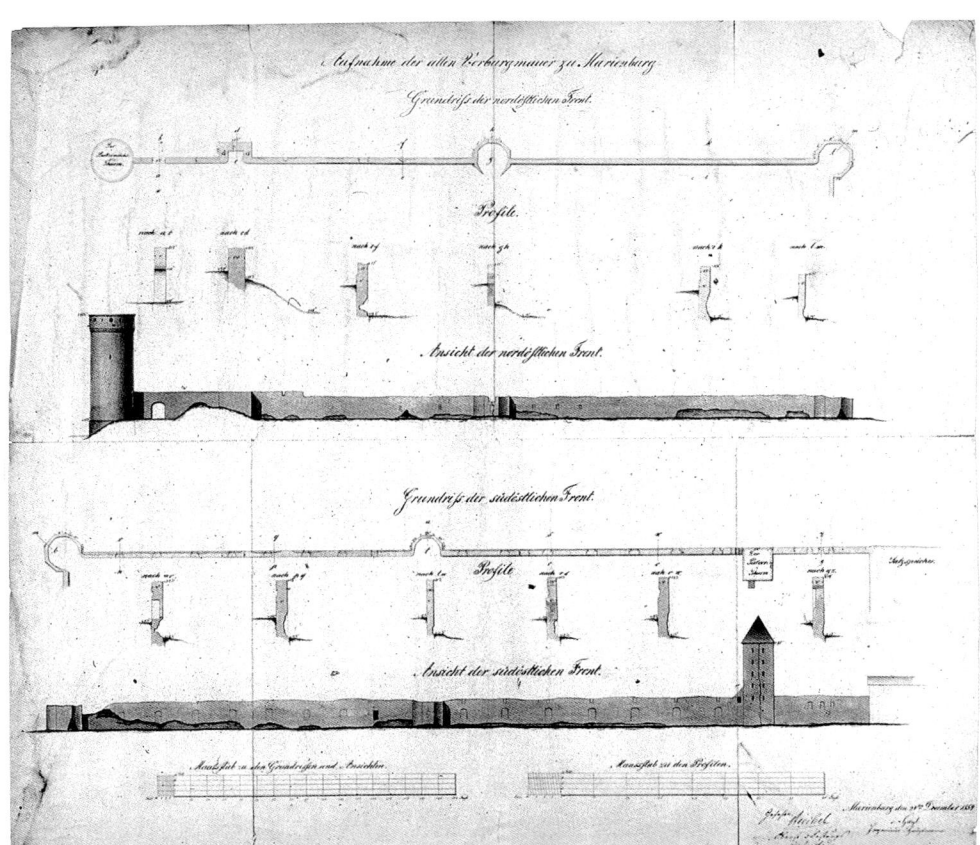

Abb. 215: Marienburg. Bauaufnahmen der Vorburgbefestigung 1854.

senbahn geleitet, das eiserne Band, welches unsere entlegene Provinz, die äußerste Mark deutscher Gesittung und deutscher Kultur, innig und fest mit dem deutschen Vaterlande verbindet."[1072] Diese nationalistisch gefärbten Worte verraten viel über den Symbolgehalt der Marienburg in den Augen deutscher Patrioten des 19. Jahrhunderts.

Der Bau der Brücke, die bis 1858 unter der künstlerischen Beteiligung von Friedrich August Stüler errichtet wurde[1073], erforderte eine Verstärkung der Festungsanlagen, zumal die Brücke selbst durch kasemattierte Blockhäuser am linken Nogatufer gesichert wurde, die sich durch Zinnenschmuck und Baumaterial den mittelalterlichen Ziegelbauten der Ordenszeit optisch anpassten (Abb. 214)[1074]. 1853, ein Jahr nach Baubeginn der Brücke, vermeldete die Presse: „Unsere Stadt wird in Kurzem ein verändertes Aussehen erhalten, da dieselbe stärker befestigt werden soll, als man hier Anfangs geglaubt. Nicht nur die Eisenbahnbrücke erhält diesseits und jenseits der Nogat einen starken Brückenkopf, auch das Schloß wird befestigt; auf dem Vorschloß soll eine Caserne erbaut werden, und auch die Langgasse wird in den Fortifikations=Rayon einbezogen werden."[1075] Damit steht fest, dass auch das Schloss Teil der Befestigung werden sollte. In der Tat datieren aus dem Jahr 1853 die ersten Pläne für Umbaumaßnahmen im Bereich der Vorburg[1076]. Demnach sollten die in großen Teilen abgetragene und ruinöse Vorburgbefestigung wie-

deraufgebaut und die alten, teilweise nur noch in Grundmauern vorhandenen Türme rekonstruiert und mit neuen, modernen Schießscharten zur Verteidigung durch Infanterie und leichtes Geschütz ausgerüstet werden (Abb. 215 u. 216). Vom Hochschloss wurden Bauaufnahmen gefertigt, vom ehemaligen Hochmeisterpalast in der Mittelburg sogar baukünstlerische Details dokumentiert[1077]. Man schloss die auf der Stadtseite aufgebrochene alte Zwingermauer vor dem Hochschloss in Form einer modernen krenelierten Mauer (Abb. 217), beseitigte die Erdrampe, die hier zum friderizianischen Kasernentor geführt hatte[1078], und errichtete an den Zugängen zur Stadt neue, gesicherte Tore[1079]. Die Marienburg wurde zur Zitadelle der Brückenkopffestung. Die wiederhergestellten mittelalterlichen Ringmauern der Vorburg dienten als krenelierte Mauern vor dem dahinter zum Schutz des stadtseitigen Brückenkopfes neu aufgeschütteten Festungswall. Die alten, teilweise bis auf Höhe der Ringmauer abgebrochenen Flankierungstürme erfüllten nun die Funktion von Kaponnieren[1080]. Man integrierte also die alte Substanz in das moderne Konzept des neudeutschen Systems. Vor dieser sog. „retirirten Enceinte" als innerer Verteidigungslinie lag die bastionierte, Stadt und Schloss umfassende Enceinte, die auf den alten schwedischen und französischen Festungsanlagen errichtet worden war (Abb. 218).

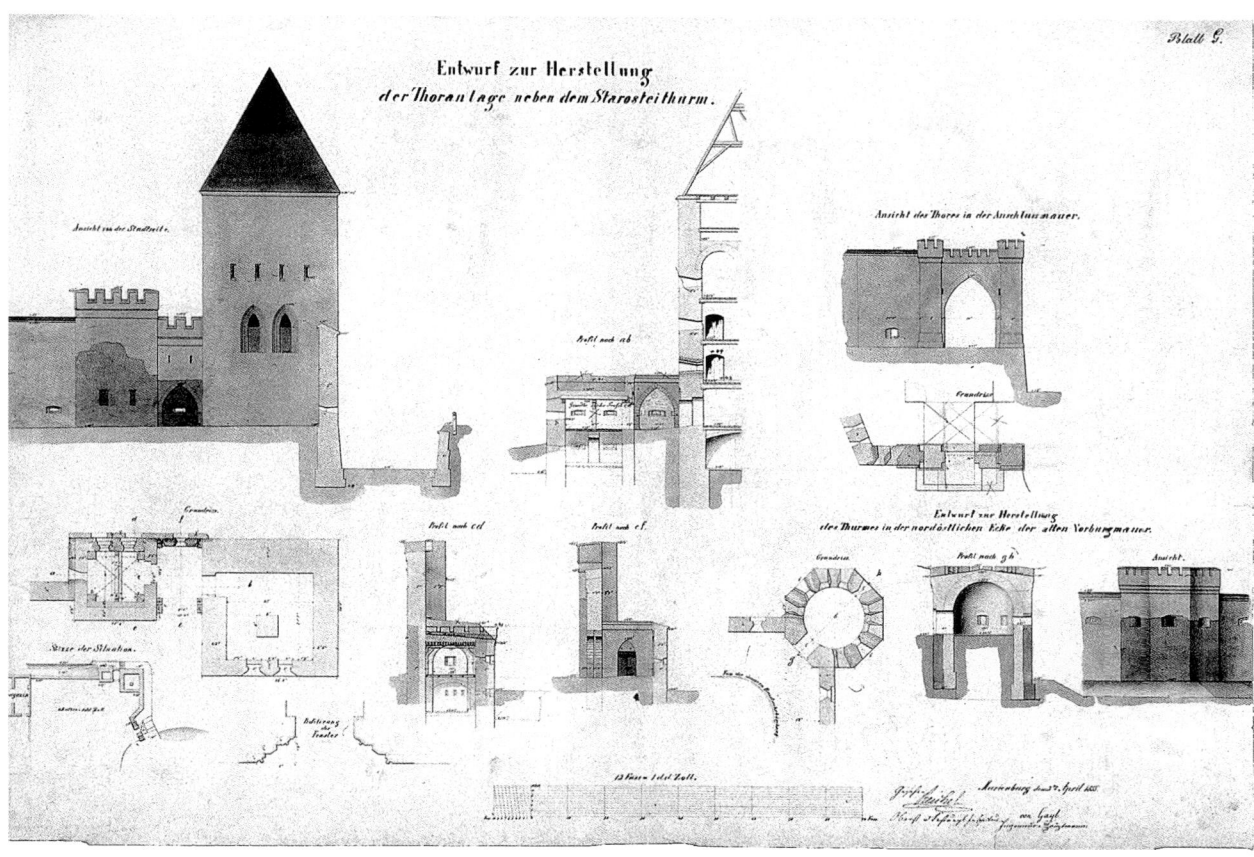

Abb. 216: Marienburg. Entwürfe zum Umbau des Starostei-Turmes und zum Bau eines stadtseitigen Tores.

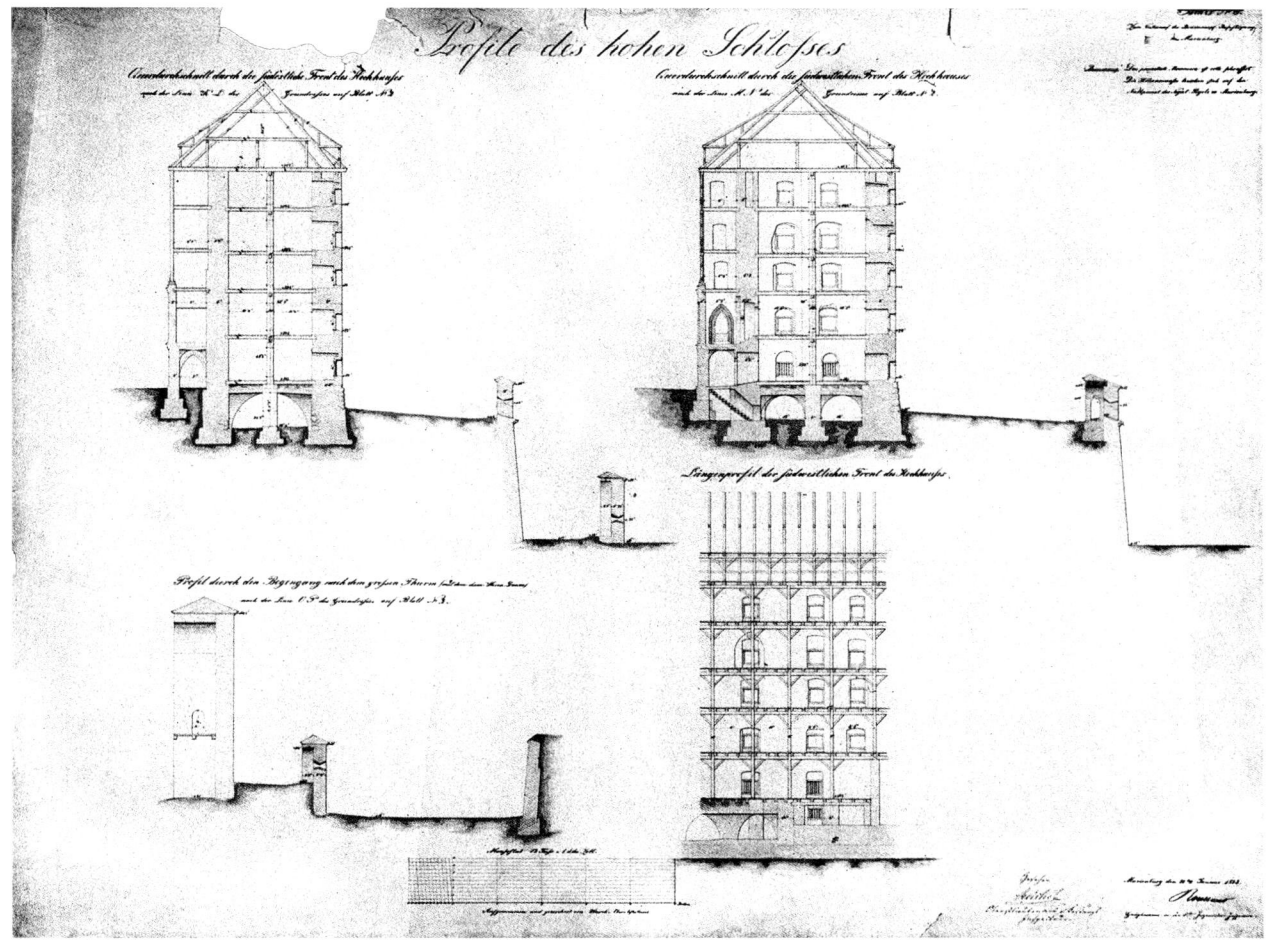

Abb. 217: Marienburg. Schnitte durch das Hochschloss mit neuen krenelierten Mauern.

Blatt B.
Entwurf der retirirten Enceinte
der Brückenkopf-Befestigung zu Marienburg

Pl. XXX
Fig. 1.e
Fig. 2.e
Fig. 3.e
Fig. 4.e
Fig. 5.e
Fig. 6.e
Echelle des fig. 1.2.3.
Echelle des figures 4.5.6.
A
B
C
E
F
G
H
I
K

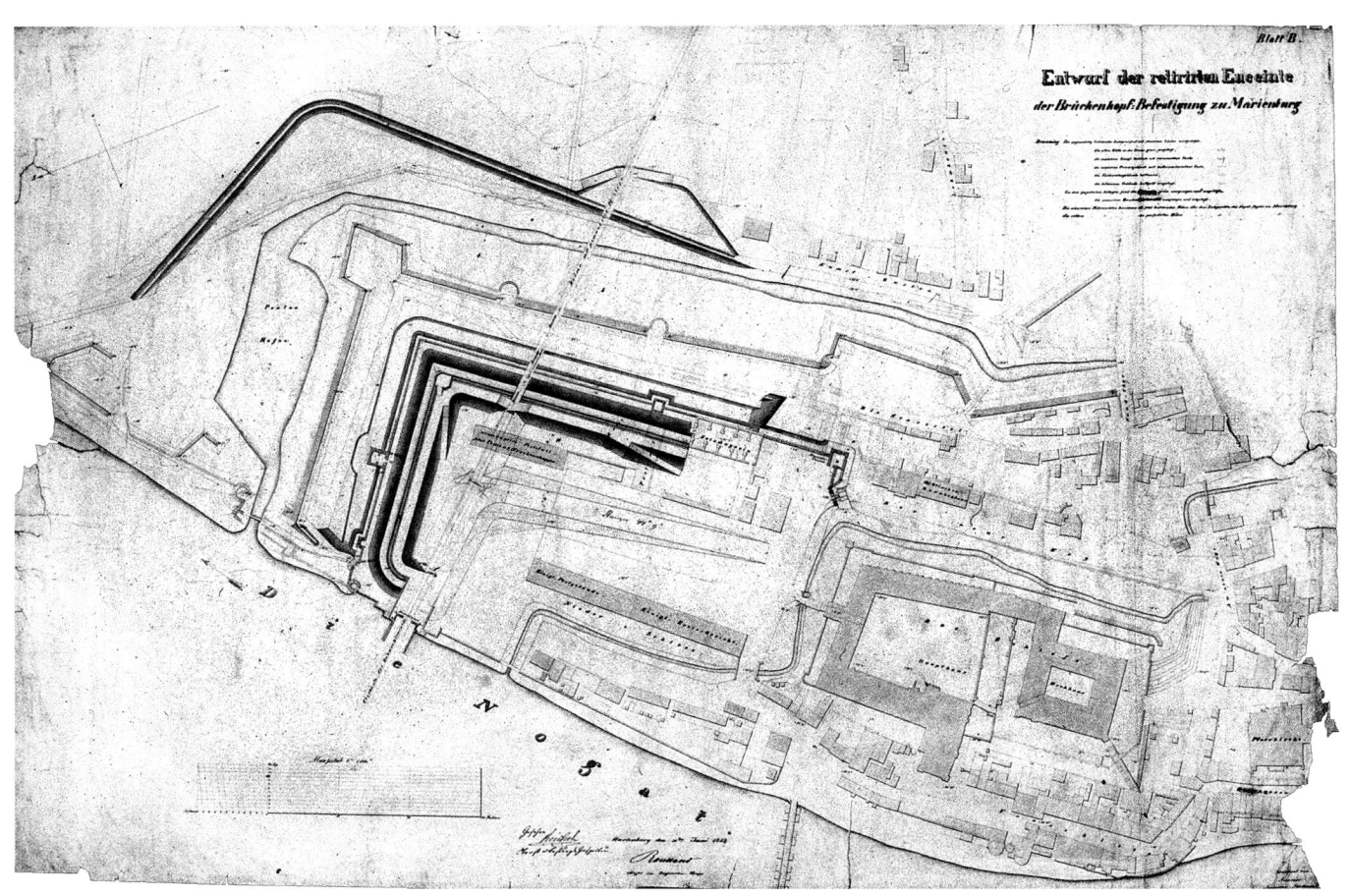

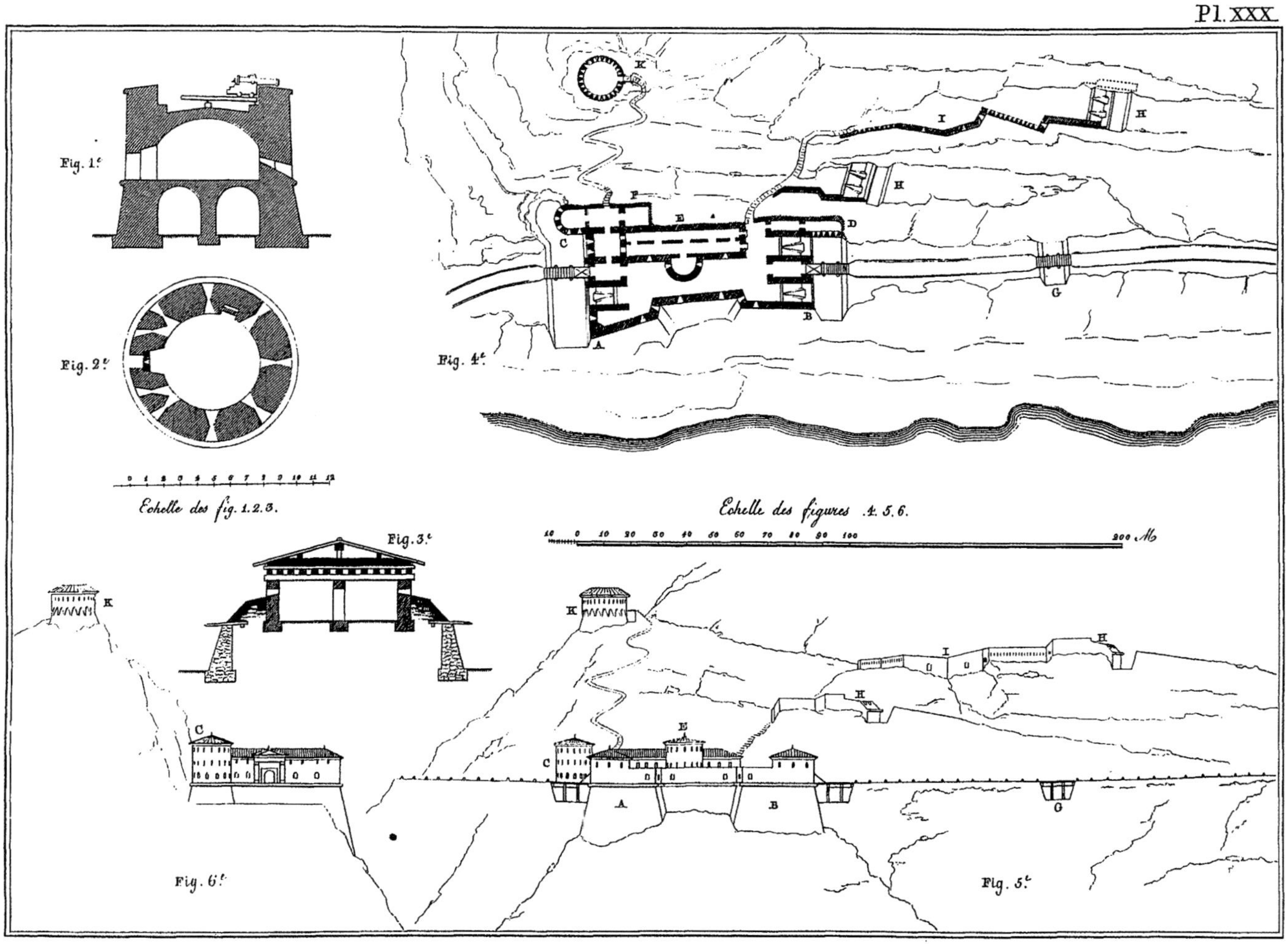

St. Maurice und Vincennes

Nicht nur Preußen bezog mittelalterliche Burgen in seine Neubauten ein und restaurierte sie zu militärischen Zwecken. Auch außerhalb des Deutschen Bundes finden sich hierfür Beispiele. So wurde im Zug der frühen eidgenössischen Landesbefestigung von Guillaume Henri Dufour ab 1831 das Schloss von St. Maurice, errichtet im 15. Jahrhundert, mit krenelierten Mauern und Batteriestellungen zu einer großen Passfestung ausgebaut. Hier quert seit alters jene wichtige Strasse den Rhonedurchbruch, die zum St. Gotthard führt. Die Enge war daher von eminent strategischer Bedeutung. Oberhalb des alten Schlosses, das in die Verteidigungsanlagen integriert wurde, errichtete man einen der krenelierten sog. Dufour-Türme, die als Infanteriestützpunkte dienten[1081].

Die Bauten orientierten sich an einem Entwurf Dufours zu einem Sperrfort in seinem Werk *De la fortification permanente* (Abb. 219)[1082].

Auch das einstige französische Königsschloss von Vincennes östlich von Paris erhielt erneut militärische Bedeutung, als es Teil eines großen Forts im Zuge der Neubefestigung der Hauptstadt wurde. Es diente als Reduit des Forts und zugleich als Staatsgefängnis und Zitadelle von Paris (Abb. 220). Man modernisierte die mittelalterlichen Verteidigungsanlagen und legte der Burg im Osten eine langgestreckte bastionierte Anlage mit Kasernen vor[1083].

Abb. 220: Paris. Schloss Vincennes nach dem Ausbau zum detachierten Fort 1843.

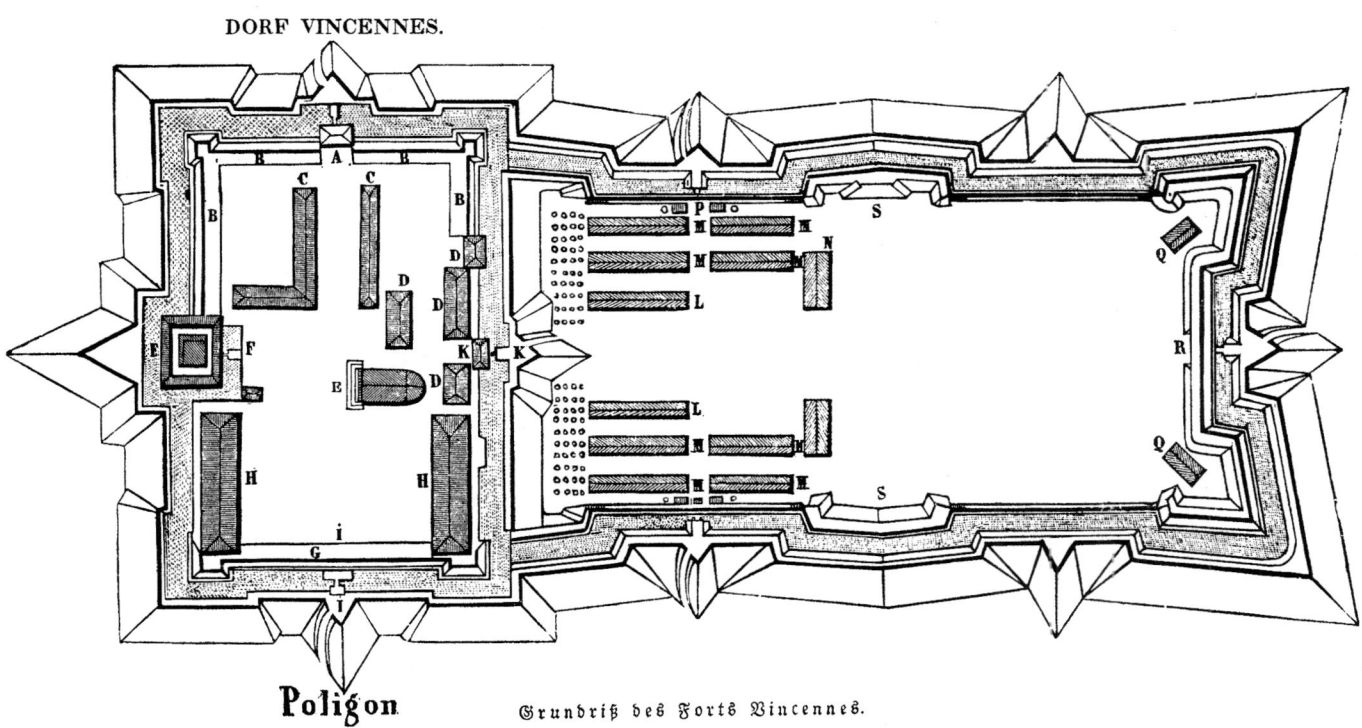

S. 188:
Abb. 218: Marienburg. Plan der preußischen Festung. Entwurf für die retirirte Enceinte mit Schloss.

Abb. 219: Guillaume Henri Dufour. Entwurf zu einem Sperrfort an einer Passstraße 1822.

Der militärische Wert fester Schlösser im 19. Jahrhundert

Halten wir uns das oben Dargelegte nochmals vor Augen, so wird offensichtlich, dass die festen Schlösser nach der Diktion des 19. Jahrhunderts unter die Kategorie der kleinen Festungen, der Forts und Zitadellen, fallen. Wurde ihnen zwar von der Theorie kaum ein militärischer Wert im Rahmen großer Feldzüge beigemessen, so konnten kleine Befestigungen in der Praxis aber immer noch gewisse Funktionen erfüllen. Nicht umsonst befahl der bayerische König den Erhalt alter Stadtbefestigungen oder wurde die Restaurierung älterer Burgen für militärischen Gebrauch zumindest zeitweise erwogen, ja teilweise auch ausgeführt. Die festen Schlösser waren in erster Linie gegen Überfälle gesichert. Sie sollten keine Rolle im Großen Krieg spielen, sondern ihren Besitzern und Bewohnern Schutz vor Aufständischen gewähren. Minimale Verteidigungseinrichtungen zum Infanteriekampf wie Türme, kleine Bastionen, Kaponnieren, krenelierte Mauern und Gräben reichten hierzu völlig aus. Es sind jene Elemente, die auch die mittelalterlichen Burgen und Stadtbefestigungen aufweisen, die Ludwig I. in einem Volkskrieg zum Einsatz bringen wollte. Wie gezeigt, wurden verschiedene Schlösser unter der Prämisse fortifiziert, nicht nur revolutionäre Freischaren abzuwehren, sondern sogar Streifkorps regulärer Armeen. Sie besaßen also auch noch im 19. Jahrhundert militärische Qualitäten, zumindest für den Volkskrieg. In einer Wechselwirkung übernahmen dabei die Schlösser Elemente der modernen Fortifikation, diese wiederum Elemente mittelalterlicher Wehrarchitektur wie Zinnen, Zwinger und Türme, teils aus funktionalen, teils aus rein baukünstlerischen und repräsentativen Gründen. Der Widerspruch, dass man in einer Zeit, in der man riesige Festungen errichtete, in quasi atavistischer Manier wieder Burgen baute, löst sich somit auf. Ein Beispiel hierfür bietet der einstige Brückenkopf der preußischen Elbfestung Torgau. Dort errichtete man 1850–1855 eine große Defensivkaserne, deren beide Enden und Mitte zinnengekrönte runde und eckige Türme besetzten[1084], die schon von Weitem gut erkennbar waren, da sie die Wälle überragten. Militärisch war das widersinnig, denn man versuchte dem Angreifer möglichst wenig Ziele zu bieten und ihm alles Mauerwerk den Blicken zu entziehen. Aber auch hier ging es mehr um ein Bild, das der Repräsentation diente. Traditionelle Wehrelemente wie Zinnen und Türme waren seit dem späten Mittelalter am ehesten geeignet, jedermann deutlich den Eindruck uneinnehmbarer Wehrhaftigkeit zu vermitteln[1085].

4. Kontinuitäten – feste Schlösser in Europa 1750–1870

Die mittelalterliche Burg fand ihre unmittelbare Fortsetzung im Schloss der Frühen Neuzeit, wobei die Übergänge zum festen Schloss formal in jeder Hinsicht fließend sind. Ein Ende des Burgenbaus im Spätmittelalter oder am Beginn der Neuzeit gab es in dem immer wieder postulierten Sinne nicht. Bis zum Dreißigjährigen Krieg wurden auch völlige Neubauten in der Regel befestigt[1086]. Allerdings lässt sich spätestens seit der zweiten Hälfte des 17. Jahrhunderts eine immer weitere Reduzierung der Wehrelemente feststellen. Aber noch bis ins späte 18. Jahrhundert hinein wurden Schlösser vereinzelt befestigt oder zumindest mit einer symbolischen Fortifikation versehen. Oftmals übernahm man als bildhafte Elemente die Gräben, die Distanz schufen, und den Kordongesims aus der zeitgenössischen Festungsarchitektur[1087]. Freilich handelt es sich bei den Befestigungen der Frühen Neuzeit um Fortifikationen, die in der jeweils aktuellen Manier errichtet wurden, wenn manchmal auch erste historisierende Tendenzen mit bewusster Anlehnung an ältere Formen des Wehrbaus zu konstatieren sind[1088]. Im frühen 16. Jahrhundert herrscht in der Regel noch die spätmittelalterliche Befestigung mit Rundtürmen und Ringmauern vor, ab der Mitte des Jahrhunderts gelangten dann auch nördlich der Alpen, vermittelt durch italienische Spezialisten, mehr und mehr die modernen Bastionen zur Anwendung[1089]. Sie blieben für die Befestigung bis ins 18. Jahrhundert hinein bestimmend. Die Verteidigungseinrichtungen wurden nun zunehmend vom Wohnbau separiert und umgaben diesen[1090]. Die Festungsarchitektur erhielt dabei in der Regel keinerlei formalen oder dekorativen Motive, die auf das Mittelalter rekurrierten, wie dies im Festungsbau des 19. Jahrhunderts wieder üblich wurde[1091]. Nun stellt sich natürlich die Frage, ob die hier behandelten Schlösser des 19. Jahrhunderts in ungebrochener Kontinuität zu den Anlagen der vorangegangenen Jahrhunderte zu sehen sind, oder ob es sich bei ihnen um ein Phänomen handelt, das nur aus seinem zeithistorischen, revolutionären Kontext erklärbar ist. Unser Blick kann hierbei nicht allein auf den deutschsprachigen Raum bzw. das Gebiet der historischen deutschen Staaten beschränkt bleiben, sondern wir müssen auch ins übrige Europa schweifen, denn feste Schlösser sind kein deutsches Phänomen allein.

Feste Residenz- und Lustschlösser 1750–1806

Auch nach 1750 sind immer wieder befestigte Schlösser, die manchmal sogar von mächtigen Wehranlagen umgeben waren, anzutreffen. So ließ Graf Wilhelm von Schaumburg-Lippe die Wallbefestigungen seines Residenzschlosses in **Bückeburg**, die mit Geschützrondellen aus dem 16. Jahrhundert an den vier Ecken gesichert war, ab 1754 modernisieren und umfangreich verstärken (Abb. 221)[1092]. Graf Wilhelm legte großen Wert auf den militärischen Schutz seines kleinen Territoriums, das er von den angrenzenden größeren Mächten bedroht sah, weshalb er auch im Steinhuder Meer eine weitere kleine Festung, den Wilhelmstein, anlegen ließ (s.u.). Als Militär verfügte er über reiche Erfahrung, die ihm bei seinem Unternehmen zu Gute kamen[1093].

Während der Landesherr von Schaumburg-Lippe sein Schloss neu fortifizierte, blieben ähnliche Planungen in anderen Fällen oftmals auf dem Papier. Mehrfach gab es noch im 18. Jahrhundert Projekte Residenzschlösser zu

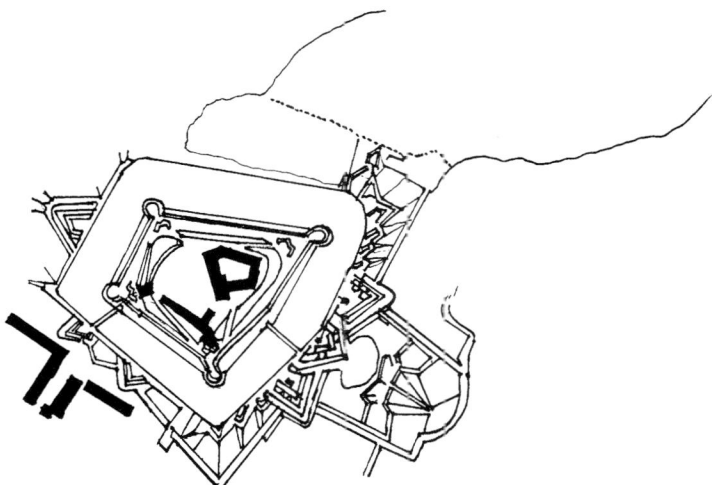

Abb. 221: Bückeburg. Schloss, Grundriss nach dem Ausbau der Festungswerke durch Graf Wilhelm von Schaumburg-Lippe. Umzeichnung v. Verf. nach einem Plan des 18. Jahrhunderts.

befestigen. So existiert aus dem Anfangsstadium der Planungen für den Palast von **Caserta** ein erster Entwurf des Neapolitaners Mario Gioffredo (1718–1785). In einer 1751 entstandenen idealen Vogelschauansicht und verschiedenen Grundrissen zeigt er einen gewaltigen Palastkomplex auf einer viereckigen Terrasse, deren Ecken große, mit zahlreichen Geschützen armierte Bastionen besetzen (Abb. 222). Die gesamte Anlage wird von einem Graben umgeben. Auf der Zugangsseite legt Gioffredo dem Palastkomplex noch weitere Festungswerke und Kasernengebäude vor, wobei aus der Darstellung nicht ganz ersichtlich wird, wie sich diese Anlagen fortsetzen und ob sie den ganzen Komplex umfassen sollen, da sie nur im Ausschnitt gezeigt werden[1094].

Ähnlich sollte jener Palast gestaltet werden, den Pierre Adrien Pâris für den Fürstbischof von Basel in dessen Residenzstadt **Porrentruy** (Pruntrut) an Stelle des alten Schlosses plante (Abb. 223). Der Bau wurde 1776 begonnen, allerdings nie vollendet. Aus der Terrasse, auf der sich der Palast als kubischer, stark horizontal gegliederter Baublock in der Art römischer Bauten des 16. Jahrhunderts erheben sollte, springen gemauerte Halbbastionen mit schartendurchsetzten Brustwehren vor. Sie sind mit Kanonen bestückt und auf den Ecken mit Postenerkern besetzt[1095]. Damit knüpfte der Neubau an die Tradition der bisherigen Bischofswohnung vor Ort, der Burg von Porrentruy, als befestigte Residenz an. Die Festungsanlagen verweisen hier eindeutig auf den Regierungs- und Wohnsitz der Landesherrschaft.

Während dies alles lediglich Planungen blieben, wurden für Zar Paul I. von Russland gleich mehrere befestigte Bauten errichtet. Er war der Sohn Peters III. und Katharinas II. Das Schicksal des Vaters, der nach einer Palastrevolte ermordet worden war, verfolgte ihn zeitlebens als Trauma[1096]. Als Kronprinz bewohnte er seit 1783 **Gatschina** bei St. Petersburg, das er durch Vincenzo Bren-

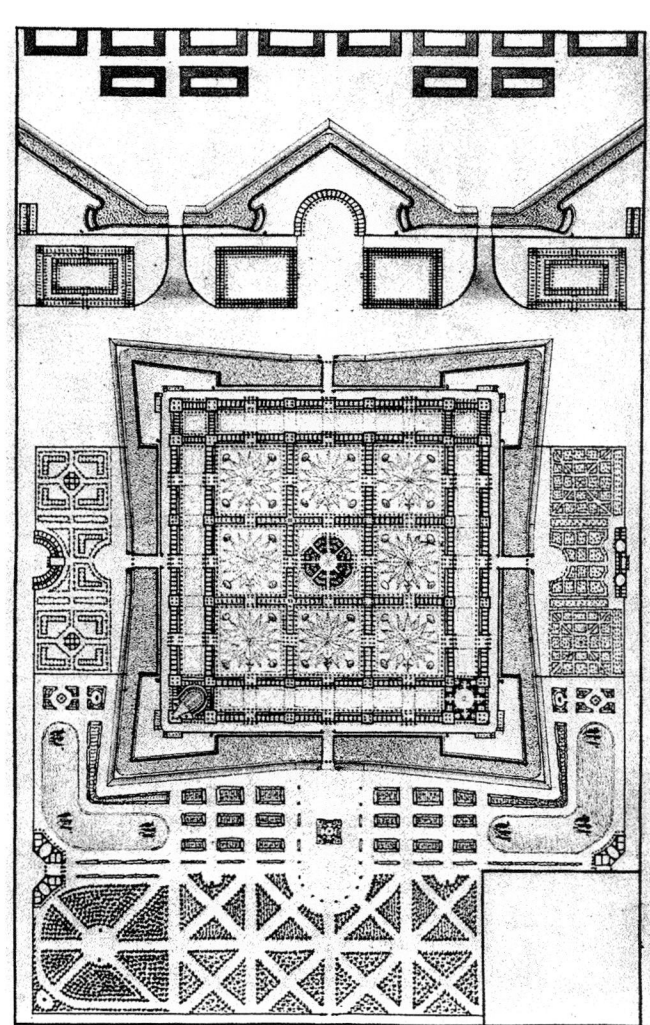

Abb. 222: Mario Gioffredo. Vorentwurf zum Palast von Caserta 1751.

Abb. 223: Pierre Adrien Pâris. Entwurf zum Neubau des bischöflichen Residenzschlosses in Porrentruy.

na erweitern ließ. Das Schloss zeigt sich durch eine Brustwehr mit Kanonenscharten und einen Graben vor dem Ehrenhof befestigt[1097]. Schon hier wird das Sicherheitsbedürfnis Pauls deutlich, aber auch sein großes Interesse für alles Militärische[1098] und die Selbstinszenierung des späteren Zaren als Feldherr. Die strenge, fast schmucklose Architektur des Baus und die beiden Ecktürme über bastioniertem, fünfeckigem Grundriss, die das Corps de Logis auf der Gartenseite flankieren, unterstreichen noch den wehrhaften, abweisenden Charakter des Schlosses[1099].

Das **Michaelsschloss** in St. Petersburg, das Paul I. nach seiner Inthronisation ab 1796 nach Plänen des Hofarchitekten Wassili Iwanowitsch Bashenow als sein Residenzschloss errichten ließ[1100], wurde mit Brustwehren zur Aufstellung von Kanonen und Gräben umgeben. Der Generalplan für den Palast zeigt den ausgeführten Zustand (Abb. 224). Er ist als vierflügeliger Bau um einen oktogonalen Innenhof gruppiert und liegt auf einer Insel, die auf ihrer einen Seite zu zwei halben Bastionen ausgebildet ist. Der Fontanka-Kanal speist die Gräben mit Wasser. Deutlich erkennbar sind auf dem Grundriss des Schlosses die Geschützstellungen zur Bestreichung einer über den Graben führenden Zugbrücke. Auf der anderen Seite war dem Palast ein grabenumwehrtes Hornwerk vorgelagert. Auch hier deckten Geschützstellungen

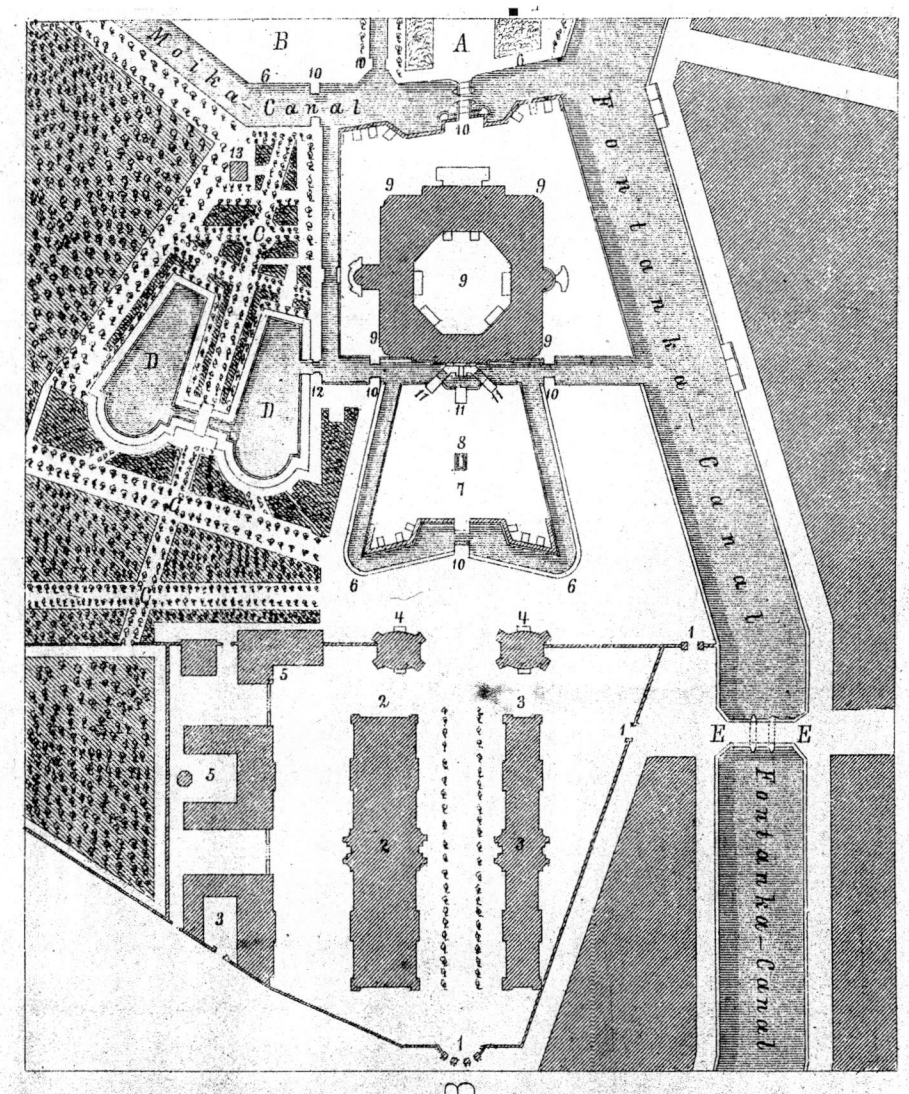

Abb. 224: St. Petersburg. Michaelsschloss, Plan der Gesamtanlage von Bashenow.

Abb. 225: Pawlowsk. Parkfestung Bip, Kupferstich von A. G. Oukhtomsky nach S. F. Schédine, um 1805

den Zugang über eine Zugbrücke. Die Brustwehren waren aus Granit und hatten Kanonenscharten. „*Hinter dem Parapet standen 20 bronzene Kanonen, alles neugegossene Zwölfpfünder, die jetzt weggenommen sind.*"[1101]

Der Palast „*sollte nach einem Entschlusse, den er (Paul I. – Anm. des Verf.) schon als Großfürst gefaßt hatte, ein Werk der bürgerlichen und Kriegsbaukunst werden.*"[1102] Der ganze Bau trägt daher durch sein Dekorum mit Rustizierung des Sockelgeschosses und Trophäenbehang militärischen Charakter. Er verfügte über „*Schießlöcher im Kellergeschoß*"[1103]. Das kriegerische Erscheinungsbild der gesamten Anlage lag in der Absicht des Bauherrn, der von einem europäischen Kreuzzug gegen die Französische Revolution träumte[1104]. Die Befestigungen sind somit nicht nur Teil einer ernsthaften Verteidigungsabsicht gegen eine von Paul I. befürchtete Revolte, sondern auch als Repräsentation der zaristischen Macht anzusehen, die sich mit diesem Bauprojekt offenkundig als Hüter der alten Ordnung in Europa gegenüber der Revolution positionieren wollte.

Paul I. ließ noch eine weitere feste Schlossanlage errichten, nämlich die **Festung Bip** im Park von Pawlowsk, seinem Sommersitz bei St. Petersburg (Abb. 225). Sie war

nicht nur Gartenfestung, sondern beherbergte tatsächlich bis 1811 eine Garnison und hatte einen eigenen Kommandanten[1105]. Die Anlage sollte dem Zaren im Ernstfall als sichere Zuflucht dienen. Ursprünglich erhob sich hier über den Resten älterer schwedischer Befestigungen aus dem 17. Jahrhundert das Lustschloss Marienthal, das ab 1797 von Vincenzo Brenna für den Zaren zur Festung umgebaut wurde[1106]. Die Festung hat einen nahezu fünfeckigen Grundriss. In ihrer Mitte erhebt sich, heute Ruine, ein neugotischer Palast, flankiert von zwei runden Ecktürmen. Einen der Türme schloss eine offene Plattform mit Zinnenkranz ab, den anderen ein steil zulaufendes Kegeldach über einem Rundbogenfries. So erscheint die Anlage als ein älteres, von modernen Erdwerken umgebenes Schloss, dem Zeitgenossen hohe ästhetische Qualitäten innerhalb des Landschaftsgartens zusprachen, „*da es in seinem jetzigen Zustande die Landschaft wirklich verschönert*"[1107]. Hier vermischen sich bereits Elemente historisierender, neomittelalterlicher Architektur, die den Betrachter in eine vergangene, heroische Zeit versetzen soll, mit den aktuellen Stilformen. Das hatte in Russland Tradition. Schon unter Katharina II. war an der Straße von Moskau nach der Hauptstadt St.

Abb. 226: Matwei Kasakow. Entwurf zum Peterspalast vor den Toren Moskaus.

Abb. 227: Inveraray Castle. Ansicht im Zustand des 18. Jahrhunderts vor Erhöhung der Türme mit spitzen Helmen.

Petersburg ab 1775 nach Plänen Matwej Kasakows der **Peters-Palast** errichtet worden[1108]. Er diente als Wohnsitz des zukünftigen Zaren vor dem Einzug zur Krönungszeremonie im Moskauer Kreml. Der Palast übernahm ausgesprochen früh neugotische Architekturelemente auf dem Kontinent, mischte sie in eigentümlicher Weise mit traditionellen russischen Bauformen und zeigte mit der Rustikaeinfassung der Fenster, Kordongesimsen und zinnengekrönten Rundtürmen einen ausgewiesenen militärischen Charakter[1109]. Aus den runden Türmen, welche die Flügel an der Zufahrt in den Ehrenhof abschließen, ragten nach einem Stich aus der Bauzeit die Schlünde von Kanonen hervor, und davor waren Brustwehren mit Geschützscharten in Bastionsform angelegt (Abb. 226)[1110]. Altertümliche Architekturformen verwiesen in allernächster Nähe der alten Hauptstadt und des Krönungsortes auf die Legitimität zaristischer Herrschaft aus der Anciennität. Über die angeführten martialischen Elemente in zeichenhafter Form wurde deutlich der Herrschaftsanspruch der Zarin zum Ausdruck gebracht. Der Palast ist wohl als eine Art Triumpharchitektur zu lesen, mit der die Kaiserin ihre Siege über die Türken am Schwarzen Meer und in der Ägäis inszenierte. Ähnlich dürfte es sich mit dem **Tschesme-Palast**, zwischen Zarskoje Selo und St. Petersburg gelegen, verhalten, der schon im Namen die Erinnerung an einen Sieg über die türkische Flotte vor der Küste Kleinasiens bewahrt. Der dreieckige Bau mit runden Ecktürmen, einem kräftigen Mittelturm und rustiziertem Sockelgeschoss sollte von einem Graben mit Zugbrücken umgeben werden[1111]. Diese so repräsentativen und riesigen Anlagen lassen sich kaum mit der für das späte 18. Jh. typischen sentimentalischen Burgen- und Ruinenromantik in Verbindung bringen, wie sie ihren Ausdruck in Anlagen wie z. B. der Löwenburg im Park von Wilhelmshöhe bei Kas-

sel fanden. Hier geht es um Machtdemonstrationen. So war ein ganzer Ring dem Peters-Palast ähnlicher Schlösser rund um Moskau geplant, darunter eine pentagonale Anlage mit Ecktürmen über bastioniertem Grundriss[1112].

In seltenen Fällen kam es wieder zu einer Integration von Wehrelementen in den Palastbau, wie schon die zuletzt angeführten russischen Beispiele gezeigt haben.

Die ersten neugotischen Schlösser, in deren Architektur Elemente der Fortifikation, und zwar nicht einer aktuellen, sondern einer sichtlich veralteten, integriert wurden, hat man im 18. Jahrhundert in England und Schottland erstellt. Die früheste Anlage dieser Art ist das für Archibald Campbell (1682–1761), Duke of Argyll, um die Mitte des Jahrhunderts durch Roger Morris und William Adam als Ersatz für den älteren Familiensitz errichtete **Inveraray Castle** (Abb. 227)[1113].

Das auf kastellförmigem Grundriss errichtete Schloss besitzt zwar wenig wehrhaft wirkende große Spitzbogenfenster, wird aber von einem breiten Graben mit gemauerter Kontereskarpe umgeben (Abb. 228). Massive, zinnengekrönte Rundtürme besetzen die vier Ecken des Gebäudes. Ihre Flanken verfügen auf allen Stockwerken über schmale Gewehrscharten zur Bestreichung der Fronten. Hinter der Kontereskarpe befinden sich unter dem Glacis gegenüber den Türmen und den Fronten dreiteilige, kasemattenähnliche Räume, die nur vom Graben aus zugänglich sind und von denen einer die Zisterne barg. Ein unterirdischer Gang verbindet einen dieser Räume mit den außerhalb des Schlosses gelegenen Wirtschaftsbauten. Um diesen Tunnelzugang und die Eingänge vom Graben ins Untergeschoss des Schlosses zu sichern, sind bei der Einmündung in denselben Kasematten mit Schießscharten zur Verteidigung mit Handfeuerwaffen eingerichtet[1114]. Hierbei wirkten sich wohl die Erfahrungen William Adams im Festungsbau[1115] aus. Ein erster Entwurf aus der Hand des Militäringenieurs Dugal Campbell hatte sogar eine Schlossanlage auf dem Grundriss eines achtzackigen, regelmäßigen Sterns vorgesehen. Vier Sternspitzen sollten durch zinnengekrönte Rundtürme besetzt werden. Schießscharten im Erd- und Untergeschoss, eine Zugbrücke, ein umlaufender Graben, gedeckter Weg und Glacis sollten den Bau gegen Überfälle sichern (Abb. 229). Die Architektur selbst war allerdings nicht neugotisch, sondern klassisch gestaltet, auch wenn die vorgesehenen Zinnen an ältere Bautraditionen erinnern konnten. Mächtiges Rustikamauerwerk sollte den Wohnbau bis oben verkleiden[1116].

Das gesamte Konzept des schließlich ausgeführten Baues mit – im Gegensatz zu Campbells Entwurf – deutlich reduzierten Wehrelementen folgt einem traditionellen frühneuzeitlichen Typus, nämlich italienischen Kastellvillen des 16. Jahrhunderts mit bastionären Eckrisaliten[1117]. In Inveraray wurde dieser Typus nun in ein gotisches Gewand gehüllt, das Tradition, Alter und Führungsanspruch des Campbell-Clans herausstellen sollte und so half, die Dynastie des Herzogs in ihrer Herrschaft zu legitimieren. Statt Bastionen sind es zinnengekrönte runde Ecktürme, die den Bau flankieren. Er erscheint von außen betrachtet wie ein Kastell des 13. Jahrhunderts. Mit Romantik hatte dies aber nur sehr bedingt zu tun. *„In Scotland the castle was the accepted and understood symbol of a landowner's suzerainty, a notion given reality by the disturbed state of the countryside and by the almost feudal powers of the highland chiefs; and that being so, the style of Inveraray was, therefore, emblematic."*[1118]

Neben Inveraray waren daher auch andere Schlösser des schottischen Hochadels befestigt. Als eines seiner letzten großen Werke wurde ab 1777 durch Robert Adam das Schloss von **Culzean** für die Kennedys, Earls of Cassilis, ausgebaut. Die Architektur folgt klassizistischen Tendenzen, aber Zinnen und Türme verleihen dem Bau ein pseudomittelalterliches Erscheinungsbild und kontrastieren in merkwürdiger Weise mit den klassischen Elementen. Auch hier dienten Wehrgänge und Zinnen vorrangig als Statussymbole[1119]. Aber um 1800 fügte man der Anlage eine real nutzbare, gegen das Meer gerichtete Batterie hinzu[1120]. Das Schloss liegt über dem Firth of Clyde. Diesen wünschte man nun nicht nur optisch, sondern auch militärisch zu beherrschen.

Die schottischen und englischen Anlagen des 18. und frühen 19. Jahrhunderts greifen auf mittelalterliche Vorbilder zurück. Mit dem Aufkommen der Neugotik verschmelzen hier erstmals Wehr- und Wohnbau wieder zu einer Einheit, wie es im Mittelalter und noch bis ins frühe 17. Jahrhundert in Europa üblich gewesen war. So verhält es sich auch mit **Belvoir Castle** in Leicestershire, der Residenz der Dukes of Rutland. Es wurde ab 1801 durch James Wyatt für John, den fünften Duke of Rut-

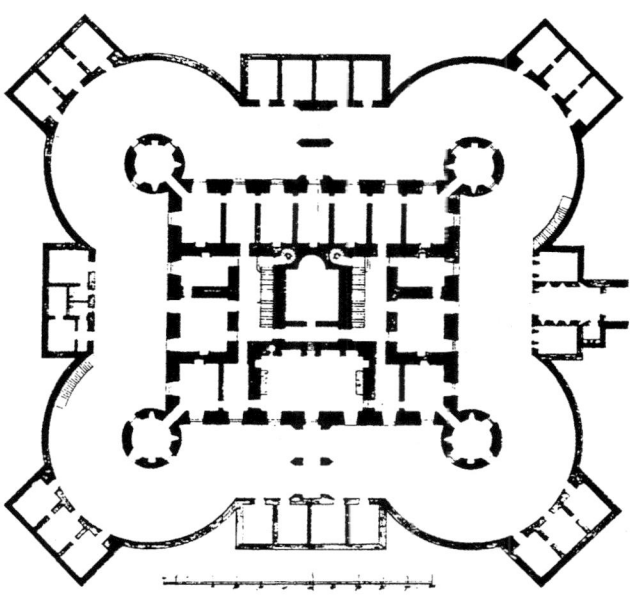

Abb. 228: Inveraray Castle. Grundriss des Souterrains mit umgebendem Graben und „Kasematten".

Abb. 229: Dugal Campbell. Vorentwurf zu Inveraray Castle. (Umzeichnung v. Verf.)

land, an Stelle einer älteren Anlage völlig neu erbaut[1121]. Zinnen und Türme verleihen dem Palastbau einen wehrhaften Charakter, der noch durch bastionäre Befestigungselemente verstärkt wird. Der mächtige neugotische Komplex wird von bastionierten Terrassenanlagen umgeben, hinter deren schartendurchsetzten Brustwehren Kanonen stehen. In das Mauerwerk der Bastionen sind in Dreiergruppen Schlüsselscharten eingelassen, die eine Kasemattierung evozieren. Auch hier dienen die Festungswerke als martialischer Sockel für den Wohnbau. Eine reale Verteidigungsfunktion kommt den Außenwerken allerdings nicht zu. Es fehlen Gräben und gesicherte Tore.

Neben Residenzschlössern wurden im 18. Jahrhundert auch noch Lustschlösser fortifiziert, und zwar sowohl real wie auch fiktiv. Kaiser Franz I. Stephan ließ ab 1750 das Schloss **Holitsch** in Ungarn auf der Grundlage einer älteren Anlage völlig neu errichten[1122]. Eine viereckige Enceinte mit vier Bastionen umgab das durch einen Graben von der äußeren Befestigung getrennte Kernschloss, das nochmals durch eine umlaufende krenelierte Mauer mit Postenerkern auf den Ecken gesichert war. Möglicherweise bildete die im 18. Jahrhundert immer noch virulente Gefahr türkischer Einfälle den Hintergrund für diese umfangreichen Befestigungsmaßnahmen.

Auch die Gartenanlagen rund um das kursächsische Schloss **Moritzburg** bei Dresden waren von einer Erdbrustwehr mit Scharten für Geschütz umgeben (Abb. 230)[1123]. Die Ecken besetzten hölzerne Postenerker, deren steinerne Fundamente noch heute zu finden sind, während die Wälle verschwunden sind. Dabei erhob sich wiederum der Wohnbau hinter bzw. über den als Sockel dienenden Festungswerken, die hier im Gegensatz zu Holitsch dem auf einer Terrassenanlage hoch aufgesockelten Bau keinerlei Deckung gewähren konnten.

Moritzburg diente als Jagdschloss. Die Verwendung von Festungsmotiven im Zusammenhang mit Jagdschlössern erklärt sich aus der Rolle, die man der Jagd noch im 18. Jahrhundert zuwies. Sie galt als Vorübung für den Krieg und stand damit in einem unmittelbar militärischen Kontext[1124]. Ähnlich wie das Befestigungsrecht war sie

ein landesherrliches Privileg. So waren die Jagdschlösser des Herzogs Ernst August I. von Sachsen-Weimar-Eisenach befestigt. Bastionen und Erdwerke umgaben die Anlagen aber oftmals nur auf einer Seite, meist zum Garten hin ausgerichtet, was eine Verteidigung unmöglich machte. Die Festungswerke wurden hierbei zu einem integralen Bestandteil der Gartenanlagen und bestimmten maßgeblich das Erscheinungsbild der unmittelbaren Umgebung des Schlosses[1125]. Es geht also um keine reale, sondern eine symbolische Wehrhaftigkeit. *„Diese Schlösser müssen verstanden werden auf dem Hintergrund einer sehr engen Verknüpfung zwischen adeliger Standeskultur und militärischem Dienst, der Kenntnisse auch im Belagerungskrieg voraussetzt.“*[1126] Mit ihnen manifestierte Ernst August I. seinen Herrschaftsanspruch als Landesherr und seinen Rang als militärischer Führer[1127].

Einen ganz anderen Zweck hingegen erfüllte die bereits oben erwähnte Festung **Wilhelmstein** im Steinhuder Meer (Abb. 231). Sie war nicht nur Lustschloss, sondern vielmehr auch ein militärischer Punkt und überdies Sitz einer Artillerieschule[1128]. Das Schloss diente als Landesfestung. Ihr Bauherr Graf Wilhelm von Schaumburg-Lippe wurde von seinen Zeitgenossen als herausragender Militär geachtet und hatte sich im Siebenjährigen Krieg als Verbündeter der Preußen Ruhm erworben. Besonders auf dem Gebiet der Artillerie galt er als Experte[1129]. Mit der Anlage des Wilhelmstein ab 1761 verfolgte Graf Wilhelm das Ziel, sein Land gegen Übergriffe größerer Mächte von außen zu sichern und im Konzert der deutschen Staaten als unverzichtbarer Verbündeter einer Großmacht mitzuspielen[1130]. Der Bauherr schrieb über seine Intention: *„Während des letzten Krieges in Deutschland ging ich daran eine Festung im Steinhuder See in der Absicht zu errichten, einen sicheren Zufluchtsort zu bekommen,*

Abb. 230: Moritzburg. Jagdschloss, Kupferstich von Johann August Corvinus 1733.

Abb. 231: Wilhelmstein im Stein-huder Meer. Gesamtansicht des ursprünglichen Zustands der In-selfestung.

auf dem all das geborgen wird, das vor einem Zugriff zu schützen ratsam wäre. Für eine fremde, in diesen Provinzen Krieg führende Macht ist die Wilhelms Insel uneinnehmbar, wenigstens solange diese Macht nicht dahin gelangt ist, sich die Eroberung der an den See grenzenden Provinzen für die Dauer zu sichern."[1131] Besonders gegen die Besitzansprüche der Landgrafen von Hessen-Kassel suchte sich Graf Wilhelm auf diese Weise zu verwahren. Der Wilhelmstein galt als uneinnehmbar: „[...] *für das Land war das Fort eine wahre Schutzwehr, ein Magazin von Geschütz und Munition, das dem kleinen durch grosse Kriegsheere überschwemmten Land von nicht geringem Nutzen war, da es Mehl, das in verpichten Tonnen in unterirdischen Gewölben und im Nothfall in der See aufbewahrt werden konnte, und mit anderen Lebensmitteln versehen, sich mit einer geringen Garnison von vierhundert Mann, die es zu seiner Vertheidigung bedarf, lange Zeit, selbst Jahre halten kann; die wichtigsten Schriften und Kostbarkeiten können dahero hier im Fall der Noth sicher aufbewahrt werden.*"[1132] Die ganze Anlage besteht aus mehreren, heute zusammengefassten Inseln in Form von Redouten und Ravelins, in deren Zentrum sich ein sternförmiger, kasemattierter Bau erhebt (Abb. 232). Das darauf „*gebaute kleine Schloss enthält, ausser den herrschaftlichen Zimmern, einen Saal zur Kirche, und einen zur Bibliothek, die nicht gross, aber zweckmässig ist, und aus den seltensten Werken und Schriften der Ingenieurs besteht; auch befinden sich daselbst verschiedene Zimmer zu anderem Behufe, zu einer Modellkammer, eine Sammlung von Naturalien, so sich allda befinden, zu Wohnungen für die Offiziers und für Fremde; die Kasernen für die Soldaten sind unten angebracht, und sehr trocken, und bequem eingerichtet. Auf dem platten Dach befindet sich eine Sternwarte.*"[1133] Die Sammlungen auf Wilhelmstein erinnern bis hin zur Sternwarte auf dem Turm an den fast achtzig Jahre später entstandenen Lichtenstein. Hier wie dort präsentierte sich ein umfassend gebildeter Mann von Adel als innovativer Militär. Um auch

das Ufer militärisch kontrollieren zu können, ließ der Graf das Wilhelmsteiner Feld anlegen, eine befestigte Landschaft mit Schanzen und Redouten: „*So setzte er [...] einen Bruch oder ein sogenanntes Moor in Vertheidigungszustand, wo, ausser vielen Feldschanzen, verschiedene kasemattirte Werke von besonderer Einrichtung sich befanden. Hiervon war die Absicht, wohl gewählte Posten unüberwindlich zu machen. In diesem Moore befinden sich verschiedene kleine Dörfer, die Wilhelmsteiner Felder genannt, Colonien, welche der Graf hier anlegte; hievon war der Zweck, da dieselben eben auch befestiget sind, einen ohnehin von den Seiten unzugänglichen Weg zu decken, der im Fall der Noth die Ausfälle von der Festung gegen den Weserfluss erleichterte.*"[1134] Tatsächlich bewährte sich der Wilhelmstein, als 1787 Truppen des Landgrafen Wilhelm IX. von Hessen-Kassel das kleine Schaumburg-Lippe überfielen und kurzfristig okkupierten. Allein das Steinhuder Meer mit der Festung konnten sie nicht erobern[1135].

Nochmals tritt die Bauaufgabe des zumindest mit Elementen der Fortifikation versehenen Jagd- und Lustschlosses zu Ende des Jahrhunderts auf, nun allerdings schon mit historisierenden Motiven versetzt. **Johann Heinrich Gentz** (1766–1811) entwarf 1793 ein fürstliches Lustschloss[1136]. Das Blatt war als Idealentwurf für König Friedrich Wilhelm II. von Preußen gedacht (Abb. 233). Es zeigt einen großen, an klassisch-antiker Architektur orientierten Palastkomplex. Dieser erhebt sich auf einem geböschten Sockel mit jeweils zwei auf allen vier Seiten ausspringenden Plattformen. Sie verfügen in den Facen und Flanken über ovalförmige Fenster und sind an den Seiten untertunnelt. Während die Plattformen und die sie verbindenden Kurtinen mit Zinnen besetzt sind, werden die rustizierten und von Arkaden durchbrochenen Eckmauern von einem Rundbogenfries abgeschlossen, der an Maschikuli erinnert. Auf der Terrasse vor dem Schloss stehen an den Ecken und bei jeder Plattform maschikulierte, von Zinnenkränzen abgeschlossene Rundtürme. Zwischen zwei der Plattformen befindet sich die Zufahrt durch einen Portikus mit dorischen Säulen. Es treten also wesentliche Motive der Wehrarchitektur hervor: Zinnen, Maschikuli und die dorische Ordnung am Tor, die bis ins 19. Jahrhundert für Festungsportale gebräuchlich war. Den festungsmäßigen Charakter der Anlage unterstreicht eine glacisartige Erdterrasse, auf der sich der gesamte Komplex erhebt. „*Nutzbar für Ställe, Remisen u.a.m. mag aber angesichts der zwölf auf den Ecken plazierten Rundtürme und der einzigen Auffahrt durch zwei innere Rampen auch der Gedanke an gute Verteidigungsmöglichkeiten nicht abwegig sein (im Jahre 1793!).*"[1137] In Frankreich erlebte damals die Revolutionsphase des „Terreur" mit der Hinrichtung Ludwigs XVI. ihren ersten Höhepunkt. In einem revolutionären Europa, in dem die Monarchen angesichts dieser geradezu unerhörten Tat ganz konkret um ihr Leben fürchten mussten, scheint das Projekt für ein fortifiziertes Lustschloss also nicht ganz abwegig. Die symbolische Funk-

tion der Befestigungen dürfte allerdings auch hier überwogen haben[1138]. Die Türme sind nicht in den Mauerverband einbezogen und können so keine taktische Funktion ausüben. Da sie frei auf der Terrasse stehen, lassen sie sich schlecht zur Verteidigung der Anlage nutzen. Sie sind wohl eher zeichenhaft gemeint. Ihre Ausstattung mit Maschikuli und Zinnenkränzen verleiht ihnen darüber hinaus einen pittoresken Aspekt. Hier nun sollte allerdings weniger das Mittelalter rezipiert, als wohl eher die Assoziation an griechisch-römische Festungsarchitekturen hervorgerufen werden, passend zum antikisierenden Charakter des Gesamterscheinungsbildes. Es handelt sich also ähnlich dem Peters-Palast Katharinas II. um eine mehr fiktive als reale Fortifikation.

Zu solch fiktiver Wehrarchitektur muss auch der Entwurf **Friedrich Gillys** für ein Jagdschloss aus dem Jahr 1798/99 gerechnet werden (Abb. 234)[1139]. In einem weiten Talgrund erhebt sich auf einem leicht ansteigenden

Abb. 232: Wilhelmstein im Steinhuder Meer. Ansicht des tenaillierten Kernwerkes mit dem aufgesetzten Lustschloss.

Abb. 233: Johann Heinrich Gentz. Entwurf zu einem königlichen Lustschloss 1793.

Abb. 234: Friedrich Gilly. Entwurf zu einem Jagdschloss. Staatliche Museen Preußischer Kulturbesitz Berlin, Kupferstichkabinett (KdZ 7235).

Gelände ein kastellartiger kubischer Bau von monumentaler Wirkung. Seine Mauern sind geböscht, die Ecken zu turmartigen Aufbauten erhöht, zwischen denen ein Zinnenkranz verläuft. Eine Plattform über dem Obergeschoss gewährt zwischen den Zinnen allseitig Aussicht und vielleicht auch Schießgelegenheiten für die Jagdgesellschaft. Ein dorischer Portikus ist dem Zugang vorgelegt. Über ihm ist die einzige größere Fenstergruppe der Fassade zu erkennen. Nur die beiden Turmaufbauten verfügen über jeweils eine kleine schartenartige Öffnung im obersten Geschoss. Nach rechts schließt sich ein niedriger Gebäudekomplex an, wohl der zugehörige Wirtschaftstrakt, dessen Fassade ebenfalls ein Zinnenkranz bekrönt. Alles in allem wirkt das Schloss äußerst abweisend und auf Grund der monumentalen Geschlossenheit des ganzen Baukörpers sehr festungsartig. Doch müssen die Wehrelemente auch hier als symbolisch in Bezug zur Funktion als Jagdschloss interpretiert werden. Nicht weniger martialisch gibt sich der etwas ältere Entwurf **Claude-Nicolas Ledouxs** zu einem Jagdschloss von 1778, das mit seinen vier Ecktürmen vielleicht für Gillys Projekt Pate gestanden haben könnte. Auch hier wird auf den militärischen Charakter der Jagd angespielt, wenn die Fassaden des kastellartigen Hauptbaus und der Nebengebäude fast vollständig von einem Reliefschmuck in Form überdimensionaler Trophäen, insbesondere Schilde, bedeckt werden[1140].

Realisiert wurde ein tatsächlich fortifiziertes Lustgebäude Ende des 18. Jahrhunderts im Park von Laxenburg. Hier entstand um die Jahrhundertwende die **Franzensburg** mit ihren Erdwerken, die man allerdings schon wenig später wieder abtrug (Abb. 235)[1141].

Die Fortifizierung von Palastbauten muss also auch noch in der zweiten Hälfte des 18. Jahrhunderts als ein gesamteuropäisches Phänomen gewertet werden und war allgemeiner Teil der höfischen Kultur des Abendlandes. Die Mehrzahl der beschriebenen Bauten erhob sich als Palast hinter den umgebenden Festungswerken und überragte diese. Wohn- und Wehrbau sind voneinander getrennt. Das aus der Renaissancearchitektur Italiens herrührende Motiv des Palastes, der sich hinter oder auf bastionierten Wällen erhebt, schien den Zeitgenossen auch noch im 18. Jahrhundert als die adäquateste und zeitgemäßeste Weise, um einen Schlossneubau zu befestigen. Man begegnet dieser Form immer wieder bei gebauten oder nur projektierten Anlagen seit dem 16. Jahrhundert[1142], egal ob Residenz- oder Lustschloss. Die Festungswerke bildeten den martialischen Sockel für die repräsentative Palastarchitektur und konnten so über eine steinerne Manifestation des landesherrlichen Befestigungsrechts die militärische Funktion des Landesherrn als Oberbefehlshaber ausdrücken. Noch bei der Reintegration von wehrhaften Elementen in den Wohnbau, griff man, wie das Beispiel Inveraray deutlich zeigt, auf das Vorbild italienischer Kastellvillen zurück und modifizierte dieses stilistisch entsprechend der eigenen Bedürfnisse. Der martialische Charakter der Bauten verwies dabei auf eine der wesentlichen Tugenden eines Landesfürsten, nämlich seine stete Kriegsbereitschaft[1143].

Feste Schlösser nach 1806

Mit dem Ende des 18. Jahrhunderts hatte es also keinen Bruch in der Tradition gegeben, Schlösser zu befestigen, auch wenn die realisierten Anlagen nur noch wenige waren und der Gedanke, ein Schloss zu fortifizieren, immer mehr in den Hintergrund trat. Die vorgestellten Beispiele aus dem Alten Reich wie auch aus Europa bis in die Zeit um 1800 verdeutlichen dies, auch wenn wir – entsprechend der allgemeinen Entwicklung in der Frühen Neuzeit – einen Wandel von der realen Verteidigungsabsicht hin zu einer überwiegend bildhaften Verwendung fortifikatorischer Formen konstatieren können[1144]. Die oben vorgestellten Beispiele aus dem 19. Jahrhundert schließen hieran an und belegen eine fast lückenlose Kontinuität, die im Angesicht realer revolutionärer Bedrohung an erneuter Aktualität gewann. Unter dem Gesichtspunkt, sich gegen einen möglichen Aufstand verteidigen zu müssen, das zeigen die Quellen deutlich, griff man ein inzwischen fast außer Gebrauch gekommenes Thema wieder auf und führte es nochmals bis etwas über die Mitte des Jahrhunderts hinaus fort[1145]. So plante Rudolf Burnitz schon mit dem ersten Entwurf zum Wiederaufbau des Hohenzollern 1819 eine Neubefestigung der Burg (Abb. 85)[1146]. Auch die Entwürfe Stillfrieds und Stülers aus der Zeit vor 1848 sahen eine Wiederherstellung der alten bastionierten Enceinte vor, allerdings wahrscheinlich noch in rein fiktivem Sinn. Selbst der Ausbau des Residenzschlosses in Schwerin Mitte des 19. Jahrhunderts verzichtete nicht auf die älteren Bastionen, die, wie gezeigt, als Terrassenmauer für die Gartenanlagen in die Neugestaltungen einbezogen wurden und dem Bau gerade an der Zugangsseite ein kriegerisches Aussehen verleihen sollten (Abb. 6 u. 7)[1147]. Alle diese Anlagen fußten zu einem guten Teil auf der beschriebenen Tradition der Separierung von Wehrelementen und der Präsentation des architektonisch reichen Wohnbaus auf einem martialischen Sockel. Wohn- und Wehrfunktion waren voneinander getrennt.

Auf der anderen Seite ist im 19. Jahrhundert eine Reintegration der separierten Wehrelemente festzustellen, und zwar nicht nur in einem fiktiven Sinne z. B. durch Aufsetzen von Zinnen auf die Dachtraufe, den Bau von Türmen usw. Die Wurzel hierfür ist in jenen neomittelalterlichen Schlössern zu suchen, die sich seit dem 18. Jahrhundert in Großbritannien (vgl. Inveraray) entwickelt hatten und zum Vorbild für den historistischen Schlossbau auf dem Kontinent wurden[1148]. Der schließlich ausgeführte Bau des Hohenzollern ist nicht mehr nur ein Palast hinter bzw. auf Festungswällen. Auch die Wohnbauten sind wie im Mittelalter wieder in das Be-

Abb. 235: Laxenburg. Franzensburg, Ansicht um 1800. KHM Wien, Albertina.

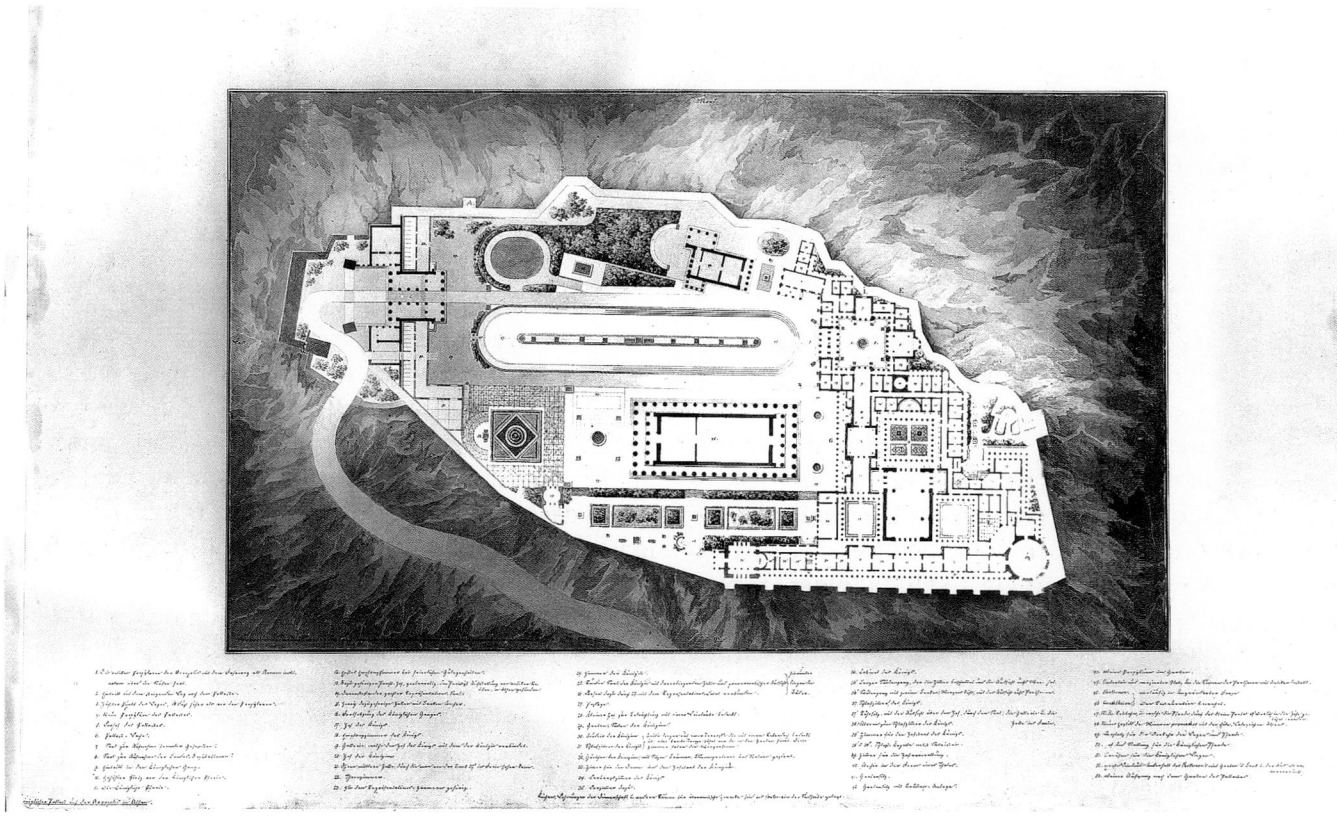

Abb. 236: Karl Friedrich Schinkel. Entwurf für einen Palast auf der Akropolis, Grundriss. Staatliche Graphische Sammlung München.

festigungssystem einbezogen. Noch enger ist die Verbindung auf Rheinstein, Stolzenfels, Sooneck[1149] und letztlich auch Lichtenstein[1150], wobei sich auch auf Stolzenfels die Wohnbauten in der Rheinansicht quasi wie über einem wehrhaften Sockel erheben, zugleich aber mit Ringmauern und Türmen eine in sich abgeschlossene Kernburg bilden.

Die Planungen für die Residenz König Ottos in Athen
Nicht nur im Gebiet des Deutschen Bundes errichtete oder projektierte man befestigte Schlösser. Wie sehr die Angst vor Aufständen ein Motiv für die Befestigung oder zumindest doch für Fortifikationsprojekte von Schlössern im 19. Jahrhundert sein konnte, zeigt gerade die Planung Karl Friedrich Schinkels für die Akropolis in Athen[1151]. Das Haus Wittelsbach stellte nach der Befreiung Griechenlands von der Türkenherrschaft den König für die von den Großmächten ins Leben gerufene griechische Monarchie. Erstens, weil die Königsfamilie als Dynastie einer Mittelmacht im Deutschen Bund keinem der Herrscherhäuser der europäischen Mächte, welche die griechische Souveränität garantierten, angehörte und damit eine einseitige Einflussnahme im Krisengebiet des Osmanischen Reiches verhindert schien. Zweitens, weil Ludwig I. von Bayern als ausgesprochener Philhellene galt. Zum Herrscher Griechenlands kürte man Otto, den jüngsten Sohn des Bayernkönigs[1152].

Der Entwurf Schinkels für einen Palast auf der Akropolis
Athen, so war bald entschieden, sollte die Hauptstadt Griechenlands werden. Es galt daher, für den jungen König aus dem Hause Wittelsbach hier eine würdige Residenz zu schaffen. Als Standort wurde auch die Akropolis in die Überlegungen einbezogen. Dies ging auf eine Anregung des preußischen Kronprinzen Friedrich Wilhelm (IV.) nach einem Münchenbesuch 1832 zurück[1153]. Er beauftragte nach einer ersten eigenen Skizze zu einem „akropolischen Palast" Schinkel mit dem Detailentwurf. Friedrich Wilhelm übersandte diese Entwürfe an seinen Neffen, den Kronprinzen Maximilian von Bayern, den älteren Bruder König Ottos (Abb. 236 u. 237)[1154]. In einem Begleitbrief schrieb Schinkel am 9. Juni 1834: *„Dem höchsten Befehle gemäß habe ich nunmehr nach diesen Bedingungen den Plan entworfen, welchen Euerer Königliche Hoheit ich unterthänigst hierbei zu Füßen lege und folgende Bemerkungen anfüge:*
1. einen nur sehr mäßigen, der Größe und den Verhältnissen des Landes angemessenen Bau zu entwerfen,
2. diesen Entwurf dem Klima und der historischen Örtlichkeit entsprechend einzurichten,
3. für den Bau einen sicheren, vertheidigungsfähigen Ort zu wählen.
Da es beschlossen war Athen zur Residenz zu erheben, so war seine Königliche Hoheit der Kronprinz von Preußen der ent-

schiedenen Meinung, die Akropolis von Athen sei in jeder Beziehung der angemessenste Ort für die neue Residenz, ihre Eigenschaft der Vertheidigungsfähigkeit (wenn diese etwa in politischer Beziehung von dem griechischen Volke anstössig gefunden werden sollte) würde durch die Eigenschaft ihres historischen Werths bei weitem überbothen und letztere lasse die erste nicht absichtlich bei der Wahl, sondern zufällig erscheinen."[1155]

Ein sicherer Ort war also gesucht, der im Fall einer Volkserhebung leicht zu verteidigen gewesen wäre. Mit einer solchen war von Seiten der Bevölkerung durchaus zu rechnen, denn die soeben befreiten Hellenen waren nicht alle zufrieden mit der Aussicht, erneut einem fremden, von den Großmächten bestimmten Herrscher untertan zu sein, und die bayerischen Truppen Ottos mussten immer wieder gegen Klephtenbanden ausrükken, um den anarchischen Zuständen im Lande Herr zu werden[1156]. Auch insofern berücksichtigte Schinkel bei seiner Planung die schon 1833 gegenüber Kronprinz Maximilian geäußerte Ansicht, dass man die auf den Sitten und Bedürfnissen des Landes basierende Lebensweise des Fürsten zur Entwurfsgrundlage machen müsse[1157].

Wie beim Wiederaufbau der mittelalterlichen Burgen am Rhein oder des Hohenzollern durch Preußen spielt der historische Ort auch im Fall der Akropolis eine wichtige Rolle. Sie war die Königsburg des Altertums gewesen, auf welcher der legendäre Gründer Athens, Kekrops, seinen Sitz hatte. Die klassische griechische Antike hatte den Berg mit Parthenon, Propyläen und Erechtheion geschmückt. In nachantiker Zeit war der Platz Festung und Residenz für die wechselnden Fremdherrschaften gewesen. Mit seinem Projekt knüpfte Schinkel an die historische Kontinuität an[1158]. Sein Palast sollte aber nicht in mittelalterlichen, neugotischen Formen errichtet werden, sondern begreiflicherweise in griechisch-antikem Stil mit eindeutigen Bezügen auf das klassische Athen. Man wollte nicht an die Epoche einer als barbarisch empfundenen Fremdherrschaft[1159] erinnern, sondern bewusst an das antike Hellenentum, in dem man die Ursprünge der eigenen, abendländischen Zivilisation erblickte. Die vorhandenen Monumente aus der Antike sollten als konservierte Ruinen in die Gärten des Komplexes integriert werden.

Was die Verteidigungsanlagen betrifft, so sah Schinkel eine einfache Enceinte als Befestigung vor, durchsetzt mit breiten Scharten für die Aufstellung von Kanonen. Das

Abb. 237: *Karl Friedrich Schinkel. Entwurf für einen Palast auf der Akropolis, Ansicht und Querschnitt. Staatliche Graphische Sammlung München.*

Abb. 238: Leo von Klenze. Ansicht des von ihm geplanten Königspalastes in Athen, Lithographie 1838.

Tor platzierte er am Fuß des Burgberges in dem Bereich, wo sich seit dem Mittelalter der Hauptzugang zur Akropolis befunden hatte. Diese Befestigung war ausreichend. Von der Höhe der Akropolis wäre im Fall eines Aufstandes die ganze Stadt militärisch zu kontrollieren gewesen und hätte von hier aus durch Geschützfeuer in Schutt und Asche gelegt werden können, eine Option, die beim Bau von Zitadellen von den Zeitgenossen ja durchaus in Erwägung gezogen wurde[1160]. An die Stelle der alten Festung wäre also keinesfalls nur *„eine friedliche Residenz mit ihren öffentlichen Aufgaben"* getreten[1161], sondern eine Zwingburg, von der bei Unruhen todbringende Salven als Strafmaßnahme zu erwarten waren. Sicherlich spielten bei der Wahl des Ortes auch die Überlegungen des bayerischen Militärs eine Rolle, das die Akropolis am liebsten als Festung beibehalten hätte[1162]. Die mächtigen glatten Quaderwände der Enceinte dienen in Schinkels Entwurf aber nicht nur der Sicherheit, sie stellen auch einen terrassenartigen, martialischen Sockel für die diffizile Palastarchitektur dar und unterstreichen so den Charakter der Anlage als Sitz des Landesherrn, der die mili-

tärische Gewalt verkörpert, ein Motiv, das auch der im Folgenden vorgestellte Entwurf Leo v. Klenzes für den Athener Palast thematisiert[1163].

Klenzes Projekt einer Stadtresidenz

Schinkels Planung wurde bekanntermaßen nicht in die Tat umgesetzt, obwohl König Otto durchaus mit diesem Gedanken liebäugelte. Aber sein Vater Ludwig I. war strikt dagegen, und dessen Architekt Klenze setzte sich für eine Erhaltung der antiken Ruinen ein. Er wehrte sich gegen Neubauten und eine weitere Nutzung der Akropolis zu Militär- und Wohnzwecken[1164]. Gegen Schinkels Plan führte er den Wassermangel und die Schwierigkeit des Zugangs auf den Felsen ins Feld[1165]. Er erreichte schließlich, dass die Akropolis 1835 vom bayerischen Militär geräumt und den Archäologen überlassen wurde, sehr zum Leidwesen des neugriechischen Kriegsministeriums, das den Berg gerne weiter als Festung genutzt hätte[1166].
Statt eines Schlosses auf der Akropolis favorisierte Klenze einen Stadtpalast, für dessen Standort er auf einer leichten Erhebung nahe dem antiken Kerameikos-Friedhof

Abb. 239: Königspalast in Athen. Ausgeführter Bau Friedrich von Gärtners, Xylographie 1843.

Entwürfe anfertigte. Sein Palast hätte sich als Stadtkrone und Gegenstück zur Akropolis über gewaltigen Substruktionen, erschlossen von breiten Rampen und Treppenanlagen, erheben sollen (Abb. 238)[1167]. Klenze gruppierte die Gebäude als mächtigen Komplex um drei Innenhöfe. Er schrieb später über sein Projekt: *„Dem ausdrücklichen Willen seiner Majestät des Königs von Griechenland gemäss sind die drei Hügelabsätze, über welche sich diese ganze Anlage erstreckt, als Terrassen gestaltet worden, wie dieses auch im Geiste des klassischen Alterthums begründet ist und viele Vortheile gewährt, worunter ich den einer leicht zu bewerkstelligenden Vertheidigung im kaum denkbaren Falle kriegerischer Wirren nicht einmal erwähnen will.“*[1168] Offensichtlich war also die Verteidigungsfähigkeit des Schlosses weiterhin ein wichtiger Punkt bei den Planungen, auf den die Regierung besonderen Wert legte, sonst hätte Klenze sicher nicht darauf hingewiesen. Aufschlussreich ist, dass man schon einen terrassierten Sokkel als Befestigungselement ansah, der eine Verteidigung der Residenz möglich machen konnte. Er bot in jedem Fall den Vorteil, dass man sich gegenüber dem Angreifer in einer erhöhten Position befand – auch wenn der Sokkel keinerlei fortifikatorische Ausformungen wie Bastionen oder Rondelle zeigt – und es über Rampen und Treppen nur eine begrenzte Zahl von gut kontrollierbaren Zugängen gab. Im Ernstfall hätte man den Palast feldmäßig durch Erdbrustwehren, Palisaden und Schanzkörbe befestigen können.

Auch Klenzes Projekt wurde nicht realisiert[1169]. Sein Münchner Konkurrent Friedrich v. Gärtner wurde 1835 mit einem weiteren Entwurf beauftragt, der am Fuß des Lykabettos-Hügels bis 1843 verwirklicht wurde. Gärtners Palast, dessen Flügel sich um zwei Höfe legen, ist ein strenger, abweisend wirkender Block. Auch er steht erhöht und beherrschte so das Stadtbild (Abb. 239)[1170]. Inwieweit hier immer noch der Gedanke an gute Verteidigungsmöglichkeiten eine Rolle spielte, muss allerdings

dahingestellt bleiben. Sowohl die Planungen Kronprinz Friedrich Wilhelms bzw. Schinkels wie auch Klenzes machen jedenfalls das Bedürfnis nach einer sicheren Residenz deutlich. Auffällig ist die Lage des Residenzkomplexes in allen Planungen für das Schloss in militärisch günstiger Position am Stadtrand ähnlich den mittelalterlichen und frühneuzeitlichen Stadtburgen und Zitadellen[1171].

Der Biljarda-Palast in Cetinje

Nur wenige Jahre nach den Projekten für Athen entstand in einem anderen Land auf der Balkanhalbinsel tatsächlich ein befestigter Schlossbau. Der Fürstbischof (Vladika) von Montenegro, Petar II. Petrović Njegoš (1813–

Abb. 240: Cetinje. Schloss Biljarda, Eckturm mit Gewehrscharten.

Abb. 241: Cetinje. Schloss Biljarda.

1851) ließ in Cetinje 1838 durch einen russischen Architekten den Biljarda-Palast errichten[1172]. Die Anlage ist höchst einfach und besteht aus einem zweistöckigen L-förmigen Wohn- und Verwaltungsbau, der von einer Mauer umgeben wird. An deren vier Ecken stehen niedrige Rundtürme. Sie haben Schießscharten zur Verteidigung mit Handfeuerwaffen (Abb. 240 u. 241). Mit geböschtem Sockel und Kordongesims erinnern sie an ältere Bauformen venezianischer Befestigungen des 15. Jahrhunderts im dalmatinischen Raum. Allerdings wurde hier nicht bewusst historisierend gebaut, sondern nur auf Mittel zur Befestigung zurückgegriffen, die im Balkanraum eine lange Tradition hatten und zur Verteidigung vollkommen ausreichten. Auch hier ging es nicht um die Abwehr großer Heere, sondern um Schutz vor Banden ohne schwere Artillerie, die im unwegsamen Gebirgsland ohnehin kaum zu transportieren war.

Projekte und Schlösser Erzherzog Ferdinand Maximilians

Erzherzog Ferdinand Maximilian, jüngerer Bruder Kaiser Franz Josephs von Österreich und seit 1864 Kaiser von Mexiko, ließ ab etwa 1859 auf der Insel **Lacroma** (Lokrum) vor Dubrovnik den Umbau einer alten Klosteranlage zu einem Lustschloss planen[1173]. Seine Gemahlin Charlotte hatte die Insel angekauft und schon wenig später erste Räume in den alten Klostergebäuden einrichten lassen. Der Ort besaß historische Bedeutung, sollte das Kloster doch auf eine Stiftung des englischen Königs Richard Löwenherz zurückgehen, der bei seiner Rückkehr aus dem Heiligen Land auf Lacroma nach schwerem Sturm eine sichere Zuflucht gefunden hatte. Auch Sigismund, König von Ungarn, soll sich nach der verhee-

Abb. 242: Julius Hofmann. Grundrissentwurf zu einer befestigten Schlossanlage mit Garten (Lacroma?). KHM Wien, Albertina.

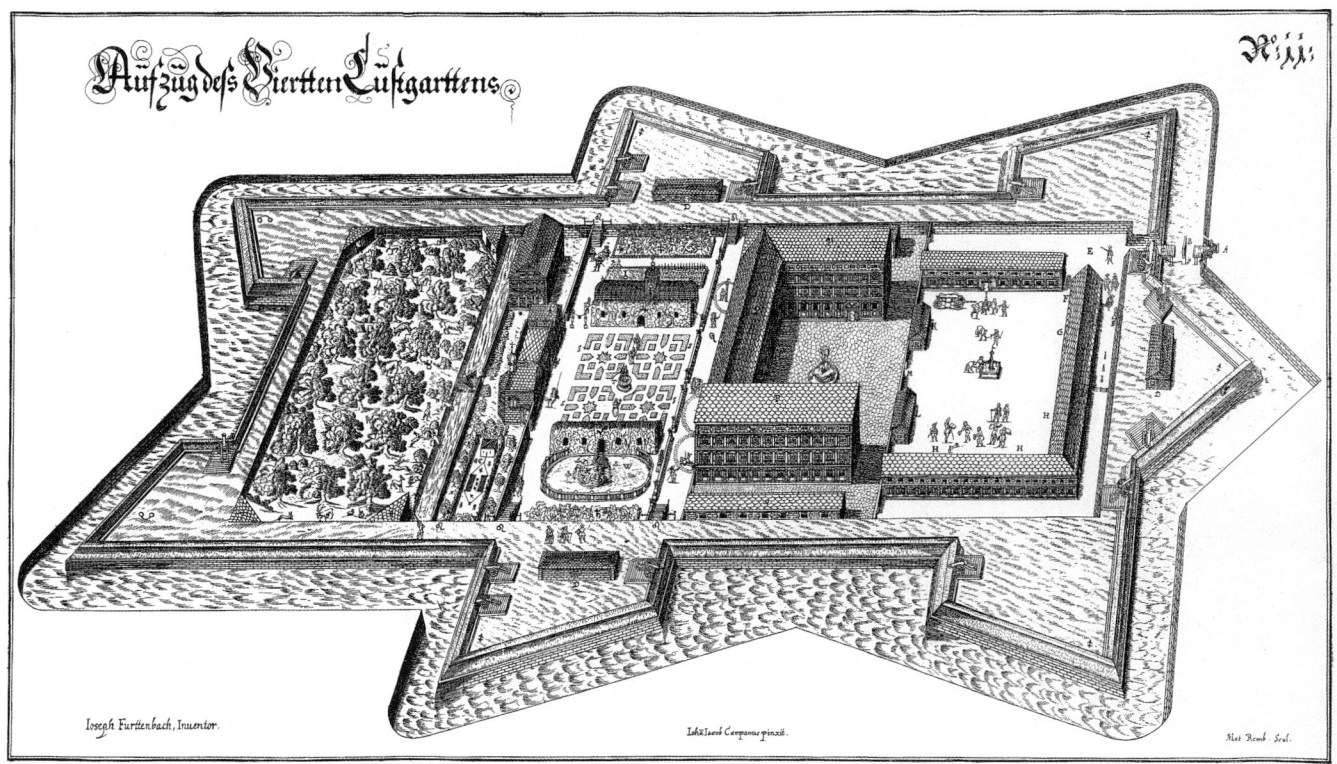

Abb. 243: Joseph Furttenbach d. Ä. Entwurf zu einem gräflichen Palast und Garten aus der Architectura recreationis 1640.

renden Schlacht von Nikopolis 1396 gegen die Türken auf die Insel geflüchtet haben[1174]. Der Ausbau wurde allerdings wegen der Hinrichtung Maximilians 1867 nie vollendet[1175].

Noch im Todesjahr des unglücklichen Habsburgers hatte der Architekt Julius Hofmann einen Plan für eine große befestigte Palastanlage angefertigt, den man bisher Lacroma zugeordnet hat (Abb. 242)[1176]. Demnach sollten der ehemalige, zum Palast ausgebaute Klausurkomplex und ein daran anschließender Garten von einem in die Länge gezogenen achteckigen Bering aus Mauern mit geböschtem Sockel und Graben eingefasst werden. An vier Ecken der Enceinte waren bastionierte Türme geplant, die in den Facen jeweils drei, in den Flanken je eine Scharte aufweisen sollten. Der Zugang wäre durch ein großes, von Achtecktürmchen flankiertes Torhaus mit einer Zugbrücke *„von Eisen"* und einem Fallgitter gesichert worden. Hier war an eine Wache von 25 Mann mit *„Officier-Zimmer"* gedacht. Der Hauptturm der Anlage sollte eine *„Glocke zum Sturmläuten"* erhalten[1177]. Der ganze Plan erinnert in seiner Konzeption entfernt an die Idealentwürfe für fortifizierte Lustgärten Josef Furttenbachs aus der ersten Hälfte des 17. Jahrhunderts (Abb. 243)[1178].

Der Palast selbst wäre allerdings einem totalen Neubau gleichgekommen, wie ein Vergleich zwischen dem Grundriss Hofmanns und dem der existenten Anlage von Lacroma zeigt (Abb. 244). Das ist allerdings kaum vorstellbar, waren doch bei Maximilians Tod schon Teile der

einstigen Klosteranlage für seine Zwecke seit 1863 durch den Architekten Franz Segenschmidt umgebaut und als Wohnung eingerichtet worden. Nur der Westflügel und die Ruinen der romanischen Klosterkirche harrten noch des Wiederaufbaus, letztere als Bibliothek[1179]. Man hätte sicherlich nicht die Überreste eines so geschichtsträchtigen Ortes gänzlich beseitigt, sondern diese in die Neuanlage, wie ja auch geschehen[1180], einzubeziehen gedacht, legte das 19. Jahrhundert doch großen Wert auf die historische Kontinuität eines Platzes. Schon die Größe des Hofes und der Umfang der Arkadengänge des Hofmannschen Palastes und der existenten Abtei stimmen nicht miteinander überein. Hofmanns Hof ist kleiner. Schon eher gehört der Entwurf daher zu einer ganz anderen Planung, eventuell für ein unbekanntes Schloss in Mexiko[1181]. Die Befestigung würde sich dann aus der für Maximilian politisch instabilen Situation in seinem Reich erklären lassen, die Unterkünfte für eine Wachmannschaft im Torbau aus der Funktion als kaiserliches Lustschloss, das entsprechend gesichert sein musste.

Eine weit größere Rolle spielte aber bei der Fortifikation dieses Palastes sicherlich die Selbstdarstellung Maximilians. Als Erzherzog hatte sich der spätere Kaiser seit 1854 in seiner Funktion als Konteradmiral sehr um den Ausbau der noch recht jungen österreichischen Kriegsmarine verdient gemacht[1182]. Ähnlich wie Graf Wilhelm v. Württemberg wollte sich wohl auch Maximilian in seiner Rolle als Militär durch Fortifikationsarchitektur der

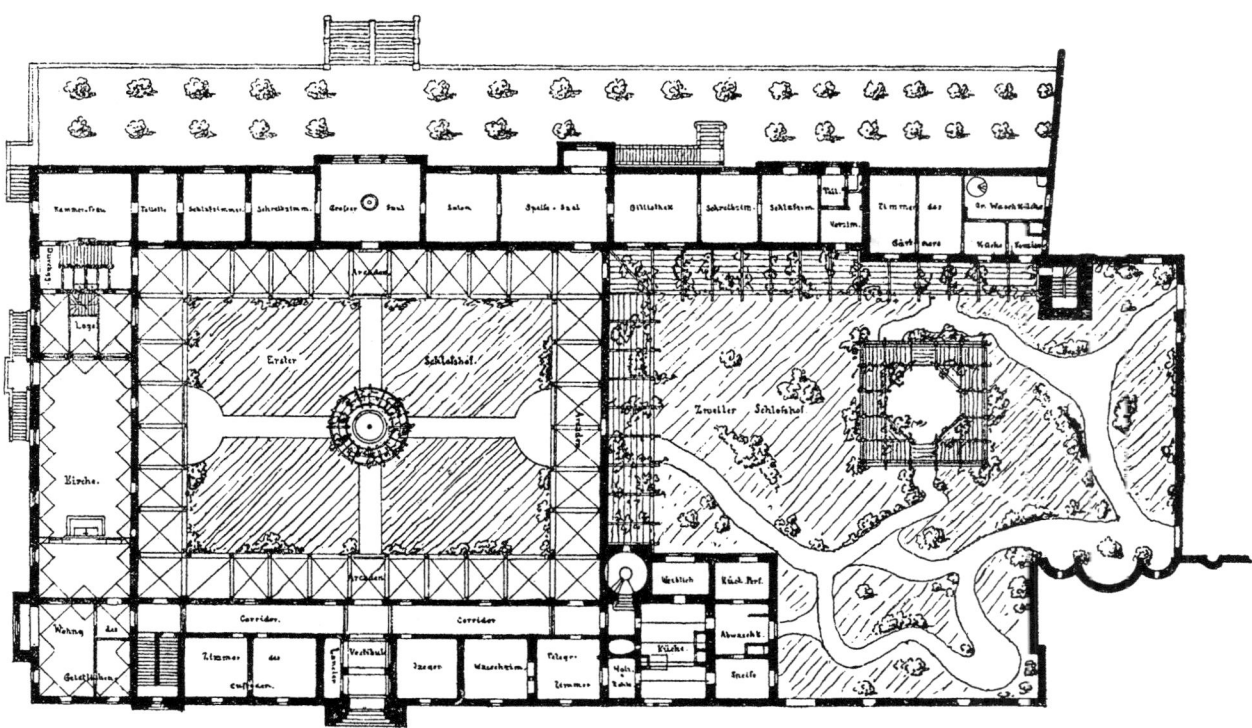

Abb. 244: Schloss Lacroma. Erdgeschossgrundriss der Anlage um 1900.

Abb. 245: Triest. Schloss Miramar, Ansicht von See, Xylographie 1862.

Öffentlichkeit gegenüber präsentieren. Fortifikatorische Motive erscheinen daher auch an einem anderen, tatsächlich realisierten und ungleich berühmteren Schloss des Erzherzogs, nämlich **Miramar** bei Triest[1183]. Der 1854–1860 errichtete Bau erhebt sich, akzentuiert von einem viereckigen Turm, direkt am Meer über einem geböschten, von einem Kordongesims umzogenen Sockel. Dieser springt zum Wasser hin bastionsförmig aus. Hierauf steht der Schlossturm (Abb. 245). Auch in Miramar erscheint wieder das Thema einer martialischen Basis für ein architektonisch differenziertes Prachtgebäude. Der Unterbau sollte den zur Ausführung bestimmten Entwürfen des Architekten Carl Junker zu Folge noch viel festungsartiger wirken. Man hatte in zwei Reihen übereinander schießschartenartige Öffnungen vorgesehen. Das Motiv sollte seine Fortsetzung in einem kurzen Mauerstück der Mole finden[1184]. In dieser ausgesprochen wehrhaft wirkenden Form, die interessanterweise allein gegen den kleinen Anlegeplatz und das Meer gerichtet in Erscheinung tritt, wurde der Bau allerdings nur teilweise ausgeführt. Die Scharten ließ man in der Bastion weg, hingegen finden sie sich in dem risalitartigen, von zwei polygonalen Tourellen flankierten Vorsprung, der als Unterbau für den südlichen Mittelpavillon dient. Offensichtlich ging es darum, die Hauptschauseiten des Schlosses, die sich eindeutig auf die Adria bezogen, durch Elemente aus der Fortifikationsarchitektur besonders martialisch wirken zu lassen. Dabei kontrastieren auch die Farben der Steine. Das Schloss selbst mit seiner reichen Architektur hebt sich in hellem, fast weißem istrischen Stein von dem dunkleren Tiroler Granit[1185] der zeichenhaft zu verstehenden „Festungsmauern" ab. Sie trugen sicherlich wesentlich zur Wahrnehmung des Baus als Schloss bei. Symbolelemente wie der Turm, Mauern und Zinnen vermittelten einen Eindruck von Trutzigkeit. *„Die Ästhetik und Zeichensprache der Wehrarchitektur fungieren als sinnliche Empfindungsträger und attestieren zugleich dem Bau gattungsgeschichtlich einen ‚hohen Rang'"*[1186]. Sie unterstreichen damit die Bedeutung des Schlosses Miramar als dauerhafter Wohnsitz des habsburgischen Prinzen, der in der Thronfolge gleich nach dem Kaiser rangierte, politisch allerdings völlig bedeutungslos war, nachdem er als Gouverneur des lombardo-venezianischen Königreiches gescheitert war[1187].

Wehrhaftigkeit als Bild im 19. Jahrhundert

Auch wenn die Anzahl der Objekte im Vergleich zu der großen Masse an festen Schlössern aus früheren Zeiten immer weiter abgenommen hatte, so wurde die Idee doch mit einzelnen Bauten und Projekten bis ins 19. Jahrhundert in ganz Europa tradiert[1188]. Wie wir gesehen haben, war aber das Befestigen eines Schlosses für die Zeitgenossen normalerweise nicht mehr üblich. Die Äu-

ßerungen Pücklers und Heigelins verdeutlichen dies[1189]. Sie gehen von einem friedlichen, sicheren und geordneten Staatswesen aus, in dem es nicht mehr nötig ist, sich mit Mauern und Türmen gegen äußere und innere Bedrohungen zu wappnen. Das sind Zeichen einer vergangenen, im Vergleich zur modernen Zeit quasi barbarischen Epoche der Fehde und steten Unruhe. Fortifikatorische Motive dienen ihnen nur noch zur Erinnerung an die Herkunft von Herrschaftsarchitektur und damit als Mittel zur Darstellung von Landesherrschaft bzw. adeligem Status in Abgrenzung zum Bürgertum[1190]. So sahen noch 1893 die Düsseldorfer Architekten Tüshaus und Abbema bei ihrem Entwurf zum Wiederaufbau des Schlosses **Totis** in Ungarn, dem Stammsitz des Grafen Nikolaus Esterhazy, Graben und Bastionen vor[1191]. Allerdings schmücken die Brüstungsmauern Zierzinnen. Nur im Grundriss werden diese Werke als Bastionen erkennbar (Abb. 246 u. 247). Aber sie scheinen unverzichtbarer Bestandteil eines Repertoires zeichenhafter Fortifikation zu sein. Dabei dürfen die Leitbilder, welche seit dem Mittelalter die höfische Kultur prägten und auch noch im 19. Jahrhundert wirkmächtig waren, keinesfalls vergessen werden, wie das folgende Kapitel zeigen wird.

Etwas anders verhält es sich mit dem für den polnischen Grafen Tytus Działyński 1842–1859 umgebauten Wasserschloss **Kurnik**[1192]. Hier gewinnt eine fiktive Fortifikation nationalen Aussagewert. Der Umbauplan war schon um 1828/29 von Schinkel entworfen worden, der aus dem alten, inzwischen barock überformten Schloss einen regelmäßig angelegten neugotischen Bau in Form eines Kastells machen wollte[1193]. Zwei hohe viereckige Türme flankieren die Hauptfront, zwei niedrigere Rund-

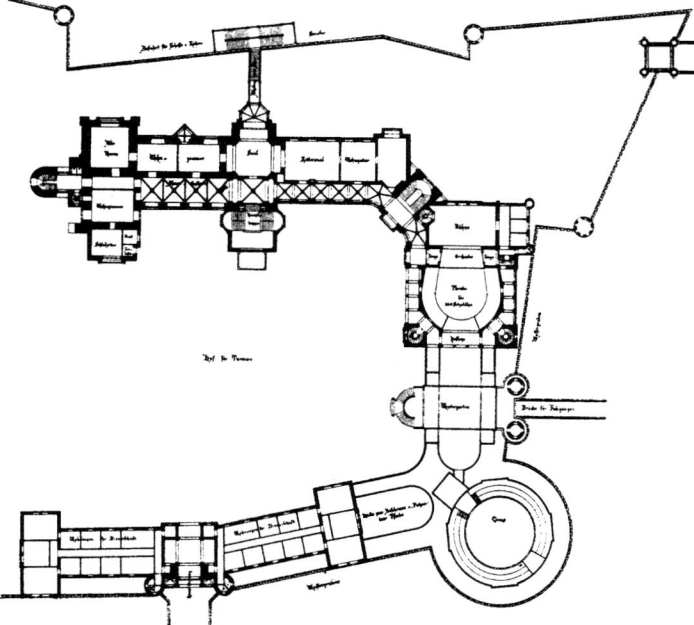

Abb. 246: Schloss Totis in Ungarn. Grundriss 1893.

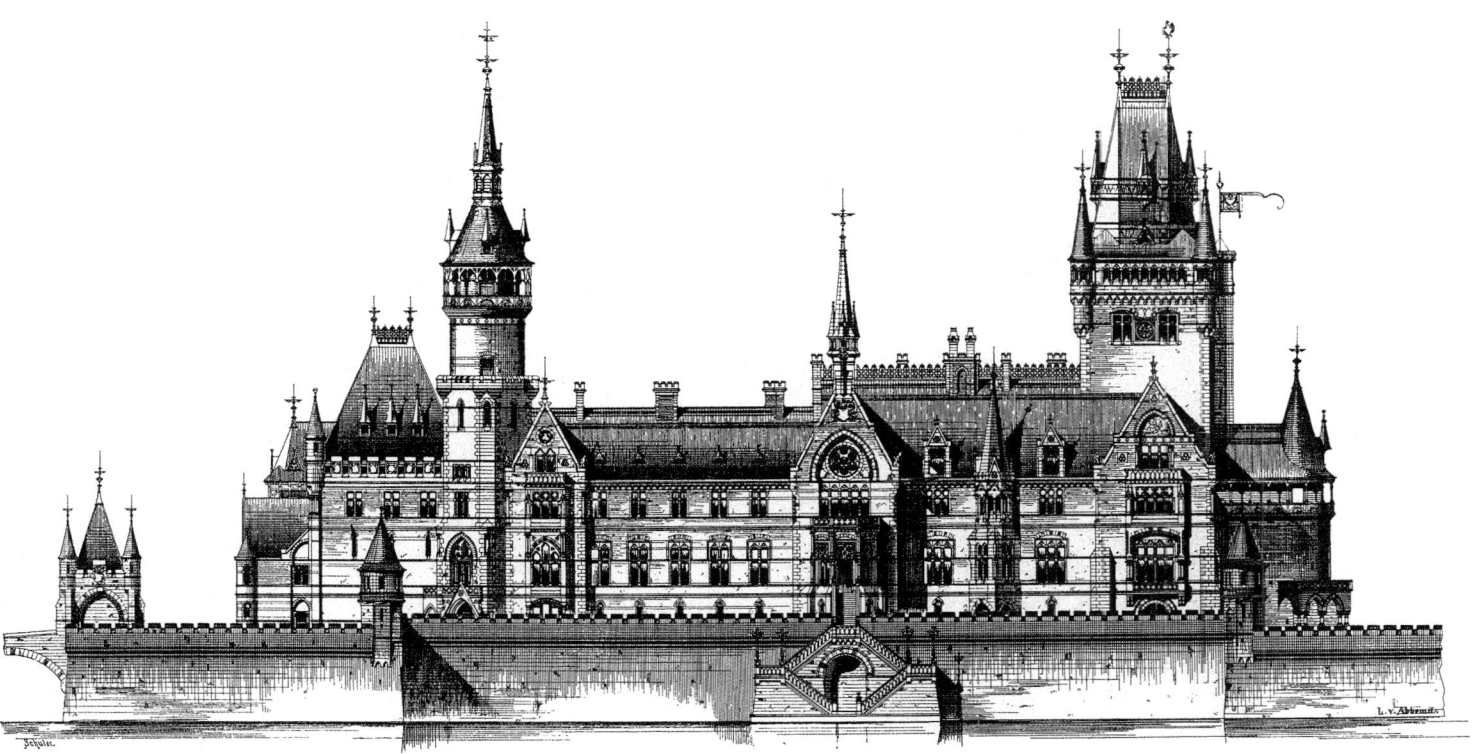

Abb. 247: Schloss Totis in Ungarn. Ansicht 1893.

türme die Gartenseite. Sie erheben sich über leicht geböschten Sockeln. Der Bau, verzögert durch den polnischen Aufstand von 1830 und die Beteiligung und hieran anschließende Verbannung des Bauherrn, wurde in
Anlehnung an Schinkels ursprünglichen Plan ausgeführt, allerdings noch weit wehrhafter gestaltet. In den
Sockeln der Türme erscheinen nun große Schlüsselscharten und eine Zugbrücke sicherte den Übergang über den
Graben[1194]. Der Bauherr selbst verwies in seiner Rede zur
Einweihung des Schlosses 1859 auf den symbolischen
Wert dieser zeichenhaften Befestigung und verteidigte
die Wehrhaftigkeit gegen den etwaigen Vorwurf, es han-
dele sich lediglich um eine Laune oder einen Anachronismus. Die moderne Burg schützt aus seiner Sicht symbolisch das geistige Leben des von Fremdherrschaft be-
drückten polnischen Volkes, indem im Schloss Kultur-
schätze, insbesondere alte Waffen und Beutestücke aus
den Türkenkriegen, verwahrt werden, die einen engen
Bezug zur polnischen Geschichte besitzen. Auch hier
soll, ähnlich wie bei den Rheinburgen, die Gegenwart
und Zukunft ihre Kraft aus der Vergangenheit beziehen[1195]. Und es sind gerade die Zeugen vergangener
Kriegsereignisse die zu nationalen Geschichtssymbolen
werden.

5. Fiktive und reale Wehrhaftigkeit – feste Schlösser als Topos adelig-höfischer Kultur im späten 18. und in der ersten Hälfte des 19. Jahrhunderts

Der realen Fortifikation wohnt, wie die obige Darstellung gezeigt hat, immer eine tiefere Bedeutung als Machtsymbol inne, was dazu führte, dass sie als bildhaftes Mittel auch rein zeichenhaft, losgelöst von ihrem realen Verwendungszweck, verwendet werden konnte. In den vorhergehenden Kapiteln erschienen diverse Anlagen, deren Wehrformen rein oder zumindest doch überwiegend fiktiv und damit symbolisch zu verstehen sind (z. B. Miramar). Nun kann man überlegen, ob man nicht alle Bauten mit fiktiven Wehrelementen zu den festen Schlössern rechnen muss. Wie mehrfach deutlich wurde, ordnete das 19. Jahrhundert die Bauaufgabe 'Burg' eindeutig dem militärischen Bereich zu[1196]. Folgt man Ulrich Schütte in seiner Argumentation, dass ein Schloss der

Frühen Neuzeit auch dann der Fortifikationsarchitektur zuzurechnen sei, wenn seine Wehrformen entscheidend reduziert oder in ihrer unmittelbar militärischen Funktion aufgegeben sind[1197], so müsste man konsequenterweise alle Wiederherstellungen oder Neubauten von Burgen seit dem 18. Jahrhundert in die Tradition des befestigten Schlossbaus einreihen, da sie über fiktive Fortifikationen verfügen[1198]. Die Zeitgenossen werteten einen Palastbau, der sich durch Zinnen und Türme in fiktiv-symbolischer Form wehrhaft gab, durchaus als Burgenarchitektur, wie das Beispiel des ab 1843 für Maximilian (II.) als Kronprinzenwohnung errichteten neugotischen Wittelsbacherpalastes in München[1199] zeigt (Abb. 248), eine kastellförmige Anlage, die über Ecktürme und

Abb. 248: München. Wittelsbacher Palast, Xylographie 1849.

Zinnenkrönungen verfügte. Die Presse sprach nach seiner Fertigstellung von *„einer imposanten, mächtigen Königsburg"*, *„Burgfeste"* und *„prächtigen Königsburg"*[1200], Begriffe, die den wehrhaften Charakter des Baues herausstellen. Als wesentlich für seine Wirkung wurden dabei die vier Ecktürme gewertet[1201].

Unabdingbar für das Verständnis des Schlossbaus im 19. Jahrhundert ist die Auseinandersetzung mit der Hofkultur jener Epoche. Leider ist diese im Gegensatz zu der der Frühen Neuzeit, die in den letzten Jahren in neueren Ansätzen auch von kunsthistorischer Seite zunehmende Beachtung gefunden hat, bisher kaum untersucht worden[1202]. Das liegt sicherlich daran, dass das 19. Jahrhundert vorwiegend als ein bürgerliches Zeitalter aufgefasst wird, in dem die alten Vorrechte des Adelsstandes immer mehr in Frage gestellt wurden und dessen höfische Welt *„häufig nur noch als Übergangsstadium verstanden wird, in der dem Zentrum der äußerlich noch monarchisch organisierten Welt, dem Fürsten und seiner höfischen Umgebung, nur noch eine Nebenrolle eingeräumt wird."*[1203] Der Hof tritt daher hinter dem aufstrebenden Bürgertum und seiner Emanzipation in Politik und Wirtschaft als Interessenschwerpunkt der Forschung fast völlig zurück. Doch tatsächlich erscheinen, zumindest in der ersten Hälfte des 19. Jahrhunderts, im Bereich der höfischen Kultur mehr Kontinuitäten zur Vergangenheit auf, als bisher beachtet, die auch für die Architektur von Adel und Landesherren von Bedeutung sind. Dazu zählt unter anderem das Selbstverständnis des Adels als militärische Elite, aus der er letztlich ursprünglich erwachsen war, ein Aspekt der auch die höfische Kultur prägte[1204]. Wenn man verstehen will, welche Funktion der von Renate Wagner-Rieger postulierte *„military look"*[1205] so vieler romantischer Schlossbauten als Zeichenwert im 19. Jahrhundert erfüllen sollte, so muss man sich zuerst klar machen, dass Krieg und Militär in der damaligen Gesellschaft einen ganz anderen Stellenwert als heute besaßen.

Der Adel als Militärstand

Niemand käme in unserem durch die Erfahrung von Militarismus und zwei Weltkriegen des 20. Jahrhunderts geprägten demokratischen Staatswesen mehr auf die Idee, Politiker oder einzelne Offiziere ganz selbstverständlich als Feldherren oder gar glorreiche Schlachtensieger durch Kunst zu verherrlichen. Uns erscheint dies fern und seltsam fremd. In der Frühen Neuzeit und im 19. Jahrhundert, ja teilweise sogar bis weit ins 20. Jahrhundert hinein war die Darstellung historischer und zeitgenössischer Kriegsereignisse als ruhmvolle Punkte innerhalb der eigenen Geschichte eines Staates und seiner Regentendynastie hingegen selbstverständlich[1206]. Die Herrscher ließen ihre Siege in gemalten und gedruckten Bildern verherrlichen und erscheinen in offiziellen Porträts meist in Uniform, wenn nicht sogar noch im Feldharnisch[1207]. Der Landesherr präsentierte sich so als oberster Kriegsherr und Verteidiger seines Staates und Volkes.

Militärische Aspekte machten noch im 19. Jahrhundert einen wichtigen Teil der adeligen Lebenswelten bzw. Selbstinszenierung und damit auch der höfischen Kultur aus[1208]. *„Es gab eine symbiotische Beziehung zwischen aristokratischen und militärischen Qualitäten und Wertvorstellungen."*[1209] Krieg war damals selbstverständlicher Teil der Politik, was seinen deutlichsten Ausdruck in den berühmten Schriften des preußischen Generals Carl v. Clausewitz fand, der im Krieg *„nichts als eine Fortsetzung des politischen Verkehrs mit Einmischung anderer Mittel"* sah[1210]. Die Kriegführung galt seinen Zeitgenossen gar als Teil ihrer Kultur, *„denn der Krieg ist beides zugleich, eine Wissenschaft und Kunst"*[1211]. Militärdienst für König und Vaterland war für viele Aristokraten eine Selbstverständlichkeit, zumal der Krieg für den Adel seit jeher eine Art Sport darstellte, ein Spiel, das nach festgelegten Regeln ablief[1212]. *„Die Annahme, der Krieg sei etwas Natürliches und die Verherrlichung des Krieges sind bis ins 20. Jahrhundert Hauptelemente adliger Ideologie geblieben und haben zweifellos stark auf die Politik gewirkt, solange der Adel seinen Einfluß behalten hatte."*[1213] Dass die aristokratische Kultur in weiten Bereichen die Kultur einer Kriegerelite war, haben wir Heutigen vergessen bzw. weitgehend verdrängt.

Der Beruf des Offiziers war für den Adel im 19. Jahrhundert immer noch der Prestigeträchtigste und sicherte ihm Versorgungs- und Aufstiegsmöglichkeiten[1214]. Zwar wurde es seit der preußischen Heeresreform auch Bürgerlichen möglich durch Leistung, Weiterbildung und Befähigung in die Offizierskorps aufzusteigen, aber letztlich wurden zumindest alle höheren Ränge nach wie vor vom Adel besetzt[1215]. Damit erfüllte er eine Funktion, die ihm nach seinem Verständnis in sehr alter ritterlicher Tradition zustand[1216]. Zwar hatte der Ritter als Kriegertypus im Lauf des 16. Jahrhunderts seine Rolle auf den Schlachtfeldern Europas zugunsten von Söldnern eingebüßt, aber nach wie vor fanden sich viele Aristokraten bei der Kavallerie als vornehmster Truppengattung und erst recht in den Offiziersrängen[1217]. *„Der Vorrang des Adels in der Armee hatte eine beträchtliche Wirkung. Da das 19. Jahrhundert ein Jahrhundert der allgemeinen Wehrpflicht war, lernte auch ein Großteil des nichtagrarischen Volkes den Adeligen in führender Position gleichsam leibhaftig kennen. Auch die Betonung militärischer Verdienste und kriegerischer Tugenden bedeutete eine Heraushebung der adeligen Rolle. Unter den Helden der Kriege des 19. Jahrhunderts war der Adel in hoher Zahl vertreten. Damit aber erhielt sich im Grunde ein entscheidendes Element der älteren Legitimation des Adels."*[1218]

Die militärische Karriere eines Mitglieds der Herrscherdynastie hatte wiederum eine nicht zu verachtende Bedeutung innerhalb des höfischen Zeichenkontextes. Militärische Erfolge brachten nicht nur dem Einzelnen Prestige ein, sondern zugleich Mehrung des Ruhmes für seine ganze Dynastie mit sich und damit eine Aufwertung ihres „symbolischen Kapitals"[1219]. Ruhm aber ist ein wichtiger Schlüsselbegriff innerhalb des adeligen Denkens. „Der Adlige muß tapfer kämpfen und muß daher auch bereit sein zu sterben. In der Tat ist nichts ruhmreicher und ehrenhafter für einen Adligen als der Tod auf dem Schlachtfeld."[1220] Militärische Karrieren kennzeichneten folglich auch den Lebensweg vieler nachgeborener Söhne eines Herrschers oder der Sprösslinge aus Seitenlinien, wie die Lebensläufe Prinz Wilhelms von Preußen, des späteren deutschen Kaisers, oder der habsburgischen Erzherzöge Maximilian Josef und Ferdinand Maximilian, die teilweise als Bauherren in dieser Arbeit begegneten, zeigen. Mit Graf Wilhelm v. Württemberg haben wir einen geradezu typischen Vertreter dieses Berufsfeldes im 19. Jahrhundert vor uns, der sich analog zu seinem Offiziersberuf im vollen Harnisch als Ritter „von Lichtenstein" porträtieren ließ. Das Gemälde hängt noch heute im Rittersaal des Lichtenstein, und zwar genau am Ende einer Enfilade[1221]. Allerdings hatte Wilhelm – sehr zu seinem Bedauern – im Gegensatz zur vorhergehenden Generation nie die Gelegenheit, Ehre und Ruhm auf dem Schlachtfeld zu suchen und zu finden.

Beschwörung ritterlich-kriegerischer Werte im höfischen Fest

Die traditionellen Werte des Adels fanden ihren Ausdruck u. a. im höfischen Fest. Die höfische Festkultur des späten 18. und des 19. Jahrhunderts ist allerdings bisher noch weitgehend unerforscht[1222]. Dabei spielten in diesem Bereich militärische, vor allem gerade ritterliche Aspekte immer noch eine wesentliche Rolle. Immer wieder hat die Forschung zu den Schlossbauten des Historismus aber auf den Umstand hingewiesen, dass in unmittelbarer Nähe derselben oft ein Turnierplatz angelegt wurde, der bezeichnenderweise meist, wie z. B. bei der Löwenburg in Wilhelmshöhe, „Carousel Platz" genannt wurde[1223]. Auch im sog. „Rittergau" des Parks von Laxenburg existierte ein solcher Platz nahe der Franzensburg mit einer Tribüne für den Kaiser in gotischen Formen[1224]. Die preußischen Burgen Rheinstein und Stolzenfels am Rhein mochten auf solche Anlagen ebenfalls nicht verzichten[1225]. Diese Turnier- oder Karussellplätze wurden tatsächlich für Reiterspiele im Rahmen höfischer Festlichkeiten genutzt[1226]. Die Beteiligten erschienen zu solchen Anlässen in der Regel in historischer Kostümie-

rung, um den mittelalterlichen Charakter dieser Veranstaltungen herauszustellen. Parkburgen und künstliche Ruinen bildeten dabei oftmals den Hintergrund, vor denen sich das Geschehen abspielte. So wurde in Kassel-Wilhelmshöhe unter Jérôme Bonaparte, der als König von Westfalen 1806–1813 hier residierte, anlässlich des Geburtstages seiner Gemahlin, Königin Katharina im Februar 1810 ein Turnier veranstaltet. Bei einer anderen Gelegenheit führten vor der mit bunten Lampions geschmückten Löwenburg Kavallerieoffiziere, die als Ritter kostümiert waren, ein nächtliches Turnier auf. Die Königin verteilte anschließend die Preise. Den Beschluss dieser Veranstaltungen machten in der Regel Feuerwerk oder festliche Illumination der Löwenburg[1227].

Besonders gut unterrichtet sind wir über die Festlichkeiten, die vom habsburgischen Hof in Laxenburg abgehalten wurden. Nach der Anlage des Rittergaus mit der Franzensburg und des Turnierplatzes ab 1798 wurde dieser Bereich intensiv für Festveranstaltungen genutzt. So wurde auf dem Turnierplatz 1810 zu Ehren des Namenstages der Kaiserin Maria Ludovica ein glanzvolles Karussell abgehalten. „In altdeutscher Tracht ritten der Kaiser, die Erzherzoge und der Hof die Quadrillen."[1228] Hier führte der Kaiser mit seiner engsten Verwandtschaft das mit dem Rittergau als Milieuort assoziierte Ritterideal persönlich vor. Franz I. inszenierte sich so als ritterlicher Herrscher. Ähnliche Spektakel, oftmals mit Tausenden von Zuschauern, wurden anlässlich des Wiener Kongresses 1814/15 in Laxenburg abgehalten[1229]. Es handelte sich bei all diesen Festlichkeiten weniger um Turniere mit Lanzenstechen der Gegner untereinander, sondern vielmehr um die seit der Frühen Neuzeit kontinuierlich an den Höfen gepflegte Praxis der Karusselle und Ringelstechen, wie sie als prachtvolle Reiterballette besonders am Wiener Hof auf eine lange Tradition zurückblicken konnten[1230]. So gab es anlässlich des Kongresses auch in der Hofburg ein glanzvolles Karussell, bei dem der österreichisch-ungarische Adel vor dem Kaiser und seinen Gästen durch 24 Ritter vertreten wurde. „Es war die Blüte des Adels des Kaiserreichs, die meisten hatten in den letzten Kriegen auf einem anderen Kampfplatze voll Tapferkeit ihre Sporen verdient, und wenn sie alle durch ihren persönlichen Ruhm oder die Erhabenheit ihrer Familien glänzten, so waren sie nicht minder durch vortheilhaftes Äußere auffallend."[1231] Die einzelnen „Manöver" des Karussells, die Ringelstechen, Hauen nach Türkenköpfen und Spalten aufgehängter Äpfel umfassten, „wurden von Militärsinfonien begleitet, welche diesen kriegerischen Spielen entsprachen."[1232] Die Reiter führten anschließend einen Schaukampf verschiedener Treffen vor. „Es wurde so lebhaft gekämpft, dass die Herolde wiederholt einschreiten mussten, um Unglück zu verhüten."[1233] Fürst Lichtenstein stürzte gar vom Pferd und musste bewusstlos vom Kampfplatz

Abb. 249: Turnierveranstaltung anlässlich der Vermählung der Zarentochter Olga mit dem württembergischen Kronprinzen Karl 1846 in Stuttgart. Handgemenge zwischen Kreuzrittern und Sarazenen.

getragen werden. Die Vorführung endete mit einem kunstvollen Reiterballett *„nach dem Takte der Musik"*[1234].

Nicht immer waren es Mitglieder der Hofgesellschaft, sondern auch Abteilungen der österreichisch-ungarischen Kavallerie, die solche Karusselle aufführten[1235]. Ein Besucher berichtete aus Laxenburg: *„Hier sah ich später von Officieren der k.k. Armee ein Carousel ausgeführt, welches durch die edle Haltung der Kämpfer und die Gewandtheit ihrer Übungen ganz mit dem Tone dieser Anlage (dem Rittergau – Anm. d. Verf.) harmonirte."*[1236] Das ist eine äußerst aufschlussreiche Bemerkung. Die Kavallerieoffiziere wurden demnach also in eine bewusste Tradition zum mittelalterlichen Reiterkrieger, dem Ritter, gesetzt. Das mittelalterliche Kriegertum wurde zum idealen Vorbild für den modernen Kavalleristen. Das Turnier diente ihm wie im Mittelalter immer noch zur Erprobung und öffentlichen Vorführung der eigenen Tüchtigkeit und Geschicklichkeit, insbesondere im Umgang mit dem

Pferd[1237]. Das Reiten der kunstvollen Quadrillen erforderte z. B. ausgesprochenes Geschick, was auch in historischen Beschreibungen solcher Turniere hervorgehoben wird[1238]. Halten wir uns überdies noch vor Augen, dass der geübte Umgang des Herrschers mit dem Pferd symbolisch für die perfekte Lenkung des Staatswesens durch den Landesherrn stand, so wird die Bedeutung der persönlichen Teilnahme des Kaisers am Laxenburger Karussell 1810 besonders evident, mit dem durch historische Kostümierung die jahrhundertealte Herrschaftstradition des Hauses Habsburg versinnbildlicht werden sollte.

Solche Karusselle wurden am Wiener Hof noch bis über die Mitte des 19. Jahrhunderts hinaus abgehalten. So fand 1863 in der Hofreitschule ein großes Karussell statt, an dem sich auch ein Teil der Erzherzöge beteiligte. Ein *„Waffentanz zeigte die Geschicklichkeit und Eleganz der Reiter und Pferde in gleichem Grade bei Ausführung der Volten und brillanten Scheinattacken."* Es war ein *„Schauspiel, zu*

213

welchem sich die Elite der österreichischen Ritterschaft vereinigt" hatte[1239].

Auch am preußischen Hof pflegte man in der ersten Hälfte des 19. Jahrhunderts Turniere. Besuchten bedeutende Persönlichkeiten wie Kronprinz Friedrich Wilhelm (IV.) 1833 die Burg Rheinstein, feuerte man Böller ab und veranstaltete auf dem Turnierplatz oberhalb der Burg Ritterspiele, so Ringelstechen und andere Reitervergnügen[1240]. Auch bei den großen Hoffesten wurden solche Spektakel geboten, bei denen die Teilnehmer sich gotisch, also mittelalterlich gewandeten[1241]. Das berühmteste fand 1829 in Potsdam vor dem Neuen Palais statt. Es war *Der Zauber der weißen Rose*. Anlass zu dieser Feier gab der Heimatbesuch der Zarin Alexandra Feodorowna, einer preußischen Prinzessin. Vor großem Publikum fand vor dem Palast ein Karussell statt[1242]. Auch hier wurde vor einer breiten Öffentlichkeit das ritterliche Ideal der Hofgesellschaft zelebriert. Das Fest war *„ein sorgfältig inszeniertes Beispiel königlicher Selbstdarstellung und öffentlicher Darstellung monarchischer Werte. Dieses Ereignis sollte die symbolische Einheit des gesamten preußischen Hofes mit den jahrhundertealten ritterlichen Tugenden Gehorsam, Treue und Untergebenheit demonstrieren – Tugenden, die, wie man glaubte, einen starken Gegensatz zu den krassen Exzessen der Französischen Revolution und der räuberischen Machtergreifung Bonapartes bildeten."*[1243] Selbstverständlich ritten der Kronprinz und seine drei Brüder die Quadrillen gemeinsam mit anderen Adeligen[1244]. 1842 gab es am russischen Hof eine ähnliche Veranstaltung im Alexandergarten von Zarskoje Selo unter Mitwirkung des Zaren Nikolaus I. und des Kronprinzen[1245]. Nur drei Jahre später sah der württembergische Hof ein solch glänzendes Ereignis, das 1846 nochmals aus Anlass der Vermählung des württembergischen Kronprinzen Karl mit der Zarentochter Olga Nikolajewna im Königlichen Reithaus zu Stuttgart abgehalten wurde[1246]. Dargestellt wurde ein Wettkampf zwischen orientalischen und abendländischen Kriegern zur Zeit der Kreuzzüge unter dem Verweis auf die Teilnahme der Vorfahren Karls an den bewaffneten Wallfahrten ins Heilige Land (Abb. 249). Nicht nur die wichtigsten Vertreter des württembergischen Adels waren unter den Teilnehmern des Stuttgarter Turniers versammelt, sondern auch hochrangige Gäste. Der Kronprinz selbst trat als Graf von Württemberg und Anführer der Kreuzritter auf. Das dem Bericht vorangestellte Gedicht, welches das Ereignis hymnisch preist, hebt nicht nur den Kronprinzen hervor, sondern auch den uns inzwischen bestens bekannten Grafen Wilhelm von Württemberg, der an dem Turnier als *„Graf von Lichtenstein"* teilnahm (Abb. 250):

„Nur noch einen nennt besonders, auf dem Fuchs, in Stahl gerüstet.
Über dessen Haupt ein weißes Adlerschwingen-Paar sich brüstet,

Weit die Menge überragend, wer mag dieser Ritter sein?
Ruhm dem Fluge jener Schwingen, – das ist Der von Lichtenstein!"[1247].

Der von Lichtenstein, in dessen Gestalt Wilhelm hier auftrat, ist im Roman Wilhelm Hauffs ein treuer Anhänger und Helfer Herzog Ulrichs von Württemberg. In seiner Nachfolge inszenierte sich auch Wilhelm in der Figur des treuen Lichtensteiners als ergebener Gefolgsmann seines Landesherrn, des Königs von Württemberg[1248].

Eine mittelalterliche Burg, eine Festung oder ein ähnlicher Milieuort waren als Hintergrund wohl nicht immer nötig, wie die Beispiele Potsdam und Stuttgart zeigen, auch wenn Graf Hans Heinrich von Hochberg eine künstliche Ruine, die sog. „Alte Burg" gegenüber seinem Schloss Fürstenstein in Schlesien 1794 in Auftrag gab, um eine Staffage für solche Veranstaltungen zu erhalten. 1800 wurde dort vom schlesischen Adel zu Ehren des preußischen Königs Friedrich Wilhelm III. ein glanzvolles Fest gegeben, bei dem der Adel in ritterlich-feudaler Tradition dem Landesherrn seine Ergebenheit erwies. Auch hier wurden Quadrillen geritten, die besten Darsteller von der Königin mit eigens für diesen Anlass geprägten goldenen und silbernen Schaumünzen belohnt[1249]. Die Alte Burg gab wie bei der Löwenburg und der Franzensburg das entsprechend ritterlich-mittelalterliche Milieu ab[1250].

All diese Feste waren aber nichts Neues. Sie fanden in letztlich althergebrachter Form statt. Reiterspiele, die sich aus den Turnieren des Mittelalters entwickelt hatten, kannte die ganze Frühe Neuzeit bis weit ins 18. Jahrhundert. Sie galten als edelste höfische Festform, die Teilnahme am Turnier als adeliges Vorrecht[1251]. Der schwedische König Gustav III., der an seinem Hof 1776 ein Turnier in mittelalterlichem Stil inszenieren ließ, bemerkte: *„Diese mittelalterlichen Spiele stärken sowohl Leib wie Seele; sie erhalten beim Adel heldenmütige Gesinnung und rechtmäßiges Trachten nach Ehre aufrecht, was beides einem Stande nottut, dem die Landesverteidigung obliegt."*[1252] Die Veranstaltungen an diversen Höfen bis in die erste Hälfte des 19. Jahrhunderts knüpfen im Prinzip hieran nahtlos an. Neu war nur die konsequente Historisierung des Ganzen, indem die Darsteller in bewusster Weise eine historische Kostümierung zur Schau trugen und man so eine Perfektionierung des mittelalterlichen Charakters der Feste anstrebte, um eine vergangene Heldenzeit heraufzubeschwören, die für die eigene Epoche Vorbildcharakter haben sollte. Doch letztlich war auch dies so neu nicht. Ritterromantische, einer vergangenen, vermeintlich besseren Epoche zugeordnete Ideale wurden auch bei den großen Festen der Frühen Neuzeit, ja sogar schon des Mittelalters in Bild und Schauspiel umgesetzt[1253]. Gerade im Zusammenhang mit Turnieren und Reiterspielen traten ritterliche Helden auf, oftmals Ro-

Abb. 250:
Graf Wilhelm von
Württemberg als
„Graf von Lichten-
stein" auf dem
Karussell anläss-
lich der Vermäh-
lung der Zaren-
tochter Olga mit
dem württembergi-
schen Kronprinzen
Karl 1846 in
Stuttgart.

manfiguren wie König Artus und seine Tafelrunde, die zum thematischen Inhalt eines Festes werden konnten und dessen Motto bestimmten[1254]. Ritter erschienen in den höfischen Festen der Frühen Neuzeit immer wieder, und natürlich auch ihr Wohnort, die Burg, oftmals in Form eines Feuerwerkschlosses, das zum Schluss der Aufführung in Flammen aufging und weniger durch moderne Fortifikation als in bewusst historisierender Weise durch Motive des mittelalterlichen, traditionellen Wehrbaus, nämlich hohe zinnengekrönte Türme, ausgezeichnet war. *„Der Turm wird damit im Turnier und Fest zum Zeichen einer vergangenen ‚ritterlichen' Epoche"*[1255], an deren Werte man anzuknüpfen suchte. Der ritterliche Held als Gestalt einer vergangenen Epoche konnte schlecht eine moderne Festung erstürmen[1256]. Auch bei diesen Inszenierungen steht der Ritter, der sich unter vielen schweren Prüfungen als solcher bewährt und so das Ideal einer ganzen Gesellschaftsschicht und ihrer herausragenden Führungspersönlichkeiten, der Landesherren, zum Ausdruck bringt, als Personifikation für eine vermeintlich ideale, heldenhafte Vorzeit im Mittelpunkt[1257]. Es entsteht ein Leitbild, an dem sich der Adel orientieren kann und soll. Ähnlich müssen noch die Turnierveranstaltungen im 19. Jahrhundert interpretiert werden, das besonders intensiv auf das Mittelalter als vorbildliche, heroische Epoche voller patriotischer Heldentaten blickte. In all dem zeigt sich ein fließender Übergang zwischen

Früher Neuzeit und 19. Jahrhundert. Auch wenn bis heute die Französische Revolution als scharfer Bruch zwischen zwei Epochen erscheint, so vollzogen sich die Veränderungen in der Welt der Höfe und des Adels trotz allem weit langsamer und in einer gewissen Kontinuität. Das trifft in dieser Form natürlich auch auf den Schlossbau zu.

Die Festung im Garten

Angesichts des Stellenwerts, den Militärisches als Teil adeliger Standeskultur einnahm, verwundert es wenig, dass dieser Aspekt uns noch in einer ganz anderen Sphäre, wo wir ihn im ersten Moment vielleicht nicht unbedingt erwarten würden, nämlich im Garten, begegnet, und hier in ganz moderner Weise. In einigen Parkanlagen existierten noch im 19. Jahrhundert miniaturhafte Festungen. Das Phänomen der Festung im Garten ist bisher so gut wie gar nicht erforscht[1258], gehört aber eindeutig ebenfalls in den Kontext der höfischen Kultur, wie die folgenden Ausführungen zeigen, und konnte ganz unterschiedliche Hintergründe haben, die allerdings alle in einem Aspekt kulminierten: dem Selbstverständnis des Adels als Stand militärischen Ursprungs und dessen Repräsentation.

215

Kriegsspiele im Schlosspark – die Festung als pädagogisches Mittel

Die militärische Ausbildung war seit der Frühen Neuzeit, ja letztlich seit dem Mittelalter, ein fester Bestandteil der Prinzenerziehung. Die Söhne der Landesherren wurden im Fechten, Exerzieren und der Reitkunst unterrichtet[1259]. Einen wichtigen Platz in der militärischen Ausbildung des Adels und der Prinzen nahm die Fortifikation ein[1260]. Als pädagogische Hilfsmittel zur Vermittlung der entsprechenden Kenntnisse dienten z. B. spezielle Spiele, die kleine Festungen vorstellten, oder Kartenspiele, mit deren Hilfe man u. a. die Fachbegriffe der Fortifikation erlernen konnte[1261]. Spielerisch wurde also Militärisches von klein auf eingeübt, um den zukünftigen Regenten und obersten Befehlshaber der Truppen auch in die Kriegskunst einzuweisen, die er als Teil seiner Außenpolitik vielleicht zur Durchsetzung eigener Interessen oder zur Abwehr einer feindlichen Invasion eines Tages gebrauchen musste. Dem diente auch die Anlage von Schanzen oder gar ganzer Forts innerhalb der Gärten, war hier doch genügend Raum an einem realen, wenn auch meist im Maßstab stark verkleinerten, Objekt zu lernen[1262].

1817 hatte der preußische Oberst Christian Freiherr v. Massenbach in einem Vorschlag zur Erziehung eines zukünftigen Herrschers gefordert: *„Von selbst versteht es sich endlich, daß mit dem theoretischen Unterrichte in der Fortification und Artillerie, auch practische Uebungen verbunden seyn müssen. Es müssen Feldschanzen aufgeworfen und eine in der Nähe [...] befindliche Festung wie Hohenasperg oder Spandau, muß belagert werden.“*[1263] Und so lassen sich auch in den Gärten des 19. Jahrhunderts Übungsschanzen finden. Im Schlosspark von **Schönbrunn** legte man 1830/40 einen Spiel-, Turn- und Exerzierplatz für die Kinder der kaiserlichen Familie an. Bestandteil der Ausstattung dieses Platzes war eine Bastion für militärische

Übungen. Kaiser Franz Joseph und seine Brüder nutzten diesen Ort als Kinder und Jugendliche oft bei ihren Sommeraufenthalten in Schönbrunn. Noch sein Sohn Kronprinz Rudolf hatte hier seinen *„Exercier- und Turnplatz“*[1264].

Auch am preußischen Hof war die Ausbildung in der Fortifikation Bestandteil des Unterrichts für die Königssöhne. 1811 leitete der vierzehnjährige Prinz Wilhelm, der spätere preußische König und erste deutsche Kaiser, als Seconde-Leutnant während eines Manövers auf Befehl des Vaters die Anlage einer Schanze unweit von **Babelsberg**, die den Übergang über das sog. Fließ bei Glienicke decken sollte. Er hatte ihr Tracé selbst zu entwerfen[1265]. An eben dieser Stelle ließ Wilhelm 1860 zum Gedenken an seine erste militärische Bewährungsprobe erneut ein sechseckiges Erdwerk errichten[1266], das nun Bestandteil der Parkanlage seines Schlosses Babelsberg wurde und im Zusammenhang mit anderen Denkmälern zu sehen ist, die sich auf Wilhelms militärische Karriere beziehen und weiter unten nochmals thematisiert werden sollen (Abb. 251). Die Schanze, wohl eher ein Werk der Feldbefestigung als der permanenten Fortifikation, lag im Südosten des Parks, nahe des Ausgangs nach Babelsberg[1267].

Für die militärische Übung, besonders im Festungsbau, das spielerische Einlernen der für jeden Regenten so wesentlichen Kriegskunst findet sich in England ein noch gut erhaltenes Beispiel, dessen Anlage auf einen deutschen Fürsten zurückgeht. Im Park von **Osborne House** auf der Insel Wight, dem Sommeraufenthalt von Königin Victoria und ihrem Prinzgemahl Albert aus dem Hause Sachsen-Coburg-Gotha, wurde 1856 das Victoria Fort angelegt, eine kleine Festungsanlage aus verschiedenen Erdwerken (Abb. 252). Albert ließ diese Anlage für seine Kinder wohl in Erinnerung an ähnliche Festungswerke im Park von Coburg errichten, in denen er gespielt

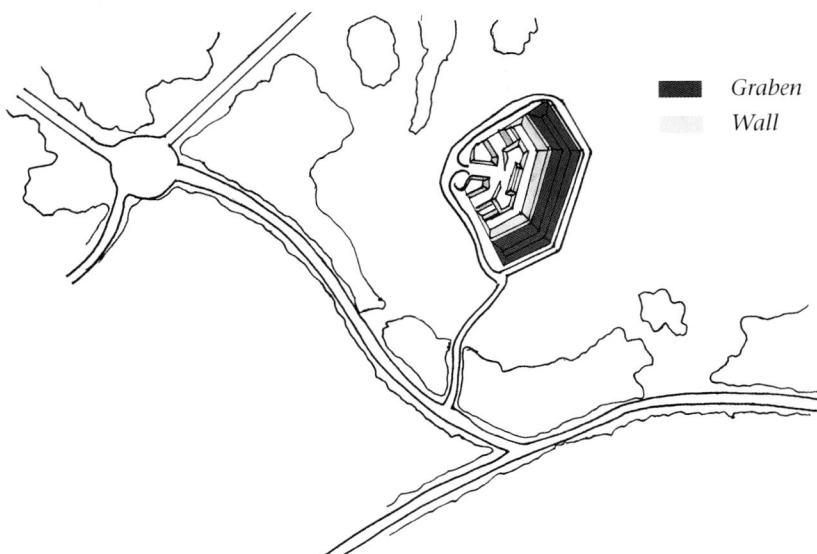

■ *Graben*

Wall

Abb. 251: Potsdam. Schanze im Schlosspark Babelsberg, Grundriss. (Umzeichnung v. Verf. nach Plan Gustav Meyers von 1850, SPSG Berlin-Brandenburg, Plankammer Nr. 5298.)

Abb. 252: Osborne House. Fort im Garten.

Abb. 253: Osborne House. Reduit und Kernwerk des Forts.

hatte[1268]. Hier wurde eine miniaturhafte Befestigung errichtet, die der modernen, neudeutschen Festungsbaukunst entsprach. Die Werke sind detachiert und das Hauptwerk wurde 1860 in der Kehle durch den kleinen Ziegelbau eines Reduits bzw. Blockhauses, die sog. „Albert Barracks", geschlossen. Die königlichen Kinder sollen unter Anleitung ihres Erziehers, eines Leutnants von den Royal Engineers, bei der Anfertigung der Ziegel bzw. dem Bau dieses Reduits mitgeholfen haben. Es war also ein Fachmann zugegen, der den Prinzen die wesentlichen Kenntnisse in der aktuellen Fortifikation spielerisch zur besseren Vermittlung der Ingenieurkunst schon während der Errichtung ihres Forts vermittelte. 1861 erhielt das Fort als Abschluss eine Zugbrücke[1269]. Das Reduit (Abb. 253) hat Gewehrscharten und in den Flanken je eine Geschützscharte. Eine anschließende kurze krenelierte Mauer sichert die Kehle des Werks. Fahnenstange mit Union Jack und Kanonen auf Blocklafetten vervollständigen die Anlage. Das ganze imitiert ein großes, zeittypisches Fort. In ähnlicher Weise existierten im Alexandergarten von **Zarskoje Selo** Erdwerke, mittels derer die Söhne Zar Nikolaus I. in der Fortifikation unterwiesen wurden[1270].

Nicht immer mussten es allerdings Festungswerke sein, die als Unterstützung für die militärische Erziehung des landesherrlichen Nachwuchses zu dienen hatten. So ließ 1858 König Georg V. von Hannover für seinen zwölfjährigen Sohn Ernst August zum Geburtstag einen Spielplatz einrichten. Der Hofbaumeister Christian Heinrich Tramm hatte u. a. eine für Kindermaße angelegte Wache

für Exerzierübungen[1271] zu entwerfen, die ihren Platz neben anderem Spielgerät im südwestlichen Heckenquartier des „Königsbusches" im **Großen Garten** zu **Hannover** fand (Abb. 254)[1272]. Das Wachtgebäude bestand aus einer Vorhalle mit Dreierarkade und der dahinter anschließenden Wache im Zentrum und zwei links und rechts flankierenden Baukörpern, deren einer ein „Offizierszimmer" aufnahm. Als militärischer Zierrat krönten kleine Zinnen die Vorhalle[1273].

Solche Prinzenspielplätze gab es öfter in den Gärten der damaligen Zeit. Kronprinzessin Viktoria, Tochter der gleichnamigen englischen Königin und Gemahlin Friedrichs (III.), ließ innerhalb der kronprinzlichen Anlagen[1274] beim **Neuen Palais** in **Potsdam** durch den Hofgärtner Emil Sello einen Turn- und Spielplatz für ihre Kinder einrichten[1275], zu dem wiederum auch Befestigungsanlagen gehörten. „Aufgewühlter Boden und zerstörter Rasen empfängt uns", heißt es in einer Beschreibung der Anlagen 1871[1276]. „Doch siehe: hier eine nach Vorschrift im richtigen Winkelmaß angelegte Schanze, dort eine zerstörte Lünette, dort ein Graben mit Pallisaden, Schanzkörbe, fertige und unvollendete, Laufgräben im Zickzack vorschreitend uc. An dieser Stelle reichen kindliches Spiel und Ernst des Lebens sich die Hand; hier erlernen die jungen Zollernaare in zarter Jugend unter Leitung gewiegter Militairs des Krieges wissenschaftliches Handwerk, und des Vaters Feldherrnauge folgt mit Wohlgefallen dem emsigen und ernsten Arbeiten der Söhne, wenn sie mit Hacke und Spaten nach der aufgestellten Zeichnung die Erdbauten ausführen."[1277] Es mag sein, dass der Kronprinzessin bei dieser Anlage das Fort im heimatlichen Osborne

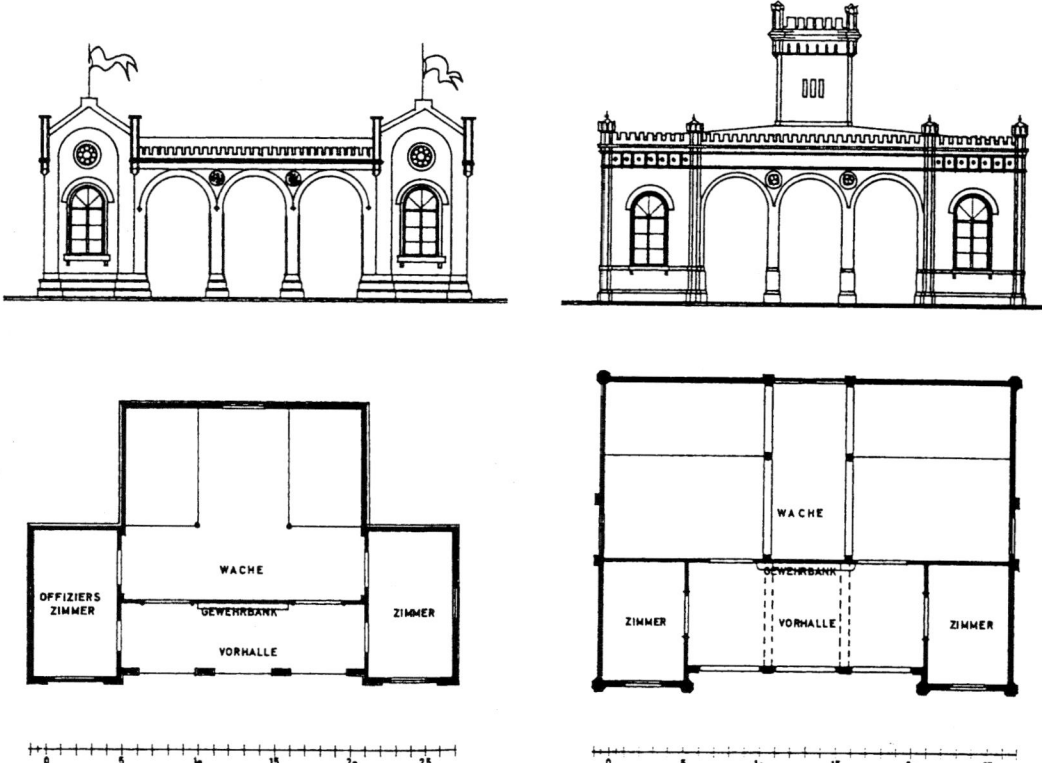

Abb. 254: Hannover-Herrenhausen. Entwurf Tramms für eine Wache am Spielplatz des Kronprinzen. Links ausgeführter Bau, rechts Vorentwurf mit Burgturm.

Abb. 255: Potsdam-Sanssouci. Ruinen des Forts mit den Basen der einstigen drehbaren Panzertürme.

House vor Augen stand[1278]. *„Nur wenige Schritte von diesem, dem Mars geweihten Platze"*[1279], erhob sich ein vollständig aufgetakelter Mastbaum. Hier erteilten Matrosen der königlichen Marine den Prinzen, welche bis hinauf in den Mastkorb kletterten, praktischen Unterricht[1280]. *„Ein von der Kronprinzlichen Armee im Feldzuge von 1866 in Böhmen erobertes Österreichisches Geschütz hat in der Nähe des Mastbaums Aufstellung erhalten; aus ihm werden an den Geburtstagen in der Kaiserlichen und Königlichen Familie die üblichen Salutschüsse gethan."*[1281]

Noch Ende des 19. Jahrhunderts wurde im Park von **Sanssouci** ein Miniaturfort angelegt, das vermutlich nach seiner Fertigstellung ebenfalls als Übungs- und Spielplatz für die Söhne Kaiser Wilhelms II. diente (Abb. 255). Im Volksmund wird die Anlage daher auch als *„Prinzenspielburg"* bezeichnet[1282]. Allerdings handelt es sich bei den Überresten um keine Burg, sondern um das Modell eines hochmodernen Panzerforts. Es war ausgestattet mit Miniaturkanonen der Firma Krupp. Das Fort besteht aus drei Werksteilen, einem zentralen Kernwerk und zwei Anschlussbatterien. Die Kehlen der drei Werke schlossen Kehlkasernen und Koffer zur rückwärtigen Grabenverteidigung. Die gesamte Fortanlage wurde in Beton errichtet und verfügte über drehbar gelagerte Panzertürme.

Dieses Fort war mehr als nur Lehrmittel und ursprünglich auch nicht zu pädagogischen Zwecken angelegt

worden. 1883 hatte die sog. „Brisanzgranatenkrise" die Kriegsbaukunst erschüttert. Neuartige Granaten waren mit „Brisanz" gefüllt, der sog. Schießwolle. Sie steigerten die Wirkung der Artillerie beträchtlich, da die Geschosse, dank gehärteter Stahlspitzen nun die bisherigen Erddecken und Kasemattengewölbe der Werke durchschlagen konnten und in deren Innerem explodierten. Als Mittel hiergegen wurde die Panzerfortifikation entwickelt. Die bisher offen auf dem Wall aufgestellten Kanonen wurden unter Stahlkuppeln verborgen und so gegen den Beschuss gesichert, an die Stelle von Ziegel- und Steingewölben trat Beton[1283]. Kaiser Wilhelm II. nahm persönlich starken Anteil an der neuen Befestigungsweise[1284]. Er verfügte über entsprechende Kenntnisse in der modernen Fortifikation. Sein einstiger Lehrer hierin, der Oberstleutnant a. D. Julius Diener, darf als eigentlicher Initiator des Modellforts angesehen werden. Er entwarf und leitete dessen Bau. Man wünschte zu erproben, welche der verschiedenen Geschützpanzer am geeignetsten für den deutschen Festungsbau seien[1285]. Diese Funktion einer Befestigung als militärisches Versuchs- und Anschauungsobjekt erinnert ein wenig an die auf Schloss Lichtenstein installierten Pendellafetten Graf Wilhelms von Württemberg zur Aufhängung der Kanonen und die Experimente mit entsprechenden Konstruktionen im parkartig gestalteten Vorfeld des Schlosses[1286]. Sie zeigen den Garten nicht nur als Ort der militärischen Erziehung für den fürstlichen Nachwuchs, sondern auch als Stätte kriegerischer Übungen und Versuche[1287]. Das Fort im Park von Sanssouci steht ebenso dabei wie die artilleristischen Versuche auf Lichtenstein in einer Tradition, die sich schon bei Friedrich dem Großen 1752 fassen lässt. Er hatte im Park von Sanssouci seinen Offizieren mit eigenen Worten die nachgestellte Belagerung eines Festungsabschnittes erklärt[1288]. Die fortifizierte Landschaft eines seiner Feldherrn, des bereits erwähnten Grafen Wilhelm von Schaumburg-Lippe, als fortifikatorisches Experimentierfeld nahe seinen beiden Lustschlössern Wilhelmstein und Hagenburg angelegt, gehört ebenfalls in diesen Kontext[1289].

Gartenfestung und höfische Kultur

Gartenfestungen im 18. Jahrhundert

Nahmen Miniaturforts und Schanzen also im Rahmen der fürstlichen Erziehung einen wesentlichen Platz ein, so begegnen sie uns innerhalb der Gärten auch noch zu anderen Zwecken, die sie nicht weniger eng mit der höfischen Sphäre verbinden. Sie nahmen einen Platz im Rahmen höfischer Festlichkeiten ein. Aus dem 18. Jahrhundert sind mehrere Beispiele belegt. So gab es für den Hofgarten in **Bayreuth** hinter dem neuen Residenz-

schloss 1753/54 die Planung zu einer regulären sechseckigen Festung mit miniaturhaften Bastionen und Ravelins inmitten eines kreisrunden Teiches als Endpunkt des großen, die ganze Gartenanlage bestimmenden Kanals[1290]. Ob diese Festung ausgeführt wurde, ist nicht geklärt, aber sie hatte im Territorium der Markgrafen von Brandenburg-Bayreuth Vorläufer. Im sog. „Brandenburger See" des Lustschlosses **St. Georgen** bei Bayreuth gab es eine Schanze in Form eines vierzackigen Sterns, die im Mittelpunkt festlicher Belagerungs- und Verteidigungsspiele und Naumachien unter Markgraf Georg Wilhelm stand[1291]. Eine zweite derartige Fortifikation lag direkt neben Garten und Schloss **Himmelkron**. Sie dürfte ähnlich genutzt worden sein[1292]. Im Garten des ab 1757 errichteten Lustschlosses Monrepos bei **Neuwied** existierte eine kleine „Fortifikation zum Katz- und Mausspiel"[1293]. Auch außerhalb des Reichs, z. B. in Russland, gab es solche Gartenfestungen. Im Park des Lustschlosses **Oranienbaum** (Lomonossow) hatte Peter III. zwei Anlagen dieser Art errichten lassen[1294]. Ein Fort aus Erdwerken diente seit 1746 als Ort für Belagerungsübungen. Eine zweite, richtige Festung, errichtet 1756–1762 durch Martin Hoffmann, erhob sich an einem See, auf dem für Lustfahrten und Naumachien „Kriegsschiffe, Jagden und Galeeren" bereit lagen (Abb. 256)[1295]. Sie umfasste „Wälle, Graben, Außenwerke, Zugbrücken, inwendig Kasernen,

Abb. 256: Lomonossow. Festung Zar Peters III. im Park. Aquarellierte Zeichnung des 18. Jahrhunderts. Rechts oben in der Kehle einer Bastion liegt der kleine, zweiflügelige Palast des Zaren.

Arsenal, Kommendantenwohnung."[1296] Außerdem barg sie einen kleinen zweiflügeligen Palast für Peter III., den dieser *„als Großfürst und selbst als Kaiser mit seinen Holsteinern zu bewohnen pflegte.*"[1297]

Die Verbindung von Festungen und Lustteichen in Gärten erscheint immer wieder im 18. Jahrhundert. Noch in den 1770er Jahren ließ Kurfürst Friedrich August III. von Sachsen in und an den Seen von Schloss **Moritzburg** entsprechende Anlagen errichten. Im sog. Großteich gab es eine künstliche Insel, die in Form einer mit Kanonen bestückten Festung angelegt war[1298]. Auf dem See wurden Naumachien inszeniert, wozu 1790 eine Miniaturfregatte nach dem Vorbild großer Kriegsschiffe vom Stapel gelassen wurde. Sie fand 1791 unter Kanonendonner Einsatz im Rahmen einer Wasserjagd. Das Schiff stand noch bis 1813 in Dienst[1299].

Als Schauplatz für die inszenierten Seeschlachten diente nicht nur die Festung im Großteich, sondern auch eine eigens hierzu angelegte Szenerie am äußersten Westzipfel des Sees, die sog. „Dardanellen". Entlang des Ufers hatte man künstliche Ruinen zerschossener Türme und Mauern angelegt. Den Zufluss des Kanals, der den Großteich mit dem Schloss verband, flankierten zwei mit Kanonen bestückte Bastionen. Ein weiteres Geschütz, das vierpfündige Kugeln verschoss, war am Hafen nahe der Fasanerie postiert[1300]. Ähnliches gab es sogar noch im späten 19. Jahrhundert in Form der Kaiserlichen Matrosenstation Kongsnæs in **Potsdam**. In den beiden ersten Entwürfen Franz Häberlins für die Anlage springt am Landungsplatz für die kaiserlichen Lustfahrzeuge eine Bastion aus, die mit einer Brustwehr und Scharten versehen ist, hinter denen Salutkanonen aufgestellt werden sollten. In der ausgeführten Form flankierten zwei kleine polygonale Basteien das Empfangsgebäude, und östlich befand sich eine Batteriestellung[1301].

Die Franzensburg im Park von Laxenburg

Das späteste Beispiel einer Gartenfestung im 18. Jahrhundert war die Franzensburg im Park von Laxenburg[1302]. Schloss und Park Laxenburg waren seit der Zeit Maria Theresias zu einem der bevorzugten Rekreationsorte der kaiserlichen Familie avanciert. Unter Kaiser Franz II. (I.) wurden die Parkanlagen um den sog. *„Rittergau"* erweitert, dessen Zentrum die Franzensburg bildet[1303].

Die Anlage wurde 1798–1801 nach Plänen des kaiserlichen Steinmetzen Franz Jäger d. Ä.[1304] und unter maßgeblichem Anteil des kaiserlichen Privatkassiers Johann Michael Sebastian Riedl, der seit 1798 als enger Vertrauter von Kaiser und Kaiserin Oberaufseher über das Bau- und Gartenwesen war, errichtet. Der Bau des *„neuen Gartenhauses"* wurde *„nach dem von Sr= Majestät Selbst vorgelegten Plan"* errichtet und sollte die *„Gestalt einer gothischen Burgveste"* erhalten[1305].

Die Franzensburg untergliederte sich ursprünglich in zwei Teile, die jeder für sich auf einer Insel in einem neu angelegten großen See standen (Abb. 257): die eigentliche Burg und den Knappenhof als Vorburg. Sie wurden als neugotische Bauten mit Türmen, Zinnen und vorkragenden Wehrgängen über jeweils unregelmäßig fünfeckigem Grundriss errichtet. Im Innern der Gebäude fanden zahlreiche Spolien echter mittelalterlicher und renaissancezeitlicher Gebäude aus ganz Österreich Verwendung[1306]. Sie waren Teil des Gesamtkonzeptes, das den Bau zu einem *„Musäum altdeutscher Denkmäler"*[1307] machte. Die Burg war nie zur Bewohnung vorgesehen, sondern fungierte als Lusthaus und stellte mit ihrer gesamten Ausstattung ein Denkmal für das Haus Habsburg und seine Geschichte dar[1308]. Im Rittergau wurden noch weitere Denkmäler und Kleinarchitekturen errichtet und ein große Turnierplatz angelegt, die alle konzeptionell zueinander in Beziehung standen. Eine Gruft verwies auf die religiöse Verantwortung, die Rittersäule auf die Gesetzgebungsgewalt des Landesherrn, eine Meierei auf *„vorbildhafte wirtschaftliche Nutzung der Resourcen unter der verantwortungsvollen Leitung des Herrschers"*, und der Turnierplatz ließ *„schließlich den Glanz herausragender höfischer Festveranstaltungen deutlich werden."*[1309] Teil des Programms sollte überdies eine nie ausgeführte Kopie der schweizerischen Stammburg des Hauses Habsburg werden[1310]. Der Rittergau fungierte als der *„Ort habsburgischer Vergangenheit"*[1311], an dem historische Größe und Ruhm des regierenden Hauses in einer politisch ausgesprochen unruhigen und schwierigen Zeit beschworen wurden[1312].

Als Bauwerk zur Verherrlichung der habsburgischen Geschichte war die Franzensburg schon nach ihrer Einweihung 1801 an bestimmten Tagen der Öffentlichkeit zur Besichtigung im Rahmen von Führungen freigegeben[1313]. Die Führer berichteten über eine fiktive Geschichte der Burg mit Schlachten und Belagerungen, die so zu einem Bestandteil habsburgischer Historie wurde[1314]. Der Besucher wurde dabei mit dem Wert ritterlicher, also traditionsreicher adeliger Tugenden und Ideale konfrontiert[1315]. Mit dem Rittergau inszenierte sich Franz II. als Vertreter einer ideal vorgestellten Gesellschaft des Mittelalters, die Vorbild für die eigene Zeit sein sollte[1316].

Da mag es auf den ersten Blick erstaunen, dass die Franzensburg von einer hochmodernen bastionären Befestigung aus Erdwerken umgeben war. Mit der Abtragung dieser Festungsanlagen wurde allerdings schon wieder ab 1803 begonnen[1317]. Sie störten die Authentizität des Mittelalterbildes. *„Wenn einst der junge Wald von Tannen und Fichten, der die schon vollendete Franzensburg umgibt, sich wölben wird; wenn die, alle Täuschung störenden, mit Kanonen besetzten Außenwerke beseitiget, und die Wassergräben abgelassen seyn werden, wie es in Antrage ist: so wird das Äu-*

ßerliche dieser Ritterfeste, die ganz nach einem wirklichen, in Tirol gelegenen Lieblingsschlosse Kaiser Maximilian des I. erbauet wurde, ungemein gewinnen", urteilte 1805 eine Beschreibung[1318]. Doch Anfangs müssen diese nun geschmähten Fortifikationen für den Bauherrn eine bestimmte Bedeutung gehabt haben, sonst wären sie nicht errichtet worden[1319].

Die Befestigungen umgaben als Erdwerke die fünfeckige Hauptburg mit einem Wall und fünf Bastionen an den Ecken (Abb. 257)[1320]. Aus der westlichen Kurtine sprang nochmals ein kleineres dreiseitiges Werk in der Art einer Halbbastion vor. Die Enceinte folgte dem Mauerverlauf der Burg. So entsprach jedem der sechs Türme eine Bastion. Entsprechend der Festungsbaukunst um 1800 treffen die Facen der Bastionen in relativ stumpfen Winkeln aufeinander. In ihren Saillants waren Geschützemplacements mit rückwärtigen Auffahrtsrampen angelegt. Es handelte sich um eine durchaus moderne und zeitgemäße Festungsanlage. Als Urheber für diese Fortifikationen kommt wohl nicht der Zivilbaumeister Franz Jäger d. Ä., sondern eher der mit den Kanal- und Wasserbauarbeiten in Laxenburg und gerade daher auch mit den Arbeiten am Rittergau betraute Ingenieuroffizier Ludwig de Traux in Betracht[1321].

Gegen Nordwesten war der Festung eine Doppelschere vorgelegt, gegen Osten ein Ravelin. Beide Werke deckten die zwei Tore und ermöglichten über Zugbrücken den Zutritt zur Burg vom Park aus. Südwestlich der Kernburg erhob sich auf einer eigenen Insel die Anlage des Knappenhofes, die ab 1822 durch den Vereinigungsbau mit dem Hauptgebäude verbunden wurde[1322]. Der Knappenhof verfügt über einen runden und einen bastionierten Turm auf der Westseite. Vor seiner Südseite war ein Erdbankett mit Schützenauftritt angelegt[1323]. Zwingerartig wurde der Knappenhof überdies von einer starken Palisade umgeben (Abb. 258). Als isoliertes Werk erhob sich südlich davon im Wasser eine bastionsförmige Redoute.

So erschien die Franzensburg als bastionierte Festungsanlage und machte den Eindruck einer alten, erst kürzlich neu fortifizierten Burg. Auf einer Ansicht von 1803 erscheint die ganze Anlage ausgesprochen trutzig und wehrhaft[1324]. Das Blatt ist bezeichnenderweise betitelt: *„Feste im Parc von Lachsenburg"*. Auf den Bastionen standen Kanonen, und auch die Türme und Wehrgänge wur-

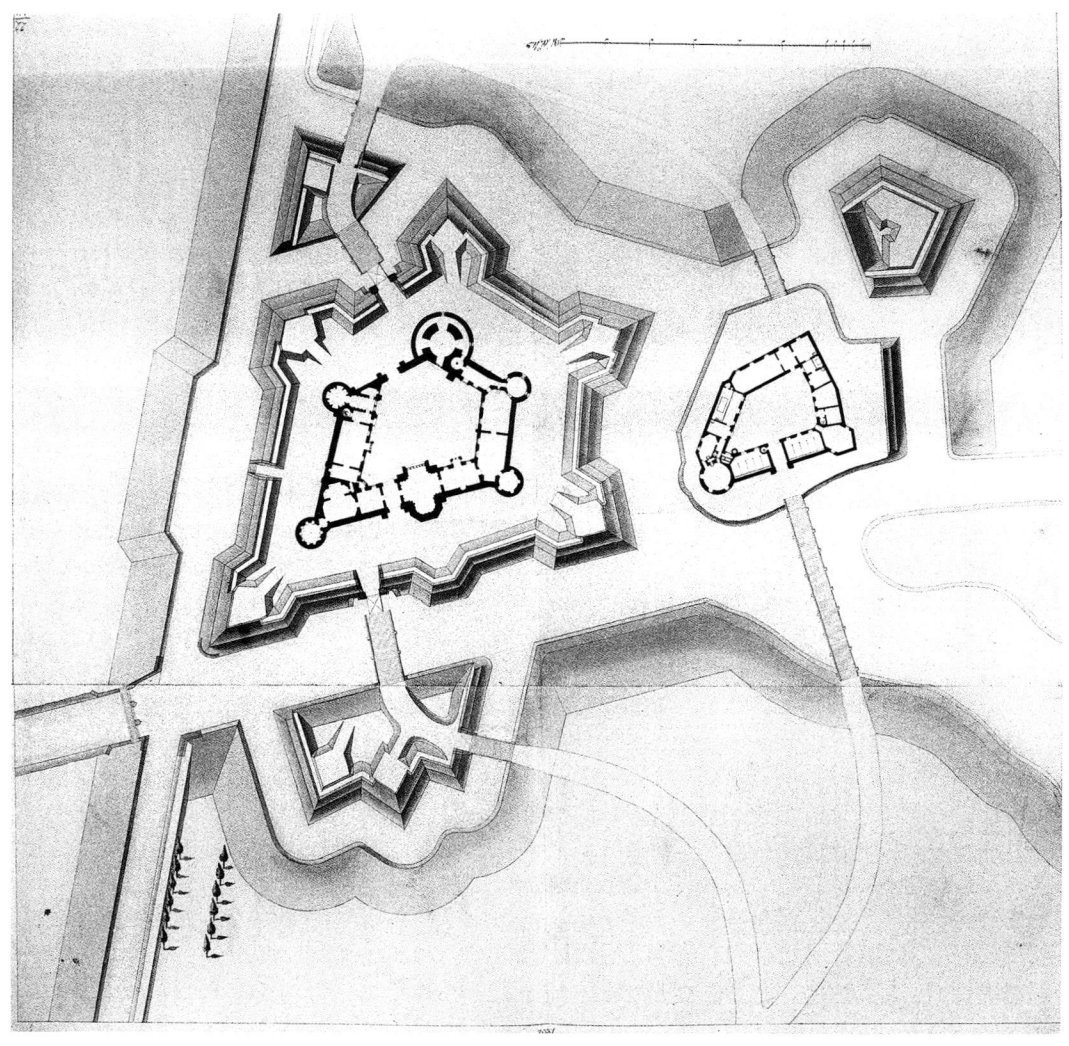

Abb. 257: Laxenburg. Franzensburg, Grundriss der Gesamtanlage von Franz Jäger d. Ä., vor 1803. Aquarellierte Federzeichnung.
Akademie der bildenden Künste Wien, Kupferstichkabinett

Abb. 258: „Feste im Parc von Lachsenburg." Aquarell von Louis Maillard 1803. KHM Wien, Albertina.

den mit kleinem Geschütz, den Wallbüchsen oder sog. „Doppelhacken" bestückt, eine Waffe, die übrigens noch bis weit ins 19. Jahrhundert zur Festungsverteidigung eingesetzt wurde[1325]. Letztere verblieben, wie Beschreibungen und Ansichten der Burg aus späteren Jahren verraten, auch nach der endgültigen Abtragung der Erdwerke 1807 auf den Türmen und Wehrgängen[1326]. All dies trug zu einem ausgesprochen wehrhaften Charakter bei, der die Besucher beeindrucken sollte und für eine Burg als angemessen galt. So wurde schon 1785 in den *Untersuchungen über den Character der Gebäude* gefordert: „*Die Ritterburg muß von ächter gothischer Bauart seyn, und sich auf die traurigen Revolutionen dieses Zeitalters beziehen. Hin und wider können einige Züge von Härte und Gefangenschaft ihren Character verstärken, der übrigens einen Anstrich von düsterer Schwermuth haben muß. Zu dem Ende gebe man ihr eine winkelichte Form, die viele Vertiefungen zeigt; endlich muß sie, als ein heroisches Gebäude betrachtet, hoch, und allenfalls zur Vertheidigung geschickt seyn.*"[1327]

Teil des ausgefeilten Befestigungskonzepts auf der Franzensburg waren die Maschikulationen der „*Mordgallerie*", also des umlaufenden Wehrganges (Abb. 259). Diese Verteidigungseinrichtungen wurden den Besuchern, die Wehrgänge und Türme im Rahmen der Führung bege-

hen durften[1328], geradezu plakativ vorgeführt. Unterschiedlichste Schießschartenformen, die sich mitunter ziemlich realistisch an spätmittelalterlichen Vorbildern orientieren, erscheinen in den Türmen und den Mauern, waren aber blind und somit funktionslos (Abb. 261). Auch Motive des modernen Festungsbaus flossen ein. So hat sich ein Entwurf Franz Jägers für das Tor neben dem Hauptturm erhalten, das demnach zwar als gotischer Spitzbogen auszuführen war, aber von einer rustizierten Rahmung umgeben wird. Als Schlussstein dient ein Mascheron, darüber war eine Wappenkartusche gedacht (Abb. 260)[1329]. Die Gestaltung erinnert an damals moderne Festungsportale und zeigt wieder, dass man die Bauaufgabe „Burg" dem Bereich der Fortifikationsarchitektur zurechnete. Tatsächlich wurde die Franzensburg schon rein materiell wie ein Festungsbau behandelt. Für ihren Bau fertigte man eigens spezielle, besonders große Fortifikationsziegel an[1330].

Der Eindruck, einen militärischen Bezirk zu betreten, wurde noch dadurch verstärkt, dass die Besucher der Franzensburg am Eingang von zwei uniformierten „*ergraute*[n] *Artillerie=Unteroffiziere*[n] *mit der Tapferkeitsmedaille*" in Empfang genommen wurden[1331]. „*Noch unter der Einfahrt wird man entwaffnet*", heißt es 1805[1332]. Die

223

beiden Burgwächter führten die Besucher durch die Anlage, auf den Hauptturm und die mit den Wallbüchsen bestückten Wehrgänge[1333]. Solche Besuche waren auch immer fester Bestandteil von Herrscherempfängen in Laxenburg[1334].

„Die Ursache, warum Seine Majestät der Kaiser gleich Anfangs bei Eröfnung des Gartengebäudes zur Aufsicht 2 Artilleristen dahin anstellen zu lassen geruheten, waren die rings um diese Burg errichteten Batterien und aufgestellten Kanonen.“[1335] Die Soldaten sollten also als reale Staffagefiguren wie eine Garnison die Festung beleben und hatten bei besonderen Anlässen die Geschütze zu bedienen[1336]. Leider ist nicht genau geklärt, um was für Anlässe es sich dabei handelte, aber wahrscheinlich wurden die Kanonen bei höfischen Festlichkeiten, z. B. bei Feuerwerken, abgefeuert, wie dies in der Frühen Neuzeit im Rahmen von gespielten Burg- und Festungsbelagerungen öfter der Fall war[1337]. Solche militärischen Vorführungen wären auch in Laxenburg denkbar. Die Fortifikationen der Franzensburg mit ihren Vorwerken hätten hierzu sicherlich entsprechende Möglichkeiten geboten, eventuell auch für Naumachien auf den umgebenden Wasserflächen, wie sie im russischen Oranienbaum oder in Moritzburg abgehalten wurden[1338]. Hingegen ist es kaum denkbar, wenn auch nicht völlig auszuschließen, dass man an reale Verteidigungsabsichten dachte. Die Festungswerke der Franzensburg sollten wohl eher Teil des oben erwähnten politisch-landesherrlichen Programms im Rittergau sein und dieses um einen wesentlichen Aspekt ergänzen. Nämlich den der Kriegsbereitschaft des Landesherrn (moderne Fortifikation), der

sein Reich gegen den Zugriff von Außen zu bewahren weiß, wie es schon seine Vorfahren (mittelalterliche Burg) getan hatten. Die Festung ist das offensichtlichste Symbol für diese Schutzfunktion des Landesfürsten, dessen Wappen demonstrativ auf den Türflügeln des Haupttors der Franzensburg von zwei Geharnischten präsentiert wurde[1339]. In den unruhigen Zeiten der Revolutionskriege konnte dies sicherlich so verstanden werden, wenn sich die Quellen hierzu auch beharrlich ausschweigen. Analog dazu wäre der Turnierplatz nicht nur als der Ort glanzvoller Festveranstaltungen zu interpretieren, sondern als der Raum, auf dem der Landesherr und sein Militär[1340] ihre Wehrbereitschaft in traditionellen Ritterspielen gegenüber Hof, Gästen und Bevölkerung demonstrierten[1341].

Die Franzensburg war jedenfalls kein Einzelfall. Die bereits erwähnte, etwa zeitgleich entstandene Festung Bip in **Pawlowsk** (Abb. 225)[1342] ist ihr, zumindest in den äußeren Formen und als Festung im Gartenbereich, eng verwandt. In Pawlowsk und Laxenburg wird dabei ein Bautypus thematisiert, der nun schon mehrfach in Erscheinung getreten ist: hinter mächtigen Erdwerken erhebt sich der aufwendige Bau des Palastes bzw. eine vermeintlich alte Anlage stellt sich durch äußere Fortifikationen modernisiert dar, womit eine Brücke zur eigenen Epoche geschlagen wird (vgl. Hohenzollern, Lichtenstein, Schwerin)[1343].

Die Entwürfe für ein Bergschloss in Laxenburg

In unmittelbarem Zusammenhang mit der Franzensburg müssen Entwürfe des Architekten Johann Ferdinand

Abb. 259: Laxenburg. Franzensburg, Maschikuli der Mordgalerie.

Hetzendorf von Hohenberg zu einem Bergschloss im Laxenburger Park gesehen werden[1344]. Es handelt sich dabei eventuell um Vorstudien für ein Projekt, das schließlich in der Idee gipfelte, auf einem Berg über dem See nahe der Franzensburg eine genaue Kopie der schweizerischen Stammburg der Habsburger zu erstellen, unter der man eine Grotte als Ruhmeshalle der Dynastie vorsah. Dieser Plan wurde allerdings schon 1805 fallengelassen und die in Ansätzen begonnene Grottenanlage geriet in Verfall[1345]. Hohenbergs Pläne sahen eine großartige hügelige Ruinenlandschaft mit zahlreichen ägyptischen, griechischen und christlichen Kultbauten auf der einen Seite der Anlage vor (Abb. 262)[1346]. Sie hätte als Felsenbrücke über den See zu einem runden, als Insel gedachten Berg direkt vor dem Ufer geführt. Auf dessen Gipfel sollte sich ein zweistöckiger Schlossbau über dem Grundriss eines regelmäßigen sechszackigen Sterns erheben (Abb. 263). Zwölf Räume umgeben im Entwurf einen zentralen runden Saal. Er sollte im Außenbau durch einen kreisrunden Tambour, der sich über die Plattform des Gebäudes erhebt, in Erscheinung treten. Interessanterweise wird die Dachspitze des Tambours von einem der damals hochmodernen optischen Telegrafen bekrönt, die mit ihren beweglichen Armen der militärischen Nachrichtenübertragung dienten[1347]. Den Bau sollte eine Brüstung abschließen, wobei auf den sechs Spitzen des Sterns jeweils ein Postenerker sitzt. Das Ganze zitiert in fast wörtlicher Weise einen Entwurf Johann Bernhard Fischer von Erlachs, den dieser in seinem *Entwurf einer historischen Architectur* 1721 vorgestellt hatte. Dabei handelt es sich um

Abb. 260: Laxenburg. Franzensburg, Entwurf für ein Portal von Franz Jäger d. Ä., lavierte Federzeichnung um 1800. Akademie der bildenden Künste Wien, Kupferstichkabinett

Abb. 261: Laxenburg. Franzensburg, Teil der Ringmauer mit blinden Scharten.

Abb. 262: Ferdinand Hohenberg von Hetzendorf. Entwurf zu einem Bergschloss im Park von Laxenburg, um 1800. Ansicht. KHM Wien, Albertina.

ein „*Land=Gebäude, welches wieder dem Anlauff einer Parthey zur defension dienen kan*" (Abb. 264)[1348]. Hier steht das Gebäude allerdings als Palast auf einer tenaillierten, mit einer Brustwehr umzogenen Plattform in der Ebene und wird überdies noch durch einen Graben sowie einen bedeckten Weg mit Glacis gesichert. Hohenberg hat den

Bau aus diesem Kontext herausgelöst, behält aber mit den Postenerken auf den Spitzen der Saillants und dem Sterngrundriss die Festungsform des Gebäudes offensichtlich bewusst bei, um es als Bergschloss zu charakterisieren. Der militärisch-fortifikatorische Charakter des Baus wird noch dadurch betont, dass sich unterhalb da-

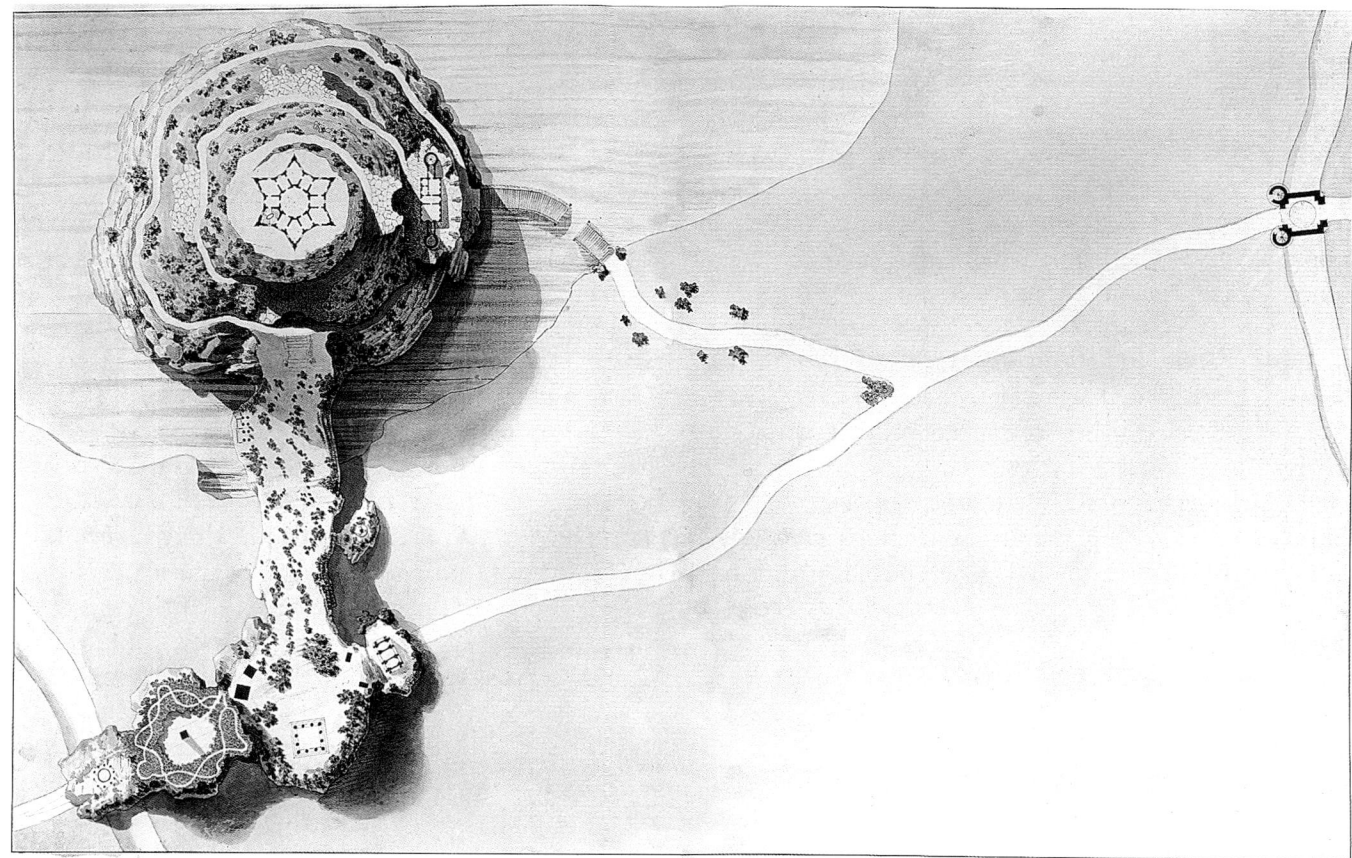

Abb. 263: Ferdinand Hohenberg von Hetzendorf. Entwurf zu einem Bergschloss im Park von Laxenburg, um 1800. Plan der Gesamtanlage. KHM Wien, Albertina.

TA. XX.

Gründ-Riß, und Prospect eines Land=Gebäudes, welches wieder der
Anlauff einer Parthey Zur defension dienen kan.

Inventé et desinei par Jean Bern: Fischhers L: Erl:

C: P. S: C: M:

Plan et vüe d'une maison de Campagne, qui peut se
défendre contre les attaques des parties.

Abb. 264: Johann Bernhard Fischer von Erlach. Entwurf eines „Land=Gebäudes, welches wieder dem Anlauff einer Parthey zur defension dienen kan"aus der Historischen Architektur 1721.

von, etwa in der Mitte des Berges, auf einer Terrasse über dem Eingang zur Felsengrotte ein burghaftes Gebäude erhebt. Der einstöckige Bau besteht aus einem Mittelpavillon und zwei, über kurze Seitenflügel daran angebundene, zinnengekrönte zweistöckige Rundtürme. Seitenflügel und Türme sind mit Schlitzscharten kreneliert. Vor diesem Gebäude sind als martialischer Schmuck elf Kanonen postiert, von denen zwei auf den Weg ausgerichtet sind, der als einziger Zugang ringförmig ansteigend um den Berg bis zum Schloss auf dem Gipfel verläuft[1349]. Die Aufstellung der Geschütze erinnert an die in der Frühen Neuzeit gängige symbolische Demonstration des „ius armorum" des Landesherrn. Seit dem 17. Jahrhundert hatte sich dieses zu einem *Wesensmerkmal fürstlicher Herrschaft"* entwickelt. Zu seiner Verdeutlichung wurden vor Schlössern oder auf deren Wällen Kanonen platziert[1350].

Die drohende Atmosphäre der ganzen Partie wird noch dadurch unterstrichen, dass der Eingang zur Grotte unter dem Schloss und zum Weg auf den Gipfel nur über eine Holzbrücke vom Seeufer aus zu erreichen sollte. Als Brückenkopf erscheint am Festlandsufer ein mächtiges Spitzbogentor, bekrönt von drei Rundtürmen

und gesichert durch ein Fallgatter. Die Hauptschauseite der ganzen Anlage gibt sich also höchst martialisch und respektgebietend, ja mit der dunklen Höhlenöffnung fast schon furchteinflößend. Hier spielen offensichtlich Aspekte der sentimentalischen Gartengestaltung im späten 18. Jahrhundert unter dem Einfluss der Schriften von Edmund Burke eine Rolle. Er hatte die Wirkung des Erhabenen u. a. aus der Furcht und dem Schrecken abgeleitet: *„Alles, was auf irgendeine Weise geeignet ist, die Ideen von Schmerz und Gefahr zu erregen, das heißt, alles, was irgendwie schrecklich ist oder mit schrecklichen Objekten in Beziehung steht oder in einer dem Schrecken ähnlichen Weise wirkt, ist eine Quelle des Erhabenen, das heißt, es ist dasjenige, was die stärkste Bewegung hervorbringt, die zu fühlen das Gemüt fähig ist."*[1351] Die Kanonen, die dunkel dräuende Höhle und die Festungswerke sollten diese Gefühle beim damaligen Betrachter wohl auslösen.

In einem zweiten Entwurf zeigt Hohenberg einen Schnitt durch die Grotte (Abb. 265)[1352]. Der ganze Berg sollte von radial angeordneten Kavernen, Hallen und Gängen durchzogen werden. In diesem Entwurf erhebt sich in Alternative zum Erlachschen Bau auf dem Gipfel eine neugotische Burg mit zinnengekrönten Türmen

227

hinter einer umlaufenden achteckigen, krenelierten Ringmauer. Aus der Mauer tritt ein Torbau hervor, der als dreiteiliger Triumphbogen gestaltet ist, aber statt von einer Attika von einem Staffelgiebel mit Zinnenschmuck bekrönt ist. Die geböschten Türme und Mauern, Zinnen, Kordongesimse und Maschikuli verleihen dem Bau einen äußerst wehrhaften Charakter. Aktueller und historischer Wehrbau verschmelzen miteinander. Die Turm-

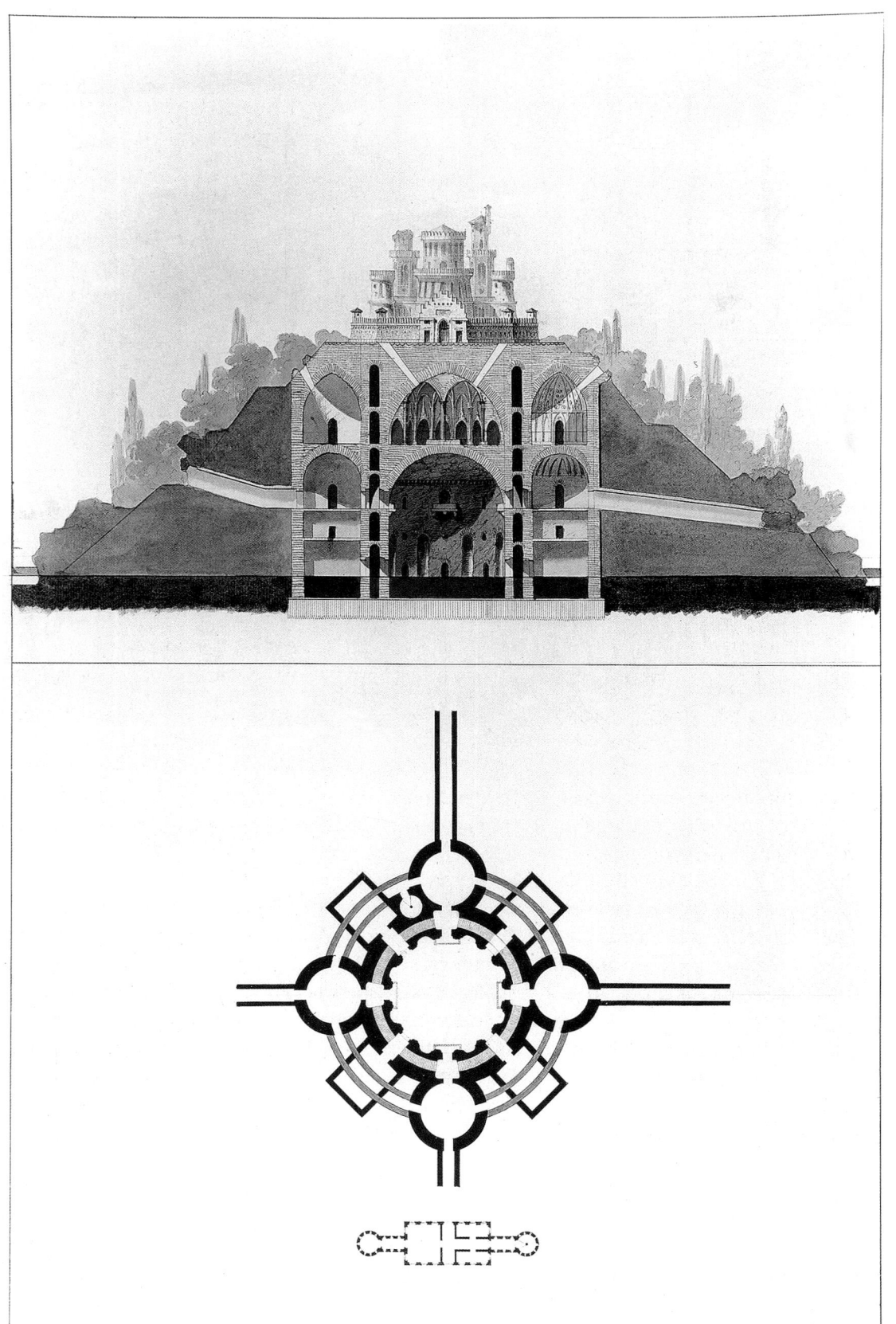

Abb. 265:
Ferdinand Hohenberg von Hetzendorf. Entwurf zu einem Bergschloss in gotischen Formen im Park von Laxenburg, um 1800. Schnitt durch den Burgberg und Grundriss der Kavernen und des Gebäudes über dem Eingang zur Grotte. KHM Wien, Albertina.

Abb. 266: Potsdam. Schlosspark Babelsberg, Erinnerungsdenkmal an den Badischen Feldzug 1849 von August Kiss.

bauten erinnern gestalterisch an die der Franzensburg. Die Verwirklichung dieses Entwurfs wäre ein gigantisches Unterfangen gewesen, das sicher gerade deshalb zum Scheitern verurteilt war. Noch 1820 sah ein Besucher als Überbleibsel des Projekts im Magazin zwölf alte Kanonen aus Nürnberg, *„wo sie ihrer weiteren Bestimmung harren.“*[1353] Sie sollten wohl ursprünglich auf der erwähnten Plattform über dem Zugang zur Grotte zu stehen kommen.

Hält man sich vor Augen, dass in der Grotte mit zahlreichen Büsten habsburgischer Herrscher eine Ruhmeshalle der Dynastie geplant war, so erhält hieraus auch der martialische Charakter des Ganzen seinen Sinn. Den Besucher sollte beim Anblick des Denkmals habsburgischer Größe, als das die Anlage gedacht war, heiliges Erschauern erfassen. Die Architektur beschwört in erhabener Form gleichsam den Kriegsruhm des Geschlechts, seine Wehrhaftigkeit über Jahrhunderte hinweg, die Garant seiner Herrschaft war[1354]. Die Habsburger hatten einst Europa vor den Türken gerettet, nun verteidigten

sie den Kontinent erneut bzw. dessen bestehende Ordnung gegen einen Alles bedrohenden Feind: das revolutionäre Frankreich.

Die Befestigungen im Park von Babelsberg

Die Inszenierung des Militärischen im Garten findet sich im 19. Jahrhundert ausgeprägt in der Parkanlage des Schlosses Babelsberg bei Potsdam. Es wurde als Sommersitz des Prinzen Wilhelm, des späteren Kaisers Wilhelm I., 1833–1849 errichtet. Im Park erinnern gleich mehrere Denkmäler an die militärische Karriere und die kriegerischen Taten des Schlossbesitzers, der sich bei der Niederwerfung der Revolution 1848/49 in Berlin, vor allem aber in Baden auszeichnete. Die bereits erwähnte Schanze im Südosten des Gartens (Abb. 251) verwies auf erste Übernahme militärischer Verantwortung Wilhelms in jungen Jahren während des Manövers 1811. So kam dem neu angelegten Erdwerk ein gewisser Erinnerungswert zu, der noch dadurch unterstrichen wurde, dass man zu seinen Füßen später das Grab des Pferdes „Sadowa", das

Wilhelm als König in der Schlacht von Königgrätz 1866 geritten hatte, anlegte[1355]. Die Schanze bestand aus einer Face und zwei Flanken. Davor befand sich ein Graben. Rückwärtig führte eine Rampe auf den Wall, der in den Schulterpunkten über zwei Geschützemplacements verfügte, die ebenfalls über kurze Rampen zugänglich waren[1356]. Welche Funktion dieser Schanze allerdings außer dem Wert als Memorialbau zukam, ist leider gänzlich unbekannt. Eventuell wurde auch sie im Rahmen von Festen oder gar militärischen Vorführungen genutzt.

Neben dieser Schanze erinnerten noch weitere Denkmäler an militärische Erfolge im Leben Wilhelms. Zum Gedenken an letztere ließ er 1866 im Park eine Siegessäule errichten[1357]. Vor allem aber bezogen sich die Denkmäler auf den Triumph über die Revolution. So steht auf einer unmittelbar hinter dem Schloss gelegenen Anhöhe das „Erinnerungsdenkmal an den Badischen Feldzug 1849" des Bildhauers August Kiss (1802–1865). Es stellt in einem neugotischen Aufbau den Erzengel Michael dar, der den Drachen tötet, eine Figurengruppe, die in identischer Form an den Schlössern Hohenzollern und Schwerin zu finden ist (Abb. 266). Der Erzengel wurde zum Signum der über die Schlange der Revolution triumphierenden Reaktion. Das Denkmal war ein Geschenk Friedrich Wilhelms IV. an seinen siegreichen Bruder[1358]. Ebenfalls ein Geschenk in diesem Sinne war das „Bildstöckl" am Ufer der Havel, das Wilhelm vom Großherzog von Baden 1850 erhielt. Nach der Überlieferung hatte der Prinz während eines Gefechts mit seinen Begleitern trotz heftigen badischen Feuers unbeeindruckt vor dem kleinen Denkmal verweilt, um die Aufstellung eines Bildwerks dieser Art in Babelsberg zu diskutieren. Das beherrschte Verhalten des Prinzen in dieser Situation soll sich unter den preußischen Soldaten rasch herumgesprochen haben und schließlich dem Großherzog zu Ohren gekommen sein, der daher eben jenen Bildstock Wilhelm schenkte[1359].

Doch es gibt im Park noch ein weiteres Denkmal an den Sieg der preußischen Monarchie über die badische Republik und für Wilhelms Selbstverständnis, auch wenn dies heute nicht mehr ganz so offensichtlich ist wie noch im 19. Jahrhundert. 1853–1856 entstand nach Entwürfen Johann Heinrich Stracks der Flatowturm (Abb. 267)[1360]. Vorbild für den Rundturm mit den vier aus seinem Zinnenkranz vortretenden Rundtürmchen war der Eschenheimer Torturm in Frankfurt. Der Bau, bestehend aus dem Turm und einem neugotischen Anbau, erhebt sich auf einer bastionierten Plattform inmitten eines Teiches, dessen Rand teilweise die Form der Bastionierung aufnimmt (Abb. 268), und ist formal eindeutig in die Tradition der Parkfestungen zu stellen[1361]. Er diente dem Prinzen als privater Rückzugsort. Eine Brustwehr mit Zinnen schließt die Bastionen ab (Abb. 269). Den Festungs- bzw. Burgcharakter der kleinen Anlage verstärkte noch eine funktionsfähige Zugbrücke über den Graben. Hinter der Brustwehr waren auf den Bastionen fünf Kanonen aufgestellt, die man bei der Einnahme von Rastatt 1849 erbeutet hatte[1362]. Auch hier war es ein Veteran, der Besuchern den Turm öffnete und erklärte[1363].

Durch die Aufstellung der Geschütze erhielt der Turm seine Bedeutung als militärisches Denkmal für die Niederschlagung der Revolution bzw. für Prinz Wilhelm als herausragendem Militär, der die Exekutionstruppen kommandiert hatte, *„ein Sinnbild der unbeugbaren Energie des Babelsberger Schlossherrn, selbst um den schmerzlichen Preis eines etwaigen Konflikts mit dem Lande! Von Wall und Graben ist er umgeben, Männer in eherner Rüstung halten vor und neben der Zugbrücke Wacht, Kanonen wehren den Eingang dem, der wagen sollte, an diesem Bollwerk zu rüt-*

Abb. 267: Potsdam. Schlosspark Babelsberg, Flatowturm.

Abb. 268: Potsdam. Schlosspark Babelsberg, Flatowturm, Bastionierung.

teln."[1364] Mittelalterliche, neugotische Formen verwiesen auf Tradition und Anciennität des Hauses Hohenzollern, ja des Adels überhaupt gegenüber den revolutionären Aufrührern. Die alte Ordnung hatte siegreich ihre legitime Herrschaft gegen alle Anfeindungen verteidigt. Burg- und Festungsmotivik standen stellvertretend für die Unerschütterlichkeit der bisherigen Ordnung und deren

Existenzberechtigung aus der Vergangenheit. In ähnlicher Weise drückt dies auch das bewusst neugotisch gestaltete Michaels-Denkmal für den Sieg im badischen Feldzug aus. Die Neugotik wird hier zu einem Symbol für die legitime monarchische Staatsordnung. So war für den politisch konservativ denkenden Architekturtheoretiker Heideloff der *„altdeutsche"*, also der gotische Baustil

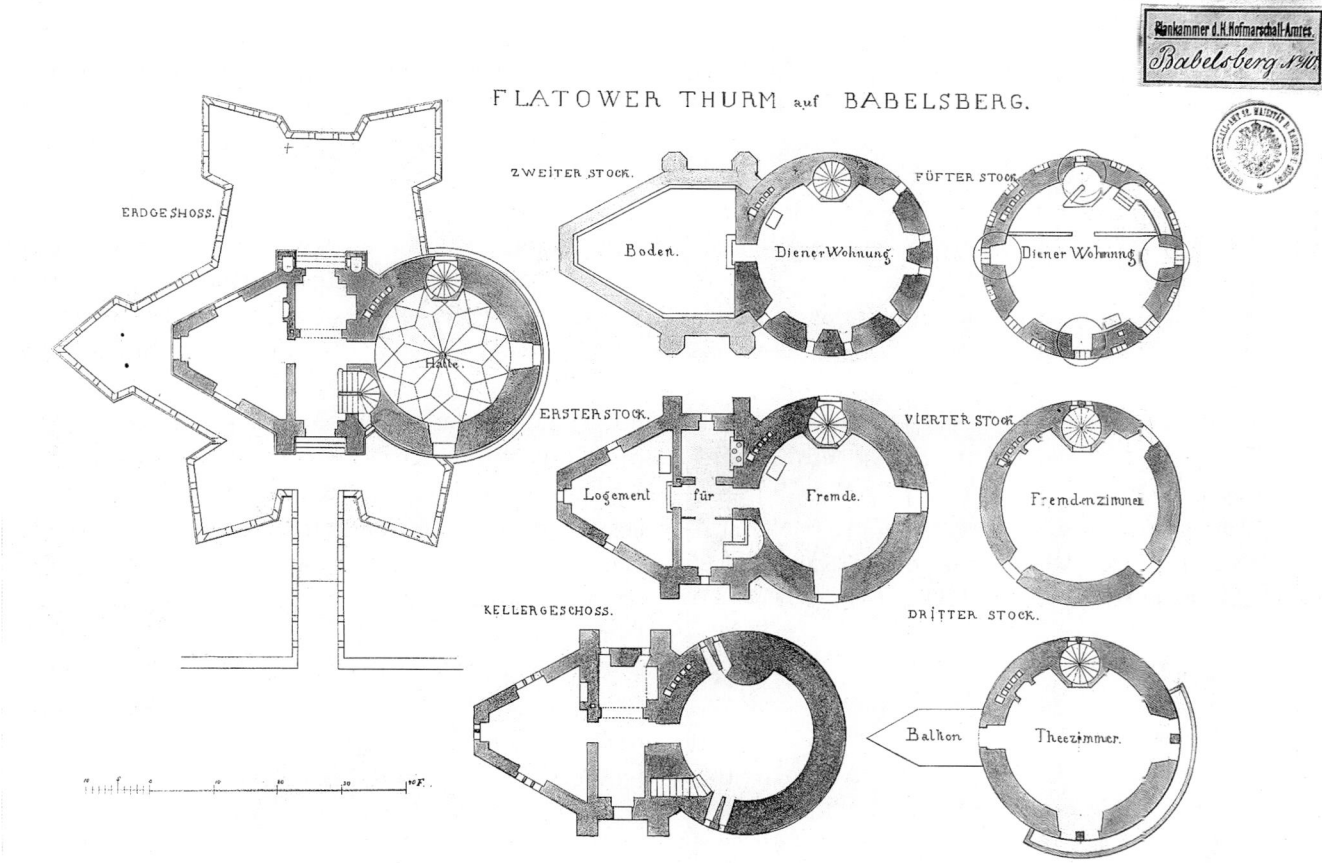

Abb. 269: Potsdam. Schlosspark Babelsberg, Flatowturm, Grundrisse. SPSG Berlin-Brandenburg, Plankammer

„der monarchische, der Styl der Ordnung und des Glücks"[1365]. Damit steht der Flatowturm in einer Reihe mit den in jüngster Zeit mehrfach thematisierten Erinnerungsdenkmälern an die Niederschlagung der Revolution, die man nach 1848/49 in Potsdam und Berlin errichtete[1366]. Die Idee, durch Siegesdenkmäler in einem Park auf den militärischen Ruhm eines Herrschers bzw. des Bauherrn zu verweisen, ist hingegen nicht neu. Ähnliches gab es in den Gartenanlagen von Zarskoje Selo bei St. Petersburg schon im 18. Jahrhundert, wo zahlreiche Denkmäler an die militärischen Erfolge Russlands unter Katharina II. gegen die Türken erinnerten. Diese Zurschaustellung militärischen Triumphes im Garten orientierte sich an zeitgenössischen Vorstellungen über die Antike, nach denen es römischer Gepflogenheit entsprach, in Gärten Siegesmonumente zu schaffen, was auch für die modernen Anlagen empfohlen wurde[1367]. In einen solchen Kontext dürfte sich auch die Ausstaffierung des Babelsberger Parks einordnen lassen.

Die Parkburg als Militärbau

Militär und Fortifikation gingen also auch mit der höfischen Gartenkunst des 19. Jahrhunderts mannigfache Verbindungen ein und die Gartenfestung brachte Ansprüche und Selbstverständnis ihrer Besitzer zum Ausdruck. Selbst ein Ruinenschloss wie die Löwenburg, die in keiner Weise auf den modernen Wehrbau rekurrierte und vor allem als Memorialbau für das hessische Herrscherhaus wie auch als Rückzugsort des Landesherrn diente, an dem Landgraf Wilhelm IX. abseits der politischen Realitäten der Zeit um 1800 als Privatmann Zuflucht in einer heroischen Vergangenheit finden und von einer konfliktfreien Herrschaft träumen konnte[1368], verzichtete nicht auf Bezüge zum modernen Militär. Sie wurde durch eine eigene Wachmannschaft, die Schweizergarde, wieder in die Nähe des Militärbaus gerückt in dem Sinne, dass man eine Burg zuerst als Festung begriff, in der eine Garnison untergebracht war. Die Wache der Löwenburg bestand – ähnlich wie auf der Franzensburg – aus einer *„Abtheilung der Invalidenkompanie"*, die ursprünglich zwar tatsächlich historisierende Uniformen mit Schlitzung im Stil der Renaissance trug, im 19. Jahrhundert aber eine eigene, zeitgenössische Uniform mit Bärenfellmützen erhielt. Die Schweizergarde war auch noch nach dem Tode Wilhelms IX. auf der Burg stationiert[1369].

Wie sehr selbst eine neugotische Parkburg nach militärischen Gesichtspunkten beurteilt werden konnte, verrät eine Beschreibung der Anlage, die sich auch mit der Kritik der Zeitgenossen an den Parkbauten in Kassel-Wilhelmshöhe auseinandersetzt und diese zu entkräften sucht: *„Etwas gegründeter ist der Vorwurf, den man der Nachahmung einer Burgruine, die Löwenburg genannt, in Absicht auf ihre Stellung, links hinter dem Schlosse am Wald-*

berge, gemacht hat: dass sie nemlich von den nahe liegenden Hügeln militairisch beherrscht werde. Man kann sich indessen doch auch vorstellen, dass diese Burg zu einem System von Burgen, die das ganze Gebirge vertheidigten, gehört habe; dann wäre der Vorwurf aufgehoben."[1370] Die Anlage selbst einer solchen Parkburg muss also ihren Sinn aus der taktischen und strategischen Logik gewinnen, um möglichst real zu erscheinen und so vor dem Urteil militärisch versierter Zeitgenossen bestehen zu können.

Krieg, Jagd und Fortifikation

Nicht nur innerhalb der Gärten von Sanssouci und Babelsberg gelangten Befestigungselemente zur Anwendung. Sie finden sich noch an anderer Stelle in **Potsdam**, nämlich im Königlichen **Wildpark**. Dort errichtete Ludwig Persius 1841 im Zentrum der Anlage das Hegemeisterhaus, *„dessen hohe geböschte Mauern mit dem überdachten Zinnenkranz einen stark fortifikatorischen Eindruck erwecken."*[1371] Eine Ansicht von 1843[1372] zeigt den Bau, von dem allerdings nur ein Teil verwirklicht wurde. Der burgartige Komplex sollte nicht nur als Wohnhaus des Hegemeisters, sondern auch als königliches Jagdschloss dienen und eine entsprechende Raumfolge für den Herrscher aufweisen[1373]. Er gruppiert sich, überragt von einem hohen Turm, um einen Hof, der sich zu einem Geländeabfall hin mit einer Terrasse öffnet (Abb. 271). Diese Terrasse ist als zinnengekröntes Rondell gestaltet. Die Brustwehr sitzt auf einem weit auskragenden Rundbogenfries ähnlich einer Maschikulation. Das Motiv findet sich an den Wohnbauten in der selben Form. In den geböschten Mauern des Rondells wie auch der Wohnbauten sitzen in dichter Reihung schmale, hochrechteckige Fensteröffnungen, die Assoziationen an Schießscharten erwecken. Das verleiht dem gesamten Komplex einen ausgesprochen trutzigen Charakter. Das Vorbild ist

Abb. 270: Potsdam. Wildpark, Terrasse des Wächterhauses am Sanssouci-Tor.

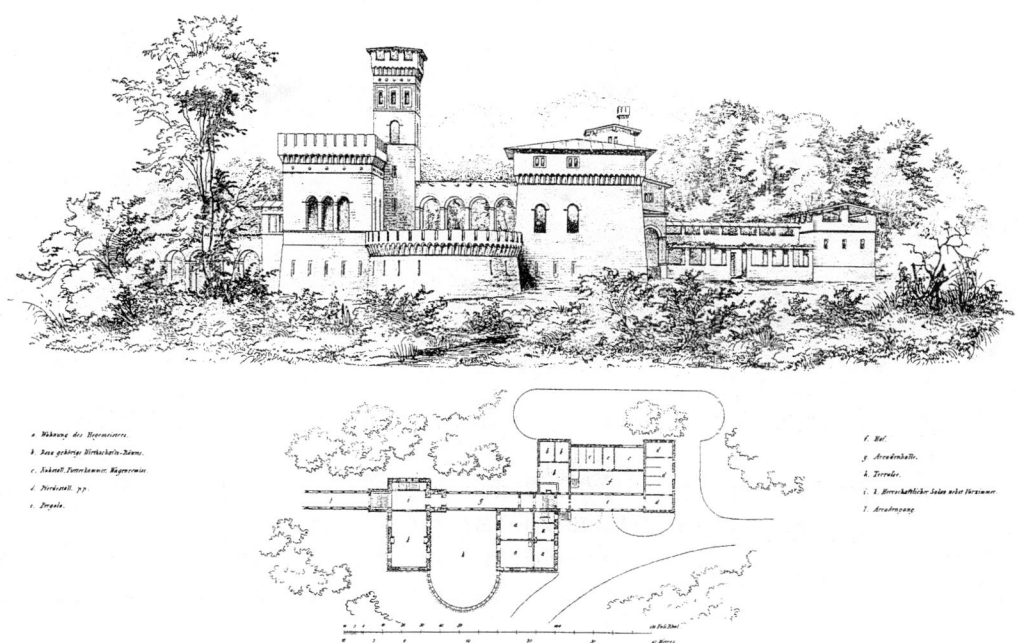

Abb. 271: Ludwig Persius. Entwurf zum Hegemeisterhaus im Wildpark Potsdam 1843.

evident: frühe italienische Villen aus dem 14. und 15. Jahrhundert wie das mediceische Cafaggiolo nördlich von Florenz, die mit Zinnen, Maschikuli und Türmen zugleich auch Wehrbauten waren bzw. Wehrhaftigkeit vorführen[1374].

Ähnlich gestaltet wurden die Torbauten des Wildparks, unter denen das Försteretablissement am Sanssouci-Tor herausragt (Abb. 270): *„Das Hauptgebäude hat eine quadratische Grundform, an dessen einer dem Einfahrtsthore zugekehrten Ecke ein Thürmchen angebracht ist, das eine freie Aussicht gestattet, und von dem aus man namentlich im ersten Geschoß, wo es mit der Dienststube in Verbindung steht, jede Person, die den Eintritt in den Wildpark begehrt, nahen sehen kann."*[1375] Dieses Türmchen erhebt sich als schlanker Rundturm über einem Rondell, das aus dem geböschten Sockel des Gebäudes hervorspringt und wie dieser im Gegensatz zum verputzten Oberbau blanke Ziegel zeigt. Das Rondell wird von einem auf Konsolen vorkragenden Zinnenkranz abgeschlossen und hat, wie der Gebäudesockel des Hauses, paarweise angeordnete hochrechteckige Fensteröffnungen, die in ihrer Form ähnlich den Kellerfenstern des Schlosses Schwerin Assoziationen an Gewehrscharten des modernen Festungsbaues erwecken können. *„Ein Glockenthürmchen an der Pforte, ein Gitterthor und selbst der Wartthurm und die Terrasse erinnern an die Bestimmung des Wächteramtes, das dem hier wohnenden Forstbeamten obliegt."*[1376] Zeichenhaft erscheint hier also eine Torfortifikation, die tatsächlich dazu dient, zu kontrollieren, wer das Jagdgehege betritt. Innerhalb des Gartens gab es von Persius geplante Pirschhäuschen. *„Diese letzteren sind kleine Hütten in der Nähe der Fütterungsraufen mit kleinen Schießscharten, damit der Jäger sich darin verstecken kann, um entweder das*

Wild zählen oder auch ein Stück schießen zu können."[1377] In den Bauten des Wildparks zu Potsdam begegnet wieder die bereits erwähnte Verbindung von Jagd und Fortifikationsmotiven. Zumindest in der Frühen Neuzeit hatte die Jagd noch als Vorübung zum Krieg gegolten[1378]. Fortifikatorische Elemente fanden sich schon in den Tiergärten und Jagdrevieren des 16. bis 18. Jahrhunderts. Im Tierpark von **Kranichstein** bei Darmstadt haben sich z. B. gemauerte Jagdschirme in Form kleiner Rondelle mit Maulscharten und Erdwerke, hinter denen die Jäger standen, um aus der Deckung auf die Tiere zu zielen, erhalten (Abb. 272)[1379]. Hierbei ging es sicherlich nicht nur um den Schutz für den Jäger, sondern eindeutig auch um die Inszenierung der Jagd ähnlich dem Turnier als kriegerisches Spiel. Wie bereits erwähnt, ist die Jagd wie die

Abb. 272: Schloss Kranichstein. Pirschgang mit Scharten im Wildpark.

233

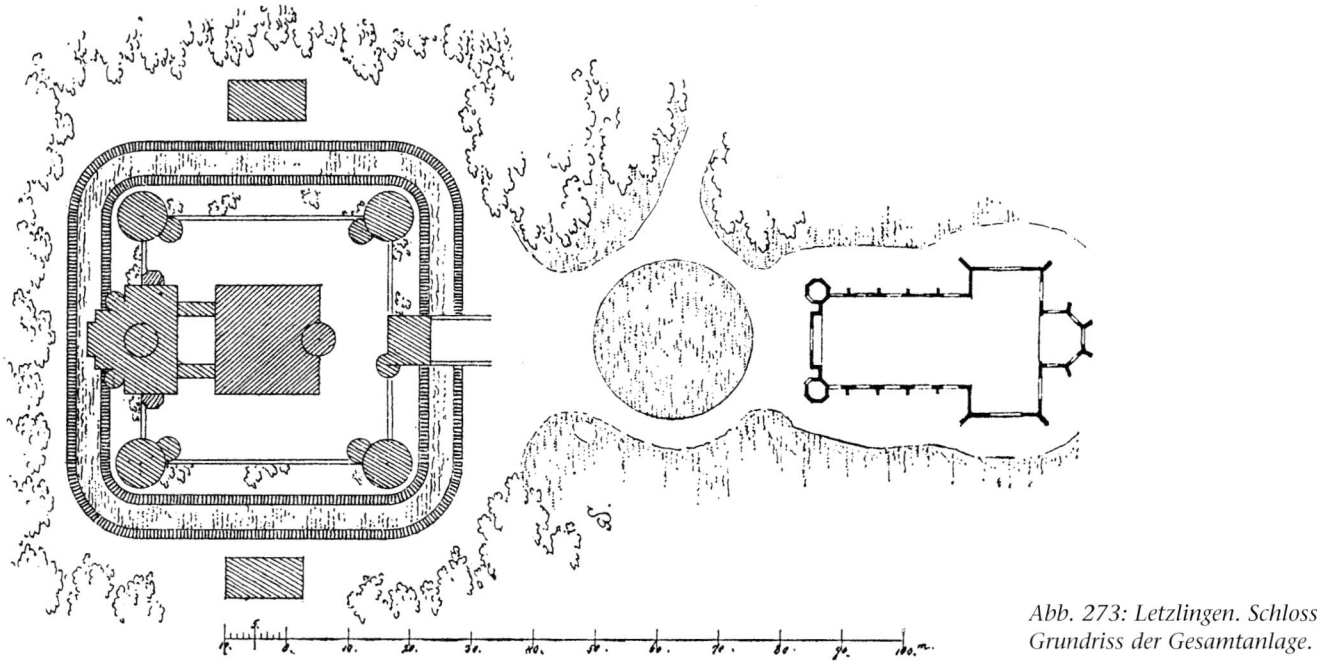

*Abb. 273: Letzlingen. Schloss,
Grundriss der Gesamtanlage.*

Festungsbaukunst ein landesherrliches Privileg und fürstliches Statussymbol[1380]. Dementsprechend stehen zahlreiche Parkfestungen des 18. Jahrhunderts im Zusammenhang mit der Jagd, so z. B. die oben erwähnte Schanze in Himmelkron. Auch die **Franzensburg** wurde im Zusammenhang mit höfischen Jagden genutzt[1381]. Die Eröffnungsfeier 1801 stellte einen eindeutigen Bezug zwischen Burg und Jagd her. Die Festlichkeiten begannen mit einer Falkenjagd, wobei die Teilnehmer in Kostümierung des 16. Jahrhunderts erschienen. In einem großen hölzernen Amphitheater schoss man später auf Wild. Gegen Abend versammelten sich die Gäste in der Burg zum gemeinsamen Festbankett. Währenddessen ließen die Jäger vom Hauptturm Jagdlieder erschallen[1382]. Dieser Ablauf wiederholte sich bei einem Fest anlässlich des Wiener Kongresses am 12. Oktober 1814. Einer Falkenjagd in historischen Kostümen folgten eine Treibjagd und das Nachtbankett in der Burg mit anschließendem Feuerwerk über dem Teich[1383]. Bei den Festlichkeiten 1801 könnten die modernen Festungswerke der Franzensburg in ihrer Zeichenhaftigkeit eine gewisse Rolle gespielt haben, und, da man Burgen vorrangig als Festungsbauten begriff, auch noch 1814 nach Niederlegung der Außenwerke die Türme und Ringmauern der Burg.

In **Zarskoje Selo** wurde der Tiergarten seit dem 18. Jahrhundert von einer Mauer mit vier Bastionen an den Ekken und einem Graben eingefasst. Im Zentrum des Jagdsterns erhebt sich das sog. „Arsenal", ein Jagdpavillon, der um 1825 neu errichtet wurde. Er hat vier polygonale zinnengekrönte Türme an den Ecken und beinhaltete passender Weise ein Sammlung alter Rüstungen und Waffen, woher er seinen Namen erhielt. Im Zentrum des

befestigten Tiergartens erhob sich jetzt also ein burgartiges Gebäude[1384]. Wie die Franzensburg wurde der Bau von altgedienten Soldaten bewacht und gepflegt[1385]. Eine der Ecken des Wildparks markierte der Weiße Turm mit einer der alten Eckbastionen der Parkeinfassung. In seiner unmittelbaren Umgebung befanden sich Bedientenwohnungen, die von Artillerie zerschossene Ruinen nahe dem Haupttor eines Schlosses vorstellen sollten[1386]. Auch hier wird die Verbindung von Jagd und Fortifikation als Symbol für den Krieg deutlich. Die preußische Burg **Sooneck** (Abb. 74) wiederum fungierte nach der damaligen Diktion ausdrücklich als „*Jagdburg*"[1387]. Den wehrhaften Gestus ließ der Bauherr der Anlagen im Wildpark von Potsdam, Friedrich Wilhelm IV., auch bei der Restaurierung des alten Jagdschlosses in **Letzlingen** wiederherstellen bzw. durch eine umfassende Umgestaltung der Fassaden ab 1843/44 in neugotischem Stil mit Zinnenbekrönungen der Türme und des Hauptgebäudes nach Plänen Stülers betonen (Abb. 273)[1388]. Zu den Baumaßnahmen zählte bezeichnenderweise die Reinigung und Wiederherstellung des Wassergrabens[1389]. Allerdings verzichtete man auf eine Zugbrücke. Gerade aber der Graben trägt zum Zeichenwert der Befestigung in Letzlingen maßgeblich bei.

Befestigung als Topos adelig-höfischer Kultur und die Funktion fiktiver Fortifikation

Wenn sich also eine Kontinuität der höfischen Kultur in der ersten Hälfte des 19. Jahrhunderts und ihrer Ausdrucksformen zur Frühen Neuzeit ergibt und traditionelle militärische Werte und Elemente für den Adel bzw.

den Landesherrn eine so eminent wichtige Bedeutung hatten, so ist es wenig überraschend, wenn Adel und Landesherrschaft gleichermaßen auch im Schlossbau jener Zeit immer noch auf traditionelle bzw. ganz moderne Befestigungselemente zurückgriffen. Selbstverständlich schmückte der Großherzog von Mecklenburg sein Residenzschloss in Schwerin mit martialischen Motiven, hatte er doch das Befestigungsrecht[1390]. Die Festungsthematik war Teil der landesherrlichen Machtinszenierung, was sich auch in einer Gartenfestung wie der Franzensburg ausdrückt. Der Landesherr war *„das Haupt der Kriegsverfassung des Landes"*[1391]. Seine militärische Macht repräsentierte auch die des Staates. *„Die Militärgewalt des Staates ist unter allen die gewaltigste, weil ganz und gar auf Offenbarung der äußeren Macht des Staates gerichtet und dieser Bestimmung gemäß organisirt,"* heißt es 1852 bei dem Rechtsgelehrten Joh. Caspar Bluntschli[1392]. Das kam nicht zuletzt auch in den Fortifikationsbauten des Landes zum Ausdruck.

Selbst wenn die fortifikatorischen Elemente keinen realen Verteidigungswert mehr besitzen mochten, so hatten sie immer noch einen enormen symbolischen Wert, auf den schon Renate Wagner-Rieger hingewiesen hat[1393]. Gerade die Zinne *„verselbständigte sich schließlich zum Hauptsymbol für die Burg und das Privileg des Adels, sich zu befestigen."*[1394] Schon im Spätmittelalter gibt es z. B. funktional nicht nutzbare Zinnenkränze als Abschluss von Wohnbauten. Die Zinne ist dabei ähnlich dem Turm in ihrem wehrhaften Zeichenwert nicht zu unterschätzen[1395].

Im *„military look"* der neumittelalterlichen Burgen konnte das Selbstverständnis des Adels in seiner Herkunft aus dem mittelalterlichen Rittertum, dessen Werte immer noch als verbindlich galten, als uralte militärische Elite besonders evident werden. Die Landesherren waren von den ritterlichen Idealen und Werten des Adels geprägt und mussten diese als Exponenten ihres Standes in besonderer Weise vertreten und verkörpern. Die Legitimität einer althergebrachten Ordnung, die in der Epoche des Mittelalters ihre Wurzeln hat und diese dort unter dem Eindruck mannigfacher gesellschaftspolitischer Veränderungen nun verstärkt sucht, drückt sich für Fürsten und Adel nicht zuletzt auch in einer kriegerischen Haltung aus, die zeigt, dass man jederzeit bereit ist, diese alte Ordnung zu verteidigen. So behielten z. B. viele Wasserburgen des niederrheinischen Adels auch bei umfangreichen Umbauten im 19. Jahrhundert zumindest ihre äußeren Gräben und manchmal sogar Zugbrücken, selbst da, wo man die Schlösser nicht in historisierender Weise um Elemente und Zitate aus der mittelalterlichen Architektur bereicherte[1396]. Zu einer Modernisierung oder gar Erweiterung im Sinne realer Wehrhaftigkeit kam es hier allerdings nirgends. Die Abgrenzung zur Umgebung blieb dennoch gewahrt und ist wesentlicher Ausdruck der herrschaftlichen Architektursprache. Noch deutlicher wird das am Beispiel von Schloss **Waldenburg** in Sachsen, das 1848 in Brand gesteckt worden war. Die Zerstörung bot Anlass zu einer umfassenden Modernisierung und Neugestaltung in neugotischem Stil. Waldenburg erstand größer und eindrucksvoller nach dem Sieg der Reaktion, und zwar unter Verwendung zahlreicher Motive aus dem Burgenbau. Die Ecken des Gebäudes wurden mit polygonalen Türmchen, die als Abschluss hohe Zinnen tragen, aufgeführt, und die gesamte Anlage überragt ein großer Mittelturm. Das Schloss wird von einem Zinnenkranz abgeschlossen[1397]. Das Ganze muss als Ausdruck der siegreichen alten Ordnung verstanden werden, die jederzeit bereit war, ihre Rechte gegen eine erneute Empörung zu verteidigen. Waldenburg wird in seinem Wiederaufbau zu einem symbolischen Bollwerk gegen die Revolution. Schon Hannes Stekl hat am Beispiel des österreichischen Adels darauf hingewiesen, dass die ästhetische Erscheinung historischer Schlossbauten auch von Machtinteressen bestimmt war und so der Manifestation oder Aufrechterhaltung von politischen und gesellschaftlichen Positionen diente[1398]. Das gilt natürlich auch und erst recht für landesherrliche Bauten. Es ist wohl kein Zufall, dass sowohl Hohenschwangau als auch Stolzenfels nach der Thronbesteigung ihrer jeweiligen Bauherren umgehend ausgebaut wurden und durch Türme und Zugbrücke einen weitaus wehrhafteren Charakter erhalten sollten[1399].

Die Mehrzahl der Zeitgenossen ging davon aus, dass man realer Befestigung nicht mehr bedürfe, wohl aber ihrer Elemente als Statussymbole[1400]. Es sind bezeichnenderweise gerade historisierende Motive, an denen sich der martialische Charakter historistischer Schlösser festmachen lässt[1401]. Türme, Zinnen, Maschikulation, fiktive Schießscharten in unterschiedlichster Form, sie haben sich in ihrem Zeichenwert als Symbole für Fortifikation verselbständigt. Sie erwecken nicht nur einen wehrhaften Eindruck, sondern verweisen gerade durch den Einsatz alter, traditioneller, aus dem Mittelalter herrührender Elemente des Wehrbaus auf die Ancienität nicht nur des Bauwerks selbst, sondern mehr noch seiner Besitzer und deren althergebrachter Herrschaftsrechte. Wehrhaftigkeit wird hier analog zur Prachtarchitektur der Säulenordnungen in der Frühen Neuzeit zu einer Repräsentationsform. Ihre Würde erhielt sie durch das Alter der Bauformen. Das aber ist keine völlig neue Entwicklung im späten 18. oder 19. Jahrhundert, sondern wurzelt wie so vieles in Vorläufern der Frühen Neuzeit. So wurde beim Neubau der Johannisburg in Aschaffenburg 1604–1614 bewusst der mittelalterliche Bergfried des Vorgängers einbezogen, um auf die althergebrachten Herrschaftsrechte des Erzbischofs von Mainz an diesem Ort und die Historizität des Bauplatzes als kurfürstlicher Residenz zu verweisen[1402]. Josef Furttenbach thematisierte 1640 die Einbeziehung älterer Teile in den Neubau eines Schlosses, wobei es sich gerade um Verteidigungsanlagen bzw. Türme handelt: *„Es hat ein Adeliche Person ein altes Stammenhauß/ oder ein Schloß/ welches sie nit einreissen sonder vilmehr von dero lieben Seel: Voröltern wegen/ gern länger behalten wolte/ Bey ernantem Schloß befinden sich an jetzo vier alte Thürn aber noch gute starcke Rondöl [...] und darzwischen mit Mauren beschlossen seynd worden.*[1403]" Furttenbach schlägt vor, diese vier alten Türme durch Erdeinfüllung in Geschützrondelle umzuwandeln und so die Befestigung des Schlosses zu modernisieren. Es geht also um das Andenken an die Vorfahren, das durch Erhaltung bzw. Verwendung älterer Bauteile wachgehalten werden soll. Dieser Gedanke lässt sich seit dem 16. Jahrhundert bei der Befestigung gerade von adeligen und fürstlichen Landsitzen in ganz Mitteleuropa konstatieren[1404].

Beim Bau der Wasserburg im Garten der Äbte von **Seligenstadt**, die man entfernt den oben erwähnten Gartenfestungen zurechnen kann, ging es hingegen um den Hinweis auf alte Gebietsrechte. Die kleine Anlage ist ein völliger Neubau des 18. Jahrhunderts und besteht aus einem zweistöckigen Haus mit Mansarddach, das von einer niedrigen Ringmauer, an deren vier Ecken kleine Rundtürme sitzen, und einem Wassergraben umgeben wird. Eine Zugbrücke gewährt Einlass (Abb. 274). Ursprünglich war die Anlage auch noch jenseits des Grabens von einer starken Palisade umfangen. Allerdings sind die Mauern zu niedrig, um einen Angreifer lange aufzuhalten, und die Türme haben keine Scharten, sondern große Fenster. Der Bau diente den Äbten von Seligenstadt als Lust- und Gästehaus. Aber auch hier werden mit wehrhaften Attributen in fiktiver Weise Verteidigungsbereitschaft und konkrete Bezüge zur Geschichte deutlich, aus der man etwas zu legitimieren wünschte, in diesem Falle alte Gebietsrechte des Klosters Seligenstadt gegenüber dem eigenen Landesherrn, dem Kurfürsten von Mainz[1405].

Historisierende Bauformen gelangten schon im 16. Jahrhundert besonders dort zur Anwendung, wo ein Aufsteiger, der auf keine lange Familientradition zurückblicken konnte, baute. Ein hervorragendes Beispiel hierfür stellt das ab 1577 ausgebaute Fuggerschloss in **Niederalfingen** dar, das mit Buckelquadern und einem gänzlich neuen Bergfried ein hohes Alter suggerieren soll, das die Bauten nicht haben. Hier soll die wehrhaft und altertümlich wirkende Architektur kompensieren, was an dynastischer Tradition fehlt. Es soll das Idealbild einer alten Burg darstellen, die Ausweis des adeligen Status war[1406]. Wesentlich für den Verweis auf geschichtliche Kontinuität ist gerade im 19. Jahrhundert die Historizität des Ortes, an dem sich ein Schloss erhebt. Auch dies schuf eine gewisse Legitimation für den Bauherrn[1407]. Der martialische Charakter der historistischen Schlossbauten unterstreicht diese Legitimationsbemühungen, indem er, wie schon die Fortifikation des Mittelalters und der Frühen Neuzeit, zum Statussymbol wird[1408]. Das verdeutlicht besonders das Beispiel des **Hohenzollern**, der überdies mehrfach Ort landesherrlicher Machtinszenierungen war, so bei der Inbesitznahme der zollerischen Fürstentümer 1849, die durch Kanonenschüsse vom Burgberg verkündet wurde, und 1851 mit der Erbhuldigung der zollerischen Stände auf der Burg. Die Symbolbedeutung von Burgen und die Versinnbildlichung von Herrschaft durch den Bau eben solcher Anlagen wird hier besonders offensichtlich. Sie gipfelte im Fall des Hohenzollern in der militärischen Besetzung durch Württemberg 1866 und der demonstrativen Umbenennung in „Olgaburg"[1409]. Ähnlich verhält es sich mit Schwerin oder den Rheinburgen, die alle Wiederaufbauten alter Anlagen an historisch bedeutsamen Orten sind.

Aber letztlich war auch das nichts Neues. Wie bereits erwähnt, inkorporierte man schon in der Frühen Neuzeit ältere Bauteile, um die Historizität eines Ortes zu unterstreichen und so auf Tradition und altes Herkommen zu verweisen. Die Wahl eines historischen Platzes zur Besetzung mit einem landesherrlichen Monument, wie es durch den Bau des Hohenzollern geschah, lässt sich sogar schon für das 18. Jahrhundert konstatieren. Herzog Karl Alexander von Württemberg versuchte ein umfassendes Festungsbauprogramm durchzusetzen, um sein Land gegen feindliche Einfälle zu befestigen[1410]. Mehrere strategisch wichtige Punkte sollten durch mehr oder weniger große Forts gesichert werden. Es ist auffallend, dass sich unter diesen Plätzen neben den bisherigen sieben Landesfestungen auch zwei Burgen befinden, die schon seit dem Bauernkrieg in Trümmern lagen, aber, und das ist das Entscheidende, für die württembergische bzw. schwäbische ja sogar deutsche Geschichte eine herausragende Bedeutung haben. Es handelt sich um die **Teck** und den **Hohenstaufen**. Erstere war im 13. Jahrhundert Residenzburg der Herzöge von Teck, einer Seitenlinie der Zähringer, deren Herrschaft Württemberg im 14. Jahrhundert erwerben konnte und auf deren Herzogstitel das Haus Württemberg rekurrierte. Letztere gilt als Stammburg eines deutschen Königs- und Kaiserhauses, von dessen Niedergang die Württemberger einst ebenfalls profitiert hatten. Ausgerechnet diese beiden historisch bedeutenden Berge wünschte Karl Alexander mit neuen Festungsanlagen zu besetzen. Er besuchte selbst den Hohenstaufen, um die Geländesituation zu besichtigen[1411]. Man begann auch mit den Bauarbeiten, die allerdings nach dem plötzlichen Tod des Herzogs 1737 sofort eingestellt wurden[1412]. Festzuhalten ist aber, dass Karl Alexander gleich zwei historisch wichtige Burgplätze durch Festungen besetzen lassen wollte, was sicherlich nicht nur strategische Gründe hatte, sondern auch als Machtdemonstration vor allem gegenüber den

Abb. 274: Seligenstadt. Wasserburg der Äbte mit Zugbrücke.

Landständen zu interpretieren ist, mit denen der Herzog, gerade auch wegen seiner militärischen Rüstungen, in ständigem Konflikt lag. Hierdurch wollte er der Legitimität seiner Landesherrschaft sichtbaren Ausdruck verleihen.

Die steten Verweise auf Anciennität und die daraus abgeleitete Legitimität des Adels als führender Gesellschaftsschicht bzw. der alten Ordnung waren, wie gezeigt, also nichts gänzlich Neues im 19. Jahrhundert. Die Integration älterer Bauteile in einen Schlossbau oder gar die historisierende Errichtung vermeintlich alter Bauteile wie eines Bergfrieds sind keine Erfindung jener Epoche, die man mit Begriffen wie Romantik oder Historismus belegt. Neu war aber die Konsequenz, mit der dies nun unter dem Druck zunehmender gesellschaftlich-politischer Veränderungen durchgeführt wurde, indem man hauptsächlich auf die Architekturelemente einer bestimmten Epoche, nämlich des Mittelalters zurückgriff. Die Legitimation des Adels über die Inszenierung der Vergangenheit war also ein bewährtes Muster, das Adel und Landesherren nun verstärkt zur Selbstdarstellung nutzten. Gerade fortifikatorische Elemente haben dabei auch noch im 19. Jahrhundert wie schon in der Frühen Neuzeit eine wichtige Bedeutung, wenn sie auch in der Regel nur noch im landesherrlichen Bereich reale Formen annehmen dürfen, damit aber umso aussage-

kräftiger werden. Die Frage der Kontinuität fester Schlösser bzw. nach dem *„military look"* vieler Bauten, deren Wehrelemente rein fiktiv sind, findet dabei eine Antwort in der Rolle, die Militärisches in der adelig-höfischen Kultur der Epoche spielte, definierte sich der Adel doch über die Tradition des Rittertums immer noch als ein Kriegerstand. Fürst Pückler hatte sogar eigens auf den Beruf des Bauherren verwiesen, der sich auch in der Architektur seines Wohnhauses wiederspiegeln sollte[1413].

Burgen wurden im 19. Jahrhundert als Zeugen der Zeiten des Faustrechts interpretiert. Sie waren Sinnbilder für diese Epoche und ihren kriegerischen, heldenhaften Geist. In vielen historistischen Schlössern des späten 18. und insbesondere des 19. Jahrhunderts bildete bezeichnenderweise ein mit Waffen und Trophäen geschmückter Saal den Auftakt zu den Wohn- und Gesellschaftsräumen (z. B. Marienburg bei Nordstemmen, Rheinstein, Stolzenfels, Lichtenstein). Hier wird der ritterliche Schlossherr in seiner Wehrbereitschaft inszeniert und deutlich auf die damals vermeintliche Hauptbestimmung mittelalterlicher Burgen als Wehrbauten verwiesen. Wehrhaftigkeit wird plakativ vorgeführt, und es sind eben nicht nur Waffen einer längst vergangenen Epoche, die man vorzeigt, sondern gerade auch Beutestücke aus den Kriegen der jüngsten Vergangenheit. Ihr Besitzer stellte sich so in die Kontinuität des mittelalterlichen Kriegertums, an das er zumindest ideell anzuknüpfen wünschte.

Dementsprechend haben nicht nur historische Wehrelemente und Waffen Zeichenwirkung. Auch die Anbringung von Motiven und Elementen der modernen Fortifikation hat, wie an einigen Beispielen gezeigt (Miramar, Marienburg, Schwerin), ihre Bedeutung. Gerade hier durchdringen sich Alt und Neu, Ziviles und Militärisches im Bezug aufeinander am deutlichsten. Die modernen Befestigungen fielen den Zeitgenossen durchaus auf (Lichtenstein, Hohenzollern) und sie zeigen deutlich, dass die wiederaufgebauten Burgen nicht als reine Rekonstruktionen eines ideal gedachten Mittelalters, sondern als Neubauten ihrer Zeit zu verstehen sind[1414]. In bewusster Anknüpfung zur vorbildhaften Epoche des Mittelalters stellt sich durch moderne Fortifikation die eigene Zeit dar. Traditionelle Symbole des Adels wie Rittertum, der geschickte Umgang mit dem Pferd[1415] und die Befestigung hatten, wie aus dem obigen hervorgeht, auch im 19. Jahrhundert noch ihren aktuellen Stellenwert als Herrschaftssymbole und waren so wirkmächtig, dass sie auch vom aufstrebenden Bürgertum, das dem Adel nacheiferte, in Anspruch genommen wurden[1416]. Die Symbolbedeutung der Burg bzw. der Fortifikation ist also nicht zu unterschätzen. Die Burg als Symbol für das

mittelalterliche Heldentum konnte selbstverständlich auch zum motivischen Vorbild für den zeitgenössischen Festungsbau werden, um dem Soldaten die kriegerischen Ideale der Vergangenheit vor Augen zu führen, wie z. B. die Bauten in Torgau und Königsberg sehr deutlich zeigen (Abb. 153 u. 156): *„Endlich soll der Anblick eines solchen Werkes dem Krieger selbst jenes Zutrauen, jene Ausdauer und jene Begeisterung einflössen, welche ihn im Kampf für sein Vaterland jene Thaten vollbringen lassen, die würdig genug sind, um seinen Namen unsterblich zu machen. „Te saxa loquuntur“ – das sind die Worte, die auch der Militär-Architekt hervorzurufen bemüht sein soll; der todte Stein muss zum Sprechen gebracht werden, – und diese Sprache muss eine verständliche, selbst den Heldenmuth entflammende sein!“*[1417]

Wie sehr die Burg, die Befestigung ein Machtsymbol darstellt, zeigt gerade das Initialereignis der Epoche. Es war die Erstürmung einer Burg, nämlich der Bastille, die zum Fanal der Französischen Revolution wurde. Nach ihrer Eroberung wurde das Symbol königlicher Willkürherrschaft, das in der Realität längst schon seine Schrecken als Staatsgefängnis verloren hatte, restlos geschleift. Welche Bedeutung musste vor diesem Hintergrund, der im 19. Jahrhundert gut bekannt war, dem Wiederaufbau bzw. Neubau von Burgen und festen Schlössern zukommen!

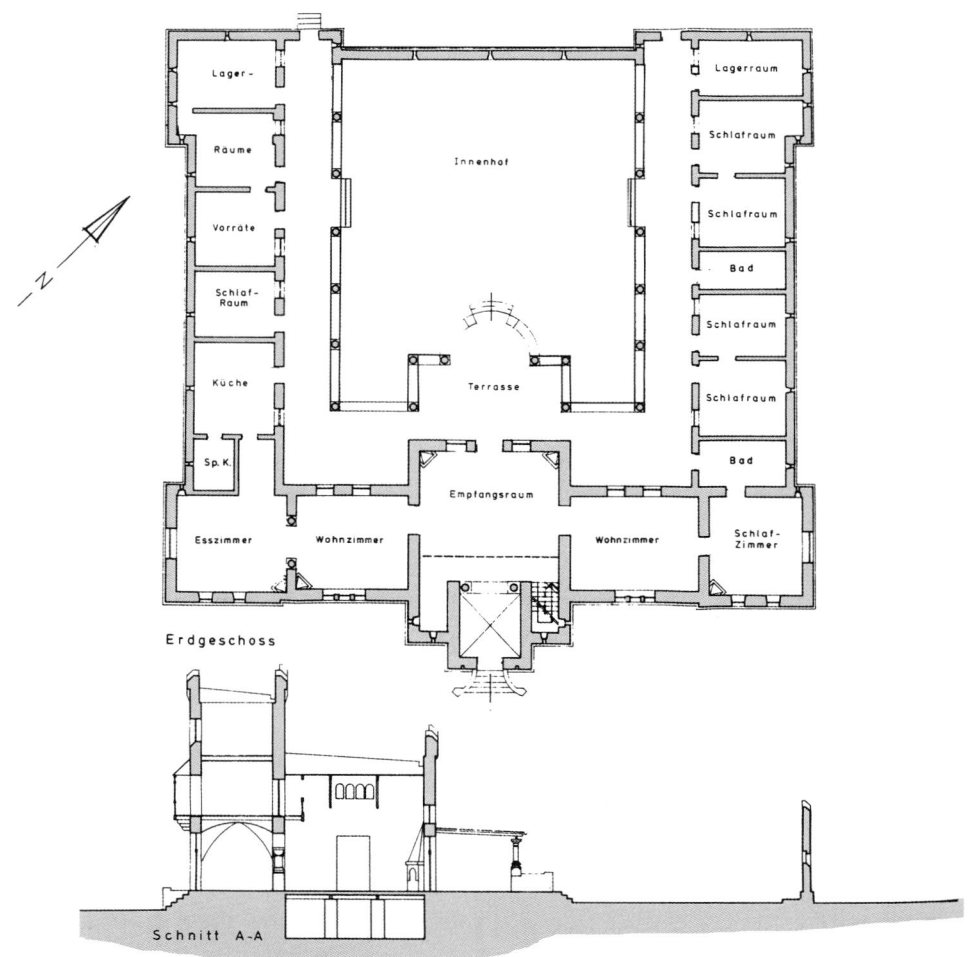

Abb. 275: Schloss Duwisib. Grundriss nach Schultz 1987.

VII. Befestigung als Folge von Revolutionsangst

Entgegen bisheriger Annahme kennt nicht nur die Frühe Neuzeit feste Schlösser im Sinne realer Wehrhaftigkeit, sondern auch noch das 19. Jahrhundert. Mehrfach wurde zwischen 1800 und 1866 das Thema der Fortifikation in Verbindung mit dem Schlossbau erneut aufgegriffen. Es lassen sich dabei eindeutig Kontinuitäten zum Schloss der Frühen Neuzeit, ja letztlich zur mittelalterlichen Burg in Formen und Funktionen belegen. Neben realer Wehrhaftigkeit geht es dabei immer auch um den zeichenhaften, symbolischen Wert der Fortifikation. Er verselbständigt sich gerade im 19. Jahrhundert noch mehr als zuvor und wird so zum Bedeutungsträger adeliger Werte vor allem für die unter dem Eindruck gravierender gesellschaftlicher Veränderungen stehenden Landesfürsten als herausragende Vertreter ihres Standes bzw. der alten Gesellschaftsordnung. So selbstverständlich wie Militärisches für die Adels- und Hofkultur des 19. Jahrhunderts bleibt, so selbstverständlich drückt sich dies auch weiterhin in der Verwendung fortifikatorischer Motive im Schlossbau aus. Der Adel als ritterlicher Militärstand ist nach wie vor im Besitz einer Burg bzw. eines Schlosses. Reale Wehrhaftigkeit unter Verwendung moderner Befestigungselemente bleibt dabei die Ausnahme. Aber gerade sie verstärkt den symbolischen Charakter der Fortifikation um so mehr, wie exemplarisch der Fall des Schlosses Lichtenstein zeigt, wo über den Bau von Befestigungen die Zugehörigkeit des Bauherrn zum königlichen Haus herausgestellt werden soll. Der Souverän ist der einzige, der im 19. Jahrhundert noch das Recht hat zu befestigen. Das Gewaltmonopol ging um 1800 mehr und mehr auf den Staat über[1418]. Damit stehen die festen Schlösser des 19. Jahrhunderts rechtsgeschichtlich an der Schwelle der Frühen Neuzeit zur Moderne.

Für die Zeitgenossen erscheint das Befestigen von Schlössern zur Abwehr von Feinden im Angesicht geordneter, friedlicher Staatswesen überflüssig. Schlösser im Sinne von festen Bauwerken gehören für sie der Vergangenheit an. Befestigungselemente sind nur noch eine Frage des adeligen Status. Militär und Hofkultur erscheinen gerade durch die ritterlichen Werte des adeligen Kriegers nach wie vor eng verquickt. Sie dienen als Gegenbild zum revolutionären Chaos. Das Wiederaufleben oder besser gesagt, das Fortleben realer Fortifikation in der Schlossarchitektur findet seine Erklärung hingegen gerade in der weit verbreiteten Angst vor immer wieder aufflackernden revolutionären Unruhen. Wie die Projekte für den Hohentwiel oder auch der symbolische Wert der Rheinburgen exemplarisch verdeutlichen, sieht man

nicht nur im eigenen Volk eine Bedrohung, sondern auch in Frankreich, von dem man annimmt, dass es jederzeit erneut durch eine Revolution erschüttert werden könnte und dann versuchen würde, diese auch mit militärischen Mitteln nach Deutschland zu tragen. Es erstaunt in diesem Zusammenhang nicht, wenn an den Schlössern Schwerin und Hohenzollern der Erzengel Michael im Kampf mit dem Drachen erscheint. Damit werden sie zu Denkmälern der siegreichen Reaktion über die Revolution, die sich Dank militärischer Stärke der Souveräne durchgesetzt hat. Die Festungswerke erscheinen dabei wie ein Symbol für die Wehr- und Verteidigungsbereitschaft der alten Ordnung und Garantie für den inneren Frieden.

Die Revolutionsangst wurde zum eigentlichen und wichtigsten Beweggrund, Schlösser erneut real zu fortifizieren. Dabei waren es fast ausschließlich landesherrliche Bauwerke oder zumindest solche von Mitgliedern der landesherrlichen Familie, die befestigt und damit verteidigungsfähig wurden. Manche dieser Schlösser waren einsam und abgeschieden, weit ab von jeder sicheren und treuen Garnison gelegen und bedurften daher des besonderen Schutzes (Marienburg, Lichtenstein), andere sollten wohl eine Rolle im Volkskrieg spielen (Rheinburgen), der Hohenzollern erfüllte gar die Funktion einer Landesfestung und Zitadelle zur Sicherung eines neu erworbenen Gebiets. Als festes Residenzschloss bildet Schwerin eine Ausnahme unter den vorgestellten Bauten, sieht man ab von den Befestigungsprojekten innerhalb Münchens und den Planungen für Athen, die aber nie zur Ausführung gelangten. Alle anderen Objekte sind in ihrer Funktion überwiegend als Lustschlösser anzusprechen. Die Verteidigungseinrichtungen bleiben also nicht auf einen bestimmten funktionalen Typus des Herrschersitzes beschränkt, sondern decken jede Sparte ab. Die Fortifikationen all dieser Anlagen orientieren sich am jeweiligen Bedarf und richteten sich nicht als Teil der Landesverteidigung, die im 19. Jahrhundert den Großfestungen oblag, gegen große Armeen mit umfangreichem Artilleriepark, sondern gegen Aufrührer und eventuell auch gegen Streifscharen und Plünderer im Kriegsfall, wie das Residenzschloss in Schwerin, der Hohenzollern und die Rheinburgen zeigen. Aus dem modernen Festungsbau entnehmen sie Türme, Kaponnieren und krenelierte Mauern und somit hauptsächlich Einrichtungen zur infanteristischen Nahverteidigung. Nach der militärischen Diktion der Zeit zählten solche Bauten unter die kleinen Festungen, die Forts und Zitadellen. Sie sind sturmfrei gesichert gegen plötzliche

Überfälle und stellen die letzten Beispiele für solche Anlagen auf deutschem Boden dar. Mit ihnen fand eine jahrhundertealte Tradition und Entwicklung des Burgenbaus als Wehranlage ihren Ausklang[1419].

Letztlich hängt die Befestigung eines Gebäudes immer vom Ort und den jeweiligen Zeitumständen ab, die beide eine solche nötig machen können. In diesem Zusammenhang sei ein Ausblick erlaubt, ein Exkurs in südliche Gefilde, nämlich in die einstigen deutschen Kolonien in Afrika, wo sich deutsche Burgen erheben. Der Hauptmann der Schutztruppe in Deutsch-Südwestafrika, Hansheinrich Wolf, ließ sich 1909 Schloss Duwisib als Farmhaus auf seinem riesigen Besitz erbauen[1420]. Der kastellartige Gebäudekomplex verfügt über Schießscharten, die eine Verteidigung gegen einen möglichen Angriff leichtbewaffneter Aufständischer ermöglicht hätten, bis Hilfe durch die Schutztruppe eintraf (Abb. 275). Zierzinnen und turmartige Eckrisalite verleihen ihm äußerlich ein burghaftes Aussehen und unterstreichen hierdurch den wehrhaften Charakter des Baus. Noch extremer verhält es sich mit einer Anlage in Kamerun, das seit 1884 ebenfalls deutsche Kolonie war. Der Wohnsitz des Bezirksleiters in Mamfe am Cross-River wurde durch eine Ringmauer und einen Wallgraben gesichert. Inmitten des Komplexes erhebt sich ein oktogonaler Turm mit Schießscharten und einem mittels Eisentüre gesicherten Zugang. Er wird von Zinnen bekrönt. Die 1911 errichtete Anlage rezipiert mittelalterliche Bauformen in ganz ernstgemeintem Sinn[1421]. Der Bergfried wird hier tatsächlich, wie ihn das 19. Jahrhundert im Zusammenhang mit mittelalterlichen Burgen interpretierte, zum letzten Rückzugsort. Es sind die beiden letzten mir bekannten Beispiele fester Schlösser. Sie richteten sich gegen die von den Deutschen unterworfene einheimische Bevölkerung, die nie über schwere Waffen verfügte. An Orten, wo solche unbekannt waren, wo man vorindustriell Krieg führen konnte, die eigene Technik aber die Überlegenheit in jedem Fall garantierte, reichten solche Befestigungen gänzlich aus.

Schutz vor leichtbewaffneten Aufständischen sollten die befestigten Schlossbauten des 19. Jahrhunderts also bieten. Es waren keine Festungen von großer militärischer Bedeutung wie die so gewaltigen Waffenplätze Koblenz oder Ingolstadt. Damit aber werden diese Bauwerke zu Zeugen der epochalen gesellschaftlichen Umwälzungen, denen die alten Kräfte vergeblich zu begegnen suchten, und der Furcht der Mächtigen vor dem Zorn der Masse, der sie seit 1789 immer wieder in Atem hielt. Die ‚Zwingburgen' der Landesherren waren die Festungen. Zitadellen sicherten die Ordnung im Land und dienten oft ge-

nug, auch das ist in seiner Symbolbedeutung nicht zu unterschätzen, als Kerker für die Aufrührer[1422]. Die Festung bot also Schutz vor den Kräften, welche die althergebrachte Ordnung in Frage zu stellen wagten. Sie erlaubte nicht nur die Verteidigung gegen Revolutionäre bzw. ihre Bestrafung durch das Bombardement einer aufrührerischen Stadt, sondern konnte auch ihrer sicheren Verwahrung, dem Wegschließen der Unbelehrsamen dienen. Aber jede Zitadelle, jedes feste Schloss konnte auch als Zeichen des Misstrauens und der Unsicherheit gedeutet werden. Den Fürsten war dies wohl bewusst. In Schwerin wurden die Verteidigungseinrichtungen aus gutem Grunde von friedlichen Gartenanlagen kaschiert, und in Athen schob man die Geschichtlichkeit des Platzes vor, damit die Zitadellenfunktion der Akropolis nicht zu offensichtlich werden und so Misstrauen in der Bevölkerung erregen konnte. In München unterblieb schließlich der Bau all der geplanten Befestigungen zum Schutz von Residenz und anderen Regierungsgebäuden wie auch im übrigen Bayern. Man verzichtete zunehmend auf die Befestigung der landesherrlichen Wohnsitze und Residenzen. Obwohl die Residenz in Braunschweig 1830 von Aufständischen in Brand gesteckt wurde, entstand zwar mit dem Wiederaufbau ein großartiger neuer Palast, aber obwohl es auf Grund der Erfahrung ja naheliegend gewesen wäre, so wurde der Neubau in keiner Form militärisch durch Befestigungen gesichert. Letztlich hätten sie zu sehr ein Zeichen monarchischer Angst gegenüber dem Volk gesetzt und in gefährlicher Weise die Schwäche der Herrschenden offenbart, *„denn Furcht macht verächtlich, und Verachtung ist gefahrvoller, als Haß [...]"*[1423] Nicht auf Festungen konnte die Sicherheit vor der Revolution gründen, sondern auf einem guten Verhältnis zwischen Herrscher und Volk. Klüger schien es, einen Ausgleich zu suchen und das Volk für den Monarchen einzunehmen, statt Befestigungen anzulegen. Ein Zeitgenosse rät den Fürsten: *„Läßt sich nichts von Verschlechterung erwarten, so versuche man es mit Verbesserung; will die einmal angebrannte Fackel sich nicht wieder auslöschen lassen, so trage man sie mit eigener Hand dem Volke vor; steht der Thron auf Furcht und auf Elend nicht sicher: so stelle man ihn auf Dankbarkeit und auf Wohlfahrt, – vielleicht, daß er dann weniger wankt."*[1424] Denn *„die Liebe der Unterthanen"* ist *„der sicherste Schild der Fürsten gegen äußere Gewalt"*[1425]. Julius Max Schottky beschwor nicht umsonst 1820 im Angesicht der Franzensburg die Treue der Bürger zum Herrscher:

„Die Mauern sind gar fest, die Deine Burg umzieh'n
Der ganze Bau ist stark, und schaut herab recht kühn.
Doch mehr ist fest und kühn der Bürger treuer Sinn,
Auf diesem Grund baust Du noch tausend Burgen hin."[1426]

VIII. ANMERKUNGEN

1 ARENDS 2005. DITTSCHEID 2005 u. SCHWARZMAIER 2005.

2 RIETH 1974, S. 62.

3 LINDEINER 1967; BOTHE 1979.

4 Auch im Bereich der Baukunst führte diese Entwicklung zu weitreichenden Veränderungen. Am Ende des Jahrhunderts standen Baustoffe und technische Möglichkeiten im Hochbau zur Verfügung, von denen man um 1800 wahrscheinlich noch nicht einmal zu träumen wagte.

5 Noch KRAHE 1994, S. 49, sieht mit dem Aufkommen der Feuerwaffen die zunehmende Trennung von Wohn- und Wehrbau eingeleitet. Er nennt ausgerechnet die Plassenburg als Beispiel, obwohl dieser Bau noch im 16. und 17. Jh. beide Funktionen miteinander vereint und sogar Residenzschloss ist.

6 SCHÜTTE 1994. Er beschäftigt sich hauptsächlich mit der Zeit 1450–1650. Ein Kapitel ist den befestigten Schlössern nach 1650 (S. 274 ff.) gewidmet. S. 350, Anm. 41, nennt er einige nicht realisierte Anlagen, die noch Ende des 18. Jhs. Befestigungsmotive aufgreifen.

7 LAß 2001, S. 17 ff. mit weiterer Literatur hierzu.

8 LEY 1970, S. 3 u. 5.

9 SCHÜTTE 1994, S. 245f.; BILLER/GROßMANN 2002, S. 179f.

10 Die Forschungslage zur Entwicklung und zur Architektur des Festungsbaus im 19. Jh. ist immer noch recht unbefriedigend. In den großen Überblickswerken zur Architektur der Epoche findet der Festungsbau keinerlei Berücksichtigung (z. B. MIGNOT 1983). Noch das jüngste Werk dieser Art, das TOMAN 2000 zu Klassizismus und Romantik ediert hat, würdigt die Befestigungsbauten mit keinem Wort. Von einer wissenschaftlichen Festungsforschung kann erst seit Anfang der 1980er Jahre gesprochen werden. Bis heute mangelt es aber an einem Überblickswerk. Grundlegend: REULEAUX 1912; HUGHES 1974; MÜLLER-WIENER 1987, Sp. 304–348; NEUMANN 1988. Sie alle geben allerdings nur einen summarischen Überblick innerhalb ihrer Abhandlungen über die Entwicklung der Fortifikation seit Einführung der Feuerwaffen. Einen guten Überblick bietet auch ROLF 1991, S. 14–26. Zu den preußischen Anfängen in Koblenz und zur Entstehung der neudeutschen Festungsbaukunst KLEBER 1998, S. 25–54. Die bisher beste Darstellung zum Ursprung und zur Entwicklung des Festungsbaus im frühen 19. Jahrhundert bietet WEBER 2003. In jüngerer Zeit sind zahlreiche Einzelveröffentlichungen als Aufsätze in den von Volker Schmidtchen herausgegebenen Jahrbüchern der DGF erschienen, die Einzelaspekte und Anlagen des 19. Jh. zum Thema haben. Hingewiesen sei außerdem auf die knappe Überblicksdarstellung allgemeiner Natur zum österreichischen Festungsbau im 19. Jh. v. PAULA 1995. Zu einzelnen besonders herausragenden Bauten gibt es inzwischen tlw. gute Untersuchungen, so z. B. MEINHARDT 1957 zu Minden, HACKELSBERGER 1980 u. 1986 zu den österreichischen Festungen in Oberitalien, NEUMANN 1986 zu Mainz u. SCHÄUFFELEN 1989 zu Ulm. In jüngster Zeit erschienen zwei Sammelbände zu den historischen Festungen in Südwestdeutschland und Mittelostdeutschland, NEUMANN 1995 u. 2000, die einen Überblick über die wichtigsten Festungen der jeweiligen Region erlauben.

11 Über beide Festungen und ihre Architektur fehlen aber bisher wie zu den meisten Anlagen des 19. Jhs. neuere monographische Arbeiten. Zur Tätigkeit Klenzes in Ingolstadt vgl. LACROIX 1931, DITTMAR o. J., S. 44–51, u. HILDEBRAND 2000, S. 415–418. Zu Gärtner in Germersheim vgl. SCHMAUSS 1848, S. 183–188; KARNAPP 1992, S. 245.

12 MARCOS 2000 u. WEBER 2003.

13 MARCOS 2000, S. 112 ff. Diese These von Marcos wurde mehrfach, teilweise sogar recht harsch, kritisiert. Vgl. BROCKE 2000, S. 14, u. NEUMANN 2001, S. 16. Zur Architektur der Festung Koblenz, insbesondere des Ehrenbreitstein vgl. auch ALLROGGEN-BEDEL 1998, S. 65–80.

14 MARCOS 2000, S. 120.

15 In dem erst jüngst erschienenen Ausstellungskatalog GEIST DER ROMANTIK 2002 werden die Festungswerke von Koblenz z. B. überhaupt nicht thematisiert. Offensichtlich fürchtet man bei einer Beschäftigung mit diesen Bauten von Seiten der Kunstgeschichte in den Ruf des Militarismus zu geraten. Und so fließen die Forschungsergebnisse zum Festungsbau des 19. Jhs. nicht in allgemeine Darstellungen zur Architektur und Kunst der Zeit ein. Aber solche Verdrängung von baulichen Tatsachen ist alles andere als wissenschaftlich und dient sicherlich in keinerlei Weise dem Erkenntnisgewinn.

16 Ein großer Verdienst gebührt daher Klaus T. WEBERS 2003 erschienener Arbeit über Koblenz, denn sie thematisiert nicht nur die dortige Festung, sondern gibt erstmals auch einen umfassenden und analytischen Überblick über die Entwicklung der Festungsbaukunst in der ersten Hälfte des 19. Jahrhunderts und deren Vorläufer.

17 PEVSNER 1981, S. 421.

18 DÖHMER 1976. Zuletzt wieder auf einer Tagung in Bad Muskau 1997. Vgl. hierzu: STILSTREIT 1998.

19 Zur Geschichte dieser Verdammung historistischer Architektur vgl. SCHWARZ 1996, S. 127f. Treffend auch das Kapitel bei LOSSE 2000, S. 130 ff.: „Exkurs: Eine subjektive Betrachtung zur tendenziösen Darstellung von ‚Zweckarchitektur' in den 20er Jahren und zur Verunglimpfung historistischer Architektur".

20 „Die Burgen verloren durch die neuen Zutaten ihr altehrwürdiges Gesicht und ihre wohlbemessenen ursprünglichen Proportionen", urteilte z. B. AUFSEß 1976, S. 176. „Sie wirkten wie aufgedonnerte Diven in Pariser Vergnügungsvierteln um die Jahrhundertwende." Zur Wertung des Historismus vgl. KRAUSE 1975, S. 19. Eine Ausnahme galt nur für den vermeintlich letzten gemeinsamen europäischen Kunststil, den Klassizismus, und seinen bekanntesten Vertreter Schinkel, ebenso für Semper als einen der gedanklichen Begründer der Moderne.

21 BIEHN 1970. Schon zuvor haben sich andere mit der Baukunst der Romantik und des Historismus auseinandergesetzt, aber der Schlossbau speziell wurde nicht untersucht. BEENKEN 1952 geht in einem Kapitel gemeinsam mit Wohn- und Nutzbauten S. 65–83 auch auf die Schlösser ein. Einen Überblick gibt auch KLINGENBURG 1979.

22 HOTZ 1970, S. 190–213, hier S. 191. Das wird ab und zu in Frage gestellt. So z. B. von BEENKEN 1952, S. 65, u. noch LEY 1970, S. 5 u. 8. In der Tat ist aber festzuhalten, dass es sich nur in seltenen Fällen um Residenzschlösser, sondern vornehmlich um Jagd- und Lustschlösser handelte. Allerdings existierten auch genügend große, alte und traditionsreiche Residenzbauten in Deutschland, so dass Neubauten nicht unbedingt nötig wurden. Ausnahmen bilden Braunschweig, Hannover, Kassel und Schwerin. Anders verhält es sich mit dem südosteuropäischen Ausland, wo nach Gründung zahlreicher neuer Monarchien im 19. Jh. auch neue Residenzbauten notwendig waren, ebenso mit dem 1830 geschaffenen Königreich Belgien. Diese Bauten sind bisher so gut wie gar nicht im Zusammenhang thematisiert worden.

23 WAGNER-RIEGER/KRAUSE 1975. In zahlreichen Einzelaufsätzen werden darin verschiedene Anlagen im deutschsprachigen Raum vorgestellt, u. a. in Österreich und am Rhein, wobei einige bedeutende Anlagen wie der Hohenzollern oder Lichtenstein allerdings nicht berücksichtigt wurden.

24 BOTHE 1979; RATHKE 1979; ARENDS 2005.

25 BILLER/GROßMANN 2002, S. 229–245, hier S. 229.

26 RATHKE 1979, S. 105.

27 WAGNER-RIEGER 1975, S. 12f.; BRINGMANN 1975, S. 32 u. bes. S. 39f. LEY 1970.

28 So z. B. LEY 1970, S. 10. Vor dieser einseitigen Interpretation hat KITLITSCHKA 1975, S. 51, gewarnt und auf diverse andere Gründe für die Errichtung romantischer Schlösser aufmerksam gemacht.

29 Hier sei nochmals ausdrücklich auf die Arbeiten von RATHKE 1975 u. BOTHE 1979 hingewiesen, vor allem aber auf die Arbeit von DANN 2000 über die Prunkappartements im königlichen Leineschloss zu Hannover, die auch auf die zeremoniellen Zusammenhänge eingeht.

30 Zu verweisen ist hier u. a. auf WEHLER 1987. Allerdings hat schon MAYER 1984 in seinem Buch Adelsmacht und Bürgertum, im englischen Original treffender betitelt The Persistance of the Old Regime, die starke Kontinuität und den lange anhaltenden Einfluss des Ancien régime betont. Er schreibt S. 11: „Die „prämodernen" Elemente waren [...] nicht die wankenden, in Verfall begriffenen Überbleibsel einer fast schon entschwundenen Vergangenheit, sondern praktisch der Inbegriff der in Europa herrschenden gesellschaftlichen und politischen Ordnung."

31 Herausragend hier die Arbeit von PAULMANN 2000. S. außerdem MAYER 1984, S. 134–144, u. die Sammelbände von WERNER 1985, WEHLER 1990 u. MÖCKL 1990. Zusammenfassend auch BARCLAY 1995a, S. 26–40.

32 Es sei hier nur auf die Residenzen-Kommission Göttingen und den Rudolstädter Arbeitskreis zur Hofkultur der Frühen Neuzeit mit ihren Tagungen verwiesen. Für das 19. Jh. bisher FRIEDRICHS-FRIEDLÄNDER 1980 über die Architektur als Mittel zur Selbstdarstellung der Wittelsbacher u. bes. DANN 2000.

33 HOTZ 1970, S. 1.

34 NÄHER 1901, S. VIII. Zum Thema vgl. ZEUNE 1996, S. 15f.

35 STAPEL 1858, Sp. 217.

36 So BILLER/GROßMANN 2002, S. 10f. PEVSNER/HONOUR/FLEMING 1992 urteilten gar S. 117: „Burg: Eine in erster Linie zur Verteidigung eingerichtete und in geschichtlicher Zeit ständig bewohnte Wehranlage [...]. Die B. als Ganzes gehört nicht in den Bereich der höheren Architektur, wohl aber einzelne Teile von ihr." Das wertet die Baugattung für die Kunstgeschichte in unzulässiger Weise ab.

37 ZEUNE 1996 betitelte sein Buch nicht umsonst mit Burgen – Symbole der Macht!

38 Zum Begriff der Pracht in der Architektur des 17. und 18. Jh. vgl. SCHÜTTE 1998, S. 20 ff.

39 Allen voran sind hier die Arbeiten von SCHÜTTE 1993, S. 45–67, u. 1994 zu nennen. Außerdem sei auf die Ausführungen von LAß 2001, S. 17 ff., verwiesen. Schon KITLITSCHKA 1975 hat S. 49 darauf aufmerksam gemacht, dass es wenig sinnvoll sei, zwischen Burg und Schloss zu unterscheiden, da sich beide in ihrem Formenrepertoire einander stark annähern. Burgen mit rein fiktiven, gänzlich unbrauchbaren Wehrelementen, die reinen Wohncharakter hatten, existierten, wie DURDÍK 2001, S. 41–66, aufgezeigt hat, z. B. schon im Böhmen des 14. Jh.

40 SCHÜTTE 1999, S. 148.

41 ADELUNG Bd. 3, 1798, Sp. 1539. GRIMM Bd. 9, 1899, Sp. 771, weisen darauf hin, dass Schloss einen befestigten Platz, eine Burg meint. *„Die bedeutung des wortes verengt sich derart, dasz die befestigung mehr zurück, der glanz des baues in den vordergrund tritt; schlosz ist der reiche fürsten- oder herrensitz, der durch werke geschützt, aber auch offen sein kann."* Diese letztere Bedeutung hat der Begriff Schloss heute angenommen.

42 ERSCH/GRUBER 3. Sektion, Teil 9, 1837, S. 427.

43 *„Palast bedeutet ein Prachtgebäude".* Ebd., S. 426.

44 So werden die Begriffe „Schloss" und „Palast" noch in der Gebäudelehre von DURM 1908, S. 95, synonym verwandt und bezeichnen die landesherrliche Residenz. Zur Definition von Schlössern bes. im späten 19. Jh. vgl. BRINGMANN 1975, S. 27–48, hier bes. S. 29.

45 FURTTENBACH 1640, S. 26 ff. u. 71 ff.

46 Tatsächlich stellt Furttenbach seinen fürstlichen Palast zuerst solitär vor, bevor er an die Beschreibung des umgebenden Gartens und der Wirtschafts- und Verwaltungsbauten geht. Die gesamte Anlage wird von einem teilweise bastionierten Festungswall umgeben. Vgl. S. 47 ff. Auch STURM 1718, S. 4, bringt die Befestigung des fürstlichen Palastes in Vorschlag, für den Fall, dass der Auftraggeber eine solche wünscht. Sie ist aber nicht zwingender Bestandteil der Palastarchitektur und von dieser separiert.

47 So ist schon im Titel eines der Werke Sturms die Rede von *„Grosser Herren Palläste"*. STURM 1718. Es sei hier außerdem an die Entwürfe von Architekturtheoretikern wie Paul Decker oder Joh. Friedrich Penther erinnert, die grundsätzlich als Paläste bezeichnet werden.

48 ZEDLER Bd. 26, 1740, Sp. 348.

49 Ebd., Bd. 35, 1743, Sp. 210. Vgl. auch Kap I, 4. zur Befestigungshoheit. Sehr ähnlich wie Zedler definieren wenig später auch DIDEROT/D'ALAMBERT Bd. III, 1753, S. 241, den Begriff des Schlosses: *„CHATEAU, f. m. terme d'Architecture, est un bâtiment royal ou seigneurial situé à la campagne, & anciennement fortifié de fossés, pont-levis, etc. [...] CHATEAU, (Jurisprudence) en matiere féodale, est principal manoir du fief. Ce titre ne convient néanmoins exactement qu'aux maisons des seigneurs châtelains, c'est-à-dire de ceux qui ont droit de justice, ou qui ont une maison forte, revêtue de fossés & de tours."*

50 SULZER Bd. 2, 1775, S. 389.

51 STIEGLITZ Bd. 5, 1798, S. 67. Zu Stieglitz (1756–1836) s. THIEME/BECKER Bd. 32, 1938, S. 39.

52 GROHMANN Bd. 2, 1804, S. 16 u. 135. Zu Grohmann (1763–1805) s. THIEME/BECKER Bd. 15, 1922, S 76.

53 GROHMANN Bd. 2, 1804, S. 16. Vgl. auch DURAND 1806, S. 1.

54 MOTHES Bd. 4, 1877, S. 105.

55 Ebd., Bd. 1, 1874, S. 558. Mothes beschreibt unter dem Stichwort „Burg" diese als einen Bautyp, welcher der Vergangenheit angehört.

56 ADELUNG Bd. 1, 1793, Sp. 1260.

57 ALLGEMEINE DEUTSCHE REAL=ENCYKLOPÄDIE Bd. 10, 1852, S. 215.

58 Zit. nach TROUET 1994, S. 123.

59 Zit. nach BIEHN 1970, S. 265. Der Komplex entstand durch den Umbau eines alten Klosters.

60 RUMPF Bd. 2, 1827, S. 341. BLESSON Bd. 2, 1830, S. 64/65, bezeichnet die mittelalterlichen Anlagen durchweg als *„die alten Ritterschlösser"* und *„Felsenschlösser"*.

61 CLAUSEWITZ 1952 (1832), S. 572.

62 METZNER 1999, S. 11.

63 ROSENTHAL Bd. 3, 1795, S. 298f.

64 BOUSMARD Bd. 2, 1811, S. 514; LOEHR, Bd. 1, 1846, S. 167.

65 FLAMMENSTERN Bd. 1, 1813, S. 121 u. S. 135. RÜSTOW Bd. 2, 1859, verweist S. 223 unter dem Stichwort „Schloss" auf die „Burg" in Bd. 1, 1858, S. 137: *„Burg eine Befestigung von mäßiger Ausdehnung."* Er definiert das Schloss gar als *„ein befestigtes Gehöft, s. v. a. Burg, oder ein einzelnes vertheidigungsfähiges Haus."*

66 ROMBERG'S ZEITSCHRIFT 4, 1845, Heft 1, Sp. 102.

67 Vgl. hierzu SCHÄUFFELEN 1989, S. 110 ff. u. 115.

68 ZEDLER Bd. 4, 1733, Sp. 1969, u. Bd. 6, 1733, Sp. 164, verwendet Zitadelle, Kastell und Burg synonym, womit die Burg schon damals vorrangig als Wehrbau charakterisiert wurde. Ähnlich ist die Sichtweise in Frankreich. DIDEROT/D'ALAMBERT Bd. III, 1753, schreiben S. 241: *„Chateau, dans le sens du modernes, est un lieu fortifié par nature ou par art, dans une ville ou dans un pays, pour tenir le peuple dans son devoir, ou résister à l'enemi."*

69 *„Castell nennt man ein kleines festes Schloß."* LOEHR Bd. 1, 1846, S. 159. HOYER 1832, S. 455f., Fußnote u. S. 470, verwendet die Begriffe *„Festungen, Citadellen und Schlösser"* synonym. Er erwähnt eigens mehrere feste Schlösser im Ausland, u. a. Edinburgh Castle. S. 456 nennt er die *„Schlösser und Klausen in Tyrol"*. BLESSON Bd. 2, 1830, S. 15, gebraucht

den Begriff „Burg" parallel mit dem der Zitadelle für eine kleine Befestigung gegen innere Unruhen. LINDOW 1849 bezeichnet die eigenständigen Werke eines Festungssystems, also die Außenforts, S. 44 *„als eigentliche Kastelle und Schlösser"*. Ähnlich definierte Rüstow Bd. 1, 1858, S. 441. Noch FROM Bd. 1, 1854, S. 97, setzt die Begriffe Schloss und Zitadelle gleich und spricht bei seinem Entwurf einer idealen Stadtanlage gar von einem *„Citadellenschloß"*. Vgl. Kap IV, 1.2.2.

70 EICKEMEYER 1822, S. 17 u. 74.

71 HOYER 1816, S. 228, § 225, spricht explizit von *„Bergschlösser(n)"*.

72 Ebd., S. 2. Die Fortifikationslehre des 19. Jh. kannte eine klare Hierarchie der Festungen, die sich an ihrer Größe, d. h. an der Anzahl der Polygonseiten, aber auch tlw. an der Funktion orientierte. Vgl. z. B. FISCHER 1836, S. 4 u. 47; SONNTAG 1836, S. 1.

73 MOTHES Bd. 2, 1875, S. 293. Ähnlich die Definition bei LOEHR Bd. 1, 1846, S. 304, u. bei RÜSTOW Bd. 1, 1858, S. 257. Schon MOSER 1967 (1773), S. 228, § 2, hatte die Festung ähnlich definiert: *„Eine Vestung ist ein wenigstens etwas weitläufftiger Plaz, welcher nicht ohne grosse Gewalt und eine formliche Belagerung bezwungen werden kann: Durch die Weitläufftigkeit unterscheidet sich eine Vestung von einem Fort oder Schloß, Schanze etc. und durch die Wercker von einem bloß haltbaren Plaz, darinn man sich nur in etwas, oder bloß gegen eine geringe Gewalt wehren kann."* Zur Diskussion des heutigen Festungsbegriffs in der wissenschaftlichen Literatur des 20. Jh. vgl. BROHL 1998, S. 16–21.

74 Zum Befestigungsrecht in Mittelalter und Früher Neuzeit immer noch grundlegend COULIN 1912. Vgl. zu dieser Entwicklung auch EBNER 1976, S. 43–48; MAURER 1976, S. 89–104; SCHÜTTE 1994, S. 11f., mit ausführlichen Hinweisen auf die Rechtsliteratur zu diesem Themenkomplex in der Frühen Neuzeit.

75 ZEDLER Bd. 35, 1743, Sp. 210. Eine Erinnerung an die rechtliche Definition des Schlosses klingt sogar noch viel später bei MOTHES Bd. 1, 1874, S. 558 unter dem Stichwort „Burg" nach: *„Es bedeutet im weitern Sinn den befestigten Wohnsitz eines mit Hoheitsrechten Ausgestatteten."* Ähnlich wie in Deutschland war die rechtliche Definition auch im Frankreich des 18. Jh. DIDEROT/D'ALAMBERT Bd. III, 1753, S. 241: *„Il y des seigneures qui peuvent obliger leurs vassaux & sujets de faire le guet & monter la garde pour la défense du château, en temps de guerre, & de contribuer aux fortifications, ce qui dépend des titres & de la possession. [...] Il n'y avoit anciennement que les grands vassaux de la couronne qui eussent droit de bâtir des châteaux ou maisons fortes; ils communiquerent ensuite ce droit à leurs vassaux, & ceux-ci à leurs arriere-vassaux."* Das Befestigungsrecht hatte also in Frankreich seit dem Mittelalter eine sehr ähnliche Entwicklung wie im Hl. Römischen Reich deutscher Nation genommen.

76 MOSER 1967 (1773), S. 228, § 3, u. 1968 (1773), S. 211.

77 KRÜNITZ Bd. 49, 1790, S. 493. Vgl. auch GÖNNER 1804, S. 426, § 275 (Classifikation der Hoheitsrechte), VIII.: *„Jeder Staat hat als Verein die Rechte phisischer Personen auf Erhaltung und die Staatsgewalt muss nicht nur gegen äussere Anfälle die Bürger sicher stellen, sondern auch die Selbständigkeit und Rechte des Staates behaupten. Hieraus entspringt die Militärgewalt."*

78 KRÜNITZ Bd. 49, 1790, S. 494. Zum Öffnungsrecht s. auch MOSER 1967 (1773), S. 235, § 15.

79 KRÜNITZ Bd. 49, 1790, S. 494.

80 DEUTSCHE ENCYCLOPÄDIE Bd. 1, 1784, S. 177, Stichwort „Befestigungsrecht".

81 Ebd., Bd. 9, 1784, S. 801, Stichwort „Festungen (juristisch)". Die wörtlich selbe Definition findet sich bei ROSENTHAL Bd. 5, 1800, S. 121.

82 DEUTSCHE ENCYCLOPÄDIE Bd. 9, 1784, S. 801.

83 SCHÜTTE 1994, S. 12. Zur Pflicht des Burgenbaus vgl. EBNER 1976, S. 45f.

84 ERSCH/GRUBER Dritte Sektion, Teil 2, 1832, S. 56.

85 KLÜBER 1822, Bd. 2, S. 882, § 458; ZACHARIÄ 1845, S. 188 ff., § 214 B II; ALLGEMEINE MILITAIR-ENZYCLOPÄDIE Bd. 2, 1868, S. 62.

86 WEISKE Bd. 6, 1845, S. 222: Stichwort „Krieg"; BLUNTSCHLI 1852, S. 403; BLUNTSCHLI/BRATER Bd. 4, 1859, S. 9: Stichwort „Fürst, fürstliches Haus".

87 ZEDLER Bd. 2, 1732, Sp. 796.

88 Ebd. Nach neueren Untersuchungen ist das Öffnungsrecht aber unabhängig vom Lehnrecht entstanden. Das Öffnungsrecht verfiel seit dem 16. Jh. zusehends. Mit dem Erstarken der Landesfürsten wurde es einfach als selbstverständlich erachtet, dass der Adel seine festen Plätze dem Landesherrn im Kriegsfall zur Verfügung stellte. Vgl. hierzu BACHMANN 1999, S. 33 u. 36.

89 ARETIN/ROTTECK Bd. 1, 1838, S. 178, § 2 (Rechte des constitutionellen Monarchen). Vgl. auch KLÜBER 1822, Bd. 2, S. 380, § 177.

90 RÖNNE 1864, Bd. 1, S. 358, § 73.

91 Ebd., S. 359, § 74, I, u. S. 361, § 74, IV. Ähnlich KUHN 1834, Bd. 1, S. 138, § 43. Unter die Befugnisse, die der Oberbefehl des Königs über das Heer beinhaltet, zählen auch: *„Die Leitung und Oberaufsicht der materiellen VertheidigungsAnstalten des Landes, z. B. der FestungsWerke, Arsenale u.s.w."* Vgl. auch KLÜBER 1822, Bd. 2, S. 882, § 458, u. BLUNTSCHLI 1852, S. 403.

92 POTEN Bd. 1, 1877, S. 450.

93 ZACHARIÄ Bd. 3, 1845, S. 189, § 214 B II.

94 ROTTECK/WELCKER Bd. 5, 1837, S. 502: Stichwort „Festung". Die dortige Definition bezieht sich eindeutig auf die von HAUSER 1817, S. 168, § 114.

95 Vgl. hierzu MAURER 1976, S. 99.
96 ROTTECK/WELCKER Bd. 5, 1837, S. 503, beziehen sich auch hier auf HAUSER 1817, S. 171.
97 BOTZENHART 1985, S. 15 u. 41; ARETIN 1993, S. 65.
98 ARETIN 1993, S. 65 ff.
99 Ebd., S. 99 ff.
100 RÜRUP 1992, S. 119f.
101 ARETIN 1993, S. 159. Die alte Ordnung des Heiligen Römischen Reiches z. B. wurde freilich nicht mehr hergestellt, obwohl gerade hierauf einige der mediatisierten Adelshäuser wie die Hohenlohe hofften.
102 RÜRUP 1992, S. 129 ff.; ARETIN 1993, S. 175 ff. Eine Ausnahme stellten hier z. B. die beiden mecklenburgischen Großherzogtümer dar, die ihre alte Ständeverfassung behielten.
103 Die ursprüngliche Mitgliederzahl von Anfangs 39 Staaten änderte sich durch diverse politische Ereignisse bis 1866 mehrmals. RÜRUP 1992, S. 126 ff.
104 RÜRUP 1992, S. 144f.
105 Ebd., S. 140.
106 BOTZENHART 1985, S. 110 ff.; RÜRUP 1992, S. 148.
107 BOTZENHART 1985, S. 107f.
108 Vgl. hierzu z. B. die programmatische Schrift von ARNDT 1815 über Preußens militärische Aufgabe beim Schutz der Westgrenze und den Bau von Bundesfestungen zur Grenzsicherung, welch letztere er in Vorschlag brachte.
109 Feste Friedrich Wilhelm, wie der Ehrenbreitstein eigentlich genannt wurde, Feste Kaiser Alexander und Feste Kaiser Franz. Die heute in Vergessenheit geratene Benennung des Ehrenbreitstein taucht auch in einigen zeitgenössischen Druckwerken auf. Die Nebenwerke der Feste Kaiser Franz hießen nach jenen Generälen, die Napoleon bei Waterloo vernichtend geschlagen hatten, Blücher und Wellington. Bezeichnenderweise lagen sie auf dem linken Rheinufer. Die Benennung der Fortsysteme nach Zar Alexander und Kaiser Franz I. geschah auf Befehl des Königs direkt nach der Rückkehr vom Aachener Kongress 1818. DZIOBEK, Ernst: Kriegs= und Befestigungs=Geschichte von Coblenz und Ehrenbreitstein. Manuskript, Koblenz 1834. LAH Ko., 700, 71, Nr. 1, S. 217.
110 Zur Rheinkrise vgl. bes. VEIT-BRAUSE 1967. Die Franzosenangst saß besonders in Südwestdeutschland tief. In den Märzwirren des Jahres 1848 besetzten Bürger aus Freudenstadt die alten Schanzen am Kniebispass, weil sich das Gerücht verbreitet hatte, die revolutionären Franzosen seien sengend und brennend über den Rhein gekommen. KULL 1985, S. 107f.
111 MATHY 1984, S. 12f.; MIECK 1992, S. 165–167. In den militärisch-strategischen Überlegungen galt Frankreich seit 1815 als Hauptgegner. Überlegungen zur Grenzsicherung und Abwehr einer potentiellen französischen Invasion stellten sich nicht nur Militärs, sondern fanden ihren Niederschlag auch in diversen Publikationen der Zeit, so z. B. PÖNITZ 1844, S. 1–50. Zur Funktion der Bundesfestungen vgl. GLATT 1985, S. 9–16.
112 Grundlegend zur deutschen Revolution SIEMANN 1985.
113 Vgl. hierzu WEHLER 1987, Bd. 2, S. 709, u. BRUNNER 1987, S. 8.
114 BRANDT 1999, S. 48 ff.
115 Die entsprechenden Verordnungen und Gesetze wurden nach der Revolution auch nicht mehr rückgängig gemacht. BRUNNER 1987, S. 8f. u. 340.
116 Ebd., S. 340. Zur Anpassung des Bürgertums an die aristokratische Gesellschaft vgl. bes. ITZENBERG 1979, S. 233–244, u. MAYER 1984, S. 83–128. Dies zeigt sich besonders deutlich in der Übernahme aristokratischer Architekturformen bei den Villen des großindustriellen Unternehmertums als neuer Elite, wie GERMERSHEIM 1988, S. 353, herausgestellt hat: „Die Verpflichtung der Unternehmervillen auf historische Bauformen, die grundsätzliche Festlegung ihrer Grundrisse auf Erfordernisse, die sich an aristokratischen Repräsentationsbedürfnissen orientierten, müssen als Zeichen für fehlende Eigenständigkeit und Unabhängigkeit bei der Formulierung der Bauaufgabe gewertet werden, begleitet von der prinzipiellen Bereitschaft, sich der herrschenden Aristokratie zu assimilieren." S. a. ebd. S. 356f. LEY 1970, S. 23, hingegen ging noch von einer Verbürgerlichung des Adels in der Architektur aus, was so nicht haltbar ist.
117 HAMMER 1985, S. 93.
118 Vgl. Kap. V, 5.1. In den Architekturzeitschriften der Zeit wurde sogar der Barrikadenbau thematisiert und ausführlich dargelegt, wie man diese durch das Militär stürmen und zerstören konnte. ANONYM 1849a, Sp. 111–116. Und man entwickelte bewegliche Gegenbarrikaden für das Militär aus Holzwänden, die mit Eisenblech beschlagen und mit Schießscharten ausgestattet waren. ILLUSTRIRTE ZEITUNG 13, 1849, No. 318, S. 76f.
119 So Friedrich Wilhelm IV. über die Revolutionäre. BARCLAY 1995a, S. 284f. Zu den preußischen Siegesdenkmälern vgl. DERS. 1991, S. 130–160, u. 1995, S. 26; MAAZ 1995, S. 94–103; ZUCHOLD 1994, S. 28–36. Eine umfassende Untersuchung über politische Kunst im Zusammenhang mit der Reaktion und ihrem Triumph über die Revolution ist bisher noch ein Forschungsdesiderat, obgleich es eine ganze Reihe von Objekten gibt, die den Sieg des monarchischen Prinzips über die Revolution von 1848/49 thematisieren, vor allem von preußischer Seite, wie bes. BARCLAY 1991 erstmals ausführlicher in seiner Untersuchung

über die Siegesmonumente in Potsdam und Berlin dargelegt hat.
120 SIEMANN 1985, S. 203f.; BARCLAY 1995a, S. 278 ff.
121 SIEMANN 1985, S. 218–221; BRANDT 1999, S. 53 ff. Zu den komplexen außenpolitischen Konzepten und Zielen Friedrich Wilhelms IV. vgl. bes. KRÜGER 1997, S. 181–215.
122 RÜRUP 1992, S. 205–210.
123 FIEDLER 1991, S. 12; ORTENBURG 1990, S. 72 u. 95f.; REULEAUX 1912, S. 95 ff. u. 113 ff. Im Festungsbau kamen nun auch neue Materialien zum Einsatz, wie drehbare Geschütztürme aus Stahl oder die Verwendung von Stahlbeton. Grundlegend hierzu ROLF 1991. Zur Entwicklung der Festungsbaukunst in Deutschland seit 1814 vgl. Kap. VI, 3, S. 164 ff.
124 ORTENBURG 1988, S. 27, 37 u. 107f.
125 JÄGER 1998, S. 138.
126 SIEMANN 1985, S. 221.
127 RÜRUP 1992, S. 216.
128 Ebd., S. 221 ff.
129 LISCH 1857, S. 3. Ähnlich ist es noch bei ANONYM 1877, S. 255, zu lesen: „Schloß Schwerin ist, was den Adel der monumentalen Wirkung betrifft, unter den gesammten Fürstenhäusern Nord- und Mitteldeutschlands das erste und imposanteste."
130 Diese Qualität des Bauwerks wurde auch schon von den Zeitgenossen hervorgehoben. Vgl. LÜBKE 1869, S. 221.
131 STÜLER/PROSCH/WILLEBRAND 1869, S. 9. Bis heute fehlt zum Schloss eine umfassende neuere kunstwissenschaftliche Monographie. Der Forschungsstand bewegt sich im Prinzip immer noch auf den Erkenntnissen, die schon SCHLIE 1898, S. 602–620, u. JOSEPHI 1924 dargestellt haben. Mit dem erwachenden Interesse an der Architektur des Historismus in den 1970er Jahren schenkte auch die Forschung der DDR dem Schloss größere Beachtung (KLINGENBURG 1979, S. 111–114; POLENZ 1979, S. 141). Namentlich KLINGENBURG 1981, S. 9–33, über die verschiedenen Entwürfe zum Neubau, insbesondere zum Projekt Gottfried Sempers, sei hier erwähnt. Er hat das Thema nochmals 1998 bearbeitet und sich mit dem Idealcharakter von Sempers Schweriner Entwurf auseinandergesetzt. Hauptsächlich drehte sich die Analyse des Schlosses um stilgeschichtliche Fragen. Unter der großen Anzahl von größtenteils populärwissenschaftlichen Publikationen, die hauptsächlich den bekannten Forschungsstand referieren, kann hier nur auf die Monographie von KRÜGER 1997 verwiesen werden (das Buch ist eine Neubearbeitung des noch deutlich politisch gefärbten Schloss-Buches von 1979). In jüngster Zeit wurde der Schweriner Schlossbau nochmals hinsichtlich der Beteiligung des Architekten Willebrand untersucht, dem als Bauleiter unter dem Hofbaumeister Demmler eine kongeniale Mitwirkung an den baukünstlerischen Entwürfen für den Neubau bescheinigt werden muss. BARTELS 2001, S. 12–21 u. 31–33. Auf den wichtigen Anteil Willebrands bei den Planungen hat schon JOSEPHI 1924, S. 19, hingewiesen. Mehrfach wurden von der Forschung die verschiedenen Projekte zum Schlossbau besprochen, deren Entwurfszeichnungen sich im Kupferstichkabinett des SMS befinden (Katalogisiert in: STAATLICHES MUSEUM 1985). Ein großer Teil der Detailzeichnungen für die Bauausführung liegt jedoch im LHA Schwerin, wo auch sämtliche Bauakten zum Schloss finden. LHA Schw. 5.2–1, GHZ Kab. III, Nr. 128, tlw. publ. durch BARTELS 2001. Vgl. hierzu auch POLENZ 1979, S. 141; KLINGENBURG 1981, S. 9–33. u. 1998, S. 155–164; HEGNER 1992, S. 126; LAUDEL 2003, S. 237–241.
132 Sie sind – mit Ausnahme der Entwürfe Sempers – zum großen Teil kaum aufgearbeitet worden, und so verwundert es nicht, dass die Forschung einen für unseren Zusammenhang wichtigen Akt, der die Verteidigungsanlagen des neuen Residenzschlosses betrifft, zu dem auch die entsprechenden Pläne vorhanden sind, übersehen hat. LHA Schw., 5.2-1, GHZ Kab. III, Nr. 129, p. 243 ff: „Allerunterthänigster Bericht über die Vertheidigungs-Einrichtungen des hiesigen Großherzoglichen Residenz-Schlosses" von Ingenieurhauptmann Schmitt, Dezember 1851. Hierzu die Pläne in 12.3-3, Mappe 9, Fol. 9 und 10. Entwürfe von Schmitt 1851/52.
Neben die archivalische Überlieferung treten verschiedene zeitgenössische Druckwerke, vor allem die Lebenserinnerungen DEMMLERS 1914, der detailliert, wenn natürlich auch aus einer sehr persönlichen Sichtweise, die Vorplanungen und Arbeiten am Schlossbau schildert. Schon während der Bauzeit hatte der Großherzog den Befehl gegeben, das Schloss nach der Fertigstellung in einem repräsentativen Band zu publizieren, der an zahlreiche deutsche Fürsten versandt wurde (LHA Schw. 5.2-1, GHZ Kab. III, Nr. 146: Akte über die Schlosspublikation durch Stüler, Prosch und Willebrand): STÜLER/PROSCH/WILLEBRAND 1869. Unter den Subskribenten des Bandes befanden sich u. a. König Wilhelm I. und sein Zeremonienmeister Graf Stillfried, der wesentlich am Projekt des Wiederaufbaus von Hohenzollern beteiligt war (vgl. Kap. V, S. 88).
133 Die Architektur erhielt den für die mecklenburgische Renaissance so typischen Terrakottaschmuck, wie er auch am Fürstenhof zu Wismar zu finden ist. Er blieb in Teilen bis heute erhalten. Zur älteren Geschichte des Schlosses vgl. vor allem LISCH 1840, S. 32–60; SCHLIE 1898, S. 602–607; JOSEPHI 1924, S. 3–13; UHLE/ENDE 1984, S. 46–62. Zuletzt zu den Bauten unter Johann Albrecht HANDORF 1995, S. 49–61.
134 Auch als Francesco a Bornau oder Franz Borno bekannt.

135 LISCH 1840, S. 57. Chiaramella war zum damaligen Zeitpunkt gerade mit dem Bau der Zitadelle Spandau beschäftigt. Vgl. BURGER 2000, S. 292 ff. Die Behauptung von UHLE/ENDE 1984, S. 61, bei den Bastionen hätte es sich ursprünglich um Rondelle gehandelt, ist sicher falsch, da Borno auch die pentagonale Festung Dömitz im Bastionärsystem errichtete und als Italiener die modernere Bastionärbefestigung beherrschte.

136 SCHLIE 1898, S. 608 ff. Die Zeichnungen Piloots befinden sich im StMu Schwerin/Kuka. Vgl. hierzu STAATLICHES MUSEUM 1985, S.70.

137 NUGENT 1782, S. 224.

138 ANONYM 1863, S. 73.

139 Plan von einem Teil der Altstadt Schwerin von Franz Grote, 1788. LHA Schw. 12.12-2, Lfd. Nr. 162, 428. Vgl. hierzu GREVE/RÜHBERG/SANDER-BERKE/SCHLÜTER 1997, S. 69 ff.

140 Vgl. hierzu HOYER Bd. 2, 1808, S. 137 u. Taf. XVI. Die Kanonen sind mit ihrer Montierung deutlich auf einem Schlossplan von C. F. v. Martius aus dem Jahr 1816 zu erkennen (LHA Schw. 12.12-2, Lfd. Nr. 123, 397). Sie sind auch auf dem Stadtplan *Schwerin nebst Umgebungen* von Martius, 1819, zu sehen und auf dem bei STÜLER/PROSCH/WILLEBRAND 1869 publizierten Plan des alten Schlosses, der, was die Anzahl der Geschütze und die Führung der Enceinte angeht, einen etwas nach Martius entstandenen Plan zur Grundlage haben muss (wohl die von Demmler gefertigten Bauaufnahmen vor den Abbruchmaßnahmen). Zum Stadtplan von Martius vgl. GREVE/RÜHBERG/SANDER-BERKE/SCHLÜTER 1997, S. 74f.

141 MENNE 1942, S. 149, hat hingegen fälschlicherweise behauptet, man habe die Schlossbefestigung von Schwerin aufgegeben. Leider waren im LHA Schwerin keinerlei Akten zu diesen Festungswerken und ihrer Armierung zu finden.

142 Eine sehr lebendige Schilderung der Vorgänge gibt DEMMLER 1914, S. 26–29, der an den Ereignissen als unmittelbar Betroffener teilnahm. Er hatte vergeblich versucht die aufgebrachte Menge, unter der viele Handwerker und Arbeiter waren, und die er als Hofbaumeister kannte, zu beruhigen. Zu dem Aufstand vgl. auch JESSE 1913.

143 LHA Schw., 5.2-1, GHZ Kab. III, Nr. 128: Schreiben Demmlers v. 7. April 1845 an den Großherzog mit der Bitte, die bei den Abbrucharbeiten störenden Geschütze fortschaffen zu lassen, u. Befehl des Großherzogs hierüber an das Bezirkskommando v. 8. April 1845.

144 RAABE 1857, S. 25f.

145 Zu Demmler (1804–1886) fehlt, wie schon KLINGENBURG 1981, Anm. 15, bemerkt hat, bis heute eine kunstwissenschaftliche Monographie, obwohl der Schweriner Baumeister durch seine Architektur das Gesicht der Residenzstadt entscheidend geprägt hat. Maßgebend bis heute DEMMLER 1914, die Autobiographie des Architekten. Außerdem: RAT 1986 u. KREMPIEN 1991.

146 DEMMLER 1914, S. 67.

147 StMu Schwerin/Kuka, Inv.-Nr. 16 Hz u. 17 Hz. Zur Beurteilung des ersten Demmlerschen Entwurfes vgl. auch JOSEPHI 1924, S. 13f., KLINGENBURG 1981, S. 14 ff., u. BARTELS 2001, S. 12.

148 StMu Schwerin/Kuka, Inv.-Nr. 19 Hz, 21 Hz u. 23 Hz. DEMMLER 1914, S. 67; KLINGENBURG 1981, S. 16 f.; BARTELS 2001, S. 12f.

149 Zu den anderen Projekten Lennés im Burggarten und im Schlosspark vgl. HINZ 1989, S. 317–327.

150 LHA Schw., 5.2-1, Kab. III, Nr. 128: Bericht der Schlossbaukommission an den Großherzog v. 9. Januar 1843.

151 Inzwischen gab es einen regen Austausch zwischen Friedrich Franz II. und dem preußischen König Friedrich Wilhelm IV., dem Onkel des Großherzogs, der großen Anteil an den Planungen nahm. Eifrig wurden die Pläne hin- und hergesandt und vom König begutachtet, der die Zeichnungen auch Friedrich August Stüler vorlegte. Dieser fertigte, sehr zum Ärger Demmlers, einen Stegreifentwurf an (StMu Schwerin/Kuka, Inv.-Nr. 92 Hz), der allerdings sehr schnell wieder verworfen wurde. DEMMLER 1914, S.67 ff.; JOSEPHI 1924, S. 15.

152 DEMMLER 1914, S. 67f. u. JOSEPHI 1924, S. 15.

153 StMu Schwerin/Kuka, Inv.-Nr. 24 Hz, 25 Hz u. 34 Hz. Zu Sempers Plänen vgl. vor allem KLINGENBURG 1981, S. 18–26 u. 1998, S. 155–164; LAUDEL 2003, S. 237–241.

154 LHA Schw., 5.2-1, GHZ Kab. III, Nr. 128, p. 27 ff: Erläuterungen Sempers zu seinen Entwürfen v. 23. Dezember 1843, S. 4f.

155 StMu Schwerin/Kuka, Inv.-Nr. 25 Hz.

156 Interessant ist in diesem Zusammenhang, dass Demmler hingegen als Vorbild für Sempers Entwurf die Tuillerien in Paris angibt und von französischer Renaissance spricht, ein Urteil, das in der gesamten Literatur zum Schloss zu finden ist, mit Ausnahme von JOSEPHI 1924, S. 15, der den Bau ganz richtig als *„im Stil der oberitalienischen Hochrenaissance"* charakterisierte. Noch BARTELS 2001, S. 15, verweist auf das Vorbild Chambord, das allerdings erst mit Demmlers drittem Entwurf wirksam wurde, und versteigt sich gar zu der Ansicht, dass Semper Chambord vor allem im Grundriss als Vorbild gedient habe. Allerdings ist Chambord als viereckiges Kastell angelegt. Möglicherweise waren es Sempers steile Schieferdächer und die Reihung von Zwerchgiebeln, die Assoziationen an französische Architektur bei den jeweiligen Autoren weckten. Tatsache aber ist, dass die Fassadengliederung Sempers eindeutig die Architektur von Caprarola zitiert und variiert und um

Elemente der deutschen Renaissance, wie die Halbrundaufsätze auf dem Staffelgiebel des Festsaaltraktes bereichert. In ähnlicher Weise hatte schon Landgraf Karl von Hessen-Kassel um 1700 ein Schloss projektieren lassen, das die pentagonale Form von Caprarola aufnimmt. Vgl. SCHÜTTE 1994, S. 283f.

157 Vgl. hierzu MOOS 1981, S. 131–147, bes. S. 132–135, u. SCHÜTTE 1994, S. 223 ff. SCAMOZZI 1615, Parte Prima, Libro terzo, S. 252 u. 253, bezeichnet seinen Entwurf zu einem Palast mit Eckbastionen als *„Palazzo in Fortezza"*.

158 KLINGENBURG 1979, S. 113.

159 DEMMLER 1914, S. 66 u. 67f.

160 Der Großherzog hatte gewünscht, dass die Fassade der Semperschen Planung entnommen werde, Demmler aber den Grundriss der bisherigen Entwürfe beibehalten sollte. LHA Schw, 5.2-1 GHZ Kab. III, Nr. 128, p. 70: Schreiben Friedrich Franz II. v. 3. Jan. 1844.

161 DEMMLER 1914, S. 70. Nach ANONYM 1877, S. 256, soll es Friedrich Wilhelm IV. gewesen sein, der den Stil Chambords *„dringend empfahl"*, worauf der Großherzog den Plan genehmigte. BARTELS 2001, S. 16 ff., greift die These JOSEPHIS 1924, S. 19, auf, nach der Willebrand den dritten Entwurf zu verantworten habe, und weist darauf hin, dass ihm zumindest ein weit größerer Anteil an den Planungen zugestanden werden muss, als bisher angenommen.

162 Demmler hatte sich vehement für die Erhaltung der am 10. Oktober 1849 nach langem Ringen neu verabschiedeten Verfassung, das *Staatsgrundgesetz von Mecklenburg*, eingesetzt. Mit Beginn der Reaktion wurde im sogenannten Freienwalder Schiedsspruch vom 18. September 1850, der die alte Ständeverfassung wieder in Kraft setzte, die liberale Verfassung aufgehoben. LÜDERS 1999, S. 156 ff.

163 DEMMLER 1914, S. 94 ff., enthält den diesbezüglichen Schriftwechsel zwischen dem Hofbaumeister, Staatsrat von Brock und dem Großherzog.

164 Diese Veränderungen werden heute in der Regel als ziemlich geglückt beurteilt, aber noch zu Lebzeiten Demmlers, und zu seiner besonderen Genugtuung, gab es auch kritische Stimmen, die seinen ursprünglichen Entwurf präferierten. So LÜBKE 1869, S. 223. Demmler schmerzte es sehr, dass ausgerechnet der von ihm als Konkurrent gefürchtete Stüler doch noch in Schwerin tätig werden durfte.

165 DEMMLER 1914, S. 80 ff. u. 86. Zu Willebrand (1816–1899) vgl. BARTELS 2001.

166 LHA Schw., 5.2-1, GHZ Kab. III, Nr. 129, p. 243 ff: *„Allerunterthänigster Bericht über die Vertheidigungs-Einrichtungen des hiesigen Großherzoglichen Residenz-Schlosses"* v. Ingenieurhauptmann Schmitt, Dezember 1851. Schmitt war seit 1849 Mitglied der *„Examinations Commission für Officiere"* und Kompaniechef der Pionierabteilung der Garnison Schwerin. GROSHERZOGLICH MEKLENBURG-SCHWERINSCHER STAATS-KALENDER 1852, S. 141.

167 Zeichnung hierzu im LHA Schw., 12.3-3, Mappe 9, Fol. 9.

168 Ebd., Fol. 10.

169 Ebd., Mappe 15/1, Fol. 73.

170 Ebd., Mappe 13, Fol. 63, u. Mappe 15/1, Fol. 72–73. Fol. 72 trägt den Vermerk: *„Ansicht der beiden Eckbastionen, Gartenseite, wonach die Ausführung geschehe. Willebrand d. 7. 2. 54."*

171 Ebd., 5.2-1, GHZ Kab. III, Nr. 136, *Acta den Ankauf von Positions-Geschützen für das Großherzogliche Schloß in Schwerin und für die Festung Dömitz betreffend*: Promemoria der Baukommission v. 30. Dezember 1853 an Friedrich Franz II.

172 Ebd., 5.12-8/1, C 23/8, *Acta betreffend den Ankauf von Positions-Geschützen nebst Zubehör aus den Vorräthen der ehemaligen dt. Flotte.* Der Akt enthält den Schriftwechsel zwischen dem Großherzog, dem Kriegsministerium und den Offizieren, die nach Minden zu den Kaufverhandlungen gereist waren.

173 Ebd., 5.12-8/1, C 23/7, *Acta betreffend die Beaufsichtigung und Controle über die auf den Bastionen des Herzogl. Schlosses zu Schwerin aufgestellten Geschütze*: Mitteilung des Großherzogs an das Militärdepartement v. 22. Februar 1855.

174 *„Für diese sind die 4 rädigen Schifflafeten Nr. 75 gebaut, welche sich für den Wallgebrauch ganz gut eignen, und, wenn man sie auf Drehbolzen-Rahmen stellt, selbst eine rasche Seiteneinrichtung leicht machen"*, berichtet Major v. Plate am 30. März 1854 über das Angebot in Minden an das Kriegs-Departement. Ebd., 5.12-8/1, C 23/8: *Acta betreffend den Ankauf von Positions-Geschützen nebst Zubehör aus den Vorräthen der ehemaligen dt. Flotte.* In dieser Form wurden die Kanonen auch aufgestellt.

175 LISCH 1857, S. 3.

176 STÜLER/PROSCH/WILLEBRAND 1869, S. 6.

177 NORDDEUTSCHER CORRESPONDENT No. 120, 26. Mai 1857, S. 2.

178 LÜBKE 1869, S. 222.

179 ILLUSTRIRTE ZEITUNG 28, 1857, No. 729, S. 479.

180 DEMMLER 1914, S. 86, kritisierte dies natürlich, aber tatsächlich hat Stüler die glücklichere und bessere Lösung gefunden.

181 BÖRSCH-SUPAN/MÜLLER-STÜLER 1997, S. 190. Vgl. Kap. VI, 3., S. 100 u. Abb. 263, S. 99 u. VI, 5., S. 229 ff.

182 UHLE/ENDE 1986, S. 61.

183 LHA Schw. 12.3-2, Mappe 15. Abb. bei BARTELS 2001, S. 35.

184 Das Anbringen von solchen Wächterfiguren hat eine lange Tradition

im Festungsbau. So zieren zwei Landsknechte das äußere Tor des Schlosses Hohentübingen von 1606, die dort ebenfalls das Wappen des Landesherrn, des Herzogs von Württemberg, flankieren. Auch im 19. Jh. findet sich das Motiv öfter, u. a. an den Stadttoren von Ingolstadt und Germersheim. Zwei Ritter bewachen auch die Einfahrt in den Rampenturm auf Hohenzollern, vgl. Kap. V, 3., S. 95.

185 Man hätte ein Gewehr in jedem Fall durch die Kreiselemente in den Scharten schieben können.

186 Zu Türmen als Motive der Fortifikationsarchitektur vgl. Schütte 1994, S. 197–203.

187 Vgl. hierzu z. B. die Reihung des Turmmotivs an der Innsbrucker Hofburg zur Feldseite vor dem theresianischen Umbau im 18. Jh. Schütte 1994, S. 27f.

188 Klingenburg 1981, S. 29.

189 Schütte 1994, S. 199; Biller/Großmann 2002, S. 191 ff. Vgl. auch Kap. VI, 5., S. 235.

190 Josephi 1924, S. 17, urteilte über den Turm harsch: „*Unter Demmlers unkünstlerischer Hand wurde dieser* (Sempers – der Verf.) *Turm zu einem unorganisch angefügten Dekorationsstück, das zwar durch seine übermäßige Höhe, vor allem aber durch seine für einen schlanken Rundturm so wenig geeigneten Palastfenster den organischen Zusammenhang mit den benachbarten Bauteilen verloren hat, aber trotzdem noch immer die eine Funktion trefflich erfüllt, der Baumasse ihr ästhetisches Gleichgewicht zu geben.*" Auch Klingenburgs Kritik über die zu große Höhe des schlanken Turms ist insofern ungerechtfertigt, als letztlich das Turmmotiv in seiner so wesentlichen Bedeutung als Zeichen von ihm doch unverstanden blieb.

191 Abgedruckt in Norddeutscher Correspondent No. 120, 26. Mai 1857, S. 2.

192 So spricht die Illustrirte Zeitung 28, 1857, No. 729, S. 479 von der „*alten Stammburg*".

193 Wachenhusen (1818–1889) war ein Schüler von Stüler und Stier an der Berliner Bauakademie. Vgl. hierzu Anonym 1862, S. 505–510, u. Parchmann 2001, S. 59–65, hier S. 61.

194 Anonym 1862, S. 507.

195 Vgl. Kap. V, 5., S. 125 ff. u. S. 129 ff.

196 Parchmann 2001, S. 65.

197 Ebd.

198 Klingenburg 1998, S. 167 ff.

199 Anders 2005, die sich hauptsächlich der Baufortführung im Inneren und den Veränderungen durch den Architekten Edwin Oppler ab 1864 widmet. Im Zusammenhang mit seinen Studien über den Architekten Hase und die Hannoveraner Bauschule hat G. Kokkelink erstmals die Burg näher untersucht und als Monument ihrer Zeit gewürdigt: Kokkelink 1968, S. 33–45 u. 120–125, 1968a, S. 17–22 u. 1981, S. 187; Kokkelink/Lemke-Kokkelink 1998, S. 116. Außerdem zur Burg Jürgens/Nöldeke/Welck 1941, S. 129 ff.; Biehn 1970, S. 307–313; Eilitz 1971, S. 137 u. 169–179; Kiesow 1998.

200 NHStA Han. Dep. 103. Nach Auskunft von Prof. Dr. Kokkelink werden ca. 2450 Planzeichnungen und Baurisse unsortiert in einem Schrank auf dem Dachstuhl der Burg verwahrt, um für laufende Restaurierungsarbeiten genutzt werden zu können. Ein Teil dieser Pläne liegt als Fotos im Stadtarchiv Hannover im Bestand HBS, AH Marienburg.

201 Auch zeitgenössische Beschreibungen des fertigen Baus fehlen im Gegensatz zu anderen Schlössern fast vollständig, was sich aus den politischen Ereignissen erklärt. Als 1866 Hannover von Preußen annektiert wurde, war die Marienburg noch nicht vollendet. Nach dem Abschluss der letzten Arbeiten 1869 kam es zu keiner aus dynastischer Propaganda motivierten Publikation des neuen Königsschlosses wie z. B. im Falle des Hohenzollern oder des Residenzschlosses in Schwerin, waren die Welfen doch ihrer Königsmacht verlustig gegangen und ins Exil vertrieben worden. Von Anfang an als privates Lustschloss gedacht, blieb zwar die Marienburg nach 1866 im Besitz des Hauses Hannover, konnte aber nun keinerlei Rolle mehr in der dynastischen Selbstdarstellung spielen. So erscheint der Bau auch in keiner der einschlägigen Architekturzeitschriften der Zeit. Nur einige der Innenräume, die Edwin Oppler gestaltet hat, wurden von ihm selbst in *Die Kunst im Gewerbe* publiziert: 1, 1872, Bl. 6, 10, 13 u. 16; 2, 1873, Bl. 4; 7, 1878, Bl. 8. Ein kurzer Bericht über die im Bau befindliche Burg findet sich in Illustrirte Zeitung 38, 1862, No. 984, S. 316.

202 Zum Leineschloss vgl. Dann 2000.

203 Biehn 1970, S. 308; Kokkelink/Lemke-Kokkelink 1998, S. 116. Offensichtlich plante Georg V. etwas später einen Ausbau der Veitsburg über Ravensburg als Ersatz, „*den eigentlichen Stammsitz des Welfischen Herrscherhauses, und es sollen auch an ihr durchgreifende Reparaturen ausgeführt werden, nach denen sich der schöne Bau wieder in seiner alten Pracht und Größe präsentieren wird.*" Mitteilung in Romberg's Zeitschrift 23, 1863, Heft 1, Sp. 84. Hierzu ist es allerdings nie gekommen. Möglicherweise sind diese Überlegungen aber im Zusammenhang mit dem Ausbau der preußischen Stammburg Hohenzollern (vgl. Kap. II, 3., S. 85 ff.) zu sehen und davon angeregt worden.

204 Kokkelink 1968, S. 41f. Witte war ab 1859 Oberstleutnant (Hof- und Staatshandbuch 1859, S. 276) und wurde 1860 zum Burghauptmann der Marienburg ernannt. NHStA Han. Dep. 103, XXIII, Nr. 257: Acta betr. die Ernennung der Oberstleutnants v. d. Witte zum Burghaupt-

mann auf der Königl. Marienburg item dessen Entlassen 1864: Schreiben König Georgs v. 26. Mai 1860 an Oberhofmarschall Graf v. Malortie.
Der Landbauinspektor Vogell (1806–1865) war zuständig für den „*Landbau-District Hildesheim III*", also auch für das Gebiet des Schulenburger Berges. Hof- und Staatshandbuch 1858, S. 384.

205 Vgl. z. B. Kap. II, 3. zu den Schlössern der Hohenzollern. Die Illustrirte Zeitung 38, 1862, No. 984, S. 316, vermerkt zur Rolle Wittes sogar: „*Die erste Idee zur Anlage des mächtigen Werkes rührt vom Oberstlieutnant Burghauptmann Witte her [...].*"

206 NHStA Han., Dep. 103, XXIII, Nr. 420: Acta betr. Einsetzung und Auflösung der zum Bau der Königl. Marienburg eingesetzten Bau-Commission. Und Dep. 103, XXIV, Nr. 5921: Acta betr. Die Einsetzung und Auflösung der Schlossbau-Commission. „*Instruction für die behuf des Baues der Burg Ihrer Majestät der Königin „Marienburg" angeordneten Commission*". Vgl. auch Kokkelink 1968, S. 122.
Witte veruntreute in seiner Position Gelder und wurde daher 1865 vom Dienst suspendiert und vor Gericht gestellt. Anonym 1867b, S. 422; Kokkelink 1968, S. 44.

207 Kokkelink 1968, S. 43. Hase übte mit seinen Vorstellungen maßgeblichen Einfluss auf die Architektur der zweiten Jahrhunderthälfte aus. Zu Hase (1818–1902) vgl. Kokkelink 1968 u. 1968a. Zu seiner Ausstrahlung und der Hannoverschen Bauschule Kokkelink 1981 u. bes. Kokkelink/Lemke-Kokkelink 1998. Hier S. 531 ff Lebenslauf u. Werkverzeichnis.

208 Kokkelink 1968, S. 33.

209 Ebd., S. 33f. Kokkelink urteilt recht harsch S. 43: „*Von den Ratschlägen eines Offiziers mit geringen bautechnischen Kenntnissen und eines Architekten, der als Kasernenerbauer bekannt war (1838 Artilleriekaserne am Steintor), konnte nichts anderes erwartet werden als die Befürwortung einer strengen, symmetrischen Anlage, gar noch in der alten Karreeform, und das wird letzten Endes auch der konservativen Haltung der Königin entsprochen haben.*" Immerhin war der „*Kasernenerbauer*" ein langjähriger Genosse des berühmten Hofbaumeisters Laves führte seit 1845 selbst den Titel Hofbaumeister und war gar Träger des „*Guelphen-Ordens*" 4. Klasse. Zu seinen Werken zählt der Um- und Ausbau des Schlosses in Celle. Vogell verfasste überdies eine Publikation unter dem Titel *Kunst-Arbeiten aus Niedersachsens Vorzeit* in 3 Heften Hannover 1845. Zu Vogell vgl. Hof- und Staatshandbuch 1858, S. 384, u. Rothert 1914, S. 587.

210 NHStA Han. Dep. 103, XXIV, Nr. 5984 II: Maurerarbeiten vom Meister Köhler in Nordstemmen. Zahlrolle v. 28. Juli 1861 bis 22. November 1862. In ihr ist mehrmals eindeutig die Rede von „*Rundbastionen*" und „*Bastionen*".

211 Kokkelink 1968, S. 122. Dem Oberhofmarschallamt unterstanden die Bauangelegenheiten sämtlicher königlicher Schlösser. Hof- und Staatshandbuch 1858, S. 7.

212 Die Gründe hierfür sind nicht genau geklärt, aber ausschlaggebend waren wohl Differenzen über die Ausstattung und das hierfür verwendete Material, eine Situation, die Hases eigener Schüler Edwin Oppler ausnutzte. Hase hatte immer wieder im Sinne einer architektonischen Wahrhaftigkeit gefordert, alle statisch wichtigen Elemente zu zeigen und nichts zu kaschieren. Beim Ausbau der Marienburg hatte er sich, wohl aus Kostengründen, aber an genau diese Maxime nicht gehalten. Statt steinerner Gewölbe oder eichener Balkendecken zierten Gipsrippen und neugotisch ornamentierte Stuckdecken manche der Räume. Oppler kritisierte dies, und es gelang ihm mit Hilfe des intriganten Witte die Gunst der Königin zu erlangen. Zu diesen Hase sehr kränkenden Vorgängen vgl. Anonym 1867b, S. 422, Kokkelink 1968, S. 40 ff., u. Eilitz 1971, S. 137 u. 171. Zu Oppler (1831–1880), seinem Leben und Werk vgl. Eilitz 1971, Kokkelink/Lemke-Kokkelink 1998, S. 554f., u. insbesondere Arends 2005.

213 Eilitz 1971, S. 175. Zu den Veränderungen und dem Innenausbau durch Oppler vgl. vor allem Arends 2005, S. 74–91.

214 Arends 2005, S. 88–91.

215 Anonym 1867b, S. 422.

216 Arends 2005, S. 90.

217 Vgl. hierzu auch die Beschreibung in Illustrirte Zeitung 38, 1862, No. 984, S. 316: „*[...] und wenn dem Vorbeireisenden die Einzelheiten entgehen, so überblickt er doch die schönen Linien und Vorsprünge des Ganzen vollständig.*"

218 Jürgens/Nöldeke/Welck 1941, S. 129. Kokkelink 1968, S. 122.

219 Hierüber gibt ein Plan Hases Auskunft, der die Wirtschaftsbauten zeigt. Mit Bleistift ist eine Vergrößerung der beiden Rundtürme, die ursprünglich den selben Umgang wie die des Nordosttores haben sollten, in den Grundriss eingetragen. StA Han., HBS, AH Marienburg, Zeichnung Z 10.

220 Schütte 1999, S. 149; Schmidt 1999, S. 127.

221 Auf den wehrhaften Charakter einzelner Elemente der Marienburg weist auch Arends 2005, S. 68f. u. S. 97, Anm. 95, hin.

222 Beispielsweise wurde noch ab 1830 das Residenzschloss in Braunschweig als Ehrenhofanlage gestaltet. In Architekturtraktaten der Zeit erscheinen immer wieder ähnliche Baukomplexe.

223 Die allgemeine Grundrissdisposition erinnert sehr stark an den Grundriss von Schloss Weißenstein in Pommersfelden, nur dass auf der Ma-

224 Dies ergibt ein Blick auf den Gartenplan der Gesamtanlage von Hofgärtner v. Schaumburg. StA Han., HBS, AH Marienburg, o. Nr. Er zeigt
noch nicht den Wintergarten, muss also kurz vor der Übernahme des
Baus durch Oppler um 1864 entstanden sein. Der Bereich im Westen
wurde an die schon bestehende Ringmauer angesetzt. Der Wintergarten wurde 1865 nach Plänen Opplers begonnen. Vgl. hierzu EILITZ
1971, S. 176. Im Vorprojekt Hases von 1857 war er noch nicht vorgesehen. Vgl. Abb. 9 bei KOKKELINK 1968, S. 34. Das Ausführungsmodell
auf der Burg aus Kork zeigt ebenfalls den Zustand vor 1864.

225 Undatiert, StA Han., HBS, AH Marienburg, Zeichnung Z 10.

226 NHStA Han., Dep. 103, XXIV, Nr. 6003: Wochen-Rapporte 1864–1866.
So wurde zwischen dem 27. Januar u. 2. Februar ein Pfeiler unter der
Zugbrücke gemauert. Unter dem Eintrag v. 17.–23. März ist dann von
der „früheren Zugbrücke" die Rede. Wie die Brücke ausgesehen hat, über-
liefert das von dem Bildhauer F. Haegemann im Juni 1858 gefertigte
Korkmodell auf der Marienburg. Offensichtlich war man mit der Zug-
brücke nicht recht zufrieden gewesen. Oppler hatte schon in einem
Kostenvoranschlag vom März 1865 deren Neuanlage gefordert. Vgl.
NHStA. Han. Dep. 103, XXIII, Nr. 423.

227 Vgl. z. B. das Gutachten über die Verteidigungseinrichtungen des
Schweriner Schlosses von Schmitt, der zuallererst die Anbringung von
Zugbrücken forderte (Kap V, 1., S. 34 ff.).

228 ARENDS 2005, S. 97, Anm. 97.

229 StA Han., HBS, AH Marienburg, Zeichnung o. Nr.

230 StA Han., HBS, AH Marienburg, Zeichnung Z 10. Einen Entwurf zu einem der beiden Flankierungstürmchen am nordwestlichen Ausfahrtstor zeigt ebd. Zeichnung Z 7.

231 NHStA Han. Dep. 103, XXIV, Nr. 6033: Bewachung der Königl. Marienburg nach Aufhebung des Königl. Hofhalts 1865–1866.

232 Ebd.

233 Ebd. Eine Sicherung des Schlosses war schon wegen weitaus harm-
loserer Eindringlinge als Banditen und Aufrührer nötig, wusste doch
Oppler am 21. Mai 1865 zu berichten, „daß meines Erachtens nach der
gänzliche Besuch des Marienberges verboten werden müsse. Die Privat=Gar-
ten=Anlagen Ihrer Majestät der Königin sind schwer zu überwachen, und
werden trotz den Warnungstafeln betreten. Die Besucher sind bisweilen so
taktlos, daß sogar gestern eine Familie im Privatgarten I. I. Königlichen Hoheiten ihr Abendbrod einnahm." Nr. 6029: Acta betr. Verbot des Zeigens
d. Königl. Marienburg 1865. Man ordnete daher bald die Einfriedung
des Burgareals durch Zäune und Hecken an. Vgl. Nr. 6015: Acta betr.
die Einfriedung der Marienburg und Umgebung 1865: Bericht des
Forstdirektors Burkhardt v. 18. Juni 1865.

234 Ebd., Nr. 6017: Acta betr. die Instruction der Schloßwache auf der K.
Marienburg 1865. Die von dem Oberhofmeister und Kammerherrn der
Königin, Graf Friedrich Wilhelm Alexander von Linsingen, ausgearbei-
tete Instruktion liegt einem Schreiben des Hausministers und Oberhof-
marschalls Graf Carl Otto Unico Ernst von Malortie v. 17. August 1865
an das Oberhofmarschallamt bei. Auf die Unterkünfte für Soldaten in
den Flügeln für das Gefolge weist schon 1862 die ILLUSTRIRTE ZEITUNG
38, No. 984, S. 316 hin.

235 SCHÜTTE 1994, S. 198. Zur Funktion des Bergfrieds vgl. ZEUNE/UHL 1999,
S. 238f.

236 Vgl. ARENDS 2005, S. 90 u. 100, Anm. 217 u. 218.

237 Vgl. Kap. V 3., S. 88f.

238 Vgl. Kap. V, 3.

239 Die Königin hatte ja u. a. um Material über Stolzenfels ersucht (s. o.
2.1.).

240 ILLUSTRIRTE ZEITUNG 38, 1862, No. 984, S. 316.

241 Die Burg konnte nur in ihrer Gesamtheit als Höhe- und Endpunkt der
Gartenanlagen wirken.

242 Hannover zählte politisch zu den rückständigsten Staaten im Deutschen Bund. König Georg V., der seit 1851 regierte, war ein ausgesprochen konservativer Monarch und legte großen Wert auf das „Gottesgnadentum" seiner Herrschaft seiner Dynastie. In Hannover dau-
erte die Reaktionsphase nach der Revolution auf Grund der eigenwil-
ligen Persönlichkeit des Königs besonders lang. Schon als Kronprinz
hatte Georg während der Ereignisse 1848 im Angesicht des väterlichen
Nachgebens auf die Forderungen der Revolutionäre wütend geäußert,
ob sein Vater denn keine Kanonen mehr habe, man solle die „Hunde
abschießen lassen". Vgl. hierzu BROSIUS 1979, S. 267 u. 273 ff.

243 Das zeigt das Beispiel des Grafen Wilhelm v. Württemberg. Vgl. Kap V,
4., S. 100 u. S. 107 ff.

244 Vgl. hierzu DÜSTERDIECK 1971, S. 176f. Auch eine Vermittlung von
Grundkenntnissen der Zivilarchitektur darf voraus gesetzt werden, zumal es im 19. Jh. mehrere Lehrbücher zum Festungsbau und auch Zeit-
schriftenaufsätze gab, welche die Kriegsbaumeister mit den Formen der
Zivilarchitektur vertraut zu machen suchten.

245 ROTHERT 1914, S. 323.

246 Bomann-Museum Celle, Inv.-Nr. BGR 5099.

247 Zum Welfenschloss vgl. vor allem GREVEN 1969, S. 216–231. Außerdem
KOKKELINK/LEMKE-KOKKELINK 1998, S. 39f.

248 KOKKELINK/LEMKE-KOKKELINK 1998, S. 39.

249 HOTZ 1970, S. 203.

250 ARNDT 1815, S. 13 u. 39. Zur Rolle Preußens in der Rheinprovinz vgl.
PETRI 1965, S. 37–70; MÜLLER 1991, S. 13–19.

251 GÖRRES im RM Nr. 22 v. 5. März 1814: „Nachwort zu Gruners Aufforderung".

252 BAUR 1818, S. 13 ff.

253 WISCHEMANN 1978, S. 31. RATHKE 1980, S. 114.

254 SCHLEGEL 1823, S. 277 ff. Ein Autor fasste die Begeisterung 1838 in Worte: „ [...] da ist allenthalben heiliger Boden für die heilige Vergangenheit,
durch alte Thaten, die in alten Liedern sich verjüngen, durch zerfallne oder
früh zerstörte Monumente ehemaliger Großheit, durch finster gen Himmel
strebende Baumnacht, die den forschenden Blick des Wanderers gefangen
hält, durch dieß Alles ist die Erde geweiht, wo die Asche edler Helden und
Ritter, starker Söhne einer starken Zeit, längst verstäubt ist." ANONYM 1838,
S. 33.

255 MATHEY 1984, S. 13. Zur strategischen Rolle des Rheins für Preußen und
den Deutschen Bund vgl. KRUMEICH 1989, S. 67–72.

256 Zur Rheinromantik des 19. Jh. vgl. BRÖNNER 2001, S. 9–22, u. KRÜGER
2002, in diesem Zusammenhang bes. S. 22.

257 So Friedrich Wilhelm an Ancillon, zit. nach BETTHAUSEN 1991, S. 29.

258 Zur Burgenlandschaft am Mittelrhein vgl. FRIEDRICH 2002, S. 29–38.

259 U. a. RATHKE 1979, S. 10, u. 1980, S. 349; BETTHAUSEN 1991, S. 31. Zuletzt
KROLL 2002, S. 67, u. LEONHARDT 2002, S. 155.

260 Diesen Begriff, der sonst seine Anwendung auf mittelalterliche Terri-
torialpolitik findet, hat LOSSE 2000, S. 102f., zur Charakterisierung der
preußischen Burgwiederaufbauten aufgebracht.

261 BORNHEIM-SCHILLING 1980, S. 333.

262 So RATHKE 1979, S. 43, im Fall des Rheinstein. BETTHAUSEN 1991, S. 31,
im Fall von Stolzenfels. Allgemein: CASPARY 1984, S. 79; OHLENSCHLÄGER
1995, S. 152; LEONHARDT 2002, S. 156.

263 RATHKE 1979, S. 143. SCHIFFER 1992, S. 209, bezeichnet Stolzenfels gar
als „befestigte Anlage". Seit den 1970er Jahren fanden die preußischen
Rheinburgen in der Forschung eine umfassende Würdigung. Inzwischen liegt eine ganze Fülle von allgemeinen und speziellen Untersuchungen vor, wobei die von U. Rathke 1979 die Grundlage gelegt hat und als Standardwerk gilt. Seither folgten keine wesentlich
neuen Aspekte mehr. Vgl. u. a. OHLENSCHLÄGER 1995, S. 137–153; LE-
ONHARDT 2002, S. 155–163; MEIßNER 2002, S. 165–175. So wird im Folgenden hauptsächlich auf die Untersuchung von Rathke zurückgegriffen.

264 Schon kurz nach der Fertigstellung der Burg erschienen erste Publikationen: DAHL 1832; ANONYM 1837. Die wissenschaftliche Forschung
setzte um 1970 ein. Seither wurde der Rheinstein mehr oder weniger
ausführlich in diversen Untersuchungen thematisiert: SCHWIEGER 1968,
S. 86f.; BIEHN 1970, S. 130–134; grundlegend RATHKE 1979, S. 12–45. Außerdem: LIESSEM 1989, S. 212–218, mit einigen Ergänzungen zur Planungsgeschichte und Urheberschaft der Entwürfe; ZIMMERMANN 1999;
PREUßISCHE FACETTEN 2001, S. 69–75.

265 HAMACH 2003, S. 44.

266 ZIMMERMANN 1999, S. 6.

267 RATHKE 1979, S. 12f. Von Prinz Friedrich, der den Rheinübergang unter Blücher 1814 mitgemacht hatte und der sich aus nationaler Begeisterung sehr für die Rettung der Marienburg in Westpreußen einsetzte,
gingen wesentliche Impulse für die rheinischen Burgenerwerbun-
gen durch Mitglieder des Hauses Hohenzollern aus. Zur Person des
Bauherrn vgl. RATHKE 1975, S. 91.

268 Zu Person und Werk Lassaulxs (1781–1848) vgl. SCHWIEGER 1968; WEY-
RES/MANN 1968, S. 66–68; WEYRES 1970, S. 141–157; LIESSEM 1989.

269 Die Jagdaufenthalte des Prinzen fanden im Herbst statt. Der Begriff
„Jagdburg" ist zeitgenössisch und wurde z. B. explizit auch auf Burg
Sooneck angewandt. Vgl. die Quellenzitate bei RATHKE 1979, S. 130.

270 Wie weit sein Anteil an den Planungen reicht, ist nicht genau geklärt,
da sich keine Pläne Schinkels zu Rheinstein erhalten haben. Fest steht,
dass die Änderungen ausgeführt wurden. Vgl. hierzu BRÜES 1968, S.
150–152; RATHKE 1979, S. 22f.

271 Zu Kuhn WEYRES/MANN 1968, S. 64. Kuhn beanspruchte schließlich die
Urheberschaft des ausgeführten Entwurfs für sich. Er hatte allerdings
die von Lassaulx zum dritten Mal überarbeiteten Pläne in einem mehr
auf den malerischen Charakter Wert legenden Sinn abgeändert und
nahm mit diesen Änderungen überdies weitaus mehr Rücksicht auf
den überkommenen Bestand. RATHKE 1979, S. 23 f. KUHN gab 1842 einen großformatigen Band mit Lithographien der Burg heraus. Zu den
Querelen zwischen Lassaulx und Kuhn über die Urheberschaft der Aus-
führungsentwürfe vgl. LIESSEM 1989, S. 214 ff.

272 RATHKE 1979, S. 30. 1842–1844 wurde schließlich noch unterhalb der
südlichen Ringmauer der Kapelle hinzugefügt. Ebd., S. 31.

273 KUHN 1842, Bl. V, Fig. 1. Die torseitige Ecke des Portiersgebäudes
scheint sogar bewusst abgerundet worden zu sein, damit die gegen-
überliegende Scharte an ihr vorbei auf den Burgweg zielen kann.

274 Hier treten die wohl von Kuhn zur Steigerung des malerischen Effekts
vorgenommenen Änderungen des Lassaulx-Planes deutlich hervor.

275 Vgl. die Abb. 56 in PREUßISCHE FACETTEN 2001, S. 70.

276 CARUS 1835, S. 7.

277 Der Verweis auf die bellenden Wachhunde findet sich in ähnlicher

Form in einer Beschreibung des Schlosses Lichtenstein ebenso wie der auf die Kanonen, vgl. Kap. V, 4., S. 104. Doggen und Adler erwähnt auch ANONYM 1837, S. 32.

278 ANONYM 1837, S. 35.
279 RATHKE 1979, S. 43 u. 45.
280 GÖRRES im RM Nr. 115 v. 9. September 1814.
281 GÖRRES im RM Nr. 59 v. 19. Mai 1814: „Übersicht".
282 DAHL 1832, S. 54.
283 ANONYM 1837, S. 31.
284 KLEIN 1828, S. 63.
285 RATHKE 1979, S. 43.
286 MALTEN 1844, S. 175.
287 RATHKE 1979, S. 35.
288 CARUS 1835, S. 8.
289 Noch MEIßNER 2002 betont dies S. 169.
290 So schon RATHKE 1975, S. 91.
291 Die Forschungslage zu Schloss Stolzenfels ist ausgesprochen gut. Es seien hier nur einige wichtige ältere Titel genannt: MICHEL 1944, S. 169–176; BRÜES 1968, S. 128–149; BIEHN 1970, S. 135–143. Seit den Ausführungen von RATHKE 1975, S. 91–96, u. 1979, S. 46–115, ist mit Ausnahme von SCHIFFER 1992 zur Kapelle und ihrer Ausmalung fast keine weitere Literatur hinzugekommen, die wesentlich neue Erkenntnisse geliefert hätte. Vgl. BORNHEIM 1980, S. 329–341; BETTHAUSEN 1991, S. 31; OHLENSCHLÄGER 1995, S. 141f.; PREUßISCHE FACETTEN 2001, S. 77–107; MEIßNER 2002, S. 169 ff.
292 MICHEL 1944, S. 170. Zur mittelalterlichen politischen Bedeutung der Burg vgl. KERBER 1990, S. 19–28.
293 Vgl. Schönburg bei Oberwesel, Rheinstein u. a.
294 BORNHEIM 1995, S. 8. MICHEL 1944, S. 172.
295 MICHEL 1944, S. 170.
296 RATHKE 1975, S. 90, u. 1979, S. 49.
297 In der Tat kam es zu mancherlei politischen Spannungen zwischen den liberal ausgerichteten Rheinländern, die während der französischen Besatzungszeit bürgerliche Freiheiten und Rechte kennen und schätzen gelernt hatten, und der preußischen Verwaltung bzw. dem König, der sich nicht an das gemachte Verfassungsversprechen hielt. Vgl. hierzu PETRI 1965, S. 42 ff., u. MÜLLER 1991, S. 15f.
298 RATHKE 1979, S. 49.
299 Ebd., S. 50. Nach BRÜES 1968, S. 129, wurde Lassaulx durch den Major Philipp v. Wussow, damals Festungskommandant auf Ehrenbreitstein, empfohlen.
300 BRÜES 1968, S. 129.
301 RATHKE 1979, S. 56
302 Ebd., S. 56f. Vgl. hierzu auch BRÜES 1968, S. 129f.
303 Zu Wussow (1789–1870) vgl. WEYRES/MANN 1968, S. 116, u. RATHKE 1979, S. 162, Anm. 47.
304 BRÜES 1968, S. 132. Zu Naumann (1792 – nach 1849) WEYRES/MANN 1968, S. 77, u. WEBER 2003, S. 332.
305 SPSG Berlin-Brandenburg, PK Potsdam, 197, Vol. I: Acta betreffend Bau-Angelegenheiten von Stolzenfels 1824–1841. Schreiben v. Wussows v. 8. April 1836 an den Obersten und Chef des Generalstabs des II. Armee-Korps Ritter v. Röder.
306 RATHKE 1979, S. 77.
307 Ebd., S. 83.
308 SPSG Berlin-Brandenburg, PK Potsdam, 197, Vol. I: Acta betreffend Bau-Angelegenheiten von Stolzenfels 1824–1841. „Aussichten und Vorschläge über die gänzliche Vollendung des Schlosses Stolzenfels" v. Wussow.
309 Ebd.
310 RATHKE 1979, S. 91.
311 Ebd., S. 88.
312 Zu Schnitzler (1789–1864) vgl. WEYRES/MANN 1968, S. 93f., u. WEBER 2003, S. 336. Schnitzler war ab 1850 Major vom Platz in der Festung Köln. Er war am Entwurf der Bauten auf dem Ehrenbreitstein beteiligt. Vgl. MARCOS 2000, S. 92.
313 MALTEN 1844, S. 30. Zur Einweihungsfeier vgl. auch DOHME 1850, S.121–124. 1843–1847 wurde der Schlossbau schließlich durch die gänzlich neu projektierte Schlosskapelle ergänzt. RATHKE 1975, S. 95f., u. bes. SCHIFFER 1992, S. 80–95, die S. 80 hervorhebt, dass dieser Zubau die Geschlossenheit der Burganlage sprengt und „wesentlich zum Verlust der wehrhaften Wirkung" beiträgt.
314 Zit. nach MALTEN 1844, S. 33.
315 Ebd., S. 34.
316 DOHME 1850, S. 117f.
317 RATHKE 1979, S. 105.
318 SPSG Berlin-Brandenburg, PK Potsdam, 197, Vol I: Acta betreffend Bau-Angelegenheiten von Stolzenfels 1824–1841. Schreiben Naumanns zu Brückengebäude und Brücke von 1841.
319 DOHME 1850, S. 43.
320 Ebd.
321 Der Turm wird von MALTEN 1844, S. 41, eindeutig als neu bezeichnet. Auf den Bauaufnahmen der Ruine ist an dieser Stelle kein Vorgänger zu erkennen.
322 Zur Kapelle vgl. SCHIFFER 1992, S. 80–95.
323 Das Element der verkehrten Schlüsselscharte geht wohl auf britische

324 Vorbilder neumittelalterlicher Schlösser zurück.
So die Bezeichnung auf einer Bauaufnahme des Ingenieur-Unteroffiziers C. Koch von 1845. SPSG Berlin-Brandenburg, PK Potsdam, Mappe Stolzenfels, Inv.-Nr. 14352.
325 Noch WEBER 2003, S. 177, sieht in den Rheinburgen nur symbolische Wehrbauten im Gegensatz zur Festung Koblenz. Die vorhandenen Befunde zeigen aber das Gegenteil.
326 Dieter Marcos wies mich vor einigen Jahren einmal darauf hin, dass Stolzenfels als Vorwerk in die Festungsanlagen von Koblenz einbezogen werden sollte. Leider konnte oder wollte er mir auf eine spätere Anfrage nach seiner diesbezüglichen Quelle keine Auskunft erteilen. Auch gibt er keinen entsprechenden Verweis auf Stolzenfels in seiner Dissertation (MARCOS 2000). Die bekannten Archivbestände zum Bau von Stolzenfels erwähnen nichts Derartiges und geben leider keinerlei Aufschluss über die Funktion der Verteidigungseinrichtungen. Meine eigene Suche hierzu im LHA Koblenz blieb leider erfolglos. Allerdings könnten entsprechende Akten im preußischen Heeresarchiv Potsdam zu finden gewesen sein, das aber im Zweiten Weltkrieg bis auf wenige Restbestände völlig zerstört wurde.
327 Vgl. hierzu RATHKE 1979, S. 64.
328 Sie kommen übrigens auch schon in der Frühen Neuzeit vor. So finden sich an den Torpavillons von Schloss Hellbrunn bei Salzburg, erbaut ab 1612, in den Fronten und Flanken Schlüsselscharten, die aus einem Steinblock herausgearbeitet wurden, deren Öffnungen aber blind sind! Sie sind martialische Zierde und gemahnen so an die traditionelle Wehrhaftigkeit eines Schlosstores.
329 Eigentlich diente das einstige Residenzschloss der Kurfürsten von Trier auch den Hohenzollern als solches, aber der König bezog in der Regel seine Wohnung auf Stolzenfels. RATHKE 1979, S. 105.
330 Im Entwurf Schinkels war noch gar keine Zugbrücke vorgesehen gewesen. RATHKE 1979, S. 64.
331 BRANDENBUSCH 1850, S. 30f.
332 RATHKE 1979, S. 113.
333 BRANDENBUSCH 1850, S. 35f.
334 FEISTEL 1842, S. 49.
335 Diese Furcht wurzelte in persönlichen Erfahrungen der eigenen Kindheit und Jugend unter dem Eindruck der napoleonischen Siege. BARCLAY 1995a, S. 57.
336 BRANDENBUSCH 1850, S. 66.
337 Vgl. hierzu auch SCHIFFER 1992, S. 209.
338 Die Säbel und Schwerter berühmter Helden wurden in der Kleinen Waffenhalle gezeigt. DOHME 1850, S. 64.
339 Vgl. hierzu auch RATHKE 1975, S. 97. Ähnliche Sammlungen gab es im sog. Arsenal von Zarskoje Selo, in dem Beutestücke aus den Perser- und Türkenkriegen 1826–1829 und den Feldzügen gegen Napoleon, darunter Gegenstände aus dessen persönlichem Besitz, gezeigt wurden. ZABEL 1905, S. 114, bezeichnet das Arsenal nicht zu Unrecht als eine „Art Ruhmeshalle".
340 KROLL 2002, S. 71–75.
341 Zur Burg grundlegend: RATHKE 1975, S. 98 ff., u. 1979, S. 116–149 u. 1994. Außerdem, aber ohne entscheidende neuere Ergebnisse: OHLENSCHLÄGER 1995, S. 16f.; PREUßISCHE FACETTEN 2001, S. 109–118.
342 Diese These äußert RATHKE 1975, S. 99, u. 1979, S. 149.
343 Zur Geschichte der mittelalterlichen Burg vgl. RATHKE 1979, S. 116, u. 1994, S. 15 u. 19.
344 Zu Tourellen im rheinischen Burgenbau vgl. BORNHEIM 1964, S. 87 u. 194
345 RATHKE 1994, S. 19.
346 Ebd., S. 118.
347 Ebd., S. 119f.
348 Der Vertragstext v. 18. September 1842 als Abschrift im GStA PK Berlin, BPH Rep. 89, 2.2.1., Nr. 20743: Acta betr. die Burg Sooneck, Fol. 1. Eine weitere Abschrift des Finanzministers v. Bodelschwingh f. Oberpräsident v. Schaper v. 20. September im LHA Ko., Abt. 403, Nr. 9474: Acta des rhein. Ober-Präsidi betreffend die Wiederherstellung der Burgruine Sooneck, S. 3f.
349 LHA Ko., Abt. 403, Nr. 9474: Acta des rhein. Ober-Präsidi betreffend die Wiederherstellung der Burgruine Sooneck, S. 13f.: Begleitschreiben Wussows v. 7. April 1843 zu den an v. Schaper gesandten Plänen.
350 RATHKE 1979, S. 131.
351 „Erläuterungs=Bericht zu dem Kosten=Anschlage des fortzusetzenden Ausbaus des königlichen Schlosses Sooneck am Rhein" v. 9. August 1851. SPSG Berlin-Brandenburg, PK Potsdam, 63a: Acta Sooneck 1842 bis .... 1866. Respon. Registratur aus dem Nachlaß des Generals v. Wussow, Fol. 5.
352 Ebd., Fol. 15: „Bericht über den bisherigen Ausbau der königlichen Burg-Ruine Soneck und zwar von 1843 bis Ende 1852 mit Ausnahme der Jahre 1848 bis incl. 1851, während welcher Zeit der Ausbau unterblieben ist" v. Wussow 1853.
353 Ebd., Fol. 16: „Bericht über die in den Jahren von 1843 bis 1847 und von 1852 bis 1855 an der Königlichen Burg Soneck ausgeführten Restaurations=Bauten" v. Schnitzler am 4. November 1855.
354 Ebd., Fol. 21: „Erläuterungsbericht zu folgendem Kosten=Anschlag über die Vollendung des Rohbaus der Königlichen Burg Soneck" v. Schnitzler am 28. Februar 1860.

355 RATHKE 1975, S. 99.
356 RATHKE 1994, S. 13.
357 RATHKE 1979, S. 143.
358 RATHKE 1994, S. 25.
359 Ebd., S. 20
360 So bezeichnete schon Wussow 1853 die kleinen Schießscharten in den Zinnen. SPSG Berlin-Brandenburg, PK Potsdam, 63a: Acta Sooneck 1842 bis .... 1866. Respon. Registratur aus dem Nachlaß des Generals v. Wussow, Fol. 15: *„Bericht über den bisherigen Ausbau der königlichen Burg-Ruine Soneck und zwar von 1843 bis Ende 1852 mit Ausnahme der Jahre 1848 bis incl. 1851, während welcher Zeit der Ausbau unterblieben ist"*.
361 RATHKE 1994, S. 25.
362 Zur Bedeutung des Wiederaufbaus von Sooneck für die Geschichte der Denkmalpflege vgl. besonders die sehr aufschlussreichen Ausführungen von RATHKE 1979, S. 142 ff. u. 145f.
363 BORNHEIM 1964, S. 273.
364 Zit. nach CASPARY 1984, S. 82.
365 Ebd., S. 83.
366 Die Entwürfe, zwei Ansichten und ein Grundriss, befinden sich im Landesdenkmalamt Rheinland-Pfalz in Mainz. Sie sind undatiert und unsigniert, dürften aber um 1842 entstanden sein. Vgl. hierzu CASPARY 1984, S. 84 ff.
367 Zu Spandau ORGEL-KÖHNE/GROTHE 1978, S. 13. Zu Königsberg BÖRSCH-SUPAN/MÜLLER-STÜLER 1997, S. 220f. Stüler arbeitete wie auf Hohenzollern hier mit v. Prittwitz zusammen. MARCOS 2000, S. 91 ff. hat überdies die These aufgestellt, der Koblenzer Friedrich Nebel habe die Festungsbauten von Koblenz als Zivilarchitekt gestaltet. Allerdings hat dies WEBER 2003, S. 172 widerlegt und herausgearbeitet, dass für die Fassadengestaltung die preußischen Ingenieuroffiziere selbst verantwortlich waren. Er vermutet, dass der so befähigte Karl Schnitzler die Fassaden weiter Teile der Festung entworfen hat. Der Behauptung von MARCOS 2000 auf S. 100, die sparsamen Preußen hätten etwa entgegen dem kunstsinnigen Ludwig I. v. Bayern eher auf die zweite Garde Architekten aus der Provinz zurückgegriffen, muss hingegen in jedem Fall widersprochen werden. Die Beteiligung Schinkels an Baumaßnahmen der Zitadelle Spandau (vgl. Kap. VI, 2., S. 155f.) wie die Stülers an den Festungswerken in Königsberg, Posen und Marienburg (vgl. Kap. VI, 3. S. 185 ff.) beweist das Gegenteil.
368 Zu Germersheim ANONYM 1848, S. 283–297, u. KARNAPP 1992, S. 245. Zu Ingolstadt die Monographie von LACROIX 1931. S. a. DITTMAR o. J., S. 44–51, u. HILDEBRAND 2000, S. 415–418, Nr. 133.
369 BOLENZ 1994, S. 37f. Zur Entwicklung der Trennung von Architekt und Ingenieur vgl. ARCHITEKT 1984, S. 18 ff.
370 BOLENZ 1994, S. 37. Preußische Ingenieure verfassten auch Lehrbücher über die Zivilbaukunst für die angehenden Ingenieuroffiziere auf der Akademie. So MEINERT 1819, der ausdrücklich S. 5, § 3; in einer speziellen Anmerkung festhält: *„Da der Bau vieler und mancherlei Werke und Gebäude der Civilbaukunst in den Geschäftskreis des Ingenieurs gehört, so folgt, daß auch der Ingenieur sich ebenso vollständig mit den allgemeinen Lehren der Civilbaukunst, der Konstruktion, Behandlung und den Eigenheiten aller in ihr Gebiet gehöriger Gegenstände bekannt machen muß, als mit seiner Hauptwissenschaft und ihren Gegenständen, der Befestigungs= oder Festungsbaukunst; überdieß hat derselbe nöthig alle diejenigen seiner Hauptsache fremdartigen besondern Forderungen zu erforschen, nach welchen Baugegenstände der Civilbaukunst zu Kriegszwecken im Innern eingerichtet und ausgeführt werden müssen, um diesen Zwecken völlige Genüge zu leisten."*
371 RATHKE 1979, S. 148. Vgl. zur frühen Burgenforschung und der an ihr maßgeblich beteiligten Militärs auch BINDING 1975, S. 22f. Als typisches Beispiel kann hier Karl August von Cohausen (1812–1894) genannt werden, der Mitglied des preuß. Ingenieurkorps war. Vgl. hierzu LOSSE 2000a, S. 25.
372 Vgl. hierzu MEYNEN 1980, S. 112 u. 114.
373 Vgl. hierzu Kap. VI, 1., S. 143f., u. 3., S. 173 ff.
374 EBHARDT 1935, S. 76.
375 Ebd., S. 79f.
376 RATHKE 1975, S. 99.
377 ARNDT 1813, S. 42.
378 MÜLLER 1991, S. 13.
379 ZIMMERMANN 1935, S. 54.
380 BALL 1991, S. 8f.
381 Zu Rastatt KAUFMANN 1978.
382 Zum Rhein in seiner strategischen Bedeutung für das 19. Jh. vgl. KLEMP 1926; ZIMMERMANN 1935, S. 48–72; KRUMEICH 1989, S. 67–82.
383 KLEMP 1926, S. 146.
384 Vgl. zum Festungsbau der Zeit Kap. VI, 3.
385 ZIMMERMANN 1935, S. 56.
386 KLEMP 1926, S. 146.
387 So urteilte BAUR 1818, S. 17, über die Bedeutung dieses Vorfeldes: *„Auf dem Glacis können wir ihn erwarten* (den Feind – Anm. d. Verf.), *und gedeckt für den Rückzug durch unsere Basis* (den Mittelrhein – Anm. d. Verf.) *eine Schlacht annehmen, oder alle seine Versuche in langwierigen Postengefechten auflösen."*
388 KLEMP 1926, S. 146.

389 CASPARY 1984, S. 78 ff.
390 MÜLLER 1838, S. 33.
391 Vgl. Kap. III. SCHIFFER 1992 hat S. 209 am Rande darauf verwiesen, das Schloss Stolzenfels als *„befestigte Anlage"* die Stärke des preußischen Staates symbolisiere. Jüngst zur gleichrangigen Symbolbedeutung von preußischen Burgenaufbauten und Festungsanlagen WEBER 2003, S. 169 u. bes. S. 175 ff., der darauf aufmerksam gemacht hat, dass nicht nur bei den Wiederaufbauten der Rheinburgen, sondern auch des Ehrenbreitsteins die Historizität und Kontinuität des Ortes beschworen wurde, indem man Spolien aus kurtrierischer Zeit an den Werken des Ehrenbreitstein anbrachte.
392 KROLL 2002, S. 73. Zu den politischen Leitideen des preußischen Monarchen bes. auch KRÜGER 1997, S. 195–199.
393 So der Untertitel von OHLENSCHLÄGER 1995, S. 137.
394 Grundlegend hierzu ZEUNE 1996.
395 Die ersten Beschreibungen des Hohenzollern entstanden schon während der Fertigstellung der heutigen Burg. Die Schriften des Grafen Stillfried, einer der wesentlichen Initiatoren des Wiederaufbaus, und die seiner Zeitgenossen bieten ergiebiges Quellenmaterial zur Wiederherstellung und zur Bedeutung der Burg. BOCK 1859, S. 145–149; STÜLER 1865, Sp. 1–12; STÜLER 1866, Sp. 317 ff., u. STÜLER 1866a; ANONYM 1867; STILLFRIED-ALCANTARA 1870 (ein zweiter Führer von Stillfried ähnlichen Inhalts erschien 1879 in Reutlingen). Stillfried übernahm bei seiner Beschreibung teilweise wörtlich die Schriften des am Bau als Architekt beteiligten Stüler.
Die wissenschaftliche Beschäftigung mit der Burg setzte mit LINDEINERS Untersuchung über den Hohenzollern als preußische Festung und Garnison 1967 ein. Er hat sich dabei auch der Entstehung der Festungswerke und ihrer Funktion gewidmet. Der militärische Wert der Anlagen wurde trotz dieser ausführlichen Untersuchungen von NEUMANN 1988, S. 113, in Frage gestellt, der behauptet, die Festungswerke auf Hohenzollern hätten *„nur repräsentativen Charakter"* gehabt. Ebenso falsch ist die neueste Charakterisierung in dieser Hinsicht bei BILLER/GROSSMANN 2002, S. 236. Der Ansatz zu einer kunsthistorischen Auseinandersetzung mit der Burg wurde zuerst durch die Rechtfertigung des historistischen Baudenkmals an sich und die Beschäftigung mit der Beurteilung seiner Architektur seit der Fertigstellung bestimmt, die zu einer umfassenden Würdigung der Burg als herausragendem Werk des Historismus führte (GENZMER 1968, BRAUN 1976, S. 40–44, u. HANNMANN 1978, S. 32–40). Biehn 1970, S. 284, sah im Hohenzollern den vollendeten *„Ausdruck jener pathetischen Romantik, die, einem Zuge der Zeit folgend, darauf ausging, neugotische Anlagen als reine Ruhmesdenkmäler geschichtlicher Größe zu gestalten."* 1979 erschien die Arbeit von BOTHE als eine der ersten wissenschaftlichen Monographien über einen historistischen Schlossbau in Deutschland. Er beschreibt und analysiert die neue Burg in ihren Funktionen als Festung, Schlossbau mit Denkmalcharakter für das Haus Hohenzollern und als national-dynastisches Monument der Zeit der deutschen Reichsgründung durch die Hohenzollern. Bothe sieht die Voraussetzungen für den Bau nicht so sehr in einer romantischen Geisteshaltung als vielmehr in politisch-dynastischen Ideen, womit er erstmals den Einfluss des politischen Kontextes auf einen historistischen Schlossbau thematisiert hat.
396 Zu den Vorläufern der heutigen Burg vgl. u. a. MARCK 1846; STELLIEN 1863. Vgl. auch: ZINGELER/LAUR 1896, S. 138–147; GENZMER 1939, S. 211 ff.; KLAIBER 1951, S. 175–184. Ausführlich und unter Einbeziehung weiterer Quellen BOTHE 1979, S. 45–56.
397 BOTHE 1979, S. 42.
398 Der Ausbau geschah 1618–1623. Vgl. STELLIEN 1863, S. 36–40. Weitere Ausbauten der Festungswerke haben wohl 1661–1692 stattgefunden. BOTHE 1979, S. 54.
399 GENZMER 1939, S. 212; BOTHE, S. 54. Noch 1805 wurde die Burg als *„festes Bergschloß"* charakterisiert. HÜBNER 1805, Sp. 994.
400 BOTHE 1979, S. 57.
401 Ebd., S. 58. Kurzfristig gab es die Überlegung, Schinkel mit dem Auftrag zu betrauen, was aus Kostengründen scheiterte. Zu Arnold (1786–1854), einem Schüler und Mitarbeiter Friedrich Weinbrenners, vgl. VALDENAIRE 1919, S. 315. Weinbrenner äußerte damals die Hoffnung, dass er mit dem Projekt vom König selbst beauftragt werde, musste aber zu seiner Enttäuschung erfahren, dass man bereits den *„jungen, unerfahrenen"* Kollegen gewählt hatte. Ebd., S. 158f.
402 BOTHE 1979, S. 58 und 60 ff. Arnold wurde damit der Forderung des Fürsten nach möglichst geringen Kosten gerecht. Einen Eindruck des damaligen Bauzustandes der Burg vermitteln die Beschreibungen von SCHWAB 1961 (1823), S. 42 ff., u. 2001 (1837), S. 164 ff.
403 SPSG Berlin-Brandenburg, PK Potsdam, o. Inv. Nr., 53,7 x 41,2 cm. Burnitz war damals mit dem Bau des Hechinger Residenzschlosses betraut. BOTHE 1979, S. 58 ff., geht auf den Entwurf nur kurz ein. Den ausgesprochenen Wehrcharakter der Anlage hat er nicht registriert. Zu Burnitz d. Ä. (1788–1849) vgl. THIEME/BECKER Bd. 5, 1911, S. 270, u. VALDENAIRE 1919, S. 315. Burnitz war ein Weinbrenner-Schüler.
404 Zit. nach KLAIBER 1951, S. 177f. Friedrich Gottschalk verfasste 1810 den ersten Band seines *Die Ritterburgen und Bergschlösser Deutschlands*, der im selben Jahr in Halle erschien. Klaiber hat für den Hohenzollern Gottschalks Beschreibung aus dem 1. Band publiziert.

405 GÖNNER 1993, S. 18. Das Besetzungsvorhaben scheiterte allerdings an der französischen Intervention.

406 HStA Stgt., E 270a, Bü. 341: *„Die Vertheidigung von Schwaben nach den Grundsätzen des Volkskriegs".*

407 Gestalterisch erinnert dieser Bau mit den hohen Fenstern in den Türmen und den auskragenden Zinnenkränzen an die Franzensburg im Park von Laxenburg, insbesondere deren Hauptturm. Vgl. zu dieser Kap. VI, S. 221–224.

408 Zu Stillfrieds Leben (1804–1882) und seiner Rolle beim Bau der Burg Hohenzollern vgl. ADB Bd. 36, 1971 (1893), S. 246–247; BOTHE 1979, S. 68–89; WAGNER 1988/89, S. 229–234. Der Schlesier Stillfried wurde 1861 von Wilhelm I. in den Grafenstand erhoben. Schon seit 1858 trug er den von König Pedro von Portugal verliehenen Titel eines Grafen von Alcantara. Zu Stillfrieds Schriften s. BOTHE 1979, S. 69 ff.

409 BOTHE 1979, S. 74 ff. Die Entwürfe Stillfrieds befinden sich GStA PK Berlin, VI. HA, Nr. 3.

410 STÜLER 1865, Sp. 6. *„Als Programm für die letztere wurde bestimmt, dass eine Wohnung für I.I.M.M. den König und die Königin, und kleinerer Wohnungen für I.K. Hoheiten die Fürsten von Hohenzollern-Sigmaringen und Hechingen mit dem nöthigen Gefolge, sowie ein grosser Saal mit Nebenräumen ausser den nöthigen Wirthschafts- und Verwaltungslocalen geschafft werden sollte."*

411 ANONYM 1847, S. 182. Zu Stüler (1800–1865) vgl. THIEME/BECKER Bd. 22, 1938, S. 238–239; ADB Bd. 36, 1971 (1893), S. 742–743; BÖRSCH-SUPAN/MÜLLER-STÜLER 1997 (zum Hohenzollern bes. S. 189–196 u. 823–826).

412 Zit. nach BOTHE 1979, S. 88.

413 Ebd., S. 89–100.

414 1847 hatte man eine Zufahrtsstraße angelegt, um das Baumaterial auf den Berg zu schaffen. STILLFRIED-ALCANTARA 1870, S. 22.

415 Vgl. zum Folgenden GÖNNER 1952, S. 161–193, 1993, S. 9–26, u. 1996, S. 283–306; KALLENBERG 1996, S. 155–166.

416 GÖNNER 1952, S. 164, u. GÖNNER 1993, S. 20.

417 Der Staatsvertrag ist abgedruckt in PREUSSEN 1995, S. 29 ff.

418 GÖNNER 1952, S. 20, hat auf die in Hohenzollern latent vorhandene Angst vor einer Annexion der beiden Fürstentümer durch Württemberg hingewiesen.

419 Zit. nach GÖNNER 1993, S. 20.

420 Vgl. zum Verhältnis Württemberg und Hohenzollern GÖNNER 1993, S. 9–26, hier bes. S. 21f., u. KALLENBERG 1996, S. 165.

421 GStA PK Berlin, Rep. 113, IV., 2.2.12, Nr. 2716: Abschrift eines Berichts über die Grundsteinlegung zu den Militairbauten durch die *„General-Inspection des Ingenieur-Corps und der Festungen".* Eine weitere Abschrift StA Sig., Ho1 T7, Bü. 28, Fol. 3.

422 StA Sig., Ho1 T7, Bü. 28, Fol. 6: *„Anrede des bauleitenden Ingenieur=Offiziers, Lieutnant Blankenburg an die Werkgesellen und Arbeiter"* bei der Grundsteinlegung am 23. September 1850.

423 GStA PK Berlin, Rep 113, IV., 2.2.12, Nr. 2716: Schreiben Generalleutnants v. Brese v. 30. März 1850 an das Oberhofmarschallamt.

424 MOTZ 1983, S. 184.

425 LINDEINER 1967, S. 64; BOTHE 1979, S. 103.

426 GStA PK Berlin, VI. HA, Nr. 3: Bericht Stillfrieds über seine Zusammenkunft mit Prittwitz auf der Burg v. 13. April 1850.

427 Ebd., Schreiben Prittwitz' an Stillfried 1850 ohne genaues Datum.

428 BOTHE, S. 103 ff.

429 GStA PK Berlin, VI. HA, Nr. 3: Bericht Stillfrieds über seine Zusammenkunft mit Prittwitz auf der Burg v. 13. April 1850. Eine ähnliche Anlage befand sich tatsächlich in der Zitadelle Fort Winiary der Festung Posen, die Prittwitz dort bereits 1828 erstellt hatte. BOTHE 1979, S. 104 u. 283, Anm. 261. Einen ähnlichen Rampenturm wie in Posen besitzt auch die Zitadelle Wilhelmsburg in Ulm. Vgl. SCHÄUFFELEN 1989, S. 110.

430 So z. B. ILLUSTRIRTE ZEITUNG 30, 1858, No. 776, S. 315; BOCK 1859a, S. 147; STÜLER 1865, Sp. 7, 1866, Sp. 317, u. 1866a, Sp. 2; STILLFRIED-ALCANTARA 1870, S. 23.

431 BOTHE 1979, S. 104.

432 HStA Stgt., E 271 c, Bü. 268: Note des Innenministeriums an das Kriegsministerium v. 25. April 1850.

433 HStA Stgt., E 271 c, Bü. 268: Meldung des Gouvernements der Bundesfestung Ulm v. 1. Dezember 1850. Prittwitz sollte für die Preußische Ingenieurinspektion der Festungen an der Grenze zu Russland tätig werden. Ob die Abberufung des Festungsingenieurs mit den diplomatischen Verwicklungen in direktem Zusammenhang stand, ist denkbar. Die Akte in Stuttgart verweist vor allem auf Reibereien mit der Ulmer Einwohnerschaft wegen diverser Gütererwerbungen. Vgl. hierzu auch SCHÄUFFELEN 1989, S. 46.

434 GStA PK Berlin, Rep. 113, IV., 2.2.12, Nr. 2716: Schreiben Breses v. 30. März 1850 an das Oberhofmarschallamt. Zu Blankenburg vgl. LINDEINER 1967, S. 61f.

435 GENZMER 1939, S. 217.

436 BOTHE 1979, S. 106. Stüler arbeitete nicht das erste Mal mit Prittwitz zusammen. Er war auch an der Gestaltung der Festungsbauten in Posen und Königsberg und mehrerer befestigter Brücken wie der Nogatbrücke bei Marienburg in Westpreußen beteiligt. BÖRSCH-SUPAN/MÜL-

437 LER-STÜLER 1997, S. 220 ff.

437 Zur Festlegung des Rayons des Hohenzollern existieren Akten im GStA PK, I. HA, Rep. 77, Tit. 1279, Nr. 1, u. im StA. Sig., DS 92, Bü. NVA 21.831. Zu Lennés Planungen vgl. HINZ 1989, S. 522–525, u. GÜNTHER/HARKSEN 1993, S. 204–206, wo vier erhaltene Entwürfe katalogisiert sind. Hinz' Behauptung, S. 522, der Hohenzollern hätte der königlichen Familie bei Unruhen als Zuflucht dienen sollen, ist Unsinn. Immerhin wäre die räumliche Entfernung doch etwas zu groß. Die Zitadelle Spandau, damals noch in Dienst und modernisiert, hätte da näher gelegen. Vgl. Kap. VI, 3.2.

438 PRITTWITZ 1865, S. 292, § 565.

439 Zum Rayon auch LINDEINER 1967, S. 65f.

440 BOTHE, S. 156. So ab 1857 der Ingenieur-Hauptmann Stellien, der bis 1861 die Leitung inne hatte. Ebd., S. 288, Anm. 331. STELLIEN, von dem sich einige Entwurfszeichnungen im HaBH erhalten haben, gab 1863 ein Buch über die Geschichte der Burg heraus. Im HaBH haben sich in folgenden Beständen Pläne zum Militärbau erhalten: Mappe e, f, h, i, l, m, t u. in den Mappen Militair-Bau bzw. Festungsbaukasse. Darin befinden sich zahlreiche Entwürfe zu den Festungswerken der Auffahrt und der Hauptburg.

441 BOTHE, S. 156.

442 Zur Ausstattung und Ikonographie der Architektur wie auch des Innern und seiner sehr schlüssigen Interpretation vgl. BOTHE 1979, vor allem S. 253 ff.

443 BOCK 1859a, S. 146.

444 StA Sig., Ho 1, T 7, Bü. 28, Fol. 6: *„Anrede des bauleitenden Ingenieur=Offizier, Lieutnant Blankenburg an die Werkgesellen und Arbeiter"* am 23. September 1850. Auszugsweise publiziert in PREUSSEN 1995, S. 49.

445 Pläne hierzu im HaBH, Mappen e u. h. Ein Entwurf (Mappe e) sah vor, den Treppenturm bis auf Höhe des zweiten Stocks des Hochschlosses zu führen und über eine Bogenbrücke an dieses anzubinden.

446 HaBH, Mappe e: *„Wasserturm".* Grundrisse und Profile. Umzeichnung eines Originalplans durch das Militärbauamt Freiburg, o. J. (um 1919/20). LINDEINER 1967, S. 100 f.

447 GStA PK Berlin, VI. HA, Nr. 3: Bericht Stillfrieds über seine Zusammenkunft mit Oberst v. Prittwitz auf dem Hohenzollern v. 13. April 1850.

448 Ebd., Schreiben Prittwitz' an Brese v. 2. April 1850. Der Ausführungsentwurf Blankenburgs befindet sich im HaBH, Mappe Festungsbaukasse: *„Ansicht Wasserturm, 1. Juli 1856".*

449 STILLFRIED-ALCANTARA schreibt 1870, S. 4: *„Mehr als die Hälfte des Berges ist erstiegen. Da liegt mitten in dichtem Gebüsch, neben dem sich abermals wendenden Wege, ein nicht hoher, aber colossal starker Thurm, mit Schießscharten versehen. Wir glauben ein weit vorgeschobenes Außenwerk nach Art der mittelalterlichen Befestigungskunst vor uns zu haben: allein es fehlt jegliche äußere Verbindung mit der Burg, und treten wir näher hinzu, so wird uns die Bestimmung des Thurmes klar und wir sehen, dass derselbe eine Dampfmaschine umschließt, welche aus einer in der nähe gelegenen Cisterne gutes Quellwasser zur Burg hinauftreibt."* Zur Aufgabe und Funktion des Turms auch S. 23.

450 NEUMANN 1983, S. 185 ff. Der Turm ist allerdings nicht maschikuliert. Sein Architekt wird von Neumann leider nicht genannt.

451 STILLFRIED-ALCANTARA 1870, S. 4. Pläne hierzu im HaBH, Mappe l u. Mappe Festungskasse. Aus Sicherheitsgründen wurde das Pulver in Friedenszeiten immer außerhalb einer Festung gelagert. Im Ernstfall wurden die Pulvervorräte in ein Kriegspulvermagazin innerhalb der Mauern verlagert.

452 ILLUSTRIRTE ZEITUNG 23, 1854, No. 584, S. 170. Der Festungsbau des 19. Jh. kannte nicht mehr die Postenerker auf den Ecken der Bastionen. Sie waren ein zu gutes Ziel für die feindliche Artillerie. STILLFRIED-ALCANTARA 1870, S. 4, schreibt ihnen lediglich Schmuckfunktion zu.

453 HaBH, Mappe e: Bauzeichnung Blankenburgs v. 14. Oktober 1850 mit Änderungseintragungen von Prittwitz, nach denen die Anlage ausgeführt wurde. Mappe Festungsbaukasse: *„Copie des vom Obersten von Prittwitz entworfen Projekts für die Auffahrt und den Militärbau der Burg Hohenzollern."* Profil der Auffahrtsanlagen.

454 In der bestehenden Form 1850 von Prittwitz geplant. HaBH, Mappe l, Bauzeichnung Blankenburgs v. 14. Oktober 1850 mit aquarellierter Änderung durch Prittwitz v. 16. Oktober.

455 Diese im neudeutschen Festungsbau verbreitete Konstruktion galt als äußerst stabil. MÖLLINGER 1850 Sp. 401; PRITTWITZ 1865, S. 303.

456 Diese wurden wohl erst nachträglich eingebaut. HaBH, Mappe e, Entwurf zweier Geschützscharten im Wilhelmsturm v. Hauptmann Stellien, Juli 1858.

457 LINDEINER 1967, S. 93.

458 Im ursprünglichen Entwurf der Militärs war über dem Portal eine Dreiergruppe von Gewehrscharten vorgesehen, über denen ein kleines Wappen angebracht werden sollte. HaBH, Mappe e, Bleistiftzeichnung des Wilhelmsturms, des Adlertors und des Niederen Vorwerks.

459 Der Graben sollte ursprünglich noch ein gutes Stück weiter um den Turm gezogen werden. HaBH, Mappe e, undatierte und unsignierte Grundrisszeichnung des Wilhelmsturms.

460 PRITTWITZ 1865, S. 324, § 623.

461 Entwürfe hierzu im HaBH, Mappen e u. f.

462 STÜLER 1865, Sp. 7. Diese Äußerung verdeutlicht, dass Festungsarchi-

tektur seinerzeit auch nach ihrem ästhetischen Wert und nicht nur nach ihrer Funktionalität beurteilt wurde. Man vgl. hierzu auch die Äußerungen Schinkels über Koblenz, der die „herrliche Gegend" um die Stadt rühmt, „welche durch die enormen Festungswerke, die in der ganzen Gegend verteilt sind besonders aber den Ehrenbreitstein krönen und ihm das wüste Ansehn nehmen, das er früher hatte, sehr verschönert ist." SCHINKEL 1956, S. 111. Erstaunlicherweise wirkten die Festungswerke des Hohenzollern auf manche Zeitgenossen sogar alles andere als furchtgebietend. So bemerkte fast schon verharmlosend die ILLUSTRIRTE ZEITUNG 23, 1854, No. 584, S. 170: „Was bis jetzt zu Ende geführt ist, hat einen durchaus freundlichen, keineswegs furchtbaren Charakter. Die vielen Schießlöcher sehen wie freundliche Fenster aus [...]." Ganz anders hingegen das Urteil der ALLGEMEINEN ILLUSTRIRTEN ZEITUNG 2, 1866, Nr. 47, S. 374: „Neun stark mit eisen beschlagene Thore verwahren den Aufgang und selbst jetzt noch dürfte sie bei ihrer isolirten Lage einem Angriffe längere Zeit Widerstand zu leisten im Stande sein."

463 Ausführungszeichnung zur Mauer zwischen den beiden Toren im HaBH, Mappe e: „Abschlußmauer des Zwingers gegen den Wilhelmsthurm"

464 ILLUSTRIRTE ZEITUNG 30, 1858, No. 776, S. 315. Wächterfiguren in Rittergestalt findet man im 19. Jh. öfter, so an den Toren der Festungen Germersheim und Ingolstadt.

465 Hierzu existieren gleich zwei Zeichnungen im HaBH, Mappe e, die eine Änderung der ursprünglichen Scharte mit genauerer Zielrichtung auf das Zeller Horn vorsahen. „Entwurf zur Abänderung einer Geschützscharte im Tunnel der Auffahrts-Anlage" v. Hauptmann Stellien, Juli 1858. Der alte Halterungsring für das Geschütz ist noch vorhanden.

466 LINDEINER 1967, S. 93.

467 Entwurf hierzu im HaBH, Mappe f: „Nördlicher Abschluss des Rampenthurms". Ansicht und Profil v. 1. Mai 1856 mit dem Vermerk „richtig". Hält man sich die ausgeklügelten Defensivmaßnahmen an der Auffahrt des Hohenzollern vor Augen, so erscheint einem das Urteil von BILLER/GROSSMANN 2002, S. 236, absolut unverständlich: „Mittelalterliche Wehrhaftigkeit wird dem Besucher auf romantische Weise vor Augen geführt, doch auf die repräsentative, geradezu barocke Schlosszufahrt soll nicht verzichtet werden – schließlich will man in der Burg in erster Linie Besucher empfangen und nicht Feinde von ihr fernhalten." Die Anlage der Schneckenstraße wirkt zwar in der Tat ausgesprochen eindrucksvoll und repräsentativ, aber der Autor unterschätzt ihren tatsächlichen funktionalen Sinn und Zweck bzw. den Repräsentationscharakter von Wehrarchitektur.

468 Pläne hierzu im HaBH, Mappen f u. i.

469 Entwürfe im HaBH, Mappe e, Blätter k.2, „Obere Enceinte vom Thorthurm bis zur Kaserne" v. 6. Mai 1856, u. k.6., „Profil der oberen Enceinte zwischen Latrine u. Kaserne" mit Ansicht und Grundriss einer Maulscharte im Detail.

470 WURMB 1852, S. 97. Ähnlich äußert sich BLUMHARDT 1864, S. 103.

471 Vgl. auch die Beschreibung in ILLUSTRIRTE ZEITUNG 30, 1858, No. 776, S. 316.

472 „Die Einrichtung der Kaserne ist leicht, schön und zweckmäßig", schreibt die ILLUSTRIRTE ZEITUNG 30, 1858, No. 776, S. 315. Zur Inneneinrichtung des Wehrhauses vgl. LINDEINER 1967, S. 95 ff.

473 Erst jüngst wurden diese älteren Bauteile freigelegt. Sie erscheinen auch in einigen der Pläne im HaBH, Mappe t, Grundriss der Souterrains v. April 1854, u. Mappe Militair-Bau, Übersichtspläne: „Grundriss von Gewölben auf der Stammburg Hohenzollern". Vgl.: Hohenzollern-Geheimgang soll Touristen locken. In: Schwäbische Heimat 2002/4, S. 490.

474 HaBH, Mappe Militair-Bau, „Bombensichere Bäckerei der Königlichen Stammburg Hohenzollern". Plan von Ingenieur-Hauptmann Stellien v. November 1859.

475 Vom Kaiserturm führt sogar ein Verbindungsgang zu einer Kasematte, die in der aus der Mauerflucht vortretenden Nordostecke des Grafensaal-Baues liegt und die Bestreichung der Nordseite des Wehrhauses ermöglichte (vgl. Grundriss Abb. 86).

476 In den Fensterlaibungen der Souterrainräume sind noch die alten Versatzfalze erhalten, die dazu dienten, im Kriegsfall Fenster und Türen mit dicken, schussfesten Holzbohlen zu verbarrikadieren. Diese Einrichtung findet sich als Standard in allen Festungsbauten des 19. Jh.

477 Zur Integration von Wehrelementen im frühneuzeitlichen Schloss vgl. SCHÜTTE 1994, S. 219 ff.
Wenn es, wie z. B. bei SCHMITT 1993, S. 230, immer wieder heißt, der Hohenzollern würde sich in zwei Teile, nämlich die Festung im unteren Bereich, und das Schloss im oberen Bereich, gliedern, so ist dies also falsch. Dieser Eindruck mag bei einer oberflächlichen Betrachtung entstehen, weil die klare und einfache Gestalt der Bastionen den eigentlichen, weit reicher mit gotischen Zierformen versehenen Schlossbau wie auf einem Sockel präsentiert.

478 Der Hohenzollern blieb noch bis 1919 Standort einer Garnison. LINDEINER 1967, S. 120.

479 ILLUSTRIRTE ZEITUNG 23, 1854, No. 584, S. 170.

480 LINDEINER 1967, S. 75. Zu den beiden Mobilmachungen s. S. 70 ff.

481 HOFMANN 1861, S. 711.

482 HaBH, Mappe l, Kriegs-Pulvermagazin, Blätter 1-4. Interessant ist der Hinweis, dass die Abdeckung im Armierungsfalle durch zusätzliches Aufschütten von Erde verstärkt werden sollte. Mappe t, Gesamtpläne:

„Bombensichere Bäckerei der Königlichen Stammburg Hohenzollern". Planung Stelliens von 1859.

483 HStA Stgt., E 270 a, Bü. 341.

484 Ebd., E 271 c, Bü. 2268, Akten betreffend die mit Preussen geschlossene Uebereinkunft über den Durchmarsch Preussischer Truppen, Fasz. 15: Abschrift der Berliner Ministerial-Erklärung v. 29. September 1856.

485 Befehl an das VIII. Armeekorps in Koblenz, dem der Hohenzollern unterstand. Zit. nach LINDEINER 1967, S. 78. Bemerkenswert ist, dass der Hohenzollern im 19. Jh. also als festes Schloss galt. Vgl. auch HOFMANN 1861, S. 711.

486 LINDEINER 1967, S. 57.

487 KALLENBERG 1996, S. 159.

488 BÖRSCH-SUPAN/MÜLLER-STÜLER 1997, S. 190. Das Motiv des Kampfes mit dem Drachen taucht unter den preußischen Aufträgen der Zeit nach 1849 des öfteren auf. So die Darstellung des Hl. Georg im Kampf mit dem Drachen von August Kiss im einstigen Berliner Schlosshof, die eindeutig als Symbol für die Niederwerfung der Revolution anzusehen ist. Vgl. hierzu BARCLAY 1995, S. 99, u. Kap. V, 1., S. 46, u. VI, 5., S. 230.

489 KALLENBERG 1996, S. 165.

490 Es ist in diesem Zusammenhang bezeichnend, dass die ILLUSTRIRTE ZEITUNG 23, 1854, No. 584, S. 170 vermutet, dass man „diese Festung mehr der Idee, als des Krieges wegen erbaut" habe.

491 LINDEINER 1967, S. 82.

492 Diese doppelte Bedeutung kommt auch in einem Aquarell Johann Baptist Heinefetters (1815–1902) von 1856 zum Ausdruck. Vor der Kulisse des vom Zeller Horn aus gesehenen Hohenzollern ist eine bespannte preußische Batterie zu sehen, die sich offensichtlich auf dem Weg zu der auf unbewaldetem Berg emporragenden Stammburg befindet. Die ‚neu-mittelalterliche' Burg an historischem Ort wird wieder ganz im Sinne des Mittelalters und der Frühen Neuzeit als Wehrbau aufgefasst, welcher der Landesverteidigung dient und ein Symbol preußischer Macht in Süddeutschland darstellt. Vgl. hierzu LINDEINER 1967, S. 109, Abb. 1. Auffälligerweise befindet sich die dargestellte preußische Truppe auf württembergischem Gebiet. Das Zeller Horn zählte schon nicht mehr zu Hohenzollern.

493 In der Bibliotheksausmalung des Hohenzollern findet sich eine antiwürttembergische Ikonographie als Gegenstück zu den verlorenen Fresken Gegenbauers im Residenzschloss zu Stuttgart. Vgl. hierzu BOTHE 1979, S. 240 ff.

494 Den ersten Führer publizierte GRATIANUS 1844 kurz nach Fertigstellung der wichtigsten Teile des Schlosses. Der Bauherr, Graf Wilhelm von Württemberg, nahm maßgeblichen Einfluss auf dessen Inhalt. Des Weiteren aus der großen Zahl: KÜMMEL 1896 u. VOEGELEN 1936.

495 Erstmals durch BOECK 1958, S. 314–372, der Schloss Lichtenstein auf seine Einbindung in die Landschaft hin untersucht hat. Auf Boecks Ausführungen bezog sich auch die Mehrzahl der nachfolgenden Autoren, so BIEHN 1970, S. 112–116, u. S. 219–228. Auf Grund der engen Verknüpfung des Hauffschen Romans Lichtenstein mit dem Schloss setzte sich PFÄFFLIN 1981 mit dem Bau auseinander. Erst 1987 wurde Lichtenstein Gegenstand einer kunstwissenschaftlichen Monographie durch BECKER, der die Beziehung zwischen dem Roman Hauffs und dem Schlossbau untersucht hat. Er sieht im Lichtenstein ein „patriotisches Denkmal" für Württemberg, dessen Bau stark von den Vorstellungen und Ideen Graf Wilhelms geprägt ist. Nach Becker dient das an einem für die württembergische Geschichte bedeutsamen Ort errichtete Schloss der historischen Legitimation des Bauherrn, seiner Familie und des Hauses Württemberg (S. 48 ff.). Es sei Herrn Becker an dieser Stelle für die freundliche Überlassung des Manuskriptes zur Einsichtnahme gedankt. BIDLINGMAIER 1994 hat sich dann in einem grundlegenden Aufsatz mit der Baugeschichte des Kernbaus von Lichtenstein auseinandergesetzt, wofür erstmals in großem Umfang archivalische Quellen erschlossen und ausgewertet wurden. Zum Innenraumprogramm und seiner Ikonographie und Ikonologie HARTIG 1999. SCHMITT 1991, S. 315–322, ist der bisher einzige, der einen Gesamtgrundriss der bestehenden Anlage veröffentlicht hat. Die letzte Monographie, mehr ein Bildband, publizierte HILD 2000. Sie gehen mit keinem Wort näher auf die Festungswerke ein. Jüngst hat sich DITTSCHEID 2005 dem Wiederaufbau des Lichtenstein, seinen literarischen Wurzeln und der künstlerischen Umsetzung durch Heideloff zugewandt, und SCHWARZMAIER 2005 hat in einem Aufsatz die an den historisch so bedeutsamen Orten Lichtenstein und Hohentwiel festzumachenden Mittelalterbilder im Württemberg und Baden des 19. Jh. untersucht.

496 BECKER 1987, S. 61f., äußert sich zu den Festungswerken nur am Rande, wobei er zu Recht eine Verbindung zwischen dem Bauherrn, seiner Funktion als Militär und den Festungsbauten auf Lichtenstein sucht (S. 61f.). Allerdings hat die Errichtung der Fortifikationen nichts mit dem Umstand zu tun, dass der Bauherr seit 1857 Gouverneur der Bundesfestung Ulm war, denn diese wurden schon zuvor ausgeführt. Erstmals ausführlicher zu den Befestigungen unter Einordnung in den Kontext OTTERSBACH 1998, S. 6–8, u. 2000, S. 10–13 u. 56.

497 SCHWARZMAIER 2005, S. 271. Immerhin verweist er wie BECKER 1987 auf die Beziehung der Bauwerke zur Bundesfestung (hier fälschlicherweise als „Reichsfestung" bezeichnet) Ulm und erkennt damit ihre Modernität.

498 Lange Zeit galten Pläne und Akten zum Schloss als Kriegsverlust, doch die Archivalien hatten den Zweiten Weltkrieg unbeschadet und vergessen auf Lichtenstein überstanden. Diese Fehleinschätzung geht auf Boeck 1958, S. 389, Anm. 20, zurück. Noch Becker 1987, S. 29f., glaubte dies, obwohl er auf Lichtenstein verschiedene Pläne gesehen und in seiner Arbeit beschrieben hat. Bidlingmaier 1994, S. 113, machte dann erstmals auf den umfangreichen, bisher gänzlich ungesichteten Planbestand zur Vorburg aufmerksam. Die Pläne und Akten liegen als Teil eines Depositums des Hauses Urach im HStA Stuttgart. Er ist allerdings bisher nur grob sortiert und mit der Bestandssignatur GU und einer daran anschließenden fortlaufenden Nummerierung versehen. Einige Pläne und Akten sind allerdings bisher ohne jede Signatur geblieben. Der Bestand des Hausarchivs Urach wird momentan nach und nach aufgearbeitet. Findbücher liegen bisher nur wenige vor, zu den das Schloss betreffenden Materialien gar nicht.

499 Leider liegt keine umfassende neuere Biographie zu Graf Wilhelm (1810–1869) vor. Seinen Lebenslauf nachzuzeichnen, wäre sicherlich ein lohnendes Unterfangen und könnte für die württembergische Kultur- und Militärgeschichte von großem Interesse sein. Zu verweisen ist einstweilen auf die kaum beachtete ausführliche Biographie Conrad Kümmels, der den Grafen noch zu Lebzeiten als Freund gekannt hatte und dessen Leben aus etwas verklärter Sichtweise schildert. Kümmel 1903 u. 1904. Weiterhin: ADB, Bd. XXXIX, S. 343–345; Goessler 1935, Sp. 295–302; Bayern 1992, S. 241 ff.; Schmierer 1997, S. 384. Zum militärischen Wirken: Pfister 1868 u. Weissenbach 1882.

500 Kümmel 1903, Nr. 45, S. 446. Königreich Württemberg 1863, S. 697.

501 Kümmel 1903, Nr. 49, S. 489.

502 Das teilte Wilhelm seinem Architekten Heideloff 1837 mit. Bidlingmaier 1994, S. 118.

503 Weissenbach 1882, § 62, S. 332 ff. Neben seinen militärischen Aktivitäten war Graf Wilhelm ein vielseitig interessierter Mann. So beschäftigte er sich u. a. mit Geologie, Mathematik, Astronomie, Kunst, Architektur und Denkmalpflege und war ein begeisterter Sammler von Altertümern und Mineralien. Er war Mitgründer und erster Vorsitzender des Württembergischen Altertumsvereins und Gründungsmitglied des Deutschen Geschichts- und Altertumsvereins. Graf Wilhelm spielte für die Anfänge der Denkmalpflege in Württemberg und in Deutschland allgemein eine wichtige Rolle. Goessler 1935, Sp. 295.

504 Württemberg 1851, S. 18. Im Vorwort des anonym erschienenen Buches schreibt Wilhelm, dass er große Teile seiner Aufzeichnungen aus politischen Gründen nicht zu veröffentlichen wagt. Eine geplante zweite Abteilung folgte nie.

505 Kümmel 1904, Nr. 3, S. 25. Es flogen Steine und sollen sogar Schüsse gefallen sein. 1847 war ein schlimmes Hungerjahr, auch in Württemberg. Zur Hungerkrise vgl. Gall 1998a, S. 104 ff.

506 Kümmel 1904, Nr. 6, S. 54.

507 Schmierer 1997, S. 378 u. 384.

508 Eventuell wurden schon damals die Felsenkeller im Untergeschoss mit Kasematten eingerichtet oder zumindest ausgebaut. Eine umfassende Untersuchung des mittelalterlichen Bestandes und zu Veränderungen in der Frühen Neuzeit steht aber bisher noch aus. Zum mittelalterlichen Lichtenstein vgl. Bach 1903, Sp. 187–189; Bizer/Götz 1989, S. 47–50; Schmitt 1994, S. 321–323 u. S. 326–328. Die Herren von Lichtenstein, welche die Burg gründeten, waren im 14. Jh. Dienstleute der Grafen von Württemberg.

509 Wie die Burg ausgesehen hat, überliefert Gregorius 1721, S. 598f.: „Dieses Berg=Schlosses untere Gemächer sind mehrentheils in lauter Felsen eingehauen, welches vortrefflich anzusehen. Gegen demselben über sind zwar auch noch andere Felsen, aber von diesem worauf Lichtenstein stehet gantz abgesondert, und kann man zu keinem kommen als über die darzu verfertigte künstliche Brücke, welche ziemlich lang ist. Unter der Brücke ist ein sehr tieffer Graben zur Sicherheit des Schlosses mit besonderm Fleiß ausgegraben worden. [...] In dem Schlosse selbst ist die Schneckentreppe zu betrachten, durch welche man von unten biß auf den obersten Boden, und von oben wieder herunter geführet wird."

510 Schwab 2001 (1837), S. 152; Pfäfflin 1981, S. 75.

511 Schwab 1961 (1823), S. 64. Die Lage und landschaftliche Umgebung des Schlosses wurden von vielen Zeitgenossen Schwabs gerühmt. Vgl. hierzu Becker 1987, S. 17f. Eine weitere Zustandsbeschreibung bei Schwab 2001 (1837), S. 152 ff.

512 Schon die erste Auflage war innerhalb eines Jahres vergriffen. Becker 1987, S. 20. Zum historischen Hintergrund des Romans vgl. Schuster 1904.

513 Vgl. hierzu auch Pfäfflin 1981, S. 68 ff., und Schwarzmaier 2005, S. 265f. Der historische Herzog Ulrich war allerdings alles andere als der von Hauff geschilderte edle Landesfürst, sondern ein zu seinen Lebzeiten auf Grund seiner Brutalität und Unberechenbarkeit gehasster und gefürchteter Mann. Vgl. hierzu: Frasch 1991.

514 Gratianus 1844, S. 71.

515 Ebd. Vgl. auch Bidlingmaier 1994, S. 118. Graf Wilhelm berichtete, er habe sich sogar eine Liste mit geeigneten Objekten gemacht.

516 Gratianus 1844, S. 71.

517 Die undatierten Entwurfsskizzen Faber du Faurs und Stirnbrands liegen im HStA. Stgt., GU 97. Der Entwurf von Faber du Faur, eine lavierte Tuschzeichnung, zeigt zur Talseite eine Serliana, die sich auf einen Balkon öffnet. Der auf der Rückseite des Schlosses emporragende Turm erinnert in seiner Gestaltung mit einem auf Maschikuli weit auskragenden Zinnenkranz und zylinderförmigem Aufsatz stark an den Turm der sog. Emichsburg, einer künstlichen Ruine im Schlossgarten von Ludwigsburg. Christian Wilhelm v. Faber du Faur (1780–1857) hatte als württembergischer Artillerieoffizier am Russlandfeldzug 1812 teilgenommen. 1831 erschienen seine 100 aquarellierten Zeichnungen dieser Katastrophe in einer Folge von Lithographien. Faber du Faur war seit 1842 vom württembergischen Generalquartiermeisterstab zum Bau der Bundesfestung Ulm abkommandiert und errichtete dort 1848–1856 das Fort Unterer Eselsberg und 1855–1856 das Fort Söflinger Turm. Vgl. hierzu AKL Bd. 36, 2003, S. 51, u. bes. zu Ulm Schäuffelen 1989, S. 42 u. S. 149 ff. Andere Pläne, die von Becker 1987, S. 29f., ebenfalls Faber du Faur zugeschrieben wurden, zeigen Entwürfe, die sich stark an der Architektur des Schlosses Hohenschwangau, das Wilhelm noch zu übertrumpfen gedachte, orientieren. Bidlingmaier 1994 hat diese Entwürfe nicht zur Kenntnis genommen.

518 HStA Stgt., GU 1, Prov. Nr. 8 (alte Signatur 32d), Schreiben Heideloffs an Wilhelm v. 24. November 1837. Zu Heideloff (1789–1865) vgl. Thieme/Becker Bd. 16, 1923, S. 261–262, vor allem aber Boeck 1958. Heideloff war ein Schüler des Klassizisten Nikolaus v. Thouret, der württembergischer Hofbaumeister unter Friedrich I. war. Seine Ansichten über eine Erneuerung der altdeutschen Baukunst legte er in zahlreichen Publikationen dar. Das Fehlen einer neueren umfassenden Monographie zu Leben und Werk Heideloffs ist sehr zu bedauern. Er hatte als Publizist einer von ihm propagierten altdeutschen Baukunst mit Bezug auf die Gotik große Bedeutung für die Architektur des Historismus, aber auch für die Anfänge der Denkmalpflege.

519 HStA Stgt., GU 1, Prov. Nr. 8 (alte Signatur 32d), Brief v. 29. November 1837.

520 Ebd., Antwortschreiben Heideloffs an Wilhelm v. Dezember 1837 o. Januar 1838. Der angesprochene Entwurf blieb unauffindbar.

521 Ebd., GU 97, Karten und Pläne. Tatsächlich existierte auf der Plassenburg kein derartiger Brückenkopf. Wahrscheinlich bezog sich Heideloff auf die mächtigen Rondelle der Festung die ab etwa 1530 entstanden waren und auf einem Holzschnitt von David de Necker 1544 wiedergegeben sind, auf dem besonders die Hohe Bastei als mächtiger Rundbau ins Auge sticht. Der Holzschnitt zeigt die teilweise Ausrüstung der Werke mit Schanzkörben als provisorischen Brustwehren. Hiervon dürfte Heideloff angeregt worden sein. Zur Plassenburg vgl. Burger 2000, Kap. IV., S. 46 ff. Dort auch eine Abbildung des Holzschnitts, S. 81.

522 Gratianus 1844, S. 73.

523 HStA Stgt., GU 1, Prov . Nr. 2: Kaufvertrag v. 25. August 1838 zwischen der Königl. Württ. Finanzkammer für den Schwarzwald-Kreis und Graf Wilhelm, § 3.

524 Zu Leben und Werk Rupps (1797–1883) vgl. Rieth 1974.

525 Gemeint ist die kleine Ringmauer um den Hof des Hauptschlosses.

526 HStA Stgt., GU 1, Prov. Nr. 2: Briefkonzept Wilhelms an Rupp. Der zugehörige Plan ließ sich nicht finden.

527 Hauff 1988, S. 211.

528 Bidlingmaier 1994, S. 129. Diese Änderungen betrafen nur den Hauptbau des Schlosses.

529 Ebd., S. 132. Das für den Schlossbau abgebrochene Forsthaus wurde unweit des Lichtenstein bis 1840 durch einen Neubau ersetzt.

530 Im Unterbau des Wohnbaus steckt noch weitgehend Substanz der hochmittelalterlichen Anlage mit großen Buckelquadern (ca. frühes 13. Jh.), die beim Teilabbruch der Burg und dem Wiederaufbau als Försterhaus und Jagdschloss 1802 stehen geblieben war. Vgl. Bidlingmaier 1994, S. 121 u. 133. Dittscheid 2005 behauptet S. 286 ohne jeden Bezug auf eine Quelle, die Buckelquader seien von der nahen Burg Alter Lichtenstein zum Neubau Heideloffs hergeschafft und verbaut worden sein. Tatsächlich zeigen aber schon die Wandstärken des Wohnbaues, wie eine deutliche Baufuge, dass der zweite untere Teil zum Altbestand zählt. Dessen Erhaltung entsprach ganz den denkmalpflegerischen Konzepten Wilhelms wie seines Architekten Heideloff. Tatsächlich wurde aber Material vom Alten Lichtenstein im Turm verbaut. Vgl. Gratianus 1844, S. 73. Zum mittelalterlichen Lichtenstein vgl. Bizer/Götz 1989, S. 47f.

531 Eine Anzahl von Skizzen Heideloffs zu Lichtenstein verwahrt die Graphische Sammlung der Staatsgalerie Stuttgart. S. hierzu Dittscheid 2005. Die daran orientierten Pläne und Entwürfe Rupps im HStA Stgt. s. bei Bidlingmaier 1994.

532 Bidlingmaier 1994, S. 150.

533 Kümmel 1903, Nr. 51, S. 530.

534 HStA Stgt., GU 1, Prov. Nr. 8 (alte Signatur 32d), Schreiben Rupps an Wilhelm v. 18. Mai 1847. Einen ersten Entwurf für die Zugbrücke hatte Rupp schon 1843 geliefert, ein Modell wurde im April 1847 gefertigt. Ebd., Schreiben Rupps v. 18. Mai 1843 u. v. 25. April 1847 an Wilhelm. Die Brücke musste nach ihrem Einsturz 1919 neu aufgebaut werden; die Zugvorrichtung ist seither nur noch Attrappe. Vgl. GU 1, Prov. 3 (alte Signatur 52). In der Beschreibung von Gratianus 1844 ist

mehrfach von noch im Bau befindlichen Bereichen zu lesen, so S. 79 u. 104.

535 Heideloff hatte seine berufliche Karriere als Bühnenmaler begonnen. Diese Tätigkeit hat sicherlich auch seine Auffassung von Architektur und ihrer Einpassung in die umgebende Landschaft geprägt. Vgl. hierzu BOECK 1958, S. 315.

536 Ebd., S. 329f.

537 Man denke hierbei an Burgendarstellungen bei den Malern der sog. 'Donauschule' oder Dürer selbst.

538 EBERLEIN 1852.

539 Die Mauer zwischen dem Fremdenbau und der Eugenien-Bastion zeigt sogar das für die Festungsarchitektur des 19. Jh. so typische Element einer von zwei Gewehrscharten flankierten Geschützscharte.

540 GRATIANUS 1844, S. 78.

541 BECKER 1987, S. 63, behauptet irrtümlicherweise, die bei Eberlein gezeigten Bauten seien zum Zeitpunkt der Herausgabe des Stichwerks noch nicht errichtet, sondern nur geplant gewesen. Er datiert den gesamten Vorburgbereich auf 1857. DITTSCHEID 2005, S. 290, suggeriert ebenfalls, dass die Mauern erst 1857 in aller Eile errichtet worden seien, und zwar wegen der erwarteten Fotografen. Aber nach der Beschreibung von GRATIANUS waren diese Anlagen schon 1844 fertig. Vgl. auch KÜMMEL 1903, Nr. 51, S. 531, u. BIDLINGMAIER 1994, S. 150.

542 Hiermit sind wohl die Plattformen der Bastionen gemeint.

543 GRATIANUS 1844, S. 74f.

544 Ebd., S. 79.

545 Ebd., S. 82 u. 92. Die Kanone in der Waffenhalle war ein hochmoderner Hinterlader und ist noch heute dort zu sehen. Die Senkscharte im Rittersaal ließ sich durch ein Bodenbrett öffnen. Sie zielte genau vor die Zisterne in den Graben.

546 BERNHARD 1863, S. 403.

547 GRATIANUS 1844, S. 77.

548 VOLLMER 1983, S. 322.

549 HStA Stgt., GU 1, Prov. Nr. 2: Schreiben des Oberamtmannes Wolfer an das Innenministerium v. 22. Juni 1849.

550 Ebd., Abschrift eines Berichts von Schultheiß Wahl und Landjäger Rieth für das Oberamt Reutlingen v. 26. Juni 1849, 1:30 Uhr. Die Uhrzeit zeigt, wie bedrohlich den lokalen Behörden die Lage erschien, dass sie sich genötigt sahen, noch in den frühen Morgenstunden dem Oberamt in Reutlingen Rapport zu erstatten.

551 August Wilhelm Freiherr v. Taubenheim war mit Wilhelms Schwester Marie verheiratet. Vgl. SCHMIERER 1997, S. 385.

552 HStA Stgt., GU 1, Prov. Nr. 2, Schreiben Oberleutnant v. Wagners an Oberstallmeister v. Taubenheim v. 24. Juni 1849 im Auftrag Graf Wilhelms. Hervorhebungen im Original.

553 Ebd., Schreiben Oberstallmeister v. Taubenheims an Graf Wilhelm v. 25. Juni 1849 u. Schreiben Oberleutnants v. Wagner an Graf Wilhelm v. 28. Juni 1849.

554 Ebd., Brief Rupps an Graf Wilhelm v. 1. Juli 1849.

555 Ebd., Schreiben Wilhelms an den Innenminister Gustav Heinrich Duvernoy v. 2. Juli 1849. Das Oberamt Reutlingen hatte sich offensichtlich beim Innenministerium über Graf Wilhelm beschwert und dort um Unterstützung für sein Anliegen nachgesucht.

556 Ebd.

557 Ebd., Schreiben des Innenministers Duvernoy an Graf Wilhelm v. 4. Juli 1849.

558 Ebd. GU 1, Prov. 19, 20, 21, 22, 23, 24, 25, 26 u. 28. Den Begriff „Caponierenthurm" verwende ich im Folgenden, da Graf Wilhelms ihn in den Beschriftungen seiner Pläne benützt. Im GLOSSARIUM ARTIS, Bd. 7, ist er nicht als eigenständiger Terminus technicus zu finden. Ein Plan vom 6. Januar 1857 zeigt den Kaponnierenturm in seinem Ausführungsstadium, während der Waffenplatz jenseits des Grabens noch in einer nicht ausgeführten Vorplanung erscheint. Dies legt die Vermutung nahe, dass der Turm damals schon stand. HStA Stgt., GU 1, Prov. 22.

559 Der in Privatbesitz befindliche Briefwechsel ist veröffentlicht bei PFÄFFLIN 1981, S. 85 ff. Graf Wilhelm nutzte offensichtlich auch das allermodernste Medium zur Dokumentation seines Schlosses. Die Bilder blieben leider unauffindbar.

560 Gemeint ist die Marien-Bastion. Während der Planungen waren die Bastionen lediglich mit römischen Ziffern bezeichnet, wie dies im 19. Jh. im Festungsbau üblich war. Jedes Werk erhielt eine bestimmte Nummer (noch heute ist dies z. B. auf dem Ehrenbreitstein zu sehen). Die Nummerierung begann beim Augustenturm mit der I.

561 Zit. nach PFÄFFLIN 1981, S. 95f.

562 Wilhelm hat sich dahingehend mehrfach geäußert. Er weist auf den ausschließlichen Schmuckcharakter der Türmchen hin, die „sich selbst für Säuglinge nicht wohl eignen", um „in Behaglichkeit von ihnen aus die schöne Aussicht zu betrachten, oder dort eine Tasse Caffée zu schlürfen; [...]." HStA Stgt., GU 105, Bü. 146: Umbau des Schlosses Lichtenstein 1856–1869: Brief Graf Wilhelms v. 5. April 1856.

563 PFÄFFLIN 1981, S. 87.

564 Bezeichnet „Lichtenstein 1857 P. F. Peters". Bleistift, aquarelliert, 17,2 x 25,2 cm. Stadtmuseum Ludwigsburg, Inv.-Nr. 932 (SCHEFOLD 1971, Nr. 4556). Zu Peters (1818–1903) vgl. THIEME/BECKER Bd. 26, 1932, S.

481.

565 Das verrät eine Eintragung auf Plan VIII (b), HStA Stgt., GU 1, Prov. 19.

566 Ebd., GU 1, Prov. 21 u. 28. Es sind dies erste Profilzeichnungen zu Eskarpe, Berme, Graben und Glacis.

567 Ebd., GU 1, Prov. 19. Undatierte Bleistiftzeichnung.

568 Ebd., GU 1, Prov. 22. Undatierte Bleistiftzeichnung.

569 Ebd., GU 1, Prov. 19. Aquarellierte Bleistiftzeichnung, bez. „7. März 56. Pl. No. IX." Ein ähnlicher Entwurf in GU 1, Prov. 22 (bez. „Plan XIV").

570 ANONYM 1849, Tafel III.

571 So ein Profil v. 6. Januar 1857, HStA Stgt., GU 1, Prov. 22.

572 Ebd., GU 1, Prov. 19, „Plan VII", undatiert.

573 Es sei hier auf die Fronten der Feste Kaiser Alexander in Koblenz verwiesen. Auch hier wurde aus den Flanken der Bastionen der Graben vor Kaponniere und Ravelin verteidigt. Zur Festungsbaukunst im 19. Jh. vgl. Kap. VI, 3.

574 HStA. Stgt, GU 1, Prov. 23, „Plan IV" und zugehörige Bleistiftskizze v. 12. März 1857.

575 Ebd., GU 1, Prov. 19, „Plan V" v. 20. Februar 1856.

576 Ebd., undatierter Entwurf.

577 Ebd., Prov. 22. Zu Pl. IV gehörende Zeichnung, v. 17. Mai 1856.

578 Ebd., Ansicht, Erdgeschossgrundriss und Profil. Bleistiftzeichnung v. 7. April 1856.

579 Ebd., Bleistiftzeichnung v. 10. April 1856 u. Bleistiftskizze v. 8. März 1857.

580 Ebd., Bleistiftzeichnung. Datiert „Baden 14. October 56." Sie verdeutlicht, dass sich Graf Wilhelm sogar auf Reisen mit den Planungen zu Lichtenstein beschäftigte.

581 Ebd., Prov. 15. Bez. „Pl. II", 12. Dezember 1855.

582 Damit ist auch der Ansicht SCHWARZMAIERS 2005, S. 271, zu widersprechen, die Befestigungen des Lichtenstein seien erstellt worden, „ohne eine militärische Zweckbestimmung erkennen zu lassen."

583 Pläne zum Torbereich im HStA Stgt., GU 1, Prov. 19 u. 23. Das Mauerwerk aus sauber gearbeiteten Tuffsteinen unterscheidet die späteren Zubauten von den älteren, in Bruchstein aufgemauerten Anlagen.

584 GRATIANUS 1844, S. 103.

585 Es gab sogar, ähnlich Rheinstein, einen Adler auf der Burg, den Wilhelm von einer Reise aus Afrika mitgebracht hatte. GRATIANUS 1844, S. 76.

586 Pläne hierzu HStA Stgt., GU 1, Prov. 26.

587 Pläne hierzu ebd., Prov. 20.

588 Diese Scharten orientieren sich an ähnlichen Öffnungen in den spätmittelalterlichen Kasematten des Kernschlosses.

589 Die neugotischen Gebäude, die sich dem Turm gegen Osten anschließen, datieren erst von 1899–1900. Es handelt sich hierbei um den damals als erweiterte Wohnung geschaffenen „Gerobau". VOEGELEN 1936, S. 7.

590 Der ursprünglich eingeschossige Bau mit geböschten Außenmauern wurde in der zweiten Bauphase um zwei Geschosse aufgestockt.

591 In ihrem südlichen Abschnitt wurde sie später etwas vorgesetzt, als man den Fürstenbau errichtete.

592 Pläne hierzu HStA Stgt., GU 1., Prov. 14.

593 Brief v. 11. April 1857 an Bauführer Strohbach. PFÄFFLIN 1981, S. 91. In der Marien-Bastion befindet sich im Erdgeschoss die später eingebaute evangelische Kapelle in neugotischen Formen, die mit Teilen der Sammlung christlichen Kunst ausgestattet wurde. BECKER 1987, S. 61.

594 Die Mehrzahl von Graf Wilhelms Entwürfen ist diesem Abschnitt der Befestigung gewidmet, wohl weil hier moderne Festungsbaukunst zur Anwendung kam. Pläne im HStA Stgt., GU 1, Prov. 19, 21 u. 22. Manche Kaponnieren im neudeutschen Festungsbau waren als halbrunde Türme ausgebildet, so z. B. an der Ehrenbreitsteiner Stadtbefestigung, die ab 1854 angelegt wurde. Vgl. hierzu WISCHEMANN 1978, S. 76.

595 Mehrere Pläne von 1856, die sich mit der Gestaltung des Waffenplatzes beschäftigen, zeigen den Turm und den Koffer bereits im Ausführungsstadium. Erst auf einem Blatt von 1857 erscheint der Aufbau, der durch die Anlage des Waffenplatzes nötig wurde, damit man den Turm hinter dem Wall überhaupt noch emporragen sah. Auf der 1857 gefertigten Zeichnung ist der neue Aufbau bereits vorhanden. Seine architektonische Gestaltung mit den schmalen Blendarkaden erinnert an die beiden Aufsätze der kehlseitigen Ecktürme von Fort Thüngen in Luxemburg, die 1836/37 errichtet wurden.

596 So RIETH 1974, S. 62.

597 Diese Anlage tritt auch bei allen Planungen zum Waffenplatz auf. Bis in jüngere Zeit hinein war der Zugang noch offen. Heute ist er vermauert. Frdl. Hinweis von Herrn Wälder, Schlossverwaltung Lichtenstein. An dieser Stelle sei Herrn Wälder für eine Führung durch die Wehranlagen gedankt.

598 So zeigt ein Foto aus der 2. Hälfte des 19. Jh. die Anlage vor dem Umbau. HStA Stgt., GU 97, Karten und Pläne.

599 Dies dürfte wohl zeitgleich mit der Errichtung der Kasematten vor dem Torbau und der Verkleinerung des Osttores erfolgt sein, da es aus demselben Material, großen Tuffquadern, besteht. Die Pläne hierzu hatte noch Graf Wilhelm gefertigt. HStA Stgt., GU 1, Prov. 26. Diverse Skizzen v. Juni 1856.

600 Pläne zur Poterne ebd.

601 Der Zugang zu ihr erfolgt durch eine von zwei Gewehrscharten flankierte Poterne in der Mauer neben dem Turm. In der Mauer befindet sich eine Pforte zu einem in der Stärke der Eskarpe verlaufenden Gang, der in der Außenseite des östlichen Grabenschlusses als Poterne endet. Es bestand also wohl die Möglichkeit, von hier ins Echaztal zu gelangen.

602 Graf Wilhelm hatte angeordnet: *„Die Erker können jedenfalls zwischen die Scharten; wo solche und wie viele (2 oder 3) angebracht werden, hängt lediglich vom malerischen Effekt ab, den sie, von Aussen gesehen, hervorbringen."* HStA Stgt., GU 1, Prov. 26: Turm I, Riss, Schnitt und Grundriss. In seinem Obergeschoss, das vom Hof über eine zugleich als Wehrgang eingerichtete Außentreppe erreichbar ist, befand sich ein Teil der Bibliothek des Grafen, die auch Fortifikationsliteratur beinhaltete. Voegelen 1936, S. 7. Ein Inventar der Bibliothek in HStA Stgt., GU 1, Prov. 32a I. Unter den Büchern befanden sich u. a. Prittwitz 1836 u. Lindow 1849.

603 So z. B. im Hintergrund des Holzschnittes *„Heimsuchung"* von 1503.

604 Das Schlossportal wird von zwei Büsten gerahmt, die zu den sandsteinernen Plastiken des berühmten Stuttgarter Lusthauses gehören, die Graf Wilhelm 1856 bei dessen Abbruch erworben hatte und auf Schloss Lichtenstein anbringen ließ. So finden sich auch am Mathildenturm und anderen Bauwerken des Schlosses aus der zweiten Bauphase Figuren und Reliefplatten vom Lusthaus. Die Büsten am Tor wurden allerdings erst zu einem späteren Zeitpunkt hier angebracht. Ursprünglich fehlten sie, und statt des Wappens erhob sich über dem Tor eine Zinne mit Maulscharte, was den Zugang erheblich wehrhafter wirken ließ. So zeigt es ein Foto aus dem 19. Jh. im HStA Stgt., Gu 97, Karten und Pläne. Dort ist auch noch der alte Turmunterbau zu erkennen, der inzwischen zur Verstärkung ummantelt worden ist, weshalb die spätmittelalterlichen Schießscharten heute nicht mehr sichtbar sind.
Zur Ausstattung des Innern vgl. die diversen Schlossführer u. bes. Becker 1987, S. 43 ff., wie auch Hartig 1999, S. 98–106.

605 Gratianus 1844, S. 80.

606 Auch hier wird ein Versatzstück zur Anwendung gebracht, das man schon als geradezu klischeehaft für eine Burg definieren kann. Bis heute halten sich bei vielen Burgen hartnäckig Gerüchte, es hätte unterirdische Flucht- und Verbindungsgänge zu nahegelegenen Klöstern, Städten, Quellen oder gar anderen Burgen gegeben. Und noch immer werden Fluchtgänge als typische und häufige Elemente einer mittelalterlichen Burg angesehen, so z. B. Hild 2000, S. 89.

607 Gratianus 1844, S. 78.

608 Pückler-Muskau 1834, S. 173, hinsichtlich der in seinem eigenen Park in Muskau befindlichen Burgruine, die wiederaufgebaut werden sollte.

609 Kümmel 1896, S. 22.

610 Kümmel 1903, Nr. 51, S. 531.

611 Beschreibung 1893, Bd. 2, S. 198.

612 Vgl. hierzu Wehler 1987, Bd. 2, S. 709.

613 Beschreibung 1893, Bd. 2, S. 198.

614 *„Mit seiner Ringmauer, die das Gelände umgibt, seinen Türmchen, Gräben, Bastionen und Zugbrücken erinnert Schloss Lichtenstein an eine mittelalterliche Ritterburg"*, schreiben Hild 2000, S. 55. Dies tun aber gerade Elemente wie die Bastionen eben nicht. Sie sollten eindeutig keine Assoziationen an den mittelalterlichen Burgenbau wecken und taten es auch nicht, wie die obige Aussage Pater Kümmels klar belegt. Die Türmchen und Erker konnten nicht über die modernen Formen diverser Befestigungselemente hinwegtäuschen, und sie blieben den Zeitgenossen als solche nicht verborgen.

615 Graf Wilhelm hatte die Lichtensteiner Jagd *„zu einem fürstlichen Vergnügen"* vom Staat gepachtet. Sie galt als eines der besten Reviere Württembergs. Gratianus 1844, S. 105.

616 Zeichnung v. 7. April 1856 mit Grund- und Aufriss und Schnitt durch den Augustenturm (Turm I). HStA Stgt., GU 26.

617 Man bedurfte hierzu spezieller Einlassbillets.

618 Kümmel 1904, Nr. 8, S. 75. Zu der Lafettenkonstruktion und den Versuchen ausführlich Weissenbach 1882, § 62, S. 332 ff.

619 Zum Thema der Gartenfestung vgl. Kap. VI, 5.3.

620 Darüber gibt ein bei Pfäfflin 1981, S. 87, veröffentlichter Brief Aufschluss.

621 Gratianus 1844, S. 104.

622 Vgl. Pückler-Muskau 1834, S. 27.

623 In einem Brief vom 11. April 1857 an Bauführer Strohbach äußert Wilhelm: *„Weißer Kalk darf hiezu nicht genommen werden, sondern die Farbe muß durch Zusatz von Sand und Portlant (und vielleicht etwas Kienruß) ein malerisches warmes, alterthümliches Ansehen erhalten – doch nicht allzu dunkel."* Zit. nach Pfäfflin 1981, S. 91.

624 Becker 1987, S. 51. Allerdings belegen diese These keine zeitgenössischen Aussagen, die den Lichtenstein mit dem Württemberg vergleichen oder diesen gar als Ersatzbau ansehen. Aber die von Hartig 1999, S. 98–106, beschriebenen und erst kürzlich restaurierten und wieder zugänglich gemachten Räume im zweiten und dritten Stock, die sich noch in den Tapetenmustern mit württembergischen Hirschstangen deutlich auf das Land und die Dynastie anspielen, bestätigen Beckers

These. Das Thema, ideal gedachte Stammburgen als Denkmale der eigenen Dynastie und ihrer Geschichte zu errichten, erscheint seit dem späten 18. Jh. mehrfach im Zusammenhang mit romantischen Burgen. So gehören die Löwenburg in Kassel-Wilhelmshöhe und die Idee zur Kopie des Stammschlosses Habsburg in Laxenburg in diesen Kontext (s. Kap. VI, 5., S. 225). Vgl. hierzu Hartmann 1981, S. 306. Auch im Park von Ludwigsburg existierte eine solche Anlage, die Emichsburg, die an Emicho, einen frühen Grafen von Württemberg (1. Hälfte 12. Jh.), erinnern sollte.

625 So u. a. Zastrow 1983, § 7, S. 56 *„Besonders bemerkenswert ist sie (die Dürersche Befestigungslehre – der Verf.) aber hauptsächlich deshalb, weil wir in ihr den Keim der wichtigsten Ideen finden, welche in der neuesten Zeit (Montalembert) eine so große Umwälzung in der Theorie der Befestigungskunst hervorbrachten; [...]."* Vgl. Kap. VI, 3., S 169ff.

626 Zu Heideloffs Definition der Gotik als deutschem Nationalstil vgl. Boeck 1958, S. 335 ff. Über die Zusammenhänge von *„germanischem Stil"* und neudeutscher Fortifikation vgl. Kap. VI, 3., S.172.

627 Becker 1987, S. 47 ff.

628 Klüber 1822, Bd. 2, S. 411, § 194, III, u. S. 416, § 197, III. Die Angehörigen des Hochadels, dessen erste Gruppe die Standesherren aus den mediatisierten Ländern bildeten, galten hingegen als Untertanen. Dieser Ansicht Klübers widersprach allerdings Bluntschli 1852, der S. 81 betont: *„Ihre Familien nur (die der Landesherren – Anm. d. Verf.), insbesondere die Prinzen, können wohl zu denselben gerechnet werden und bilden den Uebergang von diesem zum Thron."*

629 Vgl. hierzu Kap. I, 4.

630 1865 ließ Graf Wilhelm durch einen Heidelberger Juristen ein Rechtsgutachten erstellen, das mit zwingender Begründung empfahl, Graf Wilhelm und seine Familie in den Rang unmittelbar nach dem Königlichen Haus und noch vor den mediatisierten Häusern im Lande zu erheben. Schmierer 1997, S. 384. Dittscheid 2005 verkennt diese politischen Implikationen des Lichtenstein, ohne dabei die Quellenlage zu berücksichtigen.

631 Zu Maximilian II. und der Revolution vgl. Hummel 1988, S. 91–100. Auf die Revolutionsfurcht Maximilians II. und ihre Folgen haben erstmals Braun/Heyl/Groß 1987, S. 149 hingewiesen. Vgl. auch Braun 1988, S. 172, u. bes. Lankes 1993, S. 426.

632 Die Pläne Hörmanns waren schon mehrfach Gegenstand militär- und architekturgeschichtlicher Untersuchungen. Vgl. Braun/Heyl/Groß 1987, S. 149; Braun 1988, S. 172f.; Lankes 1993, S. 426–431; Kaiser 1994, S. 56f.; Karnapp 1997, S. 376 ff.

633 Zu Hörmann (1789–1854) vgl. Braun 1979, S. 172, u. bes. Lankes 1993, S. 426f.

634 Ebd., S. 427. Die beiden Berichte befinden sich im bayerischen Kriegsarchiv. BHStA Mü., Abt. IV KA, C I-7 u. 7a

635 Ebd., C I-7a, K. München: *„II. Theil des Commissoriums=Berichtes von München"*, S. 37. Z. B. *„Gundriß der drei Isar-Thor-Thürme"* u. Profile.

636 Zu dieser Funktion der Maximilianstraße zuerst Hojer 1974, S. 50f., vor allem aber Lankes 1993, S. 44. An der neuen Straße kam schließlich auch eine Kaserne zu stehen. Auch in Paris verbanden die Boulevards militärische Einrichtungen mit wichtigen Regierungs- und Staatsbauten. Zu den strategischen Aspekten der Boulevardanlagen unter Napoleon III. durch Baron Haussmann vgl. Jordan 1996, S. 126 ff. u. 208 ff.

637 BHStA Mü., Abt. IV KA, C I-7a, K. München: *„II. Theil des Commissoriums=Berichtes von München"*, S. 36.

638 Ebd., S. 37f.

639 Ebd., *„Projectplan des defensiven und feuerfesten Wachtgebäudes am Gasteig zunächst der Wiener Strasse"* , *„Situationsplan zu dem defensiven und feuerfesten Wachtgebäude=Project am Gasteig"*.

640 Ebd., S. 43 u. *„Projectplan eines grossen, defensiven und feuerfesten Wacht= und Bereitschafts=Posten"*.

641 Ebd., S. 36 u. 43 u. *„Projektplan eines mittlern, defensiven und feuerfesten Wacht= und Bereitschafts=Posten"*.

642 Ebd., S. 36.

643 Ebd., A. No. 1.: *„Wacht-Local in der Koenigl. Residenz für 4 Offiziere und 92 Mann."*

644 Ebd., S. 42. Zeichnungen hierzu Fasz. Nr. VI u. VII. Solche eisernen Läden fanden auch im Festungsbau Anwendung und haben sich am Fort Prinz Karl bei Ingolstadt (erbaut 1885) erhalten. Die Scharten haben altertümliche Schlüssellochform! Schon Fromme 1821 hatte S. 54 vorgeschlagen: *„Zur vertheidigungsfähigen Einrichtung öffentlicher Gebäude gehört hauptsächlich, daß die leicht zu erreichenden Fenster der untersten Etage mit eisernen Traillen versehen werden, die untersten Thüren eine solche Holzstärke erhalten, daß sie dem kleinen Gewehrfeuer widerstehen, daß das Ganze eine bombensicher Eindeckung, und den Hauptpassagen gegenüber Emplacements für Geschütze erhalten – Einrichtungen, welche bei allen Gebäuden ohne große Kosten anzubringen sind."*

645 Illustrirte Zeitung 7, 1846, No. 174, S. 275. Auch das Pariser Rathaus verfügte über schusssichere, krenelierte Fensterläden.

646 Ebd.

647 Gemeint waren die Pariser Arbeiter! Illustrirte Zeitung 7, 1846, No. 168, S. 187. Es ist stark zu vermuten, dass Hörmann die entsprechenden, hier zitierten Zeitungsartikel kannte. Die *Illustrirte Zeitung* berich-

tete als populäre, allgemeinbildende Wochenzeitung auch über die neuesten Festungsbauten in Europa.

648 LANKES 1993, S. 147.

649 Ebd., S. 430.

650 BHStA Mü., Abt. IV KA, C I-7a, K. München: „*Commissoriums-Berichte von München. I. Theil: Erläuterungen zum Entwurfe der Defensiv Kaserne*"; S. 3f. Projektpläne I–VI.

651 Ebd., S. 49.

652 Vgl. hierzu den Grundriss bei FÖRSTER 1866, S. 416, mit Beschreibung.

653 Z. B. die Fronten der preußischen Festung Posen. Vgl. zur „neudeutschen" Fortifikation und ihren wesentlichen Elementen Kap. VI, 3., S. 164 ff.

654 BHStA Mü., Abt IV. KA, C I-7a, K. München: „*II. Theil des Commissoriums=Berichtes von München*", S. 39.

655 Vgl. Kap. V, S. 35.

656 LANKES 1993, S. 149.

657 BHStA Mü., Abt. IV KA, C I-7a, K. München.

658 Ebd., „*Projectplan No. III. Ansicht der südlichen 1545' langen Defensiv-Kaserne und Profile von dem mittlern Officiers-Pavillon A und dem Officiers-Eck-Pavillon B*".

659 FROM 1854, S. 419. Er hat sich ausführlichst in einem eigenen Kapitel „*Verzierung der Festungsgebäude*" dieser Frage zugewandt.

660 Ebd., S. 420.

661 Ebd., S. 422.

662 Ebd. Vgl. auch FROM 1841, S. 146f. Er gibt hier sogar einige ausgewählte Beispiele als Vorbilder und Literaturempfehlungen.

663 So z. B. in Preußen unter Friedrich Wilhelm IV. Vgl. hierzu bes. LANKES 1994, S. 52 u. 56 ff. Ein schönes Beispiel bietet die große Defensivkaserne „Kronprinz" in Königsberg nahe dem Königstor (Abb. 152).

664 LANKES 1993, S. 150.

665 Zit. nach ebd., S. 434.

666 Ebd., S. 436f.

667 Ebd., S. 151f. In diesem Zusammenhang ist bemerkenswert, dass Hörmann auch die Unterkünfte der Garnison in Nymphenburg, darunter das „*Kasernenlocal des Leibregiments*", durch feldmäßige Befestigungen sichern wollte. Drei Bastionen in den aus- bzw. einspringenden Winkeln sollten eine Flankierung ermöglichen. Die Befestigung hätte aus starken Palisaden und Erdwerken bestanden. Vgl. hierzu BHStA Mü., Abt. IV. KA, C I-7a, Nr. 12b, "*Garnison Nymphenburg*".

668 Abb. bei KARNAPP 1997, S. 383 u. 384.

669 Nach der Zerstörung im Zweiten Weltkrieg hat man die Ruinen leider 1948 abgetragen. Ebd., S. 384f. Zeitgleich mit der Maximilian-II-Kaserne, wie der Bau auf dem Oberwiesenfeld genannt wurde, plante man auch auf dem sog. Marsfeld, dem traditionellen Exerzierplatz der Münchner Garnison, die Anlage einer Defensivkaserne. Ihr strategischer Zweck sollte hauptsächlich in der militärischen Sicherung des nahe gelegenen Bahnhofs bestehen. Das Projekt wurde aber schon kurz nach Planungsbeginn aufgegeben, da eine Schwefelsäurefabrik in unmittelbarer Nähe mit ihren Emissionen die Umgebung belastete. LANKES 1997, S. 157.

670 BRAUN 1988, S. 172.

671 PERTUISIER 1821, S. 6.

672 MÖCKL 1988, S. 41.

673 BHStA Mü., KA, C I-4 A., Allgemeines I., u. bes. C I-5, A. Allgemeines II., § VIII A. No. IV u. § IV B.

674 Ebd., C I-5, A. Allgemeines II.: „*X. Commissoriums=Bericht Aschaffenburg*" vom 27. November 1851, S. 46f.

675 CZEIKE 1980, S. 173.

676 FROBENIUS 1906, Bd. 1, S. 128.

677 Das Projekt erscheint auf dem von Lenné 1840 eingereichten Plan „*Schmuck- und Grenzzüge der Residenz Berlin*". Vgl. HINZ 1989, S. 177 ff., aber ohne jeden Hinweis auf den Kasernenkomplex. Im Fall der Kaserne auf dem Oberwiesenfeld ließ übrigens Maximilian II. Bildmaterial und Unterlagen gerade auch über preußische Kasernen anfordern. KARNAPP 1997, S. 384.

678 Vgl. hierzu den Stadtplan bei GÜNTHER/HARKSEN 1993, S. 109, Nr. 282. Zu den preußischen Kasernenbauten s. auch KAISER 1994, S. 52 u. 57 ff.

679 Zur Königsberger Defensivkaserne vgl. ILLUSTRIRTE ZEITUNG 18, 1852, No. 449, S. 87–90. Die Arbeiten zur Neubefestigung Königsbergs hatten 1843 begonnen. Der Bau ist bis heute erhalten.

680 VOIGT/AUFFAHRT 1983, S. 4.

681 ANONYM 1850, S. 25. Vgl. hierzu auch ILLUSTRIRTE ZEITUNG 16, 1851, No. 403, S. 185f., u. FÖRSTER 1866, S. 316.

682 WAGNER-RIEGER 1975, S. 17. Sie ordnet den Bau bewusst unter die romantischen Schlösser ein und verweist auf gewisse gestalterische wie auch programmatische Parallelen zum Schlossbau der Epoche (Burgcharakter, Museum als Denkmal für Kaiser und seine Armee)!

683 Vgl. hierzu STROBL 1961, S. 13f.

684 Im österreichischen Festungsbau des 19. Jh. spielte diese eine gewisse Rolle, wie die von österreichischen Ingenieuren entworfenen Festungswerke in Verona oder der Bundesfestung Rastatt zeigen.

685 Zum Waffenmuseum vgl. STROBL 1961 u. WAGNER-RIEGER 1970, S. 120. KLINGENSTEIN 1996, S. 53, behauptet, das Waffenmuseum sei nicht von Anfang an geplant gewesen, sondern erst 1867 eingerichtet worden.

686 Dem widerspricht aber auch die ursprüngliche Planung, die FÖRSTER 1866, S. 316, vorstellt.

686 FÖRSTER 1866, S. 316.

687 Beschreibung des Projekts in ANONYM 1850, S. 26 ff.

688 FÖRSTER 1866, S. 316. Vgl. auch ANONYM 1867a, Sp. 331.

689 FÖRSTER 1866, S. 317.

690 Ebd. Die erwähnten Architekten entwarfen dann einzelne Gebäude der Anlage, so Hansen und v. Förster das Waffenmuseum als Prunkstück der Anlage in byzantinisch-orientalischem Stil. Zum Waffenmuseum ANONYM 1867a, Sp. 331–334, u. bes. STROBL 1961.

691 ANONYM 1864, S. 4.

692 WAGNER-RIEGER 1975, S. 17.

693 FÖRSTER 1866, S. 317. Dort auch ein Gesamtgrundriss der ausgeführten Anlage. ANONYM 1867a, Sp. 331.

694 CZEIKE 1980, S. 176.

695 NEUMANN 1992, Teil I, S. 173, schreibt z. B.: „*Der Schutz gegen äußere Feinde ließ die Planer des K. K. Arsenals von einer Fortifizierung ausgehen, wie sie mehrfach projektiert, jedoch nie ausgeführt wurde.*"

696 Zu Architektur und Stil des Arsenals ausführlich WAGNER-RIEGER 1970, S. 121f.

697 DUB 1853, S. 10.

698 ILLUSTRIRTE ZEITUNG 46, 1866, No. 1199, S. 423.

699 CZEIKE 1980, S. 174; GRESTENBERGER 2002, S. 41. Die ILLUSTRIRTE ZEITUNG 16, 1851, No. 403, S. 185, wies darauf hin, dass man den Platz für das Arsenal „*der dominirenden Lage wegen, welche dieser Punkt der Stadt vis-à-vis einnimmt, welche er gänzlich beherrscht*", gewählt hatte.

700 WAGNER-RIEGER 1970, S. 119.

701 GRESTENBERGER 2002, S. 41 ff.

702 WAGNER-RIEGER 1970, S. 123; CZEIKE 1980, S. 176.

703 GRESTENBERGER 2002, S. 42.

704 Das wurde nachhaltig schon von den Zeitgenossen betont, die u. a. auf die herausragende Bedeutung der Festungen im Kampf um Italien 1848/49 verwiesen. HIRTENFELD 1852, Bd. 2, S. 374.

705 KLINGENSTEIN 1996, S. 58.

706 Zit. nach KAISER 1994, S. 58.

707 BRUDER 1992, S. 88. Zu den Gutachten über Nürnberg vgl. bes. S. 90 ff.

708 BRAUN 1979, S. 173. Die Kaiserstallungen z. B. dienten nicht nur dem bayerischen Hof zur Unterbringung von Pferden, sondern wurden schon bald nach Inbesitznahme der Stadt durch Bayern auch durch das Militär genutzt. 1858 wurde das Gebäude zur Kaserne ausgebaut. Vgl. hierzu BRUDER 1992, S. 151 ff.

709 BHStA Mü., KA, C I-4a, A. Allgemeines I.: „*Vortrag der 4ten Section. Gutachten über Nürnberg u. Bamberg. München, 25. September 1852*", S. 19.

710 Ebd., S. 21.

711 Ebd.

712 Ebd., S. 24.

713 Ebd.

714 ILLUSTRIRTE ZEITUNG 20, 1853, No. 500, S. 71.

715 Zu diesen Arbeiten ILLUSTRIRTE ZEITUNG 20, 1853, No. 500, S. 70f.; KOTZUR 1977, S. 192–202.

716 ILLUSTRIRTE ZEITUNG 20, 1853, No. 500, S. 71; BRUDER 1992, S. 395 u. bes. S. 401.

717 BRUDER 1992, S. 395.

718 BRAUN 1979, S. 173.

719 RODA 1989, S. 39f.

720 Das Anbringen von Gittern als Defensivmaßnahme wird schon um 1822 auf der Wilhelmshöhe bei Kassel vorgenommen, wo Kurfürst Wilhelm II. von Hessen aus Angst vor einem Attentat die Kaminschächte und die Durchfahrten unter den Verbindungsbauten zwischen Corps de Logis und Seitenflügeln durch massive Eisengitter sperren ließ. Der Kurfürst hatte sich auf verschiedene anonyme Drohbriefe hin aus seiner Residenzstadt Kassel hierher zurückgezogen. „*Wilhelmshöhe, wo der Kurfürst sein Hoflager aufgeschlagen hatte, befand sich geradezu im Belagerungszustand.*" Es wurde entsprechend gesichert und streng bewacht. HEIDELBACH 1909, S. 306.

721 BHStA Mü., KA, C I-5, A. Allgemeines II.: „*X. Commissoriums=Bericht Aschaffenburg vom 27. November 1851*", S. 40f.

722 Vgl. hierzu SCHÜTTE 1994, S. 108 ff.

723 HORMAYR-HORTENBURG 1842, S. 241.

724 Zur Baugeschichte vor 1832 vgl. KARNAPP 1984, S. 138 ff., u. bes. BAUMGARTNER 1987, S. 14–50.

725 VOGT 1837, S. 6. Zur Tätigkeit Quaglios ausführlich BAUMGARTNER 1987, S. 61 ff.

726 Vgl. hierzu BIEHN 1970, S. 197.

727 BAUMGARTNER 1987, S. 15 u. 24 ff.

728 MUFFAT 1837, S. 156. BAUMGARTNER 1987, S. 50.

729 KARNAPP 1984, S. 141.

730 HORMAYR-HORTENBURG 1842, S. 240f.; KARNAPP 1984, S. 135.

731 FRIEDRICH-FRIEDLÄNDER 1980, S. 152 ff. Zur Verbindung von Architektur und Geschichte bei Maximilian II. vgl. auch KARNAPP 1988, S. 273 ff.

732 So konstruierte man in nationaler Begeisterung einen völlig ungesicherten Aufenthalt Luthers nach dem Augsburger Reichstag 1518 auf der Burg analog zur Wartburg. Angesichts eines traditionsreichen ka-

733 Programmatisch wurde dies in der historischen Darstellung von Hormayr-Hortenburg 1842 hervorgehoben.

734 Baumgartner 1987, S. 133.

735 Biehn 1970, S. 197f.

736 AAB Mü., NL Georg Friedrich Ziebland, Gelbe Aktendeckel Nr. 11: Zugbrücke betreffend. Vgl. hierzu auch Baumgartner 1987, S. 140 ff. u. S. 322. Karnapp 1997, S. 238–241.

737 AAB Mü., NL Georg Friedrich Ziebland, Act über die Neubauten auf dem Kgl. Schloß Hohenschwangau betreffend, Fasz. 9: Kostenanschlag Zieblands vom 20. September 1850.

738 Baumgartner 1987, S. 75.

739 Ebd.

740 AAB Mü., NL Georg Friedrich Ziebland, Gelbe Aktendeckel Nr. 10: Neue Thürme betreffend 1841. Kolorierter Gesamtgrundriss des Schlosses. In dunklem Rot sind neun neue Rundtürme projektiert, die die Ekken der Ringmauer einnehmen sollen.

741 Ebd.

742 Baumgartner 1987, S. 75, hat die in fast kanonartiger Weise verwendeten Elemente aufgelistet, darunter den Aspekt der Wehrhaftigkeit, den Wagner-Rieger 1975, S. 12, als „military look" bezeichnet hat. Vgl. hierzu Kap. VI, 5., S. 235 ff.

743 Baumgartner 1987, S. 140.

744 Ebd., S. 75.

745 Im Stadtmuseum München hat sich ein weiteres Ausbauprojekt für eine mittelalterliche Burg erhalten. August v. Voit versuchte 1841 Ludwig I. einen Wiederaufbau des Trifels schmackhaft zu machen. Sein Plan sieht u. a. einen großen, von zwei Rundtürmen flankierten Torbau mit Zugbrücke über einen gänzlich neu in den Felsen eingetieften Graben vor. Schmale Schießscharten im Torbau und den Ringmauern verleihen dem Bau ein wehrhaftes Aussehen. Vgl. hierzu Kotzur 1977, S. 189 ff., u. Nerdinger 1987, S. 205.

746 Schütte 1994, S. 141. Mit am ausführlichsten werden befestigte Schlösser in ihrer Doppelfunktion als Wohnsitz und Verteidigungsanlage bei Furttenbach 1640 besprochen.

747 Stieglitz Bd. 5, 1798, S. 67. Vgl. Kap. II.

748 Zedler Bd. 35, 1743, Sp. 210.

749 Pückler-Muskau 1834, S. 43.

750 Ebd., S. 44

751 Ebd.

752 Schütte 1994, S. 271.

753 Pückler-Muskau 1834, S. 45.

754 Zu Heigelin (1798–1833) vgl. Thieme/Becker Bd. 16, 1923, S. 268f. Heigelin unterrichtete seit 1823 an der von ihm in Tübingen gegründeten privaten Bauschule, die Studenten aus ganz Europa besuchten. In diesem Zusammenhang ist wohl auch sein Lehrbuch zu sehen.

755 Heigelin 1832, S. 116 f.

756 Ebd.

757 Vgl. Kap. III.

758 Vgl. Kap. V, 5.

759 Stapel in Ersch/Gruber Sektion 3, Bd. 9, 1837, S. 426f. Vgl. hierzu auch Kap. II.

760 Zu Lange (1808–1868) vgl. Thieme/Becker Bd. 22, 1928, S. 327f.

761 Lange 1846.

762 Lange 1859.

763 Klingenburg 1975, S. 39, behauptet: „Diesem (dem Turm – der Verf.) kam als einem Hauptcharakteristikum alter Schlösser erneut ‚Wahrzeichen'-Funktion zu – unabhängig vom Stilbild des neuen Bauwerkes." Dem muss hier widersprochen werden. Dem Turm kam keine neue Funktion zu, sondern er behielt die alte durchweg ohne Bruch der Kontinuität. Vgl. hierzu Schütte 1994, S. 197 ff., u. Biller/Großmann 2002, S. 191 ff. Vgl. hierzu auch Kap. VI, 5., S. 235f. Noch in der 2. Hälfte des 19. Jh. wird ein Turm als wesentliches Kennzeichen eines Schlosses angesehen. Vgl. Bringmann 1975, S. 39 u. 40.

764 Zum Architektonischen Lehrbuch Schinkels vgl. Peschken 1979.

765 Hiervon geht Peschken 1979, S. 101, aus.

766 Vgl. hierzu Kap. VI, 5., S. 211 ff.

767 Peschken 1979, S. 136.

768 So die Bezeichnung bei Peschken 1979, S. 136.

769 Ebd., S. 123f.

770 So z. B. Stieglitz Bd. 5, 1798, S. 67f.; Grohmann Bd. 2, 1804, S. 16f.; Durand 1806, S. 1. Vgl. hierzu auch Klingenburg 1975, S. 28–37.

771 Zur Terminologie vgl. Kap. II.

772 Hoyer 1816, S. 2.

773 Rumpf Bd. 2, 1827, S. 341. Vgl. hierzu die Definition ebd., S. 324: „Fort, ist eine kleine für sich allein liegende Festung." Ähnlich Hauser 1817, S. 176, § 116.

774 Rumpf Bd. 2, 1827, S. 341.

775 Ebd., S. 395.

776 Ebd., S. 293.

777 Ebd., S. 123f.

778 Deutsche Encyclopädie Bd. 9, 1784, S. 796. Schon Daniel Speckle hatte 1589 in seiner Architectura von Vestungen den „Felshäusern" und

779 „Bergschlössern" die Funktion als „Fluchthauß" zugewiesen. Vgl. hierzu Schütte 1994, S. 150.

779 Hoyer 1816, S. 228, § 225.

780 Ebd.

781 Hoyer 1832, S. 457. Ebenso werden sie von Rüstow Bd. 1, 1858, S. 257 erwähnt.

782 Prittwitz 1865, S. 7, § 11.

783 Ebd. Prittwitz zählt Bergfestungen im Unterschied zu den Stadtfestungen zu den „rein militairischen Festungen".

784 Hoyer 1832, S. 457; Prittwitz 1865, S. 616, § 16, § 1155. Clausewitz 1952 (1832), S. 578, sah in den Festungen den „Zufluchtsort der Verwundeten" und den „Sitz der leitenden Behörden, die Schatzkammer".

785 Hoyer 1832 spricht S. 470 von „Festungen, Citadellen und Schlössern". In einer Fußnote auf S. 455 bezeichnet er bei der Listung einiger ausländischer Anlagen verschiedene Festungen explizit als „Schloss", so Edinburgh und Stirling. S. 456 erwähnt er die „Schlösser und Klausen in Tyrol".

786 Lindow 1849, S. 44. Zur Begrifflichkeit vgl. auch Kap. II.

787 From war Lehrer an der Allgemeinen Kriegs-Schule und der Vereinigten Artillerie- und Ingenieur-Schule in Berlin und Mitglied der preußischen Militair-Studien-Commission. Handbuch 1841, S. 70 ff.

788 From 1854, Taf. 3, Fig. 1

789 Ebd., S. 97.

790 Ebd., Taf. 3, Fig. 2.

791 Ebd., S. 98.

792 Ebd., Taf. 3, Fig. 3.

793 Ebd., S. 100.

794 Dürer 1527. Vgl. hierzu auch Waetzoldt 1916, S. 31 ff., u. Schütte 1994, S. 141 ff. Dürer spielte für die Theorie der Fortifikation im 19. Jh. eine wichtige Rolle. Vgl. Kap. VI, 3., S. 169 ff.

795 Es ist aber zweifelhaft, ob From diese Entwürfe kannte. Möglicherweise handelt es sich bei der Übereinstimmung um einen Zufall. Zu Schickhardts Planungen für Freudenstadt vgl. Kluckert 1992, S. 99–100 u. S. 144f.

796 Kull 1985, S. 91 u. B 41.

797 From 1854, Taf. 11, Fig. 1.

798 Die Allgemeine Deutsche Real=Encyklopädie definiert S. 215: „Citadelle, eigentlich Schloß, heißt eine in oder bei einer Stadt erbaute kleinere Festung von vier bis fünf Bollwerken" Zitadelle und Schloss werden auch hier gleichgesetzt. Unter dem Stichwort „Schloss" findet sich hingegen kein Eintrag.

799 Traux 1817, S. 388, § 457. Vgl. hierzu auch Rüstow Bd. 1, 1858, S. 149.

800 Hoyer 1832, S. 452. Die Russen lernten übrigens aus diesem Fehler und errichteten nach der Rückeroberung Polens sofort eine Zitadelle in Warschau. Vgl. hierzu Biskup 1937, S. 144f.

801 Hackewitz 1841, S. 210.

802 Blesson 1830, S. 15 ff. Ähnlich auch die Äußerung 1834, S. 9: „Reine Festungen dienen nicht bloß gegen den äußern Feind, sie sichern zugleich die innere Ordnung. Zu diesem Behuf können ganz kleine Anlagen mit Vortheil in Anwendung kommen."

803 Rüstow Bd. 1, 1858, definierte S. 137 die Burg als eine „Befestigung von mäßiger Ausdehnung". Zur Begrifflichkeit vgl. auch Kap. II.

804 Hirtenfeld Bd. 2, 1852, S. 374.

805 Ebd.

806 Ebd., S. 377. Mit dem schädlichen Verlust spielte der Autor hierbei wohl auf die hochmoderne Bundesfestung Rastatt an, die in die Hände der Revolutionäre gefallen war. Mit der eisernen Krone ist die lombardische Königswürde gemeint.

807 Bousmard 1811, Bd. 2, S. 514.

808 From 1854, S. 514.

809 Vgl. hierzu Kap. VI, 1., 3, S. 173 ff. u. 5., S. 212.

810 Hirtenfeld Bd. 2, 1852, S. 374. Vgl. Kap. VI, 5., S. 215ff.

811 Fogt 1859, S. 32.

812 Vgl. hierzu Kap. VI, 4., S. 201 ff.

813 Hoyer 1816, S. 200, § 196: Absicht der Citadellen.

814 Hoyer 1816, S. 200, § 197: Lage der Citadellen.

815 Schon im 18. Jh. wurde eine Zitadelle unter den genannten Aspekten definiert. Zedler Bd. 6, 1733, Sp. 164, schreibt: „Ist eine kleine regulaire Festung, die man an die grossen Städte leget, um sowohl dadurch die Einwohner in Gehorsam zu erhalten, als auch die Stadt oder Festung selbst zu verstärcken. Der Haupt=Endzweck einer Citadelle ist, die Bürger im Zaume zu halten, und deren Rebellion zu verhüten, welche man zu befürchten hat, so die Stadt mit Gewalt ist eingenommen, und um ihre Freyheit gebracht worden. Es müssen dahero die Citadellen dergestalt angeleget werden, um diesem Endzweck ein Genügen zu thun. Solcher Gestalt muß ein Theil der Citadelle in die Stadt gehen, und muß man die Haupt=Strassen der Stadt vor ihr mit dem Geschütz enfiliren können." Ähnlich Rosenthal Bd. 3, 1795, S. 366, u. Flammenstern Bd. 1, 1813, S. 135.

816 Hirtenfeld Bd. 2, 1852, S. 378.

817 Pertuisier 1821, S. 5.

818 Ebd.

819 Dziobek 1853, S. 391.

820 Rüstow 1856, S. 666. Vgl. hierzu auch Minutoli 1808, S. 93, Fußnote; Sonntag 1836, S. 1; Dziobek 1853, S. 391, § 492. Eickemeyer 1822, S. 74,

sieht Zitadellen in der Nachfolge der mittelalterlichen Stadtburgen, die er S. 17, § 17 als „*Befestigte Schlösser*" beschreibt, die zur letzten Zuflucht dienten. Vgl. hierzu auch schon die Ausführungen von BOUSMARD Bd. 2, 1811, S. 514.

821 MINUTOLI, S. 96. HOYER 1832, S. 480, fordert, dass bei kleinen Festungen die wichtigen Räume für den Kommandanten und die Offiziere bombensicher sein sollen.
822 HOYER 1832, S. 478.
823 Ebd.
824 MEINERT 1819, S. 405f., § 212.
825 PRITTWITZ 1865, S. 7, § 11.
826 Zwei schöne Beispiel bilden der erste Bau des Berliner Stadtschlosses und die Moritzburg in Halle, die beide im 15. bzw. 16. Jh. errichtet wurden und u. a. den Zweck hatten, eine unbotmäßige Stadtbevölkerung zu beherrschen. Vgl. hierzu SCHÜTTE 1994, S. 118 u. 220.
827 Ebd., S. 167.
828 Ebd.
829 DZIOBEK, Ernst: Kriegs= und Befestigungs=Geschichte von Coblenz und Ehrenbreitstein. 1834. Handschrift im LHA Ko., 700, 71, Nr. 1, S. 211: „*Coblenz selbst sollte gegen einen gewaltsamen Angriff gesichert und das Schloß zur Vertheidigung mit benutzt werden.*" Vgl. auch KLEBER 1998, S. 37. Tatsächlich wurde das Schloss von der Stadtenceinte zwar mit eingeschlossen, der Bau selbst aber nicht, wie offensichtlich ursprünglich vorgesehen, befestigt.
830 Vgl. Kap. V, 1.
831 Zur Festung Dömitz vgl. vor allem SCHARNWEBER 1995, der zahlreiche, teilweise bisher unbekannte historische Pläne und Ansichten erstmals publiziert und die Geschichte von der mittelalterlichen Burg bis zur heutigen Situation nachgezeichnet hat. Er bietet den bisher umfassendsten und detailreichsten Überblick. Allerdings hat er auf einen wissenschaftlichen Apparat verzichtet. Die Angaben im Literatur- und Quellenverzeichnis zu den Archivunterlagen sind zum überwiegenden Teil ungenau.
832 BRUN 1965, S. 22.
833 SCHARNWEBER 1995, S. 15.
834 Der vom kurfürstlich-brandenburgischen Hof aus Berlin zu Rate gezogene Francesco Chiaramella äußerte sich sehr zufrieden über das Werk seines Kollegen. OTTO 1933, S. 31–33, u. 1935, S. 12–16.
835 Zu den drei brandenburgischen Festungen s. BURGER 2000.
836 Die Vermutung, ursprünglich habe die Festung über Erdrondelle verfügt und die Bastionen seien erst eine Verstärkungsmaßnahme unter Piloot 1626/27 (z. B. LORENZ 1935, S. 33f.), wird durch einen Plan von 1565 widerlegt, der die fertige Festung zeigt. Abb. bei SCHARNWEBER 1995, S. 23.
837 SCHARNWEBER 1995, S. 26.
838 Ebd. Eventuell entstand damals auch der Komplex des heutigen Kommandantenhauses durch Verbindung des Hauptturmes mit einem mittelalterlichen Wohnbau.
839 RUBACH 1933, S. 42–44.
840 LORENZ 1935, S. 34, u. SCHARNWEBER 1995, S. 51.
841 BRUN 1965, S. 8.
842 LHA Schw., Cab. Vol. 897, Nr. 10490/1: *Acta die Demolierung der Festung Dömitz betref. Item den Situationsplan derselben betr.* Der beigefügte Grundriss der Festung datiert von 1811.
843 Ebd., Nr. 10490/8: *Acta die Verstärkung der Festung Dömitz und Anlegung einer Redoute betreffend, 1813.*
844 Ebd., Nr. 10490/9: *Acta die Verpallisadierung und Bepflanzung der Contrescarpe in Dömitz betreffend, 1825.*
845 BRUN o. J., S. 28.
846 HEMPEL 1829, S. 47.
847 ANONYM 1823, S. 52.
848 LHA Schw., Cab. Vol. 897, Nr. 10490/5: „*Gehorsamster Bericht über den gegenwärtigen Zustand des Forts Dömitz und die an demselben erforderlichen Ausbesserungen*" v. 20. September 1832, S. 10.
849 LÜHE 1834, S. 81. SONNTAG 1836, S. 1, §1, bemerkt: „*Eine kleiner fester Platz von 3 bis 5 Seiten wird Fort genannt, wenn er einzeln steht...*". Vgl. auch Kap. II u. VI, 3., S. 173 ff.
850 LHA Schw., Cab. Vol. 897, Nr. 10490/5: „*Gehorsamster Bericht über den gegenwärtigen Zustand des Forts Dömitz und die an demselben erforderlichen Ausbesserungen*" v. 20. September 1832, S. 3.
851 Ebd, S. 9–10, u. 5.2-1, Kab. III, Nr. 6384: Promemoria des Oberstleutnants und Direktors der Abteilung für Militärangelegenheiten im Großherzoglichen Ministerium Zülow v. 20. Oktober 1852: „*Vorläufiger und summarischer Kostenanschlag über Wiederherstellung des Escarpen-Revêtements der Festung Dömitz zwecks Anweisung der Sturmfreiheit derselben.*" Vgl. hierzu auch die Planaufnahme bei SCHARNWEBER 1995, S. 62, von 1853.
852 Ein Grundriss des Ingenieurleutnants Kühlewein vom Oktober 1864 zeigt diese Baumaßnahmen. LHA Schw., 12.12-2, Lfd. Nr. 41 M, 7. Vgl. hierzu auch SCHARNWEBER, S. 61.
853 LHA Schw., 5.2-1, Kab. III, Nr. 6384: Schreiben des Festungskommandanten Oberstleutnant v. Mentz an den Großherzog v. 27. März 1867.
854 Dieser Umbau wurde leider 1934 rückgängig gemacht und der Turm erhielt einen neuen Aufsatz im Heimatschutzstil, der an das ursprüng-

liche Erscheinungsbild erinnert. SCHARNWEBER 1995, S. 76.
855 LHA Schw., 5.2-1, Kab. III, Nr. 136: *Acta den Ankauf von Positions-Geschützen für das Großherzogliche Schloß in Schwerin und für die Festung Dömitz betreffend*, u. 5.12-8/1, C 23/8: *Acta betreffend den Ankauf von Positions-Geschützen nebst Zubehör aus den Vorräthen der ehemaligen dt. Flotte.* Zum Begriff vgl. LÜHE Bd. 6, 1837, S. 596: „*Positionsgeschütz, das schwere Feldgeschütz, wie 12pfünder und 10pfündige Haubitzen.*" Einige dieser Kanonen stehen heute noch auf den Wällen und im Hof der Festung.
856 SCHARNWEBER 1995, S. 61. Damit trifft das Urteil von MENNE 1942 nicht zu, der S. 149 behauptet hat, dass Dömitz nach 1813 keinerlei Festungswert mehr besessen und nur noch als Gefängnis gedient hätte.
857 Die eisernen Rollen für die Kette der Brücke sind noch vorhanden.
858 Vgl. Kap. VI, 3., S. 164 ff.
859 SCHARNWEBER 1997, S. 23f. Von diesen steht nur noch einer auf dem niedersächsischen Ufer.
860 LHA Schw., 2.26-2.
861 HEMPEL 1829, S. 57.
862 SCHÜTTE 1994, S. 198.
863 Die Forschung hat sich bisher überwiegend mit der Zitadelle in ihrer unbestrittenen Bedeutung als sehr frühes Beispiel einer regulären Bastionärfestung beschäftigt. Vgl. hierzu SCHÜTTE 1994, S. 127–130, u. vor allem BURGER 2000, S. 279–326, mit weiterer Literatur, sowie THEISSEN 2001, S. 50–59. Einen Überblick über die Baugeschichte vermittelt JAHN 1971, S. 37–65.
864 Zur frühen Baugeschichte vgl. JAHN 1971, S. 37f.
865 Zum Neubau vgl. BURGER 2000, S. 279–326.
866 Ebd., S. 323f.
867 SCHÜTTE 1994, S. 128.
868 ORGEL-KÖHNE/GROTHE 1978, S. 22. Anlässlich der russischen Besetzung Berlins 1760 wich der Hof dann in die größere Stadtfestung Magdeburg aus.
869 SCHÜTTE 1994, S. 130.
870 JAHN 1971, S. 45.
871 Vgl. Kap. VI, 3., S. 171f.
872 Vgl. hierzu SCHULZE 2001, S. 12.
873 Ebd.
874 JAHN 1971, S. 45.
875 Ebd., S. 52.
876 SCHULZE 2001, S. 13.
877 JAHN 1971, S. 48.
878 Ebd., S. 46 u. 48.
879 ORGEL-KÖHNE/GROTHE 1978, S. 29.
880 BARCLAY 1995a, S. 210.
881 Vgl. Kap. VI, 1., S. 143f., u. 3., S. 173 ff.
882 JAHN 1971, S. 46; ORGEL-KÖHNE/GROTHE 1978, S. 26.
883 Zur Festung vgl. u. a. KLEMM 1905; SCHUSTER 1926; TAUBE 1990; SCHOLZE 1994, S. 78–105.
884 TAUBE 1990, S. 71.
885 Ebd. S. 21 ff.
886 Ebd., S. 30 ff.; SCHÜTTE 1994, S. 60 ff.
887 TAUBE 1990, S. 40 ff. u. 51–60; SCHOLZE 1994, S. 78 ff.
888 SCHOLZE 1994, S. 89. Das Ganze war über eine durch Schanzen gesicherte Straße, die die französischen Ingenieure angelegt hatten, mit der sächsischen Festung Stolpen verbunden.
889 Ebd., S. 96.
890 Ebd., S. 95. So hatte man schon 1756 hier die Gemäldesammlung vor den Preußen in Sicherheit gebracht. TAUBE 1990, S. 60.
891 TAUBE 1990, S. 71; SCHOLZE 1994, S. 99.
892 FELLMANN 2000, S. 119 ff.
893 KLEMM 1905, S. 112.
894 FELLMANN 2000, S. 120.
895 SCHOLZE 1994, S. 101. Noch einmal hatte es in dieser Zeit Planungen gegeben, den Königstein zum Zentrum einer riesigen Lagerfestung zu machen. Ähnlich wie beim Hohentwiel in Württemberg (s.u.) überlegte man auch in Sachsen, wie man eine ältere Bergfestung modernen Bedürfnissen anpassen konnte.
896 RUMPF Bd. 1, 1827, S. 124; PRITTWITZ 1865, S. 616.
897 HOYER 1816, S. 228.
898 TAUBE 1990, S. 90–99.
899 Darauf hat schon MOTZ 1957, S. 184, hingewiesen. BUMILLER 1997, S. 188, nennt ein weiteres Projekt für 1863, womit wohl die hier näher vorzustellende Wiederaufbauplanung durch den Hauptmann Blumhardt gemeint ist. Leider macht er keine Angaben, woher er seine Angaben hat. Ich konnte im Staatsarchiv kein genaues Datum für Blumhardts Projekt finden, das aus den späten 1850er oder den 1860er Jahren herrührt, da er bereits mit dem Einsatz von gezogenen Geschützen rechnet. Zu den Projekten, allerdings ohne wesentlich Neues KESSINGER/PETER 2002, S. 235.
Als wichtiger Ort der württembergischen Landesgeschichte hat die Geschichte und Baugeschichte des Hohentwiel umfängliche Würdigung gefunden. Dabei standen seine militärische Bedeutung in der Frühen Neuzeit, die erfolgreich überstandenen Belagerungen im Dreißigjährigen Krieg und das literarische Nachleben der Festung deutlich im Mit-

telpunkt der Betrachtungen. Vgl. hierzu den Sammelband von BERNER 1957 mit verschiedenen Aufsätzen zur Geschichte, Bau- und Wirkungsgeschichte. Weiterhin: MAURER 1958, S. 82 ff.; BUMILLER 1990 u. 1994; LOSSE 2001, S. 94–101; KESSINGER/PETER 2002.

900 Zu den barocken Festungsanlagen vgl. PFLÜGER 1981, S. 140f.

901 HStA Stgt., E 270 a, Bü. 341: Entwurf einer „*Instruction für die Prüfung der in der Schrift zur Vertheidigung von Schwaben enthaltenen Angaben*" v. 18. August 1814 durch General von Varnbüler. Die Festung Hohentwiel sollte Teil eines detailliert ausgearbeiteten Konzepts zur Verteidigung Südwestdeutschlands sein. Man schlug vor, als zentralen Punkt Stockach oder Donaueschingen als Lagerfestungen zu Bundesanlagen auszubauen. Vgl. hierzu auch die Überlegungen von PÖNITZ 1844, S. 41f., und die Ausführungen zur Verteidigung des Schwarzwaldes durch HAUSER 1817, die offensichtlich auf den Vorschlägen von Varnbülers beruhen.

902 HStA Stgt., E 270a, Bü. 341: „*Allerunterthänigster Bericht über den gegenwärtigen Zustand von Hohentwiel*" v. 13. September 1814.

903 Ebd.

904 Ebd.

905 Zu den Tausch- und Erwerbsverhandlungen zwischen Baden und Württemberg vgl. WOLFHARD 1957, S. 323–339, hier bes. S. 324 ff.

906 HStA Stgt., E 270 a, Bü. 504: Schreiben Graf Franquemonts v. 3. März 1821 an Wilhelm I.

907 Ebd., E 271 b, Bü. 362: „*Bericht der Administrations Suction (Direktoren Roemer, Kauffmann, Keller) an das Präsidium des Königl. Kriegsdepartements über die Herstellung der Festungs=Trümmer von Hohentwiel*" v. 28. Dezember 1821.

908 Ebd., E 284 a, Bü. 914: Akten über die Wiederherstellung Hohentwiels Nro. 1. bis 6., Fol. 1: Entwurf und Kostenberechnung zur Wiederherstellung der Festung Hohentwiel von Hauptmann v. Berger, Juni 1822. Leider war der zugehörige Plan, den v. Berger in seinem Schreiben ausführlichst erläutert, nicht auffindbar. Die Befestigung der Abhänge mit vorgeschobenen Türmen nimmt eine ähnlich Planung des Generalmajors v. Prittwitz für den Hohenzollern einige Jahre später vorweg. Es ist wahrscheinlich, dass Prittwitz, der 1847 selbst ein Projekt zur Wiederherstellung des Hohentwiel ausarbeitete, den Entwurf v. Bergers kannte und ihn für die Befestigungsvorschläge auf Hohenzollern zum Vorbild nahm. Zu den Wiederaufbauplänen v. Bergers vgl. auch die knappen Angaben zu den Kosten bei MOTZ 1957, S. 184.

909 HStA Stgt., E 284 a, Bü. 914: Akten über die Wiederherstellung Hohentwiels Nro. 1. bis 6., Fol. 1: Entwurf und Kostenberechnung zur Wiederherstellung der Festung Hohentwiel von Hauptmann v. Berger, Juni 1822.

910 Ebd., Fol. 2: „*Dritter, vereinfachter Entwurf über die Wiederherstellung der Königlichen Festung Hohentwiel*" v. Juni 1825.

911 Vgl. hierzu die Kap. VI, 1., S. 143f., u. 3., S. 173f.

912 HStA Stgt., E 284 a, Bü. 914, Akten über die Wiederherstellung Hohentwiels, Nro. 1. bis 6., Fol. 5: Bericht Bergers v. 18. Juli 1825. Auch der hierzu gehörende Plan blieb leider trotz intensiver Suche im HStA Stgt. unauffindbar.

913 Ebd., E 271 b, Bü. 362 mit mehreren Berichten über die Arbeiten zur Sicherung der Ruinen.

914 Ebd., E 284 a, Bü. 914, Akten über die Wiederherstellung Hohentwiels, Nro. 1. bis 6., Fol. 294: Schreiben v. 6. November 1827 an Kriegsminister Graf v. Franquemont.

915 Ebd., E 271 c, Bü. 626: „*Über die Verstärkung der Westgrenze Deutschlands am Ober-Rhein, von Germersheim aufwärts, durch Befestigungen. 1834.*" Die Schweiz war den deutschen Monarchen besonders suspekt. So sah Friedrich Wilhelm IV. in den Eidgenossen eine Gefahr für die monarchischen Institutionen in ganz Europa. BARCLAY 1995a, S. 202.

916 HStA Stgt., E 271 c, Bü. 626: „*Über die Verstärkung der Westgrenze Deutschlands am Ober-Rhein, von Germersheim aufwärts, durch Befestigungen. 1834.*"

917 MOTZ 1957, S. 184. Das hier beschriebene Projekt blieb unauffindbar.

918 HStA Stgt., E 284 b, Bü. 38: „*Gutachten über den Zustand, den Wiederaufbau und die Herstellungskosten der Obern Festung Hohentwiel von Hauptmann Blumhardt, Mitglied des Generalquartiermeisterstabs, 1854–1865*". Blumhardt war Hauptmann im Generalquartiermeisterstab und publizierte 1864 ein Lehrbuch über den Festungsbau, in dem er am Beispiel vor allem der Bundesfestung Ulm moderne Fortifikation und ihre Funktionsweise erläuterte. Vgl. BLUMHARDT 1864. Seit 1842 war er zum Bau der Bundesfestung abkommandiert und errichtete 1852–1854 das Fort Friedrichsau und 1855–1858 das Fort Safranberg. SCHÄUFFELEN 1989, S. 42 u. S. 168f.

919 HStA Stgt., E 284 b, Bü. 38.

920 Ebd. Der von Blumhardt beschriebene Plan blieb ebenso wie die anderen hier besprochenen Projektpläne unauffindbar.

921 Ebd. Hervorhebungen im Original.

922 Ebd.

923 Vgl. hierzu auch Kap. VI, 1., S. 143f., u. 3., S. 173f.

924 BUMILLER 1997, S. 188, hat das von ihm erwähnte Ausbauprojekt 1863 unter dem Eindruck des Wiederaufbaus von Hohenzollern gedeutet. Zum Hohenzollern vgl. Kap. V, 3., S. 85–99.

925 ALLROGGEN-BEDEL 1998, S. 79.

926 Ebd., S. 80.

927 BURK 1995, S. 92.

928 FROBENIUS 1906, Bd. 1, S. 37.

929 SCHÄUFFELEN 1989, S. 110–114.

930 Zum Forschungsstand vgl. Kap. I, 3.

931 ZASTROW 1854, S. 327f. u. S. 482–485, u. BRESE 1856, S. 75–109, der Mitentwickler der neuen Befestigungsweise war, haben die wesentlichen Elemente und deren Funktionen der „neudeutschen" Festungsbaukunst beschrieben. Einen hervorragenden Überblick über die Hauptcharakteristika und Elemente gibt BLUMHARDT 1864, der an Beispielen aus modernen Festungen wie Ulm mit Hilfe zahlreicher Illustrationen die Funktion der einzelnen Bauteile erklärt. Zur Entwicklung und den Elementen der Festungsbaukunst im 19. Jh. jüngst ausführlich WEBER 2003, S. 108–138.

932 SCHMIDTCHEN 1998, S, 21.

933 Der Abstand zur Festung betrug in der Regel zwischen 500 und 1000 Metern und entsprach damit der damaligen Reichweite der Geschütze. HACKELSBERGER 1980, S. 30.

934 Schon SEYDEL Bd. 1, 1818, S. 327. empfiehlt den Deutschen zum Bau einer Festung auch die Anlage eines fortifizierten Lagers. Vgl. auch MAYERN 1848, S. 152f., mit der Darstellung der Festung Linz als Beispiel, an der er selbst mitgewirkt hat. Er beruft sich auf die Antike als Vorbild. Vgl. auch ZASTROW 1854, S. 485.

935 BAUR 1818, S. 8f.

936 SEYDEL Bd. 2, 1819, S. 324. Zur Beurteilung kleiner Festungen vgl. Kap. IV, S. 173 ff.

937 Man denke z. B. an die unzähligen Belagerungen im Dreißigjährigen Krieg.

938 SCHMIDTCHEN 1998, S. 19.

939 BAUR 1818, S. 9f.. WAGNER 1847, S.294, urteilt: „*Eine Nation, die Heerhaufen in den Krieg sendet, gleicht in so ferne dem bewaffneten Ritter, der Lanze und Schwert hinter seinem Schilde hervorstrekt; aber ihr Schild und ihr Harnisch besteht in den Festungen, welche des Feindes noch warten, wenn er die Heerhaufen geschlagen hat, und in welchen die Trümmer des geschlagenen Heeres sich sammeln.*" Vgl. zur Funktion der Festungen in der Kriegführung des 19. Jh. auch CLAUSEWITZ 1952 (1832), S. 568 ff.

940 CLAUSEWITZ 1952 (1832), S. 573f. Die Forts konnten daher im Notfall durch Feldbefestigungen miteinander verbunden werden. SCHMIDTCHEN 1998, S. 22.

941 ZIMMERMANN 1935, S. 56f.; KRUMEICH 1989, S. 71f.

942 HACKELSBERGER 1980, S. 20.

943 Einige der wichtigsten Festungen des Polygonalsystems und ihre leicht variierten Fronten haben LAISNÈ/KÜBLING 1864, S. 124–134, zusammengestellt (Koblenz, Rastatt, Germersheim, Minden, Posen, Linz u. Verona). Eine Ausnahme bildeten die Umwallungen der preußischen Festungen Köln und Minden. Sie wurden ab 1815 neu im Bastionärsystem angelegt, Minden allerdings mit zahlreichen Hauptgrabenkaponnieren und Kasemattenanlagen. Zu Minden vgl. MEINHARDT 1957, S. 48 ff.

944 Zu Montalembert (1714–1800) vgl. JÄHNS Bd. 3, 1891, S. 2789–2808; SCHOTT Bd. 1, S. 45 f.; DUFFY 1985, S. 157 ff.

945 Zu Montalemberts Polygonalbefestigung und ihrer Beurteilung im 19. Jh. vgl. ZASTROW 1854, S. 327–348.

946 Ganz offensichtlich dienten hier dem Marquis die zeitgenössischen Linienschiffe mit ihren bis zu drei Kanonendecks und der daraus resultierenden enormen Feuerkraft als Vorbild.

947 WITTICH 1840, S. 18.

948 MONTALEMBERT Bd. 1-4, 1818–1820. Das vierbändige Original erschien 1776–1786 in Paris unter dem Titel *La fortification perpendiculaire* und wurde noch zweimal in französischer Sprache aufgelegt, zuletzt in elf Bänden 1793–1796. Vgl. JORDAN 2003, S. 180, Nr. 2561, 2561 u. 2565.

949 MONTALEMBERT Bd. 1, 1818, S. 131 ff.

950 ANONYM 1832, S. 72.

951 Tlw. auch als eigenständige vorgelagerte Festungswerke wie z. B. in Ulm der Örlinger Turm an der Bahnlinie von Stuttgart.

952 EICKEMEYER 1822, S. 445. Während WITTICH 1840, S. 18 betont, Montalembert habe „*den bestehenden Glauben an die Unausführbarkeit des Gedankens zuerst bis in die Grundfesten erschüttert.*"

953 Zu Carnot (1753–1823) vgl. RÜSTOW Bd. 1, 1858, S. 147f., u. SCHOTT Bd. 1, S. 49f. Carnot war französischer Kriegsminister und als solcher Erfinder der *Levée en masse* und Schöpfer des französischen Revolutionsheeres und lebte später bis zu seinem Tod im preußischen Exil.

954 REULEAUX 1912, S. 64f. Carnots Werk *De la défense des places fortes* wurde seit seiner Ersterscheinung 1810 bis 1837 mehrfach neu aufgelegt, darunter auch in vier deutschen Ausgaben (u.a. CARNOT 1820). Vgl. die Übersicht bei JORDAN 2003, S. 50f., Nr. 0608-0623.
Hingewiesen sei auch noch auf den schwedischen General Johann Bernhard Virgin, der ähnlich Montalembert 1781 Vorschläge zu einer Verbesserung der Befestigungsmethode gemacht hatte, um dem Verteidiger das artilleristische Übergewicht zu geben. Sein Werk wurde von Ritter v. Xylander ins Deutsche übertragen und 1820 in München publiziert. XYLANDER 1819 lobt Virgin S. 3f. als den zweiten großen Neuerer neben Montalembert. Zu Virgin vgl. JÄHNS Bd. 3, 1891, S. 2808-2810. Als weiterer wesentlicher Theoretiker des 18. Jh., der mit

seinen Ideen Vorbildcharakter für die neue Befestigungsweise hatte, darf der französische Ingenieurgeneral Jean-Claude Eléonore le Michaud dit d'Arçon (1733–1800) gelten, auf den die Reversbatterien in den ausspringenden Kontereskarpenwinkeln zurückgehen, ebenso die Turmreduits in der Kehle der vor die Festungsfronte vorgeschobenen Lünetten. Vgl. hierzu KLEBER 1998, S. 50.

955 JAHN Bd. 1, 1845, S. 232–237. Hatten unzählige Autoren einst mehr oder minder brauchbare Vorschläge zur Bastionärbefestigung in immer neuen Systemvarianten geliefert, so erschien nun wiederum eine Flut von Schriften, die an der Vervollkommnung des Neuen feilten. Unter den Titeln seien nur einige genannt: PERTUISIER 1821; LÖWENSBERG 1830; LINDOW 1849; ANONYM 1849; FROM 1854. SIMON 1856 zeigt schon im Titel *Von der Polygonal- und Caponier-Befestigung*, welche Bestandteile der neuen Festungsbaukunst als wichtig erachtet wurden. Im 19. Jh. erschienen nun auch vermehrt Zeitschriften mit militärwissenschaftlichem Inhalt, in denen einzelne Aufsätze Aspekte des modernen Festungsbaus beleuchteten oder kritisch diskutierten.

956 Hauptargument der Kritiker war, dass Montalembert als Kavallerieoffizier keinerlei Kompetenz auf dem Gebiet der Ingenieurwissenschaften besessen habe. XYLANDER 1819, S. 13f.; SONNTAG 1836, S. 94. Eine vollständige Übersicht über die Festungsliteratur des 19. Jh. in Buchform gibt JORDAN 2003.

957 REULEAUX 1912, S. 68. Das ist erstaunlich, denn in der Zeit Napoleons hatten französische Ingenieure maßgebliche Ideen Montalemberts umgesetzt und z. B. mit der *Rocca d'Anfo* am Lago d'Idro in Oberitalien geradezu avantgardistische, auch künstlerisch höchst anspruchsvoll gestaltete Festungsbauten errichtet und dort wesentliche Elemente der „neudeutschen" Festungsbaukunst wie z. B. Turmreduits und mehrstöckige kasemattierte Batterien vorweggenommen. Das ist von der deutschen Festungsforschung bisher überhaupt nicht zur Kenntnis genommen worden. Es wäre interessant zu wissen, warum man in Frankreich nach 1815 der älteren Bastionärbauweise wieder den Vorzug gab. Möglicherweise hatte dies seine Ursache in der bourbonischen Restauration. Immerhin wurden vermehrt kasemattierte Werke angelegt. Zu den Festungswerken der Zeit Napoleons vgl. PROST 1991 u. PROST 1993. Der maschikulierte Turm der Rocca d'Anfo gab das Vorbild für einen Turm, den DUFOUR 1822, Tafelband, Pl. XXIX, Fig. 3-5, (Abb. 201) vorstellt. Das Werk Dufours, das ihn international bekannt machte, ist u. a. wesentlich inspiriert durch die Ideen eines der wichtigsten napoleonischen Ingenieure, François de Chasseloupe-Laubat (1754–1833), da Dufour seine militärische Karriere an der *Ecole polytechnique* in Paris begann und unter Napoleon als Ingenieur im französischen Heer diente, wo er u. a. am Ausbau der Festungswerke auf Korfu beteiligt war. Vgl. hierzu GENERAL 1988, S. 227 ff.

958 REITEL 1985, S. 61. Währenddessen verbreiteten sich in fast allen anderen europäischen Ländern, allen voran Großbritannien, und sogar in den USA die von den Deutschen weiterentwickelten Systeme Montalemberts und Carnots. Sie galten als modern und zeitgemäß. Allerdings ist zu bemerken, dass einzelne Elemente der Theorien Montalemberts schon Ende des 18. Jahrhundert bzw. in der Zeit Napoleons u. a. im britischen, russischen und sogar nordamerikanischen Festungsbau zur Anwendung gelangten. Vgl. WEBER 2003, S. 130f. Zum Einfluss der „neudeutschen" Festungsbaukunst auf Großbritannien vgl. KEMP 1982, S. 81–99. Dort fand auch eine theoretisch untermauerte eifrige Auseinandersetzung mit dem Polygonalsystem statt. Es erschienen gleich mehrere Publikationen hierzu, u. a. DOUGLAS 1859. Zu den Auswirkungen auf die Niederlande, Dänemark, Schweden und Norwegen vgl. ZASTROW 1854, S. 493f., u. REULEAUX 1912, S. 94. Auch das russische Sewastopol wurde in der neuen Weise befestigt. Im Krimkrieg erlangte vor allem der Reduitbau des Malakoffturms Berühmtheit und wirkte nicht nur für eine kasemattierte Batterie der Bundesfestung Mainz, sondern sogar für eine ganze Gruppe spezieller Industrieanlagen im deutschen Bergbau namengebend.

959 So z. B. MANGIN 1855 (in Frankreich schon 1851 erschienen) als heftiger Kritiker der neueren deutschen Festungsbaukunst. Ihre Publikation führte zu wütenden Antwortschriften. Vgl. z. B. MÜLLER 1856. ZASTROW 1854 gibt die Diskussion S. 485–493 ausführlich wieder, enthält sich aber als Ausnahme bewusst aller Nationalismen und versucht, beiden Seiten gerecht zu werden.

960 So wies man immer wieder auf die deutschen Festungsbaumeister Daniel Speckle und Georg Rimpler und deren Vorschläge zur Kasemattierung bereits im 16. und 17. Jh. als Vorbild hin.

961 XYLANDER 1819, S. 7. Tatsächlich hatten schon im 17. Jh. wiederum die Franzosen alle Festungen ohne Bastionen oder im Tenaillensystem mit dem „barbarischen Stil der Gotik" verglichen. JÄHNS 1891, S. 2743.

962 So schimpfte z. B. HEIDELOFF, I. Curs, 1849, S. 11, gegen den „*gegenwärtig herrschende(n) nichts sagende(n), leichtfertige(n) Geschmack in der Baukunst, den wir von den Franzosen allein angenommen haben*", gegen das „*abgeschmackte Rokoko*", das als sog. „Zweites Rokoko" in Möbelkunst und Interieur Mitte des 19. Jahrhunderts seine Wiederbelebung fand, und propagierte die Gotik als deutschen Nationalstil.

963 So Hoyer in seiner Vorrede zu MONTALEMBERT Bd. 1, 1818, S. III.

964 So empfahl SEYDEL Bd. 1, 1818, S. 349 ff. nachdrücklich Dürers Entwürfe als Vorbild für das „*Ideal einer deutschen Festung*". ZASTROW 1854

urteilt S. 44: „*Seine Talente für die Kriegsbaukunst waren in der That ausserordentlich, und sein Werth wird nicht überschätzt, wenn man behauptet, dass er von keinem der auf ihn folgenden Ingenieure an Scharfblick, Umsicht und Erfindungsgabe übertroffen worden.*" Zum Dürerkult des 19. Jh. vgl. WEGNER 1998, S. 25–27. Die Romantiker sahen in Dürer die Glanzzeit des deutschen Mittelalters und der Spätgotik personifiziert. Seine Heimatstadt Nürnberg, dessen Architektur Heideloff in starkem Maße als vorbildhaft für eine neue deutsche Baukunst propagiert hat, avancierte für sie zum Symbol der Wiederentdeckung und Wiederbelebung der Kultur des deutschen Mittelalters.

965 BLUMHARDT Bd. 1, 1864, S. 140.

966 Ebd., Bd. 2, 1864, S. 184; IMHOF 1871, S. 49f.

967 So z. B. SEYDEL Bd. 1, 1818, S. 349.

968 So z. B. ZASTROW 1854, S. 56 ff.; RÜSTOW 1856, S. 636; BLUMHARDT Bd. 1, 1864, S. 138–140, u. Bd. 2, 1864, S. 184; IMHOF 1871, S. 31 u. 39.

969 IMHOF 1871, S. 41. Ähnlich urteilte noch NIEMANN 1882, S. 81: „*In Deutschland ragt die Künstlergestalt Albrecht Dürers hoch empor an der Schwelle der neuen Kunst-Epoche; sein Werk über Befestigungskunst, das erste welches die Zeit der Renaissance hervorgebracht, eilt in seinen Lehren den gleichzeitigen Italienern, deren Bauweise auch in Deutschland herrschte, weit voraus, und die Mehrzahl der gewichtigsten durch spätere Neuerer vorgebrachten Grundsätze finden sich hier schon klar angedeutet oder entwickelt, geriethen dann aber wieder in Vergessenheit.*"

970 Das tat sogar der französische Ingenieuroffizier CHASSELOUP-LAUBAT 1825, S. 42.

971 Die Geschütztürme der Burg Querfurt aus dem 15. Jh. sind z. B., wenn man es genau nimmt, eigentlich Kaponnieren, die hauptsächlich der Grabenverteidigung dienten.
Es ist überhaupt fraglich, welchen Einfluss Dürers Traktat, das mehr den damaligen Kenntnisstand zusammenfasste als revolutionäre Neuerungen lieferte, auf die Festungsbaupraxis des 16. Jh. hatte. Zum Traktat Dürers immer noch grundlegend WAETZOLDT 1916, hier S. 39 ff.

972 PFLÜGER 1981, S. 136f. Auch im 18. Jh. entstanden in der deutschen Festungsbaukunst Kaponnieren, so auf Hohentwiel und Hohenneuffen. Ebenso begegnen sie auf Rheinfels, eine Anlage, welche im 17. und 18. Jh. über kasemattierte Festungswerke, Koffer und Reduitbauten verfügte. Die preußischen Ingenieuroffiziere im Rheinland kannten ihre Ruinen, zumal dort Material für den Festungsbau in Koblenz gebrochen wurde. Vgl. hierzu FISCHER 1993, S. 5.

973 JÄHNS Bd. 3, 1891, S. 2743 betonte nicht umsonst: „*Denn nächst den Theologen sind wohl die Fortifikatoren die dogmensüchtigsten unter den Sterblichen.*" In den seltensten Fällen kam es zum Bau einer wirklich lehrbuchmäßig regulären Anlage wie Neuf-Brisach, die den Vorstellungen der Theoretiker als Idealbild vorschwebte. Die erwähnten Stadtentwürfe Froms aber auch anderer Autoren halten aber noch im 19. Jh. an solchen Vorstellungen fest (vgl. zu Froms Entwürfen Kap. VI, 1., S. 144 ff.).

974 XYLANDER 1819, S. 22.

975 Festen Kaiser Alexander, Kaiser Franz, Ehrenbreitstein bzw. Friedrich Willhelm und Pfaffendorfer Höhe.

976 BRESE 1856, S. 3. Er hielt 1844 in Berlin drei Vorlesungen über die neue Befestigungskunst und ihre Entstehung. Vgl. hierzu JORDAN 1986, S. 55–57, u. 1988, S. 48–52. Als die führenden preußischen Ingenieuroffiziere in dieser Beziehung müssen Johann Georg Gustav v. Rauch (1774–1841), Johann Ludwig Leopold v. Brese-Winiary (1787–1878) und Moritz Karl Ernst v. Prittwitz u. Gaffron (1795–1885) gelten, die maßgeblich in Koblenz tätig waren und später teilweise auch in Form von Lehrbüchern die Elemente der neuen Fortifikation publizierten. Zu Rauch NEUMANN/LIESSEM 1988, S. 39. Zu Brese ADB Bd. 47, 1903, S. 225f.; FROBENIUS 1906, Bd. 1, S. 80–86; NDB Bd. 2, 1955, S. 588; AKL Bd. 14, 1996, S. 142. Zu Prittwitz ADB Bd. 26, 1888, S. 609–611, FROBENIUS 1906, Bd. 1, S. 153–158. Der immer wieder als Erfinder der Neuerungen gerühmte Ernst Ludwig v. Aster (1778–1855) war hingegen ein Vertreter des alten Bastionärsystems und kritisierte die Anlehnung an Montalembert und Carnot als modische Spielerei. Seine Neuerungen betrafen nicht die Gestaltung der Werke, sondern mehr deren Positionierung unter Ausnutzung aller Geländevorteile für ein fortifikatorisch vorbereitetes Schlachtfeld. Er kann letztlich nicht als Schöpfer des neuen Systems gelten. Vgl. hierzu KLEBER 1998, S. 27 u. 50 ff. Zu Aster FROBENIUS 1906, Bd. 1, S. 73–80; AKL Bd. 5, 1992, S. 486.

977 So z. B. FROM 1854, S. 51 ff., u. BRESE 1856, S. 3f. Zur altpreußischen Manier vgl. REULEAUX 1912, S. 68–80, u. RABENAU 1986, S. 205–220. MÜLLER-WIENER 1987, Sp. 330, verweist auf die Tatsache, dass es nie eine theoretische Ausbildung des Systems gegeben hat. ROLF 1991, S. 19, weist kritisch auf die Tatsache hin, dass das altpreußische System gar nicht so preußisch war, sondern wiederum viele verschiedene Einflüsse in sich vereinigte.

978 REULEAUX 1912, S. 73; SCHMIDTCHEN 1998, S. 19.

979 MOTHES Bd. 1, 1874, S. 329, behauptete sogar: „*Endlich wurden im vorigen Jahrhundert in Preußen die Polygonalbefestigung oder Angularb. eingeführt und in der neusten Zeit von Brialmont sowie von einigen Deutschen verbessert, namentlich den Wirkungen der gezogenen Geschütze angepaßt.*" Aber schon ZASTROW 1854 beweist S. 484 das Gegenteil, weist er doch darauf hin, dass Friedrich II. 1776 die Werke Mon-

talemberts bekannt wurden und er daraufhin die Anlage von Kasemattenkorps in Kosel befahl.

980 Vgl. hierzu auch die von WEBER 2003, S. 109 ff. u. S. 129 ff., angeführten Vorläufer in Europa.

981 FREEDEN 1952, S. 209f. Schloss Heidelberg erhielt unter Kurfürst Karl um 1680/85 neue Befestigungen mit Geschütztürmen und vollständig kasemattierten Bastionen. Vgl. hierzu PFLÜGER 1981, S. 136. Auch auf Rheinfels errichtete man nach 1650 kasemattierte Bauten. FISCHER 1993, S. 14 ff.

982 So entwarf der hannoversche Ingenieuroberst v. SCHNEIDER 1815 eine eigentümliche Befestigung, die aus ein- und ausgehenden Kreissegmenten und Rondellen bestehen sollte. Er widmete das Werk dem Gouverneur von Hannover, Herzog Adolph Friedrich v. Braunschweig u. Lüneburg. Ein Zeugnis hierfür ist auch der Vorschlag von REICHE 1812, S. IX, hinter dem hier noch bastionierten Festungswall eine rundumlaufende bombensichere Defensivkaserne als Hauptlinie mit Geschützkasematten in zwei Stockwerken zu errichten. Als Anregung könnten die französischen Kasernen der Zitadelle Wesel gedient haben, die direkt hinter dem Wallen errichtet wurden.

983 SEYDEL Bd. 1, 1818, S. 349 ff., u. Bd. 2, 1819, S. 327 ff.

984 Österreichische Ingenieure wirkten z. B. maßgeblich an den Neubauten der Bundesfestung Mainz mit. So Franz v. Scholl (1772–1838), der als Begründer der „neuösterreichischen" Befestigungsmanier gilt. Zu Scholl vgl. WURZBACH Bd. 31, 1876, S. 203f. Zum österreichisch-ungarischen Festungsbau vgl. PAULA 1995.

985 DOUGLAS 1859 z. B. überschrieb eines seiner Kapitel mit „Modern German or Polygonal Fortification". ROLF 1991 hat sich S. 19 für diese Sichtweise ausgesprochen und den Begriff „neudeutsch" favorisiert. WEBER 2003, 151f., möchte lieber den allgemeineren Begriff „Polygonalbefestigung" verwendet wissen, da er – zu Recht – darauf verweist, dass bestimmte Elemente der neuen Befestigungsweise in ganz Europa schon um 1800 auftraten, so u. a. in Großbritannien und Russland. Allerdings wurden sie erst beim Bau der preußischen Festung in Koblenz m. W. erstmals konsequent und umfassend zur Anwendung gebracht.

986 Zur Gotik als Nationalstil vgl. DÖHMER 1976, S. 103f.

987 HEIDELOFF 1838, S. 3. und HEIDELOFF 1851, Vorrede.

988 HEIDELOFF 1850, Vorrede. Vgl. auch HEIDELOFF 1852, S. V.

989 Vgl. Kap. V, 4., S. 120.

990 Preußen verfügte 1842 mit 27 Festungen über die Mehrzahl fester Plätze unter den Staaten des Bundes. XYLANDER 1842, S. 226.

991 UNTERBERGER 1807, S. 8. Die ab 1833 gänzlich neu errichtete Franzensfeste, die das Eisacktal sperrt, ist z. B. eine typische Passsperre. Vgl. hierzu HACKELSBERGER 1986.

992 LÜHE Bd. 3, 1834, S. 81. Ähnlich äußert sich noch TREUIMFELD 1876, S. 330f.

993 Bergfestungen wurden unter diesem Aspekt im 19. Jh. noch oft innerhalb der Fachliteratur thematisiert, so z. B. bei RUMPF 1827, S. 124. Zur Funktion kleiner Festungen s. auch LÜHE Bd. 3, 1834, S. 81; PRITTWITZ 1865, S. 616. Vgl. auch Kap. VI, 1., S. 143f.

994 Zu Rosenberg im 19. Jh. SCHÄFER 1992, S. 125–129 u. 145. Vgl. auch Kap. VI, 2.

995 MINUTOLI 1808, S. 96.

996 Vgl. zu deren Funktion im 19. Jh. WURSTER/LOIBL 1998, S. 143 ff.

997 Auch wurde ein neues Pulvermagazin gebaut. MÖLLINGER 1838, Sp. 415–422. 1866 zeigte sich, dass die Werke trotz kleinerer Modernisierungsmaßnahmen veraltet waren, als die Festung von den Preußen mehrere Stunden lang mit Erfolg bombardiert wurde. FREEDEN 1952, S. 224f.

998 BILLER 1996, S. 239 ff. Immerhin kam man durch Anlage neuer Zisternen, übrigens durch Hörmann von Hörbach, der so wichtigen Forderung nach guter Trinkwasserversorgung einer Bergfestung nach. Vgl. HOYER 1816, S. 228.

999 BILLER 1996, S. 243f. Zu Bayern vgl. Kap. V, 5.

1000 Zur Marksburg EBHARDT 1935, S. 76 ff., zu Spangenberg PFEIFFER 1987.

1001 Eines der berühmtesten Gefängnisse dieser Art war der noch heute im Volksmund als „Demokratenbuckel" bekannte württembergische Hohenasperg, der, obwohl nicht mehr modernisiert und überwiegend als Staatsgefängnis genutzt, noch von HOYER 1819, S. 228, eigens neben anderen bedeutenden Bergfestungen erwähnt wird.

1002 StA Mr., 12 c, Nr. 506, Akten betreffend die Bezahlung der Bauten und BauReparaturen auf der Bergfestung Spangenberg 1859 ff., u. Nr. 700, Acta betreffend Bau=Angelegenheiten der Bergfeste Spangenberg. Weitere Aktenstücke zur Unterhaltung der Festung unter Nr. 508 für die Jahre 1840 ff.

1003 Ausnahmen bildeten Dömitz und der Königstein in Sachsen. Vgl. auch Kap. VI, 2., S. 150–154, u. 2., S. 158. Den Nutzen einer Bergfestung „zu Aufbewahrung der Archive, Schätze etc. während des Krieges" nennt noch MOTHES Bd. 1, 1874, S. 349.

1004 BLESSON 1830, S. 15.

1005 Vgl. Kap. V, 5., S. 121 ff.

1006 BHStA Mü., Abt. IV KA, Prod. 6: „II. Commissoriums-Bericht Kempten" v. 24. März 1851, S. 5, § 4. Hörmann macht auf S. 7 darauf aufmerksam, dass schon die Franzosen die Neubefestigung der für die Kontrolle der Stadt strategisch wichtigen Höhe 1801 erwogen hätten.

1007 DITTSCHEID/EINSINGBACH/FINK 1976, S. 12.

1008 StA Mr., 12 c, Nr. 121: „Akten betreffend die Bestellung und Besoldung des

Commandanten im Castel. 1840 bis 1863." Darin: „Inventar von dem Kastell-Gebäude mit Flügelgebäude und Zubehör, dahier". Kopie eines Plans von Bromeis durch Griesel, 1840.

1009 Der Bau, errichtet durch Artillerieleutnant F. W. Selig, sollte aber auch den Kopf der neuen Fuldabrücke sichern. Tatsächlich kam es 1813 zur Erstürmung durch russische Truppen, als diese Kassel eroberten und sich den Flussübergang erkämpften. LANDAU 1842, S. 151. Zum Kastell vgl. HOLTMEYER 1923, S. 504.

1010 BRUNNER 1896, S. 67. Zu diesen Befestigungen s. HAUPTNER 1994, S. 99–122.

1011 BRUNNER 1896, S. 67 ff.

1012 Ebd., S. 67.

1013 Zum Volkskrieg bzw. Kleinen Krieg und seiner Bedeutung für die Kriegskunst der Epoche hat sich umfänglich CLAUSEWITZ 1952 (1832), S. 310 u. S. 696–704, geäußert.

1014 HStA Stgt., E 270 a, Bü. 341: „Resultat der von den Mitgliedern der Recogniscirungs=Commission angestellten Untersuchungen" v. 30. Oktober 1814. Die Kommission setzte sich aus dem Feldzeugmeister v. Camrer, dem General Graf Franquemont und dem Generalmajor v. Theobald und v. Neuffer zusammen. Bemerkenswert in unserem Zusammenhang ist die Bezeichnung „Burgschloss" für diese Forts. Noch 1878 verweist Halder auf die Bedeutung kleiner Festungen im „Parteigänger=, überhaupt im kleinen Kriege und insbesondere im Volkskriege, indem sie als Stützpunkte für die Parteigänger, Detachements und die bewaffneten Volksbanden dienen. [...] Erwägt man einerseits den Verlust an Bedeutung, welchen die kleineren Festungen in unserer Zeit erfahren und andererseits den Nutzen, welchen sie bei Volkskriegen bringen können, dann aber auch wieder, daß in der Jetztzeit die Kriege nur in selteren Fällen durch Armeen ohne direkte Betheiligung des Volkes geführt werden können, so kann ein gänzliches „Sich überlebt haben von kleinerer Festungen" nicht ausgesprochen werden." HALDER 1878, S. 112.

1015 BLUMHARDT 1864, S. 103.

1016 Vgl. hierzu BILLER 1996, S. 1–34.

1017 FROM 1854, S. 14, § 9.

1018 HUGHES 1974, S. 175. Das Modell machte Schule und wurde sogar von den USA zur Sicherung ihrer Häfen übernommen. Zu den Türmen und ihrer Verbreitung speziell vgl. CLEMENTS 1999.

1019 HUGHES 1974, S. 175. Vgl. auch GASSENDI 1826, S. 59–63, der die französischen „Normal=Thürme" ausführlich vorstellt, u. BLUMHARDT 1864, S. 213.

1020 BLUMHARDT 1864, S. 211.

1021 Zu Maximilian (1782–1863) vgl. HAMANN 1988, S. 370 ff. Zu den Türmen grundlegend HILLBRAND 1985. Sie wurden natürlich von den Zeitgenossen kritisch begutachtet und diskutiert. Vgl. u. a. BLUMHARDT 1864, S. 214 ff. Die Österreicher legten vier ähnliche Bauten auch in Verona auf den Höhen im Norden der Stadt an. PAULA 1995, S. 53. Ähnliche Türme entstanden auch zur Verteidigung der österreichischen Häfen in Dalmatien, u. a. vor Dubrovnik auf Lokrum.

1022 So in St. Maurice. Vgl. RAPIN 1992, S. 117.

1023 DUFOUR 1822, Atlasband, Pl. XXIX u. XXX. Zu Dufour und seiner Tätigkeit vgl. RAPIN 1992.

1024 PRITTWITZ 1836, S. 118. Kritischer zu solchen Vorrichtungen WURMB 1852, der bemerkte: „Doch kann der dadurch erzielten Vertheidigung kein grosser Wert beigelegt werden; weil Machicoulis gegen Kanonenkugeln gar keine, gegen Flinten nur eine sehr unvollkommene Deckung gewähren."

1025 Z. B. Herzberg oder Friedewald in Hessen oder die Honburg über Tuttlingen in Württemberg, alle aus der 2. Hälfte des 15. Jh.

1026 FROM 1854 z. B. hat auf Taf. 9, Fig. 5 u. 7, u. Taf. 14, Fig. 1-4, Turmforts mit Maschikulation und Zinnen vorgeschlagen, die deutlich mittelalterliche Burgenarchitektur rezipieren.

1027 So wurde in Minden ein Geschützturm des 16. Jh. in die neuen Festungsanlagen und eine umfangreiche Kasemattenanlage zum Schutz des Marientores einbezogen. MEINHARDT 1957, S. 58.

1028 Vgl. Kap. V, 4., S. 112 ff.

1029 FESCA 1853, S. 105.

1030 Vgl. Kap. V, 3., S. 94 ff.

1031 Vgl. Kap. V, 3., S. 70 ff.

1032 BRAUN/HEYL/GROSS 1987, S. 225 ff.

1033 So billigte man der bereits teilweise abgetragenen Stadtmauer von Kaiserslautern noch 1835 einen gewissen militärischen Wert zu und ordnete ihre Erhaltung an. Ebd., S. 242.

1034 Ebd., S. 241.

1035 Als man an der Färbergasse von Seiten der Stadt ein neues Tor in der Ringmauer errichtete, wurde eine bestimmte „Anlage von der Militairbehörde zur Bedingung gemacht". ILLUSTRIRTE ZEITUNG 13, 1849, No. 315, S. 32. Zu Nürnbergs Rolle als fester Platz und Garnison vgl. BRUDER 1992.

1036 Zit. nach BRAUN 1987, S. 230.

1037 BRUDER 1992, S. 79. Solche Ideen spiegelt auch die Abhandlung von FROMME 1821, S. 48–52 u. S. 61 ff., wieder. Der patriotische Bürger in Waffen, der sein Vaterland verteidigt, war seit der Französischen Revolution das Ideal der Zeit. So wurden die eidgenössischen Festungswerke an den Passsperren von St. Maurice und Aarberg durch die Zivilbevölkerung bewacht! Vgl. RAPIN 1992, S. 119.

1038 Bruder 1992, S. 98f.

1039 Blesson Bd. 1, 1825, S. 439, § 246.

1040 Ebd., S. 442.

1041 From 1854, S. 14, § 9. Zu Köln vgl. Meynen 2000, S. 4. Auch in Preußen schätzte man offensichtlich noch den Wert alter Stadtmauern. Hoyer 1816, S. 229, § 226, weist auf die Tauglichkeit der mittelalterlichen Stadttürme als Reduits, Kavaliere und „Donjeons", wie er es ausdrückt, hin. Mit Donjons waren nach damaliger Definition Turmreduits gemeint, wie sie innerhalb der Erdwerke der großen Festungen zur Anwendung gelangten. Rüstow Bd. 1, 1858, S. 184, u. Bd. 2, 1859, S. 315.

1042 Clausewitz 1952 (1832) hat S. 578 sogar ausdrücklich auf die Bedeutung von Festungen als Stütz- und Sammelpunkte einer Volksbewaffnung hingewiesen.

1043 Als das aus bayerischen Jägern und kurhessischer Infanterie gebildete „Neckarkorps" unter dem preußischen Generalleutnant Eduard von Peucker zum Angriff auf die Neckarlinie vorrückte und Hirschhorn als Übergangspunkt angriff, wurde das dortige Schloss von den Hanauer Turnern so erfolgreich verteidigt, dass sich die Angreifer zurückziehen mussten und die Hanauer unbehelligt auf Heidelberg zurückweichen konnten. Badisches Landesmuseum 1998, S. 395, Kat.-Nr. 558. Die Zeichnung eines Augenzeugen zeigt, dass die Angreifer zum Sturm auf das Schloss sogar Kanonen zum Einsatz brachten. Die Verteidiger hatten sich auf den Wehrgängen der alten Ringmauern positioniert und nahmen die vorrückenden Bayern und Hessen unter heftiges Gewehrfeuer. Welchen Wert eine alte Burg im Kriegsfall haben konnte, verdeutlicht auch das Beispiel des Schlosses Deva bei Karlsburg in Siebenbürgen, das 1848 während des ungarischen Aufstandes von einem österreichischen Unteroffizier und nur 18 Mann über Monate gehalten wurde, die aber schließlich wegen Hungers aufgeben mussten. Die Anlage war nach 1815 wegen ihrer „romantischen Lage" mit Unterstützung der Kaiserin restauriert worden. Vgl. hierzu Illustrirte Zeitung 13, 1849, Nr. 328, S. 229f.

1044 From 1854, S. 444.

1045 Blesson Bd.1, 1825, S. 421.

1046 Ebd., S. 418, § 242; Rumpf 1827, S. 445.

1047 Zum Schloss und der Neubefestigung unter Herzog Karl Alexander vgl. ausführlich Pfefferkorn/Schmidt 1997, S. 41–44, 47–48, 71 u. 143–158. Noch 1811 hatte man einen der alten Schalentürme zum Pulvermagazin ausgebaut. Vgl. ebd., S. 166f.

1048 HStA Stgt., E 270 a, Bü. 341: Meldung des Feldzeugmeisters v. Camrer v. 9. September 1814.

1049 Ebd., „Resultat der von den Mitgliedern der Recogniscirungs=Commission angestellten Untersuchung" vom 30. Oktober 1814.

1050 Länger beschäftigte man sich mit der Festungsruine Hohentwiel, der, wie oben gezeigt, als Bergfestung auch noch im 19. Jh. ein außerordentlicher Wert von den Militärs bescheinigt wurde. Vgl. Kap. VI, 2., S. 159. Nicht nur in Württemberg machte man sich Gedanken um die Reaktivierung älterer Anlagen, sondern auch in Österreich gab es Bestrebungen mittelalterliche Burgen zu modernisieren, so die sturmfrei auf einem Bergkegel gelegene, im 16. Jh. zuletzt durch Geschütztürme mächtig verstärkte Veste Hohenwerfen im Salzkammergut. Kaiser Franz I. forderte 1832 bei einem Besuch persönlich, dass alle Holzeinbauten durch Steinwölbungen zu ersetzen seien, um die Burg gegen Beschuss besser zu sichern. Man plante eine gedeckte Batterie am Zugang unterhalb der Festung und neue Schießscharten in den Zwingermauern zur Infanterieverteidigung. Die Maßnahmen unterblieben allerdings. 1876 wurde Hohenwerfen durch kaiserliche Entschließung endgültig als militärisches Objekt aufgegeben. Mayr 1903, S. 36f.

1051 Zehme 1856, S. 92f.

1052 Ebd., S. 95. Ebhardt 1935, S. 76.

1053 Zehme 1856, S. 96f. Boeck 1958, S. 365 ff.

1054 Zehme 1856, S. 99f. Biehn 1970, S. 170f.

1055 Zehme 1856, S. 100.

1056 Ebd., S. 101.

1057 Zu Wittenberg vgl. Schütte 1994, S. 40 ff.

1058 Schadow 1825, S. 84.

1059 Bellmann/Harksen/Werner 1979, S. 84. Schon im Schmalkaldischen Krieg hatte man die beiden Türme in dieser Form 1547 genutzt. Schütte 1994, S. 43. Erst 1558 setzte man dem Bau die zu diesem Zweck abgetragenen Turmhelme wieder auf.

1060 Schütte 1994, S. 44 ff.

1061 Zu Toepel (1757–1818) s. Weber 2003, S. 338.

1062 Müller/Witte 1995, S. 45. Zur Festung Torgau vgl. auch Rietz 2000, S. 205–232.

1063 Vgl. Kap. V, 1.

1064 Knapp 1990, S. 72.

1065 So hat z. B. Boockmann 1972, S. 99–162, u. 1982, der die Geschichte der Umbauten und Restaurierungen vom späten 18. bis ins 20. Jh. ausführlich dargestellt hat, diesen Aspekt vollkommen übersehen. Auch Castellani 2001, S. 107–122, geht auf die Festungsgeschichte der Marienburg mit keinem Wort ein. Selbst Burk 1995, S. 77–81, berücksichtigt die Befestigungsarbeiten nicht. Nur Frobenius 1906, Bd. 1, S.

127, u. Knapp 1990, S. 73, geben einen kurzen Hinweis. Das mag daran liegen, dass die Pläne zu den Ausbauten im 19. Jh. durch den Verlust des Kriegsarchivs in Potsdam lange Zeit als verschollen galten. Heute liegen sie im GStA PK in Berlin-Dahlem. Ein umfassender Planbestand zu den preußischen und vielen anderen Festungen lagerte zur DDR-Zeit im Zentralarchiv Merseburg, von wo er nach Berlin kam. Vgl. hierzu Am Wall 1999, S. 9. Die Pläne zur Marienburg finden sich jetzt unter Bestand XI. HA Karten, Festungspläne des Kriegsministeriums. Da die Marienburg nicht als Wohnsitz für die preußische Herscherfamilie diente wie z. B. Stolzenfels und eine Nutzung als königliches Schloss auch offensichtlich nie beabsichtigt war, behandle ich sie hier statt unter Kap. V, 3.

1066 Burk 1995, S. 77.

1067 Boockmann 1972, S. 99.

1068 Ebd., S. 115. Knapp 1990, S. 60 ff.

1069 Boockmann 1972, S. 117–120.

1070 Napoleon selbst kam, um die Befestigungen zu inspizieren und erteilte Anweisungen zum Ausbau. Knapp 1990, S. 38f. Burk 1995, S. 77.

1071 Knapp 1990, S. 40.

1072 Witt 1854, S. 127.

1073 Rosenheyn 1858, S. 179; Börsch-Supan/Müller-Stüler 1997, S. 222f.

1074 Rosenheyn 1858, S. 177.

1075 Romberg's Zeitschrift 13, 1853, Heft 1, Sp. 90.

1076 GStA PK Berlin, XI. HA, F 71060: „Entwurf zur Herstellung der Toranlage neben dem Starostei-Thurm und des Thurms in der nordöstlichen Ecke der alten Vorburgmauern." Kol. Hz. v. Ingenieurhautmann v. Gayl v. April 1853; E 71131: „Brückenkopfbefestigung. Details der projektirten retirirten Enceinte, Bl. III. Buttermilchthurm, Pulverthurm, Starosteithurm." Kol. Hz. v. Ingenieurleutnant Hirsch v. September 1853. Die Zeichnung zeigt den Zustand und den geplanten Ausbau der mittelalterlichen Burgmauern und Türme.

1077 Ebd., E 71142: „Profile des Hohen Schlosses". Kol. Hz. v. Ingenieurhauptmann Roullard v. Januar 1853.

1078 Zacharias 1976, S. 37. Vgl. hierzu auch GStA PK Berlin, XI. HA, E 71153, „Schloß und Stadt Marienburg innerhalb der neuen Festungswerke." Kopie eines Planes v. 1823 durch W. Kuhn v. Februar 1853.

1079 So z. B. am alten Starosteiturm im Südosten der Vorburg. GStA PK Berlin, XI. HA, F 71060: „Entwurf zur Herstellung der Thoranlage neben dem Starosteithurm" v. Ingenieurhauptmann v. Gayl, April 1853.

1080 Man fertigte vor Beginn der Maßnahmen umfangreiche Bauaufnahmen von der Burg an. GStA PK Berlin, XI. HA, E 71147: „Aufnahme der alten Vorburgmauer zu Marienburg." 2 Grundrisse, kol. Hz.; E 70708 v. 1854 u. E 71129 v. 1857.

1081 Zu St. Maurice s. General 1988 u. Rapin 1992, S. 107–121.

1082 Dufour 1822, Atlasband, Pl. XXX, Fig. 4-6. Vorbild für diesen Entwurf war wohl wiederum das Fort l'Ecluse, das 1820–1828 an Stelle älterer Befestigungen neu erbaut wurde. Es sperrte südwestlich von Genf das französische Rhonetal und galt als „Gibraltar des Jura". Vgl. hierzu Illustrirte Zeitung 52, 1869, No. 1336, S. 97f.

1083 Zu Vincennes vgl. Illustrirte Zeitung 1, 1843, No. 19, S. 300f.

1084 Müller/Witte 1995, S. 48. Die Zinnenaufbauten fehlen heute allerdings. Vgl. hierzu die Abb. ebd. und bei Rietz 2000, S. 227–229.

1085 So erhielten auch die Tore der bayerischen Festung Ingolstadt Zinnen und sogar Torwächterfiguren in mittelalterlicher Gewandung, die teilweise Zeitgenossen, so den König als Landesherrn und die leitenden Festungsbauingenieure vor Ort, zeigten. Schon Boulée lässt in seinen Idealentwürfen zu Stadttoren und einem Fort die Bauten vor allem durch ihre Höhe und den mittelalterlich anmutenden Zinnenschmuck wirken. Es sind keine modernen Festungswerke, die er entwirft, sondern riesenhafte Bauten mit gewaltigen Tordurchfahrten, die im 18. Jh. nicht zu verteidigen gewesen wären. An die zeitgenössische Kriegstechnik erinnern nur die auf der Sockelplattform seines Forts platzierten Kanonen und dessen gewaltige Böschung, die sich aus Kanonenkugeln aufgeschichtet präsentiert. Boullée greift hier auf eine spätmittelalterliche Tradition zurück, die Wehrhaftigkeit und Uneinnehmbarkeit drastisch vor Augen führen sollte: eingemauerte Kanonenkugeln als apotropäisches Symbol. Sein Fort wird somit mehr zu einem Denkmal der Bauaufgabe als zu einem realisierbaren Festungswerk! Vgl. hierzu Revolutionsarchitektur 1971, S. 51–55, Kat.-Nr. 19–22.

1086 Vgl. Schütte 1994. Eine Unterscheidung von Burg und Schloss aus fortifikatorischer Sicht ist, auch wegen der oben besprochenen zeitgenössischen Terminologie, als hinfällig zu betrachten. Vgl. Kap. II.

1087 So z. B. hat Bruchsal einen schmalen Graben vor dem Ehrenhofgitter, der diesen Bereich vom Vorhof optisch trennt.

1088 Schmid 1980, S. 25–34 u. bes. Schmidt 1999, S. 101–122. Vgl. hierzu auch Schütte 1994, S. 271 ff. u. 290f., u. Trouet 1994, S. 119–124. S. hierzu auch kann 4., S. 194f. Inveraray Castle u. Kap VI, 5., S. 234 ff.

1089 Zur Entwicklung in Mitteleuropa vgl. Biller 1996, S. 13–36.

1090 Vgl. z. B. Schloss Friedenstein in Gotha. Zur Separierung von Wehrelementen s. Schütte 1994, S. 209–219.

1091 So in Königsberg oder Köln. Vgl. Meynen 1980, S. 112 u. 114.

1092 Diesen Befestigungsmaßnahmen wurden auch Teile der erst 25 Jahre zuvor von seinem Vorgänger angelegten Lustgartens geopfert, indem Wilhelm (1724–1777) jenseits des Grabens an deren Stelle eine ganze

Reihe von Vorwerken anlegen ließ. Schloss o. J., S. 27.

1093 Ochwadt 1977, S. 480.

1094 Sie scheinen den sich hinter dem Palastkomplex in die Ferne erstrekkenden Park jedenfalls nicht zu umfangen. Zu diesem Projekt vgl. Hersey 1983, S. 142–153.

1095 Middleton/Watkin 1977, S. 132 u. S. 136, Abb. 190–194. Zu Pâris (1745–1819) vgl. Thieme/Becker Bd. 26, 1932, S. 235 f.

1096 Grabar/Gunkin 1976, S. 59.

1097 Zabel 1905, S. 113; Hallmann 1986, S. 162; Lo Gatto 1998, S. 77. Östlich des Schlosses befindet sich der sog. Konnetabel, ein Platz an der höchsten Stelle des Gartens von Gatschina. Er wird von einem vierzakkigen, tenaillierten Erdwerk eingefasst.

1098 Hierüber berichtet ausführlich Reimers 1805, Bd. 2, S. 6f.

1099 Der Palast in Gatschina wurde ursprünglich 1766–1781 im Auftrag Katharinas II. und G. G. Orlows durch Antonio Rinaldi (ca. 1709–1794) errichtet. Er wurde von Katharina ihrem Sohn geschenkt und in dessen Auftrag 1783–1796 durch Vincenzo Brenna umgebaut. Lo Gatto 1998, S. 76f. *„Einige Besonderheiten, die eher für ein befestigtes Schloß typisch sind, nahm Rinaldi sicher auf Wunsch der Auftraggeber in den Entwurf auf, so die Türme an der Parkfassade und an den Ecken des Gevierts, einen unterirdischen Gang zum nahegelegenen See usw.“* Grabar/Bronstein/Grimm 1976, S. 36. Dieses Urteil ist schon in Beschreibungen des späten 18. und frühen 19. Jh. zu finden. So berichtet Reimers 1805, Bd. 2, S. 401: *„Das Schloss hat an der Gartenseite zu mit seinen beiden abgestumpften Thürmen ein gothisches, burgähnliches Aussehen.“* Dieses Urteil findet sich ähnlich noch bei Anonym 1822, S. 284: *„Das Schloß hat ein gothisches Aussehen, und ist einer Burg ähnlich.“*

1100 Hilbig 1885, S. 95f.; Grabar/Gunkin 1976, S. 59. Dort auch ausführlich zu Bashenow (1737–1799).

1101 Reimers 1805, Bd. 2, S. 118.

1102 Anonym 1822, S. 173.

1103 Woltmann 1833, S. 102.

1104 Reimers 1805, Bd. 2, S. 193, weist darauf hin: *„Die Hauptideen der Architektur, so wie auch der innern und äussern Verzierungen des Schlosses sind von dem Kaiser selbst [...].“* Vgl. auch Grabar/Gunkin 1976, S. 59.

1105 Reimers 1805, Bd. 2, S. 397; Lo Gatto 1998, S. 82; Kowal 2001, S. 210. Die Festung wurde von Paul I. unter die *„echten Festungen des Reiches“* gezählt. Shvidkovsky 1996, S. 135.

1106 Shvidkovsky 1996, S. 142; Kowal 2001, S. 210. Aber schon vor dem Umbau durch Brenna war das Lustschloss gesichert: *„Es hat ein kleines, geschmackvoll eingerichtetes Wohnhaus, welches mit Graben und Wall umgeben ist“*, heißt es bei Georgi 1793, S. 443. Zu Brenna (1745–1820) vgl. Lo Gatto 1998, S. 95.

1107 Storch 1802, S. 303. Der Bau hatte einen Vorläufer in den beiden Parkfestungen von Oranienbaum (Lomonossow), die Pauls Vater Peter III. hatte anlegen lassen. Hallmann 1986, S. 181f.

1108 Iljin 1976, S. 63. Zu Kasakows (1738–1812) Leben und Werk s. ebd.

1109 Ebd. Anregend hierbei waren wohl die Bauten Bashenows in Zarizyno.

1110 Vgl. die Abb. 241 bei Shvidkovsky 1996, S. 209.

1111 Vgl. hierzu und dem Charakter der Paläste Katharinas als Siegesdenkmäler Köhler o. J., S. 171 ff.

1112 Vgl. hierzu Shvidkovsky 1996, S. 207–210 u. Abb. 242/243. Auch der russische Adel errichtete ähnliche Anlagen, tlw. mit realen Fortifikationen. Shvidkovsky 1996, S. 244f. Die Wahl neugotischer Formen hierfür und der ausgeprochen wehrhafte Charakter der Schlösser erklärt sich nach Kirtschenko 1991, S. 26f., aus der erfolgreichen Teilnahme russischer Hochadeliger als Feldherren an den Türkenkriegen Katharinas II. Sie sahen sich dabei in der Nachfolge der mittelalterlichen Kreuzritter und wollten offensichtlich auch architektonisch auf diese Tradition verweisen. Damit knüpfte der russische Adel unmittelbar an das neugotische Bauprogramm der Zarin an.

1113 Zu Inveraray vgl. Macauly 1971, S. 40–55, u. Glendinning/Macinnes/ Mackechnie 1996, S. 130f.

1114 Argyll 1992, S. 373. In Schottland scheint diese Kombination von realer Befestigung und historisierenden Motiven damals üblich gewesen zu sein. Hier lassen sich Kontinuitäten zu älteren schottischen Schlössern ablesen, die teilweise als militärische Außenposten zur Sicherung des Landes durch englische Truppen besetzt waren. Die Verteidigungseinrichtungen in Inveraray waren offensichtlich nötig, da Campbell als Parteigänger des englischen Königs aus dem Haus Hannover in Schottland genügend Feinde hatte. Wie weit sich Inveraray allerdings schon von der militärischen Funktionalität gelöst hat, zeigen die riesigen Fenster und das Fehlen einer Zugbrücke. Die Brücke war von Anfang an als gotisierender Steinbau geplant. Vgl. hierzu Macauly 1971, S. 46 ff. Falsch ist allerdings die Behauptung von Argyll 1992, S. 375, nach der die Scharten in den Turmflanken nur „simuliert“ wären, zumal das Kunstdenkmälerinventar selbst S. 377 einen Baualtersplan zeigt, nach dem die Scharten im 19. Jh. nachträglich zugesetzt wurden.

1115 Macauly 1971, S. 42.

1116 Ebd. Eine Abb. des Entwurfs, der sich heute noch im Schloss befindet, bei Glendinning/Macinnes/Mackechnie 1996, S. 132. Vgl. zum Entwurf dort auch S. 130.

1117 Die Flankierung eines Palastbaus aus Gewehrscharten in kleinen Ecktürmen und Bastionen lässt sich exemplarisch an der Villa Artimino

bei Florenz oder dem bereits weiter oben erwähnten Farnese-Palast in Caprarola finden. Als weitere Beispiele se. auf den Palazzo Verdala und seine Nachfolgebauten auf Malta verw.esen. Vgl. zu diesem Typus Moos 1974, S. 131–147, u. Schütte 1994, S. 224 ff. Macauly 1971, S. 48, macht auf die Verbindung ita.ienischer, spezifisch palladianischer Elemente mit der traditionellen gotischen Architektur im Schottland jener Zeit aufmerksam.

1118 Macauly 1971, S. 46.

1119 Zu Zinnen als Statussymbol vgl. Zeune/Uhl 1999, S. 253f. Ähnlich verhält es sich mit Ford Castle in Northumberland, ausgebaut ab den 1760er Jahren für Lord Francis Blake Delaval. Dort erscheinen spezifisch frühneuzeitliche Fortifikationselemente in Verbindung mit gotischen Motiven. Macauly 1971, S. 111 ff. So umläuft die geböschte Ringmauer unterhalb des Zinnenkranzes ein Kordongesims, das charakteristische Schmuckmotiv des Festungsbaus. Das im Sinne eines Festungsportals mit Rustika gefasste neugotische Südtor der Enceinte schmücken liegende, altertümlich wirkende Scharten in Schlüssellochform links und rechts der Durchfahrt. Sie sind hier lediglich Zierform und Teil einer Eingangssituation, die besonders wehrhaft erscheinen sollte. Vgl. hierzu Zeune/Uhl, Stefan 1999, S. 255: *„Während sich im Festungsbau die Maulscharten zu monströsen Gebilden entwickelten, verkümmerte die Artilleriescharte an den Schlössern und Herrensitzen des 16. und 17. Jhs. zu repräsentativen Kleinformen, die nur noch das Befestigungsrecht des Schlossherrn illustrieren.“*

1120 Macauly 1971, S. 97.

1121 Rutland 1981, S. 28.

1122 Mrvan 2000, S. 165. Vgl. auch Neumann 1988, S. 243, nach dessen Angaben Holitsch allerdings erst 1762–1777 errichtet worden sein soll. Abbildungen (Ansichten u. Grundriss) bei beiden.

1123 Schütte 1994, S. 288.

1124 Laß/Schmidt 1997, S. 390. Ein weiteres Beispiel hierfür bildet das abgegangene Jagdschloss der Fürsten von Öttingen-Öttingen im Tierpark zu Schrattenhofen. Dem Bau sollte auf der Eingangsseite eine Fortifikation aus Wällen mit zwei ganzen und zwei halben Bastionen, Graben, Brücke und einem Waffenplatz vor dem Hauptzugang vorgelegt werden. Hinter dieser Anlage sollte eine auch tatsächlich ausgeführte Kaserne zu stehen kommen. Schlegel 1928, S. 207–229 u. 211, Abb. 2.

1125 Schütte 1994, S. 285 ff.

1126 Schütte 1993, S. 58.

1127 Laß/Schmidt 1999, S. 92.

1128 Zum Wilhelmstein vgl. Ochwadt o. J.

1129 Zur Biographie Wilhelms (1724–1777) vgl. Ochwadt 1977, S. 463–488.

1130 Ebd., S. 480f.

1131 Zit. nach Ochwadt 1967, S. 124.

1132 Lippe 1789, S. 55.

1133 Ebd., S. 53f.

1134 Ebd., S. 63. Vgl. hierzu auch Ochwadt o. J., S. 13f.

1135 Ochwadt 1967, S. 176f.

1136 Vgl. hierzu Beenken 1952, S. 66; Nerdinger/Philipp/Schwarz 1990, S. 16.

1137 Nerdinger/Philipp/Schwarz 1990, S. 102.

1138 Beenken 1952, S. 66.

1139 Staatliche Museen zu Berlin – Preußischer Kulturbesitz. Kupferstichkabinett, KdZ 7235. Pinsel in Schwarzbraun, 27,6 x 46,5 cm. Zu dem Entwurf vgl. auch Nerdinger/Philipp/Schwarz 1990, S. 72.

1140 Vgl. die Abbildung in Revolutionsarchitektur 1971, S. 94, Kat.-Nr. 44.

1141 Vgl. hierzu ausführlich Kap. VI, 5., S. 220 ff.

1142 Vgl. hierzu Schütte 1994, S. 217.

1143 Ebd., S. 170. Vgl. auch Schütte 1999, S. 153.

1144 Schütte 1993, S. 44.

1145 Für die Zeit nach 1866 sind dem Verf. keine real befestigten Anlagen im Gebiet des damaligen Deutschland bzw. des Deutschen Reiches bekannt. Eine Ausnahme bilden verschiedene Bauten in den deutschen Kolonien (s. Kap. VII, S. 240).

1146 Vgl. Kap. V, 3., S. 85ff.

1147 Vgl. Kap. V, 1., S. 29–34.

1148 Biehn 1970, S. 11 u. 28.

1149 Vgl. Kap. V, 3, S. 60–85.

1150 Vgl. Kap. V, 4.

1151 Beenken 1952, S. 66. Für das Folgende vor allem: Kühn/Lorch 1989, S. 3–43.

1152 Hösch 1999, S. 33–41, u. Turczynski 1999, S. 43–55.

1153 Buttlar 1999a, S. 91. Nach Philipp 2000, S. 56, soll der Kontakt zu Schinkel über Kronprinz Maximilian zu Stande gekommen sein. Dieser hatte 1833 gemeinsam mit seinem Bruder Otto und dem Archäologen Ludwig Ross Athen besichtigt und favorisierte die Akropolis als Standort der Residenz.

1154 Kühn 1979, S. 85; Buttlar 1999a, S. 91. Die Entwürfe befinden sich in der Staatl. Graph. Slg. München, Inv. Nr. 25071 u. 25072. Feder, aquarelliert, 599 x 950 mm bzw. 558 x 994 mm.

1155 Zit. nach Kühn/Lorch 1989, S. 5. Das erinnert tlw. an den wenig später von Friedrich Wilhelm IV. errichteten Hohenzollern. Die Vorgaben hinsichtlich der Verteidigungsfähigkeit waren dort ähnlich. Vgl. Kap. V, 3., S. 89.

1156 Turczynski 1999, S. 49.

1157 Philipp 2000, S. 56.

1158 Schinkel weist in seinem Brief auf die historische Bedeutung des Ortes hin. Vgl. Kühn/Lorch 1989, S. 5. Zu den mittelalterlichen Bauten Kühn 1979, S. 95 ff.

1159 Nerdinger 2000, S. 36.

1160 So z. B. Hoyer 1816, S. 200, § 196. Vgl. auch Kap. VI, 1., S. 147 ff.

1161 So charakterisiert Kühn 1979, S. 87, die Planung Schinkels.

1162 Ebd., S. 84.

1163 Schinkel plante auch bei seinem sog. „moskowitischen Entwurf" für Schloss Orianda auf der Krim ein recht wehrhaftes Äußeres, wenn auch nur in fiktiver Form ohne reale Verteidigungsabsicht. Rundtürme an den Ecken mit schießschartenähnlichen Öffnungen verleihen dem Bau den Charakter eines mächtigen Kastells auf dem Felsen hoch über dem Schwarzen Meer. Vgl. hierzu Philipp 2000, S. 80f.

1164 Buttlar 1999a, S. 93f.

1165 Buttlar 1999, S. 345.

1166 Kühn 1979, S. 84; Melas 1987, S. 57. Der Gedanke an eine solche Nutzung war von Seiten des Militärs aber offensichtlich so rasch nicht aufgegeben worden, denn der mit den Grabungen auf der Akropolis beauftragte Ross schrieb noch Ende März 1835 an Klenze: „Die Akropolis ist endlich gestern geräumt worden, und ich werde jetzt die große Batterie vor den Propyläen abbrechen, wodurch ich in die Festungsideen ein tüchtiges Loch zu reißen gedenke." Zit. nach Kühn 1979, S. 100.

1167 Zu den Planungen vgl. Buttlar 1999, S. 346 ff., u. 1999a, S. 98 ff.; Hildebrand 2000, S. 432–435.

1168 Klenze 1838, S. 482. Klenzes eigenartige Formulierung, die ja eben doch diesen Aspekt erwähnt, zeigt, wie sehr ihm diese Vorstellung zuwider gewesen sein muss.

1169 Buttlar 1999a, S. 101f.

1170 Zum Bau Gärtners vgl. Hederer 1976, S. 197–204; Papageorgiou 1992, S. 135–155; Buttlar 1999a, S. 102f.

1171 Vgl. hierzu Schütte 1994, S. 167.

1172 Der Palast erhielt seinen Namen von einem großen Billardtisch, den der Fürstbischof zur Ausstattung des Schlosses aus Wien bezogen hatte. Vujošević/Jovićević 1972, o. S.; Mehling 1984, S. 76.

1173 Anders 1982, S. 22f.; Perotti 2002, S. 10.

1174 Zur Geschichte der Insel vgl. Illustrirte Zeitung 34, 1860, No. 865, S. 60.

1175 Die Anlage ging später aus habsburgischem Besitz in den der Dominikaner über. Segenschmidt 1902, S. 170.

1176 So Anders 1982, S. 22f., Ruaro Loseri 1986, Kat. Nr. A.99, u. Perotti 2003, Taf. XLVIII, Nr. 108. Der Entwurf und weitere Blätter in KHM Wien, Albertina, Mappe 79, Umschlag 3, Nr. 1/Inv. Nr. 5096, u. Umschlag 4, Nr. 6/Inv. Nr. 10/Inv. Nr. 5103. Das letzte Blatt trägt die Beschriftung „Gezeichnet J. Hofmann Mexico 22. Januar 1867". Vgl. zu diesen Entwürfen den Katalog bei Anders 1992, S. 250, u. Ruaro Loseri 1986, Kat. Nr. A.99.
Hofmann (1840–1896) war für Ferdinand Maximilian schon 1858 bei der Ausstattung von Miramar tätig. Er trat später in die Dienste Ludwigs II. von Bayern. Vgl. hierzu Thieme/Becker Bd. 17, 1924, S. 270.

1177 KHM Wien, Albertina, Mappe 79, Umschlag 3: Nr. 2, Inv. Nr. 5097 (Beschriftung auf einer Bleistiftskizze zu einem Brunnenbecken) u. Umschlag 4: Nr. 7, Inv. Nr. 5099 (Schnitt durch den Eingang in den Hauptbau und Bleistiftskizze mit Ansicht des Torbaues). Vgl. hierzu Katalog bei Anders 1992, S. 250. Die Bauten präsentieren sich in neoromanischem Stil.

1178 Furttenbach 1640, Kupferblatt Nr. 9 u. Nr. 11. Die Gärten sind auf der Rückseite der Palastbauten angeordnet, beide werden von einer tenaillierten und bastionierten Enceinte umfasst.

1179 Prokop 1900, S. 97; Segenschmidt 1902, S. 145. Vgl. auch die bei Prokop publizierten Grundrisse von EG und 1. OG S. 97f. Es ist sehr wahrscheinlich, dass sich Hofmanns Plan tatsächlich auf ein mexikanisches Projekt bezieht. Die entsprechend dem erwähnten Grundriss nahezu vollendete Anlage Lacromas zeigen ein Aquarell Segenschmidts von 1867 in Vogelschau und die Abbildungen bei Segenschmidt 1902, S. 145f. u. S. 169f. Vgl. hierzu auch Ruaro Loseri 1986, Kat. A.61. Zinnengekrönte Türme akzentuieren die Anlage. Die Architektur orientiert sich sichtlich an den festen Villenbauten des ragusanischen Adels des 14.–16. Jh., die ebenfalls über Türme und Zinnenschmuck verfügen. Nach Segenschmidts Plänen wurden Teile des Umbaus realisiert und können noch heute vor Ort besichtigt werden. Eine Ansicht der Abtei im alten Zustand kurz vor dem Ausbau gibt die Illustrirte Zeitung 34, 1860, No. 865, S. 60.

1180 Segenschmidt 1902, S. 146.

1181 In der Albertina ist der Plan zwar unter Lacroma abgelegt, aber schon Kitlitschka 1974, S. 200, Kat. Nr. 149, hat, allerdings fälschlicherweise, den Plan als Umbauprojekt für Chapultepec, also ebenfalls eine Anlage in Mexiko, gedeutet. Allerdings stimmen auch hier die Grundrisse und vor allem die topografische Situation überhaupt nicht überein. Chapultepec ist ein festes Bergschloss des 18. Jahrhunderts, der Plan Hofmanns scheint für eine Anlage in der Ebene bestimmt. Einen Hinweis auf Mexiko könnten auch die zahlreichen exotischen Pflanzen geben (darunter Bananen), die in der detaillierten und feinen Zeichnung

des Gartens erscheinen. Sollte sich der entsprechende Plan Hofmanns allerdings tatsächlich auf Lacroma beziehen, so könnte hinter den Planungen deshalb eine reale Verteidigungsabsicht gestanden haben, weil die Insel Lokrum vor dem Hafen von Dubrovnik einen wichtigen militärischen Stützpunkt darstellte. Bereits die Franzosen hatten auf der höchsten Stelle des Eilands eine Schanze errichten lassen, die nach der Eroberung durch die Österreicher 1814 durch einen „massiven Defensionsthurm" in der Art der Linzer Maximilianischen Türme als Reduit verstärkt wurde, der bis heute steht. Illustrirte Zeitung 34, 1860, No. 865, S. 60.

1182 Wurzbach Bd. 6, 1860, S. 201f.; Hamann 1988, S. 372.

1183 Zu Miramar Biehn 1970, S. 272–279, u. vor allem Perotti 2002 mit umfangreicher Bibliographie.

1184 Die Pläne aus einer ausgesprochen seltenen Publikation über das Schloss aus dem Jahr 1860 sind abgebildet bei Perotti 2002, Taf. XVI, Abb. 35–36. Vgl. dazu auch S. 27.

1185 Ebd., S. 27.

1186 Ebd., S. 48.

1187 Hamann 1988, S. 372.

1188 Gerade im politisch sehr unruhigen Balkanraum, wo militärische Konflikte überwiegend als Volks- bzw. Kleiner Krieg ausgetragen wurden, finden sich auch noch im 19. Jh. kleine Befestigungen (es sei hier nur an die österreichischen Forts aus der Zeit nach 1878 erinnert) und feste Schlösser. So ließ Lykurgos Logothetis im heutigen Pythagorion auf der Insel Samos 1821/22 eine Burg in neobyzantinischem Stil errichten. Der Hauptbau mit Schießscharten wurde einst durch eine Geschützplattform abgeschlossen. Ringmauern und Batteriestellungen zur Verteidigung des Hafens umgaben den turmartigen Bau. Neben dem Schloss erhebt sich die 1824 errichtete Kirche. Die Anlage war in den Befreiungskriegen der Griechen gegen die Türken mehrfach umkämpft. Die Burg blieb allerdings unvollendet und wird schon 1841 wieder als im Verfall begriffen beschrieben. Vgl. hierzu Losse 1991, S. 22–28. Ebenso haben sich auf der Mani, einer Halbinsel des Peloponnes, zahlreiche Burgen der Familienclans aus dem frühen 19. Jh. erhalten. Mittelpunkt war in der Regel ein hoher Turm, der Wehrbau und Statussymbol in einem war. Auf der Balkanhalbinsel haben solche Türme (griech. Pyrgoi, türk. Kula) eine lange Tradition.

1189 Vgl. Kap. VI, 1., S. 139–143.

1190 So besitzt das gänzlich unbefestigte neugotische Schloss Landsberg bei Meiningen, errichtet ab 1836 u. a. durch Heideloff für Herzog Bernhard II. v. Sachsen-Meiningen als Sammlungsbau, geböschte Sockel und Kordongesimse und somit typische Elemente des Festungsbaus. Zu diesem Schloss vgl. Feldhahn 1998, S. 170–179. Noch wehrhafter wirkt das walisische Schloss Penrhyn Castle bei Bangor, ab 1827 durch Thomas Hopper für George Pennant, Lord Penrhyn, einen Aufsteiger aus dem Landadel, errichtet. Besonders martialisch gibt sich die Hauptzufahrt mit Türmen, Schießscharten und einer echten Maschikulation der halbrunden Bastei am Haupttor. Zu Penrhyn The National Trust 2002.

1191 Architektonische Rundschau 1893, S. 1.

1192 Vgl. hierzu Ostrowska-Kebłowska 1981, S. 78–94.

1193 Ebd., S. 88. Schinkel hat seine Entwürfe in seiner Sammlung architectonischer Entwürfe publiziert. Schinkel 1835, Platten 139–142.

1194 Abbildungen bei Ostrowska-Kebłowska 1981, S. 87 ff.

1195 Ebd., S. 83.

1196 Es sind bezeichnenderweise die rekonstruierten mittelalterlichen Verteidigungssysteme, die 1867 der Architekt Heinrich Stier bei einem Besuch des Schlosses Pierrefonds von dessen Architekten Viollet-le-Duc gezeigt bekam und die den Besucher tief beeindruckten. Stier 1867, S. 391f. u. 399f.

1197 Schütte 1994, S. 233.

1198 Zumal die in ihrer Funktion aufgegebenen Bauteile jederzeit gemäß dem entsprechenden Bedürfnis zu Verteidigungszwecken aktualisiert werden konnten. Das gilt z. B. für das berühmte Lustschloss Buen Retiro bei Madrid, „welches im Dec. 1808 als Schlüssel zu Madrid von den Spaniern kriegerisch vertheidigt, von den Franzosen unter Vilette erstürmt und dann stark befestigt wurde." Allgemeine Militair-Encyclopädie Bd. 2, 1869, S. 250. Zur Aktualisierung von Bauteilen zu Verteidigungszwecken vgl. Schütte 1994, S. 244–251.

1199 Steinitz 1975, S. 131.

1200 Illustrirte Zeitung 13, 1849, No. 339, S. 409.

1201 Ebd., S. 410.

1202 Vgl. Kap. I, 3. Zu den wenigen, die sich z. B. mit der Ausstattung eines Residenzschlosses im Zusammenhang mit dem höfischen Zeremoniell in der ersten Hälfte des 19. Jh. auseinandergesetzt haben, zählt Dann 2000 mit seiner Arbeit über das Leineschloss in Hannover. Für die Forschungslage zur Frühen Neuzeit sei hier stellvertretend u. a. auf die jährlichen Tagungen des Rudolstädter Arbeitskreises zur Residenzkultur verwiesen, deren Ergebnisse teilweise als Tagungsbände publiziert werden, oder die Veröffentlichungen der Residenzen-Kommission in Göttingen. Zusammenfassend zur Hofkultur der Frühen Neuzeit Müller 1995.

1203 Werner 1985, S. IX.

1204 Schütte 1994, S. 299f.

1205 Wagner-Rieger 1975, S. 12. Jüngst hat sich Zeune 2004, S. 8–17, mit diesem Thema erstmals näher auseinandergesetzt.

1206 Natürlich gab es auch schon in der Frühen Neuzeit und im 19. Jh. Kritik am Krieg und eine Auseinandersetzung mit seinen Schrecken gerade z. B. auf künstlerischem Gebiet, wovon die graphischen Serien eines Callot, Franck oder Goya beredtes Zeugnis ablegen. Aber sie blieben in ihrer Drastik doch eher Einzelfälle.

1207 In Diktaturen, Monarchien und Pseudomonarchien wie Korea oder, bis vor kurzem, dem Irak, findet sich solches noch bis in jüngste Zeit und wäre einer Untersuchung wert. (Irak und Korea können daher als Pseudomonarchien bezeichnet werden, weil es hier zum Versuch von Dynastiebildungen kam bzw. kommt und traditionell monarchische Repräsentations- und Zeremoniellformen des vorderen Orients bzw. Ostasiens zum Einsatz gelang(t)en.

1208 Ein Erbe dessen stellt noch heute das militärische Empfangszeremoniell für ausländische Staatsgäste dar. Zum Adel als Kriegerstand vgl. Lieven 1995, S. 241–267, und insbesondere Kautsky 1979, der adeliges Selbstverständnis genuin aus dem Kriegertum erklärt.

1209 Lieven 1995, S. 252. Das fand auch seinen Niederschlag in der adeligen Erziehung. Vgl. hier VI. 5., S. 216 ff.

1210 Clausewitz 1952 (1832), S. 888. Diese Sicht spricht auch aus den Worten des Rechtsgelehrten und Historikers Bluntschli 1852, der S. 451 schreibt: „Diese Kriegsmacht (des Staates – der Verf.) muß zum Angriffe und zur Vertheidigung gerüstet sein; und es ist eine sonderbare Behauptung Mancher, daß ‚nur der Vertheidigungskrieg dem constitutionellen Systeme zusage.‘ Sogar wenn der Krieg nur als ein großer Rechtsstreit des Staaten angesehen wird, so ist für den Staat der Angriff unter Umständen so nöthig, als für den rechtlichen Privatmann in dem bürgerlichen Rechtsstreit die Klage. Sogar der Eroberungskrieg ist nicht verwerflich; [...].“

1211 Theobald 1817, S. 36. Zur Rolle des Krieges in der Literatur und Philosophie der Romantik vgl. Portmann-Tinguely 1989. Die Wirkung der verschiedenen damaligen Autoren wie z. B. Schlegel, Schenkendorf oder Görres und ihrer Vorstellungen von Krieg auf das zeitgenössische Militärwesen ist bisher nur wenig untersucht worden. Marcos 2000, S. 116–121, hat den Versuch unternommen, eine Beziehung zwischen dem Gedankengut der zeitgenössischen Staatsphilosophie zum Thema Krieg und den Festungsbauten in Koblenz herzustellen.

1212 Kautsky 1979, S. 5f. u. 8f. Lieven 1995, S. 242 u. 249.

1213 Kautsky 1979, S. 7.

1214 Press 1988, S. 12.

1215 Braun 1990, S. 92. Immerhin sollte die Offizierslaufbahn nicht allein durch Rang und Titel des Bewerbers festgelegt sein, sondern jetzt wurde auch für die adelige Militärkarriere die wissenschaftliche Ausbildung in der Kriegskunst gefordert und verpflichtend, die an entsprechenden Akademien in den deutschen Staaten gelehrt wurde. Theobald 1817, S. 36.

1216 Neumeyer 1998, S. 59.

1217 Mayer 1984, S. 183; Lieven 1995, S. 241 ff. In Preußen wurde das Offizierskorps vor den Reformen fast ausschließlich vom Adel gestellt, von dem der König den Dienst im Heer geradezu als Ehrenpflicht erwartete. Botzenhart 1985, S. 66.

1218 Press 1988, S. 12f.

1219 Bergmeyer 1999, S. 57. Zum Begriff des symbolischen Kapitals und der Funktion höfischer Zeichen vgl. die Thesen von Schütte/Hahn 2003, S. 4.

1220 Kautsky 1979, S. 8.

1221 Vgl. Kap. V, 4., S. 100f. Das Porträt malte 1856 Franz Seraph Stirnbrand. Voegelen 1936, S. 17.

1222 Am ausführlichsten bisher, aber unter negativen Vorzeichen als „überlebte Tradition“ gekennzeichnet, erfährt das Festwesen bei Hofe eine Würdigung durch Paulmann 2000, S. 214 ff. unter dem Aspekt der Monarchenbegegnungen. Zum ritterlichen Festwesen in der Zeit um 1800 vgl. Hartmann 1981, S. 312–314.

1223 Dittscheid/Einsingbach/Fink 1976, S. 56. Zum Turnierplatz s. auch Ottomeyer/Lukatis 1999, S. 174 mit Abb.

1224 Dort ebenfalls wie in Kassel „Carousel=Platz“ geheißen. Gaheis Bd. 6, 1804, S. 91. Vgl. auch Hanzl 2001, S. 246.

1225 Rathke 1979, S. 35 u. 101. Der Platz auf Stolzenfels wird in einem Plan von 1844 als "Reitplatz" bezeichnet. Vgl. Bornheim-Schilling 1995, S. 35.

1226 So wurde 1799 auf dem „Carousel Platz“ der Löwenburg ein Turnier zu Ehren des preußischen Königspaares abgehalten. Dittscheid 1987, S. 244. Es ist die einzige bekannte Veranstaltung dieser Art unter Wilhelm IX. Während der Herrschaft Jérôme Bonapartes als König von Westfalen hingegen wurden weit mehr solcher Turniere inszeniert, vielleicht um den Emporkömmling so propagandistisch zu legitimieren.

1227 Heidelbach 1909, S. 186 ff. Anläßlich des Geburtstages von Napoleon gab es am 15. August 1811 überdies ein Wasserturnier auf dem sog. Lac unterhalb des Schlosses Wilhelmshöhe.

1228 Zykan 1969, S. 46.

1229 Ebd. Schon 1791, noch in der Regierungszeit Josephs II., hatte man in Laxenburg ein erstes Turnier abgehalten, wozu man eigens Triumphpforten in neugotischem Stil errichtete. Häusler 1979, S. 36.

1230 Hanzl-Wachter 2001, S. 246.

1231 So der Graf de la Garde in einer Beschreibung des Karussells. Zit. nach Soll, S. 49.

1232 Ebd., S. 52.

1233 Hevesi 1898, S. 89.

1234 Graf de la Garde zit. nach Soll, S. 53.

1235 Ernst 1908, S. 51.

1236 Gaheis Bd. 6, 1804, S. 91.

1237 Vgl. zu diesem Aspekt Watanabe-O'Kelly 1992, S. 141 ff.

1238 So bei Hackländer/Dingelstedt 1846 über das Karussell 1846 in der Reithalle des Stuttgarter Residenzschlosses.

1239 Illustrirte Zeitung 40, 1863, No. 1032, S. 243.

1240 Rathke 1979, S. 35.

1241 Wobei die Bandbreite hierbei recht groß war. Gemälde in der Franzensburg von derartigen Veranstaltungen in Laxenburg zeigen die Teilnehmer in einer Mode, die ins frühe 17. Jh. gehört und nicht ins Mittelalter. In Preußen orientierte sich die Kostümierung am 16. Jh., vielleicht weil man, wie mit dem Bau des Lichtenstein, die Zeit der deutschen Reformation bzw. Albrecht Dürers als große Epoche verherrlichen wollte. Wesentlich aber war das Anknüpfen an eine als vorbildhaft empfundene, idealisierte große Vergangenheit. Kroll 2002, S. 67; Zuchold 2002, S. 7.

1242 Zu diesem Fest vgl. bes. Zuchold 2002.

1243 Barclay 1995a, S. 20. Im Anschluss fand das bisherige Leben der Zarin Verherrlichung in einer Szene lebender Bilder, unter denen auch die Kriegsfurie Bellona mit drei Frauen erschien, die das revolutionäre, aggressive Frankreich verkörperten. Zuchold 2002, S. 72.

1244 Zuchold 2002, S. 28. Darunter befanden sich auch zwei mecklenburgische Prinzen.

1245 Viltchkovsky 1912, S. 199f. Die Reihe solcher Veranstaltungen, z. B. am Wiener Hof, ließe sich beliebig lang fortsetzen. Vgl. hierzu Watanabe-O'Kelly 1992, S. 144.

1246 Hackländer/Dingelstedt 1846, o. Sn.

1247 Ebd., o. Sn. Ähnlich war auch die Thematik des 1863 abgehaltenen, oben erwähnten Karussells in der Hofreitschule in Wien. In Stuttgart erinnerten die Kostüme der „Saracenen“ aber oftmals an Osmanen. Die Darstellung des Kampfes zwischen Heiden und Christen hat im Turnierwesen eine lange Tradition. Sie ermöglichte die Selbstdarstellung des Adels in seinem Selbstverständnis als mi'es christianus, als tugendhafter Ritter. Zum Motiv des Türkenkrieges und der Kreuzzugsthematik im Turnier vgl. Schmidt 1999, S. 98. Die Teilnehmer des Stuttgarter Turniers wurden übrigens allesamt einzeln in prachtvollen Lithographien hoch zu Ross, teilweise einzeln, teilweise im Zweikampf dargestellt. Hackländer und Dingelstedt konnten mit dieser Publikation an eine mediale Präsentation höfisch-dynastischer Feierlichkeiten anschließen, die in Württemberg erstmals im frühen 17. Jahrhundert mit den Festbeschreibungen herzoglicher Kindstaufen am Hof zu Stuttgart praktiziert worden war. Auch die damaligen Turnierteilnehmer wurden alle im Bild vorgestellt, die Beschreibung liest sich wie ein „Who-is-who“ des damaligen Hochadels im Reich.

1248 Auf das Porträt Wilhelms als Ritter von Lichtenstein wurde schon oben hingewiesen.

1249 Bernkopf 1863, Sp. 5; Biehn 1970, S. 66 u 71f Hinsichtlich des Turniers ist zu bedenken, dass der schlesische Adel zu diesem Zeitpunkt noch nicht einmal ein halbes Jahrhundert unter preußischer Herrschaft stand, nachdem Friedrich II. Schlesien in zwei Kriegen annektiert hatte. Die Veranstaltung ist wohl als Ergebenheitsadresse des schlesischen Adels gegenüber der neuen Landesherrschaft zu verstehen. Noch das Turnier in Stuttgart 1846, an dem führende Familien des württembergischen Adels teilnahmen, sollte wohl eine integrierende Funktion erfüllen, beteiligten sich doch z. B. Angehörige 1806 von Württemberg mediatisierter Herrscherhäuser, so der Hohenlohe, an dem Kampfspiel.

1250 Die Burgruine entstand nach Entwürfen des Malers Christian Wilhelm Heinrich Tischbein. Vgl. hierzu auch Zimmermann 1989, S. 214f.

1251 Müller 1995, S. 56. Zum Turnier in der Frühen Neuzeit und dem Fortleben dieser Tradition s. bes. Watanabe-O'Kelly 1992 u. Schmidt 1999, S. 97 ff.

1252 Zit. nach Hartmann 1981, S. 315. Sehr ähnlich hatte sich schon 1765 Katharina II. von Russland geäußert, als sie zu einem Karussell als „kriegerische Belustigung“ einlud, „um durch eine solche zu Friedenszeiten edle Uebung die ruhmbegierigen Gemüther des vornehmsten Adels ihres Reichs zu verhindern, sich dem Müssiggange und der Weichlichkeit zu ergeben und demselben eine Gelegenheit zu verschaffen, eine Geschicklichkeit in ritterlichen Uebungen zu zeigen.‘ Zit. nach Reimers 1805, Bd. 1, S. 285.

1253 So schlüpften die Teilnehmer von Tafelrunden des Königs Artus, die ab dem 13. Jh. für Frankreich bezeugt sind, in die entsprechenden Masken literarischer Helden. Neumeyer 1993, S. 388 ff.

1254 Ebd. S. 475 ff.

1255 Schütte 1994, S. 265. Zur Festkultur und den Feuerwerken an den frühneuzeitlichen Höfen Europas allgemein vgl. Fähler 1974 u. Béhar/Watanabe-O'Kelly 1999, S. 643–768.

1256 Schütte 1994, S. 256. Zum Gegensatz Ritterlichkeit und Gebrauch der Artillerie in den Schriften des 16. Jahrhunderts vgl. Fähler 1974, S. 30f.

1257 Schütte 1994, S. 256.

1258 Vgl. einzig Schütte 1994, S. 288 ff. zum 17. u. 18. Jh.

1259 Siefert 1993, S. 13–20.

1260 So forderte Massenbach 1817, S. 11, in einer Rede über die Erziehung eines tugendhaften Fürsten vor der württembergischen Ständeversammlung, dass man die königlichen Prinzen auch durch Professoren in der Fortifikation und Artilleriewissenschaft unterweisen lassen solle. Zur Bedeutung adeliger Ausbildung in der Fortifikation in der Frühen Neuzeit vgl. vor allem Bergmeyer 1999, S. 56–66.

1261 Siefert 1993, S. 14f. Auch zu Beginn des 20. Jh. erfreuten sich solche Spiele noch einer gewissen Beliebtheit. So warb 1916 die Firma von F. Adolf Richter, Hersteller der berühmten „Anker-Steinbaukästen", aus aktuellem Anlass für einen Baukasten, der eine moderne Panzerfortifikation darstellt: *„Die Unterstände, Wälle und Gänge entsprechen der Wirklichkeit, denn es haben Offiziere an den Vorlagen mitgebaut. Eine belehrende und anregende Unterhaltung auch für Erwachsene. Alle Vorkommnisse des modernen Stellungskriegs lassen sich mit diesem neuen Kasten darstellen. Der neue Kasten „Festungen" ist mit großer Begeisterung aufgenommen und hat auch unsren Soldaten draußen schon Freude gemacht. Nichts Schöneres für unsere Jungen unter den Weihnachtsbaum!"* Zit. nach Noschka-Roos 1996, S. 28. Dort auch eine Abb. des Forts, das tatsächlich über alle wesentlichen Elemente einer Festung um 1900 (Kaponnieren, Graben, Panzerkuppeln) verfügt. Das Spielzeug diente jetzt nicht mehr nur der Erziehung adeliger Knaben, sondern im Sinne der Kriegspropaganda und zunehmenden Militarisierung der Gesellschaft auch dem Nachwuchs des gehobenen Bürgertums, das finanziell befähigt war, solche Baukästen für seine Sprösslinge zu erwerben.

1262 Siefert 1993, S. 13, berichtet von der Festung, die Kardinal Mazarin für den jungen Ludwig XIV. im Garten des Palais Royal errichten ließ. Matthäus Merian hat die Anlage 1655 in seiner *Topographia Galliae* abgebildet. Vgl. auch Architekt 1984, S. 29 ff., Kat. Nr. 13. Zum Thema Schütte 1994, S. 288, u. Bergmeyer 1999, S. 62f. Alljährlich belagerten die Zöglinge der Ritterakademie Ettal, die von 1711–1744 bestand, zu Übungszwecken eine kleine, eigens zu diesem Zweck angelegte Festung. Aichner/Kraus 1981, S. 63, Nr. 4 u. Abb. S. 64. Für Zar Peter III. wurde während seiner Kronprinzenzeit im Park von Oranienbaum *„das kleine Modell von einer Citadelle"* angelegt, das *„zur Erlernung der praktischen Fortifikation"* dienen sollte. Coxe 1785, Bd. 1, S. 393.

1263 Massenbach 1817, S. 30. Der Verweis auf Hohenasperg und Spandau ergibt sich aus der Dedikation seines Vortrages an Wilhelm I. von Württemberg und den preußischen Kronprinzen Friedrich Wilhelm (IV.). Massenbach (1758–1827) war Schüler der Hohen Karlsschule in Stuttgart gewesen. Diese dürfte ihm als Anregung zur Einrichtung einer ähnlichen Institution gedient haben, auf welcher der Thronfolger gemeinsam mit seinen Brüdern und anderen adeligen Knaben ab dem achten Lebensjahr erzogen werden sollte. Massenbach selbst war Mathematiklehrer des Sohnes Friedrich Wilhelms II. von Preußen. Zu Massenbach vgl. NDB Bd. 16, 1990, S. 358f.

1264 Hajós 1995, S. 154; Leitner 1875, o. S. Der Platz befand sich in der sog. Meidlinger Vertiefung. Die Bastion verschwand allerdings leider bei einer Umgestaltung des Gartenquartiers 1950 vollständig. Hajós 1995, S. 155. Die Anlage dürfte schon im 18. Jh. einen Vorläufer außerhalb des Gartens gehabt haben. Auf einem Parkplan von 1754/55 ist deutlich oberhalb des benachbarten Steinbruchs eine kleine sechseckige, reguläre Festung mit Bastionen, Ravelins, Hornwerk, Graben und Glacis erkennbar. Ein maßstäblicher Vergleich mit dem Schloss zeigt, dass es sich um eine miniaturhafte Anlage gehandelt haben kann. Sicherlich diente auch dieses Bauwerk militärischen Übungen für die habsburgischen Prinzen. ÖNB Wien, Kartenslg.: *Carte des Environs de Schönbrunn* v. Jean Brequin de Demange. Hajós 1995, Abb. 3.

1265 Katsch 1904, S. 10f. Militärische Ränge für Prinzen waren nichts Ungewöhnliches. Wilhelm hatte das Offizierspatent schon 1807 erhalten. Er diente im vornehmen Garderegiment zu Fuß.

1266 Riehl 1874, S. 498. Die wiederaufgebaute Schanze zeigt ein zeitgenössischer Parkplan. SPSG Berlin-Brandenburg, PK Potsdam, Nr. 13159. Vgl. zu diesem Plan Günther/Harksen 1993, S. 85f. u. Abb. Nr. 194.

1267 Die Anlage musste 1950 den Internatsgebäuden der zentralen Richterschule der DDR weichen. Generaldirektion 1993, S. 282.

1268 Turner 2002, S. 29.

1269 Ebd.

1270 Viltchkovsky 1912, S. 215. Diese Anlagen standen in Zusammenhang mit den Fortifikationen des einstigen Tiergartens, von denen im 19. Jh. nur eine Bastion stand.

1271 Diese waren damals fester Bestandteil der Prinzenerziehung.

1272 Greven 1969, S. 168.

1273 In einem nicht ausgeführten ersten Entwurf hätte noch ein zinnengekrönter Turm das Gebäude überragen sollen und dem Ganzen einen mehr burghaften Charakter verliehen. Greven 1969, S. 243 ff. Der anfänglich aus Holz errichtete Bau wurde 1860 durch ein Steingebäude ersetzt. Die Anlage verschwand während der Neugestaltung des Großen Gartens für die Reichsgartenschau 1936–39.

1274 Zu diesem Gartenbereich vgl. Wimmer 2001, S. 243–245.

1275 Wagener 1875, S. 200. Schanzen und Palisaden wurden ab 1868 errichtet, waren aber schon in der Planung von 1864/65 vorgesehen. Wimmer 2001, S. 245.

1276 Wagener 1875, S. 199. Wagener hatte den Text aber schon 1871 verfasst, wie er unter seinem Aufsatz anmerkt.

1277 Ebd.

1278 Sie wird diese Anlage als Tochter Königin Viktorias sicher gekannt haben.

1279 Wagener 1875, S. 199.

1280 Es mag unter diesen Umständen nicht verwundern, dass Wilhelm II. später eine entsprechende Vorliebe für die Flotte fasste. Zumindest der Bruder, Prinz Heinrich scheint großes Vergnügen an dem Mastbaum gefunden zu haben: *„Da steigen unermüdlich die jungen Beinchen die Strickleitern auf und ab, und ohne Bangen ob der Höhe und Gefahr folgt das liebende Mutterauge dem kühnen Wagehals, weiß es ihn doch sicher in dem Schutz der wettergebräunten Hand des erprobten Seemannes."* Wagener 1875, S. 200.

1281 Ebd.

1282 Brants 1998, S. 14.

1283 Zur deutschen Panzerfortifikation im späten 19. und frühen 20. Jh. vgl. Rolf 1991.

1284 Feist 1995, S. 14. Erstmals ausführlich berichtet hat Neumann 1990, S. 33–39, über dieses Fort jüngst mit neuem Material und Erkenntnissen Lacoste/Skibbe 2001.

1285 Feist 1995, S. 14f. Bei der Anlage handelte es sich wahrscheinlich um eine Art Werbegeschenk der Firma Krupp, für die Diener (1841 – nach 1919) seit 1889 tätig war! Lacoste/Skibbe 2001, S. 32.

1286 Vgl. Kap. V, 4., S. 120.

1287 So war der Lichtenstein 1843 gelegentlich eines Manövers Schauplatz eines Festes. Voegelen 1936, S. 15. Ein weiteres Fortmodell wurde von Diener übrigens für den Park der Villa Hügel, des Familiensitzes der Krupps, vorgeschlagen. Lacoste/Skibbe 2001, S. 32.

1288 Vgl. hierzu Duffy 1985, S. 127 u. 138.

1289 Vgl. Kap. VI, 4., S. 191–200.

1290 Habermann 1982, S. 16 u. Abb. S. 17.

1291 Ebd., S. 60 u. 86; Abb. auf S. 63.

1292 Ebd., S. 86, Abb. S. 84.

1293 Neu/Weigert 1940, S. 270 mit Abb. Es handelte sich dabei um eine altmodisch rondellierte Anlage.

1294 Hallmann 1986, S. 118f.

1295 Storch 1794, Bd. 1, S. 87. Vgl. auch Coxe 1785, Bd. 1, S. 393.

1296 Georgi 1793, S. 443.

1297 Reimers 1805, Bd. 2, S. 385. Nach Coxe 1785, Bd. 1, S. 393, war der Bau die Hauptwohnung des Großfürsten und späteren Zaren, während im Palast von Oranienbaum die Dienerschaft logierte.

1298 Hartmann 1989, S. 210.

1299 Ebd., S. 211.

1300 Ebd.

1301 Vgl. hierzu Limberg 2003, S. 39 ff.

1302 Grundlegend zu Franzensburg: Wagner-Rieger 1962, S. 9–22; Zykan 1969, S. 38–54 u. S. 65–108; Biehn 1970, S. 82–95; Springer/Foist/Marinovic 1988, S. 76–79. Die Burg ist mittlerweile Objekt eines Forschungsprojekts des Fonds zur Förderung der wissenschaftlichen Forschung. Erste Ergebnisse sind bereits publiziert: Bürgler/Hanzl/Ottilinger/Winkler 1996, S. 125–129; Hanzl 1998, S. 35–47; Hanzl-Wachter 2001, S. 233–253, u. 2001a, S. 3–8; Hajós 2006.

1303 Hanzl-Wachter 2001, S. 233f.

1304 Zu Jäger (1743–1809) vgl. Bibliothek 1961, S. 6.

1305 Dies geht aus einem Schreiben Riedls vom 8. Dezember 1798 hervor. HHStA Wien, SH Laxenburg, Karton 1: Fasz. 1, 1798, Fol. 37.

1306 So die berühmte frühgotische Capella Speciosa aus Kloster Neuburg. Wagner-Rieger 1962, S. 16.

1307 Widemann Bd. 1, 1805, S. 85/86.

1308 Hanzl-Wachter 2001a, S. 3.

1309 Hanzl-Wachter 2001, S. 249.

1310 Ebd., S. 241 u. 245.

1311 Ebd., S. 248.

1312 Hajós 1989, S. 88.

1313 Pezzl 1809, S. 409; Hanzl 1998, S. 38.

1314 Hanzl-Wachter 2001a, S. 6.

1315 Bürgler/Hanzl/Ottilinger/Winkler 1996, S. 127.

1316 Diese Tradition wurzelt in einem Mittelalterbild, welches das 18. Jh. entwickelt hat und das seinen Niederschlag in diversen künstlichen Burgruinen in deutschen Schlossgärten fand. Und so erscheint die Idee, wie auch im Fall der preußischen Rheinburgen, immer wieder in der ersten Hälfte des 19. Jh. Vgl. hierzu Zimmermann 1989, S. 194–250, u. Hartmann 1981, S. 304 ff. Zur Wirkung des Ritterkultes im späten 18. und frühen 19. Jh. auf die österreichische Gartenkunst vgl. Hajós 1989, S. 86f.

1317 Hanzl 1998, S. 40. Damals schleifte man die südöstlich isoliert vor der Festung im See liegende Redoute. 1804 fiel das tenaillierte Werk vor der Westfront der Burg. HHStA Wien, A.h. Familienfonds, Herrschaftsarchiv Laxenburg, Karton 14, Fol. 9, 10 u. 19 mit Plänen zur Abtragung der Erdwerke durch Ingenieurhauptmann Ludwig de Traux. 1807 fielen schließlich die Wälle von Burg und Knappenhof. Hanzl 1998, S. 41.

1318 Widemann Bd. 1, 1805, S. 71/72.

1319 Die bisherige Forschung zur Franzensburg hat zwar deren Existenz konstatiert und auch ihre Abtragung verzeichnet, aber nie nach ihrem Sinn und Zweck gefragt. Zykan 1969, S. 43; Hanzl 1998, S. 40f.

1320 ABK Wien, Kuka, Mappe V/2, Inv. Nr. 15551: Planskizze der Franzensburg und des Knappenhofes. Vor 1806. Vorschlag für zwei Zugbrücken und eine Anlegestelle zur Franzensburg. Feder, Tusche, koloriert, 912 x 949 mm.

1321 Zu de Traux (1773–1855) s. Wurzbach Bd. 3, 1858, S. 264f. Zu seiner Tätigkeit in Laxenburg vgl. Wagner-Rieger 1962, S. 10, u. Zykan 1970, S. 6.

1322 Ein erster Plan zu einem solchen Vereinigungsbau entstand schon recht früh (Grundriss v. Franz Jäger d. Ä. in ABK Wien, Kuka, Mappe V/1, Inv. Nr. 15537). Vgl. hierzu Hanzl 1998, S. 39 ff. u. 44f.

1323 ABK Wien, Kuka, Mappe V/1, Inv. Nr. 15540: Lageplan des Knappenhofes v. Franz Jäger d. Ä. 1798. Tusche, Feder, koloriert, 348 x 443 mm.

1324 Gemalt v. Louis Maillard. KHM Wien, Albertina, Mappe 7, Umschlag 1, Nr. 7, Inv. Nr. 9704.

1325 Jäger 1998, S. 150.

1326 Sie werden erwähnt u. a. bei Widemann Bd. 1, 1805, S. 73 u. 76; Anonym 1808, S. 43.; Schmidl 1838, S. 169.

1327 Anonym 1785, S. 162.

1328 Schmidl 1838, S. 169.

1329 ABK Wien, Kuka, Mappe VII/C, Inv. Nr. 15506.

1330 Hanzl 1998, S. 37.

1331 Schmidl 1838, S. 150.

1332 Widemann Bd. 1, 1805, S. 71.

1333 Ebd., S. 73 u. 76.

1334 Ernst 1908, S. 58.

1335 HHStA Wien, SH Laxenburg, Karton 10, 1806/07, Fol. 39: Bericht wegen Einsetzung der durch den Tod des Andr(eas) Pirschitz erledigten Burgwächterstelle v. 3. September 1807.

1336 Hanzl-Wachter 2001, S. 251.

1337 Vgl. hierzu Schütte 1994, S. 257f. Am Hof Katharinas II. wurde z. B. mit Kanonen auf der Bastion des Weißen Turmes am Tiergarten von Zarskoje Selo bei Festlichkeiten Salut geschossen. Viltchkovsky 1912, S. 216. Noch 1857 wurden während der Einweihungsfeierlichkeiten von Schloss Schwerin beim Galadiner zu jedem Toast Salven von den auf den Wällen postierten Kanonen abgegeben. Illustrirte Zeitung 28, 1857, No. 729, S. 479.

1338 So kam es noch 1779 am schwedischen Königshof zur *„Eroberung des Galtar Felsens"* im Rahmen eines mittelalterlich inszenierten Turnierspektakels, das vor einer Burgkulisse unter Mitwirkung des Hofstaats aufgeführt wurde. Hartmann 1981, S. 312.

1339 Schottky 1820, S. 37.

1340 S. o. 5., S. 212f.

1341 Über die Intentionen des Bauherrn beim Bau der Franzensburg liegen leider kaum schriftliche Zeugnisse vor, da wohl vieles direkt zwischen dem Kaiser und seinem Vertrauten, dem Oberaufseher Riedl, besprochen und beschlossen wurde. Hanzl-Wachter 2001, S. 234.

1342 Vgl. Kap. VI, 4., S. 191–100.

1343 Vgl. ebd.

1344 KHM Wien, Albertina, Mappe 10, Umschlag 6: Inv. Nr. 8970, 8971 u. 8972. Zu Hohenberg (1732–1816) vgl. Thieme/Becker Bd. 17, 1924, S. 312–314, u. Hainisch 1949.

1345 Hanzl-Wachter 2001, S. 241 u. S. 244f. Springer/Foist/Marinovic 1988, S. 76, interpretierten die Entwürfe als Vorstudien zur Franzensburg. Hainisch 1949, S. 83, datiert sie erst auf 1807, also unabhängig von der Idee eine Stammschlosses. Da aber hier bereits die große Halle, die unter der Stammburg zu liegen kommen sollte, geplant ist, dürfte es sich tatsächlich um erste Ideen zu dem Bergschloss handeln. Diese Meinung teilt Zykan 1969, S. 47. Die für die Ruhmeshalle gedachten Standbilder habsburgischer Herrscher wanderten vorerst ins Depot, um später Verwendung bei der Einrichtung des Habsburgersaales im Vereinigungsbau der Franzensburg zu finden. Schottky 1820, S. 35.

1346 KHM Wien, Albertina, Mappe 10, Umschlag 6: Inv. Nr. 8970 (Grundriss) u. 89071 (Ansicht).

1347 Der optische Telegraf war eine ausgesprochen junge Erfindung, die 1793 Claude Chappe (1762–1805) gemacht hatte. Charbon 1995, S. 29–54.

1348 Vgl. hierzu Schütte 1994, S. 278. Erlachs Grundriss ist offensichtlich wiederum von Schloss Stern bei Prag inspiriert, das die selbe Grundrissdisposition hat und ebenfalls Türmchen auf den Saillants trug.

1349 Das Ganze erinnert an die in den Gärten des 17. und 18. Jh. beliebten Schneckenberge, die meistens von einem Pavillon oder Belvedere bekrönt waren und die einen Überblick über den Garten ermöglichten. Sicherlich war auch bei dieser Planung an solches gedacht.

1350 Schütte/Hahn 2003, S. 23.

1351 Burke 1980 (1757), S. 72.

1352 KHM Wien, Albertina, Mappe 10, Umschlag 6, Inv. Nr. 8972.

1353 Schottky 1820, S. 35.

1354 Fast scheint es, als ob hier der später im Arsenal verwirklichte Museumsbau als Ruhmeshalle österreichischer Kriegs- und Herrschergeschichte eine Vorwegnahme findet. Noch der erste Entwurf zum Arsenal 1848 von Rigel hatte ja für das Museum einen Zentralbau im Mittelpunkt der Anlage vorgesehen. Vgl. Kap. V, 5., S. 131 ff. Das Zentrum

des Kuppelsaales im Museum des Wiener Arsenals sollte eine große Statue Kaiser Franz Josephs einnehmen. Wagner-Rieger 1975, S. 17.

1355 Poensgen 1929, S. 67.

1356 So zeigt die Schanze ein Plan des Babelsberger Parks aus dem Jahr 1850 (SPSG Berlin-Brandenburg, PK Potsdam, Nr. 5298). Es muss sich hierbei noch um die alte, 1811 errichtete Anlage handeln, die, wie der Plan an einigen Stellen zeigt, offensichtlich durch Versturz beschädigt, im Großen und Ganzen aber noch in gutem Zustand war.

1357 Hamann 1984, S. 23.

1358 Barclay 1993, S. 148f. Wilhelm, der sich durch sein Vorgehen gegen die Revolution beim Volk den Schmähnamen „Kartätschenprinz" eingehandelt hatte, wehrte sich anfänglich gegen dieses Geschenk, doch ein königlicher Befehl sorgte schließlich für die Aufstellung. Das selbe Motiv krönt auch das neugotische Denkmal der gefallenen Preußen auf dem Friedhof in Karlsruhe. Vgl. hierzu Gall 1998, S. 404, Kat.-Nr. 636. Welchen Stellenwert man diesem Siegesmahl einräumte, zeigt die Tatsache, dass es das Titelblatt des „Album von Schloss Babelsberg", Berlin 1856, ziert.

1359 Riehl 1874, S. 508. Der Vorgang wurde in propagandistischer Weise auch zum Gegenstand der damaligen Bildpublizistik. Vollmer 1983, S. 401 u. Abb. 340. Zum Bildstöckl s. auch Barclay 1993, S. 150f.

1360 Mielke 1981, S. 153. Zu Strack (1805–1880) Thieme/Becker Bd. 32, 1938, S. 143f.

1361 Plan in der SPSG Berlin-Brandenburg, PK Potsdam, Mappe Flatowturm, Inv. Nr. 6364: Bauaufnahme von 1865. Der Turm wirkte auf die Zeitgenossen offensichtlich so wehrhaft, dass er in Anlehnung an das berühmte Festungswerk in Sewastopol, das kurz vor Erbauung des Flatowturms im Krimkrieg 1853 heftig umkämpft gewesen war, vom Volk bald als „Malakoff-Turm" bezeichnet wurde! Riehl 1874, S. 509.

1362 Katsch 1904, S. 29; Rogge 1911, S. 172. Die Idee, Beutewaffen zum Gedenken an einen Sieg auf einem Festungsbauwerk aufzustellen, erscheint im 19. Jh. mehrfach. So zierten die Veste Coburg wie auch die Marksburg Beutekanonen aus den Befreiungskriegen gegen Napoleon. Zehme 1856, S. 95, u. Ebhardt 1935, S. 76.

1363 Er hatte im Krieg um Schleswig 1864 gedient. Riehl 1874, S. 509.

1364 Katsch 1904, S. 29. Rogge 1911, S. 172 verweist bereits explizit darauf, dass der Turm durch die Aufstellung der Geschütze in die Reihe der Sieges- und militärischen Erinnerungsdenkmäler an den badischen Feldzug einzureihen ist.

1365 Heideloff III. Curs, 2. Abtheilung, 1852, S. VI. Demgegenüber steht bei Heideloff der Rokokostil, für ihn „der verweichlichste, der Umwälzungsstyl".

1366 Hierzu zählt u. a. das Triumphtor der geplanten Siegesstraße am Mühlenberg Vgl. Barclay 1993, S. 152–158 u. Zuchold 1994, S. 33 ff. Zu weiteren Denkmälern dieser Art und ihrer Funktion bes. Barclay 1993, S. 130–160, u. 1995, S. 95–102.

1367 Vgl. hierzu Köhler o. J., S. 162.

1368 Dittscheid 1987, S. 244.

1369 Engelhard 1842, S. 68. Die Wache bestand aus 15 Mann unter Kommando eines Feldwebels und war bis 1856 auf der Burg stationiert. Heidelbach 1909, S. 246f.

1370 Engelhard 1842, S. 55.

1371 Bohle-Heinzenberg/Hamm 1993, S. 41. Zum Wildpark vgl. Horn 2003, S. 55–63.

1372 Persius 1843, Bl. 10.

1373 Bohle-Heinzenberg/Hamm 1993, S. 41. Man richtete statt dessen lediglich einen Teesalon für die Herrschaft im ausgeführten Gebäude ein. Ebd., S. 42.

1374 *„Der schöne Entwurf von Persius gab das verkleinerte Bild einer alten Feudalburg, die durch neue Bedürfnisse im Geschmack des Italienischen Styls erweitert und verschönert ist."* Häberlin 1855, S. 232f. Zum wehrhaften Charakter der Bauten und dem Vorbild italienischer Burgen und Festungen vgl. Horn 2003, S. 59 u. S. 62, Anm. 28. Mit ihren italienischen Motiven fügten sich die Gebäude stilistisch der von Lenné gestalteten Potsdamer Parklandschaft ein, die mit zahlreichen an Italien erinnernden Bauten durchsetzt ist.

1375 Persius 1843, S. 343.

1376 Häberlin 1855, S. 231.

1377 Ebd., S. 233.

1378 Müller 1995, S. 58, u. Laß/Schmidt 1997, S. 390. Vgl. auch Kap. VI, 4., S. 191–200.

1379 Reepen 2002, S. 88.

1380 Müller 1995, S. 58.

1381 Laxenburg war habsburgisches Jagdschloss.

1382 Biehn 1970, S. 85f.

1383 Springer/Foist/Marinovic 1988, S. 82.

1384 Viltchkovsky 1912, S. 197 ff.; Hallmann 1986, S. 123; Shvidkovsky 1996, S. 222. Ausführender Architekt war der Brite Adam Menelaws. Er bezeichnete die Anlage als „knightly castle".

1385 Viltchkovsky 1912, S. 200.

1386 Ebd., S. 215.

1387 Der Begriff bei Rathke 1979, S. 35, 130 u. 141f.

1388 Zu Letzlingen vgl. Holland 1996, S. 133–156; Börsch-Supan/Müller-Stüler 1997, S. 100f. u. 834 ff. u. zuletzt den von Schmuhl 2001 herausgegebenen Sammelband mit Beiträgen zur Geschichte, Baugeschichte und Architektur des Schlosses. Schloss Letzlingen war 1559–62 durch Kurprinz Johann Georg v. Brandenburg als Jagdsitz errichtet worden und glich im Schema dem ersten Bau von Schloss Moritzburg bei Dresden.

1389 GStA PK Berlin, I. HA, Rep. 89, 2.2.1., Nr. 20693, Bl. 34–35: Brief des Grafen Stolberg an den König v. 15. Juli 1853.

1390 Vgl. Kap. III u V, 1.

1391 BLUNTSCHLI 1852, S. 403.

1392 Ebd., S. 451.

1393 WAGNER-RIEGER 1975, S. 12.

1394 ZEUNE/UHL 1999, S. 253f.

1395 Vgl. SCHMIDT 1999, S. 121 u. 126; ZEUNE 2004, S. 13. Im Mittelalter dienten viele Zinnen der Zurschaustellung eines gehobenen Machtanspruches.

1396 HERZOG 1981, S. 25.

1397 POENICKE/HEISE O. J., S. 206.

1398 STEKL 1975, S. 187f.

1399 Vgl. Kap. V, 3., S. 69f., u. 5., S. 138.

1400 Es sei hier nochmals an PÜCKLER-MUSKAU 1834, S. 43 erinnert. Vgl. Kap. VI, 1., S. 139.

1401 Vgl. hierzu auch die Ausführungen von ZEUNE 2004, S. 12–15.

1402 SCHÜTTE 1994, S 114.

1403 FURTTENBACH 1640, S. 21.

1404 SCHÜTTE 1999, S. 152.

1405 TROUET 1994, S. 119–124.

1406 Die Fugger waren erst 1511 in den Adels- und 1514 in der Reichsgrafenstand erhoben worden. SCHÜTTE 1994, S. 272. Zu Niederalfingen zuletzt ausführlich SCHMIDT 1999, S. 118–122. Zum stadtbürgerlich-patrizischen Bau von befestigten Ansitzen vgl. auch SCHOCK-WERNER 1999, S. 162 ff., u. UHL 1999, S. 180 mit Beispielen aus Baden-Württemberg. Ähnlich sind jene Schlösser zu interpretieren, die sich Schweizer Bürger im 16. Jh. errichteten, die als Söldnerführer oder städtische Beamte zu maßgeblichem Einfluss gelangt waren. Ihren gesellschaftlichen Aufstieg versuchten sie durch die Erlangung von Adelstiteln zu untermauern. Ihre Bauten rekurrierten bewusst auf mittelalterliche Burgen und adelige Traditionen, indem man sie mit Zinnen, Ringmauern, Schießscharten und Türmen als Statussymbole versah. Auch sie versuchten wie später die Anlagen des 19. Jh. ein historisches Ideal heraufzubeschwören. Vgl. hierzu SCHMID 1980, S. 25–34.

1407 KITLITSCHKA 1975, S. 49–53, hier S. 52.

1408 WAGNER-RIEGER 1975, S. 12.

1409 Vgl. Kap. V, 3., S. 66–81.

1410 Zu Karl Alexander vgl. HAUG-MORITZ 1997, S. 254 ff.

1411 Zu den Planungen auf Hohenstaufen vgl. MAURER 1977, S. 152 ff.

1412 Zur Teck vgl. CHRIST/KLAIBER 1924, S. 167 ff.

1413 PÜCKLER-MUSKAU 1834, S. 44.

1414 Das zeigt das Beispiel Lichtenstein, dessen Fortifikationen zumindest in Beschreibungen des späten 19. Jh. als modern gewertet wurden, wie auch der Hinweis von ANONYM 1858, S. 316, auf den „nach der neuesten Befestigungskunst mit Schanzen und Bastionen versehenen Wall" des Hohenzollern.

1415 Auf diesen Aspekt im Zusammenhang mit der fortgesetzten Turnier- und Karusselltradition im 18. und im 19. Jh. hat WATANABE-O'KELLY 1992, S. 141 ff., besonders hingewiesen.

1416 BIEHN 1970, S. 13; LOSSE 1999, 174f. Die großen Industriellen orientierten sich in der 2. Hälfte des 19. Jh. beim Bau ihrer Villen an althergebrachten Formen fürstlicher und adeliger Repräsentation. Mittelalterliche Wehrformen dienten hier der Kompensierung nicht vorhandener ritterlich-adeliger Tradition und dürften oft genug als Versuch einer Angleichung manches in den Adelsstand erhobenen Großbürgers zu interpretieren sein, weil man natürlich zu einer Gesellschaftselite dazugehören wollte, die zwar mehr und mehr politisch in Bedrängnis geriet, bis 1918 aber immer noch die führende Schicht darstellte. Auch die Villen des Bürgertums wurden daher mit Zinnen, Türmchen, funktionslosen Schießscharten und zahlreichen Erkern geschmückt, was LEY 1978, S. 9f. u. S. 23, dazu veranlasst hat, von „Villenburgen" zu sprechen.

1417 So schrieb Oberst Heinrich von Scholl, Sohn des österreichischen Festungsbaumeisters Franz von Scholl 1864 in seinem Werk Über Baustyl. Hier zit. nach HACKELSBERGER 1980, S. 9, Anm. 1.

1418 Wenn im Mittelalter und in der Frühen Neuzeit eine adelige Eigenbefestigung errichtet wurde, so heißt das letztlich, dass das Gewaltmonopol eben nicht nur allein beim Landesherrn bzw. der Regierung lag, auch wenn der Landesherr erst um sein Einverständnis gefragt werden musste.

1419 In bildhafter Weise erfährt die Burg allerdings eine weit längere Rezeptionsgeschichte bis in unsere Tage. Es sei hier nur an die nationalsozialistischen Ordensburgen wie Vogelsang in der Eifel erinnert. Vgl. hierzu PÜTZ 2003, S. 24–35. Motive mittelalterlichen Wehrbaus zeigt noch das 1983–1987 nach Plänen des Münchener Architekten Alexander Freiherr von Branca errichtete Behördenzentrum in Esslingen. Es erhebt sich im Bereich der einstigen mittelalterlichen Stadtbefestigung. Mit einem Rundturm, mit überkragenden Obergeschossen, die Assoziationen an hölzerne Wehrgänge zulassen, bastionsartigen scharfen Kanten und geböschten Sockeln erinnert der Gebäudekomplex nicht nur an die Historizität des Standortes, sondern symbolisiert auch die Innere Sicherheit, denn hier ist Esslingens Polizeipräsidium untergebracht.

1420 SCHULTZ 1987, S. 95–98.

1421 LAUBER 1988, S. 115.

1422 Umgekehrt wurden neue Gefängnisse als Burgen errichtet, mit Wachttürmen und Wehrgängen. Das schönste Beispiel ist Bruchsal, errichtet 1838–1848 nach Plänen Heinrich Hübschs. Der Bau diente übrigens 1849 der Inhaftierung zahlreicher badischer Revolutionäre und erhielt damit eine besondere Symbolfunktion. Vgl. hierzu BIENERT 1996, S. 191 ff.

1423 STENGEL 1828, S. 77.

1424 Ebd.

1425 FROM 1854, S. 427.

1426 SCHOTTKY 1820, S. 35.

IX. Literatur- und Quellenverzeichnis

1. Quellen

Archivalische Quellen

Akademie der Bildenden Künste Wien:
Kassettenliste Jäger 22/114/Jäger I: Mappe V/1, Mappe VI/1b, Mappe VII/C

Archiv der Abtei St. Bonifaz München:
Nachlass Georg Friedrich Ziebland, Gelbe Aktendeckel Nr. 10 u. 11
Act über die Neubauten auf dem Königl: Schloß Hohenschwangau betreffend

Hausarchiv des vormals regierenden Preußischen Königshauses Burg Hohenzollern:
Mappe e: Vorwerke
Mappe f: Rampenthurm
Mappe h: Treppen d. n. Enc.
Mappe i: Thorturm
Mappe l: Kriegs-Pulvermagazin
Mappe m: Thore und Zugbrücken
Mappe t: Gesamtpläne
Mappe Militair-Bau, Übersichtspläne
Mappe Festungsbaukasse der Burg Hohenzollern in Hechingen, Zeichnungen

Bayerisches Hauptstaatsarchiv München, Abt. IV. Kriegsarchiv:
Bestand C I (Errichtung befestigter Punkte in einzelnen Teilen des Landes 1850–1854): Prod. 4, 5, 6, 7, 7a.

Geheimes Staatsarchiv Preußischer Kulturbesitz Berlin:
Bestand I. Hauptabteilung:
Rep. 77: Ministerium des Innern: Tit. 1279, Nr. 1.
Bestand VI. Hauptabteilung, Familienarchive und Nachlässe, Nachlass Rudolf Graf von Stillfried, Nr. 3.
Bestand XI. Hauptabteilung: Karten, Festungspläne des Kriegsministeriums.
Brandenburgisch-Preußisches Hausarchiv:
BPH Rep. 89: Königliche Haus- und Hofstaatssachen: 2.2.1. Geheimes Zivilkabinett, Nr. 20693, 20743 u. 20748.
BPH Rep. 100: Hausministerium, Nr. 996.
BPH Rep. 113, IV: Obersthofmarschallamt – Gebäude und Verwandtes, 2.2.12, Nr. 2716.

Hauptstaatsarchiv Stuttgart:
Bestand E 270 a (Geheime Kriegskanzlei): Bü. 341, 504.
Bestand E 271 b (Kriegsminister Graf von Franquemont): Bü. 362.
Bestand E 271 c (Kriegsministerium 1829–1871): Bü. 268, 626, 2268.
Bestand 284 a (Generalquartiermeisterstab): Bü. 208, 384, 914; Bd. 63.
Bestand 284 b (Geheimakten des Generalquartiermeisterstabs): Bü. 38.
Depositum „Herzog von Urach":
Bestände GU 1, Prov. 2, 3, 8, 19–26, 28, 32a I, 32c 85; GU 97 (Karten und Pläne); GU 105, Bü. 146 (Umbau des Schlosses Lichtenstein 1856–1869).

Hessisches Staatsarchiv Marburg:
Bestand 12c (Kurhessisches Kriegsministerium und Vorbehörden): Bü. 121, 506, 508 u. 700.

Kunsthistorisches Museum Wien, Albertina:
Mappe 7, Umschlag 2; Mappe 10, Umschlag 6; Mappe 79, Umschlag 3 u. 4.

Landeshauptarchiv Koblenz:
Bestand Abt. 403 (Rhein. Oberpräsidium), Bü. 9474.
Bestand Abt. 700 (Personen), 71, Bü. 1

Landeshauptarchiv Schwerin:
Bestand 2.26–2 Hofmarschallamt.
Bestand 5.2–1, Großherzogliches Kabinett III: Nr. 128, 129, 136, 142, 146, 6384.
Bestand 5.12–8/1 Militär-Departement: Nr. C 23/7, C 23/8.
Bestand 12.3–2: Mappe 14, Nr. 41 Mappe 15/1, Nr. 72–74.
Bestand 12.3–3 Mecklenburgische Hochbauämter: Mappe 9, Nr. 9 u. 10; Mappe 13, Nr. 63, 72 u. 73.
Bestand 12.12–2 Karten und Pläne: Lfd. Nr. 41M,7; 52M,18; 8,XIb; 14,Xa; 123,397; 162,428.
Bestand Cabinett Volumen 897: Bü. 10490/1, 10490/5, 10490/8, 10490/9.

Niedersächsisches Cabinett Volumen Hauptstaatsarchiv Hannover:
Depositum 103, Königliches Hausarchiv:
Bestand XXIII (Ministerium des Königlichen Hauses): Bü. 257, 420, 423.
Bestand XXIV (Oberhofmarschallamt): Bü. 5921, 5984 II, 5997, 6003, 6015, 6017, 6029, 6033.

Österreichisches Staatsarchiv, Haus-, Hof- und Staatsarchiv:
Bestand Schlosshauptmannschaft Laxenburg – Baden: Karton 1, Akten 1798–1801, Fasz. 2; Karton 2, Akten 1802–1804, Fasz. 3; Karton 10, Akten 1806–1807, Fasz. 2.
Bestand A.h. Familienfonds, Herrschaftsarchiv Laxenburg: Karton 14.

Staatsarchiv Sigmaringen:
Bestand Ho 1 (Fürstentum Hohenzollern-Hechingen), T 7: Bü. 28.
Bestand DS 92 (Fürstliche Hofkammer), Bü. NVA 21.831.

Stadtarchiv Hannover:
Bestand Hannover-Bau-Sammlung, Architekt Hase

Stiftung Preussische Schlösser und Gärten Berlin-Brandenburg:
Plankammer Potsdam-Sanssouci:
63 a Acta Sooneck 1842 bis 1865. Respon. Registratur aus dem Nachlass des Generals v. Wussow.
197 Kgl. Hof Marschall Amt Vol. I.
Mappe Flatowturm.
Mappe Hohenzollern.
Mappe Sooneck.
Mappen Stolzenfels.

Literatur bis 1900 und Quelleneditionen
(alphabetisch nach Verfasser/Herausgeber)

Abhandlung über die Befestigungskunst. Zum Gebrauche der Kaiserlich-Königlichen Ingenieurs-Akademie. Hg. v. d. K.K. Ingenieur-Akademie. 2 Bde., Wien 1795 u. 1801.
Adelung, Johann Christoph: Grammatisch-kritisches Wörterbuch der Hochdeutschen Mundart. 4 Bde., Leipzig (2) 1793–1801.
Allgemeine Deutsche Real-Encyklopädie für die gebildeten Stände. Conversations-Lexikon Bd. 4 (15 Bde.). Leipzig (10) 1852.
Allgemeine Illustrirte Zeitung 2, 1866, Nr. 47.
Allgemeine Militair-Encyclopädie. Hg. u. bearb. v. einem Verein deutscher Offiziere und Anderen. 10 Bde. + 1 Supplement, Leipzig (2) 1868–1873.
Anonym (1785): Untersuchungen über den Character der Gebäude. Berlin 1785.

Anonym (1808): Neueste Beschreibung der Kais. Kön. Haupt- und Residenzstadt Wien und der in der Gegend derselben befindlichen kaiserl. königl. Lustschlösser, Gärten, anderer vorzüglicher Gebäude, Kunst- und Naturmerkwürdigkeiten. Wien 1808.

Anonym (1822): Gemälde von St. Petersburg. Von seiner Entstehung bis auf die gegenwärtige Zeit nach den neusten und besten Quellen bearbeitet. Reutlingen 1822.

Anonym (1823): Geographisch, statistisch-historische Beschreibung der Großherzogthümer Mecklenburg-Schwerin und Mecklenburg-Strelitz. (Aus dem XXII. Bande der Länder- und Völkerkunde besonders abgedruckt.) Weimar 1823.

Anonym (1832): Das Nöthigste von der Feldbefestigung, den Festungen, dem Angriff und der Vertheidigung der Schanzen, Häuser und Dörfer für die Unteroffiziere der Infanterie. München 1832.

Anonym (1837): Rheinstein. Erinnerungsblätter für Alle, welche die Burg besuchen. Enthaltend die Geschichte und Beschreibung der Burg, so wie eine genaue Beschreibung der Kunstschätze und Alterthümer, welche sie enthält. Koblenz 1837.

Anonym (1838): Schloß Stolzenfels und seine Umgebungen. In: Borussia. Museum für preußische Vaterlandskunde. Bd. I, Lief. 5, S. 33–35.

Anonym (1839): Grundsätze eines Systems der beständigen Befestigungskunst. Darmstadt 1839.

Anonym (1847): Hohenzollern. In: Jahrbuch der Baukunst und Bauwissenschaft 4, 1847, S. 182.

Anonym (1849): Über die Anwendung und Errichtung der neueren Vertheidigungs-Thürme. In: Archiv für die Officiere der Königlich Preußischen Artillerie- und Ingenieur-Korps 25, 1849, S. 93–115.

Anonym (1849a): Die Barrikaden (Geschichtlich und technisch). In: Romberg's Zeitschrift für Praktische Baukunst 9, 1849, Heft 2, Sp. 111–116.

Anonym (1850): Das neue Artillerie-Arsenal von Wien. In: Allgemeine Bauzeitung 15, 1850, S. 25–31.

Anonym (1862): Die großherzogliche Artillerie-Kaserne auf dem Ostorfer Berg. In: Archiv für Landeskunde in den Großherzogthümern Mecklenburg und Revüe der Landwirthschaft 12, 1862, S. 505–510.

Anonym (1863): Zum 25./27. März 1863. In: Mecklenburg. Eine Monatsschrift für die Allgemeine Landeskunde. Schwerin 1863, S. 69–77.

Anonym (1864): Das k.k. Artillerie-Arsenal zu Wien. In: Allgemeine Bauzeitung 29, 1864, S. 4–6.

Anonym (1867): Beschreibung der Burg Hohenzollern. Hechingen 1867.

Anonym (1867a): Das Waffenmuseum im Arsenal zu Wien. In: Romberg's Zeitschrift für Praktische Baukunst 27, 1867, Heft 3, Sp. 331–334.

Anonym (1867b): Die Marienburg und ihre Hüterin. In: Die Gartenlaube 1867, No. 27, S. 420–424.

Anonym (1877): Das Werk eines Socialdemokraten. In: Die Gartenlaube 1877, No. 15, S. 255–256.

Architektonische Rundschau. Skizzenblätter aus allen Gebieten der Baukunst 9, 1893, Heft 8.

Aretin, Johann Christoph Anton Maria Freiherr v./Rotteck, Carl v. (1838): Staatsrecht der constitutionellen Monarchie. Ein Handbuch für Geschäftsmänner, studirende Jünglinge, und gebildete Bürger. 3 Bde. Leipzig (2) 1838.

Arndt, Ernst Moritz (1813): Der Rhein, Deutschlands Strom, aber nicht Deutschlands Grenze. ND Düsseldorf 1893 (Leipzig 1813).

Ders. (1815): Ueber Preussens Rheinische Mark und über Bundesfestungen. O. O. 1815.

(Baur, Karl von) (1818): Welches sind die wahren und natürlichen Bundesfestungen und ist Ulm eine solche? Von einem süddeutschen Offiziere. (Leipzig) 1818.

Bernhard, Julius (1863): Reisehandbuch durch Württemberg und die angrenzenden Länderstriche der Nachbarstaaten. Stuttgart 1863.

Bernkopf, C. (1867): Die Umbauten auf den Terrassen des Schlosses Fürstenstein in Schlesien, in: Romberg's Zeitschrift für Praktische Baukunst 27, 1867, Heft 1, Sp. 5–10.

Beschreibung (1893): Beschreibung des Oberamts Reutlingen, hg. v. K. Statistischen Landesamt Württemberg. 2 Bde., Stuttgart 1893.

Blesson, Johann Louis Urbain: Befestigungskunst für alle Waffen. 2 Bde., Berlin 1825 u. 1827.

Ders. (1830): Grosse Befestigungskunst für alle Waffen. Berlin 1830.

Blumhardt, Heinrich (1864): Die stehende Befestigung für Offiziere aller Waffen und für Kriegsschulen. I. Theil (2 Bde.): Die Lehre von den einzelnen Theilen der Befestigung. Darmstadt, Leipzig 1864.

Bluntschli, Johann Caspar (1852): Allgemeines Staatsrecht, geschichtlich begründet. München 1852.

Ders./Brater, Karl (Hg.): Deutsches Staats-Wörterbuch. 11 Bde., Stuttgart u. Leipzig 1857–1870.

Bock, Franz (1859): Die Burgveste Hohenzollern in ihrer heutigen Wiederherstellung. In: Organ für christliche Kunst 9, 1859, S. 145–149.

Bousmard, Henri J. B. de (1811): Allgemeiner Versuch über die Befestigungskunst und über den Angriff und die Vertheidigung der Plätze. Aus dem Französischen übersetzt v. Johann Wilhelm Andreas Kosmann. 2 Bde., Hof 1811.

Brandenbusch, Karl (1850): Erinnerungen an Stolzenfels. Eine kurze Geschichte der Burg und der Stadt Coblenz, mit einer Sr. Majestät dem Könige Friedrich Wilhelm IV. gewidmeten Fest-Cantate. Koblenz (1850).

Brese, Johann Leopold Ludwig v. (1841): Drei Vorlesungen über das Entstehen und das Wesen der neueren Befestigungs-Methode. Mit besonderer Beziehung auf die im preußischen Staate seit den letzten Kriegsjahren zur Ausführung gekommenen Festungs-Neubauten, gehalten in der militärischen Gesellschaft i. J. 1841. Berlin 1856.

Brunner, Moritz Ritter v. (1896): Leitfaden für den Unterricht in der beständigen Befestigung. Zum Gebrauche in den k. und k. Militär-Bildungs-Anstalten. Wien (5) 1896.

Burke, Edmund (1980): Philosophische Untersuchung über den Ursprung unserer Ideen vom Erhabenen und Schönen. Übersetzt von Friedrich Bassenge. Neu eingeleitet und hg. v. Werner Strube. (Philosophische Bibliothek Bd. 324.) Hamburg 1980.

Carnot, Lazare Nicolas Marguerite Comte (1820): Anweisung zur Vertheidigung der Festungen. Stuttgart 1820.

Carus, Carl Gustav (1835): Reisen und Briefe. Ausgewählt von Ekkart v. Sydow. Zweiter Teil: Paris und die Rheingegenden 1835. (Das Wunderhorn, hg. v. Paul Alfred Merbach u. Eckart von Sydow, 35. u. 36. Stück.) Leipzig o. J.

Clausewitz, Carl v. (1952): Vom Kriege. Vollständige Ausgabe im Urtext mit historisch-kritischer Würdigung von Dr. Werner Hahlweg. Bonn 1952.

Coxe, Wilhelm (1785): Reise durch Polen, Russland, Schweden und Dänemark. Bd. 1, Zürich 1785.

Dahl, Johann Konrad (1832): Die Burgen Rheinstein und Reichenstein mit der Klemenskirche am Rhein. Historische Schilderung. Mainz 1832.

Demmler, Georg Adolph (1914): Georg Adolph Demmler 1804–1886. Die Autobiographie eines großen Baumeisters, hg. v. B. Mertelmeyer. Schwerin 1914.

Deutsche Bauzeitung No. 95, 97, 99, 101, 103/ 1875, S. 473–474, 483–484, 493–494, 505–507 u. 515–517.

Deutsche Encyclopädie oder Allgemeines Real-Wörterbuch aller Künste und Wissenschaften von einer Gesellschaft Gelehrter. 24 Bde., Frankfurt a. M. 1783–1807.

Diderot, Denis/Alambert, Jean LeRond d': Encyclopédie, ou Dictionnaire Raisonné des Sciences, des Arts et des Métiers. 23 Bde., Paris 1751–1780.

Dohme, Herbert (1850): Beschreibung der Burg Stolzenfels. Berlin 1850.

Douglas, Sir Howard (1859): Observations on modern systems of fortification including that proposed by M. Carnot, and a comparison of the polygonal with the bastion system; to which are added, some reflections on intrenched positions, and a tract on the naval, littoral, and internal defence of England. London 1859.

Dub, August (1853): Abhandlung über die Feld- und Beständige Befestigungskunst. Zum besonderen Gebrauche für Militärs ausser der Geniewaffe. Wien 1853.

DÜRER, Albrecht: Etliche underricht, zu Befestigung der Stett, Schlosz und Flecken. Nürnberg 1527.

DUFOUR, Guillaume Henri (1822): De la Fortification permanente. Genf, Paris 1822.

DZIOBEK, Ernst (1853): Taschenbuch für den Preussischen Ingenieur. Eine Sammlung von Notizen zum Gebrauch in Krieg und Frieden. Koblenz (2) 1853 (1844).

EBERLEIN, Georg (1852): Der im mittelalterlichen Style erbaute Lichtenstein, Burg Sr. Erlaucht des Grafen Wilhelm von Württemberg. Reutlingen 1852.

EICHENDORFF, Joseph Freiherr von (1844): Die Wiederherstellung des Schlosses der deutschen Ordensritter zu Marienburg. Königsberg 1844.

EICKEMEYER, Rudolf (1822): Die Kriegsbaukunst nach Grundsätzen, welche von jenen verschieden sind, die man bisher befolgt hat. Für Offiziere von allen Waffen, die sich zu höhern Befehlshaberstellen geschickt machen wollen. Leipzig 1822.

ENGELHARD, Johann Daniel (1842): Versuch einer artistischen Beschreibung des kurfürstlich-hessischen Lustschlosses Wilhelmshöhe bei Cassel. In: Jahrbuch für die Baukunst 16, 1842, Heft 1, S. 49–68.

ERSCH, Johann Samuel/GRUBER, Johann Gottfried: Allgemeine Enzyklopädie der Wissenschaften und Künste (3 Bde.):
Erste Sektion A-G, Teil 46: Fluth und Ebbe – Fortunius. Leipzig 1847 (ND Graz 1971).
Dritte Sektion O-Z, Teil 2: Odysseis – Olba. Leipzig 1832 (ND Graz 1987).
Dritte Sektion O-Z, Teil 9: Pacholenus – Palermo Seide, Leipzig 1837 (ND Graz 1988).

FEISTL, Simon (1842): Die Geschichte des Königlichen Schlosses Stolzenfels zu Capellen am Rheine. Koblenz 1842.

FESCA, Friedrich August (1853): Handbuch der Befestigungskunst für die jüngeren Officiere der Infanterie und Cavallerie und die Officier-Aspiranten beider Waffen. Bd. 2 (2 Bde.): permanente Befestigung und Angriff und Vertheidigung der Festungen. Berlin 1853.

FISCHER, Anton (1836): Auszüge aus der Befestigungs-Kunst und der Anleitung zum Angriff und zur Vertheidigung der Schanzen und Barricaden nach dem Werke des Freiherrn von Hauser, mit theilweiser Benützung anderer Schriftsteller. Für Officiere der Infanterie und Cavallerie systematisch zusammengesetzt. Leitmeritz u. Teplitz 1836.

FLAMMENSTERN, A. Rittig v. (1813): Encyclopädisches Kriegslexicon oder allgemeine alphabetisch-erklärende theoretisch-practische Uebersicht aller im Land- und See-Kriege, und in sämmtlichen Kriegswissenschaften vorkommenden Gegenstände, Begriffe und Kunstausdrücke. Bd. 1, A-G, Wien 1813.

FÖRSTER, Heinrich Ritter v. (1866): Das k.k. Artillerie-Arsenal zu Wien. In: Allgemeine Bauzeitung 31, 1866, S. 316–325.

FOGT, Heinrich (1859): Grundzüge der permanenten Befestigung und der Lehre vom Angriff und der Vertheidigung von Festungen beim Unterrichte und für Selbstbelehrung nach den Bedürfnissen aller Waffen. München 1859.

(FROM, Friedrich Wilhelm Theodor) (1841): Über die architektonische Behandlung der Militairgebäude. In: Archiv für die Officiere der Königlich Preußischen Artillerie- und Ingenieur-Korps 12, 1841, S. 140–166.

FROM, J.W.T. (1854): Handbuch des Ingenieur-Dienstes. Erster Theil (2 Bde.): Permanente Befestigung. Berlin 1854.

(FROMME, Johann) (1821): Die Befestigung für den Volkskrieg. Berlin 1821.

GAHEIS, Franz de Paula (1804): Wanderungen und Spazierfahrten in die Gegenden um Wien. Bd. 6, Wien (2) 1804, S. 63–101.

GEORGI, Johann Gottlieb (1793): Versuch einer Beschreibung der Kayserl. Residenzstadt St. Petersburg und der Merckwürdigkeiten der Gegend. Riga 1793.

GÖNNER, Nikolaus Thaddäus (1804): Teutsches Staatsrecht. Landshut 1804.

GÖRRES, Joseph: Uebersicht der neuesten Zeitereignisse. In: RM Nr. 22 v. 5. März 1814.

DERS.: Uebersicht der neuesten Zeitereignisse. In: RM Nr. 59 v. 19. Mai 1814.

DERS.: Ueber die Landwehr auf dem linken Rheinufer. In: RM Nr. 109 v. 28. August, Nr. 110 v. 30. August u. 115 v. 9. September 1814.

GRATIANUS, M. C. C. (1844): Die Ritterburg Lichtenstein. Landsitz Seiner Erlaucht des Grav Wilhelm von Wirtemberg. Vergangenheit und Gegenwart. Tübingen 1844.

GREGORIUS, Johann Gottfried gen. Melissantes (1721): Das Erneuerte Alterthum Oder Curieuse Beschreibung Einiger vormahls berühmten theils verwüsteten und zerstöreten theils aber wiederum auferbaueten Berg-Schlösser. Leipzig 1721.

GROSHERZOGLICH MEKLENBURG-SCHWERINSCHER STAATS-KALENDER 1852. Schwerin 1851.

HACKEWITZ, Fedor Eugen Freiherr v. (1841): Handbuch der Fortification, bearbeitet innerhalb der Grenzen, welche durch die Allerhöchste Bestimmung für die Offizier-Examen der Infanterie und Cavallerie in der Königl. Preußischen Armee festgestellt sind. Berlin, Posen, Bromberg (2) 1841.

HACKLÄNDER, Friedrich Wilhelm/DINGELSTEDT, Franz (1846): Das Caroussel welches am 27. Oktober 1846 auf Veranlassung der hohen Vermaehlung Seiner Königlichen Hoheit des Kronprinzen Karl von Württemberg mit Ihrer Kaiserlichen Hoheit Grossfürstin Olga Nikolajewna in Stuttgart abgehalten wurde. Stuttgart 1846.

HÄBERLIN, C. L., gen. Belani (1855) Sanssouci, Potsdam und Umgegend. Mit besonderer Rücksicht auf die Regierungszeit Seiner Majestät, Friedrich Wilhelm IV. König von Preußen. Mit Allerhöchster Genehmigung unter amtlicher Mitwirkung der Herren Lenné, General-Director der Königl. Gärten, und Hesse. Königl. Hof-Baurath. Berlin, Potsdam 1855.

HALDER (1878): Ueber den Werth der Festungen in der modernen Kriegführung und die Bedingungen, unter welchen auch jetzt noch kleine Festungen eine Bedeutung haben können. In: Archiv für die Artillerie- und Ingenieur-Offiziere des deutschen Reichsheeres. Jg. 42, Bd. 83, 1878, S. 95–113.

HANDBUCH über den Königl. Preussischen Hof und Staat für das Jahr 1841. Berlin 1841.

HAUFF, Wilhelm (1988): Lichtenstein. Romantische Sage aus der württembergischen Geschichte. Stuttgart 1988.

HAUSER, Georg Freiherr v. (1817): Die Befestigung der Staaten nach den Grundsätzen der Strategie. Wien 1817.

HEIDELOFF, Carl Alexander (v.) (1838): Nürnberg's Baudenkmale der Vorzeit oder Musterbuch der altdeutschen Baukunst für Architecten und Gewerbeschulen. Nürnberg (1838).

DERS.: Architectonische Entwürfe und ausgeführte Bauten im byzantinischen und altdeutschen Styl. 2 Hefte, Nürnberg 1850 u. 1851.

DERS.: Der kleine Altdeutsche (Gothe) oder Grundzüge des altdeutschen Baustyles. Zum Handgebrauch für Architekten und Steinmetzen, besonders für technische Lehranstalten. 3 Bde., Nürnberg 1849–1852.

HEIGELIN, Karl Marcell (1832): Lehrbuch der Höheren Baukunst für Deutsche Bd. 3 (3 Bde.). Leipzig (1832).

HEMPEL, Gustav (1829): Geographische Beschreibung der Großherzogtümer Mecklenburg-Schwerin und Mecklenburg-Strelitz. Neustrelitz, Neubrandenburg 1829.

HEVESI, Ludwig (1898): Wien. Stadtbild, Festlichkeiten, Volksleben. In: Eduard Leisching (Hg.): Der Wiener Kongreß. Culturgeschichte, die bildenden Künste und das Kunstgewerbe, Theater – Musik in der Zeit von 1800–1825. Wien 1898, S. 73–94.

HILBIG, H. jun.: St. Michaels-Schloss in St. Petersburg. In: Allgemeine Bauzeitung 50, 1885, S. 95–96 u. Taf. 64–70.

HIRTENFELD, Jaromir (Hg.): Oesterreichisches Militär-Konversations-Lexikon. Unter Mitwirkung mehrerer Offiziere der k.k. Armee. 2 Bde., Wien 1851 u. 1852

HOF- und STAATSHANDBUCH für das Königreich Hannover auf das Jahr 1858. Hannover 1858.

HOF- und STAATSHANDBUCH für das Königreich Hannover auf das Jahr 1859. Hannover 1859.

HOFMANN, Friedrich (1861): Die Stammburg Hohenzollern. In: Die Gartenlaube 1861, No. 45, S. 709–711.

Hormayr-Hortenburg, Joseph Freiherr v. (1842): Die goldene Chronik von Hohenschwangau der Burg der Welfen, der Hohenstauffen und der Scheyren. München 1842.

Hoyer, Johann Gottfried: Allgemeines Wörterbuch der Artillerie. Theil 1.1.–2.2., Tübingen 1804–1812.

Ders. (1816): Lehrbuch der Kriegsbaukunst. Zum Behufe der Vorlesungen in Kriegs- und Ingenieur-Schulen. Berlin 1816.

Ders. (1832): Befestigungs-Kunst und Pionier-Dienst. Erste Abtheilung: Permanente Befestigungskunst, begründet auf den Angriff und die Vertheidigung. (Handbibliothek für Offiziere oder Populaire Kriegslehre für Eingeweihte und Laien, Bd. 4). Berlin 1832.

Hübner, Johann (1805): Reales Staats-Zeitungs- und Conversations-Lexicon. Grätz 1805.

Illustrirte Zeitung Bd. 1, 1843, No. 19, S. 299–301; Bd. 7, 1846, No. 168, S. 186f., u. No. 174, S. 275f.; Bd. 13, 1849, No. 315, S. 32, No. 318, S. 76f., No. 328, S. 229f., u. No. 339, S. 409f.; Bd. 16, 1851, No. 403, S. 185f.; Bd. 18, 1852, No. 449, S. 87–90; Bd. 20, 1853, No. 500, S. 70f.; Bd. 23, 1854, No. 584, S. 169f.; Bd. 28, 1857, No. 729, S. 479–481; Bd. 30, 1858, No. 776, S. 315–318; Bd. 34, 1860, No. 865, S. 60; Bd. 38, 1862, No. 984, S. 316; Bd. 40, 1863, No. 1032, S. 243; Bd. 46, 1866, No. 1199, S. 422f.; Bd. 52, 1869, No. 1336, S. 97f.

Jahn, G. A. (Hg.) (1845): Wörterbuch der angewandten Mathematik. Ein Handbuch zur Benutzung beim Studium und praktischen Betriebe derjenigen Wissenschaften, Künste und Gewerbe, welche Anwendungen der reinen Mathematik erfordern. 2 Bde., Leipzig 1845.

Klein, Johann August (1828): Rheinreise von Mainz bis Köln. Koblenz 1828.

Klenze, Leo v. (1838): Aphoristische Bemerkungen gesammelt auf einer Reise nach Griechenland. Berlin 1838.

Klüber, Johann Ludwig. Oeffentliches Recht des Teutschen Bundes. 2 Bde., Frankfurt a. M. (2) 1822.

Königreich Württemberg (1863): Das Königreich Württemberg. Eine Beschreibung von Land, Volk und Staat, hg. v. K. Statistisch-Topographischen Bureau. Stuttgart 1863.

Krünitz, D. Johann Georg (1790): Oekonomisch-technologische Enzyklopädie oder allgemeines System der Staats-Stadt-Haus- und Land-Wirthschaft, und der Kunst-Geschichte in alphabetischer Ordnung. Bd. 49 (242 Bde.), Kreu bis Kriegs-Baum. Berlin 1790.

Kümmel, Conrad (1896): Lichtenstein. O. O. 1896.

Kuhn, Friedrich Wilhelm (1834): Handbuch über das Staats-Recht des Königreichs Württemberg. 3 Bde., Ulm 1834.

Kuhn, Wilhelm (1830): Beleuchtung der von dem Königlichen Bauinspektor von Lassaulx gemachten, und der Lesewelt mitgetheilten Ansprüche auf den Wiederaufbau der Burg Rheinstein. Düsseldorf 1830.

Ders. (1842): Zeichnungen von der Burg Rheinstein. Düsseldorf (1842).

Laisné, Joseph/Kübling, Ignaz (1864): Handbuch der Geniewaffe. Braunschweig 1864.

Landau, Georg (1842): Beschreibung des Kurfürstenthums Hessen. Kassel 1842.

Lange, Ludwig: Werke der höheren Baukunst für die Ausführung: Erstes Heft: Entwurf zu einem fürstlichen Haus. Darmstadt, München 1846.

Drittes Heft: Entwürfe zu verschiedenen Gebäuden in sieben Blättern. Darmstadt 1859.

Leitner, Quirin Ritter von (1875): Monographie des kaiserlichen Lustschlosses Schönbrunn. Wien 1875.

(Lindow, Julius) (1849): Darstellung und Beschreibung einer Polygonal- und Kaponier-Befestigung. Mainz 1849.

Lippe (1789): Leben des Regierenden Grafen Wilhelm zu Schaumburg-Lippe und Sternberg. Wien 1789.

Lisch, Georg Friedrich Christian (1840): Das Schloß zu Schwerin. In: Jahrbücher des Vereins für mecklenburgische Geschichte und Alterthumskunde 5, 1840, S. 32–60.

Ders. (1850): Die Geschichte des Schlosses zu Schwerin und dessen Bauperioden. In: Jahrbücher des Vereins für mecklenburgische Geschichte und Alterthumskunde 15, 1850, S. 159–165.

Ders. (1855): Die Schlosskirche zu Schwerin. Zweiter Beitrag zur Geschichte des Schweriner Schlossbaues. Schwerin 1855.

Ders. (1857): Zur Geschichte und Beschreibung des Schweriner Schlosses. In: Norddeutscher Correspondent No. 120, 26. Mai 1857, S. 3.

Loehr, Carl Adolph: Großes Kriegswörterbuch oder Encyclopädie aller in das Gebiet der Kriegswissenschaften einschlagenden Wörter und Materialien. 2 Bde., Mannheim 1846 u. 1850.

Lübke, Wilhelm (1869): Eine Reise in Mecklenburg. In: Ders.: Kunsthistorische Studien. Stuttgart 1869, S. 207–260.

Lühe, Eggert Willibald v. d. (Hg.) (1834): Militair-Conversations-Lexicon. 8 Bde., Leipzig u. Adorf 1833–1841.

Malten, H. M. (1844): Schloß Stolzenfels am Rheine. Frankfurt a. M. 1844.

Mangin, Alphonse (1855): Abhandlung über Polygonal-Befestigung, welche seit dem Jahre 1815 in Deutschland angewendet wird. Dt. v. F. Symon de Corneville. München 1855.

Massenbach, Christian Karl August Ludwig Freiherr v. (1817): Über Fürstenreigung in repräsentativen Verfassungen. Eine Rede, welche zunächst zum Vortrag in der Ständeversammlung Würtembergs bestimmt war. Heidelberg 1817.

Mayern, Franz Ferdinand v. (1848): Ueber den Geist der Befestigungskunst in den verschiedenen Geschichtsepochen. Wien 1848.

Meinert, Friedrich: Die Civilbaukunst zu Kriegszwecken für Ingenieure oder Leitfaden zu Vorlesungen für angehende Architekten. Berlin 1819.

Minutoli, Menu v. (1808): Betrachtungen über die Kriegsbaukunst. (2) Berlin 1808 (1799).

Möllinger, Karl (1850): Construction der bombenfesten Gewölbe und Bestimmung des Druckes derselben gegen die Widerlager. In: Romberg's Zeitschrift für Praktische Baukunst 10, 1850, Heft 10, Sp. 401–415.

Ders. (1850a): Das Kriegspulvermagazin auf der Feste Marienberg bei Würzburg. Nach den Entwürfen des Ingenieurhauptmann Friedrich von Schmauß ausgeführt in den Jahren 1837 und 1838. In: Romberg's Zeitschrift für Praktische Baukunst 10, 1850, Heft 10, Sp. 415–422.

Montalembert, Marc René Marquis de: Die Vertheidigung stärker als der Angriff oder Die Befestigung mit rechtwinklicher Bestreichung. Aus dem Französischen von Johann Gottfried v. Hoyer. 4 Bde., Berlin 1818–1820.

Moser, Johann Jacob (1967): Von der Landes-Hoheit in Militair-Sachen. (Neues teutsches Staatsrecht). ND Osnabrück 1967 (Frankfurt a. M., Leipzig 1773).

Ders. (1969): Von der Landeshoheit der Teutschen Reichsstände überhaupt. (Neues teutsches Staatsrecht). ND Osnabrück 1969 (Frankfurt a. M., Leipzig 1773).

Mothes, Oscar: Illustrirtes Bau-Lexikon. Praktisches Hülfs- und Nachschlagebuch im Gebiete des Hoch- und Flachbaues, Land- und Wasserbaues, Mühlen- und Bergbaues, der Schiffs- und Kriegsbaukunst. 4 Bde., Leipzig u. Berlin (3) 1874–1877 (1857).

Müller, H. (1856): Die Grundsätze der neueren Befestigung und Widerlegung Mangin's. Antwort auf die Abhandlung über die Polygonal-Befestigung. Berlin 1856.

Müller, J. H. (1838): Beschreibung von Koblenz und Ehrenbreitstein, mit Ausflügen nach dem Schlosse Stolzenfels. Handbüchlein für Reisende. Koblenz 1838.

Muffat, Carl August (1837): Beschreibung und Geschichte des Schlosses und der ehemaligen Reichsherrschaft Hohenschwangau. München 1837.

Niemann, August (Hg.) (1882): Militär-Handlexikon. Stuttgart (2) 1882 (1877).

Norddeutscher Correspondent 120, 26. Mai 1858, S. 2.

Nugent, Thomas (1782): Thomas Nugents Reisen durch Deutschland, und vorzüglich durch Mecklenburg. Zweiter Theil. Berlin, Stettin 1782.

Ochwadt, Curd (Hg.) (1967): Das Steinhuder Meer. Eine Sammlung von Nachrichten und Beschreibungen bis 1900. Hannover 1967.

Ders. (Hg.) (1977): Wilhelm Graf zu Schaumburg-Lippe: Philosophische und politische Schriften Bd. 1. (Veröffentlichungen des Leibniz-Archivs 6, hg. v. d. Niedersächsischen Landesbibliothek.) Frankfurt a. M. 1977.

Parisius, A./Brinkmann, A.: Beschreibende Darstellung der älteren Bau- und Kunstdenkmäler des Kreises Gardelegen. (Beschreibende Darstellung der älteren Bau- und Kunstdenkmäler der Provinz Sachsen Bd. 20.) Halle 1897.

Paulus, Eduard (1897): Die Kunst- und Altertums-Denkmale im Königreich Württemberg. Inventar Schwarzwaldkreis. Stuttgart 1897.

Persius, Ludwig (1843): Die Baulichkeiten im Königlichen Wildpark bei Potsdam, in: Allgemeine Bauzeitung 8, 1843, S. 343–347.

Pertuisier, Charles (1821): Versuch einer Befestigungsart nach den Grundsätzen des neuen Krieges und nach dem gegenwärtigen Zustande der Geschützkunst. Aus dem Französischen übersetzt von Johann Gottfried v. Hoyer. Berlin 1821.

Pezzl, Johann (1809): Beschreibung und Grundriß der Haupt- und Residenzstadt Wien sammt ihrer kurzen Geschichte. Wien 1809.

Pfister, Albert (1868): Denkwürdigkeiten der württembergischen Kriegsgeschichte des 18. und 19. Jahrhunderts im Anschluß an die Geschichte des 8. Infanterieregiments. Stuttgart 1868.

Poenicke, G. A./Heise, I.: Album der Schlösser und Rittergüter im Königreiche Sachsen. IV. Section: Erzgebirgischer Kreis. Leipzig o. J.

(Pönitz, Karl Eduard) (1844): Die Vertheidigung von Süddeutschland gegen die Franzosen, mit Zuziehung der Eisenbahnen, unter Berücksichtigung der verschiedenen Spurweiten. (Eine strategische Skizze). In: Deutsche Vierteljahrs Schrift 1, 1844, S. 1–50.

Poten, Bernhard v. (Hg.) (1877): Handbuch der gesamten Militärwissenschaften. 9 Bde., Bielefeld, Leipzig 1877–1880.

(Prittwitz und Gaffron, Moritz v.) (1836): Beiträge zur angewandten Befestigungskunst, erläutert durch Beispiele aus den neuern Preußischen Befestigungsanlagen, auf 100 Tafeln. Posen (1836).

Ders. (1865): Lehrbuch der Befestigungskunst und des Festungskrieges. Berlin 1865.

Prokop, August (1900): Zur Förderung des Fremdenverkehrs in den österreichischen Alpenländern und an der österreichischen Riviera. In: Wiener Bauindustrie-Zeitung 17, 1900, Nr. 14, S. 97–101.

Pückler-Muskau, Hermann Fürst v. (1834): Andeutungen über Landschaftsgärtnerei, verbunden mit der Beschreibung ihrer praktischen Anwendung in Muskau. Stuttgart 1834.

Raabe, Wilhelm (Hg.) (1857): Meklenburgische Vaterlandskunde. Erster Theil: Specielle Ortskunde beider Großherzogthümer Meklenburg nebst Ortsregister und drei Stadtplänen. Wismar, Ludwigslust 1857.

Reiche, August Friedrich Ludwig Carl v. (1812): Die Befestigungskunst. Hergeleitet aus der gegenwärtigen Art des Angriffes und der Vertheidigung als Grundlage einer verbesserten Befestigungsmethode mit fester Rücksicht auf Staatsökonomie und für Jedermann verständlich. Berlin 1812.

Reimers, Heinrich v. (1805): St. Petersburg am Ende seines Ersten Jahrhunderts. Mit Rückblicken auf Entstehung und Wachsthum dieser Residenz unter den verschiedenen Regierungen während dieses Zeitraums. 2 Bde., St. Petersburg 1805.

Riehl, Wilhelm (1874): Schloß und Park Babelsberg. In: Westermanns Monatshefte 36, 1874, S. 496–509.

Romberg's Zeitschrift für Praktische Baukunst 4, 1844, Heft 2, Sp. 201; 5, 1845, Heft 2, Sp. 102–103; 13, 1853, Heft 1, Sp. 90; 21; 1861, Heft 2, Sp. 273f.; 23, 1863, Heft 1, Sp. 84.

Rosenthal, G. E. (Hg.): Encyklopädie der Kriegswissenschaft: das ist: Kriegskunst, Kriegsbaukunst, Artillerie, Minierkunst, Pontonier-Feuerwerkskunst und Taktik in ihrer Geschichte und Litteratur, in alphabetischer Ordnung. 6 Bde., Gotha 1794–1803.

Rotteck, Carl v./Welcker, Carl (Hg.) (1837): Staats-Lexikon oder Enzyklopädie der Staatswissenschaften. Bd. 5 (14 Bde.), Altona 1837.

Rüstow, Wilhelm (1856): Der Krieg und seine Mittel. Eine allgemein fassliche Darstellung der ganzen Kriegskunst. Leipzig 1856.

Ders.: Militärisches Hand-Wörterbuch nach dem Standpunkte der neuesten Literatur und mit Unterstützung von Fachmännern. 2 Bde., Zürich 1858 u. 1859.

Rumpf, Heinrich Friedrich (1827): Allgemeine Real-Encyclopädie der gesammten Kriegskunst. Eine Handbibliothek für Offiziere aller Waffen in alphabetischer Ordnung. 2 Bde., Berlin (2) 1827 (1821–22).

Scamozzi, Vincenzo (1615): Dell'idea della architettura universale. Parte prima, libro terzo. Venezia 1615.

Schadow, Johann Gottfried (1825): Wittenbergs Denkmäler der Bildhauerei, Baukunst und Malerei mit historischen und artistischen Erläuterungen. Wittenberg 1825.

Scharnhorst, G. (1788): Handbuch für Officiere, in den anwendbaren Theilen der Krieges-Wissenschaften. Zweiter Theil: die Verschanzungskunst. Hannover 1788.

Scheel (1857): Betrachtungen über den Werth der Preussischen Festungen, für die Zweite Hälfte dieses Jahrhunderts. Neuwied 1857.

Schinkel, Karl Friedrich (1835): Sammlung architectonischer Entwürfe von Schinkel. Heft 23, Berlin 1835.

Ders.: (1956): Reisen in Deutschland, hg. v. Carl v. Lorck. Essen 1956.

Schlegel, Friedrich (1823): Ansichten und Ideen von der christlichen Kunst. (Friedrich Schlegel's sämmtliche Werke Bd. 6.) Wien 1823.

Schlie, Friedrich: Die Kunst- und Geschichts-Denkmäler des Grossherzogthums Mecklenburg-Schwerin:
Bd. II: Die Amtsgerichtsbezirke Wismar, Grevesmühlen, Rehna, Gadebusch und Schwerin. Schwerin 1898.
Bd. III: Die Amtsgerichtsbezirke Hagenow, Wittenburg, Boizenburg, Lübthen, Dömitz, Grabow, Ludwigslust, Neustadt, Crinitz, Brüel, Warin, Neubukow, Kröpelin und Doberan. Schwerin 1899.

Schmauss, Friedrich v. (1848): Darstellung und Beschreibung verschiedener Gebäude der Festung Germersheim. In: Allgemeine Bauzeitung 13, 1848, S. 283–297.

Schmidl, Adolf (1838): Wien's Umgebungen auf zwanzig Stunden im Umkreise. Bd. 2, Wien 1838.

Schneider, J. J. v. (1815): Gedanken über eine Fortification, die aus lauter krummen Linien oder Zirkel-Stücken bestehet, wie auch einigen Stücken, die noch nicht gebräuchlich. Hauptsächlich gegen das Enfiliren und Ricochettiren. O. O. 1815.

Schönermark, Gustav: Beschreibende Darstellung der Älteren Bau- und Kunstdenkmäler des Fürstenthums Schaumburg-Lippe. Berlin 1897.

Schottky, Julius Max (1820): Ausflüge von Wien nach dem k.k. Lustschlosse Lachsenburg, und nach Sebenstein. In: Freiherren v. Hormayr u. v. Mednyansky (Hg.): Taschenbuch für die vaterländische Geschichte 1, Wien 1820, S. 21–45.

Schwab, Gustav (1961): Die Neckarseite der Schwäbischen Alb. ND Tübingen 1961 (Stuttgart 1823).

Ders. (2001): Wanderungen durch Schwaben. ND Gerlingen 2001 (Leipzig 1837).

Schwink, G. (1844): Die Anfangsgründe der Befestigungskunst. Ein Leitfaden für Vorträge auf Militair-Schulen und zum Selbstunterricht. Leipzig 1844.

Seydel, F. S.: Nachrichten über vaterländische Festungen und Festungskriege von Eroberung und Behauptung der Stadt Brandenburg bis auf gegenwärtige Zeiten aufgesetzt für jüngere Krieger. 2 Bde., Leipzig, Züllichau 1818 u. 1819.

Simon, J. (1856): Von der Polygonal- und Caponier-Befestigung. Ein Beitrag zur Wissenschaft des Festungskrieges wie auch der Befestigung vorzugsweise vom artilleristischen Standpuncte aus. Berlin 1856.

Soll, Karl (Hg.): Der Wiener Kongreß. In Schilderungen von Zeitgenossen. Berlin u. Wien o. J.

Sonntag, F. C. v. (1836): Der Festungs-Krieg in dem Geiste der neuesten Kriegsführung für Offiziere jeder Waffe. Stuttgart 1836.

Stapel (1858): Burgen-Bau. In: Romberg's Zeitschrift für Praktische Baukunst 18, 1858, Heft 3, Sp. 203–234.

(Stellien) (1863): Nachrichten über die königliche Stammburg Hohenzollern. Berlin 1863.

Stengel, Johann Jakob (1828): Stengel's Fürstenspiegel. Im Auszuge. (Miniatur-Bibliothek der Deutschen Classiker.) Gotha, New York 1828.

Stieglitz, Christian Ludwig (1798): Encyclopädie der bürgerlichen Baukunst, in welcher alle Fächer dieser Kunst nach alphabetischer Ordnung abgehandelt sind. Ein Handbuch für Staatswirthe, Baumeister und Landwirthe. Fünfter Theil (5 Bde.), Schi-Zi, Leipzig 1798.

Stier, Heinrich (1867): Ein Besuch in Pierrefonds. In: Wochenblatt des Architekten-Vereins zu Berlin 1, 1867, No. 40, S. 389–392, u. No. 41, S. 399–401.

Stillfried-Alcantara, Rudolf Graf v. (1870): Hohenzollern. Beschreibung und Geschichte der Burg nebst Forschungen über den Urstamm der Grafen von Zollern. Nürnberg 1870.

Ders. (1879): Die Burg Hohenzollern. Reutlingen 1879.

Storch, Heinrich (1794):Gemählde von St. Petersburg. 2 Bde., Riga 1794.

Ders. (1802): Briefe über den Garten zu Pawlowsk, geschrieben im Jahr 1802. In: Krieg und Frieden. Eine deutsche Zarin in Schloss Pawlowsk. Ausstellungskatalog München 2001, S. 281–312.

Stüler, Friedrich August (1865): Die Burg Hohenzollern. In: Zeitschrift für Bauwesen 1865, Heft I u. II, Sp. 1–12.

Ders. (1866): Bauwerke v. Fr. A. Stüler: Architekt SR Majestät des Königs. Dritte Abtheilung. Die Burg Hohenzollern. Berlin 1866.

Ders./Prittwitz, Moritz v. (1866): Die Burg Hohenzollern, in: Romberg's Zeitschrift für Praktische Baukunst 26, 1866, Heft 10, Sp. 317–319.

Ders./Prosch, E./Willebrand, Hermann: Das Schloß zu Schwerin. Berlin 1869.

Sturm, Leonhard Christoph (1718): Vollständige Anweisung/ Grosser Herren Palläste starck/ bequem/ nach den Reguln der antiquen Architectur untadelich/ und nach dem heutigen Gusto schön und prächtig anzugeben. Augsburg 1718.

Sulzer, Johann Georg (1775): Allgemeine Theorie der Schönen Künste. Bd. 2 (2 Bde.), K bis Z, Leipzig 1775.

Theobald, Johann v. (1817): Entwurf einer Kriegs-Ordnung für das Königreich Württemberg. Stuttgart 1817.

Traux, Maximilian de (1817): Die beständige Befestigungskunst. Zum Gebrauche der K.K. Militair-Akademie zu Wiener Neustadt. Wiener Neustadt 1817.

Treuimfeld, Andreas Ritter Tunkler v. (1874): Die permanente Fortification, nach hinterlassenen Schriften hg. v. Alfred Ritter Tunkler v. Treuimfeld. Wien 1874.

Unterberger, F. M. Leopold Freiherr v. (1807): Abhandlung über beständige Befestigungskunst, und nöthige Begriffe von dem Angriffe und der Vertheidigung der Festungen zum Gebrauch der Officiere der k.k. Oesterreichischen Armee. Wien 1807.

Virgin, Johann Bernhard (1820): Vertheidigung der Festungen im Gleichgewichte mit dem Angriffe derselben. Ins Deutsche übertragen durch Johann Ludwig Ritter v. Xylander. München 1820.

Vogt, Karl Wilhelm (1837): Beschreibung des Schlosses Hohenschwangau und dessen Umgebungen. München 1837.

Wagener (1875): Die Kronprinzlichen Anlagen beim Neuen Palais im Parke von Sanssouci. In: Mittheilungen des Vereins für die Geschichte Potsdams NF 1, 1875, S. 194–200.

Wagner, Johann Jacob (1847): Festungen – ihr Werth und ihre Bedeutung. In: Philipp Ludwig Adam (Hg.): Johann Jacob Wagner's kleine Schriften. Dritter Theil, Ulm 1847, S. 290–297.

Weiske, Julius (Hg.) (1845): Rechtslexikon für Juristen aller teutschen Staaten enthaltend die gesammte Rechtswissenschaft. Bd. 6. (16 Bde.), Leipzig 1845.

Weissenbach, Strack v. (1882): Geschichte der königlich Württembergischen Artillerie. Stuttgart 1882.

Widemann (1805): Mahlerische Streifzüge durch die interessantesten Gegenden um Wien. Bd. 1 (6 Bde.), Wien 1805.

Witt, August (1854): Marienburg, das Haupthaus des deutschen Ritter-Ordens in dem ehemaligen und in dem gegenwärtigen Zustande. Königsberg 1854.

Wittich, Carl Friedrich Albert (1840): Ueber die Befestigung und Vertheidigung grosser Plätze. Berlin 1840.

Woltmann, J. F. A. L. (1833): Beschreibung einer Reise nach St. Petersburg, Stockholm und Kopenhagen. Hamburg 1833.

(Württemberg, Wilhelm Graf v.) (1851): Politische Skizzen über Deutschland und Württemberg, aus der Mappe eines Conservativen. Als Manuscript gedruckt. Erste Abtheilung. (Stuttgart 1851).

Wurmb, Julius v. (1852): Lehrbuch der Kriegsbaukunst zum Gebrauche der Kais. Kön. Génie-Academie. Text- u. Atlasband, Olmütz 1852.

Wurzbach; Constant v.: Biographisches Lexikon des Kaiserthums Oesterreich. 66 Bde., Wien 1856–1891.

(Xylander, Johann Ludwig Ritter v.) (1819): Was ist neuere Befestigung? München 1819.

Zachariä, H. A.: Deutsches Staats- und Bundesrecht. 3 Bde., Göttingen 1841–1845.

Zastrow, Alexander v.: Geschichte der beständigen Befestigung. Leipzig (3) 1854.

Zedler, Johann Heinrich: Grosses vollständiges Universal-Lexikon. 68. Bde., Leipzig 1732–1753.

Zehme, Benno v. (1856): Die Veste Coburg. Gotha 1856.

Zingeler, Karl Theodor/Laur, W. F. (1896): Die Bau- und Kunstdenkmäler in den Hohenzollernschen Landen. Stuttgart 1896.

2. Literatur

(alphabetisch nach Verfasser)

Nachschlagewerke und Lexika

Allgemeine Deutsche Biographie. 56 Bde., Leipzig 1875–1912.

Allgemeines Künstlerlexikon. Die bildenden Künstler aller Zeiten und Völker. Bisher 37 Bde., München 1992 ff.

Grimm, Jakob und Wilhelm: Deutsches Wörterbuch. 33 Bde., Leipzig 1854–1971.

Hamann, Brigitte (Hg.): Die Habsburger. Ein biographisches Lexikon. Wien 1988.

Glossarium Artis. Wörterbuch zur Kunst. Bd. 7: Festungen. Der Wehrbau nach Einführung der Feuerwaffen. Anhang: Begriffe der Poliorketik. Tübingen 1979.

Krahe, Friedrich Wilhelm: Burgen des deutschen Mittelalters. Grundriß-Lexikon. Würzburg 1994.

Lorenz, Sönke/Mertens, Dieter/Press, Volker (Hg.): Das Haus Württemberg. Ein biographisches Lexikon. Stuttgart, Berlin, Köln 1997.

Neue deutsche Biographie. Bisher 20 Bde., Berlin 1953 ff.

Pevsner, Nikolaus/Honour, Hugh/Fleming, John: Lexikon der Weltarchitektur. (3) München 1992 (1971).

Thieme, Ulrich/Becker, Felix (Hg.): Allgemeines Lexikon der Bildenden Künstler von der Antike bis zur Gegenwart. 37 Bde., Leipzig 1907–1959.

Monographien und Aufsätze

Aichner, Ernst/Krauss, Jürgen: Katalog. In: Ernst Aichner (Hg.): Pioniere. Ingenieurtruppen in vier Jahrhunderten. (Veröffentlichungen des Bayerischen Armeemuseums Bd. 2.) Ingolstadt 1981, S. 61–100.

Allroggen-Bedel, Agnes (1998): Die Festung Ehrenbreitstein. Zur Interpretation ihrer Architektur. In: Allroggen-Bedel/Schmidtchen 1998, S. 65–80.

Allroggen-Bedel, Agnes/Schmidtchen, Volker (1998): Neue Forschungen zur Festung Koblenz. Koblenz, Wesel 1998.

Anders, Ferdinand (1982): Die Gärten Maximilians. (Bezirksmuseum Hietzing, Heft 4.) Wien 1982.

Architekt und Ingenieur. Baumeister in Krieg und Frieden. Ausstellungskatalog Wolfenbüttel 1984.

Arends, Isabel Maria: „Gothische Träume". Die Raumkunst Edwin Opplers auf Schloß Marienburg. (Hannoversche Studien. Schriftenreihe des Stadtarchivs Hannover Bd. 11. Im Auftrag der Landeshauptstadt Hannover herausgegeben v. Karljosef Kreter.) Hannover 2005.

Aretin, Karl Otmar v. (1993): Vom Deutschen Reich zum Deutschen Bund. (Joachim Leuschner (Hg.): Deutsche Geschichte Bd. 7 – Kleine Vandenhoeck-Reihe 1455.) Göttingen (3) 1993 (1980).

Argyll (1992). An inventory of the monuments. Vol 7: Mid Argyll

& Cowal. Medieval & later monuments, ed. by the Royal Commission on the Ancient and Historical Monuments of Scotland. Glasgow 1992.

AUFSESS, Hans Max v. (1976): Burgen. München 1976.

BACH, Max (1903): Bilder vom alten Lichtenstein. In BSAV 6, 1903, Sp. 187–190.

BACHMANN, Christoph (1999): Das Öffnungsrecht. Ius aperturae. In: BURGEN 1999, Bd. II, S. 33–38.

BADISCHES LANDESMUSEUM Karlsruhe (Hg.) (1998): 1848/49. Revolution der deutschen Demokraten in Baden. Baden-Baden 1998.

BARCLAY, David E. (1993): Denkmal und Revolutionsfurcht. Friedrich Wilhelm IV. und die Verherrlichung des preußischen Feldzugs in Südwestdeutschland 1849 – Monumentale Beispiele im Potsdamer Raum. In: Wolfgang Neugebauer (Hg.): Potsdam – Brandenburg – Preußen. Beiträge der Landesgeschichtlichen Vereinigung zur Tausendjahrfeier der Stadt Potsdam (= Jahrbuch für Brandenburgische Landesgeschichte 44, 1993.) Berlin 1993, S. 130–160.

DERS. (1995): Politik als Gesamtkunstwerk. Das Monarchische Projekt. In: Stiftung Preußische Schlösser und Gärten Berlin-Brandenburg (Hg.): Friedrich Wilhelm IV. Künstler und König. Zum 200. Geburtstag. Ausstellungskatalog. Frankfurt a. M. 1995, S. 23–27.

DERS. (1995a): Anarchie und guter Wille. Friedrich Wilhelm IV. und die preußische Monarchie. Berlin 1995.

BARTELS, Olaf (2001): Der Architekt Hermann Willebrand 1816–1899. Hg. v. Staatlichen Museum Schwerin u. d. Architektenkammer Mecklenburg-Vorpommern. Hamburg 2001.

BARTH, Matthias (1995): Mecklenburgische Residenzen. Landesfürstliche Repräsentationsarchitektur aus sieben Jahrhunderten. Leipzig 1995.

BAUMGARTNER, Georg (1987): Schloß Hohenschwangau. Eine Untersuchung zum Schlossbau der Romantik. (Beiträge zur Kunstwissenschaft Bd. 15.) München 1987.

BAYERN, Adalbert Prinz von (1992): Die Herzen der Leuchtenberg. Geschichte einer bayerisch-napoleonischen Familie. München 1992.

BECKER, Christoph (1987): Schloß Lichtenstein. Ein patriotisches Denkmal in Schwaben. Magisterarbeit im Fach Kunstgeschichte der Univ. Stuttgart, masch. Stuttgart 1987. Mikrofiche-Ausgabe Egelsbach, Frankfurt a. M., St. Peter Port : Hänsel-Hohenhausen (Deutsche Hochschulschriften 2312).

BEENKEN, Hermann (1952): Schöpferische Bauideen der deutschen Romantik. Mainz 1952.

BÉHAR, Pierre/WATANABE-O'KELLY, Helen (Hg.) (1999): Spectaculum Europaeum. Theatre and Spectacle in Europe. Histoire de Spectacle en Europe (1580–1750). (Wolfenbütteler Arbeiten zur Barockforschung. In Zusammenarbeit mit dem Wolfenbütteler Arbeitskreis f. Barockforschung hg. v. d. Herzog August Bibliothek, Bd. 31.) Wiesbaden 1999.

BELLMANN, Fritz/HARKSEN, Marie-Luise/WERNER, Roland (1979): Die Denkmale der Lutherstadt Wittenberg. (Die Denkmale im Bezirk Halle.) Weimar 1979.

BERGMEYER, Winfried (1999): Landgraf Karl von Hessen-Kassel als Bauherr – Funktionen von Architektur zwischen Vision und Wirklichkeit. Münster 1999.

BIBLIOTHEK der Akademie der bildenden Künste Kupferstichkabinett (Hg.) (1961): Franz Jäger – Vater (1743–1809), Franz Jäger – Sohn (1781–1839). Architekturzeichnungen und Aquarelle. Katalog der 19. Ausstellung „Aus den Sammlungen der Akademie-Bibliothek". Wien 1961.

BIDLINGMAIER, Rolf (1994): Schloß Lichtenstein. Die Baugeschichte eines romantischen Symbols. In: Reutlinger Geschichtsblätter NF 33, 1994, S. 113–152.

BIENERT, Andreas (1996): Das Gefängnis als Bedeutungsträger. Ikonologische Studien zur Geschichte der Strafarchitektur. (Europäische Hochschulschriften Reihe XXXVII, Architektur, Bd. 20.) Frankfurt a. M., Berlin, Bern, New York, Paris, Wien 1996.

BIEHN, Heinz (1970): Residenzen der Romantik. München 1970.

BILLER, Thomas (1996): Die Wülzburg. Architekturgeschichte einer Renaissancefestung. Unter Mitwirkung von Daniel Burger. München, Berlin 1996.

DERS./GROßMANN, G. Ulrich (2002): Burg und Schloss. Der Adelssitz im deutschsprachigen Raum. Regensburg 2002.

BINDING, Günther (1975): Rheinische Höhenburgen in Skizzen des 19. Jahrhunderts. Zeichnungen des Majors Theodor Schoeppe und des Archivars Leopold Eltester. Köln 1975.

BISKUP, Krysztof (1987): Russische Festungsanlagen in Polen 1815–1914. In: Volker Schmidtchen (Hg.): Sicherheit und Bedrohung – Schutz und Enge. Gesellschaftliche Entwicklung von Festungsstädten. Beispiel Stade. Beiträge zum 6. Internationalen Kolloquium zur Festungsforschung Stade. (Schriftenreihe Festungsforschung Bd. 6.) Wesel 1987, S. 143–148.

BIZER, Christoph/ GÖTZ, Rolf (1989): Vergessene Burgen der schwäbischen Alb. Stuttgart 1989.

BOECK, Urs (1958): Karl Alexander Heideloff In: Mitteilungen des Vereins für Geschichte der Stadt Nürnberg 48, 1958, S. 314–372.

BÖCKLING, Manfred (1996): Festung Ehrenbreitstein. Amtlicher Führer, Heft 17. Mainz 1996.

BÖRSCH-SUPAN, Eva/MÜLLER-STÜLER, Dietrich (1997): Friedrich August Stüler 1800–1865. Hg. v. Landesdenkmalamt Berlin. München, Berlin 1997.

BOHLE-HEINZENBERG, Sabine/HAMM, Manfred (1993): Ludwig Persius. Architekt des Königs. Berlin 1993.

BOLENZ, Eckhard (1994): Bauwesen und Militär – zur Ausbildungsgeschichte des Ingenieurcorps in Preußen seit dem 18. Jahrhundert. In: Volker Schmidtchen (Hg.): Vielfältige Ansätze – einheitliches Ziel. Festungsforschung international. Beiträge zur Exkursionstagung der DGF aus Anlaß „150 Jahre Bundesfestung Ulm". (Schriftenreihe Festungsforschung Bd. 12.) Wesel 1994, S. 35–44.

BOOCKMANN, Hartmut (1972): Das ehemalige Deutschordensschloß Marienburg 1772–1945. Die Geschichte eines politischen Denkmals. In: Geschichtswissenschaft und Vereinswesen im 19. Jahrhundert. Göttingen 1972, S. 99–162.

DERS. (1982): Die Marienburg im 19. Jahrhundert. Frankfurt a. M., Berlin, Wien 1982.

BORNHEIM gen. Schilling, Werner (1964): Rheinische Höhenburgen (= Jahrbuch des Rheinischen Vereins für Denkmalpflege und Heimatschutz 1961–1963.) 3 Bde., Neuss 1964.

DERS. (1980): Stolzenfels als Gesamtkunstwerk. In: Eduard Trier und Willy Weyres (Hg.): Kunst des 19. Jahrhunderts im Rheinland. Bd. 2 (5 Bde.): Architektur II. Profane Bauten und Städtebau. Düsseldorf 1980, S. 329–342.

DERS. (1995): Schloß Stolzenfels. Amtlicher Führer, Heft 4. Mainz 1995.

BOTHE, Rolf (1979): Burg Hohenzollern: von der mittelalterlichen Burg zum national-dynastischen Denkmal im 19. Jahrhundert. Berlin 1979.

BOTZENHART, Manfred (1985): Reform, Restauration, Krise. Deutschland 1789–1847. (Hans-Ulrich Wehler (Hg.): Neue Historische Bibliothek.) Frankfurt a. M. 1985.

BRANDT, Harm-Hinrich (1999): Deutsche Geschichte 1850–1870. Entscheidung über die Nation. Stuttgart, Berlin, Köln 1999.

BRANTS, Daniel (1998): Das vergessene Fort von Sanssouci. In: Berliner Morgenpost Nr. 199 v. 24. Juli 1998, S. 14.

BRAUN, Gerd (1967): Die Burg Hohenzollern als Denkmal des Historismus. In: Burgen und Schlösser 1967/I, S. 40–44.

DERS. (1981): Rolf Bothe. Burg Hohenzollern. Rezension in: Burgen und Schlösser 1981/I, S. 70.

BRAUN, Rainer (1979): Quellen zur Regionalgeschichte Frankens im Schriftgut der bayerischen Armee. In: Jahrbuch für fränkische Landesforschung 39, 1979, S. 153–195.

DERS. (1987): „Durch ewren so lang gehabten friden habt ihr das couragio verlohren". Entwicklungslinien des reichsstädtischen Wehrwesens. In: Rainer A. Müller (Hg.): Reichsstädte in Franken. Aufsätze 1: Verfassung und Verwaltung. (Veröffentlichungen zur Bayerischen Geschichte und Kultur Nr. 15, 1/1987, hg. v. Claus Grimm.) München 1987, S. 229–243.

DERS. (1988): Der König und die Armee. In: Haus der Bayerischen Geschichte (Hg.): König Maximilian von Bayern 1848–1864. Rosenheim 1988, S. 163–174.

Ders./Heyl, Gerhard/Groß, Andrea (1987): Bayern und seine Armee. Eine Ausstellung des Bayerischen Hauptstaatsarchivs aus den Beständen des Kriegsarchivs. Ausstellungskatalog München 1987.

Braun, Rudolf (1990): Konzeptionelle Bemerkungen zum Obenbleiben: Adel im 19. Jahrhundert. In: Wehler 1990, S. 87–95.

Bringmann, Michael (1975): Was heißt und zu welchem Ende studiert man den Schloßbau des Historismus? In: Wagner-Rieger/Krause 1975, S. 27–43.

Brohl, Elmar: Zum Festungsbegriff. In Festungsjournal, Heft 5, 1998, S. 16–21.

Brosius, Dieter (1979): Georg V. von Hannover – der König des „monarchischen Prinzips". In: Niedersächsisches Jahrbuch für Landesgeschichte 51, 1979, S. 253–292.

Brocke; Christian: Die Festung – ein Werk der Romantik? Dieter Marcos legt eine Dissertation mit recht provozierenden Thesen vor. In: Rheinzeitung Nr. 280, 2./3. Dez. 2000, S. 14.

Bruder, Thomas (1992): Nürnberg als bayerische Garnison von 1806 bis 1914. Städtebauliche, wirtschaftliche und soziale Einflüsse. (Nürnberger Werkstücke zur Stadt- und Landesgeschichte, hg. v. Michael Diefenbacher, Rudolf Endres, Gerhard Hirschmann, Bd. 48 = Schriftenreihe des Nürnberger Stadtarchivs.) Nürnberg 1992.

Brües, Eva (1968): Die Rheinlande. Unter Verwendung des von Ehler W. Grashoff gesammelten Materials. (Schinkel. Lebenswerk, hg. v. Margarete Kühn.) München, Berlin 1968.

Brun, Hartmut (1965): Aus der Geschichte der Festung Dömitz. In: 400 Jahre Festung Dömitz, hg. v. Rat der Stadt Dömitz. Dömitz 1965, S. 3–11.

Ders.: Festung Dömitz. Ein Führer durch das Heimatmuseum Dömitz. Dömitz o. J.

Brunner, Max (1987): Die Hofgesellschaft. Die führende Gesellschaftsschicht Bayerns während der Regierungszeit König Maximilian II. (Neue Schriftenreihe des Stadtarchivs München = Miscellanea Bavarica Monacensia. Dissertationen zur Bayerischen Landes- und Münchner Stadtgeschichte, hg. v. Karl Bosel u. Richard Bauer, Bd. 144.) München 1987.

Bürgler, A./Hanzl, L./Ottilinger, E. B./Winkler, H. (1996): Die Franzensburg. In: Kaisertum Österreich 1804–1848. Schallaburg, Bad Vöslau 1996, S. 125–129.

Bumiller, Casimir (1994): Festungsruine Hohentwiel. Amtlicher Führer. Stuttgart 1994.

Ders. (1997): Hohentwiel. Die Geschichte einer Burg zwischen Festungsalltag und großer Politik. Konstanz (2) 1997.

Burgen in Mitteleuropa. Ein Handbuch, hg. v. der Deutschen Burgenvereinigung e. V. 2 Bde., Stuttgart 1999.

Burger, Daniel (2000): Die Landesfestungen der Hohenzollern in Franken und Brandenburg im Zeitalter der Renaissance. (Schriftenreihe zur bayerischen Landesgeschichte Bd. 128, hg. v. d. Kommission f. bayerische Landesgeschichte bei der bayerischen Akademie der Wissenschaften.) München 2000.

Burk, Kurt (1995): Handbuch zur Geschichte der Festungen des historischen deutschen Ostens, hg. v. Ludwig Petry-Institut Mainz. Osnabrück 1995.

Buttlar, Adrian v. (1999): Leo von Klenze. Leben – Werk – Vision. München 1999.

Ders. (1999a): Klenze versus Schinkel: Projekte für das Athener Schloß. In: Reinhold Baumstark (Hg.): Das neue Hellas. Griechen und Bayern zur Zeit Ludwigs I. Ausstellungskatalog München 1999, S. 91–107.

Caspary, Hans (1984): Wiederaufgefundene Pläne zum Ausbau von Burg Rheinfels. In: Denkmalpflege in Rheinland-Pfalz 37/38, 1983 (= Festschrift Hans Erich Kubach zum 75. Geburtstag.) Worms 1984, S. 74–92.

Castellani Zahir, Elisabeth (1999): Von der Ruine zum Denkmal – Historisierende Burgschöpfungen. In: Burgen 1999, Bd. I, S. 165–168.

Dies. (2001): „Das Schloss bleibt stehen!" Vom Ärgernis zum Nationaldenkmal 1772 bis 1922. Die Marienburg im Spiegel der europäischen Burgenrenaissance. In: Burgen kirchlicher Bauherren. (Forschungen zu Burgen und Schlössern Bd. 6, hg. v. der Wartburg-Gesellschaft zur Erforschung von Burgen und Schlössern in Verbindung mit dem Germanischen Nationalmuseum.) München, Berlin 2001, S. 107–122.

Charbon, Paul (1995): Entstehung und Entwicklung des Chappeschen Telegrafennetzes in Frankreich. In: Klaus Beyrer u. Birgit-Susann Mathis (Hg.): So weit das Auge reicht. Die Geschichte der optischen Telegraphie. Karlsruhe 1995, S. 29–54.

Christ, Hans/Klaiber, Hans (1924): Die Kunst- und Altertumsdenkmale in Württemberg. Donaukreis, Bd. 2 (2 Bde.): Oberämter Göppingen, Kirchheim, Laupheim, Leutkirch. Stuttgart 1924.

Clements, W. H. (1999): Towers of Strength. The Story of the Martello Towers. Barnsley 1999.

Coulin, Alexander (1911): Befestigungshoheit und Befestigungsrecht. Leipzig 1911.

Czeike, Felix (1980): Die Wiener Kasernen seit dem 18. Jahrhundert. In: Wiener Geschichtsblätter 35, 1980, Heft 4, S. 161–190.

Dann, Thomas (2000): Die Königlichen Prunkappartements im hannoverschen Leineschloß. Untersuchungen zu Raumfolgen in der 1. Hälfte des 19. Jahrhunderts. (Quellen und Darstellungen zur Geschichte Niedersachsens, hg. v. Historischen Verein für Niedersachsen, Bd. 120.) Hannover 2000.

Dittmar, Christian (1984): Leo von Klenze und der Festungsbau in Ingolstadt. In: Leo von Klenze 1784–1864. Ausstellung des Stadtarchivs, der Wissenschaftlichen Stadtbibliothek und des Stadtmuseums Ingolstadt. Ingolstadt o. J. (1984), S. 44–51.

Dittscheid, Hans-Christoph (1987): Kassel-Wilhelmshöhe und die Krise des Schloßbaues am Ende des Ancien Régime. Charles de Wailly, Simon Louis Du Ry und Heinrich Christoph Jussow als Architekten von Schloß und Löwenburg in Wilhelmshöhe (1785–1800). Worms 1987.

Ders.: Erfindung als Erinnerung. Burg Lichtenstein zwischen Hauffs poetischer Fiktion und Heideloffs künstlerischer Konkretisierung. In: Ernst Osterkamp, Andrea Polaschegg u. Erhard Schütz (Hg.): Wilhelm Hauff oder Die Virtuosität der Einbildungskraft. Göttingen 2005, S. 263–298.

Ders./Einsingbach, Wolfgang/Fink, Adolf (1976): Kassel. Löwenburg im Bergpark Wilhelmshöhe. Amtlicher Führer, hg. v. d. Verwaltung der Staatlichen Schlösser und Gärten Hessen. Bad Homburg v. d. H. 1976.

Döhmer, Klaus (1976): „In welchem Style sollen wir bauen?" Architekturtheorie zwischen Klassizismus und Jugendstil. (Studien zur Kunst des neunzehnten Jahrhunderts Bd. 36. Forschungsunternehmen der Fritz Thyssen Stiftung Arbeitskreis Kunstgeschichte.) München 1976.

Dohna, Ursula Gräfin zu/Richter, Gerhard: Gartenpläne des 18. und 19. Jahrhunderts. In: Gartenkunst in Rheinland-Pfalz – Forschungsergebnisse, hg. v. Institut f. Freiraumplanung der FH Weihenstephan. Berlin, Freising 1984, S. 18–38.

Dolgner, Dieter (1993): Historismus. Deutsche Baukunst 1815–1900. Leipzig 1993.

Düsterdieck, Hans-Peter (1971): Das Heerwesen im Königreich Hannover von 1820 bis 1866. Ein Beitrag zur Geschichte der hannoverschen Armee. Diss. Braunschweig 1971.

Duffy, Christopher (1985): The Fortress in the Age of Vauban and Frederick the Great (1660–1789). (Siege Warfare Vol. 2.) London, Boston, Melbourne, Henley 1985.

Durdík, Tomáš (2001): Böhmische Burgenarchitektur der Zeit Wenzels IV. In: Heiko Laß (Hg.): Von der Burg zum Schloss. Landesherrlicher und Adeliger Profanbau in Thüringen im 15. und 16. Jahrhundert. (PALMBAUM Texte Kulturgeschichte, hg. v. Detlef Ignasiak u. Roswitha Jakobsen in Verbindung mit der Thüringischen Literaturhistorischen Gesellschaft Palmbaum e. V., Jena.) Jena 2001, S. 41–66.

Durm, Josef (1908): Gebäudelehre. Leipzig 1908.

Ebhardt, Bodo (1905): Burgen der Hohenzollern. In: Hohenzollernjahrbuch 9, 1905, S. 252–293.

Ders. (1935): Die Marksburg und ihre Geschichte. Ein neuer Führer. Beitrag zur Geschichte der Burg und ihrer Besitzer und Untersuchung ihrer baulichen Entstehung. Braubach 1935.

Eilitz, Peter (1971): Leben und Werk des königl. Hannoverschen Baurats Edwin Oppler. In: Hannoversche Geschichtsblätter NF 25, 1971, S. 127–310.

Ende, Horst (1995): Festung Dömitz. In: Der Johann Albrecht-Stil. Terrakotta-Architektur der Renaissance und des Historismus. Publikation zur Ausstellung in der Hofdormitz im Schloß zu Schwerin. Schwerin 1995, S. 31–33.

Ernst, Josef (1908): Geschichte des k.k. Lustschlosses Laxenburg. Wien 1908.

Fähler, Eberhard (1974): Feuerwerke des Barock. Studien zum öffentlichen Fest und seiner literarischen Deutung vom 16. bis 18. Jahrhundert. Stuttgart 1974.

Feist, Peter (1995): Das Fort im Park von Sanssouci. (Der historische Ort Nr. 2.) Berlin 1995.

Feldhahn, Ulrich (1998): Schloß Landsberg bei Meiningen – ein Schloßbau der Romantik in Thüringen. In: Burgen und Schlösser 1998/III, S. 170–179.

Fellmann, Walter (2000): Sachsens Könige 1806 bis 1918. München, Berlin 2000.

Fillitz, Hermann (Hg.) (1996): „Der Traum vom Glück". Die Kunst des Historismus in Europa. Ausstellungskatalog Wien, München 1996.

Fischer, Ludger (1993): Burg und Festung Rheinfels über St. Goar. (Rheinische Kunststätten Heft 390.) Köln 1993.

Frasch, Werner (1991): Ein Mann Namens Ulrich. Württembergs verehrter und gehaßter Herzog in seiner Zeit. Leinfelden-Echterdingen 1991.

Freeden, Hans Max v. d. (1952): Festung Marienberg. (Mainfränkische Heimatkunde 5, hg. v. d. Gesellschaft der Freunde Mainfränkischer Kunst und Geschichte e. V.) Würzburg 1952.

Friedrich, Reinhard (2002): Burgenlandschaft Mittelrhein. Entstehung und Verfall. In: Geist der Romantik 2002, S. 29–40.

Friedrichs-Friedländer, Carola (1980): Architektur als Mittel politischer Selbstdarstellung im 19. Jahrhundert. Die Baupolitik der Wittelsbacher. (Bosl, Karl/ Schattenhofer, Michael (Hg.): Miscellanea Bavarica Monacensia; Dissertationen zur Bayerischen Landes- und Münchner Stadtgeschichte Heft 97 = Neue Schriftenreihe des Stadtarchivs München 1980, Bd. 118.) München 1980.

Frobenius, Herman (1901): Militär-Lexikon. Handbuch der Militärwissenschaften. Berlin 1901

Ders. (1906): Geschichte des preußischen Ingenieur- und Pionier-Korps von der Mitte des 19. Jahrhunderts bis zum Jahre 1886. 2 Bde., Berlin 1906.

Gall, Lothar (Hg.) (1998): 1848. Aufbruch zur Freiheit. Ausstellungskatalog Frankfurt a. M. 1998.

Gall, Wolfgang M. (1998a): Die Hungerkrise von 1846/47. In: Badisches Landesmuseum 1998, S. 104–105.

Der Geist der Romantik in der Architektur. Gebaute Träume am Mittelrhein. (Veröffentlichungen des Landesmuseums Koblenz. B. Einzelveröffentlichungen Nr. 68.) Regensburg 2002.

Generaldirektion der Stiftung Schlösser und Gärten (Hg.) (1993): Potsdamer Schlösser und Gärten. Bau- und Gartenkunst vom 17. bis 20. Jahrhundert. Ausstellungskatalog Potsdam 1993.

General Dufour (1988). Der Festungsbauer am Beispiel von Saint-Maurice. Ausstellungskatalog Solothurn 1988.

Genzmer, W. (Hg.) (1939): Die Kunstdenkmäler Hohenzollerns Bd. 1. Hechingen 1939.

Ders. (1948): Die Kunstdenkmäler Hohenzollerns Bd. 2. Stuttgart 1948.

Ders. (1968): Burg Hohenzollern. In: Burgen und Schlösser 1968/II, S. 43–46.

Germersheim, Barbara Edle v. (1988): Unternehmervillen der Kaiserzeit (1871–1918). Zitate traditioneller Architektur durch Träger des industriellen Fortschritts. (Beiträge zur Kunstwissenschaft Bd. 25.) München 1988.

Glatt, Meinhard (1985): Zur strategischen Bedeutung der Bundesfestungen im neunzehnten Jahrhundert. In: Volker Schmidtchen (Hg.): Festungsforschung heute. Im Mittelpunkt: Die Bundesfestung Ulm. Beiträge zum 4. Internationalen Kolloquium zur Festungsforschung. (Schriftenreihe Festungsforschung Bd. 4.) Wesel 1985, S. 9–15.

Glendinning, Miles/Macinnes, Ranald/Mackechnie, Douglas (1996): A History of Scottish Architecture. From Renaissance to the Present Day. Edinburgh 1996.

Gönner, Eberhard (1952): Die Revolution 1848/49 in den hohenzollerischen Fürstentümern und der Anschluß an Preußen. Hechingen 1952.

Ders. (1993): Hohenzollern und Württemberg. Geschichtliche Kräfte im Zollernalbkreis. In: Zollernalb-Profile. 20 Jahre Zollernalbkreis – ein Geburtstag. 1973–1993 (= Jahrbuch des Kreises Bd. 3, hg. v. Zollernalbkreis.) Balingen 1993, S. 9–26.

Ders. (1996): Die Revolution von 1848/49 in den Hohenzollerischen Fürstentümern und der Übergang an Preußen. In: Fritz Kallenberg (Hg.): Hohenzollern. (Schriften zur politischen Landeskunde Baden-Württembergs Bd. 23, hg. v. der Landeszentrale für politische Bildung Baden-Württemberg.) Stuttgart, Berlin, Köln 1996, S. 283–307.

Goessler, Peter (1935): Graf Wilhelm von Württemberg der Erbauer Lichtensteins und die deutschen Geschichtsvereine. In: BSAV 12, 1935, Sp. 295–302.

Grabar, I. E./Gunkin, G. I. (1976): Wassili Iwanowitsch Bashenow. In: Geschichte der Russischen Kunst Bd. VI (6 Bde.). Dresden 1976, S. 43–60.

Ders./Bronstein, S. S./Grimm, G. G. (1976): Die Anfänge des russischen Klassizismus. In: Geschichte der Russischen Kunst Bd. VI (6 Bde.). Dresden 1976, S. 23–42.

Grestenberger, Erwin Anton (2002): Befestigtes Wien. Von der römischen Antike bis zur Gegenwart. Wien, Graz 2002.

Greve, Dieter/Rühberg, Nils/Sander-Berke, Antje/Schlüter, Rosemarie (1997): Schwerin. Historische Karten und Pläne, hg. v. Dezernat Bauverwaltung, Stadtentwicklung und Umweltschutz. (Planen und Bauen in Schwerin, Heft 9.) Schwerin 1997.

Greven, Helio A. (1969): Leben und Werk des Hofbaumeisters Christian Heinrich Tramm (1819–1861). In: Hannoversche Geschichtsblätter NF 23, 1969, Heft 3/4, S. 145–268

Günther, Harri/Harksen, Sibylle (1993): Peter Joseph Lenné. Katalog der Zeichnungen. Tübingen, Berlin 1993.

Habermann, Sylvia (1982): Bayreuther Gartenkunst. Die Gärten der Markgrafen von Brandenburg-Culmbach im 17. und 18. Jahrhundert. Worms 1982.

Hackelsberger, Christoph (1980): Das k.k. österreichische Festungsviereck in Lombardo-Venetien. Ein Beitrag zur Wiederdeckung der Zweckarchitektur des 19. Jahrhunderts. München 1980.

Ders. (1986): Die k.k. Franzensfeste. Ein Monumentalwerk der Befestigungskunst des 19. Jahrhunderts. München, Berlin 1986.

Häusler, Wolfgang (1979): Die Franzensburg. Ein Führer zu ihrer Geschichte und Kunst. Wien, München (1979).

Hainisch, E. (1949): Der Architekt Johann Ferdinand Hetzendorf von Hohenberg. In: Wiener Jahrbuch für Kunstgeschichte Bd. XII/XIII (XVI/XVII), 1949, S. 19–90.

Hajós, Beatrix (1995): Die Schönbrunner Schlossgärten. Eine topographische Kulturgeschichte. Wien, Köln, Weimar 1995.

Hajós, Géza (1989): Romantische Gärten der Aufklärung. Englische Landschaftskultur des 18. Jahrhunderts in und um Wien. (Studien zu Denkmalschutz und Denkmalpflege Bd. XIV, hg. v. Bundesdenkmalamt Wien.) Wien, Köln 1989.

Ders. (Hg.) (2006): Der malerische Landschaftspark in Laxenburg bei Wien. Eine Publikation der Österreichischen Gesellschaft für historische Gärten. Wien, Köln, Weimar 2006.

Hallmann, Gerhard (1986): Sommerresidenzen russischer Zaren. Architektur und Gartenbaukunst um Leningrad. Leipzig 1986.

Hamacher, Elke: Burg Rheinstein: „Freie Schöpfung der Romantik" oder „nur theilweis ergänzt"? Bauhistorische Untersuchungen an der Südfassade. In: Die Denkmalpflege 67, 2003, Heft 1, S. 43–49.

Hamann, Heinrich (1984): Der Park Babelsberg. Potsdam 1984.

Hammer, Karl (1985): Die preußischen Könige und ihre Hof. In: Werner 1985, S. 87–98.

Handorf, Dirk (1995): Das Schweriner Schloß im Zeitalter Herzog Johann Albrechts I. In: Der Johann Albrecht-Stil. Terrakotta-Architektur der Renaissance und des Historismus. Publikation zur Ausstellung in der Hofdormitz im Schloß zu Schwerin. Schwerin 1995, S. 49–66.

Hannmann, Eckart (1974): Die Burg Hohenzollern als Denkmal des Historismus. Ein Rückblick auf die Bewertung ihrer architektonischen Qualität. In Burgen und Schlösser 1974/I, S. 32–40.

Hanzl, Lieselotte (1998): Die Franzensburg. „Vollkommene Ritterburg" und „Denkmal Franz I." In: Schloss Laxenburg Betriebsgesellschaft m.b.H (Hg.): Die Franzensburg. Ein Führer durch Geschichte und Gegenwart. Laxenburg 1998, S. 35–47.

Hanzl-Wachter, Lieselotte (2001): Der Rittergau im kaiserlichen Schlosspark zu Laxenburg. Privates Vergnügen und Denkmal einer Dynastie. In: Die Gartenkunst 13, 2001, Heft 2, S. 233–253.

Dies. (2001a): Die Franzensburg in Laxenburg. Vom Gartenhaus in Gestalt einer gotischen Burgfeste zum dynastischen Denkmal. In: Arx 23, 2001, Heft 1, S. 3–8.

Dies. (2006): Staffage- und Lustgebäude im Laxenburger Park. In: Hajós 2006, S. 165–200.

Hartig, Sylvia (1999): Schloß Lichtenstein – ein Eigendenkmal des Grafen Wilhelm von Württemberg. In: Denkmalpflege in Baden-Württemberg 28, 1999, Heft 2, S. 98–106.

Hartmann, Günter (1981): Die Ruine im Landschaftsgarten. Ihre Bedeutung für den frühen Historismus und die Landschaftsmalerei der Romantik. (Grüne Reihe. Quellen und Forschungen zur Gartenkunst Bd. 3.) Worms 1981.

Hartmann, Hans-Günther (1989): Moritzburg. Schloß und Umgebung in Geschichte und Gegenwart. Weimar 1989.

Haug-Moritz, Gabriele (1997): Die Zeit der katholischen Herzöge (1733–1795). In: Lorenz/Mertens/Press 1997, S. 247–271.

Hauptner, Rudolf (1994): Befestigungen in Bosnien, der Herzegowina und der Krivosije im 19. Jahrhundert. In: Volker Schmidtchen (Hg.): Vielfältige Ansätze – einheitliches Ziel. Festungsforschung international. Beiträge zur Exkursionstagung der DGF aus Anlaß „150 Jahre Bundesfestung Ulm". (Schriftenreihe Festungsforschung Bd. 12.) Wesel 1994, S. 99–122.

Hederer, Oswald (1976): Friedrich von Gärtner 1792–1847. Leben – Werk – Schüler. (Forschungsunternehmen der Fritz Thyssen Stiftung, Arbeitskreis Kunstgeschichte: Studien zur Kunst des neunzehnten Jahrhunderts Bd. 30.) München 1976.

Hegner, Kristina (1992): Gottfried Semper. Entwurf zum Umbau des Schweriner Schlosses von der Burgseeseite (1843). In: Hela Baudis, Kristina Hegner u. Kornelia Röder: 120 Handzeichnungen aus fünf Jahrhunderten. Ausgewählt aus dem Kupferstichkabinett des Staatlichen Museums Schwerin. Berlin 1992, S. 126–127.

Heidelbach, Paul (1909): Die Geschichte der Wilhelmshöhe. Leipzig 1909.

Hersey, George L. (1983): Architecture, poetry, and number in the royal palace at Caserta. Massachusetts 1983.

Herzog, Harald (1981): Rheinische Schlossbauten im 19. Jahrhundert. (Arbeitsheft Landeskonservator 37.) Köln 1981.

Hild, Katharina u. Nikola (2000): Lichtenstein. Reutlingen 2000.

Hildebrand, Sonja (2000): Werkverzeichnis Leo von Klenze. In: Nerdinger 2000, S. 196–500.

Hinz, Gerhard (1989): Peter Joseph Lenné. Das Gesamtwerk. 2 Teile. Hildesheim, Zürich, New York 1989.

Hösch, Edgar (1999): Griechenland in der Politik der Großmächte. In: Reinhold Baumstark (Hg.): Das neue Hellas. Griechen und Bayern zur Zeit Ludwigs I. Ausstellungskatalog München 1999, S. 33–41.

Hohendahl, Peter Uwe/Lützeler, Paul Michael (1979): Legitimationskrisen des deutschen Adels 1200–1900. (Literaturwissenschaft und Sozialwissenschaften 11.) Stuttgart 1979.

Holland, Alexander: Das Jagdschloß in Letzlingen. In: Burgen und Schlösser in Sachsen-Anhalt. Mitteilungen der Landesgruppe Sachsen-Anhalt der Deutschen Burgenvereinigung e. V. Heft 5, 1996, S. 133–156.

Holtmeyer, A. (1923): Die Bau- und Kunstdenkmäler im Regierungsbezirk Cassel. Bd. IV: Cassel-Stadt. Text Zweiter Teil. Kassel 1923.

Horn, Gabriele (2003): Baustil und Naturstimmung – der Wildpark in Potsdam. In: Ludwig Persius. Architekt des Königs. Baukunst unter Friedrich Wilhelm IV., hg. v. d. Generaldirektion der Stiftung Preußische Schlösser und Gärten Berlin-Brandenburg. Regensburg 2003, S. 57–63.

Hotz, Walter (1970): Kleine Kunstgeschichte der deutschen Schlösser. Darmstadt 1970.

Hughes, Quentin (1974): Military Architecture. London 1974.

Hummel, Karl-Joseph (1988): König Maximilian II. und die Revolution 1848/49 in Bayern. In: Haus der Bayerischen Geschichte (Hg.): König Maximilian II. von Bayern 1848–1864. Rosenheim 1988, S. 91–100.

Iljin, M. A. (1976): Matwei Fjodorowitsch Kasakow und seine Schule. In: Geschichte der Russischen Kunst Bd. VI (6 Bde.). Dresden 1976, S. 61–74.

Itzenberg, Gerald N. (1979): Die „Aristokratisierung" der bürgerlichen Kultur im 19. Jahrhundert. In: Hohendahl/Lützeler 1979, S. 233–244.

Jäger, Herbert (1998): Die preußischen und deutschen Festungswaffen im 19. Jahrhundert. In: Allroggen-Bedel/Schmidtchen 1998, S. 137–162.

Jesse, Wilhelm-Schwerin (1913): Geschichte der Stadt Schwerin. Von den ersten Anfängen bis zur Gegenwart. Schwerin 1913.

Jordan, David (1996): Die Neuerschaffung von Paris. Baron Haussmann und seine Stadt. Frankfurt a. M. 1996.

Jordan, Klaus (1986): Klassiker der festungskundlichen Literatur. Das 19. Jahrhundert. Teil I–III. In: Zeitschrift für Festungsforschung 1986, S. 55–57, 1987, S. 49–52, u. 1988, S. 48–56.

Ders. (2003): Bibliographie zur Geschichte des Festungsbaues von den Anfängen bis 1914. Festungsbau[kunst], Angriff und Verteidigung von Festungen, Belagerungs- und Festungskrieg, Küstenbefestigung, Feldbefestigung, Minir[kunst]. Geschichte der Ingenieur-Korps, hg. v. d. Deutschen Gesellschaft für Festungsforschung e. V. Marburg 2003.

Josephi, Walter (1924): Das Schweriner Schloß. (Mecklenburgische Bilderhefte Heft II, hg. v. Institut f. Kunstgeschichte d. Landesuniversität.) Rostock 1924.

Jürgens, Heiner/Nöldeke, Arnold/Welck, Joachim Freiherr v. (1941): Die Kunstdenkmale des Kreises Springe. (Die Kunstdenkmale der Provinz Hannover, hg. v. Hermann Deckert, Bd. 29.) Hannover 1941.

Kaiser, Stephan (1994): Das deutsche Militärbauwesen. Untersuchungen zur Kasernierung deutscher Armeen vom Anfang des 19. Jahrhunderts bis zum Zweiten Weltkrieg. Lahnstein 1994.

Kallenberg, Fritz (1996): Die Sonderentwicklung Hohenzollerns. In: Ders.: Hohenzollern. (Schriften zur politischen Landeskunde Baden-Württembergs Bd. 23, hg. v. der Landeszentrale für politische Bildung Baden-Württemberg.) Stuttgart, Berlin, Köln 1996, S. 129–282.

Karnapp, Birgit-Verena (1988): Die Architektur unter König Maximilian II. In: Haus der Bayerischen Geschichte (Hg.): König Maximilian II. von Bayern 1848–1863. Rosenheim 1988, S. 237–246.

Dies. (1992): Werkverzeichnis. In: Nerdinger 1992, S. 221–262.

Dies. (1997): Königliche Bauten und Projekte. In: Nerdinger 1997, S. 234–275.

Dies. (1997): Militärbauten. In: Nerdinger 1997, S. 376–395.

Katsch, Wilhelm (1904): Wilhelm der Große und seine Lieblingsschöpfung Babelsberg. Potsdam 1904.

Kaufmann, Rainer (1978): Die Festung Rastatt. Eine Beschreibung der ehemaligen Bundesfestung anhand eines Rundganges durch die Stadt mittels beigefügter Faltkarte. Rastatt o. J. (1978).

Kautsky, John H. (1979): Funktionen und Werte des Adels. In: Hohendahl/Lützeler 1979, S. 1–16.

Kemp, Anthony (1982): Deutsche Einflüsse auf den britischen Festungsbau im 19. Jahrhundert. In: Volker Schmidtchen (Hg.): Festung, Garnison, Bevölkerung. Historische Aspekte der Festungsforschung. Die Vorträge des 2. Internationalen Kolloquiums zur Festungsforschung Minden. (Schriftenreihe Festungsforschung Bd. 2.) Wesel 1982, S. 81–99.

Kerber, Dieter (1990): Stolzenfels bei Koblenz. Ein Beitrag zur Geschichte des Erzstifts Trier im Spätmittelalter. In: Burgen und Schlösser 1990/I, S. 19–28.

Kessinger, Roland/Peter, Klaus Michael (Hg.) (2002): Hohentwiel-Buch. Kaiser, Herzöge, Ritter, Räuber, Revolutionäre, Jazzlegenden. Singen, Bonn 2002.

Kiesow, Gottfried (1998): Schloß Marienburg. (Grosse Baudenkmäler, Heft 178.) München, Berlin (14) 1998 (1963).

Kirtschenko, Jewgenia (1991): Zwischen Byzanz und Moskau. Der Nationalstil in der russischen Kunst. München 1991.

Kitlitschka, Werner (1975): Aspekte der Burg- und Schloßbauten des Historismus. In: Wagner-Rieger/Krause 1975, S. 49–54.

Klaiber, Ludwig (1957): Zur Baugeschichte der Zollerburg. Die Beschreibung Gottschalks aus dem Jahre 1810 und die Randbemerkungen Gustav von Franks. In: Hohenzollerische Jahreshefte 11, 1957, S. 175–184.

Kleber, Hans-Peter (1998): Die preußische Festung Koblenz-Ehrenbreitstein. Aspekte zur Entwicklungs- und Planungsgeschichte 1814–1818. In: Allroggen-Bedel/Schmidtchen 1998, S. 25–64.

Klemm, Albert (1905): Der Königstein in alter und neuer Zeit. Leipzig 1905.

Klemp, Wilhelm (1926): Die deutsch-französischen Grenzlande in ihrer strategischen Bedeutung von 1814–1870. Diss. Münster 1926.

Klingenburg, Karl-Heinz (1979): Romantik und Schloßbau. In: Wissenschaftliche Zeitschrift der Ernst-Moritz-Arndt-Universität Greifswald Heft 1/2, 1979, S. 111–115.

Ders. (1981): Romantik und Schloßbau. Studien zur deutschen Kunst und Architektur um 1800. Dresden 1981.

Ders. (1998): Ein Loire-Schloß am Schweriner See? In: Stilstreit 1998, S. 152–169.

Kluckert, Ehrenfried (1992): Heinrich Schickhardt. Architekt und Ingenieur. Eine Monographie. (Herrenberger historische Schriften Bd. 4.) Herrenberg 1992.

Köhler, Marcus: Frühe Landschaftsgärten in Russland und Deutschland. Johann Busch als Mentor eines neuen Stils. (Academia Band 1.) O. O., o. J.

Kokkelink, Günther (1968): Die Neugotik Conrad Wilhelm Hases, eine Spielform des Historismus. In: Hannoversche Geschichtsblätter, NF 22, Hannover 1968, S. 1–211.

Ders. (1968a): Conrad Wilhelm Hase. Baumeister des Historismus. Ausstellungsführer Hannover 1968.

Ders. (1981): Conrad Wilhelm Hase. Architekt und Lehrer der Baukunst. In: Universität Hannover 1831–1981. Festschrift zum 150jährigen Bestehen der Universität Hannover, Bd. 1. Stuttgart 1981, S. 180 ff.

Ders./Lemke-Kokkelink, Monika (1998): Baukunst in Norddeutschland. Architektur und Kunsthandwerk der Hannoverschen Schule 1850–1900. Hannover 1998.

Kotzur, Hans-Jürgen (1977): Forschungen zum Leben und Werk des Architekten August von Voit. Diss. Heidelberg 1977.

Kowal, Ljudmila W. (2001): Der Schlosspark zu Pawlowsk. In: Krieg und Frieden. Eine deutsche Zarin in Schloss Pawlowsk. Ausstellungskatalog München 2001, S. 206–225.

Krause, Walter (1975): Historismus und Romantik. Gedanken zur Forschungslage. In: Wagner-Rieger/Krause 1975, S. 19–26.

Krempien, Margot (1991): Schweriner Schlossbaumeister G. A. Demmler 1804–1886. Eine Biographie. Schwerin 1991.

Kroll, Frank-Lothar (2002): Herrschaftslegitimierung durch Traditionsschöpfung. Der Beitrag der Hohenzollern zur Mittelalter-Rezeption im 19. Jahrhundert. In: HZ 274, 2002, S. 61–85.

Krüger, Jürgen (2002): Der Rhein und die Romantik. In: Geist der Romantik 2002, S. 13–28.

Krüger, Peter (1997): Europäisch-christliche Ordnung als Antwort auf die Krise des Staatssystems in der Mitte des 19. Jahrhunderts. In: Peter Krüger, Julius Schoeps u. Irene Diekmann (Hg.): Der verkannte Monarch. Friedrich Wilhelm IV. in seiner Zeit. (Brandenburgische Historische Studien Bd. 1, hg. v. d. Brandenburgischen Historischen Kommission e. V.) Potsdam 1997, S. 181–215.

Krüger, Renate (1997): Das Schweriner Schloß. Residenz und Denkmal. Rostock 1997.

Krumeich, Günther (1989): Der Rhein als strategische Grenze. In: Peter Hüttenberger, Hansgeorg Molitor (Hg.): Franzosen und Deutsche am Rhein 1789–1945. (Düsseldorfer Schriften zur Neueren Landesgeschichte und zur Geschichte Nordrhein-Westfalens Bd. 23.) Essen 1989, S. 67–82.

Kubach, Hans Erich/Seeger, Joachim (1941): Die Kunstdenkmäler des Kreises Teltow. (Die Kunstdenkmäler der Provinz Mark Brandenburg Bd. IV/1, hg. v. Heinrich Jerchel) Berlin 1941.

Kühn, Margarete (1979): Als die Akropolis aufhörte Festung zu sein. Stimmen der Zeit zur Frage der Errichtung neuer Bauten auf der Akropolis und zur Erhaltung ihrer nachantiken Monumente. In: Schlösser, Gärten, Berlin. Festschrift für Martin Sperlich zum 60. Geburtstag 1979. (Technische Universität Berlin – Kunstwissenschaftliche Schriften Bd. 1, hg. v. Detlef Heikamp.) Tübingen 1980, S. 83–106.

Dies./Lorch, Carl v. (1989): Entwurf für den Palast des Königs Otto von Griechenland auf der Akropolis. In: Margarete Kühn (Hg.): Karl Friedrich Schinkel. Lebenswerk. Bd. 13 Ausland. Bauten und Entwürfe. München 1989, S. 3–43.

Kümmel, Conrad (1903 u. 1904): In der Fürstengruft zu Ludwigsburg. Zweite Hälfte. Die katholische Abteilung. 3. Herzog Wilhelm von Urach, Graf von Württemberg. In: Katholisches Sonntagsblatt 45–52, 1903 und 1–16, 1904.

Kull, Walter (1985): Festung Freudenstadt. Ein Beitrag zur Heimatkunde der Stadt Freudenstadt und zur Geschichte des Festungsbaus (= Freudenstädter Beiträge zur geschichtlichen Landeskunde zwischen Neckar, Murg und Kinzig Nr 4, 1985). Freudenstadt 1985.

Lacoste, Werner/Skibbe, Peter (2001): Julius Diener und das Festungsmodell im Park des Neuen Palais bei Potsdam. Ein Beitrag zur Frage der Panzerbefestigung (= fortifikation spezial 3, 2001). Saarbrücken 2001.

Lacroix, Emil (1931): Klenzes Tätigkeit an der Festung zu Ingolstadt. Karlsruhe 1931.

Laudel, Heidrun (2003): Werkverzeichnis Nr.7–58. In: Winfried Nerdinger u. Werner Oechslin (Hg.): Gottfried Semper 1803–1879. Architektur und Wissenschaft. München, Berlin, London, New York und Zürich 2003, S. 138–258.

Lankes, Christian (1993): München als Garnison im 19. Jahrhundert. Die Haupt- und Residenzstadt als Standort der Bayerischen Armee von Kurfürst Max IV. Joseph bis zur Jahrhundertwende. (Militärgeschichte und Wehrwissenschaften Bd. 2.) Berlin, Bonn, Herford 1993.

Laß, Heiko (2001): Burg und Schloss. Überlegungen zum landesherrlichen und adeligen Profanbau in Thüringen im 15. und 16. Jahrhundert. In: Ders. (Hg.): Von der Burg zum Schloss. Landesherrlicher und adeliger Profanbau in Thüringen im 15. und 16. Jahrhundert. (PALMBAUM Texte, Kulturgeschichte, hg. v. Detlef Ignasiak u. Roswitha Jakobsen in Verbindung mit der Thüringischen Literaturhistorischen Gesellschaft Palmbaum e. V., Jena.) Jena 2001, S. 17–28.

Ders./Schmidt, Maja (1997): Zur höfischen Jagd in Deutschland. In: Erdengötter. Fürst und Hofstaat in der Frühen Neuzeit im Spiegel von Marburger Bibliotheks- und Archivbeständen. Ausstellungskatalog Marburg 1997, S. 388–437.

Ders./Schmidt, Maja (1999): Belvedere und Dornburg. Zwei Lustschlösser Herzog Ernst August von Sachsen-Weimar. Petersberg 1999.

Lauber, Wolfgang (Hg.) (1988): Deutsche Architektur in Kamerun 1984–1914. Deutsche Architekten und Kameruner Wissenschaftler dokumentieren die Bauten der deutschen Epoche in Kamerun/ Afrika. Stuttgart 1988.

Leonhardt, Holger (2002): Wiederaufbau von Burgen und Denkmalbewusstsein. Von der Burgenromantik zur Denkmalpflege. In: Geist der Romantik 2002, S. 155–164.

Liessem, Udo (1989): Studien zum Werk von Johann Claudius von Lassaulx 1781–1848. (Koblenzer Beiträge zur Geschichte und Kultur, Bd. 5.) Koblenz 1989.

Lieven, Dominic (1995): Abschied von Macht und Würden. Der europäische Adel 1815–1914. Frankfurt a. M. 1995.

Limberg, Jörg (2003): Potsdam. Kongsnæs – Die ehemalige Kaiserliche Matrosenstation. In: Brandenburgische Denkmalpflege 12, 2003, Heft 1, S. 33–53.

Lindeiner, Christoph, gen. v. Wildau (1967): Burg Hohenzollern als preußisch-deutsche Garnison und befestigter Platz. Zum 100. Gedenktag der Einweihung der wiederhergestellten Burg. In: Zeitschrift für Hohenzollerische Geschichte 3, 1967, S. 53–131.

Lo Gatto, Ettore (1993): Gli artisti italiani in Russia. Bd. II (4 Bde.):

Gli architetti del secolo XVIII a Pietroburgo e nelle tenute imperiali. A cura di Anna Lo Gatto. Milano 1993.

LORENZ, A. F. (1935): Baugeschichtliches von der Festung Dömitz. In: Die Festung Dömitz. Erweiterter Sonderdruck aus den „Mecklenburgischen Monatsheften" 11, 1935. Schwerin 1935, S. 33–35.

LOSSE, Michael (1991): Das „Kastro Lykourgo" bei Pythagoreion auf der Insel Samos. Eine Burganlage aus der Zeit des griechischen Unabhängigkeitskrieges. In: Burgen und Schlösser 1991/I, S. 22–27.

DERS. (1999): „Bürgerliche Burgen" im 19. und 20. Jahrhundert. In: BURGEN 1999, Bd. I, S. 174–176.

DERS. (2000): „Porta Rhenania" Die Bonner Rheinbrücke (1896/98). „Markstein" am „Beginn einer neuen Epoche in der Brückenbaukunst" und der Rheinbrückenbau der wilhelminischen Zeit (1888–1918). Lage 2000.

DERS. (2000a): Festungs-Ingenieure und -architekten: Karl August von Cohausen (1812–1894). In: Festungsjournal 11, 2000, S. 25.

DERS./NOLL, Hans (2001): Burgen, Schlösser, Festungen im Hegau. Wehrbauten und Adelssitze im westlichen Bodenseegebiet. Singen 2001.

LÜDERS, Klaus (1999): Mecklenburg und Vorpommern in der Revolution von 1848/49. In: Wolfgang Beutin, Wilfried Hoppe u. Franklin Kopitzsch (Hrsg.): Die deutsche Revolution von 1848/49 in Norddeutschland. Beiträge der Tagung vom 15. bis 17. Mai 1998 in Hamburg. (Bremer Beiträge zur Literatur- und Ideengeschichte Bd. 27, hg. v. Thomas Metscher u. Wolfgang Beutin. Mitbegründet v. Dieter Harms.) Frankfurt a. M., Berlin, Bern, New York, Paris, Wien 1999, S. 145–167.

MAAZ, Bernhard (1995): Sinnbilder königlicher Macht? Politische Metaphorik in der freien Skulptur um 1848. In: Stiftung Preußische Schlösser und Gärten Berlin-Brandenburg (Hg.): Friedrich Wilhelm IV. Künstler und König. Zum 200. Geburtstag. Ausstellungskatalog. Frankfurt a. M. 1995, S. 94–103.

MACAULY, James (1975): The Gothic Revival 1745–1845. Glasgow, London 1975.

MARCOS, Dieter (2000): Architektur des Krieges und Geist der Romantik. Studien zur Festungsarchitektur des frühen 19. Jahrhunderts dargestellt am Beispiel der Festung Koblenz. Lahnstein o. J. (2000).

MATHY, Helmut (1984): Der „Heilige Strom". Politische und geistesgeschichtliche Voraussetzungen der Rheinromantik. In: Beiträge zur Rheinkunde 36, 1984, S. 3–21.

MAURER, Hans-Martin (1958): Die landesherrliche Burg in Wirtemberg im 15. und 16. Jahrhundert. Studien zu den landesherrlich-eigenen Burgen, Schlössern und Festungen. (Veröffentlichungen der Kommission für geschichtliche Landeskunde in Baden-Württemberg, Reihe B.: Forschungen Bd. 1.) Stuttgart 1958.

DERS. (1977): Der Hohenstaufen. Geschichte der Stammburg eines Kaiserhauses. Stuttgart, Aalen 1977.

MAYER, Arno J.: Adelsmacht und Bürgertum. Die Krise der europäischen Gesellschaft 1848–1914. München 1984.

MAYR, M. (1903): Veste Hohenwerfen. Ein geschichtlicher Überblick. Innsbruck 1903.

MEHLING, Franz N. (Hg.) (1984): Knaurs Kulturführer in Farbe Jugoslawien. München 1984.

MEINHARDT, Volkmar Ulrich (1957): Die Festung Minden. Gestalt, Struktur und Geschichte einer Stadtfestung. (Mindener Beiträge zur Geschichte, Landes- und Volkskunde des ehemaligen Fürstentums Minden = Mindener Jahrbuch NF Heft 7.) Minden 1957.

MEIßNER, Jan (2002): „Wenn der Prinz da sind, gehen wir alle im Mittelalter...." Raumgestaltung und Ausstattung der ‚preußischen' Mittelrheinburgen im 19. Jahrhundert. In: GEIST DER ROMANTIK 2002, S. 165–176.

MELAS, Evi (1987): Athen. Geschichte, Kunst und Leben der ältesten europäischen Großstadt von der Antike bis zur Gegenwart. (Kunstreiseführer in der Reihe DuMont Dokumente.) Köln 1987.

MENNE, Paul (1942): Die Festungen des norddeutschen Raumes. (Kurt Brüning/ Provinzial-Institut für Landesplanung u. niedersächsische Landes- u. Volksforschung Hannover-Göttingen (Hg.): Veröffentlichungen, Reihe A: Forschungen zur Landes- und Volkskunde. I: Natur und Wirtschaft = Schriften der Wirtschaftswissenschaft-

lichen Gesellschaft zum Studium Niedersachsens E. V., NF.) Oldenburg 1942.

METZNER, Ernst Erich (1999): Das Wort und der Begriff „Burg" in der älteren deutschen Sprachgeschichte. In: BURGEN 1999, Bd. II, S. 8–13.

MEYNEN, Henriette (1980): Militärbauten. In: Eduard Trier/ Willy Weyres (Hg.): Kunst des 19. Jahrhunderts im Rheinland Bd. 2 (3 Bde.): Architektur II. Profane Bauten und Städtebau. Düsseldorf 1980, S. 107–117.

DIES. (1981): Festung – Umgestaltung – Denkmalpflege. Das Beispiel Köln. In: Volker Schmidtchen (Hg.): Eine Zukunft für unsere Vergangenheit. Die Vorträge des 1. Internationalen Kolloquiums zur Festungsforschung und Festungsnutzung in Deutschland Wesel (30. Oktober bis 1. November 1981). (Schriftenreihe Festungsforschung Bd. 1.) Wesel 1981, S. 193–209.

DIES. (2000): Die preußische Festung Köln. (Rheinische Kunststätten Heft 452.) Köln 2000.

MIDDLETON, Robert/WATKIN, David J. (1977): Architektur der Neuzeit. (Weltgeschichte der Architektur, hg. v. Pier Luigi Nervi). Milano, Stuttgart 1977.

MIECK, Ilja (1992): Preußen von 1807 bis 1850. Reform, Restauration und Revolution. In: Otto Büsch (Hg.): Handbuch der preußischen Geschichte. Bd II: Das 19. Jahrhundert und Große Themen der Geschichte Preußens. Berlin, New York 1992, S. 16–292.

MIELKE, Friedrich (1981): Potsdamer Baukunst. Das klassische Potsdam. Frankfurt a. M., Berlin, Wien 1981.

MÖCKL, Karl (1988): Königtum und Hof Maximilians II. In: Haus der Bayerischen Geschichte (Hg.): König Maximilian II. von Bayern 1848–1864. Rosenheim 1988, S. 41–53.

DERS. (Hg.) (1990): Hof und Hofgesellschaft in den deutschen Staaten im 19. und 20. Jahrhundert. Boppard 1990.

MOOS, Stanislaus v. (1974): Turm und Bollwerk. Beiträge zu einer politischen Ikonographie der italienischen Renaissancearchitektur. Zürich, Freiburg 1974.

MOTZ, Paul (1957): Hohentwieler Festungsbaugeschichte. In: Herbert Berner (Hg.): Hohentwiel. Bilder aus der Geschichte des Berges. Konstanz 1957, S. 170–184.

MRVAN, Ivan (2000): Zentrum der Macht. Die Herrschaften Holitsch und Sassin im Königreich Ungarn. In: Renate Zerdinger (Hg.): Lothringens Erbe. Franz Stephan von Lothringen (1708–1765) und sein Wirken in Wirtschaft, Wissenschaft und Kunst der Habsburgermonarchie. Ausstellungskatalog Schallaburg. St. Pölten 2000, S. 162–169.

MÜLLER, Harald (1991): Die preußischen Rheinlande in der Schinkelzeit. In: Schinkel im Rheinland, hg. v. d. Landeshauptstadt Düsseldorf u. d. Stadtmuseum Düsseldorf. Düsseldorf 1991, S. 13–19.

MÜLLER, Horst/WITTE, Heinrich (1995): Die sächsisch-preußische Festung Torgau. (Kleine Schriften des Torgauer Geschichtsvereins Heft 5.) Torgau 1995.

MÜLLER, Rainer A. (1995): Der Fürstenhof in der Frühen Neuzeit. (Enzyklopädie deutscher Geschichte, hg. v. Lothar Gall, Bd. 33.) München 1995.

NERDINGER, Winfried (Hg.) (1987): Romantik und Restauration. Architektur in Bayern zur Zeit Ludwigs I. 1825–1848. Ausstellungskatalog München 1987.

DERS. (Hg.) (1992): Friedrich von Gärtner. Ein Architektenleben 1791–1847. Mit den Briefen an Martin von Wagner. München 1992.

DERS. (Hg.) (1997): Zwischen Glaspalast und Maximilianeum. Architektur in Bayern zur Zeit Maximilians II. 1848–1864. München 1997.

DERS. (2000): „Das Hellenische mit dem Neuen verknüpft" – Der Architekt Leo von Klenze als neuer Palladio. In: Ders. (Hg.): Leo von Klenze. Architekt zwischen Kunst und Hof 1784–1864. München, London, New York 2000, S. 8–49.

DERS./PHILIPP, Klaus Jan/SCHWARZ, Hans-Peter (Hg.) (1990): Revolutionsarchitektur. Ein Aspekt der europäischen Architektur um 1800. München 1990.

NEU, Heinrich/WEIGERT, Hans (1940): Die Kunstdenkmäler des Kreises Neuwied. (Die Kunstdenkmäler der Rheinprovinz, hg. i. A. d.

Provinzverbandes v. Paul Clemen, Bd. 16, II. Abteilung.) Düsseldorf 1940.

Neumann, Hans-Rudolf (1986): Die Bundesfestung Mainz 1814–1866. Entwicklung und Wandlungen. Von der Blockhausfortifikation zum steinernen Bollwerk Deutschlands. Mainz, Berlin 1986.

Ders. (1995): Von der klassizistischen Großfestung zur gepanzerten Befestigungsgruppe (1800–1918). In: Ders. (Hg.): Historische Festungen im Südwesten der Bundesrepublik Deutschland. Stuttgart 1995, S.117–124.

Ders. (Hg.) (2000): Historische Festungen im Mittelosten der Bundesrepublik Deutschland. Stuttgart 2000.

Ders. (2001): Rezension Dieter Marcos: Architektur des Krieges & Geist der Romantik. In: Am Wall 24, 2001, S. 16.

Neumann, Hartwig (1988): Festungsbaukunst und Festungsbautechnik. Deutsche Wehrbauarchitektur vom XV. bis XX. Jahrhundert. Mit einer Bibliographie deutschsprachiger Publikationen über Festungsforschung und Festungsnutzung 1945–1987. (Hartwig Neumann (Hg.): Architectura militaris Bd. 1.) Bonn 1988.

Ders. (1990): Ein kaiserliches Miniatur-Fort aus den achtziger Jahren des 19. Jahrhunderts im Park von Sanssouci. Erste Anmerkungen zu einer vernachlässigten fortifikatorischen Kuriosität und Aufforderung zur Rettung als Kulturdenkmal. In: Fortifikation 5, 1990, Heft 1, S. 33–39.

Ders. (1991, 1992): Das Zeughaus. Die Entwicklung eines Bautyps von der spätmittelalterlichen Rüstkammer zum Arsenal im deutschsprachigen Bereich vom XV. bis XIX. Jahrhundert. (Hartwig Neumann (Hg.): Architectura militaris Bd. 4.) Text- und Bildband Koblenz 1991 u. 1992.

Neumeyer, Martina (1998): Vom Kriegshandwerk zum ritterlichen Theater. Das Turnier im mittelalterlichen Frankreich. (Abhandlungen zur Sprache und Literatur, hg. v. Richard Baum u. Frank-Rutger Hausmann unter Mitwirkung v. Jürgen Grimm, Bd. 89.) Bonn 1998.

Noschka-Roos, Annette (1996): Stein, Stahl und Spiegel. Die Werbung für Stein- und Metallbaukästen von 1879–1930. In: Zum Bauspiel. Ausstellung historischer Baukästen Sammlung Tobias Mey, hg. v. Stadtmuseum Esslingen. Esslingen 1996, S. 25–44.

Ochwadt, Curd: Wilhelmstein und Wilhelmsteiner Feld. Vom Werk des Grafen Wilhelm zu Schaumburg-Lippe (1724–1777). Hannover o. J.

Orgel-Köhne, Liselotte/Grothe, Jürgen (1978): Zitadelle Spandau. Berlin 1978.

Ortenburg, Georg (1988): Waffe und Waffengebrauch im Zeitalter der Revolutionskriege 1789–1848. Koblenz 1988.

Ders. (1990): Waffe und Waffengebrauch im Zeitalter der Einigungskriege 1848–1871. Koblenz 1990.

Ostrowska-Kębłowska, Zofia (1981): Schinkel und Schloß Kurnik (Kórnik). In: Zeitschrift des deutschen Vereins für Kunstwissenschaft. Sonderheft zum Schinkeljahr. Bd. XXXV, 1981, Heft 1/4, S. 78–94.

Ottersbach, Christian (1998): Graf Wilhelms kleine Festung – Schloß Lichtenstein ob Honau. In: Festungsjournal 7, Dezember 1998, S. 6–8.

Ders. (2000): Bollwerk gegen die Revolution. In: Schönes Schwaben 5, 2000, S. 10–13 u. 56.

Otto, Hermann (1933): Der Bau der Festung Dömitz 1559–1565. In: Dömitz, die alte Festungsstadt. Berichtet nach alten Urkunden und Erzählungen im Heimatjahr 1933. Dömitz 1933, S. 31–33.

Ders. (1935): Das „feste Schloß" zu Dömitz. In: Die Festung Dömitz. Erweiterter Sonderdruck aus den „Mecklenburgischen Monatsheften" 11, 1935. Schwerin 1935, S. 3–16.

Ottomayer, Hans/Lukatis, Christiane (Hg.) (1992): Heinrich Christoph Jussow 1754–1825. Ein hessischer Architekt des Klassizismus. Ausstellungskatalog Kassel 1999.

Papageorgiou-Venetas, Alexander (1992): Gärtner in Griechenland und der Bau der Athener Residenz. In: Nerdinger 1992, S. 135–155.

Parchmann, Reinhard (2001): Militärbauten in Mecklenburg 1800–1918. (Militärgeschichtliches Handbuch Mecklenburg-Vorpommern, Bd. 1a.) Schwerin 2001.

Paula, Mörz de (1995): Der österreichisch-ungarische Befestigungsbau 1820–1914. Wien 1995.

Paulmann, Johannes (2000): Pomp und Politik. Monarchenbegegnungen in Europa zwischen Ancien Régime und Erstem Weltkrieg. Paderborn, München, Wien, Zürich 2000.

Perotti, Eliana (2002): Das Schloss Miramar in Triest (1856–1870). Erzherzog Ferdinand Maximilian von Habsburg als Bauherr und Auftraggeber. Wien, Köln, Weimar 2002.

Peschken, Goerd: Das Architektonische Lehrbuch. (Karl Friedrich Schinkel. Lebenswerk, hg. v. Margarete Kühn.) München, Berlin 1979.

Petri, Franz (1965): Preußen und das Rheinland. In: Walter Först (Hg.): Das Rheinland in preussischer Zeit. 10 Beiträge zur Geschichte der Rheinprovinz. Köln, Berlin 1965, S. 37–70.

Peuser, Heinz Willi (1992): Schlossbauten aus Romantik und Historismus als Bau- und denkmalpflegerische Aufgabe. Diss. Weimar 1992.

Pfäfflin, Friedrich (1981): Wilhelm Hauff und der Lichtenstein. Marbacher Magazin 18, 1981.

Pfefferkorn, Wilfried/Schmidt, Ernst Eberhard (1997): Burg Vaihingen genannt Schloß Kaltenstein. Das Bauwerk und seine Geschichte (Beihefte zur Schriftenreihe der Stadt Vaihingen an der Enz, hg. v. Lothar Behr, Otto-Heinrich Elias, Manfred Scheck u. Ernst Eberhard Schmidt, Nr. 3.) Vaihingen a. d. Enz 1997.

Pfeiffer, Ludwig (1987): Die Geschichte des Schlosses Spangenberg. Spangenberg 1987.

Pflüger, Hellmut (1981): Festungsarchitektur der Barockzeit in Baden-Württemberg. In: Badisches Landesmuseum Karlsruhe (Hg.): Barock in Baden-Württemberg. Vom Ende des Dreißigjährigen Krieges bis zur Französischen Revolution. Ausstellungskatalog. Bd. 2 (2 Bde.): Aufsätze. Karlsruhe 1981, S. 131–143.

Philipp, Klaus Jan (2000): Karl Friedrich Schinkel. Späte Projekte. 2 Bde. Stuttgart, London 2000.

Poensgen, Georg (1929): Schloss Babelsberg. Berlin 1929.

Polenz, Serafim (1979): Sempers Konkurrenzentwurf für den Umbau des Schlosses Schwerin. In: Gottfried Semper 1803–1879. Sein Wirken als Architekt, Theoretiker und revolutionärer Demokrat und die schöpferische Aneignung seines progressiven Erbes. Wissenschaftliches Kolloquium im Rahmen der Semper-Ehrung der DDR 1979. (Schriftenreihe der Sektion Architektur technische Universität Dresden 1979. AID/ Heft 13.) Dresden 1979.

Pütz, Frank (2003): Die NS-Ordensburg Vogelsang. In: Burgen und Schlösser 1/2003, S. 24–35.

Portemann-Tinguely, Albert (1989): Romantik und Krieg. Eine Untersuchung zum Bild des Krieges bei deutschen Romantikern und „Freiheitssängern": Adam Müller, Joseph Görres, Friedrich Schlegel, Achim von Arnim, Max von Schenkendorf und Theodor Körner. (Historische Schriften der Universität Freiburg Schweiz Bd. 13.) Freiburg i. d. Schweiz 1989.

Press, Volker (1988): Adel im 19. Jahrhundert. Die Führungsschichten Alteuropas im bürgerlich-bürokratischen Zeitalter. In: Armgard v. Reden-Dohna u. Ralph Melville (Hg.): Der Adel an der Schwelle des bürgerlichen Zeitalters 1780–1860. (Veröffentlichungen des Instituts für Europäische Geschichte Mainz, Abteilung Universalgeschichte, hg. v. Karl Otmar Freiherr v. Aretin, Beiheft 10.) Wiesbaden, Stuttgart 1988, S. 1–20.

Preußen in Hohenzollern. Begleitband zur Ausstellung Sigmaringen 1995, hg. v. Haus der Geschichte Baden-Württemberg und dem Staatsarchiv Sigmaringen. Sigmaringen 1995.

Preußische Facetten (2001): Rheinromantik und Antike. Zeugnisse des Wirkens Friedrich Wilhelms IV. an Mittelrhein und Mosel, hg. v. Landesamt für Denkmalpflege Rheinland-Pfalz und Burgen, Schlösser, Altertümer Rheinland-Pfalz. Regensburg 2001.

Prost, Philippe (1991): Les forteresses de l'empire. Fortifications, villes de guerre et arsenaux napoléoniens. Paris 1991.

Ders./Musée des Plans-Reliefs (Hg.) (1993): Architectures militaires napoléoniennes. Actes de la journée d'étude du 19 novembre 1993 organisée par Philippe Prost. Paris 1993.

Rabenau, Wittigo v. (1986): Friderizianisches Festungswesen im preußischen Heerwesen seiner Zeit. Preußischer Festungsbau im 18. Jahrhundert. In: Volker Schmidtchen (Hg.): Festungsforschung als kommunale Aufgabe. Im Mittelpunkt: Germersheim. Beiträge zum 5. Internationalen Kolloquium zur Festungsforschung Germersheim. (Schriftenreihe Festungsforschung Bd. 5.) Wesel 1986, S. 205–220.

Rapin, Jean-Jacques (1992): Festung Saint-Maurice: Riegel im Rhonetal. In: Max Mittler (Hg.): Die Geschichte der schweizerischen Landesbefestigung, S. 107–140. Zürich, Köln 1992.

Rat der Stadt Schwerin (Hg.) (1986): Georg Adolph Demmler 1804–1886. Beiträge zu seinem Leben und Wirken anlässlich seines 100. Todestages. Schwerin 1986.

Rathke, Ursula (1975): Ein Sanssouci am Rhein. In: Wagner-Rieger/Krause 1975, S. 87–102.

Dies. (1979): Preußische Burgenromantik am Rhein. Studien zum Wiederaufbau von Rheinstein, Stolzenfels und Sooneck (1823–1860). (Studien zur Kunst des neunzehnten Jahrhunderts Bd. 42. Forschungsunternehmen der Fritz Thyssen Stiftung Arbeitskreis Kunstgeschichte.) München 1979.

Dies. (1980): Schloß- und Burgenbauten. In: Eduard Trier und Willi Weyres (Hg.): Kunst des 19. Jahrhunderts im Rheinland. Bd. 2 (5 Bde.), Architektur II. Profane Bauten und Städtebau. Düsseldorf 1980, S. 343–362.

Dies. (1994): Burg Sooneck. Amtlicher Führer, Heft 8. Mainz 1994.

Reepen, Iris (2002): Museum Jagdschloss Kranichstein (Museumsstück). München u. Berlin 2002.

Reitel, François (1985): Einige Aspekte zur Entwicklung des Festungswesens in Frankreich zwischen 1815 und 1930. In: Volker Schmidtchen (Hg.): Festungsforschung heute. Im Mittelpunkt: Die Bundesfestung Ulm. Beiträge zum 4. Internationalen Kolloquium zur Festungsforschung. (Schriftenreihe Festungsforschung Bd. 4.) Wesel 1985, S. 59–75.

Reuleaux, Oskar Friedrich Adolf (1912): Die geschichtliche Entwickelung des Befestigungswesens vom Aufkommen der Pulvergeschütze bis zur Neuzeit. Leipzig 1912.

Revolutionsarchitektur. Boulée, Ledoux, Leque. Ausstallungskatalog Karlsruhe 1971.

Rieth, Gustav Adolf (1974): Johann Georg Rupp. Baumeister und Denkmalpfleger seiner Vaterstadt Reutlingen. In: Reutlinger Geschichtsblätter NF 12, 1974, S. 59–69.

Rietz, Andreas (2000): Torgau. In: Neumann 2000, S. 205–232.

Roda, Burkhard v. (1989): Schloss Aschaffenburg und Pompejanum. Amtlicher Führer. München (8) 1989.

Rogge, Bernhard (1911): Die Hohenzollernstätten Potsdams und seiner Umgebung. Potsdam 1911.

Rolf, Rudi (1991): Deutsche Panzerfortifikation. Die Panzerfesten von Metz und ihre Vorgeschichte. Osnabrück 1991.

Rothert Wilhelm (1914): Im alten Königreich Hannover 1814–1866. Ein Gedenkbuch zur Jahrhundertwende. (Allgemeine hannoversche Biographie Bd. 2.) Hannover 1914.

Ruaro Loseri, Laura (Hg.) (1986): Massimiliano da Trieste al Messico. Ausstellungskatalog Triest 1986.

Rubach, Gustav (1933): Herzog Carl Leopold residiert in Dömitz. In: Dömitz, die alte Festungsstadt. Berichtet nach alten Urkunden und Erzählungen im Heimatjahr 1933. Dömitz 1933, S. 42–44.

Rürup, Reinhard (1992): Deutschland im 19. Jahrhundert. 1815–1871. (Johann Leuschner (Hg.): Deutsche Geschichte Bd. 8 – Kleine Vandenhoeck-Reihe 1497.) (2) 1992 (1984).

Rutland, Charles Duke of: Belvoir Castle. The Leicestershire Home of the Dukes of Rutland. Derby 1981.

Schäfer; Alfred (1992): Die Festung Rosenberg in der Geschichte. Jena 1992.

Schäuffelen, Otmar (1989): Die Bundesfestung Ulm und ihre Geschichte. Europas größte Festungsanlage. Ulm (3) 1989.

Scharnweber, Jürgen (1995): Festung Dömitz im 1000jährigen Mecklenburg. Eine illustrierte Chronik. Lüchow 1995.

Scharnweber, Marlies (1999): Festung Dömitz. (Der historische Ort Nr. 70.) Berlin 1999.

Schefold, Max (1971): Württemberg in alten Ansichten. 2 Bde. Stuttgart 1971.

Schlegel, Arthur (1928): Das Lustschloss der Fürsten Oettingen-Oettingen im Tiergarten Schrattenhofen. In: Marburger Jahrbuch für Kunstwissenschaft 4, 1928, S. 207–229.

Schiffer, Anne (1992): Die malerische Ausstattung der Schlosskapelle von Stolzenfels durch Ernst Deger. Ein Beitrag zur Kunstgeschichte des 19. Jahrhunderts. (Europäische Hochschulschriften, Reihe XXVIII Kunstgeschichte, Bd. 148.) Frankfurt a. M., Berlin, Bern, New York, Paris u. Wien 1992.

Schloss Bückeburg. Hg. v. d. Fürstlichen Hofkammer. Bückeburg o. J.

Schmid, Alfred A. (1980): Burgenromantik im 16. Jahrhundert. In: Schlösser, Gärten, Berlin. Festschrift für Martin Sperlich zum 60. Geburtstag 1979. (Technische Universität Berlin – Kunstwissenschaftliche Schriften Bd. 1, hg. v. Detlef Heikamp.) Tübingen 1980, S. 25–34.

Schmidt, Michael: reverentia und magnificentia. Historizität in der Architektur Süddeutschlands, Österreichs und Böhmens vom 14. bis 17. Jahrhundert. Regensburg 1999.

Schmidtchen, Volker (1998): Die Entwicklung der Systeme im Festungsbau. In: Allroggen-Bedel/Schmidtchen 1998, S. 9–24.

Schmierer, Wolfgang (1997): Die Seitenlinie der Herzöge von Urach (seit 1867). In: Lorenz/Mertens/Press 1997, S. 376–398.

Schmitt, Günther: Burgenführer Schwäbische Alb (6 Bde.):
Bd. 4: Alb Mitte-Nord. Wandern und Entdecken zwischen Aichelberg und Reutlingen. Biberach 1991.
Bd. 5: Westalb. Wandern und Entdecken zwischen Reutlingen und Spaichingen. Biberach 1993.

Schmuhl, Boje (Hg.) (2001): Jagdschloss Letzlingen. (Schriftenreihe der Stiftung Schlösser, Burgen, Gärten des Landes Sachsen-Anhalt Bd. 2.) 2 Bde., Halle a. d. Saale 2001.

Schock-Werner, Barbara (1999): Herrensitze. In: Burgen 1999, Bd. I, S. 162–164.

Scholz, Joachim (1994): Die Festung Königstein in der sächsischen Militärgeschichte. Teil 3: Der weitere Ausbau der Festung, ihre Rolle im strategischen Konzept Napoleon I. und ihre Aufgabe als letzter Stützpunkt Sachsens. In: Burgenforschung aus Sachsen 3/4, 1994, S. 78–105.

Ders. (1995): Festungsbau und Militärpolitik in Sachsen in der Zeit von 1485 bis 1866. In: Burgenforschung aus Sachsen 7, 1995, S. 98–134.

Schott, Rudolf: Festungswesen. (Die Sammlungen des Wehrgeschichtlichen Museums Rastatt 4.):
Teil I: Festungssysteme und -manieren. 16 Modelle nach Alexander von Zastrow. Freiburg o. J.
Teil II: Pläne von Festungen und befestigten Städten. Freiburg o. J.

Schütte, Ulrich (1993): Zur fiktiven und realen Wehrhaftigkeit hessisch-thüringischer Schloßbauten zwischen 1550 und 1750. In: Frühneuzeitliche Hofkultur in Hessen und Thüringen. (Jenaer Studien Bd. 1, hg. v. Jörg Jochen Berns u. Detlef Ignasiak.) Erlangen, Jena 1993, S. 44–67.

Ders. (1994): Das Schloß als Wehranlage. Befestigte Schloßbauten der Frühen Neuzeit. Darmstadt 1994.

Ders. (1998): Das Fürstenschloß als „Pracht-Gebäude". In: Die Künste und das Schloß in der Frühen Neuzeit. (Rudolstädter Forschungen zur Residenzkultur Bd. 1, hg. v. Thüringer Landesmuseum Heidecksburg Rudolstadt durch Lutz Unbehaun unter Mitarbeit v. Andreas Beyer und Ulrich Schütte.) München, Berlin 1998, S. 15–29.

Ders. (1999): „Burg" und „Schloß" in der frühen Neuzeit. In: Burgen 1999, Bd. I, S. 148–155.

Ders./Hahn, Peter-Michael (2003): Thesen zur Rekonstruktion höfischer Zeichensysteme in der Frühen Neuzeit. Marburg, Potsdam 2003.

Schultz, Werner (1987): Ein Schloß in der Wüste. Schloß Duwisib in Südwest-Afrika. In: Burgen und Schlösser 1987/II, S. 95–98.

Schulze, Manfred P. (2001): Neues aus der Festung Spandau. In: Festungsjournal, Heft 14, 2001, S. 12–14.

Schuster, Heinrich (1926): Die Baugeschichte der Festung Königstein. Berlin, Stuttgart 1926.

Schuster, Max (1904): Der geschichtliche Kern des Lichtenstein. Stuttgart 1904.

Schwäbische Heimat 2002/4, S. 490.

Schwarz, Mario (1996): Architektur im 19. Jahrhundert. In: Fillitz 1996, S. 127–135.

Schwarzmaier, Hansmartin: Lichtenstein und Hohentwiel. Bilder des Mittelalters aus Württemberg und Baden im 19. Jahrhundert.

In: Zeitschrift für Württembergsiche Landesgeschichte 64, 2005, S. 261–282.

Schwieger, Frank: Johann Claudius von Lassaulx 1781–1848. Architekt und Denkmalpfleger in Koblenz (= Jahrbuch des Rheinischen Vereins für Denkmalpflege und Heimatschutz 1969). Neuss 1968.

Segenschmidt, Franz: Der Kaiserpalast auf Lacroma. In: Der Bautechniker 22, 1902, Nr. 8, S. 145–146, Nr. 9, S. 169–170, u. Nr. 41, S. 919.

Shvidkovsky, Dimitri Olegovich (1996): The Empress and the Architect. British Architecture and Gardens at the Court of Catherine the Great. New Haven, London 1996.

Siefert, Helge (1993): Zum Ruhme des Helden. Historien- und Genremalerei des 17. und 18. Jahrhunderts aus den Beständen der Alten Pinakothek. Ausstellungskatalog München 1993.

Siemann, Wolfram (1985): Die deutsche Revolution von 1848/49. (Neue Historische Bibliothek, hg. v. Hans-Ulrich Wehler.) Frankfurt a. M. 1985.

Springer, Elisabeth/Foist, Johann/Marinovic, Georg (1988): Laxenburg. Chronik – Bilder – Dokumente. Laxenburg 1988.

Staatliches Museum Schwerin (Hg.) (1985): Schwerin in der bildenden Kunst der Jahrhunderte. Schwerin 1985.

Steinitz, Wolfgang (1975): Bayern und der romantische Schlossbau in Salzburg. In: Wagner-Rieger/Krause 1975, S. 129–136.

Stekl, Hannes (1975): Schlösser als Machtsymbole. Wirtschafts- und sozialgeschichtliche Aspekte historistischer Schloßbauten. In: Wagner-Rieger/Krause 1975, S. 187–194.

Stilstreit (1998): Stilstreit und Einheitskunstwerk. Internationales Historismus-Symposium Bad Muskau 20. bis 22. Juni 1997. (Muskauer Schriften Bd. 1, hg. i. A. der Stiftung „Fürst-Pückler-Park Bad Muskau" v. Heidrun Laudel u. Cornelia Wenzel.) Dresden 1998.

Strobl, Alice (1961): Das k.k. Waffenmuseum im Arsenal. Der Bau und seine künstlerische Ausstattung. (Schriften des Heeresgeschichtlichen Museums in Wien Bd. 1.) Graz, Köln 1961.

Taube, Angelika (1990): Festung Königstein. Zur Geschichte eines Baudenkmals der Sächsischen Schweiz. Königstein 1990.

The National Trust (Hg.) (2002): Penrhyn Castle, Gwynedd. O. O. 2002.

Theissen, Andrea (2001): Die Zitadelle Spandau. In: Von Vestungen. Die brandenburgisch-preußischen Festungen Spandau – Peitz – Küstrin. Begleitband zur Ausstellung, hg. v. Stadtgeschichtlichen Museum Spandau. Berlin 2001, S. 50–59.

Dies. (2002): Zitadelle Spandau. (Der historische Ort Nr. 148.) Berlin 2002.

Toman, Rolf (Hg.) (2000): Klassizismus und Romantik. Architektur, Skulptur, Malerei, Zeichnung 1750–1848. Köln 2000.

Trouet, Dorothee (1994): Die „Wasserburg der Äbte" in Seligenstadt. Die Rezeption einer traditionellen Bauform zur Sichtbarmachung alter Gebietsrechte. In: Hartmut Hofrichter (Hg.): Die Burg – ein kulturgeschichtliches Phänomen. (Veröffentlichungen der Deutschen Burgenvereinigung e.V. Reihe B: Schriften, Bd. 2.) Braubach 1994, S. 119–124.

Turczynski, Emanuel (1999): Bayerns Anteil an der Befreiung und am Staatsaufbau Griechenlands. In: Reinhold Baumstark (Hg.): Das neue Hellas. Griechen und Bayern zur Zeit Ludwigs I. Ausstellungskatalog München 1999, S. 43–55.

Turner, Michael (2002): Osborne House. O. O. (7) 2002.

Uhl, Stefan (1999): Baden-Württemberg. In: Burgen 1999, Bd. II, S. 171–180.

Uhle, Walter/Ende, Horst (1984): Schwerin. (Kunstgeschichtliche Städtebücher.) Leipzig 1984.

Valdenaire, Arthur (1919): Friedrich Weinbrenner. Sein Leben und seine Bauten. Karlsruhe 1919.

Veit-Brause, Irmline (1967): Die deutsch-französische Krise von 1840. Studien zur deutschen Einheitsbewegung. Diss. Köln 1967.

Viltchkovsky, S. (1912): Tsarskoje Selo. Berlin 1912.

Voegelen, Mina (1936): Schloß Lichtenstein. Stuttgart (1936).

Vogt, Ulrike (1987): Preußische Staatsbauten in Koblenz einschließlich der Festungsanlagen 1815 bis 1914. Diss. Aachen 1987.

Voigt, Wolfgang/Auffahrt, Sid (1983): Wie man Kasernen vor der Menge schützt: Ein Plan aus dem Jahre 1858. In: ARCH+. Zeitschrift für Architekten, Stadtplaner, Sozialarbeiter und kommunalpolitische Gruppen Nr. 71, Okt. 1983, S. 4.

Vollmer, Franz X. (1983): Der Traum von der Freiheit. Vormärz und 48er Revolution in Süddeutschland in zeitgenössischen Bildern. Stuttgart 1983.

Vujošević, Stanislav-Rako/ Joviçeviç, Milan (1972): Cetinje und seine Museen. Führer. Belgrad 1972.

Waetzoldt, Wilhelm: Dürers Befestigungslehre. Berlin 1916.

Wagner, Hans (1989): Rudolf Stillfried, ein Leben für das Haus Hohenzollern. In: Zeitschrift für Hohenzollerische Geschichte 24/25 (1988/89), S. 229–234.

Wagner-Rieger, Renate (1962): Die Baugeschichte der Franzensburg in Laxenburg. In: Romantische Glasmalerei in Laxenburg. 34. Wechselausstellung der Österreichischen Galerie zu den Wiener Festwochen. Wien 1962, S. 9–22.

Dies. (1970): Wiens Architektur im 19. Jahrhundert. Wien 1970.

Dies. (1975): Romantik und Historismus. In: Dies./Krause 1975, S. 11–18.

Dies./ Krause, Walter (1975): Historismus und Schloßbau. München 1975.

Watanabe-O'Kelly, Helen (1992): Triumphall Shews. Tournaments at German-speaking Courts in their European Context. 1560–1730. Berlin 1992.

Weber, Dieter (1977): Festung Königstein. Berlin, Leipzig 1977.

Weber, Klaus T.: Die preußischen Festungsanlagen von Koblenz (1815–1834). (Kunst- und Kulturwissenschaftliche Forschungen, hg. v. Ludwig Tavernier, Bd. 1.) Weimar 2003.

Wegner, Reinhard (1998): Dürerkult in der Romantik. Das Mittelalterbild der Nazarener. In: Gerd-Helge Vogel (Hg.): VIII. Greifswalder Romantikkonferenz. Wirklichkeit und Wunschbild aus Anlaß des 525. Geburtstags von Albrecht Dürer (1471–1528). Referate der interdisziplinären Tagung im Germanischen Nationalmuseum, Nürnberg 3. und 4. Oktober 1996. (= Anzeiger des Germanischen Nationalmuseums 1998.) Nürnberg 1998, S. 25–28.

Wehler, Hans-Ulrich (1987): Deutsche Gesellschaftsgeschichte Bd. 2 (4 Bde.). Von der Reformära bis zur industriellen und politischen „Deutschen Doppelrevolution". 1815–1848/49. Frankfurt 1987.

Ders. (Hg.) (1990): Europäischer Adel 1750–1950. (Geschichte und Gesellschaft. Zeitschrift für historische Sozialwissenschaft, Sonderheft 13.) Göttingen 1990.

Werner, Karl Ferdinand (Hg.) (1985): Hof, Kultur und Politik im 19. Jahrhundert. Akten des 18. deutsch-französischen Historikerkolloquiums Darmstadt vom 27.–30. September 1982. (Pariser historische Studien Bd. 21, hg. v. Dt. Historischen Institut in Paris.) Bonn 1985.

Weyres, Willy (1970): Johann Claudius von Lassaulx (1781–1848). In: Bernhard Poll (Hg.): Rheinische Lebensbilder Bd. 4. Düsseldorf 1970, S. 141–157.

Ders./Mann, Albrecht (1968): Handbuch der rheinischen Baukunst des 19. Jahrhunderts. 1800 bis 1880. Köln 1968.

Wimmer, Clemens Alexander (2001): Hermann und Emil Sello. In: Nichts gedeiht ohne Pflege. Die Potsdamer Parklandschaft und ihre Gärtner. Ausstellungskatalog Potsdam, hg. v. d. Generaldirektion der SPSG Berlin-Brandenburg. Potsdam 2001, S. 235–251.

Wischemann, Rüdiger (1978): Die Festung Koblenz. Vom römischen Kastell und Preußens stärkster Festung zur größten Garnison der Bundeswehr. Koblenz 1978.

Wolfhard, Herbert (1957): Baden und Württemberg im Streit um den Hohentwiel. In: Herbert Berner (Hg.): Hohentwiel. Bilder aus der Geschichte des Berges. Konstanz 1957, S. 323–339.

Zabel, Eugen (1905): St. Petersburg. (Berühmte Kunststätten Nr. 32.) Leipzig 1905.

Zeune, Joachim (1996): Burgen. Symbole der Macht. Ein neues Bild der mittelalterlichen Burg. Regensburg 1996.

Ders. (2004): Vom „echten Styl" deutscher Burgen: Das Bild der Burg im 19. Jahrhundert. In: Burgen und Schlösser 1/2004, S. 8–17.

Ders./Uhl, Stefan (1999): Wehrarchitektur. In: Burgen 1999, Bd. 1, S. 226–256.

Zimmermann, Karl (1935): Die Sicherung der deutschen Westgrenze von 1814 bis 1914. Von Gneisenau zu Moltke. In: Jahrbuch der Arbeitsgemeinschaft der Rheinischen Geschichtsvereine 1, 1935, S. 48–72.

ZIMMERMANN, Reinhard (1989): Künstliche Ruinen. Wiesbaden 1989.

ZIMMERMANN, Ekkehard (1999): Burg Rheinstein. Ein Symbol deutscher Rheinromantik. (Der historische Ort Nr. 79.) Berlin 1999.

Die ZITADELLE SPANDAU (1977). Berliner Forum 8/77, hg. v. Presse- und Informationsamt der Stadt Berlin. Berlin 1977.

ZUCHOLD, Gerd-H. (1994): Die Triumphstraße König Friedrich Wilhelms IV. von Preußen in Potsdam. Das Triumphtor. (Monumenta Brandenburgica, hg. v. Gerd-H. Zuchold u. Bernd Maether, Bd. 1.) Berlin 1994.

DERS. (2002): Der Zauber der weißen Rose. Das letzte bedeutende Fest am preußischen Hofe. Tradition und Bedeutung. (Ausstellungsführer der Universitätsbibliothek der Freien Universität Berlin 37.) Berlin 2002.

ZYKAN, Josef (1969): Laxenburg. Wien, München 1969.

DERS. (1970): Gartenarchitekten des 18. Jahrhunderts in Laxenburg. In: Mitteilungen der Gesellschaft für vergleichende Kunstforschung in Wien 22, 1970, Nr. 1, S. 1–7.

X. Anhang

1. Glossar der benützten Festungsbautermini

Bastei, Rondell: Runde oder hufeisenförmige Geschütz-plattform aus Erd- oder Mauerwerk, die nicht oder nur wenig über Mauer oder Wall einer Festung emporragt.

Berme: Geböschte Anschüttung vor einem Wall oder eine Mauer, i. d. R. mit einem Umgang für Schützen (sog. Niederwall).

Bastion: Polygonale Geschützplattform aus Erd- oder Mauerwerk, das aus der Mauer bzw. dem Wall hervor-springt oder die Ecken der ➥Enceinte besetzt. Eine B. setzt sich i. d. R. aus zwei ➥Facen und zwei ➥Flanken, die sie an die ➥Kurtine anbinden, zusammen. Die Facen sto-ßen im ➥Saillant zusammen, Flanken und Facen an den Schulterpunkten (➥Bastionsschulter).

Bastionsschulter: Jene Kante, an der ➥Face und ➥Flan-ke einer ➥Bastion zusammentreffen.

Batterie: Geschützstellung.

Batterieturm s. Geschützturm.

Bergfried: Hauptturm einer Burg, eines Schlosses. Dien-te nur in den seltensten Fällen als ➥Reduit. Vor allem Statussymbol und Beobachtungsposten.

Blockhaus: Kleiner kasemattierter Bau, der an verschie-denen Stellen innerhalb von Festungswerken z. B. als ➥Reduit errichtet werden konnte. Blockhäuser standen oft auch in den Waffenplätzen des ➥Gedeckten Weges auf dem ➥Glacis.

Defensivkaserne: Verteidigungsfähiger Kasernenbau mit Schießscharten und bombensicheren Gewölben als si-chere Unterkunft für die Mannschaften im Kriegsfall. Wesentlicher Bestandteil der neudeutschen Festungsbau-ten. In der ➥Kehle von Festungswerken angelegt, dien-ten sie oftmals zugleich als ➥Reduits.

Detachierte Werke: Im Vorfeld einer Festung angeleg-te Werke, z. B. in Form kleiner ➥Forts oder von Türmen, die einen äußeren Verteidigungsgürtel bilden, um den Gegner von den Hauptwerken der Festung auf Distanz zu halten. Typisches Element der neudeutschen Fe-stungsbaukunst.

Diamantgraben: Kurzer, schmaler und nicht sehr tiefer Graben vor Toren und Ausfallpforten oder zur Sicherung besonders gefährdeter Mauerabschnitte.

Donjon: Wohnturm bes. bei den englischen und franzö-sischen Burgen des 11. bis 16. Jahrhunderts.

Doppelschere: Vorgeschobenes Werk, dessen Front aus zwei ➥Tenaillen gebildet wird.

Emplacement: Aufstellungsfläche für Kanonen auf dem Wall.

Enceinte: Umwallung, Ringmauer eines festen Platzes.

Eskarpe: Wallmauer an der Außenseite der Festungswer-ke, die bis auf die Grabensohle reicht.

Face: Frontseite einer ➥Bastion.

Flanke: Seitlicher Teil einer ➥Bastion zwischen deren ➥Face und der ➥Kurtine.

Fort: Kleines, i. d. R. eigenständiges Festungswerk. Forts können aber auch im Vorfeld einer Festung als Außen-werke dienen und besitzen dann eine offene bzw nur schwach befestigte Rückseite (➥Kehle), so dass sie nach einer möglichen Eroberung nicht gegen das Kernwerk der Festung verwendet werden können.

Fortifikation: Befestigung.

Fronte: Abschnitt der ➥Enceinte, gebildet aus zwei ➥Bas-tionen oder Türmen und der verbindenden ➥Kurtine.

Gedeckter Weg: Durch das als Brustwehr dienende ➥Glacis geschützter Umgang auf der ➥Kontereskarpe, der oftmals im Zickzack ausspringt. In den eingehenden Winkeln liegen i. d. R. dreieckige ➥Waffenplätze.

Geschützturm, Batterieturm, Kanonenturm: Zur Auf-stellung von Geschütz eingerichteter, manchmal mit ➥Kasematten ausgestatteter Turm.

Glacis: Sanft zur Feldseite abfallendes bewuchsfreies Vorfeld einer Festung jenseits des Grabens, das ein freies Schussfeld bieten soll. Auf dem G. verläuft am Grabenrand als äußerste Verteidigungslinie der Festung der ➥Gedeckte Weg.

Grabenkoffer, Grabenwehr, Koffer s. Kaponniere.

Hornwerk: Aus zwei halben ➥Bastionen und einer ver-bindenden ➥Kurtine gebildetes Vorwerk einer Festung.

Kaponniere: Im Graben liegendes, ➥kasemattiertes Bau-werk zur Deckung der ➥Kurtinen. K. können die Verbin-dung mit einem Außenwerk herstellen. In der neudeut-schen Festungsbaukunst werden sie eines der wichtig-sten Elemente zur Verteidigung im Nahkampf. Sie kön-nen im 19. Jahrhundert turm- oder ➥bastionsähnliche Formen aufweisen. Ein weiterer Begriff für Kaponniere, insbesondere wenn es sich um kleine oder sehr niedri-ge Typen handelt, ist Koffer bzw. Grabenkoffer.

Kasematten: Bombensicher gewölbte Räume in Festun-gen, die teilweise der Aufbewahrung von Vorräten und Munition dienen konnten, überwiegend aber als gesi-cherte Wehrgänge und Geschützstellungen fungierten.

Kavalier: Aufbau auf einer ➥Bastion, in deren Kehle oder auf dem Wall, um über diese ins Vorfeld hinweg feuern zu können.

Kehle: Offene Rückseite eines Festungswerkes (insbesondere der →Bastion) oder →Forts.

Kontereskarpe: Äußere Grabenwand, meist durch Mauerwerk verkleidet, um das Nachrutschen von Erde in den Graben zu verhindern. Hinter der K. konnten →Kasematten angelegt sein (sog. Reverskasematten). Von hier aus führten i .d R. Gegenminen unter das →Glacis, um die Minierarbeiten eines Angreifers zu abzuwehren.

Kontergarde: Niedriges Vorwerk aus zwei →Facen im Graben vor dem →Saillant einer →Bastion.

Kordon: Gesims mit i. d. R. halbkreisförmigem Profil am Übergang zwischen Böschung und senkrechter Wand eines Festungswerkes. Der K. stellt das wesentlichste Schmuckelement in der Festungsarchitektur vom 14. bis 19. Jahrhundert dar.

Krenelierte Mauer, Krenelation: Mit Schießscharten (franz. *Creneaux*), vor allem zur Infanterieverteidigung ausgestattete Mauer (Schartenmauer). Als wesentliches Element der neudeutschen Fortifikation schloss sie die →Kehle von Festungswerken oder stand frei vor dem Wall im Graben, um einen in diesen eingedrungenen Angreifer abwehren zu können.

Kurtine: das zwei Türme/ →Basteien/ →Bastionen verbindende Mauer- oder Wallstück.

Manier: Befestigungsweise, Befestigungssystem. Man unterteilte die Festungsbaukunst in bestimmte M. nach ihren Herkunftsländern bzw. Erfindern (z. B. Vaubans 1.- 3. M.).

Maschikuli: Senkscharten im Boden eines über die Mauer vorkragenden Wehrganges zur Verteidigung des Mauerfußes.

Montalembertscher Turm: Von dem Marquis de Montalembert entwickelter großer, freistehender →Geschützturm als eigenständiges Werk innerhalb einer großen Festung bzw. als →Fort, dessen Form in der neudeutschen Festungsarchitektur aufgenommen und vielfach variiert wurde.

Orillon, Bastionsohr: Der über die →Flanke einer →Bastion vorspringende Teil in Verlängerung der →Face, der abgerundet sein kann. Durch den O. wird die zurückgenommene Flanke gegen Frontalbeschuss gedeckt. Die

Kanonen für das flankierende Feuer fanden oftmals in hinter dem O. zurückgezogenen Höfen Aufstellung. Typisches Element der italienischen Bastionärbefestigung im 16. Jahrhundert.

Positionsgeschütz: Schweres Geschütz.

Postenerker: Türmchen, meistens auf den Eckpunkten einer →Bastion, zur Beobachtung des Vorfeldes und des Grabens.

Poterne: Kleine Ausfallpforte.

Ravelin: Meist dreieckiges, manchmal auch über bastioniertem Grundriss errichtetes Vorwerk, das frei im Graben zwischen zwei →Bastionen steht und die →Kurtine zwischen diesen deckt. Auch Halbmond (demi-lune) genannt.

Reduit: Kasemattierter, oft turmartiger Bau im Innern oder in der →Kehle eines Festungswerkes oder →Forts, der als letzter Rückzugsort der Verteidiger dienen kann. Typisches Element der neudeutschen Festungsbaukunst. Das R. konnte als →Defensivkaserne dienen.

Saillant: Spitze einer →Bastion.

Streichwehr s. Kaponniere.

Tambour: Kleines Vorwerk zum Schutz von Türen und Toren, das i. d. R. aus Palisaden bestand und so ein typisches Mittel der Feldbefestigung darstellt, manchmal aber auch massiv gemauert war.

Tenaille, Schere: In Zackenform angelegtes Festungswerk mit zwei Facen des einspringenden Winkels. Aneinandergereiht ergibt sich eine Zickzacklinie (tenaillierte Front).

Waffenplatz: Meist dreieckiger, von einer Erdbrustwehr gedeckter Platz zur Versammlung von Truppen und Aufstellung von Geschütz in den eingehenden Winkeln des →Gedeckten Weges auf dem →Glacis. Als →Reduit befand sich im 19. Jahrhundert oft ein →Blockhaus im Waffenplatz.

Zwinger: Zwischen zwei Mauern oder Wällen gelegener Abschnitt einer Befestigung. Die äußere Mauer ist i. d. R. niedriger als die innere, so dass von letzterer über den Zwinger und die äußere Mauer in den Graben bzw. das Vorfeld hinein geschossen werden kann.

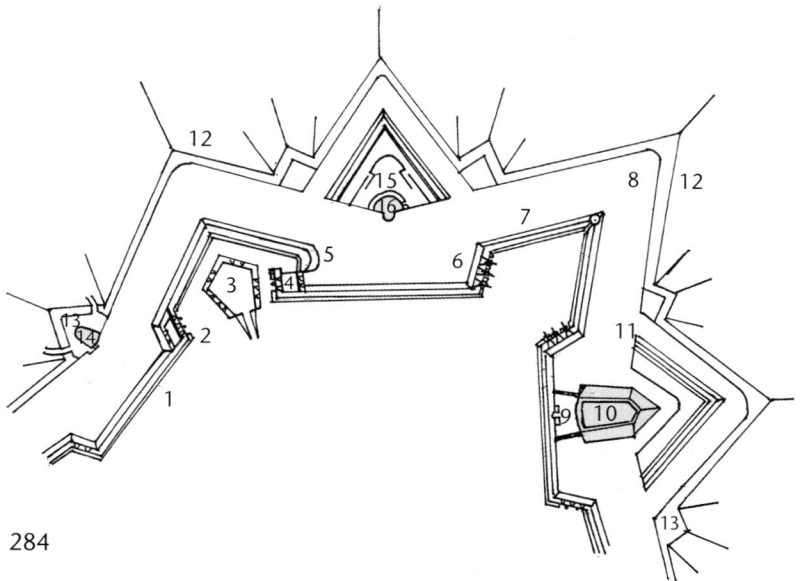

Abb. 276: Ideale bastionierte Festungsfront
1 Kurtine, 2 Bastion, 3 Kavalier, 4 Flanken-
hof, 5 Bastionsohr (Orillon), 6 Flanke,
7 Face, 8 Graben, 9 Poterne, 10 Kaponniere,
11 Kontergarde, 12 Glacis, 13 Waffenplatz
im Gedeckten Weg auf der Kontereskarpe,
14 Blockhaus, 15 Ravelin, 16 Reduit mit
Kehlkaponniere

2. Register der Orte, Namen und Institutionen